Sabine Schumann

Robert Purtschert   **Marketing für Verbände
und weitere Nonprofit-Organisationen**

Robert Purtschert

Marketing für Verbände und weitere Nonprofit-Organisationen

2., ergänzte und aktualisierte Auflage

Haupt Verlag
Bern · Stuttgart · Wien

Prof. Dr. rer. pol. Robert Purtschert, Mitbegründer und Direktor des Verbandsmanagement Instituts (VMI), Extraordinarius an der Universität Freiburg (Schweiz). Spezialisiert auf NPO-Marketing, Werbelehre und Fundraising.

1. Auflage: 2001
2. Auflage: 2005

Bibliografische Information der *Deutschen Bibliothek*

Die Deutsche Bibliothek verzeichnet diese Publikation in der Deutschen Nationalbibliografie; detaillierte bibliografische Daten sind im Internet über http://dnb.ddb.de abrufbar.

ISBN 3-258-06913-1

Alle Rechte vorbehalten
Copyright © 2001 by Haupt Berne
Jede Art der Vervielfältigung ohne Genehmigung des Verlages ist unzulässig
Umschlaggestaltung: Atelier Mühlberg, Basel
Dieses Papier ist umweltverträglich, weil chlorfrei hergestellt
Printed in Germany

www.haupt.ch

Vorwort

Dieses Buch richtet sich an ehrenamtliche und hauptamtliche Führungskräfte in Verbänden und anderen Nonprofit-Organisationen (NPO). Es soll den Leserinnen und Lesern das gesamte Spektrum des NPO-Marketing näher bringen, d.h. einerseits darstellen, wie sich das Nonprofit-Marketing entwickelt hat, und andererseits eine Grundlage für die systematische Einführung von Marketing in der eigenen Organisation bieten.

Hintergrund der Entstehung dieses Buches

Die Gesamtsicht und die Verankerung des Marketing im Management-System einer NPO orientieren sich am Freiburger Management-Modell für Nonprofit-Organisationen (Schwarz/Purtschert/Giroud/Schauer, 5. Auflage, 2005). Die vorliegende Monographie ist in diesem Sinne als vertiefende und erweiterte Darstellung des Marketing-Teiles dieses Modells zu betrachten. Damit wird das Modell von drei Vertiefungsbänden flankiert, nämlich von "Management in Nonprofit-Organisationen" von Peter Schwarz (2. Auflage, 1996), mit den Schwerpunkten Führung, Organisation und Planung, von "Rechnungswesen für Nonprofit-Organisationen" von Reinbert Schauer (2000) und von dem vor Ihnen liegenden Marketing-Band. Für den Leser ist es hilfreich und effizient, dass alle diese Publikationen vom gleichen Begriffssystem ausgehen und dadurch das Einlesen und Einarbeiten wesentlich erleichtern. Es ist kein Zufall, dass das Marketing-Buch als letztes dieser "Trilogie" erscheint, denn die Übertragung des Marketing auf den Nonprofit-Bereich war erst nach der Aufarbeitung der strukturellen Besonderheiten von NPO möglich. Bereits 1977, ein Jahr nach der Gründung der damaligen Forschungsstelle für Verbands- und Genossenschaftsmanagement an der Universität Freiburg/Schweiz, haben Ernst-Bernd Blümle, Peter Schwarz und Robert Purtschert zum Thema Marketing in Nonprofit-Organisationen Stellung genommen (Blümle/Schwarz/Purtschert 1977). Damals grassierte eine regelrechte Übertragungseuphorie. Die Übertragung des Marketing auf jeglichen Organisationstyp wurde empfohlen, ohne die strukturellen Unterschiede zu Profit-Organisationen zu hinterfragen. Trotz unseren damals noch spärlichen theoretischen Unterlagen und begrenzten Erfahrungen ahnten wir, dass sich mit reinen Umformulierungen (NPO = Unternehmung, Austauschpartner = Kunde) die Problemlage in den komplexen Gebilden des Organisationstypus "Nonprofit-Organisationen" nicht bewältigen lässt. Nach zehn Jahren Grundlagenarbeit war es dann möglich, das Freiburger Management-Modell für NPO zu erarbeiten und in den Lehrgängen des Verbandsmanagement Instituts (VMI) der Universität Freiburg/Schweiz zu testen. Die erste Publikation des Modells erfolgte 1995. Das im Freiburger Management-Modell für NPO integrierte Marketing-Modell wurde laufend weiterentwickelt, und einzelne Elemente werden in zahlreichen Verbänden und NPO im ganzen deutschsprachigen Raum in die Praxis umgesetzt. Nach dieser

Testphase ist nun der Zeitpunkt gekommen, mit dieser Monographie einen weiteren Teil des Freiburger Modells zu publizieren.

Positionierung des Buches und mögliche Zielgruppen

Unseres Erachtens gibt es noch kein umfassendes Lehrbuch für Marketing in Verbänden und Nonprofit-Organisationen in deutscher Sprache. Entweder beschränken sich die angebotenen Bücher auf einen Organisationstyp (soziale NPO oder Verbände) oder sie behandeln nur Teilprobleme des Marketing. Vielfach handelt es sich um Dissertationen oder andere theoretisch orientierte Werke, die eher wenig Hinweise für die Praktiker enthalten. Das vorliegende Buch soll alle Typen von NPO einbeziehen, wie Wirtschaftsverbände, Personenverbände (Gewerkschaften), karitative Organisationen, Freizeitverbände (Sport) usw., und Praktikern einen hohen "Gebrauchswert" vermitteln.

Das Buch richtet sich an Führungskräfte und deren Mitarbeitende, die sich in einem Verband oder einer anderen NPO mit Fragen des Marketing generell oder einzelner Einsatzbereiche des Marketing wie Fundraising, Mitgliederwerbung, Dienstleistungs-Management, Lobbying oder Kollektivverhandlungen beschäftigen. Die in diesem Lehr- und Handbuch vorgeschlagenen Konzepte und Heuristiken haben sich vielfach in der Praxis bewährt.

Aufbau und Vorgehen

Das **Kapitel I** bietet eine kurze Einführung in das Profit-Marketing, um Lesende einzuführen, die über keine Marketing-Vorkenntnisse verfügen.

Danach werden die Weiterentwicklung der Marketing-Ansätze und deren Bedeutung für NPO herausgearbeitet. Die Ausführungen zeigen, wie sich die Entwicklung zu einem NPO-Marketing über zahlreiche Ansätze herausgeschält hat. Diese Hintergrundinformationen sollen zum Verständnis des Nonprofit-Marketing beitragen.

Personen, die mit dem Freiburger Management-Modell für NPO vertraut und damit über die Strukturmerkmale von NPO im Bilde sind, können auf die Lektüre von **Kapitel II** über die Grundlagen für das Verständnis von Nonprofit-Marketing verzichten.

In **Kapitel III** wird das Marketing-Verständnis im Freiburger Management-Modell für NPO vorgestellt und zu einem Freiburger Marketing-Ansatz verdichtet. Weiter wird die Übertragbarkeit der Marketing-Philosophie in den Nonprofit-Bereich diskutiert. Viele NPO unterliegen normativen Grenzen, die zu berücksichtigen sind. Deshalb ist die Marketing-Philosophie für den NPO-Bereich spezifisch zu interpretieren, und für deren Akzeptanz sind Begründungen zu liefern.

Die Kernaufgabe der Erarbeitung eines Standard-Marketing-Konzeptes erfolgt in **Kapitel IV**. Der aufgezeigte Vorgehensraster ist für alle Typen von NPO geeignet. Zentrale Punkte bei der Konzepterstellung sind die Positionierung der Organisation und die Festlegung der Marketing-Einsatzbereiche.

In **Kapitel V** wird eine Standard-Heuristik zur operativen Marketing-Planung vorgestellt. Im Vordergrund steht die Erstellung des NPO-Marketing-Mix. Die im Profit-Bereich verwendeten Marketing-Instrumente müssen zum Teil uminterpretiert und durch weitere Instrumente ergänzt werden.

Die in Kapitel IV behandelten Marketing-Einsatzbereiche werden in **Kapitel VI** vertiefend dargestellt. Dabei wird die in Kapitel V beschriebene Planungssequenz zur operativen Marketing-Planung je nach Einsatzbereich ergänzt. Zudem wird für einzelne Marketing-Einsatzbereiche die Erstellung eines Marketing-Teilkonzeptes vorgeschlagen (z.B. Fundraising, Lobbying).

Zusammenfassend kann gesagt werden, dass die Kapitel I bis III eine hinführende Funktion haben, während die Kapitel IV und V die Kernkapitel darstellen und das Kapitel VI eine Vertiefung für die wichtigsten Marketing-Einsatzbereiche bringt.

Wissenschaft und Praxisbezug

Dieses Buch ist als Manual für Praktiker und als Lehrbuch für Studierende gedacht. Während die ersten beiden Kapitel eher theoretisch orientiert sind, steht bei den folgenden Kapiteln die Umsetzbarkeit der Inhalte, der Praxisbezug eindeutig im Vordergrund. Es wurde versucht, den sogenannten "wissenschaftlichen Apparat" auf ein Minimum zu beschränken, und es wurde angestrebt, aufgrund zahlreicher empirischer Erfahrungen zu möglichst klaren Handlungs- und Gestaltungsempfehlungen zu gelangen. Somit sind - der Tradition der VMI-Publikationen folgend - der Praxisbezug und die Verständlichkeit für die Praktiker sowie die Verwendbarkeit für die Lösung der real existierenden Probleme als Massstab an das Buch anzulegen.

Dank

Die Entstehung eines vernetzten und praxisorientierten Werkes ist auf den Input zahlreicher Personen angewiesen. Unter vielen andern seien besonders genannt:
- Prof. Dr. Dr. h.c. Ernst-Bernd Blümle, der als Gründer des VMI als erster die sogenannte Marktlücke für das Nonprofit-Management entdeckte und mit dem Verfasser in grenzenlosem Optimismus daranging, diese zu schliessen, und der ein so einmaliges Umfeld und Klima geschaffen hat, dass aus einer Idee eine tragfähige, international anerkannte Institution wie das VMI entstanden ist.

- Prof. Dr. Peter Schwarz, der sich seit über 25 Jahren mit grossem Erfolg den Struktur- und Organisationsfragen im NPO-Bereich annimmt, der grundlegende Voraussetzungen für die Entwicklung des Freiburger Modells erarbeitet hat und seit Jahren als wissenschaftlicher Projektleiter in der VMI-Forschung mitwirkt.
- Prof. Dr. Reinbert Schauer, der sich als Präsident des Institutsrates des VMI engagiert für die Zukunft des Institutes einsetzt und wissenschaftlich die Bereiche Rechnungswesen und Finanz-Management im Freiburger Modell betreut.
- Dr. Charles Giroud, ehemaliger wissenschaftlicher Mitarbeiter am VMI und Geschäftsführer der Beratergruppe für Verbands-Management B'VM in Bern, Linz und Stuttgart, der sich speziell mit Steuerungsproblemen in NPO befasst und für den Transfer der Erfahrungen aus der Beratungspraxis an das VMI besorgt ist. Mein Dank geht auch an die Herren Dr. Christoph Gitz und Dr. Andreas Kattnigg aus dem B'VM-Team.
- Dr. Kurt Walser, ehemaliger Generalsekretär des Schweizerischen Baumeisterverbandes, der wesentliche Kapitel dieses Buches aus der Sicht der Praxis beurteilt und zahlreiche wertvolle Hinweise geliefert hat.
- Die über 100 Absolventinnen und Absolventen des Diplom-Lehrganges für Verbands- und Nonprofit-Management VMI oder des Sportmanagement-Lehrganges Swiss Olympic/VMI, die sich für die Erarbeitung eines Marketing-Themas im Rahmen der zu erstellenden Lehrgangsarbeit begeistern konnten und uns in den damit verbundenen Diskussionen manche wertvolle Anregung gegeben haben. Stellvertretend für viele seien genannt: Dr. Stefan Dietzfelbinger, Prof. Dr. Hans-Jörg Schmidt-Trenz und Rechtsanwalt Alexander Zumkeller aus Deutschland, Dr. Heinz Raschka, Dr. Lothar Roitner und Prof. Alfred Waldbauer aus Österreich, Fritz Brugger, Fürsprecher Hubert Bucher, Hanspeter Inauen und Doris Rechsteiner aus der Schweiz.
- Die zahlreichen Verbandsgeschäftsführer/Innen, die an vielen Weiterbildungsveranstaltungen des VMI ihre Praxiserfahrung eingebracht haben. Stellvertretend genannt seien: Dr. Winfried Nowak, ehemals Direktor Handelskammer Karlsruhe; Hans Paul Frey, Hauptgeschäftsführer des Bundesarbeitgeberverbandes Chemie Deutschland; Dr. Christian Marte und Generalsekretär Hans Polster, Österreichisches Rotes Kreuz; Dr. Roland Siegrist, Direktor Diakonie Österreich; Kurt Bolli, Direktor Ausgleichskasse "Versicherung" in Zürich; Dr. Rudolf Tuor, Direktor Ausgleichskasse Kanton Luzern.
- Franziska Hiltpold-Geiger, die die zahlreichen Manuskripte sehr kompetent und speditiv erstellt und überarbeitet hat.
- Dr. phil. Karl Zimmermann und lic. und mag. rer. pol. Tina Purtschert, die das Manuskript mit hoher sprachlicher Kompetenz Korrektur gelesen haben.

- Men Haupt und Gisela Flühmann, die auch dieses Buch in ihr Verlagsprogramm aufgenommen haben und mit uns eine sehr produktive, von gegenseitigem Vertrauen geprägte Kooperation unterhalten.

Freiburg/Bern, November 2001

Robert Purtschert

Vorwort zur zweiten Auflage

Die überaus gute Aufnahme der ersten Auflage im Markt („Man muss keine Kristallkugel besitzen, um diesem Werk eine Klassikerlaufbahn in der Verbandsliteratur vorauszusagen") (HM in Verbändereport 5/2002) liess eine zweite Auflage als sinnvoll erscheinen.

Da wir unser Freiburger Management-Modell für Nonprofit-Organisationen als permanente Baustelle verstehen, sind auch in diesem Band zahlreiche Ergänzungen und Verbesserungen vorgenommen worden. Es werden u.a. Leitsätze für das Fundraising entwickelt und das Thema Campaigning behandelt.

Ein herzliches Dankeschön geht an das bewährte Team mit Dr. phil. Karl Zimmermann, Franziska Hiltpold und neu Claudia Kaeser, welche mit grosser Kompetenz und Engagement die Drucklegung vorbereitet haben.

Ein Dankeschön auch an Herrn Matthias Haupt für die langjährige Kooperation bei der Herausgabe unseres Freiburger Management-Modells für NPO.

Möge der vorliegende Band auch bei Ihnen, sehr geehrte Leserinnen und Leser, eine gute Aufnahme finden.

Freiburg/Bern, Juli 2005

Robert Purtschert

Inhaltsverzeichnis

Abbildungsverzeichnis XIX

Abkürzungsverzeichnis XXV

Kapitel I: Profit- oder Business-Marketing und seine Weiterentwicklung

1. **Profit- oder Business-Marketing** 5
   1.1 Entwicklung des Marketing 5
   1.2 Marketing-Philosophie 6
       1.2.1 Management-Orientierung 6
       1.2.2 Marketing-Logik 8
   1.3 Marketing-Begriffe 10
   1.4 Marketing-Theorien 11
   1.5 Marketing-Management 13
       1.5.1 Marketing-Konzept als Marketing-Rahmenplan 13
       1.5.2 Operative Marketing-Planung 16

2. **Weiterentwicklung der Marketing-Ansätze und ihre Bedeutung für Nonprofit-Organisationen (NPO)** 21
   2.1 Übersicht 21
   2.2 Vertiefungsansätze: Erweiterung des Marketing-Zielsystems 21
   2.3 Erweiterungsansätze 23
       2.3.1 Übertragung des Marketing auf weitere organisationsinterne und -externe Austauschbeziehungen in Profit-Organisationen (PO) und NPO 23
       2.3.2 Übertragung des Marketing auf andere Organisationstypen 26
       2.3.3 Ansätze zur Erweiterung des kommerziellen Marketing zum nicht-kommerziellen Marketing (Nonprofit-Marketing) .. 30
   2.4 Fokussierung auf weitere Marketing-Objekte 34

Kapitel II: Grundlagen für das Verständnis von Nonprofit-Marketing

1. **Charakteristik der Nonprofit-Organisationen (NPO)** 43
   1.1 Die Definition Nonprofit-Organisation (NPO) 44
   1.2 Die Organisationsmerkmale 44
   1.3 Typen von Nonprofit-Organisationen 45
   1.4 Organisationsstrukturen von NPO 50

2. **Strukturelle Grundlagen für den Einsatz von Marketing in NPO** 52
   2.1 Unterschiede in wichtigen Strukturmerkmalen von Profit-Organisationen (PO) und NPO 52
   2.2 Die Leistungen der NPO 58
   2.3 Austauschbeziehungen der NPO 60
      2.3.1 Umfelder und Austauschpartner 60
      2.3.2 Austauschsysteme, Güterarten und Steuerungsmechanismen 63
   2.4 Das Austauschsystem der NPO 69

Kapitel III: Marketing für Nonprofit-Organisationen im Freiburger Management-Modell für NPO

1. **Das Marketing-Verständnis im Freiburger Management-Modell für NPO** 75
   1.1 Entwicklungsrichtungen im Rahmen der Management-Orientierung ... 75
   1.2 Eingliederung des Marketing in das System der Führungsinstrumente 79

2. **Der Freiburger Marketing-Ansatz für NPO** 83
   2.1 Übertragung und Ausweitung des Profit-Marketing 83
   2.2 Marketing-Philosophie in den NPO 85
      2.2.1 Marketing-Philosophie versus Partizipationsphilosophie 85
      2.2.2 Normative Grenzen der NPO versus Marketing-Philosophie 87

	2.2.3	Interpretation und Begründung für die Akzeptanz der Marketing-Philosophie in den NPO 88
2.3		Marketing als Kommunikation 91

Kapitel IV: Marketing-Management in der NPO I:
Das Freiburger Marketing-Konzept für NPO

1. **Überblick über das Freiburger Marketing-Konzept für NPO** 97
   1.1 Festhalten der wichtigsten Austauschbeziehungen der NPO 98
   1.2 Analysen 103
   1.3 Marketing-Input aus übergeordneten Führungsinstrumenten 110
   1.4 Marketing-Leitsätze für die eigene NPO 111
   1.5 Gesamtpositionierung der Organisation/Corporate Identity (CI)/
       Cooperative Identity (COOPI) 114
       1.5.1 Gründe für die Erarbeitung der Gesamtpositionierung
             (CI/COOPI) einer Organisation 114
       1.5.2 Die Positionierungselemente 121
             1.5.2.1 Name der Organisation 123
             1.5.2.2 Verbale Positionierung/Mission Statements 125
             1.5.2.3 Positionierungskreuz 126
       1.5.3 Die Mehrfachpositionierung 127
       1.5.4 Umsetzung der Positionierung auf CI/COOPI 131
             1.5.4.1 Corporate Identity (CI) 131
             1.5.4.2 Cooperative Identity (COOPI) 134
             1.5.4.3 Abstimmung zwischen CI und COOPI 137
             1.5.4.4 Zusammenhang zwischen Organisationsstruktur
                     und CI in mehrstufigen NPO 138
             1.5.4.5 Erstellen eines CI/COOPI-Konzeptes 139
   1.6 Festlegen der Marketing-Einsatzbereiche 154
       1.6.1 Beschaffungs- und Leistungsabgabe-Marketing 154
       1.6.2 Portfolio-Analyse als Instrument zur Festlegung der
             Marketing-Einsatzbereiche 163
   1.7 Marketing-Organisation 172
   1.8 Prioritäten/Sofortmassnahmen 177

Kapitel V: Marketing-Management in der NPO II:
Die operative Marketing-Planung

1. Einführung 181
2. Marketing-Information: Beschaffen der für die Planung
   erforderlichen Informationsgrundlagen..184
   2.1 Übersicht über die Beschaffungsmethoden 184
   2.2 Marktforschung 186
3. Marketing-Ziele: Festlegen der Bereichsziele 195
4. Marketing-Segmentierung: Festlegen von Segmenten, Zielgruppen 198
   4.1 Allgemeines..198
   4.2 Das Involvement-Konzept als wichtige Dimension für die
       Zielgruppen-Segmentierung 202
5. Analyse der Marketing-Austauschsysteme: Analyse des zu
   planenden Austauschprozesses 206
6. Positionierung der Leistung, des Angebots: Abstimmen mit der
   Gesamtpositionierung der Organisation...208
7. Der NPO-Marketing-Mix: Die Marketing-Instrumentenbatterie 216
   7.1 Übersicht 216
   7.2 Performance: Produkt-/Dienstleistungs-Mix, Leistungsbündel...........219
       7.2.1 Bestimmen der Leistungsziele und der Qualitätsstandards 224
       7.2.2 Entwicklung neuer Leistungen 224
       7.2.3 Marketing für Kollektivgüter..225
   7.3 Promotion: Kommunikations-Mix 229
       7.3.1 Grundsätzliches zur Kommunikation 229
       7.3.2 Der kommunikative Beeinflussungsprozess...........................249
       7.3.3 Kommunikationsinstrumente..270
   7.4 Price: Preis- und Finanzierungs-Mix..277
       7.4.1 Finanzierungsquellen..278
       7.4.2 Produkt-/Leistungs- und Finanzierungsart 290

7.5 Place: Distribution, Dienstleistungsumfeld 292

7.6 People: Anreiz-/Beitragsinstrumente 296

7.7 Politics: Politische Instrumente 302

7.8 Abstimmung der Marketing-Instrumentenbatterie 303

8. **Marketing-Organisation und -Infrastruktur** 304

9. **Marketing-Budget** 305

10. **Marketing-Kontrolle** 305

11. **Definitive Festlegung der Planungsinhalte** 309

Kapitel VI: Marketing-Einsatzbereiche

1. **Marketing für Mitglieder, Milizer, freiwillige Helfer** 315

    1.1 Mitglieder-Marketing (Beschaffung) 315
    1.1.1 Grundsätzliches 315
    1.1.2 Die operative Planung im Mitglieder-Marketing 317

    1.2 Marketing für Milizer 327

    1.3 Marketing für freiwillige Helfer 328

2. **Fundraising** 338

    2.1 Das Fundraising-Konzept 338
    2.1.1 Analyse der Fundraising-Situation 338
    2.1.2 Vorgaben aus übergeordneten Führungsinstrumenten ...344
    2.1.3 Spendenpolitik/Spendenleitsätze 346
    2.1.4 Gesamtpositionierung der Organisation/CI 347
    2.1.5 Grundsatzziele und Schwerpunkte in den Fundraising-Aktivitäten (Fundraising-Strategie) 347
    2.1.6 Vorgaben und Einschränkungen für die Fundraising-Aktionsplanung 348
    2.1.7 Organisation im Fundraising-Bereich und Infrastruktur ...348

    2.2 Die Fundraising-Aktionsplanung 352
    2.2.1 Analyse, Informationsbeschaffung 353
    2.2.2 Fundraising-Ziele 353
    2.2.3 Fundraising-Segmentierung 353
    2.2.4 Fundraising-Austauschsystem 358

2.2.5 Positionierung der Fundraising-Aktion 358
2.2.6 Der Fundraising-"Mix" 360
2.2.7 Organisation der Aktion 365
2.2.8 Fundraising-Finanzplan und -Budget 365
2.2.9 Fundraising-Kontrolle, Evaluation 365

3. **Eigen-Marketing** 366
   3.1 Internes Marketing in NPO 366
       3.1.1 Verhaltensziele des Internen Marketing in NPO 367
       3.1.2 Einflussfaktoren zum Verhalten der Mitarbeitenden 372
       3.1.3. Wirkungskomponenten des Internen Marketing 374
   3.2 Mitgliederpflege 380
       3.2.1 Massnahmen zur Mitgliederbindung 381
       3.2.2 Kommunikation zur Mitgliederpflege 382
   3.3 Marketing-Transfer in mehrstufigen NPO 385
   3.4 Koordinationsleistungen 386

4. **Dienstleistungsmarketing** 387
   4.1 Immaterialität und Integrativität als Dienstleistungscharakteristika ...388
   4.2 Die Gestaltung der Marketing-Instrumente für Dienstleistungen 393
   4.3 Die Sicherung der Dienstleistungsqualität 393
   4.4 Die Planungssequenz für die Entwicklung einer neuen Dienstleistung 400
       4.4.1 Informationsanalyse 400
       4.4.2 Ziele 401
       4.4.3 Segmentierung/Zielgruppe 401
       4.4.4 Austauschsystem 401
       4.4.5 Positionierung 401
       4.4.6 Marketing-Instrumentenbatterie 402
       4.4.7 Organisation 404
       4.4.8 Budget 404
       4.4.9 Kontrolle 405
   4.5 Kollektiv vereinbarte Dienstleistungen 405

5. **Öffentlichkeitsarbeit/Kampagnen** 407
   5.1 Öffentlichkeitsarbeit 407
   5.2 Kampagnen 412
       5.2.1 Analyse 412

	5.2.2	Ziele der Kampagne	413
	5.2.3	Zielgruppen und Austauschprozesse	414
	5.2.4	Positionierung der Kampagne	414
	5.2.5	Kampagnen-Einsatzbereiche	415
	5.2.6	Kampagnen-Organisation	416
	5.2.7	Kampagnen-Budget	416
	5.2.8	Kampagnen-Kontrolle	416

6. Interessenvertretung/Lobbying 417

- 6.1 Die NPO/Verbände als Akteure im politischen System 417
- 6.2 Analyse von politischen Prozessen 424
- 6.3 Das Lobbying-Konzept 428
  - 6.3.1 Vorgaben aus übergeordneten Führungsinstrumenten 428
  - 6.3.2 Analyse der bisherigen Lobbying-Aktivitäten 429
  - 6.3.3 Festlegen der Austauschpartner im politischen System 429
  - 6.3.4 Errichtung eines Monitoring-Systems 430
  - 6.3.5 Festlegen der Grundsatzpositionen und deren interne Abstimmung 430
  - 6.3.6 Organisation des Lobbying 430
- 6.4 Stand-by-Lobbying 430
- 6.5 Operative Lobbying-Planung 434
  - 6.5.1 Informationsstand und relevante Vorgaben 434
  - 6.5.2 Lobbying-Ziele 434
  - 6.5.3 Lobbying-Thema 434
  - 6.5.4 Analyse des politischen Prozesses 434
  - 6.5.5 Zielgruppen 442
  - 6.5.6 Mögliche Kooperationspartner 442
  - 6.5.7 Lobbying-Leistungs-Mix 443
  - 6.5.8 Lobbying-Organisation 448
  - 6.5.9 Lobbying-Budget 449
  - 6.5.10 Lobbying-Erfolgskontrolle 449
- 6.6 Lobbying in europäischen Institutionen 450

7. Collective Bargaining/Kollektivverhandlungen 451

- 7.1 Verbände als Träger von Kollektivverhandlungen 451
- 7.2 Das System der Kollektivverhandlungen 452
  - 7.2.1 Attitudinal Structuring 452
  - 7.2.2 Interorganizational Bargaining 453
  - 7.2.3 Intraorganizational Bargaining 453

7.3 Stand-by-Massnahmen oder Erstellen der Bereitschaftsleistung 458
7.4 Operative Collective Bargaining-Planung 459
    7.4.1 Informationsstand und Informationssituation 459
    7.4.2 Analyse des CB-Prozesses 460
    7.4.3 Ziele/Verhandlungsdesign 460
    7.4.4 Zielgruppen 461
    7.4.5 CB-Mix 461
    7.4.6 Rahmenbedingungen 471
    7.4.7 Organisation 471
    7.4.8 Budget 472
    7.4.9 Umsetzung und Kontrolle 472

8. Kooperative Werbung 473

8.1 Einführung und Grundlagen 473
8.2 Werbung und Kooperation als Erklärungsvariablen der kooperativen Werbung 478
8.3 Parameter für die Realisierbarkeit von kooperativer Werbung 480
    8.3.1 Die Gruppenstruktur der Anbieter 480
    8.3.2 Die Charakteristik des Werbegegenstandes 482
    8.3.3 Die Bedrohung durch die Umwelt 486
8.4 Gemeinschaftswerbung im Entscheidungsprozess der Einzelunternehmung 487
8.5 Planungssequenz zur Gestaltung von kooperativen Werbeaktionen 489
    8.5.1 Informationsanalyse 489
    8.5.2 Ziele 489
    8.5.3 Segmente 490
    8.5.4 Art des Austauschprozesses 490
    8.5.5 Positionierung 490
    8.5.6 Marketing-Mix 491
    8.5.7 Organisation 491
    8.5.8 Budgetierung/Finanzierung 492
    8.5.9 Kontrolle 493

Zusammenfassung und Ausblick 495

Literaturverzeichnis 497

Sachregister 519

Abbildungsverzeichnis

Abb.	1	Die Kontinua der möglichen Management-Orientierungen und Aktivitätsgrade	7
Abb.	2	Die Marketing-Elemente "Marktanpassung und Marktgestaltung" bezogen auf Güterarten und Betriebsgrössen	9
Abb.	3	Marketing als Management-Konzept	14
Abb.	4	Typologisierung von Marktbehauptungsstrategien	15
Abb.	5	Matrix für Produkt-/Marktstrategien	16
Abb.	6	Die Komponenten des Marketing-Mix	20
Abb.	7	Weiterentwicklung des Marketing auf drei Ebenen	24
Abb.	8	System des ökologischen Marketing	29
Abb.	9	Produkt-/Leistungskombination	36
Abb.	10	Der Trend zur Dienstleistungsgesellschaft in der traditionellen "Drei-Sektoren-Hypothese"	37
Abb.	11	Unterschiede Sachgut und Dienstleistung	38
Abb.	12	System-Konvergenz und Typentransformation „Übernahme"/Kombination von Elementen von zwei oder mehreren Systemen	46
Abb.	13	Typologie der Nonprofit-Organisationen	48
Abb.	14	Vielfalt der Nonprofit-Organisationen	49
Abb.	15	Grundstrukturen „Verein/Verband" und „Stiftung" mit mehrstufigem Aufbau	51
Abb.	16	Unterschiede in wichtigen Strukturmerkmalen von PO und NPO	53
Abb.	17	Steuerungsmechanismen in den drei gesellschaftlichen Subsystemen	56
Abb.	18	Umfeldschichten der NPO und Leistungserstellungsprozess	61
Abb.	19	Austauschprozesse in der Karitativwirtschaft	65
Abb.	20	Politisches System nach Easton	67

Abb. 21	Struktur- und Beziehungsmodell des Verbandes (am Beispiel Wirtschaftsverband)	70
Abb. 22	Aufbaulogik des Freiburger Management-Modells für NPO	78
Abb. 23	Das System der Management-Instrumente und deren Grundlagen	80
Abb. 24	Die Marketing-Philosophie bedingt Verhaltensänderungen von der Dienstgesinnung in Richtung Dienstleistungsorientierung	89
Abb. 25	Checkliste: Marketing-/Leistungskonzept für NPO	99
Abb. 26	Austauschsystem Krebsliga Schweiz (KLS)	101
Abb. 27	Austauschsystem Stiftung "Wagererhof"	102
Abb. 28	Austauschsystem Sportverband	104
Abb. 29	Austauchprozesse im Schweizerischen Feuerwehrverband	105
Abb. 30	Stärken-/Schwächenanalyse von drei Gewerkschaften	107
Abb. 31	Stärken-/Schwächenanalyse des Leistungsprogrammes einer Gewerkschaft	108
Abb. 32	Stärken-/Schwächenanalyse eines Wirtschaftsverbandes	109
Abb. 33	Die drei Ebenen der Organisationskultur und deren Konkretisierung	120
Abb. 34	Positionierungskreuz am Beispiel der Schweizerischen Pflegekinder-Aktion	128
Abb. 35	Positionierungskreuz des Audio Hi Fi Fachhändler-Verbandes (CI-Positionierung: Verband als Organisation)	136
Abb. 36	Positionierungskreuz des Audio Hi Fi Fachhändler-Verbandes (COOPI-Positionierung: Verband als Gemeinschaft der Mitgliederbetriebe)	136
Abb. 37	Checkliste: Profil CI/COOPI-Design	141
Abb. 38	Checkliste: Matrix für die CI/COOPI-Kommunikation	142
Abb. 39	Das Logo der Friendly Hotels	146
Abb. 40	Logo Forstwirtschaftliche Zentralstelle der Schweiz	146
Abb. 41	Verschiedene Logos mit Bäumen	147
Abb. 42	Logo Waldwirtschaft Verband Schweiz	148

Abb. 43	Der Einfluss des Corporate Behavior im Rahmen eines Dienstleistungs-Erstellungsprozesses	152
Abb. 44	Schwierigkeitsgrad, Realisierbarkeit und Commitment bei der Implementierung von CI-Massnahmen	153
Abb. 45	Vernetzung zwischen Organisationskultur, Führungssystem und Corporate Identity	154
Abb. 46	Die Marketing-Einsatzbereiche im NPO-Marketing	155
Abb. 47	Ablaufübersicht Portfolio-Planung	165
Abb. 48	Raster zur Bestimmung der Marktattraktivität	167
Abb. 49	Portfolio-Raster eines Wirtschaftsverbandes	168
Abb. 50	Grafische Einordnung der Leistungen in den Portfolio-Raster	169
Abb. 51	Portfolio-Zonenraster eines Wirtschaftsverbandes	170
Abb. 52	Portfolio aus Stärken-/Schwächen- und Umfeldanalysen	171
Abb. 53	Organisatorische Verankerung des Marketing in einem Wirtschaftsverband	174
Abb. 54	Operative Marketing-Planung nach Hill/Rieser	183
Abb. 55	Bereiche der Marketing-Forschung	185
Abb. 56	Methoden der Marktforschung	187
Abb. 57	Marktforschungstypen, in Anlehnung an Kühn	189
Abb. 58	Vergleich der wichtigsten Befragungsformen	190
Abb. 59	Wichtigste Merkmale der Grundvarianten der Stichprobenauswahl	193
Abb. 60	Mögliche Ziele im Nonprofit-Marketing und der Schwierigkeitsgrad der intendierten Veränderung	197
Abb. 61	Segmentierungsbereiche in der NPO	199
Abb. 62	Mögliche Marktsegmentierung der IHK Karlsruhe	200
Abb. 63	Produktinvolvement in Abhängigkeit zur Güterart	205
Abb. 64	Positionierung der STZ gegenüber den Konkurrenz-Zeitschriften „SIA" und „Technische Rundschau"	210
Abb. 65	Grundpositionierungen für Bürostühle	211
Abb. 66	Beispiel für Positionierungsstrukturen/-landschaften	213

Abb. 67	Die vier Merkmalsdimensionen des Positionierungskreuzes für die Produkt-/Leistungspositionierung	215
Abb. 68	Die Marketing-Instrumentenbatterie für NPO	217
Abb. 69	Raster für die Leistungsbeurteilung in NPO	221
Abb. 70	Produkt-/Leistungslebenszyklus	222
Abb. 71	Leistungsangebot einer Gewerkschaft für Beschäftigte im Verkauf	223
Abb. 72	Kommunikationsformen	231
Abb. 73	Funktionen der Kommunikation	232
Abb. 74	Klassisches Kommunikationsmodell	234
Abb. 75	Kommunikationsebenen und Kommunikationsinhalte	237
Abb. 76	Beziehungsebene	238
Abb. 77	Zweistufiges Kommunikationssystem	240
Abb. 78	Informationsverarbeitung im Gehirn (Gedächtnis als Drei-Speicher-Modell)	242
Abb. 79	Semantisches Netz am Beispiel des Roten Kreuzes	245
Abb. 80	Instrumente der Bildkommunikation	248
Abb. 81	Wirkungskomponenten kommunikativer Beeinflussung	252
Abb. 82	Der Zusammenhang zwischen Involvement des Meinungsgegenstandes, der Kommunikationsmittel und der Kommunikationsmedien	254
Abb. 83	Wirkungspfad informativer Werbung bei stark involvierter Zielgruppe	256
Abb. 84	Wirkungspfad emotionaler Kommunikation bei wenig involvierter Zielgruppe	258
Abb. 85	Beeinflussungstechniken in der werblichen Kommunikation	260
Abb. 86	Fördernde und hemmende Effekte sowie vermutete Gesamtwirkung von Furchtappellen bei zunehmendem Intensitätsgrad	269
Abb. 87	Modell zur Preisbildung bei Individualleistungen	280
Abb. 88	Mögliche Beitragssysteme	284
Abb. 89	Die Elemente der Finanzierung, Mittelherkunft in NPO	291

Abb. 90	Zusammenhänge zwischen Motiven, Mitgliedertypen und Anreizen	298
Abb. 91	Katalog von Anreizen	301
Abb. 92	Verlauf einer Kosten-/Wirksamkeitsfunktion	308
Abb. 93	Die nutzenorientierten Fragen eines Interessenten vor dem Verbandsbeitritt (eine Illustration des Anreiz-/Beitagsprinzips)	321
Abb. 94	Tätigkeitsbereiche der Freiwilligen in der Schweiz	330
Abb. 95	Analyse der Freiwilligenarbeit im SRK (NPO-Analyse)	331
Abb. 96	Freiwilligenarbeit: Vergleich Caritas Schweiz / Österreich	333
Abb. 97	Checkliste: Fundraising-Konzept	339
Abb. 98	Struktur eines Finanz-Portfolio in einer spendenorientierten NPO	341
Abb. 99	Ist-Finanz-Portfolio	342
Abb. 100	Fundraising-Organisation in mehrstufigen NPO	350
Abb. 101	Eingliederung des Fundraising in eine Organisationsstruktur	351
Abb. 102	Bedingungen für prosoziales Verhalten	357
Abb. 103	Austauschsystem Basler Gassenküche	359
Abb. 104	Die sechs Instrumente der Fundraising-Instrumentenbatterie	361
Abb. 105	Beziehungsdreieck im Internen Marketing	368
Abb. 106	Zielsystem des Internen Marketing in NPO	369
Abb. 107	Einflussfaktoren zum Mitarbeiterverhalten	373
Abb. 108	Marketing-Funktionen der Mitarbeitenden im Wirtschaftsverband	376
Abb. 109	Leistungstypologie	389
Abb. 110	Die Dimensionen des Dienstleistungsmarketing	392
Abb. 111	Marketing-Mix für Dienstleistungen	394
Abb. 112	Das Vier-Lücken-Modell der Dienstleistungsqualität eines Wirtschaftsverbandes	398
Abb. 113	Klassifikation von NPO-Absatzleistungen	406
Abb. 114	Corporate und Cooperative Communication-Mix	409
Abb. 115	Der politische Entscheidungsprozess beim Bund in der Schweiz	425

Abbildungsverzeichnis

Abb. 116	Beeinflussbarkeit eines politischen Prozesses	433
Abb. 117	Beeinflussung der politischen Willensbildung in der Schweiz auf Bundesebene	435
Abb. 118	Ablauf der Bundesgesetzgebung in Österreich	436
Abb. 119	Möglichkeiten der Einflussnahme der Wirtschaftskammer auf Bundesebene in Österreich	437
Abb. 120	Möglichkeiten der Einflussnahme der Verbände auf Bundesebene in Deutschland	438
Abb. 121	Lobbying-Leistungs-Mix der NPO	444
Abb. 122	Kommunikationsinstrumente im Lobbying	447
Abb. 123	System des Collective Bargaining	454
Abb. 124	Kooperativ- oder Kollektivwerbung in der Übersicht	474
Abb. 125	Merkmale der Werbekooperation	479
Abb. 126	Existenz von Marken und Gemeinschaftswerbung	484
Abb. 127	Organigramm der swisspatat (Kartoffel-Verband)	492

Abkürzungsverzeichnis

AMA	American Marketing Association
BIP	Bruttoinlandprodukt
BWL	Betriebswirtschaftslehre
CBa	Collective Bargaining
CB	Corporate Behavior
CC	Corporate Communications
CD	Corporate Design
CI	Corporate Identity
COOPI	Cooperative Identity
DBW	Deutsche Betriebswirtschaft (Zeitschrift)
FR	Fundraising
FMM	Freiburger Management-Modell für NPO
FST	Forschungsstelle für Verbandspolitik, Universität Freiburg (ehemaliger Name des VMI)
GAV	Gesamtarbeitsvertrag (Tarifvertrag)
JHA	Journal of Humanitarian Assistance
JoM	Journal of Marketing
HBR	Harvard Business Review
i.d.R.	in der Regel
KZS	Kurzzeitspeicher
mbe	management by exception (Führung nach dem Ausnahmeprinzip)
mbo	management by objectives (Führung durch Zielvereinbarung)
Milizer	ehrenamtlich tätige Führungskräfte in NPO (Vorstände, Ausschussmitglieder etc.), in Österreich auch als „Funktionäre" bezeichnet
NGO	Non-Governmental Organizations
NPM	New Public Management
NPO	Nonprofit-Organisationen
OE-Prozesse	Organisationsentwicklungs-Prozesse
PO	Profit-Organisationen
PR	Public Relations

Profi	hauptamtliche Mitarbeitende in einer NPO, in der Schweiz auch „Funktionäre" genannt (vgl. Milizer)
SAC	Schweizerischer Alpen-Club
SGFF	Schweizerische Gesellschaft der Fundraising-Fachleute
SIA	Schweizerischer Ingenieur- und Architektenverein
SIS	Sensorischer Informationsspeicher
SKL	Schweizerische Krebsliga
SLE	Strategische Leistungseinheiten
SPA	Schweizerische Pflegekinder-Aktion
SRK	Schweizerisches Rotes Kreuz
SSIV	Schweizerischer Spengler- und Installateur-Verband
STV	Schweizerischer Turn-Verband
STZ	Schweizerischer Technischer Verband
VCI	Verband der chemischen Industrie in Deutschland
VM	Zeitschrift Verbands-Management
VMI	Verbandsmanagement Institut, Institut für Verbands- und Genossenschafts-Management, Universität Freiburg/Schweiz
VSCI	Schweizerischer Carosserie-Verband
WIFI	Wirtschaftsförderungs-Institut der Österreichischen Wirtschaftskammern
WiSt	Wirtschaftswissenschaftliches Studium
WWF	World Wildlife Fund
zfbf	Zeitschrift für betriebswirtschaftliche Forschung und Praxis
ZfgG	Zeitschrift für das gesamte Genossenschaftswesen
ZfB	Zeitschrift für Betriebswirtschaft
ZFP	Zeitschrift für Forschung und Praxis
ZögU	Zeitschrift für öffentliche und gemeinwirtschaftliche Unternehmen

Kapitel I
Profit- oder Business-Marketing und seine Weiterentwicklung

1. Profit- oder Business-Marketing

1.1 Entwicklung des Marketing

Obwohl **Marketing** in der Betriebswirtschaftslehre (BWL) eine fest verankerte Disziplin ist, wird es auch heute noch **nicht einheitlich definiert**. Einerseits entwickeln sich Marketing und die Marketing-Auffassung laufend weiter, andererseits wird Marketing je nach Situationsvariablen unterschiedlich definiert. Marketing ist immer **aus dem Kontext von Zeit und Umfeld** (Situation) zu verstehen.

Marketing steht für die Aktivitäten, die mit dem Absatz oder der Vermarktung von Gütern zusammenhängen. In diesem Sinne ist Marketing nicht etwas Neues, sondern wurde schon immer betrieben, seit die Menschen damit begannen, irgendwelche Güter auszutauschen.

In der deutschsprachigen BWL redete man früher von "Absatzlehre" als Teil der betrieblichen Funktionenlehre. In den 1950er Jahren verdrängte aber der Begriff "Marketing" mehr und mehr den Begriff "Absatzpolitik", das Marketing wurde zu einer eigenständigen Disziplin mit rasch steigender Bedeutung und kontinuierlicher Weiterentwicklung.

Anfänglich wurde von neuen Etiketten für altbekannte betriebswirtschaftliche Tatbestände gesprochen, doch Marketing ist mehr als das, Marketing ist als Antwort auf die sich rasch wandelnden wirtschaftlichen Rahmenbedingungen zu verstehen:

1. Die Verindustrialisierung fast aller Produktionsprozesse (selbst der Dienstleistungsbereich ist mehr und mehr diesem Trend ausgesetzt) führt zu einer praktisch vollständigen Trennung von konsumierenden Haushalten und produzierenden Betrieben. Die Anbieter werden sozusagen gezwungen, zu den Konsumenten "**Brücken**" zu bauen.

2. Gleichzeitig ist der **Wettbewerbsdruck** gewachsen, denn das Produktions-Knowhow ist immer breiter verfügbar. Rein technisch abgestützte Produktvorteile sind schwieriger zu verwirklichen. Der Verkäufermarkt wandelte sich zum Käufermarkt. Zudem erhöhte sich das Produktionsrisiko, weil der Druck zu grösseren Serien und die hohen Produktionsinvestitionen einen möglichst planbaren Absatz geradezu bedingen.

3. Mit dem steigenden Wohlstand seit den 1950er Jahren ist mehr "Discretionary Income" vorhanden. Der Konsument hat viel mehr **Wahleinkommen** zur Verfügung. Damit entsteht ein Wettbewerb beim Konsum, man spricht von "rivalisierendem" Konsum. Der Konsument hat nicht nur unglaublich viele Wahlmöglichkeiten in den

einzelnen Produktbereichen, sondern er muss sich auch grundsätzlich für die Konsumrichtung entscheiden, z.B. Schokolade kaufen oder ein Hilfswerk unterstützen.

4. Die **Austauschbarkeit** von Produkten verlangt, diese nicht nur durch die technischen Eigenschaften zu differenzieren, sondern es gibt auch imaginäre Eigenschaften, die eine bildhafte Gestalt schaffen, um dem Produkt ein unverwechselbares Image zu geben.

Als Antwort auf diese Veränderungen hat sich Marketing von der reinen Absatztechnik zu einer **unternehmerischen Denkhaltung** erweitert, die sich in der gesamten Tätigkeit der Organisation niederschlagen sollte. Bei der begrifflichen Erfassung unterscheidet man heute deshalb zwischen **Marketing-Philosophie, Marketing-Denkhaltung**, -Idee, und -Orientierung einerseits und **Marketing-Tätigkeit, -Management**, -Planung andererseits. Wir halten uns ebenfalls an diese Einteilung und werden sie auch für das Nonprofit-Marketing übernehmen.

1.2 Marketing-Philosophie

1.2.1 Marketing-Orientierung

Wie bereits erwähnt, ist Marketing aus dem Kontext von Zeit und Umfeld zu verstehen. Marketing reflektiert sich in Entwicklungsschritten des Anbieterverhaltens. Die Entwicklung verlief im historischen Zeitablauf mehr oder weniger von der Produktionsorientierung zur Bedürfnis- oder Marketing-Orientierung (vgl. Abb. 1). Der "Engpassfaktor" in der Unternehmung verlagerte sich vom Produktions- zum Absatzbereich.

Das **produktionsorientierte Management** stellt Erhältlichkeit und Preis der Leistungen als wichtigste Kriterien für den Kaufentscheid in den Mittelpunkt. Das Schwergewicht wird auf den Ausbau der Produktionskapazitäten und die dauernde Rationalisierung der Fertigungskapazitäten gelegt. Die Produktionsorientierung war bis in die 1920er Jahre vorherrschend.

Das **verkaufsorientierte Management** geht davon aus, dass der Konsument ein gewisses frei disponierbares Einkommen hat. Deshalb müsse die Unternehmung durch intensive Werbung und Verkaufsförderung einen Teil dieser Kaufkraft auf ihre Produkte lenken. Historisch wird diese Haltung der Zwischenkriegszeit zugerechnet. Die Verkaufsorientierung wird heute noch von vielen Praktikern mit Marketing verwechselt. Die Problematik des verkaufsorientierten Konzeptes liegt in der Annahme, dass Produkte **ver**kauft statt **ge**kauft werden (Hill/Rieser 1990, S. 11)!

Das **produktorientierte Management** sieht Chancen in der Produktdifferenzierung und in der Sortimentserweiterung. Nach dem Zweiten Weltkrieg brachte der technische Fortschritt tatsächlich eine Vielzahl neuer Produkte auf den Markt. Gleichzeitig

Abbildung 1: Die Kontinua der möglichen Management-Orientierungen und Aktivitätsgrade

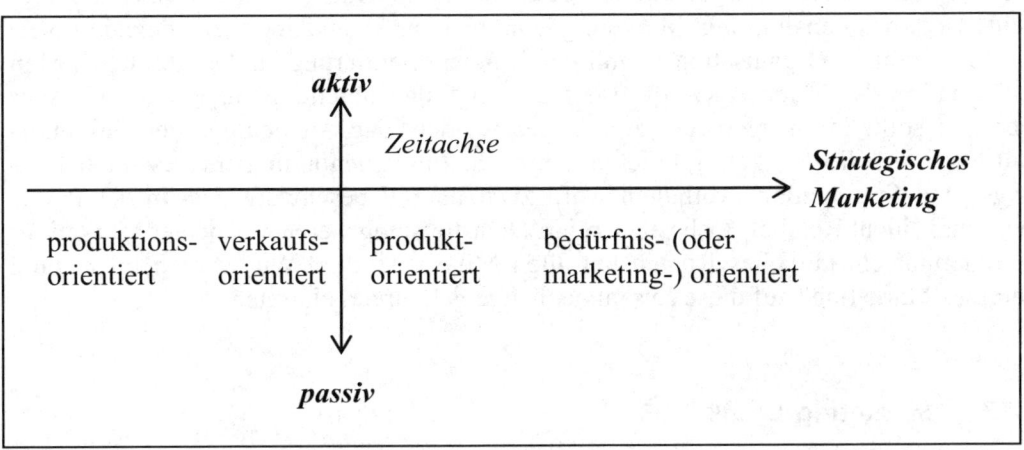

stiegen die Einkommen, und es war möglich, die Produkte allgemein vermehrt der Mode zu unterwerfen, die Produktlebenszyklen wurden kürzer etc. Auch die Dienstleistungsbranche begann, ihre Angebote im Sinne der Produktorientierung zu variieren, was mit dem starken Wachstum des Dienstleistungsbereiches einherging.

Die **Marketing-Orientierung** entspricht einer Denkhaltung, welche das gesamte Unternehmen auf die Bedürfnisse der Kunden ausrichtet. Hill/Rieser (1990, S. 13) bemerken mit Recht, dass es sich um ein gedankliches Konstrukt handle, das sich durch Plausibilitätsüberlegungen und positive Erfolgsbeispiele begründe, dessen Allgemeingültigkeit sich jedoch nicht wissenschaftlich beweisen lasse.

Die hier vorgestellten Orientierungsmuster und die dazu genannten Zeitintervalle dürfen nicht als abgeschlossene Prozesse betrachtet werden. Während der angegebenen Zeitperioden waren die entsprechenden Orientierungen jeweils vorherrschend, jede einzelne Orientierung kann aber auch heute noch mit Erfolg praktiziert werden. Man denke nur an die Produktionsorientierung, die in den heutigen Wettbewerbsstrategien als Kostenführerschaft wieder auftaucht. Im Prinzip werden in der Praxis alle vier Orientierungen parallel je nach Situation eingesetzt. Die einzelnen Orientierungen können zudem eher aktiv oder passiv oder eher zufällig betätigt werden.

Weiter ist der in Populärschriften anzutreffenden Überzeichnung des Marketing entgegenzuwirken, die postuliert, Marketing habe nur den einen Zweck, Kundenwünsche zu erfüllen. Dem ist entgegenzuhalten, dass **Marketing** ein **Mittel zum Zweck** ist, dass die Marketing-Orientierung zur Erfüllung der obersten Unternehmensziele beitragen soll. Deshalb ist Marketing auch den "Constraints" (Zwängen) des Marktes, der Marktwirtschaft unterworfen. In diesem System ist Gewinn zum Überleben erforderlich. Kundenbedürfnisse können nur solange oder so intensiv befriedigt werden, als damit ein Beitrag zum Überleben der Unternehmung geleistet wird. Die Abnehmerorientierung hat Rückwirkungen auf die gesamte Organisation, erfordert eine marktgerechte Unternehmensführung. Marketing kann nicht an irgendeine Stelle delegiert werden. Die gesamte Organisation ist mit der Kundenorientierung zu "durchfluten". Man denke nur an das Mahnwesen, das meistens der Finanzabteilung zugeordnet ist. Aber auch hier sollte kundengerecht vorgegangen werden. Die Ausrichtung der Gesamtorganisation auf die Marketing-Orientierung, d.h. Implementierung im gesamten Führungs- und Entscheidungsverhalten, wird zwar überall beschworen, ist in der Praxis aber längst nicht Realität. Insbesondere im Dienstleistungsbereich bedeutet Marketing-Orientierung ein tägliches Ringen bei allen Mitarbeitenden. Wir werden im Kapitel "Internes Marketing" auf diese Zusammenhänge gebührend eintreten.

1.2.2 Marketing-Logik

Wenn wir durch die Marketing-Orientierung eine bessere Erreichung der Unternehmensziele anstreben, liegt es auf der Hand, nach Möglichkeit nicht nur die Bedürfnisse der anvisierten Zielgruppe zu erfüllen, sondern diese auch aktiv zu beeinflussen oder sogar aktiv Bedürfnisse zu schaffen, d.h. latent vorhandene Bedürfnisse zu wecken. **Marketing-Logik** besagt, dass neben der **Marktanpassung** (an das Kundenbedürfnis) auch die **aktive Marktgestaltung** (d.h. Beeinflussung der Zielpersonen im Sinne der Unternehmensziele) zum Marketing gehört. Jeder Anbieter setzt je nach Strategie, Situation und finanziellen Möglichkeiten verstärkt marktanpassende oder -gestaltende Elemente ein.

Wie die folgende Abbildung zeigt, spielen die angebotene Güterart und die Betriebsgrösse des Anbieters eine wichtige Rolle bei der Wahl der Marketing-Elemente. **Marktanpassung** findet sich eher bei **Investitionsgüter-Herstellern**, die ihre Produkte oft mit den Kunden zusammen entwickeln, sodass die Kundenbedürfnisse optimal erfüllt werden können.

Die Strategie der Marktanpassung muss auch eher von **kleinen Unternehmen** befolgt werden, da ihnen die Mittel für teure Produktentwicklungen und Marktbearbeitungsstrategien fehlen.

Die Tendenz zur **Marktgestaltung** ist eher bei **grossen Unternehmungen** zu finden und bei qualitativ **kaum unterscheidbaren Konsumgütern**, die einen imaginären Markenaufbau und eine ständige Marktkommunikation erfordern.

Die Abbildung 2 verdeutlicht, wie **kontextgebunden** auch **Profit-Marketing** ist. Nicht nur marktliche Einflüsse wirken auf das Marketing ein, auch die Art des vermarkteten Gutes und die Struktur der anbietenden Unternehmung verändern die einzusetzenden Marketing-Strategien und -Mittel. Dies wird uns bei der Übertragung des Profit-Marketing auf den Nonprofit-Bereich wieder beschäftigen.

Abbildung 2: Die Marketing-Elemente "Marktanpassung und Marktgestaltung" bezogen auf Güterarten und Betriebsgrössen

Marktanpassung	Marktgestaltung
▪ Schwergewicht liegt bei Marktanpassungsmassnahmen	▪ Schwergewicht liegt bei den beeinflussenden Instrumenten
▪ Marketing im Sinne der Bedürfnisbefriedigung	▪ Beeinflussung des Verbrauchers auf möglichst allen Ebenen
	▪ Bedarfsschaffung
adaptives Marketing	hypertrophes, manipulatives Marketing
extreme Marktanpassung	**Misch- typen** **extreme Marktgestaltung**
tendenziell stärker vertreten bei:	tendenziell stärker vertreten bei:
▪ **Investitionsgütern** ▪ **Kleinbetrieben** ▪ **Anbietern in Marktnischen**	▪ **kurzlebigen Konsumgütern, wie Zigaretten, Waschmitteln** ▪ **Grossunternehmen** ▪ **Anbietern mit hohen Marktanteilen**

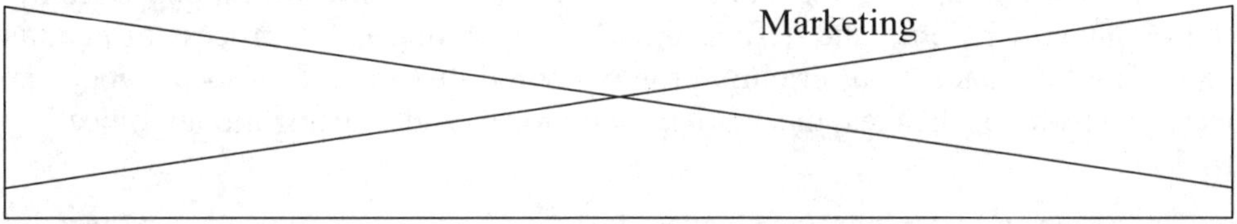

1.3 Marketing-Begriffe

Aufgrund der bisherigen Ausführungen möchten wir "Marketing" folgendermassen definieren:

Marketing beinhaltet den zwangsfreien Austausch von Gütern und Zahlungsmitteln zwischen zwei Gruppen (Personen) unter Verfolgung von Anbieter- und Abnehmer-(Konsumenten-)Zielen (Gewinn und Bedürfnisbefriedigung).

Diese Definition impliziert Güter-/Geldtauschbeziehungen, Wettbewerb auf der Anbieter- und Nachfragerseite sowie die Finanzierung über Preise. Marketing findet auf freien Gütermärkten statt. Hill/Rieser (1990, S. 2) sprechen vom **"Gratifikationsprinzip"**, aus dem hervorgeht, dass sich beide Austauschpartner aus der Transaktion Vorteile erhoffen, und vom **"Knappheitsprinzip"**, das auf der Annahme beruht, dass die getauschten Güter und Zahlungsmittel knapp sind.

Die American Marketing Association (AMA) modifiziert ihre Marketing-Definition laufend (Kontext der Zeit!) und definiert heute: "Marketing is the process of planning and executing the conception, pricing, promotion and distribution of ideas, goods and services to create exchanges that satisfy individual and organizational objectives" (AMA 2001).

Diese Definition widerspiegelt teilweise bereits die Ausweitung des Marketing-Begriffes auf den nicht-kommerziellen Bereich. Wir werden diese Ausweitung im folgenden Kapitel systematisch nachzeichnen und erläutern.

Unter **Marketing-Philosophie** verstehen wir eine Denkhaltung, welche die Bedürfnisbefriedigung der Konsumenten in den Mittelpunkt unternehmerischen Handelns stellt. Die **Marketing-Logik** aber impliziert, dass zur **Marktanpassung** auch die aktive **Marktgestaltung**, die Beeinflussung der Abnehmer gehört.

Unter **Marketing-Management** verstehen wir eine marktanpassende und marktgestaltende Unternehmungsführung. Die grundsätzlichen, strategischen Marketing-Vorgaben werden im **Marketing-Konzept** festgehalten, das als Grundlage für die **operative Marketing-Planung** dient. Im Zentrum des Marketing-Management steht der Einsatz der Marketing-Instrumente, die in ihrer Gesamtheit als **Marketing-Mix** bezeichnet werden.

Nach der Festlegung des Marketing-Begriffes folgen einige Hinweise zu den Marketing-Theorien.

1.4 Marketing-Theorien

Die Marketing-Theorie versteht sich als betriebswirtschaftliche **interdisziplinäre Forschungsdisziplin**, die auf die Erkenntnisse anderer Wissenschaftszweige zurückgreift, um Beiträge zur Lösung von Problemen zu leisten, die bei der Ausführung von Marketing-Tätigkeiten auftreten (Meffert 1992, S. 698).

Die Entwicklung der Marketing-Theorie folgte in etwa parallel zu jener der allgemeinen Betriebswirtschaftslehre. Meffert (1992, S. 698) unterscheidet Theorieansätze der älteren betrieblichen Absatzlehre von der modernen Marketing-Theorie. Jeder dieser Ansätze hat u. E. Überlegungen generiert, die im heutigen Marketing integriert sind.

Der **institutionenorientierte Ansatz** ist einer der ältesten Ansätze, er untersucht das Absatzverhalten verschiedener Institutionen, wie der Landwirtschaft, des Handels, der Banken etc. In neuerer Zeit werden auch Kooperationsformen in die Untersuchungen einbezogen (z.B. Handelskooperationen). NPO sind zum grossen Teil Kooperationsgebilde. Deshalb ist dieser Ansatz für die NPO fruchtbar. Er leistete Vorarbeit zur Erkenntnis, dass **strukturelle Gegebenheiten** das Marketing beeinflussen.

Im **warenorientierten Ansatz** werden aufgrund von Produkttypologien **produktspezifische Ausgestaltungen** der Absatzpolitik entwickelt. Die weitere Entwicklung führte zur Unterscheidung in Konsumgüter-, Investitionsgüter- und Dienstleistungsmarketing. Die Leistungsangebote haben Rückwirkungen auf die Gestaltung des Marketing, dies wird sich wieder im NPO-Bereich deutlich zeigen, wenn es beispielsweise um das Marketing für Kollektivgüter geht.

Der **funktionenorientierte Ansatz** ist als Vorläufer der heutigen instrumentellen Betrachtung des Marketing (Marketing-Mix) zu sehen, indem durch das Marketing mittels Überwindung von Raum-, Zeit- und Mengenelementen eine Brücke zwischen Produzent und Konsument geschlagen wird.

Der **verbraucherorientierte Ansatz** ist ein Vorläufer des **verhaltenswissenschaftlichen Ansatzes** und stellt u. E. die Brücke zu den Ansätzen der modernen Marketing-Theorien dar. Der verhaltenswissenschaftliche Ansatz versucht, die Wirkungen der absatzpolitischen Massnahmen mit Hilfe verhaltenswissenschaftlicher Konstrukte zu erklären (z.B. Käuferverhalten). Auch hier wird diese anpassende Komponente durch eine gestaltende ergänzt, indem im Marketing versucht wird, Techniken zur Steuerung des menschlichen Verhaltens zu entwickeln. Diese Erkenntnisse lassen sich auch im Nonprofit-Marketing (NPO-Marketing) verwenden, man denke nur an das Spenden-Marketing.

Mit dem Einzug der Systemtheorie in die deutsche BWL (Ulrich 1971) kam es in der Folge zum **systemorientierten Ansatz** in der Marketing-Theorie. In den mittleren 1960er Jahren begannen bekannte Autoren wie Lazer (1971), Lazer/Kelley (1962),

Adler (1967) und andere, den "Systems Approach to Marketing" einzuführen. Dass es sich beim Marketing um einen "broad and interrelated process" handelt, haben bereits Alderson und Cox (1948, S. 137) beschrieben.

Der Systemansatz stellt als abstraktes, interdisziplinäres Begriffssystem einen geeigneten terminologischen Rahmen zur Verfügung, der es erlaubt, die gleichzeitige Beachtung verschiedener Einflussfaktoren und Variablen wie die Konkurrenz, den Zwischenhandel und externe Beeinflusser, aber auch soziologische, ökonomische und technologische Aspekte integrativ miteinander zu verbinden. Die Unternehmung ist mit ihren Austauschpartnern und Umwelten in vielfältigen Input-/Output-Beziehungen verbunden. Der didaktische Wert des Systembegriffes zur Erfassung der Marketing-Zusammenhänge ist heute unbestritten. Dieser Ansatz bildet die Grundlage für das Freiburger Management-Modell für NPO und damit auch für dieses Buch.

Als ideale Ergänzung zum Systemansatz ist der **entscheidungsorientierte Marketing-Ansatz** zu nennen. Dieser versucht, unter Anwendung von Theorien zum Entscheidungsverhalten den Ablauf von Entscheidungsprozessen nicht nur zu erklären, sondern Empfehlungen für eine optimale Entscheidungsfindung im Marketing-Bereich aufzuarbeiten. Diese Ziel-Mittel-Entscheidungen finden sich nicht nur im Marketing-Konzept, sondern auch in der Marketing-Planung wieder, wobei dort die optimale interdependente Gestaltung der Marketing-Instrumente (Marketing-Mix) im Zentrum steht. Auch dieser Ansatz wird hier systematisch verwendet.

Eine Weiterentwicklung des Systemansatzes ist nach Meffert (1992) im **situativen Ansatz** zu sehen. Für die Lösung eines Marketing-Problems gebe es nicht eine generell gültige, sondern mehrere jeweils situationsbezogene, angemessene Lösungen.

Der situative Ansatz wird in dieser Monographie in zweifacher Hinsicht vertreten, einmal, weil wir der Meinung sind, dass die strukturellen Besonderheiten der NPO und der NPO-Systeme ein spezifisches NPO-Marketing erfordern, zum andern, weil wir hier ein generelles, für alle NPO als Grobraster einzusetzendes Marketing-Instrumentarium vorstellen, das für jede Organisation und für jeden Fall situativ ausgewählt und angepasst werden muss.

Die Übersicht zeigt, dass in der Theorie verschiedenste Ansätze zum besseren Verständnis des Marketing entwickelt wurden und diese praktische Hinweise zur Bewältigung der Marketing-Problemstellungen lieferten. Unseres Erachtens können diese Bausteine im Rückblick als zusammenhängende und sich ergänzende Entwicklungsschritte interpretiert werden.

Im nächsten Abschnitt soll Marketing als unternehmerische Aufgabe/Tätigkeit beschrieben und danach die Weiterentwicklung in Richtung NPO verfolgt werden.

1.5 Marketing-Management

Die Marketing-Philosophie als marktorientierte Unternehmensführung muss sich in der praktischen Unternehmenstätigkeit wiederfinden. Die **Marketing-Tätigkeit**, Marketing als praktische Aufgabe, untergliedern wir in

- das **Marketing-Konzept** als **Marketing-Rahmenplan**
- die **Marketing-Planungssequenz** als **operative Marketing-Planung**

Unter "Marketing-Konzept" verstehen wir den Marketing-Rahmenplan im Sinne von Leitplanken für alle Marketing-Tätigkeiten in der Unternehmung. Die einzelnen operativen Marketing-Tätigkeiten werden in der operativen Marketing-Planung ausgearbeitet.

1.5.1 Marketing-Konzept als Marketing-Rahmenplan

Die konkrete Gestaltung und Realisierung des Marketing stellen eine komplexe Aufgabe dar: Es muss eine Vielzahl von Informationen gesammelt und verarbeitet werden. Aus einer grossen Zahl von Handlungsalternativen muss ein konsistentes Set von Massnahmen ausgearbeitet werden. Um die Gesamtaufgabe des Marketing zweckmässig bewältigen zu können, ist sie in sinnvolle Teilaufgaben und Teilschritte zu gliedern. Diesen strategischen Grobraster nennen wir **Marketing-Konzept** (vgl. Abb. 3).

Die Konzeptarbeit beginnt mit der **Analysephase**, in der die wesentlichen Elemente des Marketing-Systems (Zielpersonen, Konkurrenzanbieter) sowie die eigenen Stärken und Schwächen untersucht werden. In die Abklärungen ist immer auch ein Prognose-Element einzubeziehen, da die Entwicklung in der Zukunft von entscheidender Bedeutung ist.

In einem zweiten Schritt sind **Marktabgrenzungen** vorzunehmen, d.h. Teilmärkte und Marktsegmente für die einzelnen Angebote zu bestimmen. Hier müssen auch festgelegte Geschäftsfeldstrategien berücksichtigt werden. An sich werden solche Entscheide in der strategischen Unternehmungsplanung gefällt, sie sollten im Marketing aber bereits als Vorgabe auftreten. Falls solche Überlegungen nicht angestellt worden sind, wären sie spätestens hier "nachzuholen".

Ein möglicher Ansatz ist die Auflistung der strategischen Stossrichtungen im Marketing anhand der Dimensionen "Leistungsprogramm" und "Marktposition". Der Matrix stehen folgende Überlegungen zugrunde (vgl. Abb. 4).

Abbildung 3: Marketing als Management-Konzept (mod. nach Hill/Rieser 1990, S. 23)

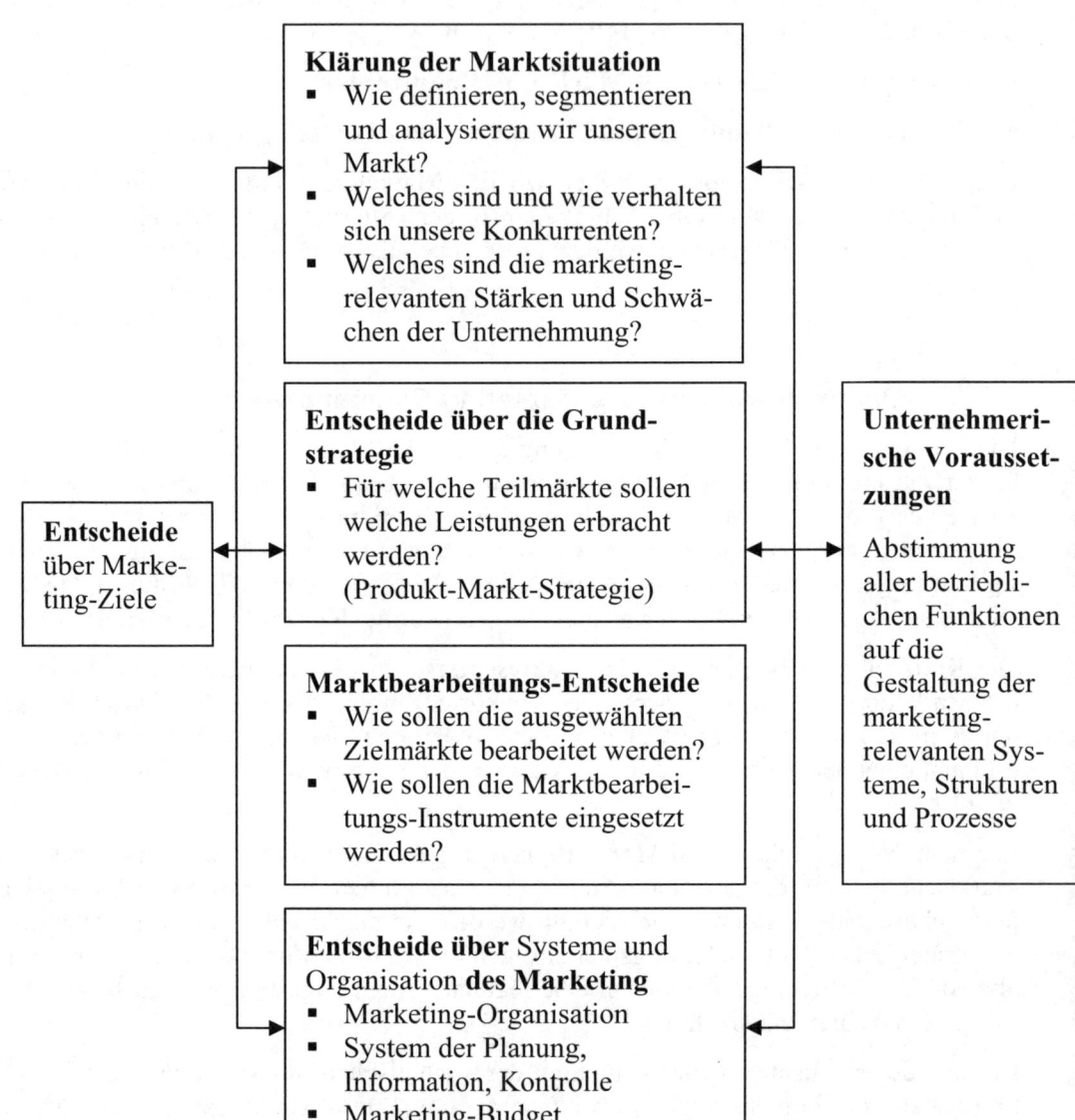

Abbildung 4: Typologisierung von Marktbehauptungsstrategien (Meffert 1983)

Leistungsprogramm-strategie / Angestrebte Marktposition	Fokussierung	Differenzierung
Marktführer	fokussierte Marktführer-schaftsstrategie	differenzierte Marktführerschaftsstrategie
Nischenanbieter	fokussierte Nischenstrategie	differenzierte Nischenstrategie

1. Der Anbieter soll eine Marktführerstrategie oder eine Nischenstrategie verfolgen; mittlere, unklare Positionen sind meistens weniger ertragskräftig. Spezifische Kompetenzen sollen eine Nischenstrategie ermöglichen, Marktführer profitieren von Skaleneffekten in allen Bereichen.
2. Eine differenzierte Marktführerstrategie will durch intensive Bearbeitung einzelner Marktsegmente in diesen eine Marktführerschaft erreichen.
3. Eine fokussierte Nischenstrategie will durch ein straffes Leistungsprogramm in einem speziellen Marktsegment Erfolg erzielen.
4. Die differenzierte Nischenstrategie hingegen will ein spezifisches Marktsegment relativ breit, d.h. mit einem breiten Sortiment bearbeiten.

Für den Entscheid der anvisierten Produkt-/Marktstrategien zeichnet die Matrix in Abbildung 5 eine Anzahl möglicher Produkt-/Marktstrategien auf:

Eine weitere in der Praxis angewandte Methode zum Fällen strategischer Produktentscheide ist die Portfolio-Analyse an. Weil dieses Instrument im NPO-Marketing genauso verwendbar ist, wird es in Kapitel IV behandelt.

Nach diesem Schritt sind die **Marktbearbeitungs-Entscheide** zu treffen. Wie verhalten wir uns gegenüber der Konkurrenz? Mit welchen Instrumenten soll die Marktbearbeitung erfolgen? Das Marketing-Konzept schafft den Orientierungsrahmen für die kurzfristigen Marketing-Entscheidungen, die im Rahmen der operativen Marketing-Planung gefällt werden.

Abbildung 5: Matrix für Produkt-/Marktstrategien

Produkte \ Märkte	dieselben Märkte	erweiterte Märkte	neue Märkte
dieselben Produkte	MARKTDURCH-DRINGUNG		
verbesserte Produkte			
neue Produkte			DIVERSIFI-KATION

1.5.2 Operative Marketing-Planung

Die im Marketing-Rahmenkonzept festgelegten mittel- bis langfristigen Marketing-Aktivitäten sind durch die entsprechenden Abteilungsverantwortlichen in detaillierte Pläne umzusetzen. Für diese operative Tätigkeit empfiehlt sich ebenfalls ein systematisches Vorgehen. Der komplexe Entscheidungsprozess soll zur Optimierung der einzelnen Marketing-Instrumente führen. In der Praxis haben sich heuristische Verfahren (s. nachstehende Definition) für die Marketing-Planung bewährt (Kühn 1994, S. 15).

Heuristik

"Durch systematische Reduktion der Komplexität eines Problems (Bestimmung des Marketing-Mix) soll dieses einer praktisch realisierbaren Lösung entgegengeführt werden. Das Gesamtproblem wird in eine Folge sukzessive zu bearbeitender Teilprobleme zergliedert, die einzeln erfasst, überblickt und gelöst werden können. Man erhält so vielleicht nicht die theoretisch beste, aber immerhin eine in der Praxisbrauchbare Lösung."

Im gesamten Marketing-Planungsverfahren sind laufend die auftretenden Beschränkungen und Erschwernisse zu berücksichtigen. Wir bezeichnen diese als "Constraints". Dazu gehören z.B. gesetzliche Vorschriften (in der Werbung, für die Produktentwicklung), mangelndes Know-how (um ein gewünschtes Marketing-Instrument zu realisieren), fehlende Infrastruktur oder Mittel.

Für die Realisierung der operativen Planung empfiehlt sich, die folgende **Marketing-Planungssequenz** (1. - 8.) einzuhalten. Diese wird hier nur in groben Umrissen dargestellt, weil sie im Kapitel V für den NPO-Marketing-Bereich detailliert behandelt wird.

1. Marketing-Information

Die im Marketing-Konzept erfolgte Klärung der Marktsituation ist durch weitere, den spezifischen Planungsprozess betreffende Informationen und Analysen zu ergänzen. Der frühere, zu enge Ansatz der Marktanalyse wird auf eine marketing-relevante Umfeldforschung ausgedehnt. Man spricht heute von **Marketing-Analyse** (= Marktanalyse + Umfeldanalyse + unternehmungsinterne Daten). Bei diesem Schritt wird eine möglichst verlässliche Informationsbasis zur Abstützung der Planungsentscheide geschaffen. Dazu gehören:

a) Informationen über **externe Entwicklungen, Daten**:
    - Marktgrösse, Strukturen, Absatzwege
    - spezielle Marktbedingungen
    - Chancen und Bedrohungen aus der Marktsituation
    - Konkurrenzanalyse, Marktanteile der Wettbewerber, eingesetzte Instrumente der Wettbewerber usw.

b) Informationen über **interne Daten, Potenziale**:
    - eigene Potenziale
    - eigene Stärken und Schwächen
    - Produktstruktur
    - Marketing-Kompetenz usw.

Weiter sind Informationen über das spezifisch zu behandelnde Marketing-Problem zu beschaffen.

Für die Unternehmung gilt nun, diese Daten nicht nur zu sammeln, sondern in einem zweckmässigen Informationssystem zu kombinieren und den entscheidungsrelevanten Stellen in einer einfachen Form zur richtigen Zeit zur Verfügung zu stellen. Die optimale Koordination der Informationssammlung und -verteilung zwischen Forschung, Entwicklung, Fabrikation, Einkauf und Marketing stellt in den meisten Betrieben immer wieder Probleme dar.

2. Marketing-Ziele

Aufgrund der im Marketing-Konzept vorgegebenen Ziele und der Ergebnisse der Informationsanalyse werden die operativen Marketing-Ziele für den zu planenden Teilbereich festgelegt.

Diese Ziele müssen operationalisiert werden, was eine Präzisierung nach Inhalt, Ausmass und Zeitbezug erfordert.

Einige Zielbeispiele:
a) Wahl der Produkt-Markt-Bereiche
b) Marktanteilziele, Umsatzziele, Imageziele
c) Konkurrenzstrategie ("Me-too", aggressive Preisstrategie oder eigene Profilierung)

3. Marktsegmentierung

Die Segmentierung bedeutet eine Konkretisierung der in der Marketing-Philosophie vertretenen Bedürfnisanpassung sowie eine "Feingliederung" der Märkte. Es wird versucht, die Abnehmer in möglichst homogene Zielgruppen zu fassen, um die Leistungsangebote und die übrigen Marketing-Instrumente kundengerecht gestalten zu können. Die Marketing-Segmente beziehen sich nicht nur auf die **Endverbraucher**, sondern auch auf die **Meinungsbeeinflusser** und die **Distribution**. Die Segmentierung umfasst somit:
a) Definition der Endverbraucher-Zielgruppen (psycho- und soziodemographisch, geographisch)
b) mögliche Beeinflusser, Meinungsbildner
c) Daten über Handel, Distribution

4. Positionierung des Angebotes

Ein Produkt wird nie isoliert wahrgenommen, der Konsument setzt es immer in Bezug zu vorhandenen Vorstellungsbildern und gemachten Produkterfahrungen. Deshalb ist die Positionierung eines Angebotes im Marktumfeld eine entscheidende Marketing-Aufgabe und hat in zwei Bereichen zu erfolgen:
a) in der **Positionierung gegenüber der Konkurrenz** oder der Substitutionskonkurrenz
b) in der **psychologischen Positionierung** bei **Produktverwendern**

5. Marketing-Mix

Die Planung und der Einsatz der **Marketing-Instrumente** bilden eine Kernfunktion des Marketing. Es handelt sich um alle Massnahmen, mit denen ein Anbieter seine Beziehungen zu den für ihn wichtigen Marktteilnehmern optimal **gestaltet** und gleichzeitig deren Verhalten zu beeinflussen versucht.

Über die in diesem Zusammenhang verwendeten Marketing-Instrumente besteht eine unübersehbare Flut von Literatur. Im Prinzip lassen sich jedoch alle Einteilungssysteme auf Mc Carthy's vier "P" zurückführen (product, price, promotion, place) (Mc Carthy 1981). Die deutsche Version lautet:

a) **Produkt-** oder Leistungsangebot, inkl. Kundendienst
b) **Preispolitik** und gesamte Konditionenpolitik
c) **Kommunikationspolitik**: gegenüber Endverbrauchern, Handel, externen Beeinflussern
d) **Distribution**: Absatzwege, Absatzkanäle und Logistik

Der Marketing-Mix ist pro Segment oder Teilmarkt festzulegen. Jeder dieser Teil-Mixe enthält seinerseits mehrere Komponenten (Sub-Mixe) (vgl. Abb. 6).

In der Darstellung des Marketing-Mix nach Meffert werden die einzelnen Sub-Mixe jeweils dem strategischen oder eher dem taktischen Bereich zugeordnet. Diese Gewichtung ist plausibel; Verkaufsförderung beispielsweise ist eine taktische Massnahme, während die Bestimmung der Absatzkanäle langfristige Konsequenzen hat und für eine Unternehmung strategischen Charakter aufweist.

Die Abstimmung des Marketing-Mix stellt in der Marketing-Planung ein zentrales Problem dar. Die einzelnen Instrumente sollen sich ergänzen und verstärken. So wird ein hochwertiges, erklärungsbedürftiges Produkt sinnvollerweise über den Fachhandel abgesetzt.

6. Marketing-Organisation und -Infrastruktur

Ein bestimmter Marketing-Mix ruft nach Organisationsanpassungen und/oder einer Veränderung der Infrastruktur. Nach der Planungsphase folgt die Realisierung. Marketing-Versprechen wie z.B. Serviceleistungen müssen durch die vorhandene Infrastruktur (Serviceabteilung) eingelöst werden können. Für die Gestaltung der Organisationsstruktur im Absatzbereich bieten sich die folgenden grundlegenden Gliederungskriterien an:

a) **Aufgaben/Funktion** (Verkauf, Werbung)
b) **Produktgruppen** (Divisionen, Sparten)
c) **Produkte** (z.T. auch spezifisches Produkt-Management)
d) **geographische Räume**
e) **Abnehmer, Kundengruppen** (Key-Account)

Je nach den zu setzenden Schwerpunkten wird primär (nach Aufgaben, Produktgruppen, Produkten, Kunden) oder sekundär (geographisch) strukturiert.

7. Marketing-Budget

Die ungefähren Kosten für den geplanten Teilbereich sind abzuschätzen, um eventuell eine Budgetrevision zu fordern oder eine Änderung des Instrumenteneinsatzes zu planen.

Abbildung 6: Die Komponenten des Marketing-Mix (Meffert 2000, S. 991)

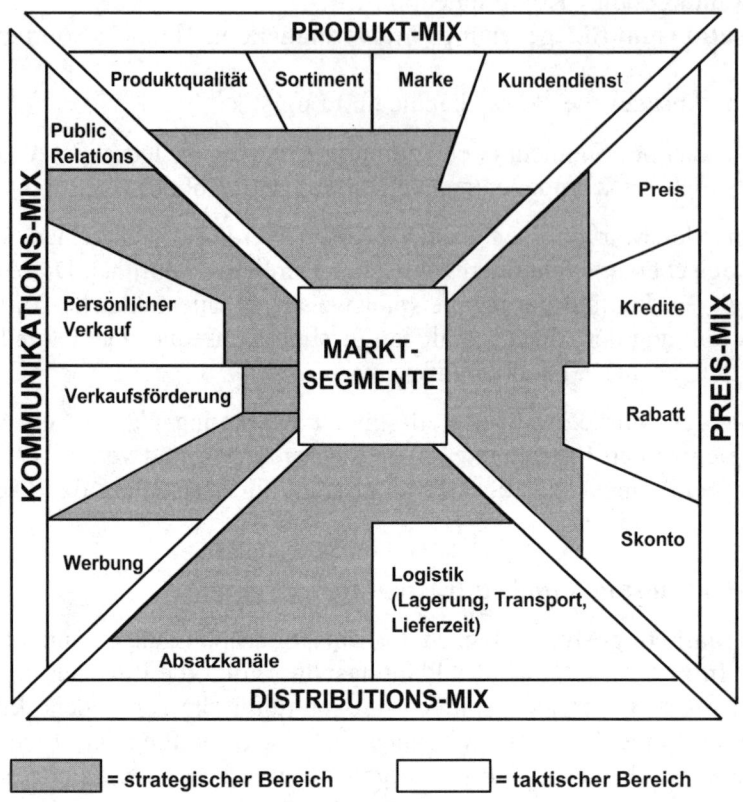

8. Marketing-Kontrolle

Die Grobkontrolle ergibt sich aus der Umsatzentwicklung. Es werden jedoch für jedes Instrument nach Möglichkeit spezielle Kontrollmechanismen erarbeitet.

Diese Übersicht über die heuristisch durchgeführte operative Marketing-Planung soll im Moment genügen. Wir wissen nun, wie im Profit-Bereich die Marketing-Planung angegangen werden kann.

Vertiefen werden wir die Planung im NPO-Marketing-Teil. Wir werden dort die grundsätzliche Aufteilung der Marketing-Gesamtplanung in ein Marketing-Konzept und in die operative Marketing-Planung beibehalten.

Im nächsten Abschnitt wollen wir uns mit den Erweiterungsansätzen des Profit-Marketing befassen. Wir untersuchen, a) wie sich das Profit-Marketing weiterentwickelt hat, und b) zeichnen wir die Versuche nach, das Marketing auf zusätzliche organisationsinterne und -externe Austauschbeziehungen sowie auf weitere Organisationstypen zu übertragen.

2. Weiterentwicklung der Marketing-Ansätze und ihre Bedeutung für Nonprofit-Organisationen (NPO)

2.1 Übersicht

Wie wir gesehen haben, reflektiert das Marketing-Verständnis immer den Kontext von Zeit und Umfeld, zudem ist Marketing immer auch situativ zu interpretieren und zu adaptieren. In diesem Sinne lassen sich für die Neuorientierung des Marketing nicht nur die zwei Entwicklungslinien nachzeichnen, welche die Amerikaner mit "Deepening" (Vertiefungsansätze) und "Broadening" (Erweiterungsansätze) bezeichnen, sondern es ist auch die Fokussierung auf weitere Marketing-Objekte darzustellen.

"**Deepening** the concept of marketing" fordert die **Erweiterung des Zielsystems** im traditionellen Marketing, d.h. die Ergänzung der unternehmerischen durch ökologische und soziale Zielsetzungen.

"**Broadening** the concept of marketing" fordert die Übertragung des Marketing-Wissens einerseits auf **weitere Organisationstypen**, wie öffentliche oder private (vor allem soziale) NPO, andererseits auf **weitere organisationsinterne und -externe Austauschbeziehungen** in Profit-Organisationen (PO) und NPO.

Parallel zu den Erweiterungsansätzen verläuft auch die **Erweiterung der Marketing-Objekte**, d.h. man versucht, die ursprünglich für Konsumgüter entwickelten Marketing-Erkenntnisse nach und nach bei der Vermarktung von Investitionsgütern, Dienstleistungen, sozialen Ideen usw. einzusetzen.

Die in den 1970er und 1980er Jahren intensiv geführte Diskussion über die Vertiefungsansätze hat sich weitgehend beruhigt, während die Erweiterungsansätze und die Fokussierung auf weitere Marketing-Objekte noch voll in der Entwicklung stehen. Die genannten Ansätze sind in Abbildung 7 schematisch dargestellt.

2.2 Vertiefungsansätze: Erweiterung des Marketing-Zielsystems

Im Vordergrund steht das Postulat, dass eine reine Abnehmerorientierung und gleichzeitige Konsumförderung sowie die damit einhergehende Profitorientierung für das unternehmerische Handeln nicht mehr ausreichen. Marketing-Entscheide sind demnach nicht nur nach rein wirtschaftlichen Kriterien zu treffen, sondern nicht-wirtschaftliche Faktoren ökologischer und humaner Art sind in den Problemlösungsprozess einzubeziehen (Wehrli 1981, S. 19). An sich handelt es sich hier nicht um ein marketing-spezifisches Problem, denn solche Fragen betreffen alle unternehmerischen Entscheide. Es ist aber interessant festzustellen, dass die Umweltfaktoren sofort von der Marketing-Disziplin aufgegriffen und "verarbeitet" wurden (Marketing aus dem Kontext der Zeit!).

1. Environmental Approach / ökologisches Marketing

Ende der 1960er Jahre haben Holloway, Scott und andere (Holloway/Hancock 1964; Scott/Marks 1968) den Aspekt der Umweltveränderungen in die Marketing-Diskussion eingebracht. Wieder wurden unter Berücksichtigung des Zeitgeistes die Akzente für das Marketing etwas verschoben. Umweltverschmutzung, Konsumentenbewegung usw. wurden zu vermehrter Berücksichtigung empfohlen, ob als zu beachtende "Constraints" oder mögliche neue Betätigungsfelder für Unternehmen. Der ökologische Aspekt eröffnet neue Marktnischen und Differenzierungsdimensionen, die genutzt werden können (Rühli 1991).

Dieses relativ enge Verständnis des ökologischen Problems aus der Sicht der Unternehmung vermag die ökologischen Probleme nicht zu lösen. Der Ansatz des Öko-Marketing braucht eine breitere Basis. Deshalb findet sich das ökologische Marketing in unserer Darstellung bei den Erweiterungskonzepten wieder ("Öko-Marketing").

2. Societal Marketing

Der Grundgedanke des "Environmental Marketing" wird im "Societal Marketing" verstärkt hervorgehoben, denn in der Zwischenzeit hatte sich in den USA der Konsumentenschutz zum aktiven, einflussreichen Konsumerismus entwickelt.

Ökologische Probleme verlangen gesellschaftlich dringend nach Lösungen, das Axiom der direkten Verantwortung des Unternehmers wird in die Diskussion eingeführt. Die Lebensqualität muss auch für den Unternehmer zum Orientierungsmassstab werden.

Marketing sollte aus einem **gesellschaftlichen Kontext**, im Gegensatz zu einem rein unternehmensbezogenen, verstanden werden (Bartels 1965, S. 47; Lazer 1976, S. 219). Es sollen **pluralistische Marketing-Ziele** entstehen, welche die Gewinnmaximierung zu ergänzen haben. Lazer sieht in erster Linie die Massenproduktion als Ursache für die Verschwendung von Ressourcen und die Zerstörung der Umwelt. Er stellt vor allem Fragen, fordert als Antwort verstärkte Marketing-Ethik, sieht aber, dass "das Kernproblem jeder Marketing-Ethik im Fehlen allgemein anerkannter, objektiver Beurteilungsnormen für Handlungen einerseits und in der Schwierigkeit, allgemeine Normen auf spezielle marketing-relevante Situationen anzuwenden, andererseits liegt" (Lazer 1976, S. 223).

Als operational kann von Lazers Vorschlägen nur die Forderung nach verstärkter Staatsintervention im Marketing (Schaffung von Rahmenbedingungen) gelten: Modifikation der Anti-Trust-Gesetze, neue Sicherheitsbestimmungen, Kontrolle der Umweltverschmutzung, Vorschriften und Regelungen für Verpackungen usw.

3. Mega-Marketing

Das Mega-Marketing kann als Weiterentwicklung des "Societal Marketing" verstanden werden. Einflüsse der Umweltbereiche und des Staates sollen nicht nur in die **Marketing-Zielformulierung** einfliessen, sondern diese (früher als unkontrollierbar gehaltenen) Variablen sollen durch spezifische, den Marketing-Mix **ergänzende Instrumente** (Politics und PR) aktiv **beeinflusst** werden (Kotler 1986, S. 535).

Kotler hat das im NPO-Management angewendete Konzept des **Mehrparteien-Marketing** auf die Unternehmung übertragen. Er weist darauf hin, dass die externen Variablen nicht mit den bisherigen klassischen Marketing-Instrumenten allein beeinflusst werden können. Er schlägt deshalb politische Bündnispflege, Lobbying und andere Machtinstrumente vor, ohne die zu beeinflussenden Austauschprozesse näher zu klassifizieren oder zu systematisieren. Diese Ideen werden wir im NPO-Marketing vertiefend weiterverfolgen.

4. Systemansatz

Bei diesem Ansatz handelt es sich nur bedingt um ein Vertiefungskonzept, vor allem jedoch um eine Systematik, die es erlaubt, die **Marketing-Beziehungen umfassend darstellen** zu können, wie wir das bereits erwähnt haben.

Unseres Erachtens können mit dem Systemansatz auch neue paradigmatische Prämissen für das Marketing berücksichtigt werden, wie sie beispielsweise Wüthrich (1991, S. 322) vorschlägt: Es müsse gelingen, "aus einer ganzheitlichen Sicht aller Bezugsgruppen unternehmerisch legitimiert zu handeln". Auch hier wird die Forderung nach einem Mehrparteien-Marketing gestellt. Die Erkenntnisse über Systemzusammenhänge können zu Zielerweiterungen oder zumindest zu Zielmodifikationen führen. Der Systemansatz ist für das NPO-Marketing grundlegend wichtig, geradezu Voraussetzung, um die Marketing-Situation im Kontext der NPO darstellen zu können.

Abbildung 7 illustriert zusammenfassend die Weiterentwicklung des Marketing auf den drei erwähnten Ebenen.

2.3 Erweiterungsansätze

2.3.1 Übertragung des Marketing auf weitere organisationsinterne und -externe Austauschbeziehungen in Profit-Organisationen (PO) und NPO

Marketing impliziert ursprünglich einen genau definierten Austauschprozess (Ware gegen Geld) zwischen Unternehmung und Abnehmern. Eine Erweiterungslinie im Marketing versucht nun, das Marketing-Gedankengut auf weitere organisationsinterne und -externe Austauschbeziehungen auszuweiten.

Abbildung 7: Weiterentwicklung des Marketing auf drei Ebenen

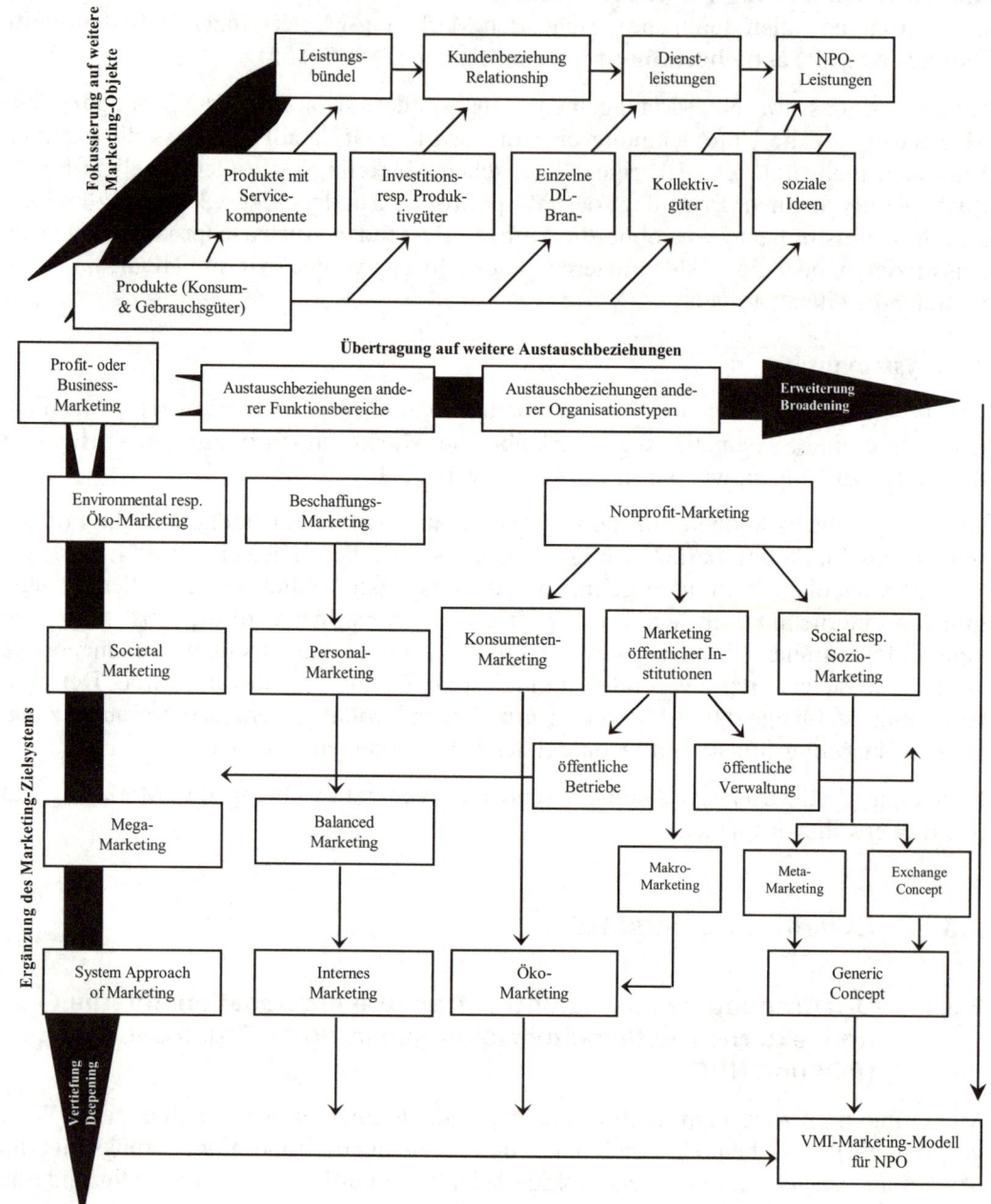

1. Beschaffungsmarketing

Unter "Beschaffungsmarketing" versteht man die Ausdehnung des absatzmarktorientierten Marketing-Konzeptes auf den betrieblichen Funktionsbereich der Beschaffung. "Es umfasst die Gesamtheit aller auf die Beschaffungsmärkte gerichteten Aktivitäten von Organisationen (Unternehmungen, Behörden, sonstige Institutionen) mit dem Ziel ihrer Beeinflussung" (Tietz 1978, S. 48): Beschaffungsmarktforschung, Beschaffungspolitik als Marketing-Mix usw.

In Normalfall sollte in Marktwirtschaften die Beschaffung keine grösseren Probleme darstellen, das Absatz-Marketing der Anbieter müsste den Beschaffern per definitionem entgegenkommen! Bei **speziellen Marktverhältnissen** kommt dem Beschaffungsmarketing jedoch eine wichtige Bedeutung zu:

a) Das **Investitionsgüter-Marketing** zeichnet sich durch **intensive Interaktionen** zwischen **Anbieter- und Nachfrageorganisationen** aus. Die beschaffende Organisation setzt vielfältige Instrumente zur Beeinflussung ihrer Marktpartner ein.

b) Das **Handels-Marketing** zeichnet sich ebenfalls durch **intensive Interaktionsprozesse** zwischen **Hersteller- und Handelsbetrieben** aus. Mit der Beschaffung werden gleichzeitig Marketing-Entscheide (Sortimentsgestaltung, Preisgestaltung, Image-Einflüsse) des Handelsbetriebes im Absatzbereich vorbestimmt.

In gewissen NPO erhält das **Beschaffungsmarketing** in der Form der Mittelbeschaffung (Fundraising) **zentrale Bedeutung**. Deshalb ist Beschaffungsmarketing ein wesentlicher Teilbereich des NPO-Marketing.

In letzter Zeit gewinnt das Beschaffungsmarketing generell eine neue Dimension. Stichworte sind Outsourcing, Reverse Marketing, Lieferantenentwicklung etc. "Man geht als Kunde auf den Lieferanten zu, um mit ihm gemeinsam etwas zu betreiben, was dazu führt, dass man bei den eigenen Kunden auch in Zukunft gut, vielleicht noch besser sein kann" (Disch 1999, S. 84).

2. Personal-Marketing

In **enger Auslegung** ist Personal-Marketing ein Teil des Beschaffungsmarketing, indem (insbesondere in Phasen der Hochkonjunktur) Marketing-Instrumente zur Personalbeschaffung eingesetzt werden.

In einer **weiteren Auslegung** umfasst Personal-Marketing die aktive Gestaltung der sozialen Austauschprozesse zwischen Unternehmen und den Arbeitnehmern. Die Marketing-Massnahmen beziehen sich auf den (externen) Arbeitsmarkt und die unternehmungsinternen Beziehungen zu den Mitarbeitern. Der Ansatz des Personal-Marketing wird u. E. mit dem **Internen Marketing** (siehe unter "Internes Marketing") kreativ und sinnvoll weiterentwickelt, was wiederum für NPO sehr wichtig ist.

3. Balanced Marketing

Ähnlich wie beim "Human Concept" will das "Balanced Marketing" das Gewicht des "Engpasssektors Absatz" (Raffée 1977, S. 57) relativieren. Neben den im Zeitalter der Rohstoffverknappung (aus der Sicht der Rohstoffkrise von 1973 verständlich) an Gewicht zunehmenden Beschaffungsmärkten gewinnt der Personalbereich immer mehr an Bedeutung. Diesem Sachverhalt ist durch Beschaffungs- und Personal-Marketing Rechnung zu tragen. Absatz-Marketing wird durch andere Marketing-Typen ausgewogen (balanced) ergänzt.

4. Internes Marketing

Die laufend zunehmende Bedeutung des Dienstleistungssektors hat zu einer intensivierten Forschung im Bereich Dienstleistungsmarketing geführt. Man erkannte, dass in einem erfolgreichen Dienstleistungs-Erstellungsprozess eine **kooperative Interaktion** zwischen dem Personal des Dienstleistungsanbieters und dem Dienstleistungsnehmer erforderlich ist. Das Einstellungs- und Verhaltensmuster des Personals hat direkte Rückwirkungen auf die Unternehmungsprofilierung und damit auf die Corporate Identity (CI)-Strategie. Ähnlich verhält es sich beim Investitionsgüter-Marketing, auch hier haben wir es mit Interaktionsprozessen zu tun, welche die Wahrnehmung von Produkt und Anbieterunternehmung beeinflussen. Die eigenen Mitarbeiter müssen deshalb zielgerichtet in die Marketing-Bemühungen einbezogen werden.

Internes Marketing versucht, **Personalwirtschaft und (Absatz-)Marketing zu integrieren**. Das bedeutet:

a) Einsatz der personalpolitischen Instrumente unter dem Primat des Absatzes

b) Einsatz von Marketing-Instrumenten zur Beeinflussung des Personals

Internes Marketing ist die **bewusste Verhaltensbeeinflussung** der Mitarbeitenden einer Organisation, um deren **Dienstleistungskompetenz zu erhöhen** und damit die Marketing-Orientierung zu fördern.

2.3.2 Übertragung des Marketing auf andere Organisationstypen

In diesen weiten Bereich fallen alle Versuche, das (Profit-)Marketing auf **nicht erwerbswirtschaftliche Organisationen** zu übertragen.

1. Marketing in öffentlichen Institutionen und Makro-Ansätze

a) **Öffentliche Betriebe**
Die öffentlichen Betriebe (Verkehrsbetriebe, Elektrizitätswerke etc.) bieten wie die Unternehmungen Individualgüter mit Preisfinanzierung an. Deshalb ist das Profit-Marketing-Konzept weitgehend anwendbar, wenn auch folgende ökonomische **Sachverhalte erschwerend** wirken:

- Viele Leistungen sind nach Massgabe **gesetzlicher** bzw. verordnungsrechtlicher **Grundlage** zu erbringen (z.B. Tarifpolitik).
- Oft besteht die **Angebotspflicht** auch dann, wenn die Leistung nicht mehr nachgefragt wird.
- Zum Teil herrscht eine **Monopolsituation** zugunsten der öffentlichen Unternehmung vor.

Trotzdem ist u. E. strukturell eine Übereinstimmung bei der Mehrzahl der für eine Adaptation des Marketing kritischen Elemente in öffentlichen Betrieben gegeben.

b) **Öffentliche Verwaltungsbetriebe**

In diesem Bereich lässt sich Profit-Marketing nur einsetzen, wenn Individualgüter gegen Entgelt angeboten werden. Bei der Abgabe von Kollektivgütern oder dem Management von politischen Prozessen muss das Marketing modifiziert werden. Weil öffentliche Verwaltungen ähnliche Strukturmerkmale wie andere NPO aufweisen, lässt sich Profit-Marketing für diesen Bereich nur beschränkt einsetzen (Purtschert 1990).

Der neue Ansatz des New Public Management (wirkungsorientierte Verwaltungsführung) versucht, in der Verwaltung eine stärkere Kunden- oder Bürgerorientierung einzuführen. Dies ist aber nur möglich, wenn die Verwaltungsstrukturen verändert werden. Weiter sind neue Steuerungselemente einzuführen (Schedler 1996). Obwohl hier nur Teilbereiche des Marketing zum Einsatz kommen, zeigt dieser Ansatz, dass der Wandel von der Input- zur Output-Orientierung in der Verwaltung nur durch erhebliche organisatorische Veränderungen erzielt werden kann. Auch hier gilt: Marketing ist kontextgebunden.

2. Makro-Marketing

Alle bisherigen Marketing-Ansätze beziehen sich auf eine einzelne Unternehmung/ Organisation, wobei der Systemansatz immerhin das weitere Umfeld der Marketing betreibenden Organisation einzubeziehen versucht.

Es gibt einzelne Vertreter der Marketing-Wissenschaft, die postulieren, die Marketing-Disziplin dürfe sich nicht "auf die Probleme der einzelnen Organisation in ihrem Umfeld beschränken, sondern müsse auch die **Austauschprozesse** und deren Wirkungen im **Rahmen der Gesamtwirtschaft untersuchen und beeinflussen**" (Hill 1982, S. 253). Nach Hill ist die Makrobetrachtung im Sinne einer Einzeluntersuchung, z.B. von Distributionssystemen, nicht neu.

Zif (1980, S. 37) schreibt: "Makro Marketing is the study of exchange activities and exchange systems from a societal perspective." "Societal consequences" seien "major concerns" im Makro-Marketing, während diese im Business-Marketing eher als "Constraints" angesehen würden.

Der Begriff "Makro-Marketing" soll nicht mehr weiterverfolgt werden, da uns hier die Marketing-Perspektive aus der Sicht der einzelnen Organisation interessiert.

Allerdings gibt der Makroansatz erste Hinweise darauf, dass sich gewisse Marketing-Aufgaben auf der Mikroebene nicht lösen lassen. Ein Beispiel dazu liefert das Öko-Marketing.

3. Öko-Marketing

Wie unter Abschnitt 2.1 erwähnt, hat sich aus der Perspektive der Einzelunternehmung der Environmental-Ansatz zum Öko-Marketing entwickelt. Das **Ökologieproblem** lässt sich aber **nicht** isoliert **auf der Unternehmensebene lösen**. Eine Makroperspektive, die Konsumenten und übergeordnete Institutionen einbezieht, ist angezeigt. Deshalb erscheint der Begriff "Öko-Marketing" in unserer Abbildung 7 zweimal, nämlich beim Unternehmens-Marketing und bei den staatlichen Institutionen in Kombination mit der Weiterentwicklung des Konsumenten-Marketing.

Es ist Hasitschka beizupflichten, dass ein Defizit an generalisierbaren konzeptionell-theoretischen Aussagesystemen bezüglich des ökologischen Marketing besteht. Dieser Autor definiert Öko-Marketing als "die Summe aller Massnahmen zur Herbeiführung geplanter Tauschrelationen mit bestimmten Zielgruppen (Organisationen/Individuen) zwecks Erreichung eines festgelegten qualitativen und quantitativen Niveaus an Umweltgütern (Boden, Wasser, Luft)" (Hasitschka 1984, S. 248).

Aus der Sicht von Umweltschutzpromotoren (systembedingt, meistens staatliche Stellen) ergibt sich ein eigenständiges ökologisches Marketing-Zielsystem.

Aus der Perspektive erwerbswirtschaftlicher Unternehmen geht es um die Eingliederung ökologischer Ziele in die bestehende (Absatz-)Marketing-Zielhierarchie. Bei den Konsumenten schliesslich sind ökologie-orientierte Verhaltensänderungen erforderlich, welche Voraussetzung für die Zielerreichung bei den anderen beiden Systempartnern sind. Dieser systemorientierten Sicht des ökologischen Marketing liegen nach Hasitschka (vgl. Abb. 8) folgende Austauschprozesse zugrunde:

Die Erreichung von Marketing-Zielen der Umweltschutzinitiatoren (z.B. sparsamer Energieverbrauch) hängt unter anderem von der Effektivität der Tauschprozesse a) bis c) ab:

a) Herbeiführung von Verhaltensänderungen bei Unternehmungen (Herstellung umweltschonender Produkte) gegen Abgabe von Informationskampagnen oder Vermeidung von Vorschriften/Steuernachteilen

b) Herbeiführung von Verhaltensänderungen bei Konsumenten (Energie sparen) gegen Aufklärungsmassnahmen/Tariferleichterungen

c) Umwelt- und preisgerechtes Güterangebot der Unternehmungen

Als Besonderheit dieser Systemdarstellung des ökologischen Marketing vermerkt Hasitschka die Unmöglichkeit der Heranziehung einer einheitlichen Theoriebasis für alle

Abbildung 8: System des ökologischen Marketing (nach Hasitschka 1984, S. 247, vereinfacht)

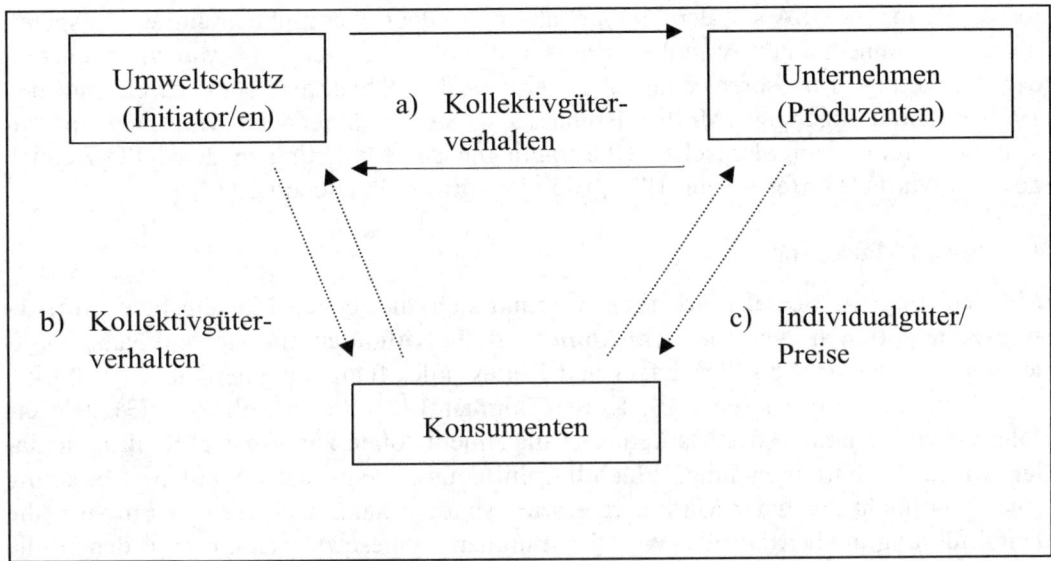

Typen von Austauschbeziehungen. Während für alle drei Beziehungen die Adoptions- und die Diffusionstheorie Erklärungsansätze bieten können, ist festzuhalten, dass **einzig die Beziehung c) eine echte Marktbeziehung** (schlüssige Güter-Preis-Relation) darstellt, während die Prozesse b) und a) dem sogenannten **Kollektivgüter-Verhalten** (Fehlen des Ausschlussprinzips) mit dem bekannten Trittbrettfahrersyndrom unterliegen (auch Nicht-Zahler können von den Leistungen profitieren). Aufgrund der mangelnden Preiswirksamkeit werden Kollektivgüter nicht durch erwerbswirtschaftliche Unternehmungen angeboten, Angebotsentscheidungen resultieren nicht aus marktwirtschaftlichem Kalkül, sondern ergeben sich aus politischen Verhandlungs- und Wahlprozessen.

Die von Hasitschka als Besonderheit aufgezeigte **Systemdarstellung** ist unseres Erachtens **typisch** für das **NPO-Marketing**: Das Vorhandensein **unterschiedlicher Austauschprozesse** mit **verschiedenen Steuerungsmechanismen** steht im Gegensatz zum klassischen Marketing, das auf dem durch Preise gesteuerten Güter-/Geld-Austauschprozess beruht.

Hasitschka hat gezeigt, dass mit dem klassischen Unternehmensmarketing das Ökologieproblem nicht gelöst werden kann. Das hier vorgestellte Modell des Öko-Marketing ist ein Beispiel einer Systemdarstellung der NPO-Marketing-Problematik. Für die operative Umsetzung werden jedoch nur erste vage Hinweise gegeben.

2.3.3 Ansätze zur Erweiterung des kommerziellen Marketing zum nicht-kommerziellen Marketing (Nonprofit-Marketing)

Die Erweiterung (Broadening) des Objektbereiches im Marketing durch Aufgabe oder zumindest Abschwächung des erwerbswirtschaftlichen Bezugs des Marketing-Begriffes wurde in den USA seit den 1960er Jahren, im deutschen Sprachraum etwas später, doch nicht minder intensiv und kontrovers, diskutiert. In den USA war die Mehrzahl der Marketing-Professoren einer Ausweitung des Objektbereiches bereits in den 1970er Jahren zugeneigt (Meffert/Bruhn 1976, S. 2), während im deutschen Sprachraum von rein terminologischen Übertragungen des Marketing in den NPO-Bereich gewarnt wurde (Meffert/Bruhn 1976; Blümle/Schwarz/Purtschert 1977).

1. Social Marketing

Mit dem Begriff "Social Marketing" verband sich zum ersten Mal die Idee, **Marketing-Konzeptionen** auch für **nicht-kommerzielle Aufgaben** einzusetzen. Neben Kotler und Zaltman entwickelten Lazer und Kelley, alles führende amerikanische Marketing-Autoren, diese Thesen (z.B. Kotler/Zaltman 1971; Lazer/Kelley 1973). Die erfolgreichen Techniken des Marketing-Management sollen zur **Verwirklichung sozialer Ideen** (Geburtenregelung, Flüchtlingshilfe usw.) eingesetzt werden. Marketing spielt sich nicht nur unter Marktpartnern ab, sondern kann auch für den Entwurf, die Durchführung und Kontrolle von Programmen eingesetzt werden, mit denen die Verbreitung und Annahme sozialer (gemeint sind "gute, notwendige") Ideen beeinflusst werden sollen. Marketing wandelt sich von der unternehmerischen zu einer **gesellschaftlichen Aktivität**.

Kotler sieht das Social Marketing im Kontext der wirtschaftlichen Entwicklung (was ganz der Tradition in der Marketing-Wissenschaft entspricht). Wenn eine Gesellschaft ihre Grundbedürfnisse (Nahrung, Bekleidung, Wohnen) mehr oder weniger erfüllt sieht, beginnt sie, Organisationen zu bilden, die jene Bedürfnisse befriedigen sollen, welche bisher zurückgestellt werden mussten. Dies geschieht durch bedeutende Non-Business-Organisationen, für deren Management die genau gleichen Führungsqualitäten wie in Industrieunternehmen erforderlich sind. Alle diese Organisationen erfüllen Produktionsfunktionen, indem sie das günstigste Input-/Output-Verhältnis zu erreichen trachten. Weiter erfüllen sie eine personalwirtschaftliche und eine Beschaffungsfunktion. Jede dieser Organisationen betreibt auch marketing-ähnliche Aktivitäten wie Werbekampagnen, Veranstaltungen zur Beeinflussung der öffentlichen Meinung usw. Diese "Marketing-Aktivitäten" zielen meistens nicht nur auf einen homogenen Abnehmerkreis ab, sondern es werden oft verschiedene Segmente angesprochen. Der Konkurrenzdruck zwingt die Organisationen dauernd zur Überprüfung ihres Angebots: Ist es noch zeitgemäss, wird es von den Abnehmern nicht mehr oder in einer anderen Form gewünscht?

Alle diese Organisationen stehen auch komplexen Problemen der "Preispolitik" gegenüber! Wie sollen die Dienstleistungen finanziert werden? Darf für die Dienstleistungen ein kostendeckender Preis gefordert, müssen Spenden beschafft werden usw.?

Die Kommunikationspolitik wird meistens viel zu wenig bewusst und umfassend gestaltet. Auch die Distributionspolitik kann für einen Teil der NPO wesentlich sein.

Kotler/Levy ziehen die Schlussfolgerung, dass die Manager von NPO auf Marketing gar nicht verzichten können: "The choice facing those who manage nonbusiness organizations is not whether to market or not to market, for no organization can avoid marketing. The choice is whether to do it well or poorly, and on this necessity the case for organizational marketing is basically founded" (Kotler/Levy 1969, S. 15).

Damit wird die **Marketing-Philosophie** als wertvolle **Führungskonzeption** für **alle Typen von Organisationen** begründet.

Wir möchten hier eher für die ursprüngliche, **engere Variante** von Social Marketing plädieren, im Sinne von **Marketing für soziale Aufgaben**. Auch Bruhn/Tilmes, die das erste deutschsprachige Buch zu diesem Thema verfasst haben, definieren Social Marketing als Marketing für soziale Institutionen: "Social Marketing ist die Planung, Organisation, Durchführung und Kontrolle von Marketing-Strategien und -Aktivitäten nichtkommerzieller Organisationen, die direkt oder indirekt auf die Lösung sozialer Aufgaben gerichtet sind" (Bruhn/Tilmes 1994, S. 23). In diesem Sinne betrachten wir Social Marketing als einen spezifischen Teilbereich des NPO-Marketing.

2. Meta-Marketing

Die Ausweitung des Marketing-Konzeptes auf NPO hat zu vielen neuen Begriffen und Umschreibungen geführt, wobei die Definitionen noch keineswegs genau abgegrenzt und allgemein anerkannt sind. Weil die Begriffe "Societal Marketing" (Unternehmens-Marketing mit sozialen Zwecken) und "Social Marketing" (Marketing für NPO) immer wieder Anlass zu Verwechslungen geboten haben und der Begriff des "Social Marketing" den Enthusiasten der "Broadening-Theorie" noch zu eng war, wurde von Kelley (1965, S. 89) der Begriff "Meta-Marketing" eingeführt. Social Marketing sei "nur ein Teil des Meta-Marketing, welches das gesamte wissenschaftliche, soziale, ethische und unternehmerische Erfahrungsgut im Bereich des Marketing zur Geltung bringt". Kotler schrieb 1986, es sei bis heute keine allgemein anerkannte Definition für das Meta-Marketing entwickelt worden. Er kreierte deshalb den Begriff "Generic Marketing".

3. Generic Marketing

Die mit dem Artikel "Broadening the Concept of Marketing" eingeleitete Erweiterung des kommerziellen Marketing, die sich im "Social" und "Meta-Marketing" fortsetzte, wurde nicht unwidersprochen aufgenommen. Kotler will mit seinem "Generic Concept of Marketing" (1970, S. 46) beweisen, dass die grösste Schwäche des Erweiterungsvorschlages nicht darin lag, dass dieser zu weit ging, sondern, dass er noch zu eng war.

Kotler unterscheidet neu **drei Bewusstseinsebenen** des Marketing:

a) Bewusstseinsebene Nr. 1 ist mit dem **traditionellen Marketing** identisch.

b) Bewusstseinsebene Nr. 2 umfasst das Konzept des **Social Marketing**: Marketing ist für alle Organisationen geeignet, die eine Art von "Konsumenten" haben.

c) Die neue Bewusstseinsebene Nr. 3 geht davon aus, dass Marketing für jede Organisation in ihren **Beziehungen zu allen Gruppen der Öffentlichkeit** (und nicht nur zu ihren Konsumenten) von Bedeutung ist.

Auf der Bewusstseinsebene Nr. 2 fällt die Bezahlung als notwendige Voraussetzung für die Erfüllung einer Transaktion weg. Kotler sieht in den von NPO angebotenen Dienstleistungen Produkte, und für die Erfassung der Produktcharakteristik sei es unwesentlich, ob ein Marktpreis bestehe oder nicht. Wichtig sei, dass das Produkt von jemandem begehrt werde.

Bewusstseinsebene Nr. 3: Mit der Forderung nach Marketing-Beziehungen zu allen Partnern, mit denen eine Organisation Kontakte unterhält, soll die Allgemeinheit des Marketing-Begriffes vergrössert werden. Der Kern des Marketing **löst sich von der Markttransaktion und das Marketing wird schlicht als Transaktion**, als **Austausch von Werten zwischen zwei Parteien**, verstanden. Diese Werte können **materieller oder immaterieller Natur** sein. Die **Marketing-Tätigkeit** versteht sich als die **Schaffung, Stimulierung, Erleichterung und Bewertung von Transaktionen**.

Mit den folgenden **Axiomen** versucht Kotler, Marketing in diesem weiten Sinne zu fassen:

a) Marketing involviert zwei oder mehr soziale Einheiten, jede kann aus einer oder mehreren Personen bestehen.

b) Mindestens eine der sozialen Einheiten (Marketer) erwartet von einer oder mehreren anderen Einheiten (Market) eine bestimmte Reaktion, die ein soziales Objekt betrifft. Soziale Objekte können Personen, Orte, Organisationen, Ideen sein.

c) Die Wahrscheinlichkeit einer Reaktion des Marktes ist unbestimmt.

d) Marketing ist der Versuch, die gewünschte Reaktion durch die Bereitstellung (Kreieren und Anbieten) von Werten herbeizuführen.

Diese Werte werden geschaffen durch:

a) Gestaltung (attraktive Gestaltung der sozialen Objekte)

b) Bewertung (man kann Objekte als attraktiver erscheinen lassen)

c) Symbolisierung (man kann dem Objekt symbolische Bedeutung verleihen)

d) Erleichterung (das Objekt wird dem Markt leichter zugänglich gemacht)

Man erkennt in diesen Aktivitäten die traditionellen vier Marketing-Instrumente in einer etwas allgemeineren Formulierung.

Die Organisation wandelt Ressourcen der Anhänger (z.B. Aktionäre), Arbeitnehmer und Lieferanten in Produkte um, die dann dem Verbraucher direkt oder über eine Kette von Vermittlern zugehen. Diese Input-/Output-Aktivitäten unterliegen der Kontrolle der Sanktionsgruppe (Staat, Konkurrenz). Weil nun alle diese Gruppen einen Einfluss auf die Ressourcenumwandlung der Organisation ausüben, müssen sie auch Ziele für die Marketing-Aktivitäten der Organisation darstellen.

Das "Generic Concept" hat Kotler in seinem Buch "Marketing für Non-Profit-Organisationen" (1978) umfassend dargestellt. Mit vielen Beispielen wird die Übertragung von Marketing in den Nonprofit-Bereich als machbar und sinnvoll empfohlen. Was unseres Erachtens eher zu kurz kommt, ist die Tatsache, dass die nicht-marktlichen Austauschsysteme anderen Steuerungsprozessen unterliegen, welche ihrerseits modifizierte oder zusätzliche Marketing-Instrumente bedingen. Weiter wird zu wenig auf die interne Aufbaustruktur von NPO eingegangen (insbesondere in mitgliedschaftlich strukturierten NPO sind zusätzliche Austauschprozesse zwischen der Zentrale und ihren Mitgliedern, Sektionen usw. zu beachten, die ebenfalls von einem Nonprofit-Marketing erfasst werden müssten). Dies dürfte auf den Umstand zurückzuführen sein, dass Kotler unter dem Begriff NPO ganz bestimmte Organisationen auswählt, wie karitative Organisationen, Spitäler, Universitäten und andere dem Gemeinwohl verpflichtete Institutionen, während die mitgliedschaftlich aufgebauten Organisations-typen wie Verbände und Gewerkschaften eher in den Hintergrund treten.

Zusammenfassend ist aber festzuhalten, dass das "Generic Concept" wesentlich zur Akzeptanz der Übertragung von Marketing auf NPO beigetragen hat.

4. Exchange Concept

Bagozzi, ein weiterer amerikanischer Vertreter des Broadening-Konzeptes, postulierte 1974: "The purpose is to define marketing as the process of creating and resolving exchange relationships" (Bagozzi 1974, S. 77). Die Marketing-Theorie soll auf dem Konzept eines generellen Austauschsystems fussen.

Im Prinzip stützt sich Bagozzi auf die Sozialpsychologie (und andere Sozialwissenschaften), die sich seit langem mit der Untersuchung von sozialen Austauschbeziehungen befasst. Die Austauschprozesse können utilitaristisch, symbolisch (Transfer von psychologischen, sozialen oder anderen nicht-materiellen Werten) oder gemischt (das heisst beide zusammen) bedingt sein.

Das **Exchange Concept** erlaubt es nach Bagozzi, die **Idee des Social Marketing** zu **verstehen**. Social Marketing soll zeigen, warum und wie Austauschprozesse in und zwischen sozialen Beziehungsgruppen initiiert und durchgeführt werden.

Für uns ist hier die wichtige Erkenntnis abzuleiten, dass die relevanten Austauschprozesse einer NPO die Grundlage für das NPO-Marketing bilden.

Unserer Ansicht nach sind für ein NPO-Marketing sowohl die Ansätze zur Übertragung des Marketing auf weitere organisationsinterne und -externe Austauschbeziehungen als auch Ansätze, die Marketing auf andere Organisationstypen übertragen, zu berücksichtigen. Wir versuchen in diesem Sinne eine Art Synthese zu erreichen.

Was bei allen bisherigen Übertragungsversuchen zu kurz kommt, ist:

a) die Berücksichtigung der Charakteristika der in den NPO angebotenen Güter, in der Mehrzahl Dienstleistungen und Kollektivgüter. Insofern wird zu wenig auf die damit verbundenen Marketing-Implikationen eingegangen. In den letzten Jahren hat sich eine fruchtbare Diskussion über die Ausdehnung des Marketing auf weitere Objekte ergeben, die uns wichtige Impulse vermitteln und deshalb im nächsten Abschnitt vorgestellt werden sollen.

b) die Berücksichtigung der strukturellen Besonderheiten von NPO. Dies dürfte damit zusammenhängen, dass alle Autoren von der "Marketing-Seite" stammen. Diese Bedenken haben die Exponenten des Verbandsmanagement Institutes VMI Freiburg bereits 1977 vorgetragen (Blümle/Schwarz/Purtschert 1977). Um Marketing in den NPO-Bereich sinnvoll übertragen zu können, sind deshalb Grundkenntnisse über das Wesen und die Struktur dieses Organisationstyps erforderlich. Wir werden im Kapitel II einen entsprechenden Überblick vermitteln.

2.4   Fokussierung auf weitere Marketing-Objekte

Wie bereits erwähnt, entwickelte sich parallel zu den Erweiterungsansätzen die Fokussierung des Marketing auf weitere Marketing-Objekte. Man hat versucht, die für den Konsumgüterbereich geschaffenen **Marketing-Techniken auf andere Angebotskategorien** zu übertragen. Dieser Forschungsbereich beherrscht bis heute die wissenschaftliche Marketing-Diskussion.

In den 1970er Jahren wurden die Spezifika für das **Investitionsgüter-Marketing** herausgearbeitet, mit Hinweisen auf die Komplexität der Käufer-/Verkäuferbeziehung. Nachfrager sind nicht Einzelpersonen, sondern Organisationen, d.h. professionelle Einkäufer sind im Rollenverbund mit verschiedenen Beeinflussern (Buying-Centers) an der Kaufentscheidung beteiligt. Die Interaktivität und Langfristigkeit der Beziehungen zwischen Käufern und Verkäufern werdem hervorgehoben (Kirsch/Kutschker 1978). Dieser Ansatz wird im Relationship-Marketing (s. unten) vertieft.

Aber auch im **klassischen Produkt-Marketing** wird die **Beziehung zum Kunden** vermehrt in den Vordergrund gerückt. Es wird versucht, das Produkt mit dem Käufer zu verbinden, mit dem Kunden eine Zusammenarbeit aufzubauen. Man bemüht sich, im Produkt-Mix den Kunden vermehrt einzubeziehen, quasi in die Leistungserstellung zu integrieren. Mit dem Verkauf sei die Beziehung zum Kunden nicht "erledigt", sondern habe erst begonnen. Die anvisierte Kundennähe verlangt in der Produktpolitik eine Verlagerung von den "harten" zu den "weichen" Faktoren. Es gelte, nicht nur ein Produkt, sondern ein Produktsystem anzubieten. Die mit dem Produkt verbundenen Dienstleistungskomponenten werden immer wichtiger (Belz 1991; vgl. Abb. 9).

1. Dienstleistungsmarketing

Obwohl wir in einer Dienstleistungsgesellschaft leben und die heutige Wirtschaft als "postindustriell" bezeichnet wird, wurde die Sparte Dienstleistungs-Management in der Betriebswirtschaftslehre bis vor kurzem relativ selten thematisiert. Es standen in der Forschung volkswirtschaftliche Fragen im Vordergrund, vor allem die kontinuierliche Verschiebung der Zahl der Beschäftigten vom Produktions- zum Dienstleistungssektor.

Der französische Ökonom Fourastié hat die viel zitierte Entwicklungshypothese vom überproportionalen Wachstum des Dienstleistungssektors entwickelt (vgl. Abb. 10). Die 3-Sektoren-Hypothese wurde lange Zeit zu stark unter dem Aspekt der **Substitution** betrachtet. Dies bedeutet, dass der primäre Sektor Beschäftigte an den sekundären und dieser wieder an den tertiären Sektor abgibt. Die Betrachtung darf sich nicht nur auf die Verschiebung der Beschäftigten beschränken, denn die Entwicklung der drei Sektoren ist durch eine gegenseitige **Durchdringung** gekennzeichnet: In allen drei Sektoren erfolgt die Produktion immer mehr nach rationalen und industriellen Methoden, alle Sektoren werden mehr und mehr von professionellen Management-Methoden durchdrungen. In den Sektoren I und II nimmt der Dienstleistungsanteil laufend zu, die Sektoren I und III werden vermehrt industrialisiert. Damit haben sich auch die **verwendeten Marketing-Techniken angenähert**: mehr Dienstleistungskomponenten im Produkt-Marketing, vermehrter Einsatz von Marketing-Techniken im Dienstleistungsmarketing.

Abbildung 11 zeigt, dass **Dienstleistungen** eine sehr **spezifische Produktcharakteristik** aufweisen, die Rückwirkungen auf das Dienstleistungsmarketing hat. Die Marketing-Wissenschaft hat den Ball interessanterweise relativ spät, doch sehr intensiv aufgenommen (vgl. Levitt 1981; Scheuch 1982; Hilke 1989), die Entwicklung des Dienstleistungsmarketing ist aber noch längst nicht abgeschlossen.

Der Charakter einer Dienstleistung lässt sich durch die folgenden drei Elemente erfassen:

Abbildung 9: Produkt-/Leistungskombination (modifiziert nach Belz 1991)

Produkt (Beispiele beziehen sich auf einen EDV-Anbieter)
Produktsystem: Baukasten, intelligente Produkte, integrierte Elektronik, z.B.:   • Modulsystem für Erweiterungen, Integration in Fremdsysteme   • Standardisierung und Kompatibilität
Sortiment: Einkaufs- und Verwendungsverbund, z.B.:   • Kombination von Hardware-Bausteinen und Softwarelösungen   • Anwenderlösungen nach Betriebsgrösse, Funktionsbereich etc.
Dienstleistungen: Kundendienst/-schulung, Finanzierung, Indirect Marketing, Informatik, z.B.:   • Fachseminare, Tagungen, Benutzer- oder Anwenderschulung   • Hotline, Reparatur, Unterhaltsdienste, Ersatzteil-Schnellservice
Integration der Leistungen in die Abläufe des Kunden: Problemlösung für den Kunden, Kundenvorteile, Erfolgsbeitrag für den Kunden, Entwicklung, Fertigung, Logistik, Kundenbegleitung im Produktleben, z.B.:   • Kundenspezifische Software   • Konzeption für Führungs- bis zu Kunden- oder Sicherheitssystemen
Integriertes Projekt-Management zur Gesamtentlastung der Kunden: Übernahme von Gesamtprojekten und Verantwortung, Initiative zur Gesamtproblemlösung, z.B.:   • Gesamtlösungen von Bedarfserfassung bis Wartung   • Engineering (Bedarfsabklärung, Problemanalysen, Machbarkeitsstudien und Konzepte)
Innovative Zusammenarbeit mit Kunden: Kundenstamm- oder Kleinkunden-Marketing, Schlüsselkunden-Management, Kundenclubs, z.B.:   • Strategische Kundenprojekte   • Kanalisierung und rasche Lösung von Kundenbeschwerden
Emotionales Profil und Kundenerlebnis: Emotionales Profil, Beziehungs-Marketing, erlebnisorientierte Kommunikation, Image etc. Als Voraussetzung für eine enge Kunden**beziehung** werden die Images von Produkt und Anbieter zu einem entscheidenden Faktor. Durch entsprechende Kommunikation eines emotionalen Profils sollen Überzeugung und Vertrauens-basis geschaffen werden. Z.B.:   • Spezifische Anbieterprofile wie High Tech, High Touch, gutes Design   • Kommunizieren der Lösungskompetenz, Zuverlässigkeit und Innovationskraft (Zukunftslösungen)

Abbildung 10: Der Trend zur Dienstleistungsgesellschaft in der traditionellen "Drei-Sektoren-Hypothese" (Lehmann 1993)

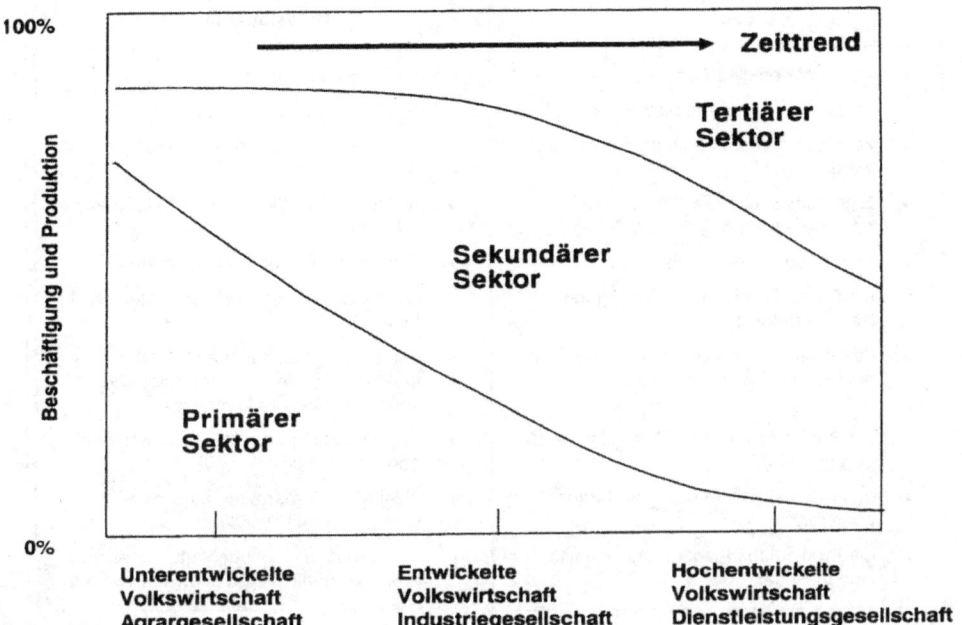

- **Bereitschaftsleistung:** ⇒ Potenzialorientierung
  Darunter verstehen wir die Fähigkeiten und die instrumentellen Grundlagen zur Erbringung einer Dienstleistung.

- **Leistungserstellungsprozess:** ⇒ Prozessorientierung
  Die Optimierung der Bereitschaftsleistung, Auslösen des Prozesserlebnisses (z.B. Theater), Integration interner und externer Produktionsfaktoren.

- **Leistungsergebnis:** ⇒ Ergebnisorientierung

Die Dienstleistungserstellung hat etwas beim Dienstleistungsnehmer oder bei seinen Potenzialen verändert.

Mit dem Dienstleistungsmarketing werden erstmals Leistungserstellungsprozesse intensiv analysiert. Die relativ anonyme Marktbeziehung beim Austausch von Gütern zwischen Anbietern und Nachfragern wird im Dienstleistungserstellungsprozess überlagert durch die persönliche Beziehung zwischen Dienstleistungserbringer und Dienstleistungsnehmer. Weil diese verhaltensgesteuerte Beziehung schwierig zu "managen" ist, wird versucht, den Menschen als Dienstleistungsanbieter immer mehr durch Maschinen/Automaten zu ersetzen.

Abbildung 11: Unterschiede Sachgut und Dienstleistung

Sachgut	Dienstleistung
◆ ist ein materielles Gut	◆ ist ein immaterielles Gut
◆ ist sinnlich wahrnehmbar, objektivierbar	◆ wird subjektiv wahrgenommen
◆ kann vor Verkauf gezeigt bzw. geprüft werden	◆ ist vor Verkauf weder zeig- noch prüfbar
◆ Eigentum/Besitz: Besitzerwechsel ist nach dem Kauf möglich	◆ Nutzung: Es ist kein Wechsel im Besitz möglich
◆ kann wiederverkauft werden	◆ kann nicht wiederverkauft werden
◆ die Produktion ist ohne Beteiligung des Käufers möglich	◆ der Käufer ist bei Leistungserstellung beteiligt
◆ das Produkt hat seine definitive Gestalt nach dem Produktionsprozess	◆ die «Produkt-»Gestalt entwickelt sich laufend, vor allem während des Dienstleistungserstellungsprozesses
◆ die Produktion und das Marketing erfolgen getrennt	◆ die Produktion und das Marketing erfolgen gleichzeitig
◆ das Produkt ist lagerfähig und transportierbar	◆ nicht speicherbar, vergänglich, nicht transportierbar
◆ die Produktionsquantität und -qualität sind messbar	◆ die Dienstleistungsquantität, vor allem aber die -qualität sind schwer erfassbar

Im Prinzip werden eigentlich nicht einzelne Leistungen oder Produkte ausgetauscht, sondern beim Austausch werden meistens **Leistungsbündel** (Engelhard/Kleinaltenkampf/Reckenfelderbäumer 1993) eingesetzt. Diese können materielle und immaterielle Bestandteile in unterschiedlicher Zusammensetzung enthalten.

Dienstleistungsmarketing ist ein **wichtiger Bestandteil im NPO-Marketing**. Wir werden die hier begonnenen Überlegungen im Kapitel "Dienstleistungsmarketing" (Kapitel VI, 4.) bei den Marketing-Einsatzbereichen vertiefen, denn NPO sind von Natur aus Dienstleistungsorganisationen. Der Abschnitt über die Verbandsleistungen in Kapitel II, 2.2 zeigt, dass NPO entweder direkt zurechenbare Service- oder Dienstleistungen (Individualgüter) anbieten oder Kollektivgüter (Interessenvertretung und Koordinationsleistungen) bereitstellen, die aber ebenfalls Dienstleistungscharakter aufweisen. NPO-Marketing muss deshalb die Erkenntnisse des Dienstleistungsmarketing voll integrieren.

2. Relationship-Marketing

Die im Investitionsgüter- und im Dienstleistungsmarketing erkannte Bedeutung der Beziehungen zwischen Kunden und Verkäufern wurde im sogenannten **Relationship-**

Marketing weiterentwickelt. Die **Orientierung an Beziehungen** wird in einem engeren und in einem erweiterten Sinn benutzt (Luthe 1997, S. 275). Während sich eine Gruppe von Autoren auf Aspekte des **Beziehungsgefüges zwischen Anbietern und Kunden** konzentriert (z.B. Bruhn/Bunge 1994; Tomczak 1994), favorisieren andere ein sehr weitgefasstes Verständnis des Relationship-Marketing, indem sie nicht nur die Kunden-/Anbieterbeziehung, sondern **alle internen und externen Beziehungen und Bezugsgruppen** einbeziehen (vgl. z.B. Grönroos 1993). Im Freiburger Modell vertreten wir die letztere Ansicht, allerdings mit der Präzisierung, dass nicht alle, sondern nur die **marketing-relevanten Bezugsgruppen** zu berücksichtigen sind. Auch der von Kotler vorgestellte Ansatz des "Generic Marketing" beinhaltet im Prinzip die Idee des Relationship-Marketing.

Interessant ist hier die Tatsache, dass das **Profit-Marketing** erstmals ein **Paradigma des NPO-Marketing** übernimmt, allerdings ohne sich dessen bewusst zu sein. Marketing-Aktivitäten sollen "in den Dienst des Aufbaus und der Pflege von Beziehungen zu sämtlichen relevanten Ansprechgruppen (Stakeholders) gestellt werden müssen" (Georgi/Janssen 1998, S. 52). Führende Autoren sehen im Relationship-Marketing einen "major directional change in both marketing theory and practice" (Morgan/Hunt 1994, S. 20). Die Partner im Relationship-Marketing sind neben Kunden auch weitere Austauschpartner, was zu folgender Definition führt: "Relationship marketing referes to all marketing activities directed toward establishing, developing and maintaining successful relation exchanges" (Morgan/Hunt 1994, S. 22). Damit deckt sich der Begriff weitgehend mit unserer Auffassung über NPO-Marketing im Sinne von **aktivem Management der für die Organisation relevanten Austauschbeziehungen**. Relationship-Marketing passt mit seinem systemischen Ansatz zur Marketing-Problematik im NPO-Marketing-Bereich. Dies unterstreichen neuerdings auch Andreasen/Kotler (Andreasen/Kotler 2003, S. 461).

Ob man hier von einem "Paradigmenwechsel" im Marketing sprechen soll, formuliert Luthe (1997, S. 288) so: "Die prinzipiell am Marketing-Management-Modell festhaltenden Autoren benutzen Beziehungs-Management als Instrument des Marketing, während die Verfechter eines Paradigmenwechsels das Marketing als Instrument des Beziehungs-Management nutzen."

Nach dieser Formulierung entspräche unser Ansatz einem Paradigmenwechsel, doch sind wir uns gleichzeitig mit Bruhn/Bunge einig, dass hier eine Rückbesinnung auf den Kern eines markt- und kundenorientierten Marketing (Bruhn/Bunge 1994, S. 53) vorliegt. Denn **langfristig positive Beziehungen basieren** letzten Endes auf **zufrieden stellenden Leistungen** oder **Produkten** einer Organisation: "A series of transactions define a relationship" (Duncan/Moriarty 1998, S. 4).

Die Idee des Relationship-Marketing wird auch im **Internen Marketing** thematisiert und angewendet, ebenso fliessen diese Ideen in die Ansätze zum **Qualitätsmanagement** ein.

Je nach Absatzobjekt betreibt eine Organisation mehr kurzfristiges transaktions- oder mehr langfristiges beziehungsorientiertes Marketing (Kundenbindung). Mehr Dienstleistungs- und damit Beziehungsanteile erfordern ein Relationship-Marketing; das Anbieten von Sachgütern ohne grossen Kundenkontakt bedeutet überwiegend klassisches, transaktionsorientiertes Marketing. Grönroos (1993, S. 10) plädiert für ein **Marketing-Kontinuum**, auf dessen einen Seite **Relationship-Marketing** mit Fokussierung auf **langfristige Kundenbeziehungen** steht, auf der andern Seite das **klassische Güter-Marketing**, das sich auf **momentane Transaktionen** bezieht. Es sind hier Parallelen zu den im Dienstleistungsmarketing erwähnten, je nach Marketing-Situation verschieden zu konzipierenden Leistungsbündeln zu erkennen.

Die bisherigen Ausführungen zur Ausdehnung des Marketing auf weitere Objekte hat deutlich gemacht, dass Marketing von Konsumgütern sich zu einem **Marketing für Leistungsbündel** entwickelt hat und oft die Kundenbeziehung in den Mittelpunkt stellt.

Im NPO-Bereich kommt mit den **Kollektivgütern** ein weiteres Marketing-Objekt hinzu, dessen Charakteristik ebenfalls Rückwirkungen auf das Marketing hat. Wir werden uns mit diesem Thema in Kapitel V über die operative Marketing-Planung noch speziell befassen.

Kapitel II
Grundlagen für das Verständnis von Nonprofit-Marketing

1. Charakteristik der Nonprofit-Organisationen (NPO)

Obwohl sich die Betriebswirtschaftslehre als Management-Lehre zielgerichteter sozialer Systeme versteht, beziehen sich ihre Erkenntnisse zum grössten Teil auf private und öffentliche Unternehmen (z.B. Verkehrsbetriebe), neuerdings auch auf die öffentliche Verwaltung (New Public Management). Interessanterweise werden die sogenannten intermediären Organisationen, die zwischen Staat und Privatwirtschaft angesiedelt sind, von der Betriebswirtschaftslehre praktisch "vergessen". In den USA tragen diese Organisationen des Dritten Sektors etwa 4 - 5 % zum Bruttosozialprodukt bei. Ein Fünftel aller Beschäftigten des Tertiären Sektors ist in Nonprofit-Organisationen tätig.

Bei allen Unzulänglichkeiten der statistischen Abgrenzung und Erhebung des NPO-Sektors lassen sich für Deutschland, Österreich und die Schweiz zu Beginn der 1990er Jahre folgende Grössenordnungen des NPO-Sektors festhalten:

In **Deutschland** (alte Bundesländer) waren rund 3,7 % der Beschäftigten im NPO-Sektor tätig und trugen in etwa 3,9 % zum Bruttoinlandprodukt (BIP) bei, wobei die insgesamt 1,0 Mio. Beschäftigten etwa jeden zehnten Arbeitsplatz im Dienstleistungsbereich besetzten (ohne Einbezug der ehrenamtlichen Tätigkeit) (Anheier/Seibel 1999, S. 27).

In der **Schweiz** waren zur selben Zeit rund 3,7 % der Beschäftigten im Nonprofit-Sektor tätig, und ihr Anteil am BIP betrug 2,2 %. Innerhalb des Nonprofit-Sektors dominierte die Anzahl der Beschäftigten im Gesundheitswesen (41 %) und im Sozialwesen (37 %) (Wagner 1997, S. 35).

In **Österreich** arbeiteten 189'000 Personen im NPO-Sektor oder 9,5 % der Beschäftigten im Dienstleistungsbereich. Der Anteil am BIP wird in etwa zwischen den Werten für Deutschland und die Schweiz angesiedelt (Badelt 1999, S. 74).

Die Erscheinungsvielfalt sowie die Dynamik dieser Organisationen erschweren nicht nur die Begriffsbildung, sondern deren Erfassung überhaupt. Eine Begriffsvielfalt ist die Folge, wie die zum Teil synonym gebrauchten Benennungen zeigen: Non Governmental Organizations/NGO (sehr bedeutsam in der Entwicklungsarbeit), Organisationen ohne Erwerbscharakter, nicht-kommerzielle Organisationen, Nicht-Erwerbsbetriebe, Verbände, Kammern, Gewerkschaften und Berufsverbände, Interessen- und Selbsthilfeorganisationen, Genossenschaften, Vereine des Kultur-, Freizeit-, Sozial- und religiösen Bereiches usw.

1.1 Die Definition Nonprofit-Organisation (NPO)

> Als Nonprofit (Not-for-profit, Non-Business) Organisationen bezeichnen wir jene produktiven sozialen Systeme mit privater Trägerschaft, welche ergänzend zu Staat und marktgesteuerten erwerbswirtschaftlichen Unternehmungen spezifische Zwecke der Bedarfsdeckung, Förderung und/oder Interessenvertretung/Beeinflussung (Sachzieldominanz) für ihre Mitglieder (Selbsthilfe) oder Dritte wahrnehmen. Als Vereine/Verbände/Selbstverwaltungskörperschaften/ Genossenschaften oder Stiftungen werden sie von gewählten Ehrenamtlichen geleitet und können durch freiwillige Helfer in ihrer Arbeit unterstützt werden. Sie finanzieren ihre Leistungen (Individualgüter, meritorische Güter oder Kollektivgüter) über Mitgliederbeiträge, Spenden, Zuschüsse und/oder Preise/Gebühren. Allfällig erzielte Überschüsse dürfen nicht als Kapitalrendite direkt an Mitglieder/Träger ausgeschüttet werden. Gewisse Rückvergütungen sind im Verhältnis zur Leistungsbeanspruchung möglich. Übergänge von der Privatautonomie zur Staats- und/oder Marktsteuerung in Teilbereichen sind möglich bzw. häufig.

1.2 Die Organisationsmerkmale

NPO haben ihre Entstehung meistens einem Bedürfnis zu verdanken, das weder durch den Staat noch durch den Markt befriedigt werden konnte, deshalb auch der Begriff "intermediäre Organisationen". Sie **unterscheiden** sich in ihrer **Struktur** in wesentlichen Punkten von privaten und öffentlichen Unternehmen.

a) **Sachziele** stehen über den Formalzielen, d.h. die **Leistungserstellung** (und nicht Gewinnerzielung) steht im **Vordergrund** des Organisationszweckes. Dieses Kriterium ist derart wesentlich, dass es im Begriff NPO selbst enthalten ist. Badelt (1997, S. 6) weist zu Recht darauf hin, dass der Begriff "Nonprofit" eigentlich für "not for profit" steht, jedoch fälschlicherweise zu "no profit" umgedeutet wird. Hier ist auf dieses oft gehörte Missverständnis aufmerksam zu machen, NPO dürften keine Gewinne erzielen: NPO "dürfen" auch Gewinne (oder besser: Überschüsse) erzielen, müssen dies sogar, um Investitionen etc. tätigen zu können, doch die Gewinnerzielung ist nur Mittel zum Zweck, d.h. Mittel, um Ziele der Organisation zu erfüllen, und die Gewinne dürfen nicht ausgeschüttet werden (sog. "non distribu-tion constraint"). Bei der Unternehmung jedoch besteht der Hauptzweck in der Gewinnerzielung.

Allerdings trifft das Kriterium "Nonprofit" (die Gewinnerzielung ist nicht primärer Zweck) auch für staatliche Organisationen zu, weshalb man bei den Organisationen des Dritten Sektors von **privaten NPO** spricht. Da NPO keinen erwerbswirtschaftlichen Zweck verfolgen, sondern die Erbringung spezifischer Leistungen zur Deckung eines Bedarfs von definierten Leistungsempfängern als Auftrag ("Mission") haben, werden sie auch als **Bedarfswirtschaften** bezeichnet. Der Auftrag ist von der NPO selbst (durch die Mitglieder, den Stiftungsrat) bestimmt oder wird ihr z.B. vom Staat übertragen. Die Mission ist aus der Sicht der Träger zu erfüllen und entspricht nicht immer den Bedürfnissen und Wünschen der anvisierten Zielgruppe (z.B.: Kampagne gegen das Rauchen stellt meistens kein Bedürfnis für die Raucher dar!). Viele Wohlfahrtsorganisationen geben Leistungen an Dritte ab, im Sinne von Hilfe, Unterstützung oder Förderung aufgrund eines ethisch begründeten Auftrages.

b) NPO befinden sich im **Kollektiveigentum** ihrer Träger, es findet **keine Gewinnausschüttung** statt (in begrenztem Masse Ausnahmen bei Genossenschaften).

c) Es sind zu einem grossen Teil mitgliedschaftlich, **demokratisch strukturierte** Sozialsysteme, die durch komplexe politische Prozesse gesteuert werden.

d) Die **Ehrenamtlichkeit** der Mandatsträger ist ein weiteres typisches Wesensmerkmal dieser Organisationen. Wir finden diese auf **zwei Ebenen**: als Mitglieder oder berufene Personen, welche zum einen in den obersten **Führungsorganen** (z.B. Vorstand, Stiftungsrat) mitwirken, zum anderen als **freiwillige Helfer** aktiv auszuführende Tätigkeiten übernehmen.

e) Vorherrschende **Rechtsformen** sind der eingetragene oder nicht eingetragene **Verein**, die **Genossenschaft** und die **Stiftung**. Neuerdings wählen insbesondere grosse Sportvereine die Form der Aktiengesellschaft, weil es sich bei diesen eigentlich um erwerbswirtschaftliche Organisationen handelt (vgl. Abb. 12 zur Typen-Transformation). Im Sozial- und Wohlfahrtsbereich - etwa in Deutschland und Österreich - werden grosse Dienstleistungsorganisationen (z.B. Altenheime) zunehmend in der Form der GmbH geführt.

f) Der **Zusammenschluss** von Gruppen, Organisationen zu einer NPO erfolgt in der Regel **freiwillig**. In Deutschland, Österreich und zahlreichen anderen europäischen Ländern bestehen daneben auch Zwangsverbände, wie die Kammern der Wirtschaft und der freien Berufe (Wirtschaftskammer, Arbeiterkammer, Landwirtschaftskammer, Ärztekammer, Anwaltskammer etc.).

1.3 Typen von Nonprofit-Organisationen

Verschiedene Autoren (wie im englischen Sprachraum Blau/Scott 1982 und Weisbrod 1988, im deutschen Sprachraum Schwarz 1979 und Burla 1989) haben versucht, diese Organisationen über eine Typenbildung zu erfassen. Aus der Merkmalsdimension "primäre Nutzniesser" der Organisation werden drei Typen von NPO abgeleitet:

a) **Selbsthilfe-NPO** (Mutual Benefit Associations)

Diese Organisationen erbringen spezifische **Leistungen für ihre Mitglieder**. Zu dieser Gruppe sind einerseits die auf Märkten agierenden Genossenschaften zu zäh-

Abbildung 12: System-Konvergenz und Typentransformation „Übernahme"/ Kombination von Elementen von zwei oder mehreren Systemen (FMM, S. 27, Abb. 5)

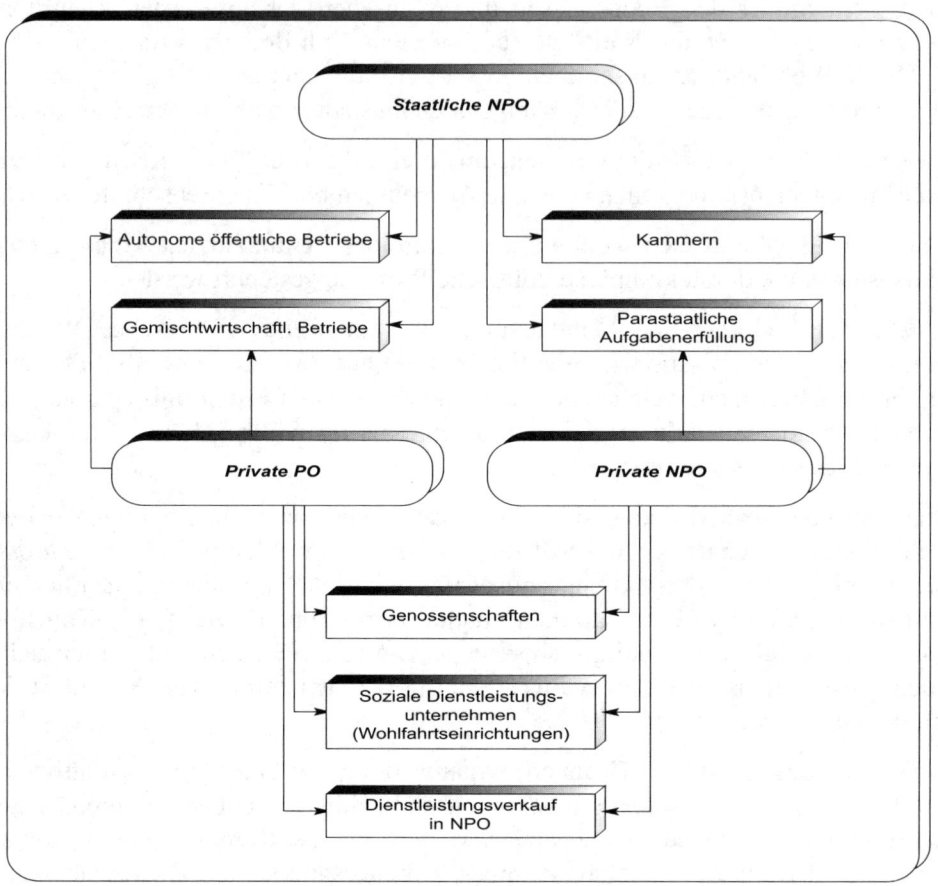

len, andererseits die ausserhalb des Marktes agierenden Verbände des Wirtschafts- und Sozialbereiches, politische Parteien und religiöse Gemeinschaften.

b) **Drittleistungs-NPO (Service Organizations)**
Diese Organisationen erbringen spezifische **Leistungen für Dritte** (Hilfe, Beeinflussung, Förderung). Zu dieser Gruppe zählen wir vor allem karitative Organisationen, Dienstleistungsorganisationen im Sozial- und Gesundheitsbereich (z.B. Heime), sozialmedizinische Dienste.

c) **Öffentlich orientierte NPO (Common Weal Organizations)**
Leistungsadressat ist **die Öffentlichkeit**. Als Beispiele wären die öffentlichen Betriebe und Verwaltungen zu nennen, aber auch Gruppen wie Heimat- und Naturschutzorganisationen, Organisationen, die sich für Entwicklungsarbeit einsetzen etc.

Diese Gliederung lässt sich verfeinern, wenn die Merkmalsdimension "**primäre Nutzniesser**" durch die **Trägerschaft** und die **Zieldominanz** der Organisation ergänzt wird (Schwarz 2005). Bei der Trägerschaft unterscheiden wir zwischen

- Staatswirtschaften,
- privatwirtschaftlichen Bedarfswirtschaften.

Während bei den Staatswirtschaften die öffentlichen Ziele als gegeben vorausgesetzt werden können, unterscheiden wir bei den privatwirtschaftlichen Bedarfswirtschaften zusätzlich Selbsthilfe- oder kooperationswirtschaftliche (zum Nutzen der Mitglieder/Träger) und Drittleistungs- oder karitativ-wirtschaftliche Ziele (zum Nutzen Dritter, Klienten).

Weiter bilden für die Typologisierung von NPO die angebotenen **Leistungen** (private oder öffentliche, kollektive, meritorische Güter) und die für die Leistungserstellung angewendete **Finanzierungsart** bestimmende Kriterien, die es erlauben, eine grosse Mehrzahl der real existierenden NPO morphologisch zu erfassen (vgl. Abb. 13).

Unsere **Ausführungen** über Nonprofit-Marketing beziehen sich grundsätzlich **auf alle diese Typen von Nonprofit-Organisationen**, dies im Gegensatz etwa zu Bruhn/ Tilmes (1994), die sich auf den Bereich Social Marketing konzentrieren und damit ihre Ausführungen nach unserer Terminologie auf karitative NPO beziehen.

Die Vielfalt der NPO kommt auch gut in Abbildung 14 zur Geltung. Weiterführende Ausführungen finden sich in Schwarz 2005 und Schwarz/Purtschert/Giroud/Schauer 2005.

Jede Typologie vermag die Wirklichkeit nur paradigmatisch abzubilden. In der Praxis finden wir zahlreiche Misch- und Zwischenformen von Nonprofit-Organisationen. Dieses Phänomen der **System-Konvergenz** und **Typen-Transformation** (s. Abb. 12)

Charakteristik der Nonprofit-Organisationen (NPO)

Abbildung 13: Typologie der Nonprofit-Organisationen

Trägerschaft	privatwirtschaftlich			staatswirtschaftlich
Zieldominanz	Selbsthilfe	Drittleistung	öffentliche Ziele	
primäre Nutzniesser	Mitglieder	Dritte	Öffentlichkeit	
Individualgüter ▪ Preisfinanzierung	Genossenschaft Gewerkschaftsbetrieb			öffentliche Betriebe, Energie, Transport, Post
Meritorische Güter ▪ Spenden, Beiträge, Subventionen		Hilfswerke	Theater, Kirchen, Spitäler, Hilfswerke	städtisches Theater
Kollektive Güter ▪ Beiträge, Spenden	Verbände, Kartelle, Gewerkschaften		Naturschutzorganisationen	
Öffentliche Güter ▪ Steuerfinanzierung				öffentliche Verwaltung, Spitäler, Universitäten

(Leistungs- und Finanzierungsart (vorwiegend oder ausschliesslich))

Abbildung 14: Vielfalt der Nonprofit-Organisationen (FMM, S. 21, Abb. 1)

Trägerschaft		Zweck, Aufgabe	Arten, Typen

Staatliche NPO	Gemeinwirtschaftliche NPO	Erfüllung demokratisch festgelegter *öffentlicher Aufgaben* (auf Bundes-, Kantons-, Gemeindeebene), Erbringung konkreter Leistungen für die Bürger	• Öffentliche Verwaltungen
			• Öffentliche Betriebe
			  - Verkehr, Post, Energie
			  - Spital, Heim, Anstalt
			  - Schule, Universität
			  - Museum, Theater, Bibliothek

Halbstaatliche NPO	Öffentlich-rechtliche Selbstverwaltungskörperschaften	Erfüllung übertragener Aufgaben auf gesetzlicher Grundlage, mit Pflichtmitgliedschaft. Teils freiwillige Aufgaben	• Kammern in D, A
			  - Wirtschaftsbetriebe
			  - Selbständigerwerbende
			  - Angestellte
			• Sozialversicherungen in A

Private NPO	Wirtschaftliche NPO	Förderung und Vertretung der *wirtschaftlichen* Interessen der Mitglieder	• Wirtschaftsverbände • Arbeitnehmerorganisationen • Berufsverbände • Konsumentenorganisationen
			• Genossenschaften (Mitgliedschaftliche «Unternehmungen»)
	Soziokulturelle NPO	Gemeinsame Aktivitäten im Rahmen *kultureller, gesellschaftlicher Interessen, Bedürfnisse* der Mitglieder	• Sportvereine • Freizeitvereine • Kirchen • Privatclubs • Spiritistische Zirkel, Sekten
	Politische NPO	Gemeinsame Aktivitäten zur Bearbeitung und Durchsetzung *politischer (ideeller) Interessen* und Wertvorstellungen	• Politische Parteien • Natur-, Heimat-, Umweltschutzorganisationen • Politisch orientierte Vereine • Organisierte Bürgerinitiativen
	Soziale NPO	Erbringung *karitativer oder unentgeltlicher Unterstützungsleistungen* an bedürftige Bevölkerungskreise (Wohltätigkeit, Gemeinnützigkeit, Wohlfahrt) im Sozial- und Gesundheitsbereich	• Hilfsorganisationen und Dienstleistungsbetriebe für Kranke, Betagte, Behinderte, Geschädigte, Süchtige, Arme, Benachteiligte • Wohlfahrtsinstitutionen • Entwicklungshilfe-Organisationen • Selbsthilfegruppen mit sozialen Zwecken
Private PO	Erwerbswirtschaftliche PO	Verkauf von Gütern und Dienstleistungen auf Märkten zwecks Ertrag auf Kapital (Gewinn, Rendite)	• Industrie • Gewerbe • Handel • Dienstleistungen
			• Landwirtschaft

illustriert, dass zwischen den drei Grundsystemen Staat, Wirtschaft/Markt und Drittem Sektor zahlreiche Übergänge von einem "Typenbild" zum andern existieren bzw. viele private NPO:

1. **Dienstleistungen** erbringen, die sie am **Markt** unter Konkurrenz und gegen mindestens kostendeckende Preise anbieten (hier bewegen sich NPO voll im Bereich des Profit-Marketing);

2. vom **Staat** übertragene oder überlassene **Aufgaben** erfüllen, oft unter der übergeordneten Kontrolle des Staates. Dies betrifft insbesondere auch die durch Gesetz geschaffenen Selbstverwaltungskörperschaften mit Pflichtmitgliedschaft (Kammern in Österreich und Deutschland).

Abbildung 12 illustriert auch den in der Praxis zu beobachtenden **Wandel** von **Genossenschaften** zu typischen **Profitorganisationen**/Konzernen (z.B. Coop, Migros in der Schweiz), obwohl die genossenschaftliche Rechtsform weiterhin existiert und auch ein (schwacher) demokratischer Überbau noch vorhanden ist. Weiter lässt sich die Entwicklung von staatlichen Betrieben über gemischtwirtschaftliche Organisationen bis zur Privatisierung nachzeichnen.

Für uns gilt hier festzuhalten, dass für den Einsatz von Marketing der reale und nicht der formale Organisationstyp relevant ist. Die Strukturen einer NPO sind nämlich ein wesentliches Element bei der Einführung von Marketing in NPO. Aus diesem Grunde sind ergänzend einige Bemerkungen zur Organisationsstruktur von NPO anzufügen.

1.4 Organisationsstrukturen von NPO

Die Rechtsform der NPO und der je nachdem differenzierte Mitgliederbestand führen zu unterschiedlichen Grundstrukturen (Aufbauorganisation). Abbildung 15 zeigt idealtypisch die Strukturen von **Verein/Verband** und **Stiftung** auf, die beiden in der Praxis am häufigsten vorkommenden NPO. Wir gehen dabei von **mehrstufigen Systemen** aus, also von Gebilden, die insbesondere nach regionalen Kriterien untergliedert sind: Es bestehen dezentrale, basisnahe Einheiten (z.B. auf Orts-, auf Bezirks-/Kreisebene), welche ihre Mitglieder oder Klienten "betreuen". Diese Basisgruppen sind auf Landes-/Kantonsebene zusammengeschlossen, wobei die Vereine ihrerseits ein "Dach" auf Bundesebene einrichten. Auf entsprechende Weise sind zahlreiche Verbände in der Wirtschaft (z.B. Handwerksverbände, Gewerkschaften) und Gesellschaft (z.B. Sportvereine), aber auch Wohlfahrtsorganisationen (z.B. Caritas) strukturiert.

Sogar grössere Stiftungen des Gesundheits- und Sozialbereiches kommen oft nicht darum herum, sich in dezentrale Einheiten aufzugliedern, um möglichst klientennah - z.B. flächendeckend über ein Land - ihre Leistungen erbringen zu können. Sowohl Verbände wie Stiftungen werden dadurch zu **föderalistischen Systemen**, mit all den Problemen einer zweckmässigen Aufgaben- und Kompetenzgliederung zwischen den Stufen sowie der Gewährleistung einer übergeordneten **Gesamtkoordination** und **-steuerung**. Dies trifft **auch** auf die **Marketing-Aufgaben** zu.

Abbildung 15: Grundstrukturen "Verein/Verband" und "Stiftung" mit mehrstufigem Aufbau (FMM, S. 29, Abb. 6)

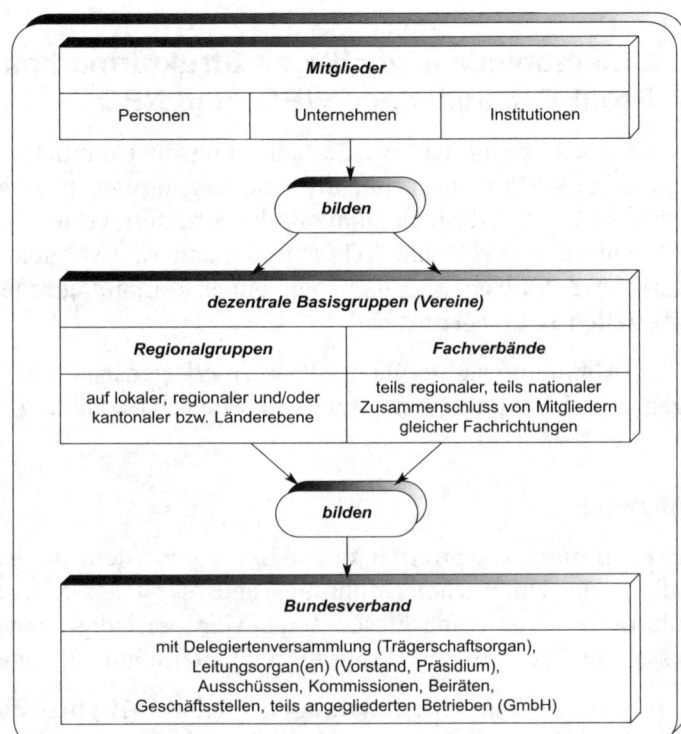

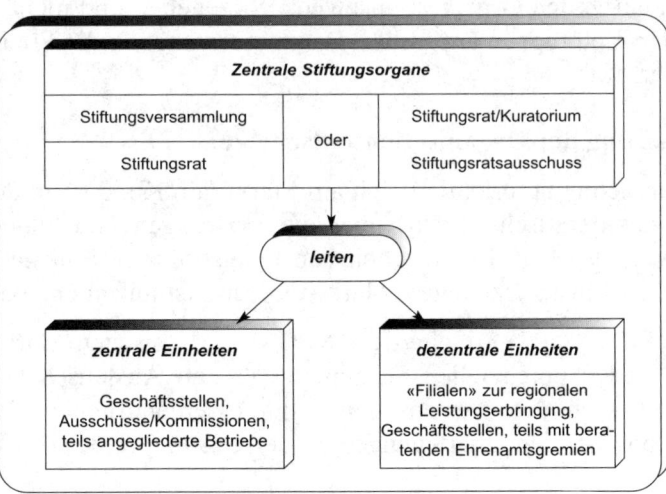

2. Strukturelle Grundlagen für den Einsatz von Marketing in NPO

2.1 Unterschiede in wichtigen Strukturmerkmalen von Profit-Organisationen (PO) und NPO

Wie uns Kapitel I gezeigt hat, wurde Marketing für Unternehmungen entwickelt (Profit- oder Business-Marketing). Für die Übertragung der unterschiedlichen Marketing-Ansätze auf NPO ist es deshalb sinnvoll, die Strukturmerkmale der Organisationstypen "Profit-Organisation" (PO) und "NPO" miteinander zu vergleichen. Die Abbildung 16 zeigt, dass diese **Abgrenzung** nicht nur einen terminologischen, sondern auch einen **real-materiellen Hintergrund** hat.

Die in der Abbildung aufgeführten Probleme/Eigenschaften der NPO haben Rückwirkungen auf das Marketing. Von wesentlicher Bedeutung sind insbesondere folgende:

1. Hauptzweck

Die **Unternehmung** hat prioritär einen **Ertrag** auf dem **investierten Kapital** zu erwirtschaften. Die Unternehmensführung (und damit das Marketing) hat grosse Freiheitsgrade in der Umsetzung dieses Ziels. Man befriedigt primär diejenigen Kundenbedürfnisse, die einen grossen Ertrag für die Unternehmung versprechen.

Die NPO müssen erwünschte **Leistungen** für ihre **Mitglieder** erbringen (Selbsthilfe-NPO) oder Leistungen für **Dritte** anbieten (Drittleistungs-NPO). Diese Leistungen sind aber oft durch den Organisationszweck vorgegeben und nicht unbeschränkt den Wünschen der Zielgruppen anpassbar. Damit werden auch die Freiheitsgrade im Marketing eingeschränkt.

2. Steuerung der Organisationsentscheide

Die Unternehmung orientiert sich am Markt, am Kunden. In der NPO bestimmen Mitglieder demokratisch (direkt) über die Leistungen und können durch ihr Verhalten (Wahl von Organen, Bereitstellen von Finanzmitteln, Ein- und Austritt) mitgliedergerechte Entschlüsse erzwingen. Marktsteuerung ist teils nicht existent, teils sekundär.

Kotler (1978, S. 23) erweitert für NPO den klassischen Marktbegriff, indem er unter "Markt" jeden potenziellen Schauplatz für den Austausch von Ressourcen sieht. Er betrachtet auch den Austausch mit Interessentengruppen als Markt: "Sobald Austauschwerte bei den Überlegungen zu der Gestaltung der Beziehungen zwischen einer

Abbildung 16: Unterschiede in wichtigen Strukturmerkmalen von PO und NPO

Struktur-merkmale	Ausprägung bei		
	Profit-Organisation	Nonprofit-Organisation	
		SELBSTHILFE-NPO	DRITTLEISTUNGS-NPO
1. Hauptzweck	Als Erwerbswirtschaft Anstreben von Ertrag auf investiertem Kapital, also Gewinn und Rentabilität (Formalziel-Dominanz)	Erbringen spezifischer Leistungen (Sachziel-Dominanz) für die Mitglieder; NPO als Gruppen-Bedarfswirtschaft oder Kollektivwirtschaft bezeichnet	Erbringen spezifischer Leistungen (Sachziel-Dominanz) für/an Dritte (Hilfe, Beeinflussung, Förderung, Behandlung)
2. Bedarfs-deckung, Kunden	Deckt den Fremd-bedarf von Nachfragern auf Märkten	Deckt Eigenbedarf der Mitglieder. Man spricht vom Identitätsprinzip (Mitglieder = Kunden) oder von kollektiver Eigenbedarfsdeckung	1) Deckt Fremdbedarf von Klienten, teils Abhängigkeit und Benutzungszwang 2) Wirkt beeinflussend auf Dritte (Zielgruppen)
3. Steuerung der Organisations-entscheide	Orientiert sich am Markt, am Kunden- und Konkurrenzverhalten	Mitglieder bestimmen demokratisch (direkt) über die Leistungen oder erzwingen durch indirektes Verhalten (Wahl von Organen, Bereitstellung von Finanzmitteln, Eintritt/Austritt, Apathie) mitgliedergerechte Entscheide der Leitungsorgane; Marktsteuerung ist teils nicht existent, teils sekundär	1) Wenn karitative NPO: a) als Verein: analog Selbsthilfe-NPO sowie b) als Stiftung: bedürfnisorientierte Zuteilung von Leistungen im Rahmen vorhandener Mittel, Marktsteuerung teils inexistent, teils sekundär 2) Wenn Wohlfahrtsbetrieb: zusätzlich zu 1) staatl. Normierung von Leistungen/Ent-gelten

4. Produzierte Güter	Nur private, marktfähige Individualgüter, die ausschliesslich vom einzelnen Käufer genutzt werden können	Viele Kollektivgüter, die einer ganzen Gruppe (z.B. allen Personen einer Berufsgruppe) zugute kommen, auch jenen, die nichts dafür bezahlen (Problem der Trittbrettfahrer = nicht zahlende Nutzniesser); private Güter nur im Bereich Dienstleistungsfunktion	1) Kollektivgüter bei: a) Förderung, Interessenvertretung ganzer Klientengruppen b) Beeinflussung von Zielgruppen 2) Individualgüter bei Dienstleistungen an Klienten
5. Finanzmittel	Kapitaleinlagen und direkte individuelle Leistungsentgelte (Preise) aus Güterverkauf	Mitgliederbeiträge, Steuern als Pauschalentgelte (für die Kollektivgüterproduktion); Preise und Gebühren (= intern subventionierte Entgelte) bei Dienstleistungsverkauf	1) Bei Karitativleistungen und Kollektivgütern: Spenden, Subventionen, Legate, Vermögenserträge (Fundraising) 2) Bei Wohlfahrtsbetrieben: adm. Entgelte (Pflegesätze, Verrechnungstarife, Gebühren)
6. Faktor Arbeit	Vorwiegend haupt-amtlich angestellte Mitarbeitende	Meistens ehrenamtl. Partizipation der Mitglieder in Leitungsorganen, Ausschüssen und Mitglieder-Basisgruppen (Interessengruppen, Parteien, Landes-/Bezirksgruppen, Sektionen), teils im Arbeitsvollzug	1) Wenn Verein: analog Selbsthilfe-NPO 2) Wenn Stiftung: Oberleitung durch Ehrenamtsorgane, teils ehrenamtliche Helfer im Arbeitsvollzug
7. Erfolgskontrolle (Effizienz)	Primär über marktbestimmte Grössen (Gewinn, Umsatz, Marktanteil etc.), welche die Gesamteffizienz messen	Kein Indikator für die Gesamteffizienz; schwierige Zieloperationalisierung und Nutzenmessung (kaum quantifizierbar) bei Einzelaktionen	Analog Selbsthilfe-NPO
8. Organisationsstruktur	Hierarchisch aufgebaut, klare Kompetenzregelung und Befehlswege, zentrale Steuerung, ausgebaute Marketing-Infrastruktur	Demokratisch föderalistisch aufgebaut, Kompetenzregelungen oft unklar, oft keine zentrale Steuerungskompetenz, keine oder unzulängliche Marketing-Infrastruktur	

Organisation und einer Interessentengruppe eine Rolle zu spielen beginnen, wird die Interessentengruppe von der Organisation als ein Markt angesehen, und es wird versucht, den jeweils besten Marketing-Ansatz zu finden." Wir gehen mit Kotler einig, dass NPO mit einer Vielzahl von Interessentengruppen Austauschprozesse unterhalten, möchten aber deutlich machen, dass diese **Austauschprozesse** oft gerade **nicht** durch **marktliche Steuerungselemente** beeinflusst werden können. (Wir werden zwischen marktlichen und nicht-marktlichen Steuerungsprozessen unterscheiden; s. Abb. 17.) "NPO sind nicht marktförmig, sie bilden deshalb kein organisches Rückkoppelungs-System aus" (Ehses/Zech 1997, S. 87). Im NPO-Marketing sind marktliche Steuerungselemente nur **eine** unter vielen Möglichkeiten im Aktionsbereich des NPO-Managers. Deshalb sind die Marketing-Einsatzbereiche und die klassischen Marketing-Instrumente im NPO-Marketing zu erweitern und durch zusätzliche Instrumente zu ergänzen.

Man bedenke, dass sich NPO insbesondere mit den Aufgaben zu befassen haben, die weder der Staat noch der Markt zufriedenstellend lösen. Unternehmungen delegieren Aufgaben an Verbände, die sie nicht selber über den Markt bewältigen können; aus dem gleichen Grunde entstehen Selbsthilfe-Organisationen etc. Das NPO-Marketing muss sich diesen Gegebenheiten anpassen.

3. Produzierte Güter

Die Unternehmung produziert nur marktfähige **Individualgüter**, die ausschliesslich von einzelnen Käufern genutzt werden können. Die NPO produzieren neben diesen Gütern auch **Kollektivgüter**, die einer ganzen Gruppe (z.B. einer gesamten Branche) zugute kommen, auch Personen, die zum Beispiel Nichtmitglied der NPO sind und deshalb auch keine Beiträge zur Finanzierung leisten (Trittbrettfahrer-Problem). Das Marketing von Kollektivgütern ist eine spezifische (und schwierige!) NPO-Marketing-Aufgabe.

4. Finanzmittel

Während bei der Unternehmung eine reine **Preisfinanzierung** über den Güterverkauf besteht, ist dies in der NPO nur beim Verkauf von Dienstleistungen und Produkten möglich. Kollektivgüter und Zuwendungen an Klienten und Dritte müssen über **andere Finanzierungsquellen** wie Mitgliederbeiträge, Subventionen, Spenden etc. finanziert werden. Die klassische marktliche Preispolitik muss deshalb durch weitere (Finanzierungs-)Instrumente ergänzt werden.

5. Faktor Arbeit

Die Steuerung im Bereich "Faktor Arbeit" ist in der NPO viel schwieriger als in der PO. In der Unternehmung gibt es nur hauptamtlich angestellte Mitarbeiter, während in der NPO die Milizer (ehrenamtlich Tätige) als die oberste Führungsinstanz die haupt-

Abbildung 17: Steuerungsmechanismen in den drei gesellschaftlichen Subsystemen

Markt	Nicht-Markt	"Politik"
	Individualgüter	Kollektivgüter
Tausch Gut gegen Geld	Kunde nicht gleich Zahler Dritter als Zahler	Mögliche "Trittbrettfahrer"
Preis-finanzierung	Beitrags- Spenden- Subventions- Gebühren-	Finanzierung
Konkurrenz: Qualität und Preis	oft: Monopole Benutzerzwang teils: Qualitätskonkurrenz	
Gewinn	Hilfe, "Förderung"	Beeinflussung

amtlichen (bezahlten) Mitarbeiter steuern. Diese **Profis** müssen mit den ehrenamtlichen **"Miliz"-Führungsgremien** effizient zusammenarbeiten, was in der Praxis immer wieder zu Friktionen führt. Diese Konstellationen sind für die NPO-Marketing-Organisation zu berücksichtigen.

6. Erfolgskontrolle

Die **klassischen Marketing-Erfolgsindikatoren** wie Marktanteil, Gewinn, Umsatz **fehlen** in der NPO weitgehend. Was hat die Beeinflussung eines Gesetzgebungsprozesses für die Mitglieder gebracht? Was bringt eine Präventionskampagne im Gesundheitswesen für die Bevölkerung? Der Beantwortung dieser Fragen stehen grössere Schwierigkeiten entgegen.

7. Organisationsstruktur und Infrastruktur

Der Erfolg von Marketing hängt stark von einer konsequenten Umsetzung der einmal festgelegten Strategie ab. Marketing-Tätigkeiten haben Investitions-Charakter. Eine straffe Organisationsstruktur erleichtert die Durchsetzung von Marketing-Beschlüssen. In vielen mehrstufigen NPO findet die **Abstimmung zwischen Zentrale** und **Dezen-**

trale nur auf der Basis von **Freiwilligkeit** und Goodwill statt. Landesverbände akzeptieren beispielsweise ein neues Erscheinungsbild erst nach Jahren oder bleiben gar bei ihrer bisherigen Version, die stark von jener der Zentrale abweicht. Dies erfordert **komplizierte Verhandlungs- und Abstimmungsprozesse**, die wir im Profit-Bereich nicht kennen.

Marketing-Infrastrukturen sind im NPO-Bereich oft ungenügend ausgebaut, der Investitions-Charakter des Marketing wird zu wenig erkannt.

Abschliessend halten wir nochmals fest, dass sich in der Gesellschaft die **drei Teilsysteme Staat, Wirtschaft** und **Dritter Sektor** (private NPO) durch ihren **Zweck**, ihre **Strukturmerkmale** und ihre **Steuerungsmechanismen** unterscheiden (s. Abb. 17):

a) Staatswirtschaftliche Organisationen (Verwaltungen) erfüllen öffentliche Aufgaben im Rahmen politischer Entscheide der Staatsorgane (= **politische Steuerung**).

b) Die Wirtschaftsunternehmungen unterliegen der Steuerung durch den **Markt**, unter dessen Bedingungen sie durch die Leistungsproduktion Gewinne erzielen (marktwirtschaftliche Steuerung).

c) Die privaten NPO bezwecken eine Bedarfsdeckung bei Mitgliedern oder Dritten sowie die Beeinflussung Dritter, dies meistens unter der **Konstellation des Nicht-Marktes**. Diese Konstellation (bedarfswirtschaftliche Steuerung) zeichnet sich aus durch:

- **Nicht-Identität zwischen Leistungsabnehmer und Zahler** (typisch etwa im Gesundheitswesen das Verhältnis zwischen Patient als Beitragszahler an Krankenkassen, Arzt und Krankenkasse)

- **gratis** oder gegen **nicht-kostendeckende** Gebühren abgegebene **Leistungen** (z.B. karitative Unterstützung)

- Produktion von **Kollektivgütern**, die einer ganzen Gruppe (z.B. einer Branche) zugute kommen, auch den sogenannten Trittbrettfahrern, die sich an den Kosten der Güterproduktion nicht beteiligen (z.B. Nichtmitglieder einer Berufs-/Arbeitnehmergruppe).

Die Steuerung der Dienstleistungsproduktion erfolgt durch die Entscheide der Trägerschaft der NPO und der von ihr gewählten und mit Entscheidungskompetenzen ausgestatteten Organe und Stellen.

Nachdem wir die strukturellen Unterschiede zwischen Unternehmung und NPO etwas beleuchtet und gleichzeitig festgestellt haben, dass **Unternehmungen** primär in **Marktsystemen** wirken, **NPO** hingegen primär in **Nicht-Marktsystemen**, sollen im Folgenden die Leistungen der NPO etwas detaillierter beschrieben werden.

2.2 Die Leistungen der NPO

Das Leistungsprogramm der NPO ist äusserst vielfältig. Obwohl die Mehrzahl der Leistungen Dienstleistungscharakter hat, werden auch Produkte oder Sachleistungen angeboten. Heute spricht man deshalb von sogenannten Leistungsbündeln (vgl. Kapitel VI, 4. über Dienstleistungsmarketing). Im Folgenden sollen die verschiedenen Leistungen kurz skizziert werden.

1. Sachgüter/Produkte

NPO bieten zum Teil Produkte oder Sachgüter an, wie beispielsweise landwirtschaftliche Genossenschaften, die Saatgut, Benzin, Landmaschinen etc. verkaufen. Der Unterschied zur Profit-Organisation liegt meistens darin, dass Mitglieder der Organisation bevorzugt werden.

Aber auch karitative Organisationen unterhalten oft Läden oder Boutiquen. Im weiteren werden Produkte, Güter zu günstigen Preisen oder kostenlos an Klienten abgegeben.

2. Ökonomisierungsleistungen

Mit diesen Leistungen versuchen die NPO, die Leistungs- und Wettbewerbsfähigkeit der Mitglieder oder das Wohlbefinden ihrer Klienten durch unmittelbare Unterstützung zu verbessern. Dies erfolgt durch:

a) **Dienstleistungen**
   Dienstleistungen im engeren Sinn werden zum Beispiel an Mitglieder von Verbänden oder Klienten von sozialen NPO abgegeben (z.B. Auskünfte, Beratung, Schulung, Betreuung, Versicherung usw.).

b) **Organisationsleistungen/Auftragsdurchführung**
   Verbände versuchen, Aufgaben der Beeinflussung von Mitgliedermärkten zu übernehmen, welche das Einzelmitglied (aus Kapazitätsgründen oder infolge fehlenden Know-hows) selbst nicht optimal erfüllen kann (z.B. Gemeinschaftswerbung, Organisation von Messen und Ausstellungen).

Weiter können sich die NPO für gesellschaftliche Anliegen (Social Marketing) einsetzen, die weder vom Staat noch vom Markt vertreten werden (z.B. Krebsprophylaxe, Organisation von Krebsforschungsprojekten etc.).

3. Koordinationsleistungen

a) **Ordnungsleistungen**
   Das "innerbetriebliche" Verhalten der Mitglieder wird durch Verbandsbeschlüsse geregelt (z.B. Vereinheitlichung des Rechnungswesens, technische Normierung, Führungsverhalten).

Entsprechende Anliegen werden aber auch im karitativen Bereich verfolgt, z.B. durch Anforderungen an das Rechnungswesen im Fundraising, Fundraising-Kodex etc.

b) **Kartellierung**
Das marktorientierte Verhalten der Mitglieder gegenüber ihren Tauschpartnern wird durch Ausschaltung oder Einschränkung der Konkurrenz normiert (Preis-, Gebiets- und Konditionen-Kartell). Obwohl das moderne Kartellrecht solche Absprachen verbietet, kann durch Normen und andere Vorschriften immer noch ein gewisser Einfluss auf das Marktgeschehen erzielt werden.

Auch Hilfswerke haben oft staatliche Aufträge unter sich "brüderlich" aufgeteilt. Auf diesem Gebiet sind insbesondere in Deutschland drastische Veränderungen im Gang, indem karitative Projekte und Aufgaben öffentlich ausgeschrieben werden.

4. Vertretungsleistungen

Die NPO treten gegen aussen auf, um die relevanten Umfelder zu beeinflussen. Dies kann im Namen der Mitglieder, der Klienten oder aufgrund des Organisationszweckes erfolgen.

a) **Interessenvertretung**
Damit ist die politische Funktion der NPO angesprochen. Mittels Beeinflussung durch Beratung, Information, Lobbyismus soll das politische System veranlasst werden, die Interessen der NPO in den politischen Entscheidungsprozess einzubeziehen.

b) **Öffentlichkeitsarbeit**
Mit der politischen Interessenvertretung hängt die Öffentlichkeitsarbeit eng zusammen. In diesem Sinne versuchen die NPO, die Öffentlichkeit für ihre Standpunkte einzunehmen oder überhaupt für Themen zu sensibilisieren.

c) **Verhandlungsleistungen**
Der klassische Fall ist die Tarifverhandlung auf den Arbeitsmärkten zwischen Arbeitgebern und Arbeitnehmern. Auf diesem Gebiet spielen NPO im gesamten deutschsprachigen Raum eine tragende Rolle (vgl. Kapitel VI, 7.).

Die dargestellten Massnahmenpakete zeigen, dass NPO an unterschiedlichste Bezugsgruppen Leistungen abgeben oder mit ihnen Beziehungen unterhalten. Im Folgenden soll nun der Charakter dieser Austauschbeziehungen dargestellt werden.

2.3 Austauschbeziehungen der NPO

2.3.1 Umfelder und Austauschpartner

Die NPO betrachten wir als umfeldabhängiges, offenes System. Die für die NPO relevanten Umfelder sind in Abbildung 18 dargestellt. Sie sind hier zu präzisieren und in ihrer Bedeutung darzustellen, wobei wir uns von aussen (weitere Umfelder) nach innen (Dienstleistungsumfelder) bewegen.

1. Weitere Umfelder, Orientierungs-Umfelder

Jede NPO ist ein Teil eines bestimmten Gesellschaftssystems und von diesem in wesentlichen Bereichen geprägt. Die Gesellschaft bzw. deren Teilsysteme (s. Abb. 18) bilden den Kontext, innerhalb dessen die NPO agieren. Die Gesellschaft ist für die NPO insbesondere als Trägerin von Werten und Normen, von Geschehnissen und Entwicklungen relevant. Diese setzt einerseits Rahmenbedingungen für das Handeln der NPO, die zwingend oder aber selektiv-freiwillig befolgt werden (z.B. Gesetze, moralische Werte). Andererseits schafft sie Tatbestände, welche mittelbar Auswirkungen auf die NPO haben (z.B. Wechsel in der Regierung, Arbeitskonflikte in anderen Branchen). Zudem wirken die gesellschaftlichen Teilsysteme auf die Austausch-/Transaktions-Partner der NPO ein, so dass sich deren Verhalten und die Erwartungen wiederum verändern können und damit für die NPO selber relevant werden.

Was in diesen Teilsystemen "geschieht", muss deshalb von den NPO beobachtet und beachtet werden. Aus den Orientierungs-Umfeldern müssen sie sich jene Informationen beschaffen, die für sie (heute und morgen) von Bedeutung sind. Dies bedeutet ein schwieriges und arbeitsaufwendiges Herausfiltern und Selektionieren aus einer Unmasse von Informationen. Keine NPO wird aber darum herumkommen, sich diesen "weiteren Horizont" in mehr oder weniger hohem Masse zu verschaffen, um insbesondere künftige Entwicklungen zu erkennen, die auf das eigene Handeln oder dasjenige der Austauschpartner „durchschlagen" könnten.

2. Beschaffungsumfeld

Das Beschaffungsumfeld ist für die Leistung einer NPO oft gleich wichtig wie das Abgabe-Umfeld. Dies steht im Gegensatz zur Profit-Organisation, wo die Absatz-Marktbeziehung eindeutig systemsteuernd ist. Die Beschaffungsumfelder haben wir in einen weiteren und einen engeren Kreis eingeteilt.

Im **weiteren Kreis** gilt es, einzelne **Ressourcen** auf Märkten zu beschaffen: auf dem Arbeitsmarkt für Mitarbeiter/Innen, auf dem Spendenmarkt für die Mittelbeschaffung, auf weiteren Märkten für den Einkauf von Sachmitteln. Für die "Anwerbung" von

Abbildung 18: Umfeldschichten der NPO und Leistungserstellungsprozess (FMM. S. 50, Abb. 11)

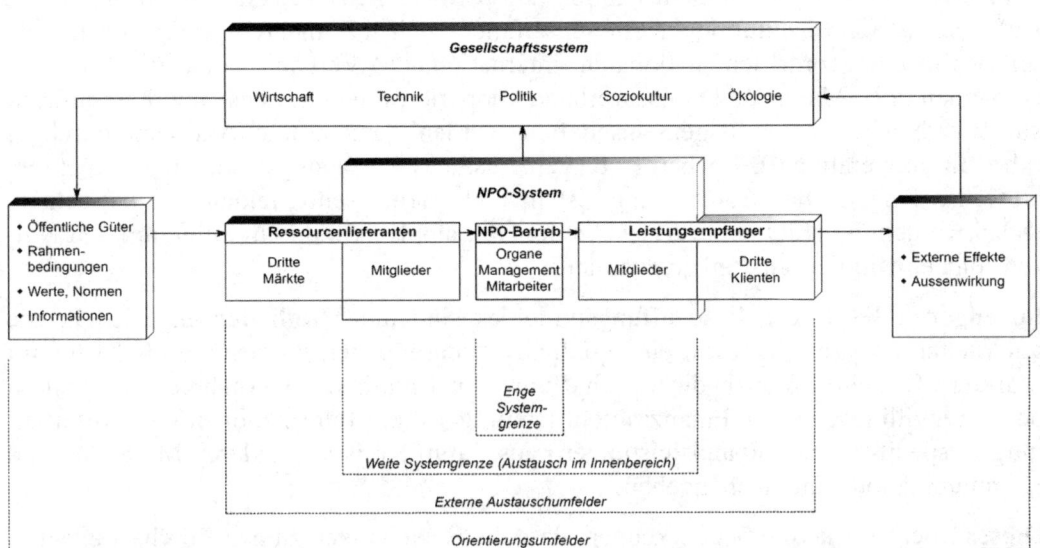

Milizern (z.B. in Stiftungen) und Freiwilligen ist die Bevölkerung das Reservoir, als-Beschaffungs-"Methoden" dürften hier das persönliche Ansprechen und Überzeugen bzw. die Kooptation (Berufung) geeignet sein. Immerhin ist nicht auszuschliessen bzw. denkbar, dass, wie im Personal-Marketing, in Zukunft auch Ehrenämter (z.B. in sozialen NPO) in Zeitungen ausgeschrieben werden.

Für die Rekrutierung neuer Mitglieder ist zwischen Selbsthilfe- und Drittleistungs-NPO zu unterscheiden. Bei den ersteren ist der Rekrutierungsbereich meist in den Statuten/Satzungen klar definiert (z.B. in einem branchenorientierten Wirtschaftsverband). Die Motivation von Nicht-Mitgliedern zum Verbandsbeitritt hat deshalb durch gezieltes (persönliches oder schriftliches) Ansprechen zu erfolgen. Anders bei Drittleistungs-NPO (z.B. dem Roten Kreuz), wo wiederum die (an sozial-karitativer Tätigkeit interessierte) Bevölkerung der Adressat ist. Diese Ausführungen zeigen, dass auch im Beschaffungsbereich eine "Marktsegmentierung" im Sinne einer Abgrenzung von Zielgruppen-/Rekrutierungsumfeldern gemacht werden muss.

Zu beachten sind bei der Beschaffung von Humanressourcen und Finanzmitteln zwei Punkte: Erstens existieren NPO, bei denen die Mittelbeschaffung (Fundraising) zum Hauptzweck der Organisation geworden ist. Zweitens ist der Mittelerhaltung, wie beispielsweise der Pflege von Mitgliedern oder Spendern, ein ebenso grosser Stellenwert einzuräumen wie der eigentlichen Beschaffung.

Ein weiteres Beschaffungsumfeld sind die **Kooperationen**. Dazu gehören Dach-/ Spitzenverbände, Arbeitsgemeinschaften, kooperative Betriebe. Für die Lösung vieler Aufgaben ist eine institutionalisierte Zusammenarbeit mit anderen NPO erforderlich, sei dies in übergeordneten (nationalen, internationalen) Verbänden und mit Nachbarverbänden (z.B. Maler- und Gipserverband kooperiert mit dem Lack- und Farbenfabrikantenverband). In Arbeitsgemeinschaften werden gemeinsame Aktionen durchgeführt. In kooperativen Betrieben (z.B. gemeinsames Forschungsinstitut) sind mehrere NPO die Träger. Die "Beschaffung" ist hier als Beitrittsentscheidung zu betrachten. Dabei werden die NPO ein präzises Anreiz-Beitrags-Kalkül durchführen, um den Nutzen solcher Mitgliedschaften zu evaluieren.

Im **engeren Kreis** des Beschaffungsumfeldes sind die **Mitglieder** angesiedelt. Sie unterhalten zu ihrem Verband eine qualitativ andere, engere Beziehung als Dritte auf Märkten. Deshalb ist auch die Beschaffung von Mitarbeit (Übernahme von Ämtern oder Freiwilligeneinsatz), Finanzmitteln (Beiträgen) und Informationen (zur Aufarbeitung in spezifischen Verbandsleistungen) aus ihrem Kreis mit anderen Methoden und Kommunikationsmitteln anzugehen.

Dieser Überblick lässt erneut erkennen, dass die Beziehungen zu den Beschaffungsumfeldern viel stärker unter Marketing-Gesichtspunkten zu betrachten sind, als dies bei Profit-Organisationen der Fall ist.

3. Leistungsadressaten-/Abgabe-Umfeld

Für die in diesem Abschnitt vorgestellten Leistungen einer NPO im Output-Bereich sind das Beeinflussungs- und das Dienstleistungs-Umfeld kurz zu beschreiben:

a) Beeinflussungsumfeld

Die Gründung einer NPO ist vielfach auf den Bedarf nach einer koordinierten Interessenvertretung zurückzuführen. Eine einzelne Person oder Organisation vermag die eigenen Interessen im politischen System nicht genügend zu artikulieren. Deshalb werden solche Aufgaben an eine kooperative Organisation delegiert.

Als wichtige Zielgruppen des Beeinflussungsumfeldes können wir unter anderem bestimmen:

- den Staat, das politische System
- die Öffentlichkeit
- andere Organisationen oder Kollektive

Im Beeinflussungsumfeld, wo Leistungen wie etwa Lobbying und Tarif-/Gesamtarbeitsverhandlungen als Marketing-Einsatzbereiche anzusiedeln sind, überschreitet unser Marketing-Ansatz das Profit-Marketing in weiten Teilen.

b) Dienstleistungs-/Produkteumfeld

NPO erbringen in hohem Masse individuelle Dienstleistungen (Schulung, Beratung, Unterstützung, Information usw.). Dienstleistungen können für die Mitglieder der Organisation (im engeren Kreis), für Klienten (z.B. Bedürftige, die von einem Hilfswerk betreut werden) oder für Dritte (z.B. eine Kundenbeziehung) bereitgestellt werden.

In diesem Umfeldsegment nähert sich das NPO-Marketing sehr stark dem Profit-Marketing an. Eine präzise Marktsegmentierung im Sinne der Abgrenzung von Zielgruppen mit spezifischen Bedürfnissen, das "Vermarkten" des Leistungsangebotes und das Gewährleisten einer hohen Leistungsqualität, um sich gegen die Konkurrenz durchzusetzen, verlangen auch in NPO ein unternehmerisches Denken und Handeln. Das Gleiche gilt für den zum Teil auch vorkommenden Verkauf von Produkten.

2.3.2 Austauschsysteme, Güterarten und Steuerungsmechanismen

Marketing wurde im und für das Marktsystem entwickelt. Dem klassischen Marketing liegen Markttransaktionen zugrunde. Die Umfelder der NPO dagegen sowie die daraus entstehenden Austauschbeziehungen folgen ganz unterschiedlichen Gesetzmässigkeiten und Regeln, wobei die Austauschsysteme mit ganz bestimmten Steuerungsmechanismen verbunden sind.

1. Marktsysteme/Individualgüter

Diese finden sich vor allem in Marktbeziehungen (Kauf/Verkauf von Gütern/Leistungen gegen Entgelt). Sie sind aber auch unter nicht vollständigen Marktbedingungen (etwa bei Monopolen, Abnahmezwang usw.) anzutreffen.

Die meisten **NPO** bieten in **gewissen Segmenten Leistungen unter Marktbedingungen** an. Stimmen die Strukturelemente einer NPO mit jenen einer PO überein, ist das Profit-Marketing ohne Probleme einsetzbar. Wichtige Bedingungen sind etwa:

a) Es besteht grösste **Freiheit in der Zielbestimmung** der Organisation.

b) Das Leistungsprogramm erhält grossmehrheitlich **Individualgüter**.

c) Die Güter werden **gegen Entgelt** (Marktpreise) abgegeben und damit der Marktkontrolle unterworfen.

d) Die **Struktur** der NPO **gleicht einer PO** (Entscheidungswege, Kompetenzen des Management).

Diese Bedingungen sind bei den oben erwähnten Fällen der "Typen-Transformation" (Verkauf von Dienstleistungen, Genossenschaften als Konzerne) erfüllt.

Die marktliche Tauschbeziehung ist deshalb so effizient, weil sie schlüssig ist, d.h. der Nutzer ist gleichzeitig Zahler und entscheidet so autonom über den Bezug der Leistung. Schedler (1996, S. 39) spricht in diesem Zusammenhang vom Äquivalenzprinzip: "Das **Äquivalenzprinzip** besagt, dass dann ein Optimum an Entscheidqualität erreicht wird, wenn der Nutzniesser einer Leistung gleichzeitig für die Leistung bezahlt, aber auch Entscheide über deren Ausführung fällen kann. Probleme entstehen immer dann, wenn diese dreifache Überdeckung nicht vorliegt:

a) Wer zwar den Nutzen hat, jedoch weder zahlen muss noch entscheiden kann, wird tendenziell zu übermässigen Leistungsansprüchen neigen;

b) Wer zwar entscheiden kann, jedoch weder Nutzen hat noch zahlen muss, wird tendenziell übermässige, eventuell von den Nutzniessern nicht gewünschte Leistungen anbieten;

c) Wer zwar zahlen muss, jedoch weder den Nutzen hat noch entscheiden kann, wird tendenziell zum Anbieten ungenügender Leistungen neigen."

2. Meritorische Systeme

Meritorische Güter sind Individualgüter, die grundsätzlich preisfinanziert über Märkte abgesetzt werden können. Werden solche Leistungen jedoch gegen nichtkostendeckende Gebühren oder gar unentgeltlich abgegeben, so müssen die ungedeckten Kosten durch andere Mittel, z.B. Beiträge, Spenden oder staatliche Leistungsentgelte, finanziert werden (interne Subventionierung). Dabei "intervenieren" andere Kriterien (Bedürfnisse bei den Leistungsbezügern), als dies bei einer vollständigen Marktpreis-Finanzierung der Fall wäre.

Bei den nachstehenden **Nicht-Marktsystemen** ist die schlüssige Marktbeziehung zwischen Produzent und Kunden mit dem Tausch Ware gegen Geld aufgebrochen und folgt anderen Regeln.

3. Karitative Systeme

Diese umfassen **Leistungen ohne Entgelt** an die Klienten der NPO oder andere Nutzniesser. Aktiv kann diese Unterstützung durch Spenden, Hilfe usw. erfolgen, passiv eher durch Duldung, Beifall, Tolerierung. Dieser Austauschprozess ist nicht schlüssig, das Äquivalenzprinzip fehlt oder wird meistens verletzt. Vergegenwärtigen wir dies am Beispiel eines Austauschprozesses in einem Hilfswerk:

Die Funktionen der Nachfrage, Leistungserstellung, Nutzniessung und Bezahlung sind völlig getrennt. Nachfragerin könnte eine Gemeindeschwester sein (die Bedürftige besucht). Die Leistung erfolgt durch einen vom Hilfswerk bezahlten Therapeuten, die Nutzniessung kommt einem Bedürftigen zugute, und die Finanzierung geschieht über Spendeneinnahmen. Die vier Funktionen sind auf unterschiedliche Personen/Gruppen aufgeteilt, die untereinander keine ökonomischen Verbindungen aufweisen. Das fehlende Äquivalenzprinzip führt zu den im vorhergehenden Abschnitt erwähnten möglichen Konsequenzen.

Abbildung 19: Austauschprozesse in der Karitativwirtschaft

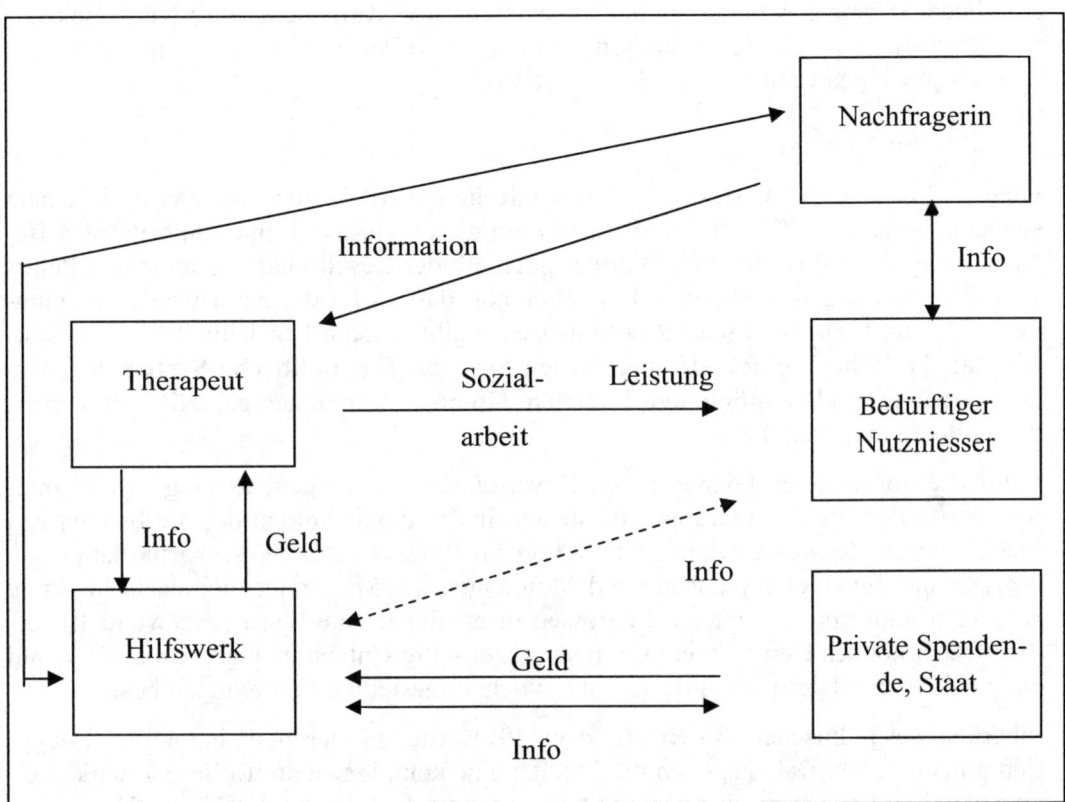

Abbildung 19 erlaubt den Schluss, dass wir in diesem Beispiel vier Austauschprozesse zu managen haben:

a) Hilfswerk zum Spendenden ("Geld gegen gutes Gewissen")

b) Hilfswerk zum Betroffenen ("Leistung gegen Dankbarkeit")

c) Hilfswerk zum Therapeuten ("Lohn gegen Arbeit")

d) Hilfswerk zur Gemeindeschwester (Kommunikationsbeziehung)

Diese Beziehungen weisen nicht die Stringenz der Marktbeziehung "Ware gegen Geld" auf. Das Beispiel zeigt uns jetzt schon, dass wir im NPO-Marketing mehrere "Marketing-Brücken" einsetzen müssen. NPO-Marketing besteht unserer Auffassung nach aus vielen Marketing-Teilbereichen, die sich aus den komplexen Austauschbeziehungen ergeben.

4. Collective Bargaining-Systeme

Die NPO legen durch Verhandlungen und Abmachungen mit anderen Organisationen bestimmte Verhaltensweisen für sich, für die Mitglieder oder Dritte fest. Die einzelnen Mitglieder (Firmen, Arbeiternehmer) delegieren diese Aufgabe an ihre NPO. Bekanntes Beispiel sind die Gesamtarbeitsverträge (Tarifverträge), die es im gesamten deutschsprachigen Raum gibt (vgl. Kapitel VI, 7.).

5. Politische Systeme

Unter Politik versteht Easton (1965) die autoritative Allokation von Werten in einem sozialen System. G. Kirsch (1974, S. 63) empfiehlt, eher von einer autoritativen Beeinflussung der Allokation von Werten innerhalb der Gesellschaft zu sprechen. Politische Entscheidungen zeichnen sich dadurch aus, dass es für diese nur wenige verbindliche Führungsgrössen (Ziele, Richtlinien etc.) gibt. Easton bezeichnet die Unterstützung als kritische Variable des politischen Systems. Das **politische System** lebt von der **Einwirkung aller möglichen Parteien**, Gruppen, Verbänden etc. NPO sind wichtige Akteure in diesem Prozess.

Politische Forderungen können durch Erwartungen, Meinungen, Ideologien und Interessen von Personen und Gruppen entstehen. In der Praxis kommt den Verbänden von Interessenvertretern eine wichtige Funktion im Prozess der Interessenartikulation zu: Diffuse und punktuelle Wünsche und Meinungen der Mitglieder müssen in konkrete Aussagen umformuliert, latente Interessen in manifeste Interessen umgewandelt werden. Dabei können sich mehrere Gruppen gegenseitig Unterstützung gewähren, sobald ein gewisser Grad der Übereinstimmung in den aufgestellten Forderungen besteht.

Innerhalb des politischen Systems (s. Abb. 20) werden Forderungen in Output-Kategorien umgewandelt. Dabei spielen die Medien eine komplementäre Rolle. Sie wirken einerseits als Filtersystem, das bestimmte Anliegen selektioniert, die Thematik medien- und publikumsgerecht aufarbeitet und durch Wiederholung die Wirkung der Anliegen verstärkt. In diesem Prozess lassen sich vier Transformationsmechanismen unterscheiden:

a) **Forderungen werden** ohne Modifikation **akzeptiert** und als Output vom politischen System übernommen.

b) **Forderungen werden modifiziert** als Output übernommen.

c) **Forderungen werden** zu Streitfragen **transformiert** (vorerst keine Konsensbildung möglich) und nach weiteren politischen Auseinandersetzungen als Output **übernommen.**

d) **Forderungen werden** im Laufe des Transformationsprozesses **aufgegeben.**

Abbildung 20: Politisches System nach Easton 1965 (modifiziert)

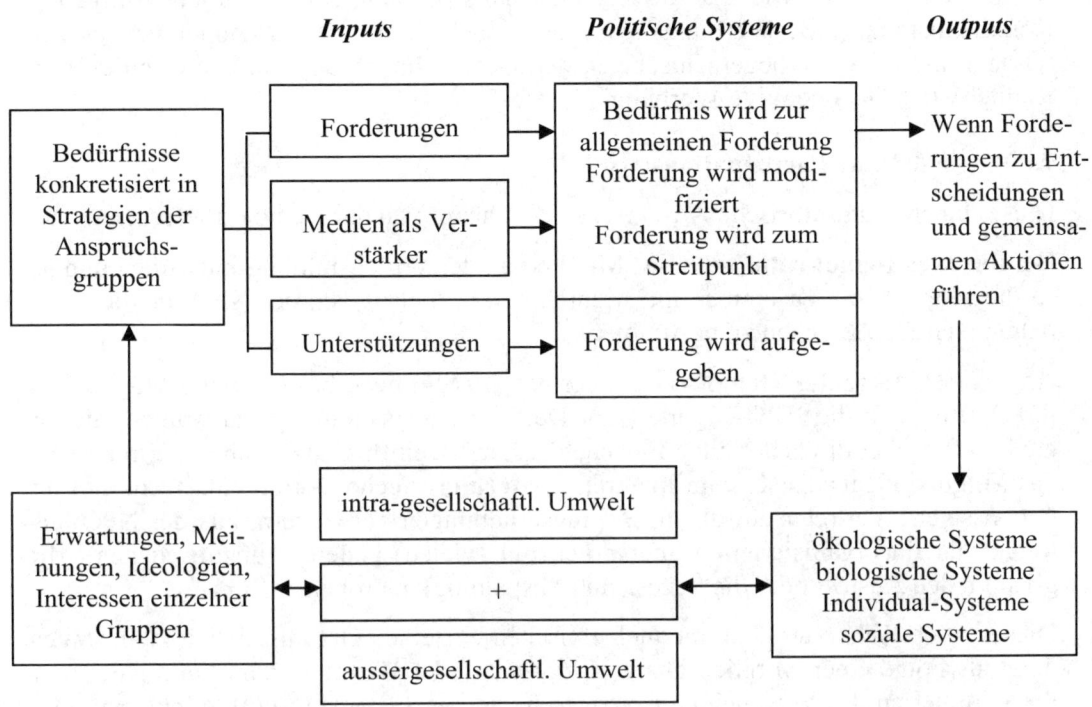

Der **Output** des politischen Systems kann in verbindlichen Entscheidungen und Handlungen (Akzeptierung der autorisierten Entscheidungen durch bestimmte Gruppen), in der autoritativen Verteilung von Werten (Allokationstätigkeiten ausserhalb des Marktsystems), in Transaktionen zwischen den Systemen und ihren Umwelten bestehen.

Diese Hinweise zeigen, dass für die Lösung von **Aufgaben** in **politischen Prozessen** spezifische Instrumente entwickelt werden müssen (vgl. Kapitel VI, 6.).

6. Kommunikationssysteme

Die NPO geben als Sender bewusst oder unbewusst durch ihr Verhalten, ihre Entscheide und aktiven Kommunikationsmassnahmen bestimmte Informationen an empfangende Umwelten ab, im Sinne der Orientierung oder deren Beeinflussung. Kommunikation tritt selbständig (z.B. Öffentlichkeitsarbeit) oder begleitend mit einer Verbandstätigkeit in Erscheinung (z.B. Werbung für eine Leistung).

Mitgliederspezifische Kommunikationsaufgaben werden in gewissen NPO von den Mitgliedern an die NPO delegiert. Die NPO erfüllen damit kooperative Kommunikationsaufgaben wie z.B. die Gemeinschaftswerbung. Die eigentliche Marketing-Kommunikation (z.B. Werbung) wird überlagert durch einen Kooperationsprozess (Organisation der Werbegemeinschaft), der spezifische Lösungsansätze erfordert (vgl. Kapitel VI, 8. "Kooperative Werbung").

7. Mitgliedschaft/Partizipation

Dieses innerorganisatorische Austauschsystem hängt von der Demokratieform ab:

Bei **direkter Demokratie** kann das Mitglied an der Willensbildung mitwirken und hat so die Möglichkeit, zusammen mit Mehrheiten die Leistungen der NPO und deren Inhalte im Grundsätzlichen zu bestimmen.

Anders bei **indirekter Demokratie**. Hier hat die Mitgliederbasis nur die Möglichkeit, ihre Vertreter in die NPO-Organe (z.B. Delegiertenversammlung) zu wählen, die Organe treffen aber die materiellen Entscheide. Zur "Beeinflussung" seiner Vertreter kann das Mitglied nichts als seine **indirekten Steuerungsmechanismen** einsetzen: die "unbotmässigen" Vertreter abwählen, Beitragserhöhungen verweigern, aus der NPO austreten oder in organisiertem Widerspruch mit (vielen) anderen (unzufriedenen) Mitgliedern den Austritt oder die Sezession (Abspaltung) androhen.

Dieses Austauschsystem kommt auch zwischen einzelnen Organisationen zum Tragen, denn als Folge einer Mitgliedschaft, Kooptation oder Berufung kann eine NPO bzw. ihr Vertreter an den Entscheidungsprozessen anderer Systeme (NPO) teilnehmen. Dies ist zum Beispiel in allen Kooperationen (Arbeitsgemeinschaften, Dach-/Spitzenverbänden usw.) der Fall, welche im Freiburger Modell der Beschaffungs-Umwelt zugeordnet werden, da die Kooperationsleistungen quasi als Ersatz für eigene Leistungen betrachtet werden können, also Input-Charakter aufweisen.

8. Externe Effekte

Dazu gehören mittelbare Auswirkungen (Nebenwirkungen oft unbeabsichtigter Natur) auf bestimmte Umweltsegmente:

a) "public goods" als für den Empfänger (des Effektes) positive Wirkungen (z.B. die durch ein Sozialwerk und seine Leistungen an Bedürftige erzielte Staatsentlastung);

b) "public bads" als für eine Gruppe negative Wirkungen (z.B. der Lobbyerfolg eines Wirtschaftsverbandes für eine Konsumentengruppe).

2.4 Das Austauschsystem der NPO

Wir haben festgestellt, dass NPO eine komplexe Aufbaustruktur aufweisen und mit der Umwelt in verschiedensten Austauschbeziehungen stehen.

Als nächsten Schritt präzisieren wir das **Transaktionsmodell** der NPO. Dies ist eine weitere Grundlage, um die Marketing-Aufgabe für die NPO sinnvoll gliedern und systematisch lösen zu können.

Wir arbeiten im Freiburger Modell mit dem **System-Begriff**. Dieser wird definiert als geordnete Gesamtheit von beschreibbaren (und damit abgrenzbaren) Elementen und Subsystemen, zwischen denen irgendwelche Beziehungen bestehen, wobei diese Beziehungen "enger" sind als die Beziehungen des Systems zu seiner Umwelt (Super-System). Diesen System-Begriff können wir sehr flexibel handhaben, wobei wir davon ausgehen, dass es in der Realität keine Systeme im oben definierten Sinne gibt, sondern dass wir bestimmte "Ausschnitte" der Realität als Systeme betrachten.

In Abbildung 21 werden die **Systemgrenzen** (was gehört dazu, was nicht?) so gezogen, dass die **Mitglieder** in ihrer Rolle als Lieferanten von Inputs in den Verbandsbetrieb **als Teile/Elemente des Systems** betrachtet werden. Ebenso wird die Leistungsabgabe an die Mitglieder als **systeminterne** Transaktion aufgefasst. Wir interpretieren demnach die Mitgliedschaft als besondere, enge Beziehung, welche eine andere Qualität und Intensität aufweist als Transaktionsbeziehungen zu systemexternen Partnern (z.B. Nichtmitgliedern, Kunden).

In Abbildung 21 konkretisieren wir die Transaktionsbeziehungen weiter, sowohl im Innen- wie im Aussenbereich, indem wir mögliche Transaktionspartner auflisten. Wie die Abbildung zeigt, leisten Mitglieder und Milizer Input an die Organisation (z.B. Beiträge, Zeit, Information) und erhalten im Gegenzug auch Output aus den NPO (z.B. Dienstleistungen, Interessenvertretungs-Leistungen).

Genauso können einzelne Transaktionspartner sowohl im Beschaffungsbereich (Input) wie im Leistungsabgabe-Bereich (Output) durch die NPO bearbeitet werden. Die unter Kapitel II, 2.2 vorgestellten Leistungen der NPO werden den einzelnen Austauschpartnern/Zielgruppen zugeordnet. Das Beispiel bezieht sich auf einen Wirtschaftsverband. Wirtschaftsverbände sind stark mitgliederzentriert und outputorientiert, d.h. die Finanzierung erfolgt primär über Mitgliederbeiträge. Die Marketing-Aktivitäten konzentrieren sich auf das Leistungsabgabe-Marketing. Das Beschaffungsmarketing spielt eine eher untergeordnete Rolle, dies im Gegensatz zu karitativen Organisationen, wo Finanzmittelbeschaffung eine wichtige und schwierige Marketing-Herausforderung darstellt. Hingegen ist auch in Wirtschaftsverbänden das Eigen-Marketing (vgl. Kapitel VI, 3.) von wesentlicher Bedeutung.

Abbildung 21: Struktur- und Beziehungsmodell des Verbandes (am Beispiel Wirtschaftsverband) (FMM, S. 51, Abb. 12)

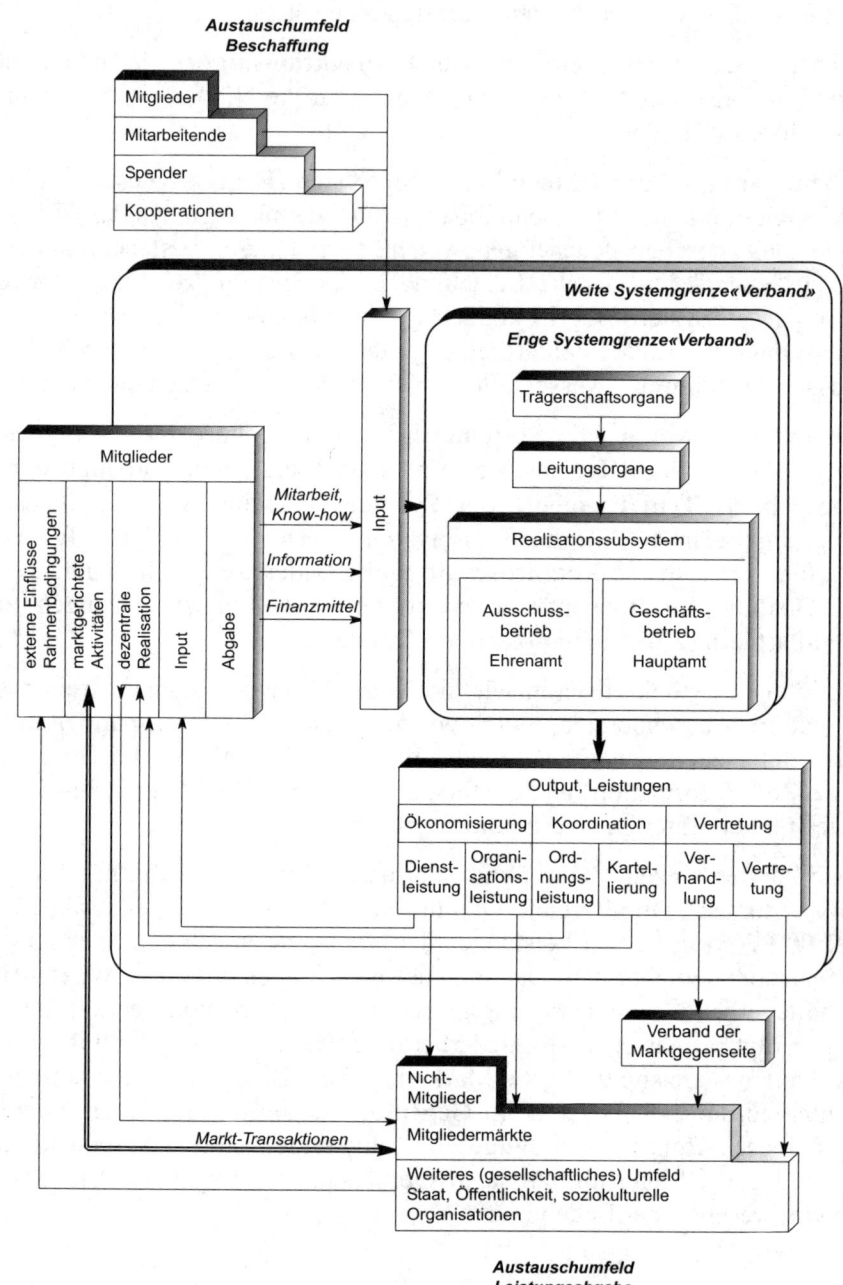

Zusammenfassend ist festzuhalten, dass NPO in verschiedenen Beziehungsarten mit den unterschiedlichsten Partnern tangible und intangible Objekte austauschen. Im Gegensatz zur **Profit-Organisation**, wo die **Marktbeziehung** eine absolut **dominierende Stellung** hat (Primat des Absatzes, der Marktbeziehung), finden wir bei allen **NPO mehrere relevante Austauschbeziehungen**, die durch **unterschiedliche Steuerungsmechanismen** determiniert werden.

Kapitel III
Marketing für Nonprofit-Organisationen
im Freiburger Management-Modell für NPO

1. Das Marketing-Verständnis im Freiburger Management-Modell für NPO

1.1 Entwicklungsrichtungen im Rahmen der Management-Orientierung

Lange Zeit galten ein profunder Sachverstand und ein hohes Engagement der Mitwirkenden/Mitarbeitenden als hinreichende Voraussetzung für die Führung einer NPO. Diese Sicht wird heute kritisch hinterfragt. Die ausgezeichnet recherchierte Untersuchung von Seibel (1992) zeigt anhand von empirischen Studien, dass Missmanagement in gewissen Typen von NPO relativ stark verbreitet ist. Als Lösung für die Zukunft sieht Seibel für viele NPO eigentlich nur einen Wandel in Richtung Unternehmung (Profit-System) oder eine Übernahme durch den Staat und damit Integration in das staatlich-administrative System.

Das VMI (Institut für Verbands- und Genossenschafts-Management an der Universität Freiburg/Schweiz) beurteilt die Entwicklung aufgrund zahlreicher Einblicke in gut geführte NPO nicht derart zwangsläufig. Wir sind vielmehr der Ansicht, dass es den Dritten Sektor zwischen Staat und Markt auch in Zukunft geben wird. Gleichzeitig sind wir der Meinung, dass diese Organisationen genau gleich wie Unternehmungen über solide Kenntnisse und Erfahrungen in der Anwendung von Management-Methoden und -Instrumenten verfügen sollten, wenn sie langfristig Erfolg haben und den auch im NPO-Bereich sich verstärkenden Wettbewerb bestehen wollen. Die Anpassung der betriebswirtschaftlichen Management-Instrumente an die besonderen Gegebenheiten im NPO-Bereich ist seit 25 Jahren Ziel und Zweck der Forschungsbemühungen im VMI. Gefragt ist in der Praxis eine vermehrte **Management-Orientierung** aller Führungsverantwortlichen sowohl auf Ehrenamtseite wie im Bereich der Hauptamtlichen (angestellten Führungskräfte). Diese Orientierung konkretisiert sich in den drei folgenden Entwicklungsrichtungen:

a) Zukunfts- und Ziel-Orientierung

Den für die Führung der NPO verantwortlichen Organen (Ehrenamt, Milizern) und den vollamtlichen Geschäftsführern schreiben wir eine umfassende Verantwortung für die **Problemlösung** zu. Diese beinhaltet ein möglichst frühzeitiges Erkennen "auftauchender" Probleme, die effiziente Einleitung und Gestaltung der Problemlösungs-Prozesse und eine wirkungsvolle Realisierung der getroffenen Entscheide, verbunden mit der Kontrolle/Evaluation der erzielten Ergebnisse.

Wollen die Führungskräfte diese Verantwortung wahrnehmen, so sind drei unerlässliche Voraussetzungen zu schaffen:

- Sie haben **sich systematisch und methodisch mit der Zukunft**, mit den Entwicklungen ihrer Umfelder und der eigenen NPO **auseinanderzusetzen** und dazu die erforderlichen Analyse-Instrumente bereitzustellen.
- Sie haben ein kohärentes, möglichst vollständiges **Planungs-, Zielsetzungs- und Controlling-System** aufzubauen und zu handhaben. Dazu gehören Instrumente wie Leitbilder, strategische Schwerpunktplanungen, Jahresziele und Kontrollmittel wie etwa das Rechnungswesen.
- Sie müssen sich durch geeignete Massnahmen **für diese zukunftsorientiertplanerischen Aufgaben freispielen** und ihre Zeit für das Wesentliche einsetzen.

b) Effizienz-Orientierung

Wie Unternehmungen verfügen auch NPO immer nur über ein begrenztes Potenzial an (knappen) Produktionsfaktoren. Auch sie sind deshalb dem generellen Gebot einer permanenten und konsequenten Effizienz-Orientierung unterworfen, haben also mit den verfügbaren Mitteln eine möglichst grosse Wirkung zu erzielen bzw. ein gewolltes Ergebnis mit den geringstmöglichen Mitteln zu realisieren. Dieses Wirtschaftlichkeitsprinzip ist demnach in zwei Richtungen anzuwenden:

- im Sinne der **Effektivität** als wirkungsvoller, nutzenstiftender und zieladäquater Einsatz von Massnahmen und Mitteln;
- im Sinne der **Produktivität** als sparsamer Umgang mit den Mitteln bzw. als Realisierung eines bestmöglichen Kosten-/Nutzenverhältnisses (wird auch als Effizienz im engeren Sinne bezeichnet).

c) Marketing-Orientierung

NPO zeichneten sich lange Zeit und zeichnen sich teils auch heute noch durch eine stark innenzentrierte Aufgabenerfüllung aus. Gefragt ist aber mehr und mehr eine aussenorientierte Dienstleistungs-Haltung: Management-Prozesse sollen ihren "Ausgangspunkt" bei den Bedürfnissen, Erwartungen ihrer Leistungsadressaten nehmen, NPO sollen ihre Aktivitäten konsequent an ihren Austauschpartnern ausrichten und der Kommunikation mit den Umfeldern sowohl auf Beschaffungsseite (z.B. Fundraising/Finanzmittelbeschaffung) wie auf der Abgabeseite erhöhte Aufmerksamkeit und professionelle Kapazitäten widmen. Nur durch ein **wirkungsvolles Management dieser Austauschbeziehungen**, durch eine **klare Positionierung der NPO** und ihrer Leistungen im zugehörigen Umfeld kann eine optimale Zweckerfüllung sichergestellt werden.

Sinn und Existenzberechtigung einer NPO liegen ausschliesslich in der Erfüllung der ihr vorgegebenen Zwecke, der ihr übertragenen "Mission". Um diese Zwecke zu erfüllen, hat die Organisation zu "produzieren", also Leistungen zu erstellen und an bestimmte Adressaten (Zielpublika) abzugeben. Zur Erbringung der Leistungen hat sie Mittel (Produktionsfaktoren, Ressourcen) zu beschaffen, einzusetzen und zu verwalten bzw. selber aufzubauen und zu gestalten.

Dieser Sichtweise folgt auch die **Aufbaulogik des Freiburger Management-Modells**. Abbildung 22 ist wie folgt zu interpretieren:

- In der linken Säule ist unsere **Grundauffassung der NPO** schematisiert. Übergeordnet sind die allgemeinen Vorstellungen der NPO als System, gefolgt vom obgenannten Dreischritt:
  - Zweckerfüllung als NPO-Auftrag
  - Zweckerfüllung durch Erbringen von (Dienst-)Leistungen
  - Beschaffen, Einsetzen und Verwalten von Ressourcen, Mitteln zur Leistungserbringung.

- In der rechten Säule wird gezeigt, wie diese Grundauffassung **in das Management-Modell umgesetzt** wird. Dieses wird in drei Komponenten untergliedert, von denen jede einen Teil der in der NPO anfallenden Management-Aufgaben umfasst bzw. abdeckt und mit Elementen der Grundauffassung korreliert:
  - Dem **System-Management** werden alle formal übergeordneten, die NPO als Gesamtsystem betreffenden Aufgaben zugeordnet. Dazu gehören etwa die Festlegung der zu befolgenden Management-Philosophie (Leitbilder), die Gestaltung von Strukturen und Prozessen der Willensbildung, der Planung und des Controlling, der Führungsstil, die Prinzipien des Qualitäts-Management.
  - Dem **Marketing-Management** obliegt die Aufgabe, die Leistungen und die Kommunikation auf die Zweckerfüllung bzw. den Nutzen für Mitglieder/ Klienten und die Beeinflussung Dritter auszurichten, wobei Marketing-Aufgaben in der Beschaffung, im Innenbereich und in der Leistungsabgabe zu bewältigen sind.
  - Im **Ressourcen-Management** schliesslich geht es um die für die Leistungserbringung erforderlichen Mittel wie Mitglieder, Mitarbeitende, Finanz- und Sachmittel. Diese sind "ausserhalb" der (engen Systemgrenze der) NPO zu beschaffen und im Innenbereich einzusetzen, zu verwalten und weiterzuentwickeln.

Die Aufbaulogik von Abbildung 22 kann in zwei Richtungen interpretiert werden:

- Die **Marketing-Logik** (von oben nach unten) befolgt die genannte Bedürfnis- und Umfeldorientierung; die "Befindlichkeiten" der Umweltsegmente "bestimmen" (geben Anlass und Anhaltspunkte für) die Gestaltung (qualitativ und quantitativ) der Leistungen, und aus diesen wird der Bedarf an Ressourcen abgeleitet.

- Umgekehrt stützt sich die **ressourcenorientierte Logik** (von unten nach oben) auf die Tatsache, dass NPO als Dienstleistungsbetriebe zunächst ihr Leistungsdispositiv aufbauen, ihre Mittel beschaffen, ihr "Potenzial" einrichten müssen, bevor sie die Leistungen erbringen und damit ihren Zweck in den relevanten Umfeldern erfüllen können.

Abbildung 22: Aufbaulogik des Freiburger Management-Modells für NPO
(FMM, S. 67, Abb. 14)

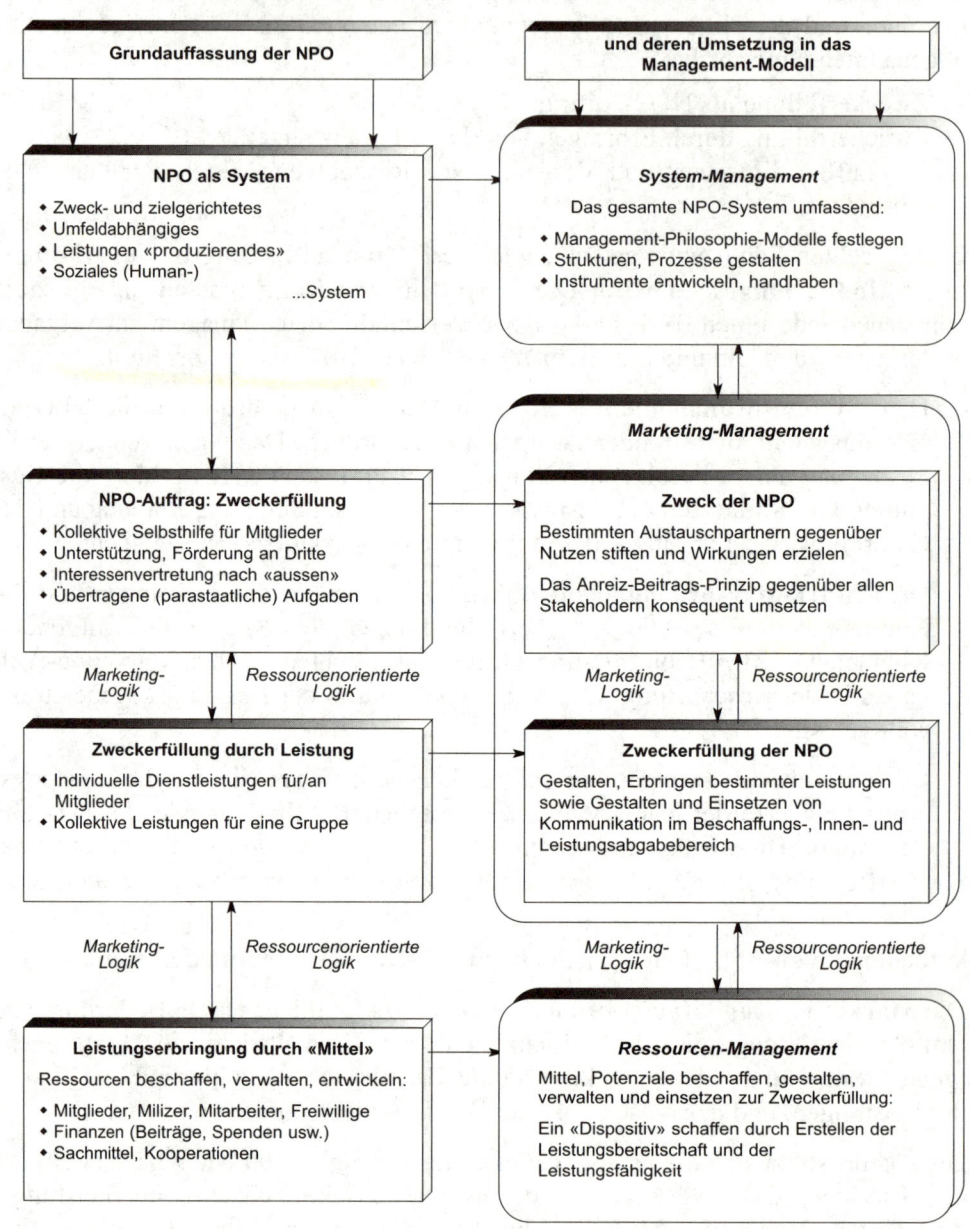

Wir stellen damit fest, dass die **Marketing-Orientierung im Freiburger Modell zentral verankert** ist. Im Folgenden sollen nun praxisgerechte Anwendungs- und Lösungsvorschläge für die Implementierung von Marketing in NPO erarbeitet werden.

1.2 Eingliederung des Marketing in das System der Führungsinstrumente

Damit Marketing als eine der drei prägenden Management-Orientierungen in der NPO auch tatsächlich wirksam in die Praxis umgesetzt werden kann, muss es im **Führungssystem** einer Organisation **verankert** sein. Dies bedeutet Internalisierung der Marketing-Philosophie in der **Denkhaltung der Mitarbeitenden** (Haupt- und Ehrenamt!) sowie klare **Verankerung** in der **Organisationsstruktur** (Marketing-Organisation). Weiter muss Marketing im **System** der **Führungsinstrumente** sinnvoll eingebettet sein.

Führungsinstrumente sind "Werkzeuge" für die mit Management beauftragten Personen. Abbildung 23 stellt dieses Instrumentarium dar, und zwar in einer Dreiphasen-Gliederung, welche gleichzeitig auf die logischen Zusammenhänge der Elemente hinweist:

- normativ-strategische Ebene
- operativ-mittelfristige Pläne
- dispositiv-kurzfristige Pläne

Diesen drei Ebenen vorgelagert sind die Analyse-/Prozess-Informationen. Denn auf der normativ-strategischen Ebene stehen Grundsatzfragen zur Klärung an, die zu formulierenden Antworten (Visionen, Strategien) haben weit reichende Konsequenzen in die Zukunft hinein. Sie müssen deshalb systematisch und methodisch sauber erarbeitet werden.

Im Prinzip gilt es, sogenannte strategische Erfolgspotenziale zu lokalisieren und zu nutzen. Diese liegen:

a) im **Umfeld** der NPO, in ihren Leistungsadressaten-Bereichen und Austauschbeziehungen. Es geht darum, frühzeitig Veränderungen in den Bedürfnissen der Leistungsadressaten oder "Marktlücken" und Vorsprünge vor der Konkurrenz zu erkennen und - im Sinne unserer "Marketing-Logik" - das Leistungsangebot darauf auszurichten;

b) in der **NPO selber**, in ihren **Ressourcen**. Die ressourcenorientierte Logik unseres Modells weist darauf hin, dass die strategische Ausrichtung auch auf den besonderen Fähigkeiten und Eigenschaften der Ressourcen basieren kann. Durch die gezielte Nutzung und Weiterentwicklung dieser Kernkompetenzen kann die NPO

Abbildung 23: Das System der Management-Instrumente und deren Grundlagen (FMM, S. 120, Abb. 35)

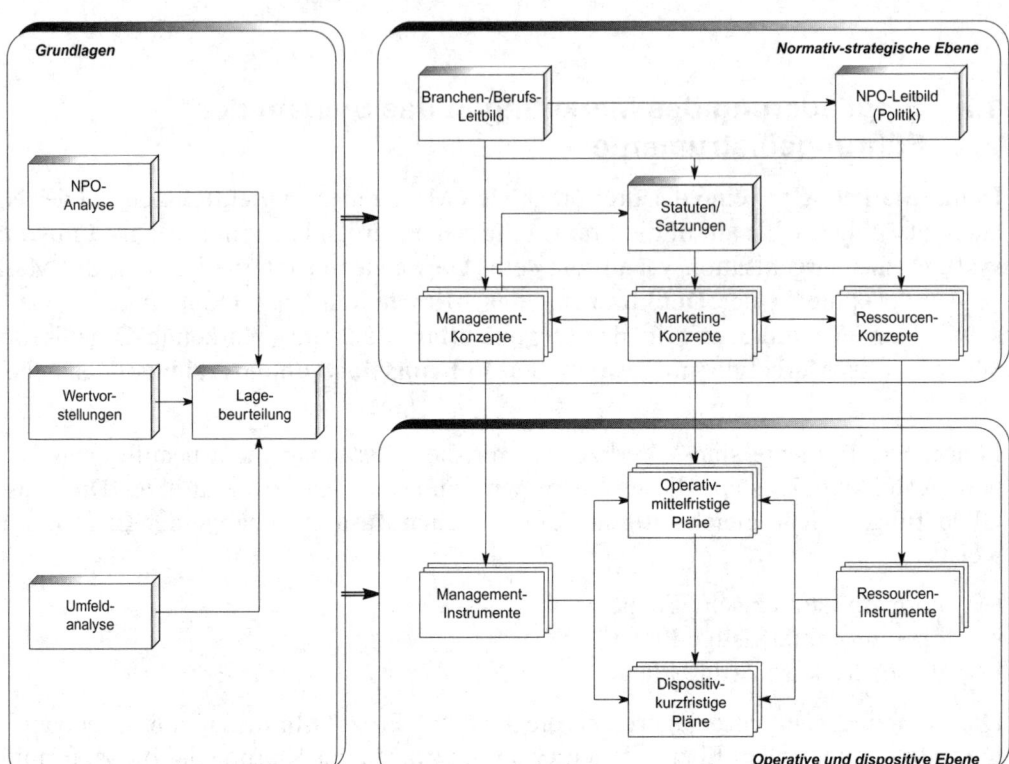

immer neue Leistungen und Problemlösungen "generieren" und damit ihren Erfolg (die Befriedigung von sich verändernden Bedürfnissen der Anspruchspartner/Stakeholder) sichern.

Ein taugliches Vorgehen bei der grundlegenden Analyse von Umfeld und NPO und der darauf bestehenden Formulierung von normativ-strategischen Aussagen im Output-Bereich bietet die **Portfolio-Technik**. (Diese wird in Kapitel IV, 6.1 vorgestellt, da sie sich auch für die Festlegung der Marketing-Einsatzbereiche eignet.)

Zur **normativ-strategischen Ebene** zählen wir:

a)   **Leitbilder**

Diese gliedern wir nach Zweck und Inhalt in zwei unterschiedliche Dokumente (Instrumente):

- **Mitglieder-/Branchen-/Berufs-Leitbilder**
Sie sind ein Management-Instrument in mitgliedschaftlichen Selbsthilfe-Organisationen (z.B. Gewerkschaften, Unternehmerverbände). Als Mitglieder-/Branchen-/Berufs-Leitbild (Positionspapier) bezeichnen wir einen Katalog von normativen Vorstellungen darüber, wie sich die Aufgaben- und Problembereiche der Mitglieder in Zukunft entwickeln sollen. Dieses Leitbild enthält Ziele, Richtlinien und Grundsätze, die vom Mitglied selbständig, von mehreren Mitgliedern gemeinsam und/oder von der NPO verfolgt werden können.

- **NPO-Leitbild (auch NPO-Politik genannt)**
Im Sinne einer "Unternehmenspolitik" bezieht sich dieses Aussagensystem ausschliesslich auf die NPO selber, auf deren Selbstverständnis als organisiertes und leistungserbringendes Gebilde. Auch hier werden Ziele, Richtlinien und Grundsätze formuliert, aber nun ausschliesslich für das Handeln und Verhalten der NPO selber. Es wird gesagt, mit welchen Leistungen in welcher Qualität die NPO einen Beitrag an die im Mitgliederleitbild vorgegebenen Inhalte erbringen soll, welche Ziele sie sich als Organisation setzt (z.B. Wachstum, Diversifikation im Dienstleistungsangebot), wie sie sich organisiert und welche Ressourcen sie benötigt. Darin sind auch normative Aussagen über den Umgang mit Mitgliedern, Austausch- und Kooperationspartnern, Mitarbeitenden enthalten, verbunden mit der Klärung des Selbstverständnisses der NPO.

b) **Statuten/Satzungen**

In unserem Management-Modell sind die Statuten/Satzungen den Leitbildern **nachgelagert**. Wir betrachten die Leitbilder als übergeordnete Management-Instrumente mit verfassungsähnlichem Charakter, die Statuten/Satzungen als rechtswirksame Konkretisierung in Einzelbereichen. Diese hierarchische Ordnung rechtfertigt sich durch die Praxis, zumal bei Neuorientierungen, Reorganisationen oder gar Krisen eine Auseinandersetzung auf Leitbildebene wesentlich fruchtbarer und konsensfähiger ist als eine oft auf Details fixierte Diskussion um Statutenbestimmungen.

c) **Konzepte (oft auch als Teilpolitiken bezeichnet)**

Während NPO-Leitbild und Statuten/Satzungen die gesamte NPO abdecken und generellen Charakter haben, sind Konzepte bereichsorientierte Management-Instrumente. Wünschenswert sind je ein Konzept für die drei Bereiche Management, Marketing, Ressourcen, wobei - je nach Grösse der NPO - diese Bereichskonzepte auch in weitere Teilkonzepte aufgefächert werden können (z.B. die Konkretisierung eines übergreifenden Management-Konzeptes in einem Strukturkonzept, einem Führungskonzept, einem Qualitäts-Management-Konzept).

Konzepte sind erneut verbindliche Aussagensysteme mit Zielen, Richtlinien und Grundsätzen, werden jedoch aus den übergeordneten Dokumenten, insbesondere den Leitbildern, abgeleitet und weisen bereits einen umsetzungsrelevanten Konkretisierungsgrad auf. Auch sie sind zeitlich unbegrenzt und solange gültig, bis externe oder interne Entwicklungen ihre Anpassung erfordern.

d) Operative Pläne

- **Operativ-mittelfristige Pläne**

Die Bedeutung dieser Planungsstufe liegt in der Verkoppelung von normativ-strategischen Aussagen langfristiger Art und der kurzfristig orientierten dispositiven Planung. In diesen Plänen wird über den Jahreshorizont hinaus gedacht bzw. werden die normativ-strategischen Grundsätze in Programme und Projekte mit einem Horizont von drei bis fünf Jahren "herunter gebrochen". Mittelfristig sind insbesondere jene Aktivitäten, Aktionen zu planen, welche bestimmte Ressourcen über mehrere Jahre hinaus binden, womit auch die Planung der Beschaffung und Verfügbarkeit der dazu erforderlichen Ressourcen verbunden ist. Im mittelfristigen Bereich sind etwa einzuordnen: Struktur-Reorganisationen, Auf- und Ausbau einzelner Leistungsbereiche, Nachwuchsentwicklung im Ehrenamt und Hauptamt, Finanzpläne usw.

- **Dispositiv-kurzfristige Pläne**

Die Jahresplanung in Form von Haushaltsplänen und Budgets war jahrzehntelang das einzige in den Statuten/Satzungen vorgeschriebene Planungsinstrument vieler NPO. Selten nur wurde dieser finanziell-buchhalterische Rahmen auch durch einen Tätigkeitsplan unterlegt. Das "Sich-Durchhangeln" von einem Jahr zum andern ermöglichte kaum eine aktive Zukunftsgestaltung, sondern begnügte sich mit dem kurzfristigen Reagieren, mit der Konzentration auf das Tagesgeschäft.

Als Steuerungsinstrumente sind Jahrespläne, Jahresziele unverzichtbar, entfalten jedoch ihre Wirkung erst durch die Einbettung in die übergeordneten Planungsebenen, aus denen sie als konkretisierende Umsetzung abgeleitet werden.

Diese dargestellte Stufenfolge basiert auf einer **Plan-Hierarchie** (Verhältnis von Über-/Unterordnung) in dreifacher Hinsicht:

- **Zeitliche Reichweite**: Die normativ-strategischen Dokumente sind für unbestimmte Zeithorizonte gültig, operative Pläne decken den mittleren Bereich zwischen zwei bis fünf Jahren ab, operativ-dispositive Pläne gelten kurzfristig (ein Jahr und weniger).

- **Konkretisierungsgrad**: Mit absteigender Stufe nimmt er laufend zu, von Grundsätzen/Strategien über operative Schwerpunkte zu konkret-detaillierten Jahresplänen.

- **Zeitlich-logische Abfolge**: Der Aufbau, die Entwicklung eines Plansystems soll "oben" bei den Grundsätzen beginnen, die dann schrittweise in aufeinander folgende Pläne der unteren Stufen umzusetzen sind, wobei sich jede Stufe aus der vorhergehenden ableitet.

Es ist äusserst wichtig, dass mit Marketing nicht zufällig in irgendeiner Ecke begonnen wird, sondern dass Marketing auf allen Führungsebenen verankert ist und systematisch betrieben wird. Die Darstellung zeigt auch, dass ein **Marketing-Konzept den obersten Leitlinien einer Organisation unterzuordnen** ist. Selbstverständlich sind gute Leitbilder und Verbandspolitiken ebenfalls von der Marketing-Philosophie durchdrungen. Trotzdem ist es wesentlich, dass das Selbstverständnis einer Organisation, die Mission, der Zweck unabhängig und eigenständig festgelegt und formuliert werden sollen. Das Marketing-Konzept ist dann auf einer tieferen Stufe Mittel zum Zweck, um die Oberziele zu erreichen. Diese Sachlogik findet sich auch im Unternehmens-Marketing.

Die in der Marketing-Philosophie vertretene Kunden-/Mitglieder-/Klientenorientierung wird neuerdings auch vom Qualitäts-Management gefordert. Ein fundiertes Qualitäts-Management-System soll zur Garantie und Kontrolle marketing-orientierter Leistungen beitragen.

Es ist hier deutlich hervorzuheben, dass im Freiburger System der Führungsinstrumente dem Marketing ein hoher Stellenwert eingeräumt wird, indem das **Marketing-Konzept** auf der normativ-strategischen Ebene eine **zentrale Stellung** einnimmt und seinerseits Rückwirkungen auf andere Führungsinstrumente hat. Dies ist in der NPO-Praxis vielerorts noch nicht der Fall. Marketing wird mehr oder weniger bewusst, meistens eher zufällig punktuell betrieben. Damit wird dem für NPO als Dienstleistungsanbieter so wichtigen "Gleichklang" aller Marketing-Anstrengungen zu wenig Rechnung getragen.

2. Der Freiburger Marketing-Ansatz für NPO

2.1 Übertragung und Ausweitung des Profit-Marketing

Im ersten Teil dieser Monographie haben wir festgehalten, dass sich der Ansatz des Profit-Marketing im Laufe der Zeit geöffnet hat, indem das Zielsystem erweitert wurde und eine Fokussierung auf weitere Marketing-Objekte stattgefunden hat. Weiter haben wir gezeigt, dass die Marketing-Lehre andere als nur Kundenbeziehungen in ihre Überlegungen aufgenommen hat. Dies betrifft Austauschbeziehungen anderer Funktionsbereiche (auch im Unternehmen) wie die Beschaffung und Austauschbeziehungen weiterer Organisationstypen.

Im zweiten Teil haben wir die strukturellen Besonderheiten der NPO herausgearbeitet. Diese beeinflussen die Gestaltung des Marketing, was nichts anderes bedeutet als eine relativ weitgehende Anpassung der Marketing-Lehre an die NPO, verbunden mit der Entwicklung neuer Erkenntnisse und Methoden in Bereichen, die in Unternehmungen nicht relevant sind.

Um das NPO-orientierte Marketing-Management zu erarbeiten, müssen wir daher:

1. aus der (allgemeinen) Marketing-Lehre übernehmen, was trotz der strukturellen Unterschiede auf NPO passt, z.B. die Marketing-Logik;
2. die Marketing-Philosophie für den NPO-Bereich interpretieren;
3. die vielfältigen Austauschprozesse der NPO in das Marketing-Konzept einbauen;
4. dort Modifikationen vornehmen, wo die Marketing-Lehre grundsätzlich übertragbar ist, wo aber zusätzliche Besonderheiten zu berücksichtigen sind (z.B. Dienstleistungs-Marketing im Bereich der Mitgliederbeziehungen, Instrumente der Preispolitik, die auch Elemente von Nicht-Marktsystemen einbeziehen müssen);
5. neue Lehrinhalte schaffen, wo die Unternehmungen nicht (direkt) betroffen sind (z.B. Fundraising, kooperative Werbung, Management von Ehrenamtlichen, Collective Bargaining).

Gestützt auf diese fünf Voraussetzungen und deren Verknüpfung ergibt sich das hier beschriebene Freiburger Marketing-Modell für NPO.

Aus den bisherigen Ausführungen über die Charakteristik der NPO seien als Grundlage für die weiteren Überlegungen festgehalten:

1. Unser Management-Modell beruht auf einer **marketing-orientierten Interpretation des NPO-Zweckes**:
    - Zweck der NPO ist es, bestimmten Umfeldern (Leistungsadressaten) gegenüber gewisse Wirkungen zu erzielen und Nutzen zu stiften.
    - Die Zweckerfüllung erreicht die NPO durch Erstellung und Abgabe bestimmter Leistungen und eine aktive Beeinflussung der Umfelder, insbesondere durch Kommunikation.
2. Unser **Marketing-Ansatz** ist **umfassend**. Er beschränkt sich nicht (wie in Unternehmungen) auf die Leistungsadressaten-Seite, sondern bezieht die Ressourcenbeschaffung und die Marketing-Aktivitäten im Innenbereich der Organisation mit ein.
3. Aus diesem umfassenden Ansatz haben wir abgeleitet, dass NPO-Marketing als aktives **Management der wichtigen Austauschbeziehungen** zu betrachten ist.
4. Die damit zusammenhängende Gestaltung und Pflege einer Vielfalt von Beziehungen zu einer Vielzahl von Austauschpartnern (Stakeholder) verweisen deutlich auf die Tatsache, dass NPO-Marketing komplexer ist als Profit-Marketing.

2.2 Marketing-Philosophie in den NPO

2.2.1 Marketing-Philosophie versus Partizipationsphilosophie

Marketing als Denkhaltung wird im Profit-Bereich als Führungs-Philosophie für die gesamte Unternehmung betrachtet. Die Marketing-Denkhaltung im Sinne der Kunden- oder Bedürfnisorientierung muss sämtliche Unternehmensbereiche erfassen. Gleichzeitig haben wir festgehalten, dass Marketing die Aufgabe hat, die Erreichung der obersten Ziele der Unternehmung zu unterstützen. Marketing ist Mittel zum Zweck.

Bevor wir mit der praktischen Anwendung des Marketing beginnen, müssen wir einige grundsätzliche Überlegungen zum Verhältnis der Marketing-Philosophie zu der in NPO vorherrschenden Partizipations-Philosophie anstellen. Wir haben bei der Beschreibung der NPO festgestellt, dass diese demokratisch/partizipativ aufgebaut sind und auch so gesteuert werden. Kirsch bringt in einem originellen Ansatz die Partizipations-Philosophie und die Marketing-Philosophie in Relation zur Steuerung einer Organisation. Um die Komplexität der Steuerung zu reduzieren, können Machtpromotoren Lösungen gegen den Widerstand gewisser Organisationsmitglieder durchsetzen, oder sie versuchen, in Verhandlungen einen Konsens zu erreichen. Meistens findet jedoch unter den Beteiligten ein wechselseitiger Macht- und Aushandlungsprozess statt (Kirsch W. 1976, S. 162).

Diese zwei grundsätzlichen Möglichkeiten der Komplexitätshandhabung lassen sich nach Kirsch als Ausdruck zweier entgegengesetzter Philosophien auffassen. Bei der **Marketing-Philosophie** versucht die Führung, die **Grenzen des jeweiligen Lösungssystems relativ eng** zu ziehen (Kunden im Vordergrund). Dies führt zu einem **Ausschluss von gewissen Stakeholdern** (z.B. Umwelt-Anliegen). Die Komplexität der zu bewältigenden Probleme wird dadurch begrenzt und aus der Sicht der Kontexte der unmittelbar Beteiligten, d.h. im Sinne der Organisation, definiert. Da aber der Erfolg der gefundenen Lösung auch vom Verhalten der übrigen Betroffenen abhängt, werden zusätzliche Aktivitäten eingeschaltet, indem die Bedürfnisse der Betroffenen durch Marktforschung abgeklärt werden. Allerdings erfolgt die Erhebung der Bedürfnisse wieder im Kontext der "Marktforscher" (d.h. der Organisation). Die Marktforschung ermöglicht es, Lösungen (Produkte) zu entwickeln, die auch die Bedürfnisse der vom Problemlösungsprozess Ausgeschlossenen befriedigen. Marktforschung muss aber auch Informationen liefern, um die einmal getroffene Lösung besser "verkaufen" zu können.

"Die **Partizipationsphilosophie** bezweifelt dem gegenüber die Möglichkeit, Bedürfnisse, Werte und Interessen in einem fremden Kontext adäquat und konsensfähig durch Marktforschung zu erfassen" (Kirsch W. 1976, S. 166). Der partizipative Willensbildungsprozess soll möglichst alle von den Entscheiden Betroffenen am Entscheidungsfindungsprozess teilhaben lassen. Dies ist ein gutes Mittel zur Konfliktregulierung. Die in partizipativen Prozessen gewonnenen Erkenntnisse führen zu einer **Horizonterweiterung** aller Betroffenen, lassen Mitgliederbedürfnisse manifest werden, lösen **Lernprozesse** aus und beeinflussen damit auch die **Erwartungshaltungen**. Ein vermehrt kooperatives Angehen bei der Lösung von Problemen ist die Folge, Kompromisslösungen können sich bereits in einem früheren Stadium der Entscheidungsfindung abzeichnen. Einmal ausgehandelte Ergebnisse müssen bei der Basis weniger intensiv "verkauft" werden, da alle Beteiligten am Zustandekommen des Ergebnisses mitgewirkt haben und damit mitverantwortlich sind. Unsere langjährigen Erfahrungen mit der NPO-Praxis zeigen allerdings, dass die Partizipations-Philosophie von (zu) optimistischen Annahmen ausgeht.

Es soll hier nicht ein kritischer Vergleich dieser beiden Philosophien für die Handhabung komplexer Probleme angestellt werden. Die gegenwärtige gesellschaftspolitische Situation zeigt jedoch, dass diese beiden Sichten in Konkurrenz zueinander stehen. Die Partizipations-Philosophie wird für Bereiche gefordert, die bisher im Sinne einer Marketing-Philosophie geführt wurden (z.B. Mitbestimmung von Arbeitnehmern in Unternehmungen), andererseits wird die Marketing-Philosophie solchen Organisationen empfohlen, die im Grundsatz der Partizipations-Philosophie verpflichtet sind, nämlich der gesamte NPO-Bereich.

Ein Blick in die Praxis zeigt, dass heute je nach Organisationstyp unterschiedliche Kombinationen beider Philosophien angestrebt werden. In der NPO ist die Gesamtführung partizipativ demokratisch aufgebaut. Auch für die Bestimmung des Leistungsangebotes tritt bei NPO die mitgliedschaftliche Mitbestimmung an die Stelle des Marktmechanismus. Dies trifft fast durchwegs im Bereich der Interessenvertretung zu, während bei individuellen Dienstleistungen wieder vermehrt Marktanpassungen und Marktgestaltung im Vordergrund stehen. Marktgestaltung durch Kommunikation ist insbesondere bei grösseren Verbänden fast unumgänglich, da die bei der Gründung vorherrschende direkte Demokratie durch eine repräsentative ersetzt werden musste, die im Zeitablauf meist zu einer Mitgliederentfremdung oder -entfernung führt. Nicht mehr alle Mitglieder können an der Willensbildung partizipieren. Deshalb kommt die Beeinflussungskomponente intensiv bei der Entscheidungs-Umsetzung/-Durchführung zum Tragen (Entscheide begründen, Akzeptanz fördern, Vorteile hervorheben usw.). Allerdings bedarf es hier viel Fingerspitzengefühl, damit die Beeinflussungsmassnahmen von den Mitgliedern nicht als Bevormundung empfunden werden.

Zusammenfassend können wir festhalten, dass der **partizipativ-demokratische Charakter der NPO** eine **Ergänzung** durch die **Marketing-Philosophie** durchaus zulässt, was mit zunehmender Grösse einer Organisation sogar dringend wünschbar ist.

2.2.2 Normative Grenzen der NPO versus Marketing-Philosophie

An dieser Stelle ist ein weiterer Hinweis fällig: Unter den zahlreichen Erscheinungsformen der NPO gibt es Organisationen, die einer stark normativen Prägung unterliegen (z.B. Kirchen, andere religiöse und ideologische Organisationen mit Aufgaben des Social Marketing etc.). Diese Prägung setzt Grenzen für die Flexibilität und die Anpassung an die Umwelt. Andernfalls würden diese NPO Gefahr laufen, ihre Identität zu verlieren und ihre Mission aufgeben zu müssen.

Wenn das Angebot, die **Mission** einer NPO **normativ besetzt** ist, dann ist der **Kundenstatus** der Austauschpartner **eingeschränkt** (Ehses/Zech 1997, S. 86). Normative Produkte sind nicht beliebig auf irgendwelche Kundenbedürfnisse zuzuschneidern, ohne selbst Substanzverlust zu erleiden. Wenn es der NPO nicht gelingt, die normative Eigenlogik mit der Eigenlogik der Abnehmerbedürfnisse strukturell zu koppeln, dann gibt es Probleme mit der Marktanpassung. Man denke an Kampagnen im Social Marketing wie jene der Aids-Prävention oder der Geburtenregelung in Drittweltländern, die jeweils nicht die erhoffte Akzeptanz gefunden haben.

Bei solchen Marketing-Aktionen werden den **Zielgruppen Verhaltensweisen abverlangt** oder empfohlen, welche diese vielfach **nicht** als **ihren Bedürfnissen entsprechend** empfinden. Pointiert ausgedrückt: Die Konsumenten haben nicht immer "Recht" - dies im Gegensatz zur Annahme der Vertreter der sogenannten Konsumenten-Souveränität -, sie müssen zu ihrem "Glück gezwungen" werden.

NPO haben zum Teil Anliegen zu vermarkten, von denen sich Profit-Organisationen klar distanzieren, weil damit eben kein Erfolg (für die eigene Organisation) zu erzielen ist. Wie bereits bei der Vorstellung des Systems der Führungsinstrumente festgehalten wurde, hat sich Marketing klar dem Primat des Organisationszweckes unterzuordnen. Damit bestehen im **NPO-Marketing weniger Freiheitsgrade als im Profit-Marketing**. Hier hat auch eine organisationsinterne Diskussion darüber einzusetzen, inwieweit man Marketing-Methoden für die Verfolgung der Organisationsziele einsetzen will. Diese Diskussion wurde insbesondere in den sechziger Jahren in den USA intensiv geführt. Darf man Marketing zur "Verführung" der Menschen einsetzen? Die Frage wurde in der Wissenschaft bejaht, NPO würden sich schliesslich für "gute" Ideen, Missionen einsetzen (vgl. Kotler/Zaltman 1971). In der Praxis stellt sich diese Frage in weitaus abgeschwächter Form, denn in der heutigen, von Botschaften überfluteten Kommunikationsgesellschaft müssen die NPO alle Mittel einsetzen, um überhaupt wahrgenommen zu werden. Zudem ist der von einer NPO auf ihre Zielpublika ausgeübte "Marketing-Druck" schon aus finanziellen Gründen meistens relativ gering.

Ähnliche Fragestellungen beschäftigen uns heute auch im New Public Management, beispielsweise bei der Frage, wieweit Steuergelder für die Beeinflussung der Bürger eingesetzt werden dürfen.

Die für Drittleistungs-NPO festgestellten normativen Grenzen für das Marketing sind auch bei Selbsthilfe-NPO in abgewandelter Form festzustellen. Weil diese Verbände von ihren Mitgliedern getragen werden, sind sie stark von diesen abhängig. Eine strategische Ausrichtung auf andere Zielgruppen oder Zielmärkte ist nur in seltenen Fällen möglich. Es gibt zwar einzelne Verbände, die ein starkes Nichtmitglieder-Geschäft aufweisen und damit weniger von Mitgliederbeiträgen abhängen, in der grossen Mehrzahl führt aber ein Mitgliederschwund zu Problemen im Verband (vgl. Gewerkschaften, einzelne Verbände sterbender Branchen). Das Verbands-Marketing muss sich bei mitgliedschaftlich strukturierten Verbänden auf die Mitglieder und deren Ziele konzentrieren und kann nicht, wie im Profit-Bereich, "bessere, ertragreichere" Zielgruppen suchen. Dabei bilden Entscheidungen, die das Kollektiv der Mitglieder oder einzelne Mitgliedergruppen in demokratischen Prozessen gefällt haben, Vorgaben für das Marketing.

Im Folgenden sollen nun die Marketing-Philosophie für die Anwendung in den NPO interpretiert und Begründungen für deren Akzeptanz vorgestellt werden.

2.2.3 Interpretation und Begründung für die Akzeptanz der Marketing-Philosophie in den NPO

1. Interpretation der Marketing-Philosophie für NPO

Die Marketing-Philosophie (Bedürfnisanpassung) und die damit verbundene konsequente Kunden- und Qualitätsorientierung können für NPO folgendermassen interpretiert werden (s. Abb. 24):

a) Wandlung von der Innenzentrierung (Bürokratie) zur **Mitglieder-, Klienten-, Kunden- oder Bürgerorientierung**, d.h. Leistungs-Austauschpartner sind als "Marktsegmente" oder klar umschriebene Zielgruppen zu begreifen und entsprechend differenziert zu behandeln.

Alle Organisationen, ganz besonders die NPO, neigen zur Bürokratie, die einzelne Organisation beginnt sich zunehmend mit sich selbst zu beschäftigen. Oder Organisationen handeln so, als wären ihre Klienten für sie da und nicht sie für ihre Klienten. Man findet dieses Phänomen einer Logikverkehrung nach Ehses/Zech (1997, S. 86) ebenso bei dem Verhalten von Gewerkschaften gegenüber ihren Mitgliedern wie bei Arbeitgeberverbänden im Verhältnis zu den sie tragenden Unternehmen.

Ein zunehmender Zwang zur vermehrten Kundenorientierung lässt sich aus der heutigen wirtschaftlichen Situation ableiten:

- Immer häufiger stehen **NPO** mit ihren Angeboten in direkter **Konkurrenz zueinander**. Dies ist auf dem Sektor der Hilfswerke sehr klar feststellbar.

Abbildung 24: Die Marketing-Philosophie bedingt Verhaltensänderungen von der Dienstgesinnung in Richtung Dienstleistungsorientierung

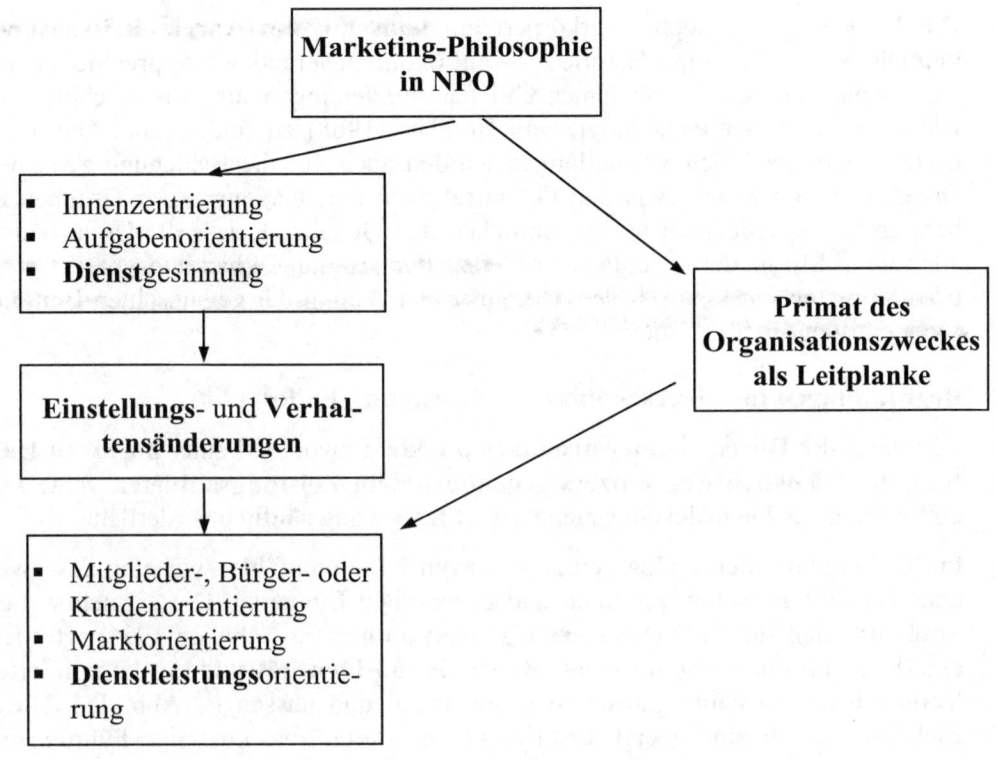

- NPO stehen auch immer öfter in **Konkurrenz** zu **privaten Anbietern** (man denke an Sportvereine), zu kommerziellen Fitness-Anbietern, zu sozialen Wohlfahrtseinrichtungen usw.
- Leistungen von NPO werden immer weniger unentgeltlich abgegeben, auch bei minimalen Benutzungsgebühren kommen **Preiselemente des Marktes** ins Spiel.
- Öffentliche Gelder werden auch für NPO knapper. Eine zumindest **teilweise private Finanzierung** wird zu einem Muss. Eine erfolgreiche Mittelbeschaffung erfordert eine Kunden-/Spenderorientierung.

b) Wandlung von der Dienstgesinnung (Identifikation mit dem System und der Aufgabe) zur **Dienstleistungsorientierung**, d.h. konsequente Auffassung, Führung und Gestaltung der NPO als Dienstleistungsbetrieb.

Wir werden uns mit der Umsetzung der Dienstleistungsorientierung weiter in Kapitel VI, 3.1 über Internes Marketing befassen.

c) Die Marketing-Philosophie verkörpert ein **konsequentes Anreiz-/Beitragsdenken**.Die Anreiz-/Beitrags-Theorie fusst auf ökonomisierenden Interpretationen des Verhaltens und der zwischenmenschlichen Beziehungen als Austauschprozess, wie sie etwa in der Psychologie von Homans (1968) zu finden sind. Diese zunächst interpersonellen Vorstellungen wurden auch auf die Beziehung zwischen Organi-sationen sowie zwischen Organisationen und Personen oder Gruppen übertragen. Sie beinhalten im Wesentlichen den Gedanken, dass die Organisation allen ihren Mitgliedern, Teilnehmern, Beziehungs- und Verhandlungspartnern etwas (an)bieten muss, um diese wiederum zur Leistung der gewünschten Beiträge (im weitesten Sinne) zu motivieren.

2. Begründungen für die Akzeptanz der Marketing-Philosophie

a) Die Natur der **Dienstleistungsproduktion bedarf** zwingend einer **positiven Haltung des Dienstleistungsnutzers gegenüber dem Leistungsanbieter**, eine Beeinflussung des Dienstleistungsnehmers ist fast zwangsläufig erforderlich.

b) Für den strukturellen Aufbau einer grösseren NPO empfehlen wir eine ausgewogene Balance zwischen zentralen und dezentralen Einheiten. Dieses mehrstufige Strukturmodell für NPO (**Konzernorganisation** gemäss Schwarz 1996) erfordert eine klar und eindeutig **wahrnehmbare Gesamtidentität** und ein koordiniertes Verhalten der Gesamtorganisation gegen innen und aussen (s. Abb. 15). Diese Ziele sind durch eine geeignete Struktur und durch zweckmässige Führungsinstrumente sowie **aktive Positionierungs- und Gestaltungsmassnahmen** zu realisieren (vgl. Kapitel IV, 5. über die Positionierung der NPO). Dies kann nur gelingen, wenn die Marketing-Philosophie auf allen Stufen der Gesamtorganisation mitgetragen und umgesetzt wird.

3. Begründung für die Akzeptanz der Marketing-Logik

Neben die Bedürfnisorientierung (Marktanpassung) tritt im Marketing immer auch die **Marktgestaltung** in Form der aktiven Beeinflussung der Austauschpartner. Deshalb heisst Verwirklichung der Marketing-Philosophie auch: die generelle **Marketing-Logik** zu akzeptieren, die als Ergänzung zu der in NPO vorherrschenden Produktions-Logik gilt. Die Marketing-Logik impliziert, dass zur Bedürfnisbefriedigung (Marktanpassung) immer auch die Komponente der Marktgestaltung gehört, dass bei all jenen Aufgaben und Phasen der Leistungserstellung, wo zwar auf die Bedürfnisse der Leistungspartner (Mitglieder, Nichtmitglieder, Klienten, Spender) abzustellen ist, nach

Möglichkeit auch **Marketing-Instrumente** eingesetzt werden, um die Akzeptanz der angebotenen Leistungen zu verbessern. Die Komponente der Marktgestaltung, der (kommunikativen) Beeinflussung gewinnt im NPO-Bereich paradoxerweise einen bedeutenderen Stellenwert als im Profit-Bereich, denn wir haben Marketing als Management der Austauschbeziehungen einer NPO bezeichnet. Da zahlreiche dieser Beziehungen jedoch weitestgehend Kommunikationsbeziehungen sind, die aktiv beeinflusst werden müssen, ist der bedeutende Stellenwert der aktiven Beeinflussung sofort ersichtlich. In der Unternehmung steht das Produkt im Zentrum, die Kommunikation hat Unterstützungsfunktion, während in der NPO die **Kommunikation** in vielen Bereichen **zur Leistung bzw. zur Austauschbeziehung selber wird**. Überall dort, wo der Zweck der Austauschbeziehung in einer Beeinflussung der Austauschpartner liegt, werden Kommunikations-Instrumente/-Methoden als Mittel eingesetzt. Die Komponente der Marktanpassung beinhaltet hier nicht die Bedürfnisse der Adressaten, sondern die Abschätzung des Senders, auf welche Botschaften und Kommunikationsformen der Empfänger am ehesten reagieren und so die vom Sender gewollte Verhaltensweise vollziehen wird. Typische Beispiele für die "reinen" Kommunikationsbeziehungen sind die Öffentlichkeitsarbeit, das Social Marketing, die Wahl- und Abstimmungswerbung, zu einem wesentlichen Teil auch das Fundraising. Im weiteren Sinne gehören auch das Lobbying und das Collective Bargaining zu diesen Kommunikationsbeziehungen. Die Marktanpassungs-Komponente liegt bei diesen Leistungen in der Schaffung der Vertrauensgrundlage und damit der Beziehungsherstellung. Inhaltlich sind sie aber der Marktgestaltung, nämlich der Beeinflussung, Überzeugung (bis hin zur Drohung) verwandt. Ihre Qualität misst sich am Verhalten (bzw. dessen Änderung) der Zielgruppe, wobei dieses eben nicht in einer Dienstleistungs-Beanspruchung, sondern in einer Gegenleistung liegt (z.B. Spende entrichten, einen Kollektivvertrag unter Rücknahme ursprünglicher Forderungen unterzeichnen).

Diese "marktgestaltenden" Komponenten des Marketing verursachen im Vergleich zu den "marktanpassenden" Komponenten in NPO erfahrungsgemäss gewisse Akzeptanzprobleme. Wie und wann sollen Beeinflussungsinstrumente eingesetzt werden? Meistens kann in einer Grundsatzdiskussion im Rahmen einer Marketing-Projektgruppe ein befriedigender Konsens erzielt werden.

2.3 Marketing als Kommunikation

Wie wir festgestellt haben, nimmt die Kommunikation eine zentrale Stellung im System der Austauschprozesse einer NPO ein. Faktisch haben alle **Austauschbeziehungen** im Input-, Innen- und Output-Bereich eine mehr oder weniger weitgehende **kommunikative Komponente**. Dies trifft auch für die Dienstleistungen zu (vgl. Bühler 1999). Die in der Werbung einzusetzenden Methoden und Sozialtechniken sollen auch in der Kommunikation der NPO verwendet werden. Die Frage, ob der Einsatz solcher Techniken mit dem Ethos der NPO zu vereinen sei, sollte sich, wie oben erwähnt, nicht stellen, da diese Mittel zur Erreichung der festgelegten Organisationsziele eingesetzt werden. Zudem enthält jede Art von Interessenvertretung eine Beeinflussungskomponente. Deshalb werden Kommunikationsmittel laufend eingesetzt. Der Unterschied besteht lediglich darin, ob man diese rein zufällig und ungeplant oder nach Marketing-Gesichtspunkten systematisch geplant einsetzt. Aus diesem Grunde ist es unerlässlich, Marketing und damit Kommunikation als Umsetzung der in übergeordneten Leitbildern und in der NPO-Politik festgelegten Ziele und Grundsätze zu verstehen. Zudem ist einem "opportunistischen", fallweisen Marketing durch die Formulierung eines Gesamtkonzeptes entgegenzuwirken, welches sämtliche Aktivitäten systematisch koordiniert. Für diese Marktgestaltung bzw. kommunikative Beeinflussung und deren Akzeptanz ist - neben dem konkreten Methoden- und Technik-Know-how - ein Grundverständnis von Kommunikationsprozessen erforderlich.

Kommunikation findet als Beziehung zwischen einem Sender und einem Empfänger mit dem Zweck der Übermittlung einer Botschaft statt. Diese primär intendierte Informationsebene ist jedoch unmittelbar verbunden mit der Beziehungsebene, auf welcher der Sender im Sinne der **Autokommunikation** "etwas" über sich selbst und seine Haltung gegenüber dem Empfänger mitteilt. Der Empfänger nimmt nicht nur die Sachinformation wahr, sondern auch das Verhalten des Senders, und "bewertet" die Kommunikation als Produkt beider Ebenen. Was für die zwischenmenschliche Interaktion gilt, ist auch für die Kommunikation zwischen Organisationen von höchster Bedeutung. In jeder kommunikativen Äusserung, z.B. in den Medien, **offenbart die NPO** wesentliche **Aspekte** ihres **Selbstverständnisses**, ihrer Kultur, ihrer Persönlichkeit und ihrer Haltung. Von daher ist der **hohe Stellenwert der Positionierung,** der Corporate Identity (CI) (s. unten) zu verstehen als Bemühen, von den Austauschpartnern positiv und kohärent wahrgenommen zu werden. Aus diesem Grunde ist es auch wichtig, standardisierte Informationen in alle kommunikativen Äusserungen einzubauen, die durch Wiederholung und konstante Inhalte das angestrebte Image verfestigen. Zu diesen beiden Übermittlungsebenen kommt das Problem der menschlichen Wahrnehmung bzw. der Fähigkeit der Informationsaufnahme hinzu.

Zum einen nehmen wir **selektiv** wahr. Wir sehen und hören vor allem das, was wir sehen und hören wollen, interpretieren Botschaften nach unseren Werten und Denkschemata und "verdrängen" das uns nicht Passende. Aus den aufgenommenen Informationsfragmenten gestalten wir ein inneres Bild.

Zum anderen kennt das menschliche Gehirn verschiedene **Verarbeitungsstufen**, vom kurzfristig Reize festhaltenden Infospeicher über das Kurzzeitgedächtnis (neu eintreffende Information wird mit bereits vorhandener verarbeitet) bis hin zum Langzeitspeicher, welcher die Information mit vorhandenen Einstellungen, Ideen und Werten verknüpft und eine eigentliche Verarbeitung mit längerem Abspeichern leistet (vgl. Kapitel V, 7.3.1 Punkt 5).

Ziel der NPO-Kommunikation muss es demnach sein, den Empfänger so zu aktivieren, dass er sich mit der Botschaft intensiv auseinandersetzt und damit eine tiefere Verarbeitung und ein längeres Behalten zustande kommen. Gefördert wird diese Leistung etwa durch Bilder (statt Texte) und Standard-Informationskomponenten, die Vertrautheit schaffen. Wir werden diese Techniken in Kapitel V, 7.3.2 Punkt 2 (Beeinflussungstechniken in der Kommunikation) darstellen.

Unsere Gesellschaft krankt an Informationsüberlastung. Nicht alle produzierte/angebotene Information wird auch konsumiert. Von dieser Tatsache hat Kommunikation in NPO auszugehen, sie hat sich zu einer hochprofessionalisierten und spezialisierten Disziplin entwickelt. Ohne entsprechendes Know-how kann heute nicht mehr "attraktiv" kommuniziert und damit erfolgreich Marketing betrieben werden. Folgerichtig müssen im **Marketing-Konzept** auch wesentliche **Grundsatzaussagen zur Kommunikation** enthalten sein.

Nach der Erarbeitung der **Grundlagen** zum Verständnis der Besonderheiten des Nonprofit-Marketing und der **Interpretation der Marketing-Philosophie** für die NPO sind wir in der Lage, mit der **Erstellung** eines **Marketing-Konzeptes** einen weiteren Schritt zur eigentlichen **praktischen Umsetzung**/Anwendung des Marketing in der NPO zu entwickeln. Im folgenden Kapitel wird gezeigt, wie dieses für die Gesamtorganisation verbindliche Führungsinstrument aufgebaut und inhaltlich gestaltet wird.

Kapitel IV

Marketing-Management in der NPO I:
Das Freiburger Marketing-Konzept für NPO

1. Überblick über das Freiburger Marketing-Konzept für NPO

Unter **Marketing-Management** verstehen wir die praktische Umsetzung/Anwendung des Marketing in der NPO. Diese Aufgabe untergliedern wir in die Erstellung eines **Marketing-Konzeptes** als eines übergeordneten, für die Gesamtorganisation verbindlich Führungsdokumentes (Kapitel IV) und in die **operative Marketing-** oder Marketing-Aktions-**Planung** (Kapitel V) mit der konkreten bereichsspezifischen Planung und dem Einsatz der Marketing-Instrumente. Je nach Grösse der NPO und nach Bedarf ist das Gesamtkonzept in weitere Marketing-Teilkonzepte (z.B. CI-Konzept, Dienstleistungskonzept, Fundraisingkonzept) aufzufächern. Das Marketing-Konzept als **mittel- bis langfristiger Rahmenplan** ist innerhalb der normativ strategischen Ebene bereits ein erster Schritt in der Konkretisierung des übergeordneten Leitbildes, der NPO-Politik.

Wie in Kapitel I, 1.5 für den PO-Bereich vorgestellt, kommt auch hier ein heuristischer Ansatz zur Anwendung. Wir zerlegen das komplexe Problem der Marketing-Konzepterarbeitung in einzelne überblickbare und zu bewältigende Teilschritte. Dieses Vorgehen hat sich in der NPO-Praxis bewährt. Es ist sinnvoll, die grundlegenden Marketing-Entscheide in einem Konzept richtungweisend festzulegen, und zwar:

1. weil sichergestellt werden muss, dass alle Marketing-Massnahmen die **Gesamtpositionierung** der Organisation **stützen** und damit eine **harmonische Identität** der Organisation gewährleistet wird, was zu positiven Images (Fremdbildern) bei den Zielgruppen führen soll;

2. weil angesichts der Spezialisierung in Marketing-Teilbereichen (z.B. Spenden-Marketing, Lobbying) ein **einheitliches Briefing** für die verschiedenen Entscheidungsträger benötigt wird. Das Marketing-Konzept dient als Grundlage für sämtliche Marketing-Teilplanungen;

3. weil die Marketing-Massnahmen und -Instrumente ein **harmonisches Ganzes** bilden müssen;

4. weil gewährleistet werden muss, dass im Zeitablauf die **gleiche Linie** eingehalten und nicht ein Zickzack-Kurs gefahren wird. Dieser Gefahr sind NPO mit ihren wechselnden Gremien besonders stark ausgesetzt.

Die nachstehende Definition gibt unser Verständnis dessen wieder, was wir als Konzept - auch im Marketing - begreifen.

> Unter einem Konzept verstehen wir:
> ein grundsätzlich für eine unbegrenzte Dauer geltendes System von aufeinander abgestimmten Grundsätzen, die den Rahmen für die Erfüllung einer betrieblichen Teilaufgabe bilden
> (Grünig 1996, S. 20).

In der Abbildung 25 sind die Elemente des Konzeptes aufgeführt. Es handelt sich dabei um eine Checkliste, welche den **Ablauf der Erarbeitung** eines Marketing-Konzeptes darstellt. Wir folgen dieser Liste und gliedern damit die Erstellung des Marketing-Konzeptes in **überschaubare Teilschritte**, die in ihrer Gesamtheit ein ganzheitlich-systematisches Management der Austauschbeziehungen einer NPO bewirken sollen.

1.1 Festhalten der wichtigsten Austauschbeziehungen der NPO

Aus der Vielzahl vorhandener Austauschbeziehungen einer NPO mit ihren Umfeldern wählen wir **die für das Marketing wesentlichen** aus. Wesentlich sind Austauschpartner, welchen wir Leistungen anbieten, auf die wir beeinflussend einwirken, und von denen wir etwas "beschaffen" wollen. Es ist von Vorteil, die Austauschpartner und je nach Situation auch die ausgetauschten Leistungen schematisch aufzuzeichnen (s. Abb. 21). Daraus lassen sich später Marketing-Zielgruppen ableiten.

Wir unterscheiden zwischen **Austauschbeziehungen im Innen- und im Aussenbereich**. Mit Aussenbereich meinen wir die Beziehungen der NPO mit Zielgruppen ausserhalb der NPO, mit Innenbereich die Beziehungen zwischen der Organisation und ihren Trägern/Mitgliedern. In beiden Bereichen unterscheiden wir zwischen Input- und Output-Beziehungen, auf den Innenbereich bezogen heisst das, dass wir von den Mitgliedern Mittel beschaffen und diesen Leistungen abgeben; auf den Aussenbereich bezogen, dass wir von Zielgruppen ausserhalb der Organisation Mittel beschaffen (z.B. Fundraising) und diesen auch Leistungen (im weitesten Sinne) abgeben. Analog lassen sich die Marketing-Beziehungen gliedern. Als Modell zur Darstellung dient uns die Abbildung 21.

Abbildung 25: Checkliste: Marketing-/Leistungskonzept für NPO

1.1 Festhalten der **wichtigsten Austauschbeziehungen der NPO**

1.2 **Analysen**
- Auswertung der für den Leitbild-/Politikprozess erarbeiteten Informationen
- Zusätzlich marketing-orientierte Analysen bezüglich Umfelder und eigener Stärken und Schwächen
- Informationen über (mögliche) Hauptkonkurrenten und deren Angebote

1.3 **Vorgaben aus übergeordneten Führungsinstrumenten** (Leitbild, Politik, Statuten, Management-Konzept)

1.4 **Marketing-Leitsätze**
Im Sinne einer "Marketing-Politik" Konkretisierung und Interpretation von Marketing-Philosophie und Marketing-Logik für die eigene Organisation durch übergeordnete (Leitbild ergänzende) Ziele und Grundsätze

1.5 Festlegen der **Gesamtpositionierung** der Organisation (CI/COOPI)

1.6 Festlegen der **Marketing-Einsatzbereiche**

Aussenbereich	Innenbereich	Aussenbereich
Input-Beziehungen	Output-Beziehungen	
Beschaffungsmarketing	Leistungsabgabe-Marketing	
	NPO-Eigen-Marketing	Interessen-vertretung
	Produkte-/Güter-Marketing	
	Dienstleistungsmarketing	
	Marketing als Auftragsdurchführung	

a) Bestimmen und Abgrenzen der Bereiche
b) Festlegen der Ziele und Grobstrategien für die einzelnen Marketing-Teilbereiche
c) Festlegen von zu erstellenden Marketing-Teilkonzepten
d) Eventuell wichtige Vorgaben für den operativen Marketing-Planungsprozess pro Marketing-Teilbereich

1.7 **Marketing-Organisation**
- Marketing-Infrastruktur (Stellen, Zuständigkeiten)
- Marketing-Transfer in die Gesamtorganisation

1.8 **Prioritäten**, Sofortmassnahmen

Zur praktischen Illustration sei das **Austauschsystem** der **Krebsliga Schweiz** (KLS) vorgestellt (s. Abb. 26). Bei der KLS handelt es sich um eine gesamtschweizerische Organisation, die mit 19 rechtlich selbständigen kantonalen Ligen in Verbindung steht. Wir bestimmen die wesentlichen Austauschprozesse der SKL und halten gleichzeitig fest, was die NPO als Input beschaffen/erhalten oder als Output abgeben soll. Wichtige Austauschprozesse im Innenbereich sind für die Zentrale die Pflege der KLS-Mitglieder und der 19 Sektionen.

Wie wir gesehen haben, betrachten wir bei Selbsthilfe-NPO (Verbänden) die Mitglieder als Teil des NPO-Systems. Sie haben Stimm- und Wahlrecht und bilden den Souverän. Bei karitativen NPO wie der KLS beschränken sich die Mitglieder oft auf die Bezahlung eines Mitgliederbeitrages - ohne Bereitschaft zur Mitwirkung. Im Marketing-Verständnis "gehören" diese Personen aber zur NPO. Man möchte zu den Mitgliedern eine langfristige, positive Beziehung aufbauen.

Die Beziehungen zu den Sektionen beinhalten Informations- und Koordinationsleistungen sowie auch finanzielle Beiträge.

Im Input des Aussenbereiches sind die Beschaffungs-Beziehungen der KLS zur Aussenwelt aufzuzeichnen, die wir aktiv bearbeiten wollen. Dazu gehören die Beschaffung von Subventionen vom Staat und die Generierung von Spendengeldern.

Der Output des Aussenbereiches umfasst die wesentlichen Leistungsabgabe-Beziehungen zu Zielgruppen ausserhalb der Organisation. Für die KLS sind die Beziehungen zu folgenden Gruppen wesentlich: Durch Beiträge an wissenschaftliche Institute unterstützt sie Krebsforschungsprojekte. Weiter informiert sie die medizinischen Berufsangehörigen und die allgemeine Bevölkerung über Krebsfragen und Krebsprophylaxe. Zudem unterstützen und betreuen die kantonalen und regionalen Ligen Krebskranke.

Dies sind beispielhaft die wesentlichen Austauschbeziehungen, die durch Marketing-Massnahmen begleitet werden sollen. Selbstverständlich wäre es möglich, weitere Austauschprozesse in die Betrachtung aufzunehmen, wie z.B. die Personalbeschaffung (Personal-Marketing). Die Aufgabe stellt jedoch für diese Organisation nicht ein Problem dar, das permanente Marketing-Anstrengungen erfordern würde.

Aus dieser Gliederung der Transaktionsbeziehungen lässt sich später die Gliederung der Marketing-Einsatzbereiche ableiten. Die **Auswahl der Austauschpartner** wirkt quasi als **Vorentscheid** für die spätere **Bestimmung der Marketing-Einsatzbereiche**.

In der Abbildung 27 wird das **Austauschsystem** einer **Behinderten-Institution** dargestellt (Stiftung "Wagerenhof"). Neben den Beziehungen zu den Bewohnern und Mitarbeitenden im Innenbereich sind auch Zielgruppen im Aussenbereich zu bearbeiten. Die

Abbildung 26: Austauschsystem Krebsliga Schweiz (KLS)

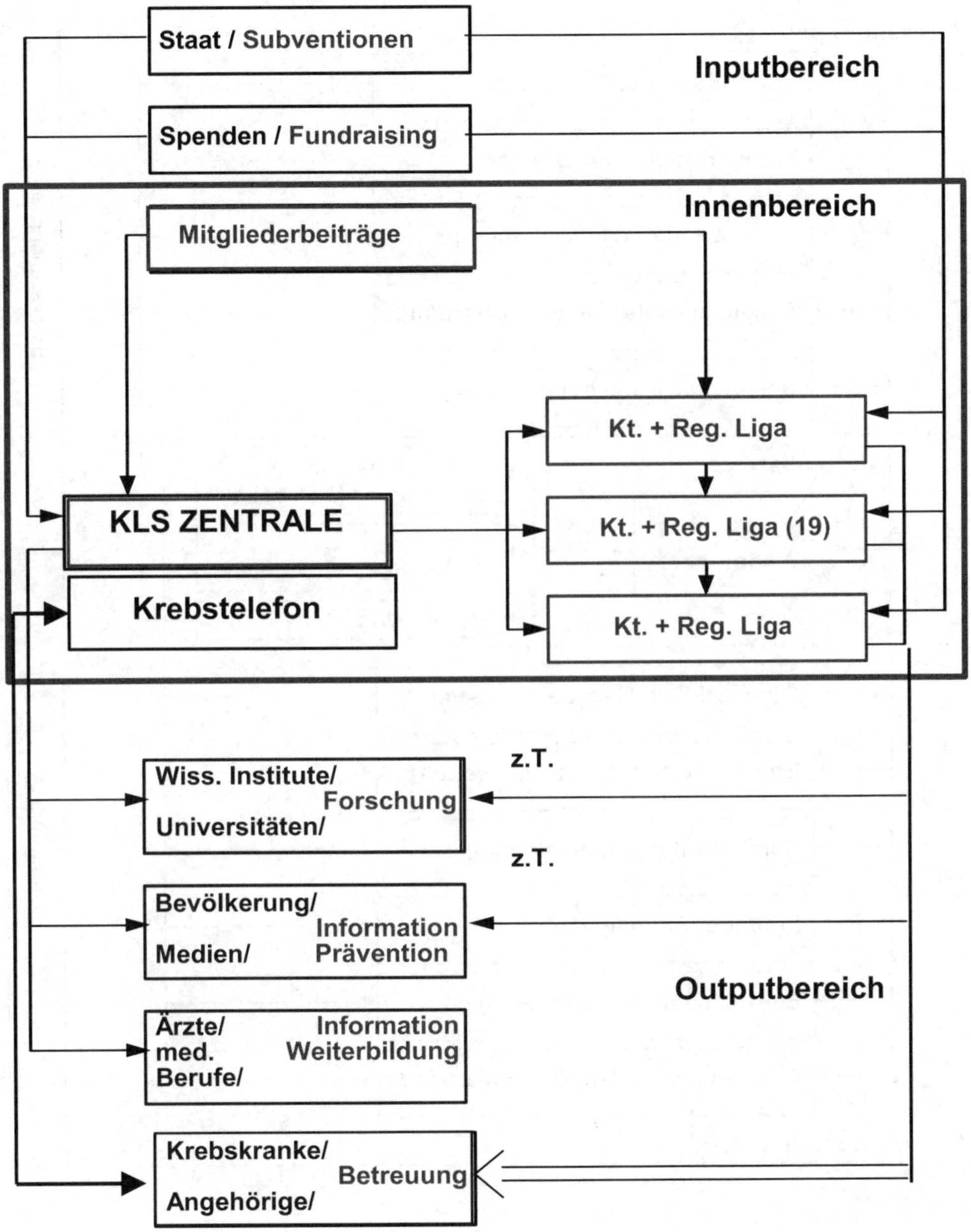

Überblick über das Freiburger Marketing-Konzept für NPO

Abbildung 27: Austauschsystem Stiftung „Wagererhof" (Läderach 1994)

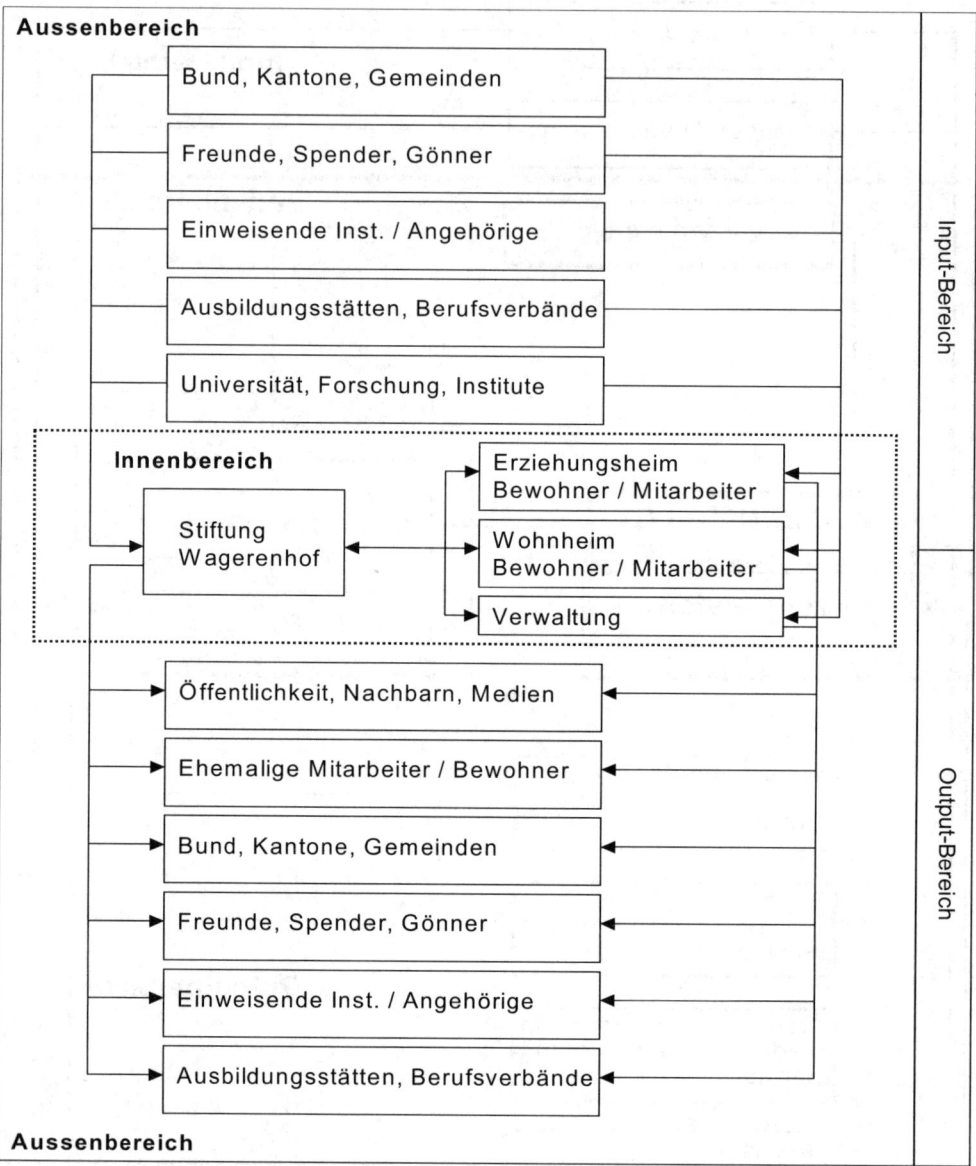

Skizze zeigt, dass Adressaten sowohl im Input- wie im Output-Bereich angesiedelt werden können, je nachdem, ob sie als Zielgruppen für das Beschaffungs- oder für das Leistungsabgabe-Marketing in Frage kommen.

Als weiteres Beispiel diene die Abbildung 28, die das **Austauschsystem** eines **Sportverbandes** illustriert. Die Abbildung ist an sich selbsterklärend, auch hier lassen sich Zielgruppen ablesen, zu welchen Marketing-Brücken geschlagen werden müssen: Sponsoren, potenzielle Mitglieder, die Öffentlichkeit usw. Wesentliche Marketing-Zielgruppen sind die Mitglieder und die Milizer, die in den Sportkommissionen wichtige Führungsaufgaben wahrnehmen. Auf die in der Skizze erwähnten Begriffe CI und COOPI wird unter Punkt 5.1 in diesem Kapitel eingegangen.

Die Abbildung 29 lehnt sich an das theoretische Modell aus Abbildung 21 an, in der das Austauschsystem mit den durch die NPO angebotenen Leistungen ergänzt wird. Der **Schweizerische Feuerwehrverband** als starker Berufsverband mit treuen Mitgliedern kann seinen Marketing-Einsatz auf den Leistungsabgabe-Bereich konzentrieren.

Die Erfahrung in der Praxis hat gezeigt, dass die Thematisierung und Visualisierung eines Austauschsystems in Marketing-Projektgruppen zu intensiven Überlegungen führen. Viele Verbandsangehörige auf den verschiedensten Stufen sind sich oft nicht bewusst, wie viele Ansprechpartner durch die NPO bearbeitet und gepflegt werden (sollen). Mit dieser Systemdarstellung werden wesentliche Einsichten und Zusammenhänge aufgezeigt. Damit wird bereits eine erste Grundlage für das Marketing gelegt und sind erste Prioritäten gesetzt.

1.2 Analysen

Wie unsere Planungslogik (Abb. 22) zeigt, sind bereits für die Erarbeitung der Leitbilder Analysen (Stärken/Schwächen der NPO, Chancen/Gefahren in den Umfeldern) vorzunehmen. Auf diese kann sich auch das Marketing-Konzept abstützen. Sofern erforderlich, sind detailliertere Analysen in Bezug auf unsere existierenden oder vorgesehenen Marketing-Aktivitäten sowie auf unsere (möglichen) Hauptkonkurrenten vorzunehmen. In den folgenden Abbildungen werden einige Stärken-/Schwächenprofile aus der Praxis dargestellt.

Überblick über das Freiburger Marketing-Konzept für NPO

Abbildung 28: Austauschsystem Sportverband

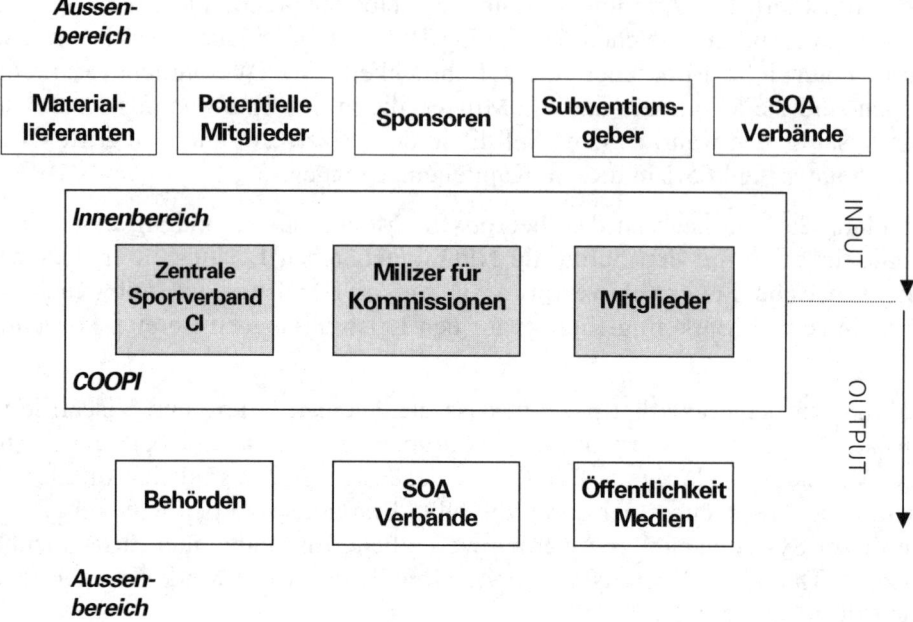

CI   = Corporate Identity
COOPI = Cooperative Identity
SOA   = Swiss Olympic Association (Schweizerischer Olympischer Verband)

Abbildung 29: Austauschprozesse im Schweizerischen Feuerwehrverband (Jost 1996)

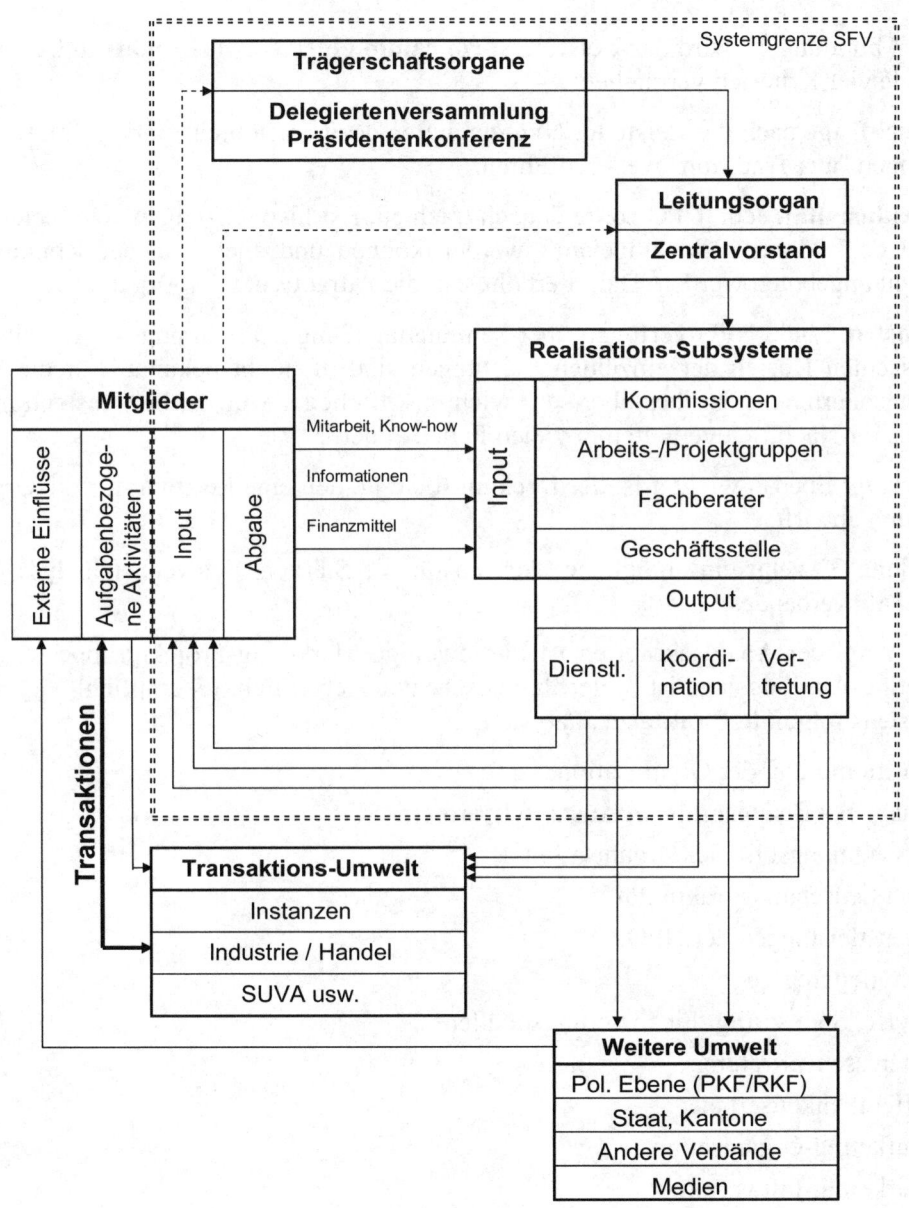

Abbildung 30 illustriert die **Stärken** und **Schwächen** von **drei Gewerkschaften**. In dieser Darstellung wird der Konkurrenzaspekt hervorgehoben, d.h. man vergleicht die eigene Organisation mit anderen, ähnlich ausgerichteten Organisationen. Das Bewusstsein, im Wettbewerb zu stehen, ist in vielen NPO viel zu wenig entwickelt und sollte alle Marketing-Anstrengungen durchdringen.

In der Abbildung 31 wird das **Leistungsprogramm einer Gewerkschaft** in Bezug auf folgende vier Kriterien verglichen:

1. **Nachfrage** nach der Leistung: NPO tendieren dazu, auch nicht stark gefragte Leistungen "aus Tradition" weiterzuführen.

2. **Exklusivität**: Jede NPO sollte danach trachten, Exklusivleistungen anzubieten, die auf dem Markt nicht eingekauft werden können und auch von der Konkurrenz nicht angeboten werden. Damit erhöht sich die Attraktivität der Organisation.

3. **Kosten**: Viele NPO verfügen über kein aussagefähiges Rechnungswesen, die verursachten Kosten der einzelnen Leistungen sind oft nicht bekannt. Für die Leistungsbeurteilung ist dies aber sehr wichtig. Mitglieder würden bei Kostentransparenz ihr Nachfrageverhalten in vielen Fällen ändern.

4. **Ertrag**: Ebenso wichtig ist der Deckungsbeitrag, den eine Leistung für die Organisation abwirft.

Abbildung 32 zeigt eine mögliche Vorlage für die Stärken-/Schwächenanalyse eines Wirtschaftsverbandes.

In der Wahl der Analysekriterien ist die jeweilige Marketing-Projektgruppe frei. Die Marketing-Ausgangslage ist in der Praxis sehr unterschiedlich. Es empfiehlt sich aber, mindestens **folgende Punkte** zu analysieren:

- Positionierung der Organisation
- Image bei Bezugsgruppen/Austauschpartnern
- Erscheinungsbild der Organisation
- Mitgliedschaftsattraktivität
- Dienstleistungen der NPO
- Mitgliederbeiträge
- Preise, Sponsoring, Finanzierungsquellen
- Interessenvertretung
- Öffentlichkeitsarbeit
- Marketing-Organisation
- Marketing-Infrastruktur
- Finanzielle Situation

Analysen

Abbildung 30: Stärken-/Schwächenanalyse von drei Gewerkschaften

	Beurteilung				
	sehr schwach	schwach	mittel-mässig	stark	sehr stark
Verbreitung					
Mitgliederzahl					
Infrastruktur (mat./pers.)					
Organisation					
Gewerkschaftsleistungen					
Weiterbildung					
übrige Leistungen					
Preispolitik					
Beitragspolitik					
Information					
PR/Werbung					
Marketing					
Polit.Einfluss					

Legende:
Konkurrent 1 ———   Konkurrent 2 ·············   eigene OG ▬▬▬

Abbildung 31: Stärken-/Schwächenanalyse des Leistungsprogrammes einer Gewerkschaft

Die Länge der Striche zeigt den Grad der Nachfrage, Exklusivität, Kosten und des Ertrages. Ein langer Strich bedeutet hohe Nachfrage etc.

Abbildung 32: Stärken-/Schwächenanalyse eines Wirtschaftsverbandes

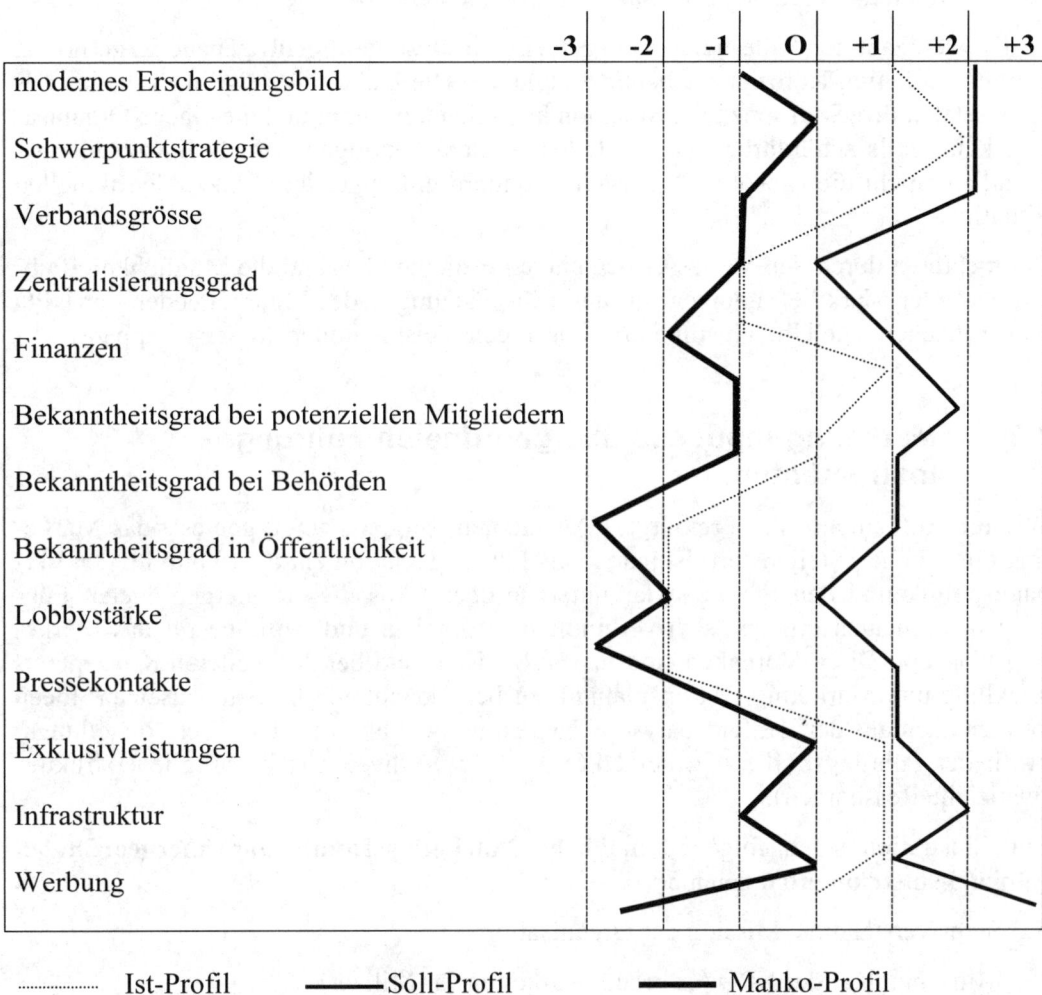

Meistens lässt sich ein solches Stärken-/Schwächenprofil in einer eigenen Projektgruppe erstellen. In gewissen Fällen stehen Mitgliederbefragungen, Publikums- oder Branchenumfragen, Marktstudien etc. zur Verfügung, die im Rahmen von Organisationsentwicklungs-Prozessen oder andern Projekten erstellt worden sind.

In der Mehrzahl der Fälle liefert eine **interne Analyse genügend** genaue **Ergebnisse**, um ein Marketing-Konzept erarbeiten zu können. Die Erfahrung zeigt, dass die jeweils eingesetzten Projektgruppen die Situation kritisch analysieren und die eigene Organisation keinesfalls schönfärberisch darstellen. Zudem benötigen wir als Entscheidungsgrundlage nicht die "absolute Wahrheit", sondern eine plausible Skizze der aktuellen Situation.

Bei mehreren durch den Verfasser begleiteten Projekten bestand die Möglichkeit, Publikums- oder Marktbefragungen mit den Einschätzungen der Mitarbeitenden der NPO zu vergleichen. Die Übereinstimmung war in den meisten Fällen äusserst frappant.

1.3 Marketing-Input aus übergeordneten Führungsinstrumenten

Wie die Aufbaulogik des Freiburger Management-Modells zeigt, geniesst das Marketing einen hohen Stellenwert, ist jedoch als Führungsinstrument dem Leitbild, der Verbandspolitik und den Statuten klar unterzuordnen. Aus diesen übergeordneten Führungsinstrumenten ergeben sich verbindliche Vorgaben und Aufträge für das Marketing-Konzept. Diese Vorgaben sind hier aufzulisten und bei der weiteren Konzeptentwicklung und Marketing-Aktionsplanung zu berücksichtigen bzw. umzusetzen. Ideen können auch aus der Umfeldanalyse (Chancen und Gefahren!), dem Wertvorstellungsprofil der Führungskräfte und der NPO-Analyse einfliessen (z.B. Mitgliederstruktur, finanzielle Ressourcen).

Zur Illustration seien folgende mögliche **Marketing-Inputs aus übergeordneten Führungsinstrumenten** genannt:

- Selbstverständnis, Mission der Organisation
- Milizcharakter der NPO (erfordert Marketing für Milizer)
- Preisdifferenzierung bei den Leistungen für Mitglieder und Nichtmitglieder
- Struktureller Aufbau der NPO (Hinweise für den Marketing-Transfer in die dezentralen Einheiten)
- vorhandene Monopolleistungen
- Hinweise zur Finanzierung einzelner Leistungen
- Hinweise zu möglichen Kooperationspartnern usw.

Fehlen übergeordnete Führungsinstrumente (d.h. man beginnt direkt mit einem Marketing-Konzept), so sind gewisse verbandspolitische Grund- oder Leitsätze ad hoc festzulegen. Die Erfahrung zeigt, dass man bei fehlenden Oberzielen Mühe hat, Unterziele festzulegen und umzusetzen. Der im Planungsprozess demnächst folgende Schritt der "Positionierung einer Organisation" ist nicht ohne Definition des Selbstverständnisses der Organisation, nicht ohne Aussagen über die Mission etc. zu bewerkstelligen. Vorher sollten jedoch im Sinne einer "Marketing-Politik" die Marketing-Philosophie und die Marketing-Logik für die NPO in der Form von Marketing-Leitsätzen festgehalten werden, die als übergeordnete (Leitbild ergänzende) Marketing-Ziele und -Grundlagen anzusehen sind.

1.4 Marketing-Leitsätze für die eigene NPO

Es hat sich in der Praxis bewährt, im Rahmen der Erstellung eines Marketing-Konzeptes mit einer repräsentativen Führungsgruppe herauszuarbeiten, was die **Marketing-Philosophie** und die **Marketing-Logik** für die **eigene Organisation** konkret **bedeuten sollen**, wie Marketing in der Organisation interpretiert und definiert werden kann. Es lohnt sich, einige Marketing-Leitsätze festzuhalten, welche die Marketing-Philosophie für die Mitglieder bzw. Träger und Mitarbeiter "begreifbar" machen. Solche Grundsatzaussagen werden bereits in Leitbildern und NPO-Politiken oder spätestens im Marketing-Konzept als Marketing-"Politik" verbindlich festgelegt. Hier einige solcher typischen Marketing-Statements:

- Wir erbringen die Leistungen mitglieder- und/oder zielgruppenorientiert.
- Wir gestalten unsere Leistungen kundenorientiert - ohne dabei die Ziele der Organisation aufzugeben.
- Wir verhalten uns gegenüber den Mitgliedern, als ob die Mitgliedschaft auf freiwilliger Basis bestehen würde (bei Pflichtmitgliedschaft).
- Wir gestalten unsere Vertretungsleistungen aktiv und vorausschauend.
- Wir sorgen für eine ausreichende und frühzeitige Beschaffung von Informationen über unsere Austauschpartner und die Umweltsituation.
- Wir gestalten unsere Beziehung zur Öffentlichkeit aktiv und vorausschauend.
- Wir werden nur jene Aktivitäten, die von unseren Mitgliedern in der Zukunft weiter gewünscht werden, weiterführen oder verbessern.
- Wir haben den Mut, Leistungen, die nicht mehr benötigt werden, einzustellen.
- Wir versuchen, unsere "Monopolleistungen" zu verbessern und bei unseren Zielgruppen möglichst bekannt zu machen.

- Wir setzen Marketing-Instrumente ein, um die Akzeptanz unserer Leistungen bei den Mitgliedern zu erhöhen.

- Wir versuchen, für alle unsere Leistungen Qualitätsstandards zu definieren, und lassen die Leistungen von Zeit zu Zeit auch durch die Abnehmer bewerten.

- Wir führen eine Preisdifferenzierung zwischen Mitgliedern und Nichtmitgliedern ein.

- Wir informieren unsere Mitarbeiter und Mitglieder gezielt über die "Mission" unserer Organisation, wir setzen unsere Mitarbeiter ins Bild über die Bedeutung wirksamer Beziehungen zu unseren Austauschpartnern bzw. zeigen, welche Verantwortung jede und jeder einzelne für die Qualität der Dienstleistungserbringung trägt, weisen immer wieder darauf hin, dass alle Mitarbeiterinnen und Mitarbeiter wichtige Imageträger unserer Organisation sind.

- Deshalb achten wir darauf, dass alle Personalentscheidungen zur Stärkung und Absicherung unserer Marketing-Anstrengungen beitragen, und fördern entsprechende Aus- und Weiterbildungsmassnahmen.

- Wir kontrollieren jährlich, welche Marketing-Ziele wie realisiert wurden.

Wir empfehlen, die Inhalte der in der eigenen Organisation zu verwirklichenden **Marketing-Philosophie festzuhalten**, d.h. die "Marketing-Politik" in zusammenhängender, abgestimmter Form als **Marketing-Leitsätze** allen Mitarbeitenden zu kommunizieren, damit sich alle in das Marketing eindenken können und das "Marketing-Bekenntnis" öffentlich bekannt und damit überprüfbar wird. Das folgende Beispiel wurde für eine Behinderten-Institution erstellt, die sowohl Wohnheime wie Werkstätten unterhält.

Beispiel: Die Marketing-Leitsätze für eine Behinderten-Institution

a) Unser Marketing-Verständnis

Marketing bedeutet für unsere Institution Anpassung unserer Leistungen an die Bedürfnisse der Kunden und Klienten und eine aktive und positive Beeinflussung unserer Austauschpartner im Sinne der Institution.

b) Unsere Klienten und Kunden

Wir sind da für die bei uns arbeitenden Menschen mit einer Behinderung und deren Angehörige sowie für die Auftraggeber unserer Werkstätten.

- **Menschen mit Behinderung**
  Menschen mit Behinderung bieten wir einen sinnvollen Arbeitsplatz und fördern damit ihre Lebensqualität.

- **Angehörige**
  Den Angehörigen bieten wir die Gewissheit, dass wir uns gemeinsam mit ihnen für die angemessene Lebensgestaltung der Menschen mit einer Behinderung einsetzen.

- **Auftraggeber**
  Auftraggeber von Lohnarbeiten und Eigenprodukten erhalten bei uns die geforderte Qualität termingerecht zu einem angemessenen Preis.

Alle unsere Aktivitäten sind stets auf die Bedürfnisse dieser drei Zielgruppen ausgerichtet. Wir pflegen diese mit einem aktiven, dauernden Dialog. Kundenreklamationen und Fehlermeldungen betrachten wir als faire Chance, unsere Leistungen zu verbessern.

c) Unser Personal
Wir tun alles, damit sich unser Personal mit unserer Institution und ihren Aufgaben identifizieren kann. Unsere Mitarbeiterinnen und Mitarbeiter sind die Botschafter unserer Institution. Wir fördern die Dienstleistungsbereitschaft und gewährleisten diese durch eine bewusste Gestaltung der Kultur unserer Institution und durch ständige Weiterbildung auf allen Stufen.

d) Unsere Finanzgeber
Finanzgebern sichern wir die Erfüllung unserer sozialen Aufgabe und den pflichtbewussten Einsatz der übertragenen Mittel zu. Wir kommunizieren dies aktiv.

e) Die Öffentlichkeit
Zur Öffentlichkeit, zu unseren Nachbarn und der Bevölkerung unseres Einzugsgebietes pflegen wir aktive Beziehungen.

f) Die Umwelt
Wir tragen Sorge zu unserer Umwelt. Wir fördern in der ganzen Organisation das Umweltbewusstsein und verhalten uns bei allen Tätigkeiten umweltgerecht und umweltschonend.

Wie wir in Kapitel VI, 3.1 ("Internes Marketing") ausführen werden, lohnt es sich, bei der Einführung eines Marketing-Konzeptes alle Mitarbeitenden mit der Marketing-Philosophie vertraut zu machen. Die Marketing-Leitsätze der Organisation sollen vorgestellt und besprochen werden. Anschliessend soll jede Person für ihren Arbeitsbereich zwei bis drei Marketing-Leitsätze aufstellen, die in der Gruppe/Abteilung diskutiert werden, damit das gemeinsame Marketing-Verständnis gefördert und das Dienstleistungsbewusstsein gestärkt wird.

1.5 Gesamtpositionierung der Organisation/Corporate Identity (CI)/ Cooperative Identity (COOPI)

Die **Positionierung** der **Gesamtorganisation** ist eine **Kernaufgabe** eines jeden Marketing-Konzeptes für eine NPO. Kühn (1996) spricht von der Positionierung als "Kernentscheidung" des Marketing. Marketing agiert immer zwischen den zwei Polen "Marktanpassung" und "Marktgestaltung". In der Positionierung drückt sich die Idee der Marktgestaltung, die aktive, beeinflussende Komponente des Marketing aus. Die klare **Positionierung** ist eine wesentliche **Grundlage zur Gestaltung der Organisationsidentität** (CI). Obwohl der Begriff der Positionierung in keinem Marketing-Lehrbuch fehlt, wird er nicht einheitlich (Mühlbacher/Dreher/Gabriel 1966, S. 203), grundsätzlich jedoch für die Positionierung von Produkten/Marken verwendet. Während im klassischen Produkte-Marketing die Positionierung von Marken und Produkten im Vordergrund steht und das Profil der Firma mit Absicht eher schwächer ausgeprägt ist (man denke an die Strategie des Waschmittelherstellers Procter & Gamble, der starke, klar abgegrenzte Markenpersönlichkeiten schafft: Mr. Proper, Vizir, Always), legen Dienstleistungsanbieter grösseres Gewicht auf die Positionierung der Firma (Banken, Fluggesellschaften). Unseres Erachtens kommt der **Positionierung der Gesamtorganisation im NPO-Bereich zentrale Bedeutung** zu. Ganz erstaunlich ist, dass dieses Thema in der NPO-Literatur bisher noch wenig Eingang gefunden hat (vgl. Ritchie/Swanis/Weinberg 1999).

1.5.1 Gründe für die Erarbeitung der Gesamtpositionierung (CI/COOPI) einer Organisation

Die bewusste **Gestaltung der Identität** einer Organisation hat keinen Selbstzweck, sondern ist ein **Instrument**, um die **Organisationsziele** besser zu **erreichen**. Begründen kann man dies durch folgende fünf Faktoren:

1. Umfeldfaktoren

Die NPO ist als Input/Output-System zu betrachten. Das heisst, sie **beschafft** sich aus ihren Umfeldern Ressourcen, transformiert diese durch ihre Tätigkeiten und gibt Leistungen an bestimmte Umfeldsegmente ab. Die NPO ist demzufolge ein extrem **umfeldabhängiges System**. Deshalb muss die NPO in und von der Umwelt entsprechend wahrgenommen werden.

NPO sind "künstliche" Wesen, abgeleitete Organisationen (entstehen durch Delegation von Aufgaben durch die Mitglieder), relativ **abstrakte Gebilde**, weniger fassbar als Unternehmungen. Ihr Aufbau ist komplex und für Unbeteiligte wenig durchschaubar.

Zudem werden NPO von der Umwelt meistens nur aus Distanz erlebt. Es fehlen oft Persönlichkeiten als Symbolfiguren, welche die Organisation personifizieren. Es braucht deshalb verstärkt ein künstliches Organisations-"Gesicht".

Es wird heute von **Legitimationskrisen** gesprochen: NPO bekunden vermehrt Mühe, ihre Existenz glaubwürdig zu begründen. Die Ansprüche im Bereich Legitimation weisen eine steigende Tendenz auf.

2. Vertrauen als ökonomischer Wert

Die vielfältigen Umfeldbeziehungen in der NPO erfordern eine Vielzahl von Transaktionen. Die "Neue Institutionenökonomik" hat erkannt, dass die Nutzung des Preismechanismus auf Märkten nicht, wie in der Neoklassik angenommen, kostenfrei ist (Peter 1997, S. 90). Dem Vertrauen kommt eine unmittelbare ökonomische Bedeutung zu, indem ein **vorhandenes Vertrauensverhältnis die Transaktionskosten senkt**. Dieses Vertrauenskapital ist vor allem bei dauerhaften Transaktionsbeziehungen von grösster ökonomischer Relevanz. Es sind Einsparungen bei den folgenden Transak-tionskosten möglich (Schmidt-Trenz 1991, S. 20):

a) **Anbahnungskosten** (Suche und Information nach geeigneten Partnern und deren Konditionen)

b) **Bargainingkosten** (Kosten der Vertragsverhandlungen, Vertragsformulierung und Einigung)

c) **Kontrollkosten** (Sicherstellung der Einhaltung der Vertragsvereinbarungen)

d) **Kontraktvollstreckungskosten** (Geltendmachung nicht erbrachter Leistungen)

e) **Anpassungskosten** (Anpassung der Vertragskonditionen im Zeitablauf)

"Grundlage allen Vertrauens ist die Darstellung des eigenen Selbst als einer sozialen, sich in Interaktionen aufbauenden, mit der Umwelt korrespondierenden Identität" (Luhmann 1973, S. 68). Um Vertrauen bilden zu können, muss ein Transaktionspartner fassbar, begreifbar sein. Dies erfordert eine Identität mit Konturen. Ökonomen haben immer wieder betont, dass es die **erwarteten Kosten** und **Erträge** sind, die das Handeln der Wirtschaftssubjekte bestimmen.

Die "Neue Institutionen Ökonomik" versteht unter einer Transaktion den Prozess der Klärung und Vereinbarung eines Leistungsaustausches. Bei Transaktionen müssen vielfältige Informationsprobleme bewältigt werden, da die mit der Transaktion verbundenen Entscheidungen unter Unsicherheit getroffen werden müssen. Diese Unsicherheit betrifft sowohl die Rahmenbedingungen als auch die Verhaltensweisen der Transaktionspartner.

Wesentlicher Bestandteil der Transaktionskosten sind Kommunikationskosten, die zur Überwindung oder zumindest Einschränkung unvollständiger Informationen über die

Absichten oder Verhaltensweisen der jeweils anderen Seite anfallen. Transaktionskosten entstehen also vorwiegend durch Verständigungsprobleme, Missverständnisse oder Konflikte zwischen den beteiligten Personen, die zu Abstimmungsproblemen, Verzögerungen, Unterbrechungen oder zu anderen Konflikten zwischen den Transaktionspartnern führen. Die angedeuteten Informationsprobleme, die letztendlich die Höhe der Transaktionskosten bestimmen, sind je nach Umständen mehr oder weniger gross. Eine entscheidende Einflussgrösse bildet das Verhältnis zwischen den Vertragspartnern. Ein Verhältnis zwischen den Beteiligten, das auf Vertrauen beruht, reduziert den Grad der Unsicherheit über die Verhaltensweisen des Partners. Vertrauen kann so interpretiert werden, dass man die inneren Normen von Personen oder Institutionen zu kennen glaubt und deshalb sicher sein kann, dass der Partner Abhängigkeiten oder plötzlich auftretende Schwächen nicht zu seinen Gunsten ausnutzt, weil ihm seine Normen das verbieten (Hermann 1988, S. 189).

In der **NPO** haben wir **zusätzliche positive Faktoren**, welche eine Vertrauensbildung ermöglichen: die durch das **partizipative System** geschaffenen Einfluss- und Kontrollmöglichkeiten der Mitglieder/Kunden sowie die Verhaltensparameter, welche die **kooperative Solidarität** begründen. Vertrauen senkt deshalb nicht nur die Transaktions- sondern **auch** die **Kooperationskosten**. Das Vertrauen in eine Organisation (CI) erlaubt es, die laufenden Bemühungen zur Aufrechterhaltung der Kooperation zu reduzieren.

3. Die Wahrnehmungsfähigkeit des Menschen

Der heutige Mensch steht durch die steigende Informationsflut einer wachsenden Informationsüberlastung gegenüber. Er nimmt die Umwelt vermehrt selektiv wahr.

Hier ist grundsätzlich zu erwähnen, dass es für den einzelnen Menschen **die Wirklichkeit** über eine Organisation **(objektive Identität) nicht geben kann**. Es existieren nur **individuelle Auffassungen** über diese Wirklichkeit, und diese Auffassungen werden durch die wahrgenommenen CI-Elemente geprägt. Wenn nun eine genügend grosse Anzahl von Menschen die Organisationsidentität in gewünschtem Lichte wahrnimmt, entsteht ein allgemein akzeptiertes **Organisationsimage**.

Der amerikanische Marketing-Professor Levitt (1981, S. 94) unterstreicht: "Common sens tells us and research confirms that people **use appearances to make judgements about realities.**"

Der Mensch bildet sich automatisch eine Meinung über eine **visuelle** Erscheinung. Er **bezieht auch das Umfeld der Erscheinung in die Meinungsbildung ein**. Gebäude, Einrichtung, äussere Erscheinung der Mitarbeitenden, Produkte, Drucksachen - alles, was bei einer Organisation in Erscheinung tritt, ist für den wahrnehmenden Menschen ein Symbol dieser Organisation und wirkt so prägend auf das Image. Je diffuser und komplexer die wahrzunehmenden Elemente der Umwelt sind, und je grösser der

Wunsch nach Gewissheit ist, desto grösser ist der Beizug von Ersatzkonstrukten durch den Wahrnehmenden. Eine Organisation ist nicht "einladend" oder "abweisend", sondern sie wirkt so.

Die Unzulänglichkeit vieler Informationen führt zum Streben nach Vervollständigung und Verständlichkeit. Nach den Erkenntnissen der Psychologie **reagiert** der Mensch auf **Komplexität grundsätzlich vereinfachend**. Je einfacher Identitätsmerkmale sind, desto leichter ist es auch, etwas zu identifizieren. Es entspringt dies dem menschlichen Bedürfnis nach Vereinfachen, Klassifizieren, Einordnen. Soziale Systeme lernen Vertrauen am besten in kleinen Schritten (Luhmann 1973, S. 60). Identitätselemente sollen dauernd auf allen Ebenen kommuniziert werden, damit dieser Lernprozess ablaufen kann. Vertrauen kommt durch Überziehen (subjektive Überbewertung) der vorhandenen Information zustande (Luhmann 1973, S. 26). Vertrauen ist letztlich immer unbegründbar, es ist eine Mischung zwischen Wissen und Nichtwissen.

Die Analyse zahlreicher Studien über die imageprägenden Attribute von Krankenhäusern hat ergeben, dass der Bekanntheitsgrad einer Klinik einen signifikanten Einfluss auf das Gesamtimage hat, der Bekanntheitsgrad seinerseits auf diffusen Kriterien beruht (Tscheulin/Häberlin 1997, S. 487).

Vorinformationen über eine Organisation und der **erste Eindruck**, den ein Betrachter von einer Organisation gewinnt, **wirken** gewissermassen einengend **steuernd** bei der **Wahrnehmung späterer Informationen**. Spätere Informationen werden im Lichte der ersten Hypothese (des ersten Eindrucks!) aufgenommen und interpretiert.

4. Kommunikation

"Communication is the human activity that links people together and creates relationships" (Duncan/Moriarty 1998, S. 2). Unter Kommunikation wird im Alltag etwas Aktives verstanden. Auch die Kommunikationsmodelle gehen von einer aktiven Kommunikation aus. Aber es existiert auch **passive Kommunikation**, es bestehen zwischen Menschen und Organisationen immer Beziehungen **in Form von Vorstellungsbildern**, Meinungen etc., auch wenn im fraglichen Moment keine Botschaften ausgetauscht werden.

Und wenn Botschaften ausgetauscht werden, so wird **nicht nur** der **Botschaftsinhalt** vermittelt, sondern es werden auch Aussagen über die Aspekte der Organisationskultur, des Organisationsklimas etc. übermittelt. Man spricht hier von **autokommunikativen Inhalten** (vgl. Kapitel V, 7.3). Aber auch Räume, Gebäude, Einrichtungen kommunizieren, bei Produkten wird von der Informationsfunktion eines Produktes gesprochen.

Die Positionierung/Gestaltung der CI versucht hier zielgerichtet einzugreifen, damit jede Form von Kommunikation zur Stärkung der Positionierung der NPO beiträgt.

5. NPO-Faktoren

a) Die NPO-Struktur

Grössere NPO sind mehrstufig gegliedert und oft dezentral aufgebaut. Ein einheitliches Auftreten, Handeln und Erscheinen als **koordinierte Gesamtorganisation** ist geboten, um die Akzeptanz auf allen Stufen und bei allen Gliedern zu verbessern, um der Gesamtorganisation ein **klares Profil** zu verleihen und sie für Aussenstehende begreifbar zu machen.

b) NPO als Dienstleister

Wie wir festgestellt haben, sind Dienstleistungen nicht gegenständlich und damit nicht vorzeig- oder überprüfbar. Deshalb spielt das Image, das **Vorstellungsbild** des Kunden **über den Dienstleistungsanbieter**, über dessen Sachkompetenz eine entscheidende Rolle. Die Dienstleistungswahrnehmung und der gesamte Dienstleistungs-Erstellungsprozess laufen immer über einen sogenannten **Imagefilter** ab. Die Dienstleistungswerbung stellt deshalb oft das Image des Dienstleistungsanbieters, und weniger die einzelne Dienstleistung, in den Vordergrund. **Dienstleistungswerbung** ist zum grossen Teil **Imagewerbung** für die Organisation.

c) NPO als Fundraiser

Bei der Spendenwerbung liegen die Verhältnisse noch krasser: Der Spender erhält keine ihm zukommende Gegenleistung, das "gute Gewissen" einmal ausgenommen. Die **Spendenbereitschaft** wird sehr stark **vom vertretenen Anliegen** und dem **Image des Hilfswerkes** beeinflusst: Ist das Anliegen unterstützungswürdig, vertraue ich dem Hilfswerk, wird mein Spendengeld zielgerichtet, effizient eingesetzt etc.?

Der Begriff "Corporate Image"

Der Begriff "Corporate Image" bedeutet das subjektive **Vorstellungsbild/Fremdbild, welches sich Menschen** über eine Organisation machen (Organisationsimage).

"Subjektiv" ist hier das Schlüsselwort, denn je nach Personenkreis, vorhandener Kontaktintensität und Erfahrung mit der Organisation ist dieses **Vorstellungsbild unterschiedlich**. Ein bei einer Zielgruppe vorhandenes Image kann aus der Sicht der betroffenen Organisation zutreffend oder "falsch" sein. Man denke an das Image eines Arbeitgeber- und eines Arbeitnehmerverbandes aus der Sicht der jeweiligen Mitglieder oder der Mitglieder des Gegenverbandes.

Eine wesentliche Eigenschaft des Image ist seine **relative Beständigkeit** trotz möglicher Veränderungen am Objekt selbst. Diese Beständigkeit lässt sich auf zwei Ursachen zurückführen:

- Ein gefestigtes Image bewirkt eine **Dissonanz vermeidende Aufnahme weiterer Informationen**, d.h. es werden nur solche Informationen wahrgenommen, die mit dem bestehenden Image harmonieren.

- Ist ein positives Image einmal verbreitet, werden naturgemäss häufiger positive als negative Ansichten über die Organisation geäussert. Damit verstärkt und verfestigt sich das Image laufend (**Selbstverstärkereffekt**).

Um beurteilen zu können, ob ein Image "falsch" oder "richtig" ist, **muss die NPO ihr Soll-Image** definieren und festlegen. Da wir unter "Image" ein **Vorstellungsbild**, ein Abbild von etwas verstehen, ist es zweckmässig, einen Blick auf das eigentliche Bild, auf die "Vorlage" des Abbildes zu werfen. Hier ergibt sich, dass NPO wie jedes soziale Gebilde auch eine Identität haben, die heute unter dem Schlüsselbegriff "Corporate Identity" (CI) thematisiert wird (vgl. Punkt 5.4).

Der Begriff "Organisationskultur"

Organisationskultur wird definiert als die **Gesamtheit aller Werte**, Einstellungen, Normen, Motive, Denkhaltungen, welche die Entscheidungen und das **Verhalten aller Mitglieder** einer Organisation **prägen**. Die gemeinsamen Werte, Normen und Einstellungen stellen die organisationskulturellen Basiselemente dar. Diese werden durch Symbolsysteme/Medien verkörpert und konkretisiert (s. Abb. 33) (vgl. Fankhauser 1996, S. 6).

Organisationskultur ist abgrenzbar zum "Betriebsklima", welches sich kurzfristig verändern kann, während die Organisationskultur eher **langfristiger Natur** ist.

Starke Organisationskulturen zeichnen sich durch eine **breite Akzeptanz und ein hohes Mass an Einheitlichkeit im Denken und Handeln** aus.

Organisationskulturen beeinflussen in starkem Masse das **Informations- und Kommunikationsverhalten**, indem sie das meist unübersichtliche Rezeptionsfeld vorselektionieren und die Interpretation von Daten zu einem gewissen Teil vorbestimmen. Signale werden zuverlässig interpretiert, Informationen besser verstanden und weniger verzerrt weitergeleitet.

Kulturindikatoren sind die **kulturtragenden Symbolsysteme**:

a) kognitive **sprachliche Symbole**
- Normen und Werte
- Ideologien
- Mythen/Legenden, Anekdoten
- Denkargumentations- und Interpretationsmuster
- Sprache, Sprachregelungen, Slogans, Mottos
- Einstellungen und Handlungen

Abbildung 33: Die drei Ebenen der Organisationskultur und deren Konkretisierung (Schein 1986, modifiziert)

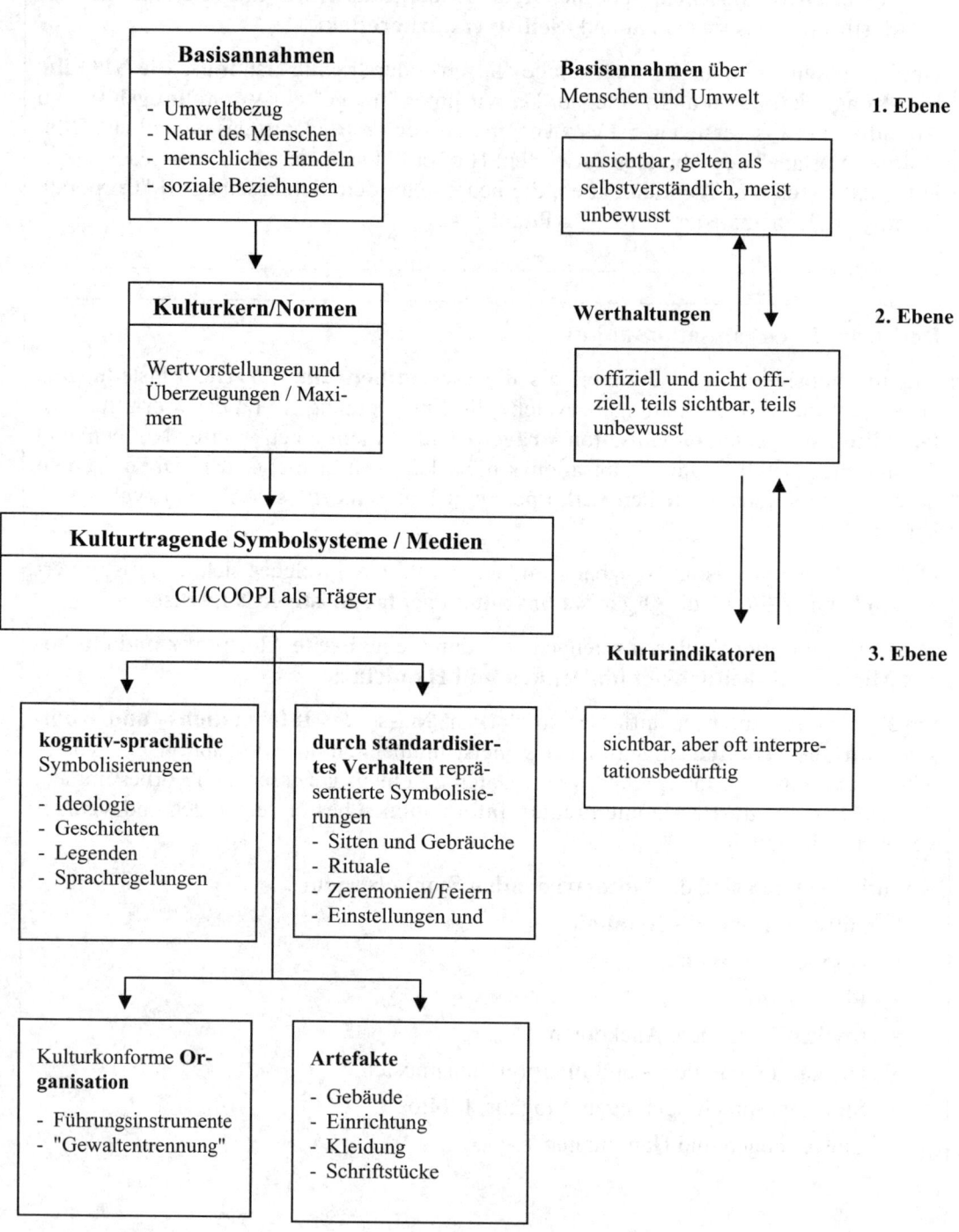

b) standardisiertes **Verhalten**

- Sitten und Gebräuche
- Rituale, Zeremonien, Feiern
- Rituale bei Auswahl, Einführung neuer Mitarbeiter
- Rituale bei Tarifabschlüssen
- Besucherempfang
- Tabus

Die **kulturtragenden Symbolsysteme** werden im CI-Konzept unter dem Titel **Corporate Behavior** nach Möglichkeit festgelegt und im Sinne des Internen Marketing gepflegt.

Die kulturtragenden **Artefakte** werden unter dem Titel **Corporate Design** erfasst und systematisch unterhalten (Gebäude, Einrichtung, Kleidung, Logos, Schriftstücke etc.).

Die in der Organisation festgelegten **organisatorischen Regelungen** sollen der Organisationskultur entsprechen. Jeder Organisationsstruktur, den verwendeten Führungsinstrumenten liegen bestimmte Wertvorstellungen der Organisationsmitglieder zugrunde.

1.5.2 Die Positionierungselemente

Zielgruppen und Austauschpartner einer NPO nehmen diese nie isoliert wahr. Meistens steht sie in Bezug zu vorhandenen semantischen Strukturen, zu einer vorhandenen Vor- oder Einstellung, zu einer Konkurrenzorganisation, zu einer eigenen Erfahrung.

Diese bei unseren Austauschpartnern automatisch ablaufenden Wahrnehmungsprozesse versuchen wir durch die Gestaltung unserer **Organisationsidentität** zu beeinflussen. Es werden jene Merkmale/Eigenschaften der Organisation herausgearbeitet, welche den Kern, das Wesen der Organisation ausmachen, und in denen sie sich von der Konkurrenz unterscheidet.

Ein wesentliches Element in diesem Prozess ist die **Positionierung**. Wir legen fest, aus welchen **Identitätselementen die NPO** bestehen soll. Wie will die NPO wahrgenommen werden? Die einmal festgelegte Positionierung muss durch sämtliche Marketing-Aktivitäten getragen und gestützt werden, damit bei den Austauschpartnern ein klares, unverwechselbares positives Image über die Organisation sowie klare Vorstellungen und Gedächtnisstrukturen entstehen können. Bei jeder PR-Aktion, bei jedem Leistungsangebot, bei jedem Spendenaufruf müssen Identitätselemente der NPO kommuniziert werden.

Im Prinzip sollte im Laufe des Positionierungsprozesses von der bisherigen Ist-Positionierung ausgegangen und den anvisierten Marketing-Zielen entsprechend die Soll-Positionierung abgeleitet werden. Unsere Erfahrung zeigt jedoch, dass sich in der Praxis die wenigsten NPO über ihre gegenwärtige Positionierung überhaupt im Klaren sind. So gilt es, die unbewusste, jedoch tatsächlich **existierende Positionierung** erst einmal systematisch **aufzuarbeiten**. Oft kann durch kleine Modifikationen an der Positionierung der Marketing-Denkhaltung besser nachgelebt werden, indem man sich von der Innenzentrierung löst und die Organisation aus der Sicht der Austauschpartner wahrzunehmen versucht. Wir legen deshalb im Rahmen des hier vorgestellten Positionierungsprozesses immer eine **Soll-Positionierung** fest.

Jeder Prozess einer strategischen Positionierung ist unter den Aspekten der (Zielgruppen-) **Segmentierung** und (Angebots-) **Differenzierung** vorzunehmen (Mühlbacher/Dreher/Gabriel 1966, S. 204). Segmentierung und Differenzierung stehen in enger Abhängigkeit zueinander. Teilmärkte, in denen man sich nicht positiv von den Mitbewerbern unterscheiden kann, sind wenig erfolgversprechende Zielmärkte. Ebenso wenig genügt die klare Unterscheidung von Mitbewerbern, wenn diese nicht auch zu attraktiven Leistungen für die Leistungsabnehmer in einem Teilmarkt führt.

Die heute festzustellende "Fragmentierung der Gesellschaft" und die Individualisierung des Konsums führen auch im NPO-Bereich zu einer grösseren Vielfalt der Ansprüche von Austauschpartnern. Es reicht nicht, eine Umweltorganisation zu sein, sondern Spendende nehmen Organisationen wie Pro Natura, Berghilfe, WWF, Greenpeace, Heimatschutz etc. differenziert wahr.

Die als Resultat der Positionierung an verschiedene Ansprechgruppen kommunizierte Identität der Organisation soll von diesen Zielgruppen als attraktiv angesehen werden, einen **konsistenten Gesamteindruck** bewirken und in deren Vorstellungswelt einen klar definierten Platz einnehmen. Dies erfordert Lernprozesse bei den Zielgruppen, welche nur dann erfolgreich verlaufen können, wenn sich die Inhalte nicht ständig ändern (Mühlbacher/Dreher/Gabriel 1966, S. 206). Die **Positionierung** muss einen **langfristigen Charakter** aufweisen.

Wie die gesamte Marketing-Planung beinhaltet die Positionierung einen sequentziellen Prozess. Es ist durchaus möglich, dass nach dem Festlegen der Marketing-Einsatzbereiche wieder auf die Positionierung zurückzukommen ist, weil die angebotenen Leistungen die Positionierung verkörpern müssen und umgekehrt.

Im Rahmen der Positionierungsentscheidung für eine NPO sind **Aussagen** zu folgenden **Positionierungsdimensionen** zu entwickeln:

Gesamtpositionierung der Organisation/Corporate Identity (CI)/Cooperative Identity (COOPI)

1. Differenzierung:

- die **Organisation**, ihr **Selbstverständnis**, ihre besonderen Fähigkeiten, ihre besonderen Eigenschaften
- die wichtigsten **Leistungsangebote** und ihre **Einzigartigkeit**
- **Unterschiede** der zu positionierenden Organisation gegenüber **Konkurrenten**

2. Segmentierung:

- die **Hauptzielgruppen** der Organisation und die Art, wie diese die **Organisation wahrnehmen sollen**.

Mit der Ausarbeitung dieser **Positionierungsdimensionen** soll eine Grundlage für die Schaffung einer konsistenten Organisationsidentität erarbeitet werden. Den Positionierungsprozess gliedern wir in folgende drei Schritte (vgl. Punkt 5.2.1 - 5.2.3).

1.5.2.1 Name der Organisation

Für die Positionierung der Organisation ist der **Name** ein **zentrales Erkennungselement**. Es ist erstaunlich, wie wenig in der Praxis die Chance, den Namen als marketing-orientiertes Positionierungselement einzusetzen, erkannt wird. Vielfach wird der Name einfach als gegeben angenommen. Namensänderungen sind zwar mit Vorsicht anzugehen, denn Namen bedeuten ein über Jahre geäufnetes Vertrauenskapital. Unsere Erfahrung in der Praxis zeigt immer wieder, dass bereits **leichte Namensmodifikationen** oder Umstellungen von Namensteilen zu einer **Profilierung** beitragen können, ohne dass die bisherige Vertrautheit verloren geht, wie die folgenden Beispiele zeigen.

vorher	nachher
Schweizerischer Verband für Waldwirtschaft	Waldwirtschaft Schweiz
Gemeinnützige Stiftung für das Arbeitszentrum Wettingen	Arbeitszentrum Wettingen
Handelskammer Mittlerer Oberrhein	Handelskammer Karlsruhe
Handelskammer Österreich	Wirtschaftskammer Österreich

Überblick über das Freiburger Marketing-Konzept für NPO

Vielfach genügt es, die zentrale Information voran-, die Zusatzinformation nachzustellen (z.B. den Verbandszweck vor den Begriff "Schweizerisch" zu setzen).

Um die Prägnanz zu erhöhen, wird oft eine vollständige Namensänderung vorgenommen.

vorher	nachher
Schweizerischer Wirteverband	Gastrosuisse
Schweizerischer Verband der Heizungs- und Lüftungsfirmen	CLIMA·SUISSE
CLIMA·SUISSE + SSIV	suissetec
Schweizerischer Verband der Elternvereine für geistig behinderte Kinder	insieme

Im NPO-Bereich sind lange Namen sehr verbreitet. Deshalb wird oft mit Abkürzungen gearbeitet. Diese sind zwar im Kreis der NPO-Zugehörigen geläufig, jedoch ungeeignet für ein weiteres Publikum. Zudem verfügen NPO nicht über die Kommunikationsbudgets, die erforderlich sind, um Abkürzungen allgemein bekannt zu machen (vgl. AEG, IBM). Wenn **Abkürzungen** verwendet werden, sollten diese zumindest einer **nachvollziehbaren Logik** entsprechen, was die Verankerung im Gedächtnis erleichtert.

Beispiele:

- Forschungsstelle für Verbands- und Genossenschafts-Management an der Universität Freiburg

   Abkürzung: **FST**

   Die Abkürzung ergibt keinen Sinn. Sie hatte sich einfach eingebürgert.

- Institut für Verbands- und Genossenschafts-Management an der Universität Freiburg

   Abkürzung: **VMI**

   Die Abkürzung für Verbandsmanagement Institut entspricht einer Kurzformel mit nachvollziehbarer Logik.

Es ist in gewissen Fällen sinnvoll, den Namen mit einem **Verstärker** zu versehen, um dessen Prägnanz zu erhöhen.

Beispiele:

- **Swissaid**
  Hilfe zur Selbsthilfe

- **Waldwirtschaft Schweiz**
  Die Stimme der Waldbesitzer

Diese Verstärker sind eigentliche kurze oder verkürzte **Mission Statements** (vgl. den nachfolgenden Abschnitt). Wenn solche Verstärker dauernd mit dem Namen verwendet werden, bildet sich eine eigentliche **Wortmarke**, die mit dem Logo zusammen (vgl. Punkt 5.4.5) einen sprachlich und bildlich kodierten Auftritt ergibt.

1.5.2.2 Verbale Positionierung / Mission Statements

Die verbale Positionierung soll in **wenigen Sätzen das Wesen** und das **Selbstverständnis der NPO** darstellen. Hier steht der Inhalt im Vordergrund. Es handelt sich nicht um Werbetexte. Beim Vorliegen klarer Prioritäten kann man eine Hauptpositionierung und ergänzende Positionierungen formulieren.

Auf der Basis der verbalen Positionierung sollen sogenannte **Mission Statements** formuliert werden. Dies sind prägnante Kurzformeln über die Aufgabe, die Mission der Organisation. Es kann auch eine ganze Anzahl Mission Statements formuliert werden, die dann abwechselnd verwendet werden. Solche Mission Statements können auf Werbedrucksachen, auf Werbegeschenken, Briefen etc. eingesetzt werden.

1. **Beispiele verbaler Positionierung:**

- **Wirtschaftskammer Oberösterreich**

  - Wir sind **die Interessenvertretung** der oberösterreichischen **Wirtschaft**, die für wirtschaftsgerechte staatliche Rahmenbedingungen eintritt.

  - Wir **unterstützen** die **Mitglieder** bei der Bewältigung von Problemen, die durch die unternehmerische Tätigkeit entstehen und nicht im Betrieb gelöst werden können (Service).

  - Wir sind mit unserem Wirtschaftsförderungsinstitut **der Anbieter** für berufliche **Aus- und Weiterbildung** in Oberösterreich.

- **Schweizerische Pflegekinder-Aktion SPA (Hilfswerk)**

  Hauptpositionierung:
  - Die SPA hilft Pflegekindern und hilft, deren Familien zu erhalten.

Ergänzende Positionierungen:

- Die SPA ist Expertin in der Frage der Fremdplatzierung und Mehrfachbetreuung von Kindern.
- Die SPA arbeitet schnell, unbürokratisch und diskret.

- **Verbandsmanagement Institut (VMI)**
    - Das Institut für Verbands- und Genossenschafts-Management (VMI) ist ein **Institut** der Wirtschafts- und Sozialwissenschaftlichen Fakultät der **Universität Freiburg**/Schweiz. Es befasst sich mit der **wissenschaftlich-interdisziplinären Forschung und Lehre** auf dem Gebiet der **Nonprofit-Organisationen** (NPO).
    - Das VMI entwickelt Management-Wissen für **private Nonprofit-Organisationen** auf der Basis wissenschaftlicher Erkenntnisse und praktischer Erfahrungen im Dialog mit Führungskräften in NPO.
    - Die gewonnenen Forschungserkenntnisse werden im "**Freiburger Management-Modell für NPO**" systematisiert und permanent weiterentwickelt. Der Wissenstransfer an die Praxis erfolgt über Weiterbildungsveranstaltungen, wissenschaftliche Publikationen und die Instituts-Zeitschrift "Verbands-Management" (VM).

2. **Beispiele für Mission Statements:**

- **Wirtschaftskammer Oberösterreich**
  Starke Vertretung – starker Service

- **Schweizerische Pflegekinder-Aktion**
  Den Kindern zuliebe

- **VMI**
  Nonprofit but Management - Die Brücke zwischen NPO-Praxis und Wissenschaft

Mission Statements können mit dem Namen der Organisation verbunden oder auch isoliert eingesetzt werden, z.B. am unteren Rand des Briefpapiers.

1.5.2.3 Positionierungskreuz

Mit der marketing-gerechten Formulierung des Namens, der verbalen Positionierung der Organisation und der Entwicklung von Mission Statements haben wir erste Schritte zur Positionierung der Organisation getan.

Wie einleitend erwähnt, müssen wir unter den Aspekten der Differenzierung und Segmentierung zu den folgenden Positionierungsdimensionen klärende Angaben machen:

- Selbstverständnis der Organisation
- Leistungsangebot
- Hauptkonkurrenten
- Hauptzielgruppen

Wir wollen die Spezifika unserer Organisation herausarbeiten in Bezug auf:
- das Selbstverständnis der Organisation. Was zeichnet uns speziell aus?
- das **Leistungsangebot** und seine besonderen Stärken. Was macht das Leistungsprogramm einmalig?
- die **Konkurrenz**, unsere Stärken gegenüber der Konkurrenz. Was **unterscheidet** uns von der Konkurrenz?
- die Fragen: Wer sind unsere **Zielgruppen**? Wie sollen uns die wesentlichen **Zielgruppen wahrnehmen**?

Die Inhalte zu diesen vier Dimensionen sollten als Ganzes logisch und harmonisch wirken, es dürfen zwischen den einzelnen Punkten keine Widersprüche entstehen. Die Inhalte können in Form einer Liste dargestellt werden. Damit in einer Marketing-Gruppe die Wichtigkeit der vier Positionierungsdimensionen offenkundig wird, **komprimieren** wir die **Ergebnisse** der Diskussion jeweils im sogenannten **Positionierungskreuz**, das uns die prägnanten und prägenden Eigenschaften einer Organisation rasch und visuell unterstützt erkennen lässt (dieses Positionierungskreuz hat nichts mit den bei der Produktpositionierung verwendeten Achsen für die Gestaltung einer Positionierungslandschaft zu tun; vgl. Abschnitt "Leistungspositionierung" in Kapitel V, 6.).

Die Darstellung in der Form des Positionierungskreuzes hat sich insbesondere bei Vergleichen bewährt: Man kann so die Charakteristika von Schwesterorganisationen herausarbeiten, um beispielsweise auf dem Spendenmarkt profilierter auftreten zu können. Auch der Unterschied zwischen einer CI- und COOPI-Positionierung lässt sich auf diese Weise gut darstellen (s. Abb. 35 und Abb. 36).

1.5.3 Die Mehrfachpositionierung

Bei grossen NPO kann es sinnvoll sein, die Gesamtpositionierung durch die **Positionierung von Teileinheiten** der Organisation zu **ergänzen**. Dies ist insbesondere dann empfehlenswert, wenn die Organisation auf **zwei getrennten**, völlig anderen **Märkten agiert**, d.h. wenn zwei praktisch unabhängige Austauschsysteme existieren.

Abbildung 34: Positionierungskreuz am Beispiel der Schweizerischen Pflegekinder-Aktion (SPA) (FMM, S. 221, Abb. 66)

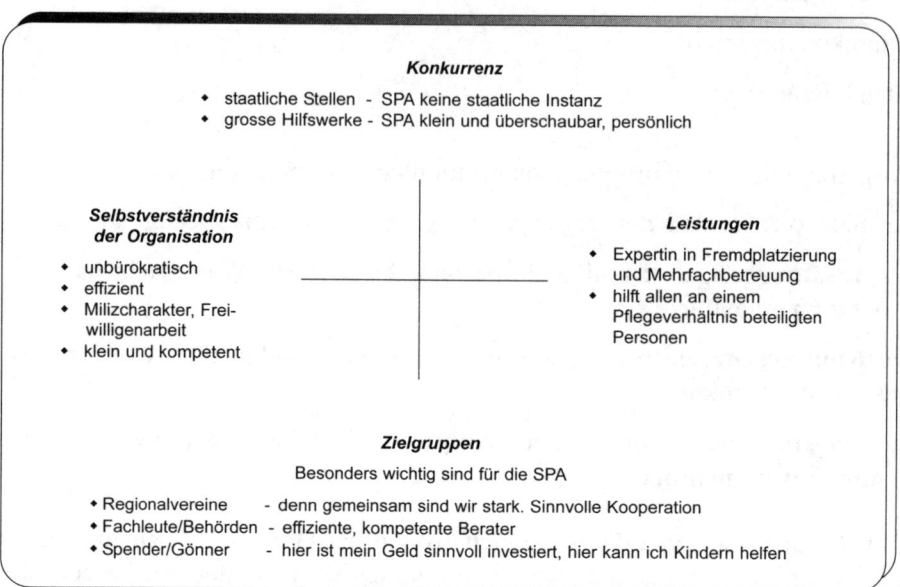

Ein erstes Beispiel bieten Stiftungen für behinderte Menschen, die sowohl Wohnheime wie Werkstätten führen (z.B. die Stiftung Brändi Luzern). Die Organisationen sind einerseits im **Sozialmarkt** tätig (Betreuung von Behinderten, Austauschbeziehungen zu Angehörigen, staatlichen Fürsorgestellen, staatlichen Versicherungen etc.), andererseits agieren sie auf **Wirtschaftsmärkten**, indem die Werkstätten ihre Produkte/Leistungen auf freien Märkten anbieten. Die Gesamtpositionierung muss beide Märkte abdecken.

Mission Statement für Gesamtpositionierung: Stiftung Brändi baut Brücken zwischen Menschen mit und ohne Behinderung.

Die Positionierung gewinnt natürlich an Prägnanz, wenn die Organisation in Bezug auf einen Teilmarkt spezifisch positioniert werden kann. Die folgenden Protokollauszüge zeigen, wie man sich im praktischen Fall der Dreifach-Positionierung genähert hat.

Positionierungsgrundlagen Stiftung Brändi Luzern für den Wirtschaftsmarkt

- Auf den Wirtschaftsmärkten agieren wir bereits in Form von konkurrenz- und leistungsfähigen Werkstätten. Die gute Ausgangslage gilt es mit Marketing-Massnahmen zu stärken.

Gesamtpositionierung der Organisation/Corporate Identity (CI)/Cooperative Identity (COOPI)

> - Wir wollen klarmachen, dass wir und die in der Stiftung Brändi integrierten Menschen mit Behinderungen Leistungen erbringen.
>
> **Positionierungsgrundlagen Stiftung Brändi Luzern für den Sozialmarkt**
>
> Die zweite Positionierung der Stiftung Brändi muss auf den Sozialmärkten geschehen. Die sich für die Zukunft abzeichnenden zusätzlichen Aufgaben (Zunahme der psychisch Behinderten, Notwendigkeit von Altersheimen für behinderte Mitmenschen etc.) bedingen nicht nur ein Überdenken des bisherigen Leistungsspektrums (z.B. wollen und können wir ältere Menschen mit Behinderung betreuen, wenn diese zu Pflegefällen werden?), sondern auch eine Abklärung alternativer Finanzierungsformen.
>
> Wir müssen unseren Leistungen eine bessere Gestalt geben: Der Grossteil unserer Einnahmen wird für soziale Dienstleistungen ausgegeben. Der Öffentlichkeit muss erklärt werden, was das ist und wie Gelder bei uns eingesetzt werden. Die Gesellschaft ist dankbar, wenn ihr Probleme abgenommen werden; deshalb wollen wir die Botschaft "Wir lösen Probleme, die die Gesellschaft anderweitig nicht lösen kann/will" kommunikativ nutzen.
>
> **Beispiele Mission Statements Stiftung Brändi**
>
> - **Gesamtorganisation**:
>   **Brändi** baut Brücken zwischen Menschen mit und ohne Behinderung.
>
> - **Wirtschaftsmärkte**:
>   **Brändi** – Ihr Outsourcing-Partner.
>   Kalkulieren Sie knapp. Rechnen Sie mit uns. – Stiftung **Brändi**.
>
> - **Sozialmärkte**:
>   Stiftung **Brändi**. Wir lösen Probleme, die die Gesellschaft anderweitig nicht lösen kann.

Ein weiteres Beispiel für die Mehrfachpositionierung sind die deutschen und die österreichischen Handels- oder Wirtschaftskammern. Diese Organisationen sind in drei grossen Bereichen tätig.

> **Das "magische Dreieck" der Wirtschaftskammer-Aufgaben**
>
> **1. Koordinierungsleistungen (Wirtschaftsverwaltung)**
> - Hoheitliche Aufgaben: Prüfwesen, Urkunden
> - Überwachungsaufgaben: Sonderverkäufe, Vergleichsverfahren
> - Vorgerichtliche Schlichtung

Marketing-Problem:
- "Staatsentlastung" wird oft als "Kammerbelastung" wahrgenommen.

2. **Ökonomisierungsleistungen (Dienstleistungen)**
   - Wirtschaftsförderungsinstitut
   - Gemeinschaftswerbung
   - Berufsbildung

Marketing-Problem:
- Zum Teil Kollektivgütercharakter, privatwirtschaftliche "Service Awareness" (Dienstbereitschaft) muss wahrgenommen werden.

3. **Vertretungsleistungen (Interessenvertretung)**
   - Konsensfindung **innerhalb** der Wirtschaft
   - Vorschläge für die Politik
   - Regionale Orientierung, regionale Meinungsführerschaft n Wirtschaftsfragen
   - Zugang zu verwaltungsinternen Entscheidungsstellen
   - Ausgewogene Interessenvertretung als Gegensatz zu den durch Verbände vertretenen Partikularinteressen

Marketing-Problem:
- Laufende Kommunikation an die Mitglieder

Diese Aufgabenbereiche sind sehr unterschiedlich und die adressierten Märkte klar unterscheidbar. Deshalb lohnt es sich auch hier, eine spezifische Positionierung pro Teilbereich festzulegen.

Beispiel Mission Statements Wirtschaftskammern

- **Gesamtorganisation**
  Wirtschaftskammer: Die Brücke zwischen Wirtschaft, Staat und Gesellschaft

- **Teilpositionierung**: 1. **Wirtschaftsverwaltung**
  Wirtschaftskammer: Selbstverwaltung der Wirtschaft statt staatliche Bürokratie

- **Teilpositionierung**: 2. **Ökonomisierungsleistungen**
  Wirtschaftsförderungsinstitut: **Der** Anbieter für berufliche Aus- und Weiterbildung

- **Teilpositionierung**: 3. **Interessenvertretung**
  Wirtschaftskammer: **Die** Interessenvertretung der Wirtschaft

1.5.4 Umsetzung der Positionierung auf CI/COOPI

1.5.4.1 Corporate Identity (CI)

Der Begriff "Corporate Identity" taucht in der europäischen Wirtschaftspresse zu Beginn der 1980er Jahre auf. Der **Identitätsbegriff** ist der **Psychologie** und der **Soziologie entlehnt**. Jeder Mensch entwickelt, ob bewusst oder unbewusst, eine Identität und passt diese im Verlauf des Lebens immer wieder den neuen Gegebenheiten an.

Unter **Identität einer Persönlichkeit** versteht man die **wahrnehmbaren Merkmale**, die in ihrer Summe jeden Menschen als einmaliges Subjekt vom anderen unterscheidet. Identität macht fassbar, begreifbar (vgl. Identitätskarte).

> "Identity is fundamental to museums. It is the key to thinking about them. Identity is the end product" (Mc Lean 1998, S. 20).

Die Sozialpsychologen setzen neben die persönliche Identität die Gruppenidentität als klar unterscheidbares Merkmal einer Gruppe von Menschen. Unter **Gruppenidentität** versteht man die **Wesensmerkmale einer Gruppe, die mehr oder weniger konstant bleiben**, auch wenn die Gruppenmitglieder variieren. Obwohl jedes Mitglied seine persönliche Identität bewahrt, übernimmt es doch auch Teile der Gruppenidentität. Um die Gruppenidentität zu stabilisieren, empfehlen die Sozialpsychologen die Einhaltung einiger Grundprinzipien (Levita 1966).

Eine Gruppenidentität entsteht:

1. durch eine gewisse Variationsbreite der **Regeln und Standards**
2. durch **Selektivität bei der Aufnahme** von neuen Mitgliedern, d.h. wer nicht "passt", bleibt ausgeschlossen
3. durch **Übertragung der eigenen Ideologie** auf die neuen Mitglieder, durch Schulung, Motivation etc.
4. durch **Symbole und Riten**

Auch grössere **soziale Gebilde wie Unternehmungen und NPO** haben eine persönliche Identität, die sich aus der **sozialen Identität** (Organisation als Sozialgebilde, Grösse, Anzahl Mitarbeiter etc.) und der **Gruppenidentität (Wir-Gefühl) zusammensetzt**. Die Identität einer Organisation manifestiert sich in einem spezifischen Selbstverständnis, das diese Gruppe von anderen unterscheidet (von Kodolitsch-Jonas 1997, S. 12). Gerade im NPO-Bereich gibt es eine Vielzahl von Organisationen mit einer ausgeprägten Identität. Aber schliesslich hat **jede Organisation ihre eigene Identität**, sei diese nun bewusst geplant, einheitlich in allen Manifestationen, unverwechselbar, oder aber rein zufällig, unklar und verwechselbar.

> Wir definieren:
>
> Unter Organisationsidentität oder **Corporate Identity** (CI) verstehen wir die charakteristische Merkmale aufweisende reale Erscheinung einer Organisation, die sich aus der **Gesamtheit aller wahrnehmbaren Manifestationen** dieser Organisation ergibt.

Die aktive Gestaltung der CI fusst auf folgenden drei Elementen:

1. Corporate Design (CD)

Alle **gestalterischen Massnahmen** bei **tangiblen Objekten**, vom Signet, von der Hausfarbe über die Drucksachenerzeugnisse bis zu den Gebäuden. Die Gesamtidentität soll durch Symbole verdichtet wahrgenommen werden. Denn in einer reizüberfluteten Welt werden optische Markierungen zu einem Erkennungszeichen. Sie geben Sicherheit, beziehen Standpunkt. Durch die Konsequenz und Kontinuität, mit der man Botschaften und Leistungen signiert, formt sich die Vorstellung unserer Austauschpartner (Belz 1998, S. 51).

2. Corporate Communications (CC)

Corporate Communications sind **strategisch geplante Kommunikationsmassnahmen** mit dem Ziel, die Einstellung der Umwelt gegenüber der eigenen Organisation zu beeinflussen und/oder zu verändern.

"Strategisch" will heissen, dass CC eine übergeordnete und gleichzeitig eine ordnende Funktion haben. CC umschliessen sämtliche Kommunikationsmassnahmen einer Organisation, die nach Möglichkeit synergetisch wirken sollen. Die Integra-tion der Kommunikationsmassnahmen muss so gestaltet sein, dass eine wahrnehmbare Klammer vorhanden (Esch 1997, S. 8), aber dennoch eine zielgruppen-spezifische Ansprache möglich ist. Deshalb müssen in jeder Kommunikations-massnahme Positionierungselemente kommuniziert werden.

CC bestehen aus den folgenden Elementen:

CC - MIX		
PR	Corporate Advertising (Werbung für die NPO)	Produkt- und Dienstleistungswerbung
	Fundraising-Kommunikation	

a) **PR**

Public Relations verstehen sich als aktiver Dialog mit verschiedenen Publika. Man versucht, eine kontinuierliche Beziehung mit verschiedenen Teilen der Umwelt aufzubauen, meistens über **nicht bezahlte** Medienbotschaften, wie redaktionelle Beiträge in Zeitschriften und Zeitungen, Radio, TV etc. (vgl. Kapitel VI, 5.).

b) **Corporate Advertising**

Corporate Advertising (oder Werbung für eine Organisation) ist die Vorstellung der Organisation und ihrer Leistungsfähigkeit, bezogen auf den Wettbewerb oder die Abnehmer/Klienten oder die weitere Umwelt, unter Einsatz von **bezahlten** Medien (Inserate, TV-Spots). Im Gegensatz zum PR-Bereich können hier Zeitpunkt, Media, Inhalte und Tonalität selber gestaltet und bestimmt werden. In der Praxis wird häufig von Image-Werbung (im Gegensatz zur Produktwerbung) gesprochen.

c) **Produkt-/Dienstleistungswerbung**

Produkt- oder Dienstleistungswerbung ist an sich ein Teilinstrument des Marketing-Mix. Sie versucht, über bezahlte Medien den Absatz der angebotenen Leistungen zu fördern.

Jedes **Produkt** hat neben der Gebrauchsfunktion auch eine **Kommunikationsfunktion**, indem es allein durch seine Existenz gewisse Informationsinhalte kommuniziert, unter anderem auch die **Herkunftsinformation**. Damit wird auch etwas über die Anbieterorganisation ausgesagt. Dasselbe gilt für die **Dienstleistungswerbung**. Aus diesem Grunde gehören Produkt- und Dienstleistungswerbung ebenfalls zum CC-Mix, denn diese Werbemassnahmen dürfen nicht gegen die übergeordneten kommunikationspolitischen Grundsätze verstossen.

d) **Fundraising-Kommunikation**

Die Spendenwerbung vermittelt immer auch Informationen über die Spendenorganisation und ist damit ein Teil der CC (vgl. Kapitel VI, 2. "Fundraising").

3. Corporate Behavior (CB)

NPO sind Dienstleistungsorganisationen. Die Leistungserbringung erfolgt durch die Mitarbeitenden. **Dienstleistungsprozesse** bedingen meistens auch interaktive Prozesse zwischen Dienstleistungsanbieter und Dienstleistungsnehmer. Die Art und Weise der Dienstleistungserstellung beeinflusst die wahrgenommene Identität der Organisation (Bühler 1999).

Neben den Hauptprozessen der Dienstleistungserstellung gibt es auch wesentliche **Unterstützungsprozesse** (Telefonservice, Besucherempfang etc.), welche die Wahrnehmung des Dienstleistungsnehmers beeinflussen.

Die CI als bewusst geschaffene Identität einer Organisation sollte nicht im luftleeren Raum entwickelt werden. Sie fusst einerseits auf den in Leitbild/Verbandspolitik niedergelegten Grundsätzen (gewünschtes Selbstverständnis) und den in der gelebten Organisationskultur tatsächlich zum Ausdruck kommenden Identitätsmerkmalen. CI soll die Organisationskultur erkennbar machen, was gleichzeitig voraussetzt, dass mögliche Diskrepanzen zwischen Organisationskultur und NPO-Politik minimiert werden.

1.5.4.2 Cooperative Identity (COOPI)

Organisationen profilieren sich gegenüber verschiedenen Zielgruppen mit unterschiedlichen Identitätsmerkmalen (z.B. gegenüber Mitgliedern und Nichtmitgliedern), was nach einer analogen Anpassung der Kommunikationsmassnahmen ruft.

In der Unternehmung stehen für die CI-Positionierung die Kunden, die Absatzmärkte im Vordergrund. Eine optimale Positionierung im Absatzbereich wirkt sich auch positiv auf die Positionierung gegenüber anderen Bezugsgruppen aus.

In der NPO haben wir

- keine so dominante Austauschbeziehung wie die unternehmerische Absatzbeziehung und
- deshalb mehrere für die Positionierung ähnlich relevante Bezugsgruppen.

Mitgliedschaftlich strukturierte NPO wie Verbände sind Kooperationen: Die Verbandsmitglieder delegieren die Lösung gewisser Aufgaben an den Verband. Die kollektive Erfüllung dieser Aufgaben lässt eine kollektive (Teil-)Identität der Mitglieder entstehen. Deshalb unterscheiden wir in mitgliedschaftlich organisierten NPO neben der bei allen Sozialgebilden vorhandenen CI noch die verbandstypische Kooperationsidentität (COOPI).

Unter **COOPI** verstehen wir **diejenigen Identitätsmerkmale** einer Organisation, die sich **aus den kooperativen Manifestationen** der Organisation **und** ihrer **Mitglieder** ergeben.

Beispiele:
- Was haben die Mitglieder gemeinsam?
- Was eint die Kooperationspartner?
- Interpretation des genossenschaftlichen Förderauftrages
- Wir-Bewusstsein der Mitglieder
- Was vereint die Spender/Träger einer Wohlfahrtsinstitution?

Viele Menschen bilden einen Teil ihrer persönlichen Identität durch die Zugehörigkeit zu einer NPO. Ähnlich wie bei der CI kommen für die Gestaltung der COOPI folgende Elemente in Frage:

1. Cooperative Design (CD)

In den gestalterischen Manifestationen wird der Kooperationsgedanke in den Vordergrund gestellt.

Beispiel:

In der Gemeinschaftswerbung der Schweizerischen Privatversicherer werden die **Logos** der **Mitgliederfirmen** abgebildet.

2. Cooperative Communications (CC)

Die Kommunikationsmassnahmen beziehen sich auf Inhalte der Kooperationsidentität: Wie soll die Kooperation von der Umwelt wahrgenommen werden?

Beispiele:
- Gemeinschaftswerbung der Schweizer Bierbrauer für **Schweizer** Bier
- Deutsche Agrarwerbung mit dem Slogan: "Agrarprodukte aus **deutschen** Landen"

3. Cooperative Behavior (CB)

Hier tritt das gesamtverbandliche Verhalten in den Vordergrund, das kooperative Verhalten der einzelnen Mitglieder beeinflusst die wahrgenommene Kooperationsidentität.

Beispiele:
- Die Mitglieder einer Gewerkschaft nehmen an einer Kundgebung teil.
- Die Malerbetriebe halten sich an die Entsorgungsvorschriften des Verbandes.

Überblick über das Freiburger Marketing-Konzept für NPO

Abbildung 35: Positionierungskreuz des Audio Hi Fi Fachhänder-Verbandes (CI-Positionierung: Verband als Organisation)

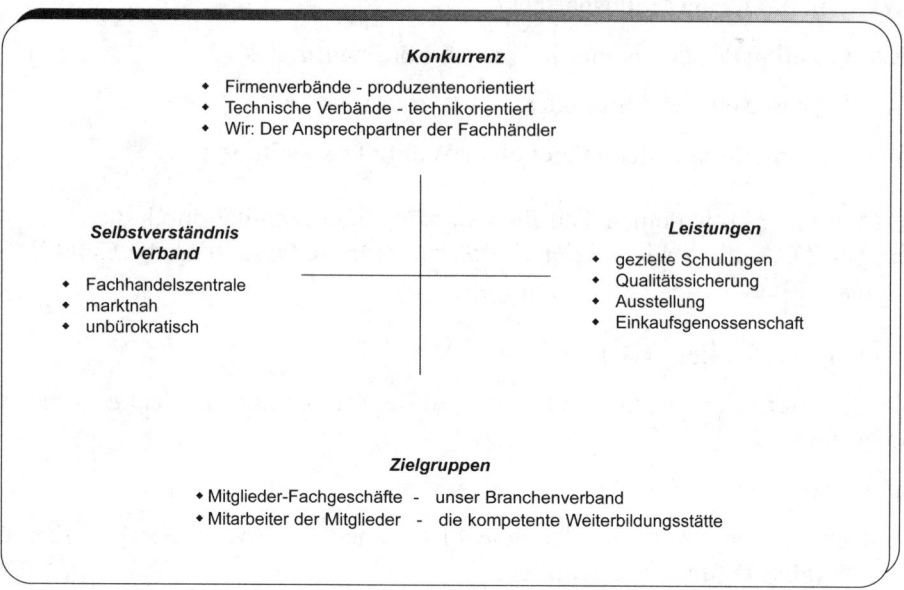

Abbildung 36: Positionierungskreuz des Audio Hi Fi Fachhänder-Verbandes (COOPI-Positionierung: Verband als Gemeinschaft der Mitgliederbetriebe)

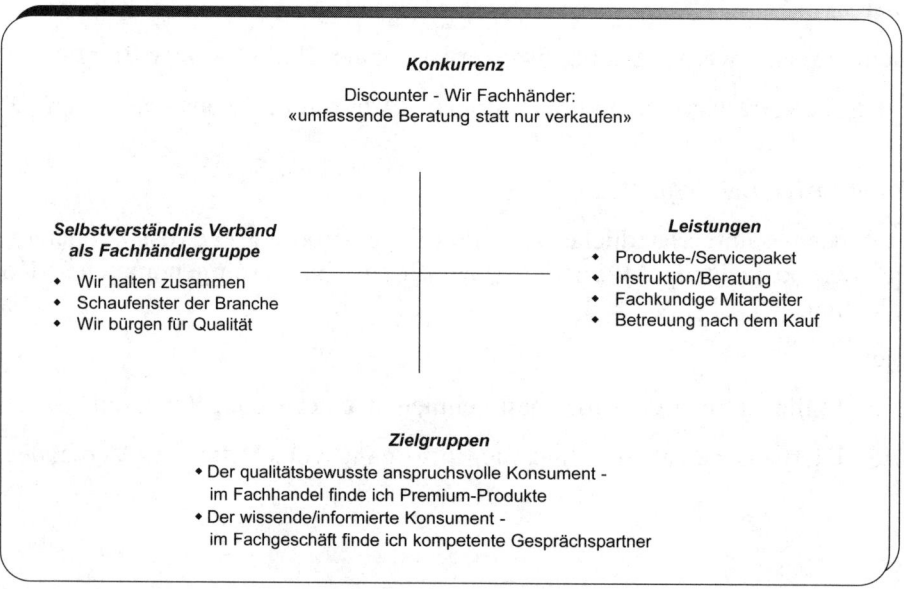

Es muss noch darauf hingewiesen werden, dass der **COOPI** auch eine **andere Positionierung** als die der CI zugrunde liegen kann. Das bereits vorgestellte Positionierungsbeispiel für einen Audio Hi Fi-Fachhändler-Verband (s. Abb. 35) zeigte die CI-Positionierung. Der Verband positioniert sich aus der Sicht der Mitglieder: Wie sollen die Mitglieder den Verband wahrnehmen? Anders nun die COOPI, deren Positionierung nachstehend der CI gegenübergestellt wird (s. Abb. 36).

Bei der COOPI-Positionierung wollen sich die Mitglieder, d.h. die Hi Fi-Fachhändler, als Kollektiv (Verband) gegenüber Discountern und andern Konkurrenten abgrenzen und versuchen sich deshalb im Markt als Gemeinschaft (kooperative Identität) durch klare Unterscheidungsmerkmale auf der Ebene unserer vier Positionierungsdimensionen zu profilieren (s. Abb. 36).

Die COOPI-Positionierung soll das **Kollektiv** der **Verbandsmitglieder** positionieren: Wie sollen die Mitglieder im Wettbewerb wahrgenommen werden?

Es ist einleuchtend, dass bei nicht mitgliedschaftlich strukturierten NPO bzw. bei Drittleistungs-NPO in Vereinsform die COOPI nicht (wie z.B. bei einer Stiftung) oder nur schwach (wie z.B. bei einem Hilfswerk) wahrnehmbar ist. Natürlich soll jede karitative NPO auf eine möglichst grosse Identifikation der Spender hinwirken, damit eine möglichst tragfähige Spender-/Gönnerbeziehung entsteht. Dies ist nur auf einer soliden Vertrauensbasis möglich, und deshalb müssen wir den Spendenden positive Identifikationsmöglichkeiten bieten. Trotzdem ist diese Art von COOPI nicht vergleichbar mit derjenigen, die auf einer echten Mitgliedschaft mit Stimmrecht, Wahlrecht und weiteren Partizipationsmöglichkeiten beruht.

1.5.4.3 Abstimmung zwischen CI und COOPI

In jeder Kooperation sind die CI (die Identität der Kooperation als Gebilde) und die COOPI (Kooperation als Gemeinschaft der Mitglieder) zu definieren und festzulegen. Je nach Situation

- tritt die eine oder andere Identität in den Vordergrund,
- sind die beiden Identitäten deckungsgleich,
- gestaltet man zielgruppenspezifisch die CI und/oder die COOPI.

Aussenbereich	Innenbereich	Aussenbereich
Input-Beziehungen		Output-Beziehungen
Beschaffungsmarketing Dritte, Umwelt	Marketing in NPO NPO-Mitglied ↓	Leistungsabgabe- Marketing Dritte, Umwelt
CI/**COOPI**	CI/**COOPI**	CI/**COOPI**

Generell stehen für die Leistungen im **Innenbereich** die **CI und die COOPI,** für jene im **Aussenbereich** verstärkt die **COOPI** im Vordergrund ("Wir Metallarbeiter" / "150'000 Angehörige der Branche X" / "Werde Mitglied – wir sind eine starke Gruppe").

Die Mitglieder einer Organisation können die durch die Mitgliedschaft entstandene kooperative Identität mit der Identität (CI) ihrer eigenen Organisation verbinden. So findet sich beispielsweise auf dem Briefpapier von Handwerksbetrieben das entsprechende Verbandssignet mit dem Hinweis "Mitglied des Verbandes des Schweizerischen Spenglermeister- und Installateur-Verbandes (SSIV)".

Ein Verband mit ausgeprägter COOPI ist der Schweizerische Carosserie-Verband (VSCI). Praktisch sämtliche Mitglieder verwenden das vom Verband definierte Erscheinungsbild für ihre Werkstätten und ihre Drucksachen.

Je nach der Wahrnehmung der COOPI durch die Mitglieder wird die Verbandsmitgliedschaft als positiver (VSCI, SSIV) oder negativer Verstärker der eigenen Identität empfunden. Beim Schweizerischen Maler- und Gipsermeisterverband wurde die Idee eines gemeinsamen Auftrittes von den Mitgliedern verworfen, weil "gute" Firmen eine Image-Verwässerung durch "schlechte" Firmen befürchteten.

1.5.4.4 Zusammenhang zwischen Organisationsstruktur und CI in mehrstufigen NPO

Die Gestaltung der drei CI-Elemente Design, Kommunikation und Verhalten ist in komplexen, mehrgliedrigen (mit angegliederten, rechtlich selbständigen Betrieben) und mehrstufigen (mit Basisgruppen) Organisationen bedeutend schwieriger als in kleinen, überschaubaren Organisationen. Hier unterscheiden sich NPO auch wesentlich von Unternehmungen, deren Aufbaustruktur durch die strenge Hierarchisierung leichter erfass- und kommunizierbar ist.

Gesamtpositionierung der Organisation/Corporate Identity (CI)/Cooperative Identity (COOPI)

Die Realisierung einer prägnanten CI/COOPI ist auf die arbeitsteilige Abstützung aller Organisationseinheiten angewiesen. Dies erfordert ein Organisations-/Strukturkonzept, das eine sinnvolle Aufgabenverteilung zwischen den Stufen und Teilen der Organisation ermöglicht, um ein erwünschtes Verhalten, den koordinierten "Auftritt mit Profil" der Gesamtorganisation zu erreichen. CI/COOPI-Massnahmen müssen deshalb gemeinsam (d.h. durch das Haupt und die Glieder) erarbeitet werden.

Folgende **Massnahmen/Mittel** sind bei **mehrgliedrigen** und **mehrstufigen NPO** für eine erfolgreiche Realisierung von CI Voraussetzung:

1. **Übergeordnete Führungsinstrumente** als Leitplanken
   - Leitbild
   - NPO-Politik

2. Gemeinsame, **verbindende Konzepte**
   - Organisations- und Strukturkonzept
   - Mitgliedschaftskonzept
   - Marketing-Konzept unter Einschluss von:
     - CI/COOPI-Konzept
     - Dienstleistungskonzept
     - PR-Konzept
   - Gemeinsame Aussenpolitik

3. **Strukturverkoppelung** in mehrstufigen NPO
   - Satzungen nach Möglichkeit vereinheitlichen und abstimmen
   - Kooperative Organisationseinheiten:
     - Präsidentengremium
     - Geschäftsführerkonferenzen
   - Marketing-/CI/COOPI-Ausschuss auf allen Ebenen verankert

4. **Personelle Verkoppelung** in mehrgliedrigen NPO
   - z.B. Verbandsvorstand gleichzeitig Verwaltungs-/Aufsichtsrat von GmbH
   - gleiche Geschäftsführung

1.5.4.5 Erstellen eines CI/COOPI-Konzeptes

Es erweist sich in der Praxis als zweckmässig, die Gestaltung von CI/COOPI systematisch anzugehen und in einem Konzept (als Teilkonzept im Rahmen des Marketing-Konzeptes) die Grundsätze zu definieren. Im Folgenden stellen wir detaillierte Überlegungen zu diesen Gestaltungsaufgaben an.

1. Analyse der bisherigen CI/COOPI-Gestaltungselemente

Für die Gestaltung der drei Elemente der CI/COOPI (Design, Communications, Behavior) soll vorerst der IST-Zustand erfasst und daraus das SOLL-Profil abgeleitet werden.

a) CI/COOPI Design (CD)

Darunter fallen die gestalterischen Massnahmen für alle tangiblen Objekte, vom Briefpapier bis zum Gebäude. Es wird eine Identitätsvermittlung durch Symbole angestrebt (vgl. Checkliste "Profil CI/COOPI Design", Abb. 37).

b) CI/COOPI Communications (CC)

Unter dieses Element fallen alle Kommunikationsmassnahmen, die zur Bildung der CI und der COOPI beitragen. Da es kein Medium gibt, das für alle Zielgruppen gleich optimal geeignet ist, lohnt es sich, die verschiedenen Zielgruppen in einer Matrix mit den in Frage kommenden oder zur Verfügung stehenden Kommunikationsinstrumenten in Beziehung zu setzen (vgl. Checkliste "Matrix zur CI-Kommunikation", Abb. 38).

Liste einiger Kommunikationsmittel (auf Layout, Typographie, Farben, Bilder, Lesbarkeit etc. achten), die in die Analyse einzubeziehen sind:

- Jahresbericht
- Pressebericht
- Hauszeitschrift
- Fachzeitschriften
- Rundschreiben
- Merkblätter
- Veranstaltungsprogramme
- Gemeinschaftswerbekampagnen
- Personalanzeigen

c) Corporate und Cooperative Behavior (CB)

Dazu gehören alle die Identität fördernden Verhaltensweisen im Bereich der Zentralorganisation (Corporate Behavior) und der Gesamtorganisation/Mitglieder (Cooperative Behavior).

Gesamtpositionierung der Organisation/Corporate Identity (CI)/Cooperative Identity (COOPI)

Abbildung 37: Checkliste: Profil CI/COOPI Design

Kriterium	- 3	- 2	- 1	+ 1	+ 2	+ 3
Wird CI/COOPI symbolisiert?						
Ist Kompetenz der Organisation erkennbar?						
Haben die CI/COOPI-Design-Massnahmen Profil?						
Besteht ein zielgerichteter Zusammenhang?						
Identifikationsmöglichkeit für Mitglieder						
Identifikationsmöglichkeit für Mitarbeiter						
Konzernorganisation/regionale Gruppen						
Gestaltung: unverwechselbar						
Autokommunikative Inhalte						
Passt für alle Medien						
Praxisgerecht (Logistik)						
Schwarz/weiss oder farbig						
Leicht realisierbar						
Name der Organisation: Verständlichkeit, Identifizierbarkeit						
Zeichen, Symbole, Signete: Gehalt, Manifestation von Wesensmerkmalen						
Farben, Haus-Farben, Verbandsfarben						
Typographie: unterstützt Message-Interpretation der verbalen Botschaft						
Text CI: entspricht dem Sprachstil unserer Identität						
Slogan als Ergänzung zur Graphik						
Geschäftsdrucksachen, Einheitlichkeit						
Beschilderung						
Arbeitskleider etc.						
Gebäude, Architektur						
Inneneinrichtung						
Empfang						
Konferenzräume						

Abbildung 38: Checkliste: Matrix für die CI/COOPI-Kommunikation

Zielgruppen	Vorhandenes Image	Profil der CI/COOPI	Corporate Communications			Cooperative Communications		
			PR^1	CA^2	$DL\text{-}W^3$	PR	$COOPA^4$	
							GW^5	IW^6
Andere Verbände								
Oberverband, Unterverband								
Nachbarverbände								
Pressure Groups								
Verbandsmitglieder								
Nichtmitglieder								
Mitarbeiter der Mitgliedsorganisationen								
Verbandsmitarbeiter								
Absatzmärkte der Mitglieder								
Beschaffungsmärkte der Mitglieder								
Finanzumwelt (des Verbandes oder der Mitglieder) • Banken • Versicherungen								
Allgemeine Öffentlichkeit								
Presse • regional • national • international								
Politische Sphäre • Gemeinde/Stadt • Kantone/Bundesland • Bund • Internationale Gremien								
Ausbildung • Schulen • Universitäten etc.								

1) PR = Public Relations
2) CA = Corporate Advertising
3) DL-W = Dienstleistungswerbung
4) COOPA = Cooperative Advertising
5) GW = Gemeinschaftswerbung (Produkte)
6) IW = Imagewerbung (image- oder kontextbezogen)

- **Corporate Behavior**

Identitätsbewusste Gestaltung sämtlicher Dienstleistungsprozesse. Dies ist bei der Marketing-Planung (Einsatz der Marketing-Instrumente) zu berücksichtigen. Weiter sind auch unterstützende Prozesse/Massnahmen identitätsgerecht zu gestalten, wie:

- Besucherempfang
- Begrüssung, Telefonverhalten
- Kleidungsnormen
- Sitzungsrituale
- Fit-in-Programme für neue Mitarbeitende
- Parkplatzordnung

usw.

- **Cooperative Behavior**

Auch für das kooperative Verhalten lassen sich identitätsfördernde Verhaltensweisen steuern, z.B.:

- Rituale an der Jahresversammlung
- Rituale an der Delegiertenversammlung
- Rituale bei Wahlen
- Rituale bei Collective Bargaining (vgl. Kapitel VI, 7.)
- Mitgliederidentifikation
- wahrnehmbare Verhaltensweisen der Mitglieder

2. Gestaltung der CI/COOPI

Mit der Gestaltung der CI/COOPI wollen wir "Ordnung" in die Erscheinung und das Verhalten der Organisation bringen, und zwar eine die Kompetenz der Organisation widerspiegelnde Ordnung. Aus den Positionierungselementen und aus der Analyse der gegenwärtigen CI/COOPI ergeben sich direkt die Handlungsvorgaben.

Die CI-Gestaltung bezieht sich auf die drei bekannten Elemente:

- Corporate und Cooperative Design
- Corporate und Cooperative Communications
- Corporate und Cooperative Behavior

a) Corporate und Cooperative Design (CD)

Hier ist zu bewirken und sicherzustellen, dass möglichst **alle Designelemente** die **Positionierung stützen** und **glaubwürdig visualisieren**. Weitere Vorgaben ergeben sich aus der Checkliste CI/COOPI Design (s. Abb. 37).

Ein wesentliches Element im CD ist das **Logo** einer Organisation. Der Name, der Schriftzug sollen durch ein Bild oder durch bildhafte Elemente verstärkt werden (die im Kapitel "Kommunikation" gemachten Ausführungen sind auch bei der Gestaltung von Logos zu berücksichtigen, vgl. Kapitel V, 7.3). Das Logo soll die **Positionierung widerspiegeln**, die Organisation muss quasi in verdichteter Form kommuniziert werden. Folgender Kriterienkatalog mag für die Beurteilung eines Logos hilfreich sein. Ein Logo soll

- Aufmerksamkeit wecken
- verständlich wirken
- einen Namen, Begriff oder eine Nutzenerwartung vermitteln
- die Positionierung kommunizieren
- emotional ansprechen
- einprägsam, unterhaltsam, merkbar sein
- ästhetisch "stimmen"
- harmonisch, einladend wirken
- Logik in der Variation und den Anwendungsmöglichkeiten aufweisen
- tauglich für verschiedene Medien sein

Kroeber-Riel (1993, S. 198) warnt vor abstrakten Bildzeichen, denn diese werden im Vergleich zu konkreten, assoziationsreichen Bildern schlechter aufgenommen und im Gedächtnis behalten (vgl. Kapitel V, 7.3). Marken und Logos sollten deshalb folgende Bedingungen erfüllen:

- **Zugriffsfähigkeit:** Das benutzte Bild muss schnell erlernbar oder schon gut gelernt sein und sich (bei Bedarf) leicht im Gedächtnis einstellen.
- **Assoziierbarkeit:** Das Bild sollte in einer möglichst formalen oder inhaltlichen Beziehung zum Firmen- oder Markennamen stehen. Dazu können auch Merkformeln benutzt werden.
- **Unterscheidbarkeit:** Das Bild muss sich durch visuelle Eigenschaften von anderen häufig verwendeten Bildern abheben.
- **Umkehrbarkeit:** Die assoziative Verknüpfung muss so sein, dass den Benutzern zum Bild der sprachliche Ausdruck (Name) einfällt und umgekehrt.

Eine amerikanische Studie von Henderson/Cote (1998, S. 18) nennt folgende Kriterien für ein gutes Logo:

- **Correct recognition**
  Eine **richtige Wahrnehmung** soll gewährleistet sein.

- **Remind consumer of the company name (recall)**
  Die Zielgruppe soll sich an den **Namen** der Organisation erinnern.

- **Positive affective reactions**
  Das Logo soll **affektive** Gefühle, **Reaktionen** hervorrufen.

- **Should evoke the same intended meaning across people** (stimulus codability)
  Das Logo soll bei der Zielgruppe dieselben **gewünschten Bedeutungsinhalte** hervorrufen.

- **Subjective familiarity**
  Das Logo soll sofort **Vertrautheit** schaffen, auch wenn es vorher nie gesehen wurde.

Obwohl bis jetzt praktisch keine Hinweise existieren, wie Design-Charakteristika die genannten Kriterien erfüllen helfen sollen, vermerken Henderson/Cote, dass die experimentelle Ästhetik nachgewiesen hat, dass ästhetische Bewertungen der Mitglieder/Zugehörigen einer Bevölkerungsgruppe sehr nahe beieinander liegen. Deshalb sollte die Diskussion in einer repräsentativ zusammengesetzten Projektgruppe auf der Basis der nachfolgend vorgestellten Kriterienkataloge zur Beurteilung von Logos zu einem guten Ergebnis führen.

Für die eigentlichen **Design-Dimensionen** erwähnen Handerson/Cote folgende Punkte:

- **Natural**
  Das Logo soll **repräsentativ** und organisch natürlich sein.

- **Harmony**
  Dies bedeutet **Symmetrie** und **Ausgewogenheit**, "from a Gestalt perspective".

- **Elaborate**
  Hier sollen Komplexität, **Aktivierungsfähigkeit** und eventuell Tiefenwirkung berücksichtigt sein.

- Weiter wird die Verwendung von Parallelität, runden Formen, **guten Proportionen** unter Einbezug **repetitiver Elemente** als positiv genannt.

Die im Beitrag Henderson/Cote (1998, S. 25) vorgestellten Beispiele lassen allerdings vermuten, dass US Design viel konservativer als europäisches Design daherkommt und dass das Geschmacksempfinden, wie oben erwähnt, stark kulturell gebunden ist.

Trotzdem ist auch in Europa ein Trend zu mehr Emotionalität bei den Logos festzustellen (s. Abb. 39 bis 42). Man versucht, von der traditionellen "Abstraktions-Grafik" wegzukommen.

Eine Analyse der Logos ähnlicher Organisationen (s. Abb. 41) ergab eine Vielzahl von grafischen Abwandlungen des für diesen Verband naheliegenden (Tannen-)Baum-Sujets. Die Vorgabe für den Designer, den Wald nicht nur als Holzlieferant, sondern auch als Freizeitgelände, Erholungsraum zu positionieren (man ist auf die Sympathie vieler Ansprechgruppen angewiesen), führte zu einer unkonventionellen, emotional aktivierenden Lösung.

Abbildung 39: Das Logo der Friendly Hotels

Das folgende Beispiel zeigt den im Waldwirtschaftsverband Schweiz vorgenommenen Logo-Wechsel.

Abbildung 40: Das Logo Forstwirtschaftliche Zentralstelle der Schweiz

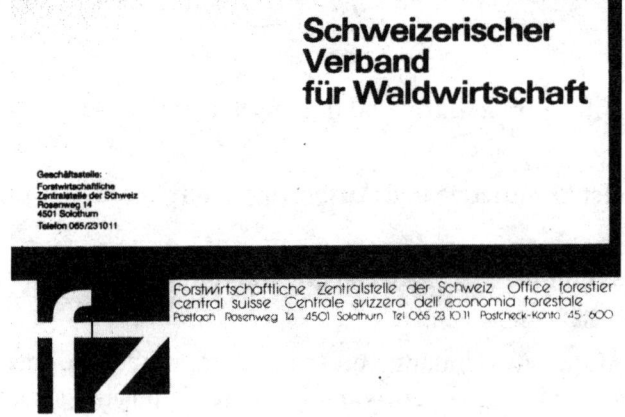

Das Logo bezog sich früher auf die Geschäftsstelle des Verbandes (Forstwirtschaftliche Zentralstelle), ein eigentliches Logo fehlte.

Der Wald mit Schattenwurf als lebendiger Organismus, bewohnt von Tieren (Tiere werden immer positiv assoziiert), ergibt eine sehr eigenständige Lösung, die von allen Kreisen auch gut aufgenommen wird (s. Abb. 42).

Weitere visuelle Bausteine sind (vgl. Belz 1998, S. 54):

- Das **Schriftprogramm**
  Dazu gehören: die Wahl der verwendeten Schriften und ihre Grössen, ebenso verschiedene Möglichkeiten, einen Text zu gliedern, zu ordnen und auszuzeichnen. Dies erlaubt ein eindeutiges Schriftbild und macht gleichzeitig jede schriftliche Mitteilung zu einer visuellen Aussage.

Gesamtpositionierung der Organisation/Corporate Identity (CI)/Cooperative Identity (COOPI)

Abbildung 41: Verschiedene Logos mit Bäumen

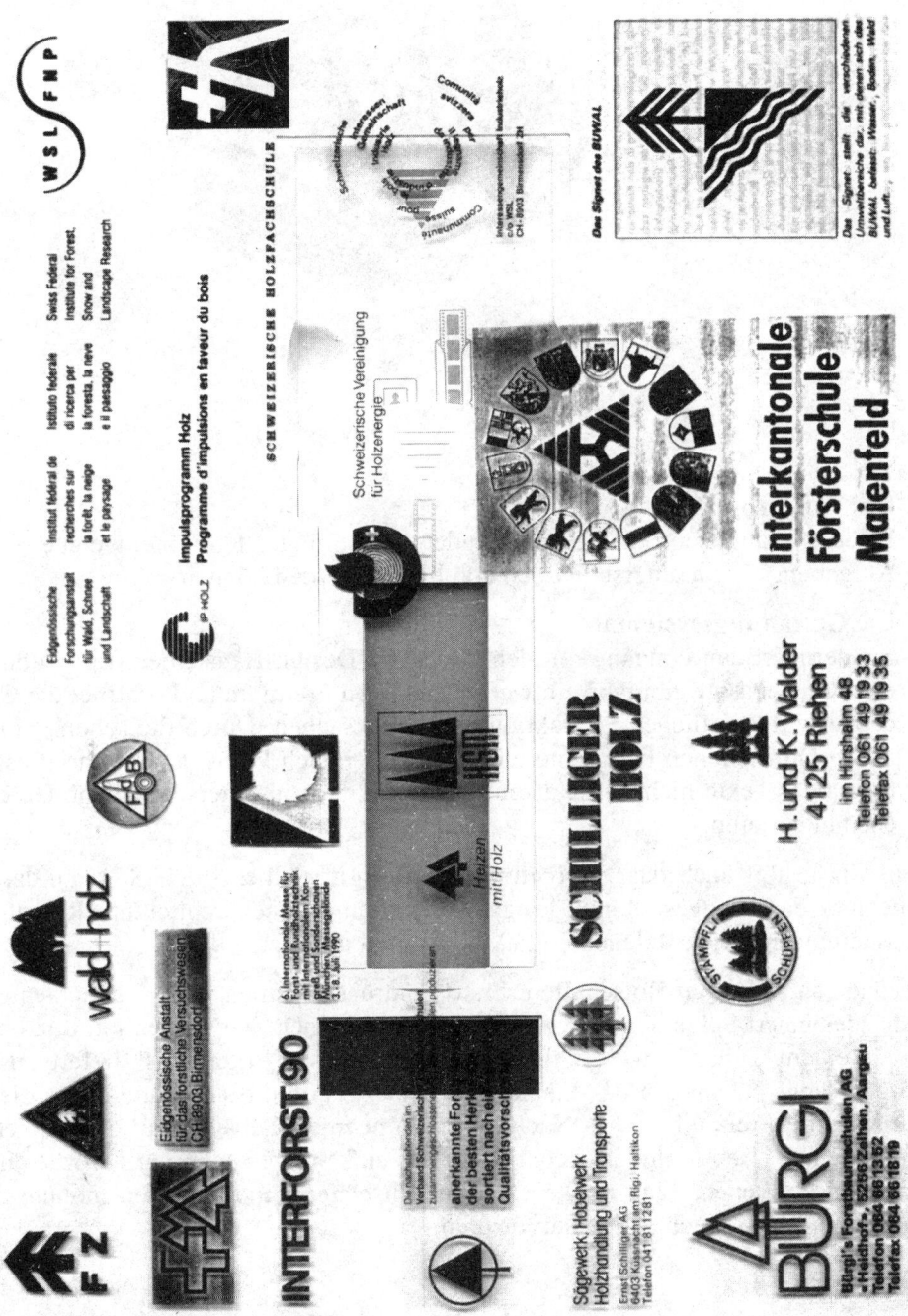

Abbildung 42: Logo Waldwirtschaft Verband Schweiz

- Das **Farbprogramm**
  Es besteht aus einer Palette aufeinander abgestimmter Farbtöne, welche je nach Aufgabenstellung unterschiedlich kombiniert werden können.

- Die **Gestaltungssystematik**
  Sie definiert den Umgang mit den Corporate Design-Bausteinen. Ein modularer Gestaltungsraster gibt dem Entwerfer kreativen Freiraum und eröffnet die Chance zur wirtschaftlichen Produktion von Drucksachen. Durch die schon vorgegebenen Dimensionen und Rasterteilungen lassen sich Fotos, technische Illustrationen oder Texte mehrfach nutzen und problemlos in unterschiedliche Drucksachen integrieren.

Zum CD gehört auch das **Environmental Design** (Felber 1984, S. 121), das Architektur, Fassadengestaltung, Eingangsgestaltung, Innenarchitektur, Raumfolge, Ausstattungsmaterial, Beleuchtung, Arbeitsmittel umfasst.

Gebäude signalisieren Botschaften. Erste Eindrücke werden beim Betrachten eines Gebäudes innert Sekunden vom Körper wahrgenommen, wir spüren intuitiv, ob wir uns in einem Gebäude wohlfühlen oder nicht. Diese "Erkenntnis" liefert uns der Körper, lange bevor uns das Gehirn mit seiner Vernunftssteuerung dafür die Erklärung gibt (Freimuth 1990). Nach Freimuth nehmen Gebäude mit einer ihnen eigentümlichen "Beredsamkeit" Kontakt zu uns auf. Sie versuchen uns wortlos in ihren Bann zu ziehen. Man denke etwa an den ersten Eindruck, den monumentale Bauten bei den Betrachtenden hervorrufen.

Ein zweiter Eindruck entsteht beim Erreichen des Portals, der Türe. Hier wird die Grenze zwischen Innen- und Aussenwelt (Schnittstelle) zelebriert. Die so in Szene-gesetzten Objekte sind eine Ansammlung von Botschaften an jene, die hereinkommen.

Nach dem Eintreten gelangt der Besucher in einen Raum, eine Eingangshalle, ein Vorzimmer etc., eine Art Schleuse zwischen dem eigentlichen Innern des Gebäudes und der Aussenwelt. Gross dimensionierte Hallen, grosszügige Treppenhäuser verweisen auf die Bedeutung der Institution.

Auch das Betreten eines Raumes lässt beim Besucher sofort eine Vielfalt von Verhaltensweisen entstehen, die durch mannigfaltige Signale induziert werden. Die Bauweise und die Anordnung der Möbel rufen Verhaltenserwartungen hervor und setzen Normen, die mit traumwandlerischer Sicherheit auch aufgenommen werden, ohne dass darüber Worte ausgetauscht werden müssen.

Die "**Aneignung**" eines Gebäudes oder **Raumes** ist also ein **sprachloser Kommunikationsprozess**, indem der Sender die programmierte Prägungsfähigkeit des eintretenden Empfängers ausnutzt, um "Eindruck" zu machen.

Für diese Zusammenhänge fehlt in vielen NPO das Verständnis. Insbesondere karitative Organisationen glauben, man müsse einen ärmlichen, bescheidenen Eindruck vermitteln. Es geht hier aber nicht um ein Plädoyer für teure Einrichtung, sondern um die Idee eines "stimmigen" Ambientes, das die Dynamik der Organisation verkörpert. Eine stimmige Einrichtung hat auch Rückwirkungen auf das Arbeitsklima und die Produktivität der Mitarbeitenden.

b) **Corporate und Cooperative Communications (CC)**

Sämtliche Kommunikationsmittel sind in Bezug auf **autokommunikative Inhalte** zu untersuchen. Was sagen wir über die Organisation aus? Wird die Positionierung der Organisation gestärkt? Entsprechen die Kommunikationsmittel dem erwünschten Erscheinungsbild? Entspricht der Inhalt den Leitbildaussagen, den Marketing-Zielen usw.?

Ergänzende Aussagen werden in Kapitel V, 7.3 (Kommunikation) folgen.

c) **Corporate und Cooperative Behavior (CB)**

CB ist die am **schwierigsten zu beeinflussende Massnahme**, da Verhaltensänderungen bei Menschen nur langsam zu erreichen sind.

CB beinhaltet die in sich schlüssige und widerspruchsfreie Ausrichtung aller Verhaltensweisen (Meffert 2000, S. 708) der **Mitarbeitenden untereinander** und in ihren **Beziehungen** zu den **Austauschpartnern**.

Intern: Das Individual-, Gruppen- und Organisations-Verhalten

Extern: Das Verhalten der Organisation in Bezug auf ihre Austauschpartner

Das tatsächliche, konkret überprüfbare und sichtbare Verhalten sämtlicher Mitarbeiter beeinflusst das Vertrauen zwischen der Organisation und den Austauschpartnern wesentlich.

- **Individualverhalten**
  - Schaffung einer möglichst guten **Homogenität der Wertvorstellungen** und Einstellungen der Mitarbeiter als Grundlage für die Bindung zur Organisation
  - Das Individuum sollte sich mit den **Organisationszielen identifizieren** können (Personalauswahl)
  - Fördern des CB-Verhaltens durch Anreize, Freiräume, **Entfaltungsmöglichkeiten**, Partizipation am Entscheidungsprozess
  - **Vorleben** der CB durch das Management

- **Gruppenverhalten**
  - Förderung der Bildung "**sinnvoller**" Gruppen
  - Kooperatives Führungsverhalten, **klare Ziele** sollten der Gruppe Erfolgserlebnisse verschaffen
  - **Kommunikative Führung** des Management durch Visualisierung und Demonstration der gemeinsamen Werte und Normen der Organisation
  - Förderung einer **offenen Konflikteinstellung** und Kommunikationskompetenz der Organisationsmitglieder
  - "Management by **wandering around**" sowie eine Politik der offenen Tür zur Verstärkung der Identifikation mit der Organisation

Ein positiv gelebtes Führungsverhalten geht mit der Zeit in den Erfahrungsschatz der Betroffenen und Beteiligten ein, damit wird CB über die Habitualisierung internalisiert.

Die Implementierung von CB kann nur erfolgreich sein, wenn die Organisation über sinnvolle Strukturen und effiziente Führungsinstrumente verfügt. Dazu gehören sowohl ein mitarbeiterbezogener Führungsstil wie auch die konsequente Durchsetzung von Führung durch Zielsetzung auf allen Stufen der Organisationshierarchie.

Bei der internen Organisation sind folgende Punkte zu beachten:

- Verflachung der Organisationspyramide (Bildung von selbstverantwortlichen Einheiten)
- Kundenorientierte Organisation der Dienstleistungsprozesse

- Zeitgemässes Leistungs- und Belohnungssystem
- Pflege einer funktionalen Informationsstruktur sowie Förderung des horizontalen und vertikalen Informationsflusses

Im CB werden **Elemente der Organisationskultur** manifest und **habitualisiert**, es ergibt sich eine ganz bestimmte Art des Umganges mit und unter den Mitarbeitenden. Mit CB kann eine Integration in Handlungsbereichen erzielt werden, die der formalen Organisation verschlossen sind.

CB manifestiert sich auch ganz stark im Verhalten der Organisationsmitglieder gegenüber den Austauschpartnern. Da NPO ausgeprägte Dienstleistungsanbieter sind, zeichnen die Mitarbeiter als aktive Promotoren im Dienstleistungs-Erstellungsprozess direkt für die Qualität der Dienstleistung verantwortlich (s. Abb. 43).

In CI-Konzepten bildet CB **meistens den Engpass** (s. Abb. 44). Corporate Design und Corporate Communications können relativ leicht zugekauft werden. CB impliziert in der Regel Verhaltensänderungen und Lernprozesse, die nur langsam ablaufen. CB ist daher schwieriger und nur mit einem höheren **persönlichen Einsatz der involvierten Mitarbeiter** zu realisieren. Aber CD- und CC-Massnahmen wirken für sich allein schnell "angeklebt", wenn sie nicht durch ein komplementäres CB ergänzt werden. Alle Gestaltungs- und Verhaltensmassnahmen sollen deshalb eine möglichst gute Übereinstimmung zwischen der Organisationsidentität und dem Image der Organisation bewirken.

3. Wirkungen der CI/COOPI

Dass ein CI/COOPI-Konzept einen sinnvollen Baustein im Marketing-Konzept einer NPO darstellt, dürfte einleuchten, denn jede Organisation hat eine Identität. Es ist sicher vorteilhafter, diese planend und zielgerichtet zu gestalten, als sie einfach dem Zufall zu überlassen.

Empirische Untersuchungen über die Wirkung von CI-Massnahmen in NPO bestehen keine. Im unternehmerischen Bereich spricht man von Wirkungen nach innen (Wir-Gefühl, Erleichterung der Identifikationsmöglichkeit) und nach aussen (die Organisation wird fassbar). Gesamthaft senkt ein erhöhtes Vertrauen in die Organisation die Transaktionskosten und reduziert Komplikationen in den Umweltbeziehungen. Wenn jemand eine Organisation als positiv wahrnimmt, wird auch das Kooperationsverhalten in einem Dienstleistungs-Erstellungsprozess verbessert, was wiederum die erbrachte Dienstleistung als positiv erleben lässt. Rein quantitativ lassen sich solche Wirkungen praktisch nicht erfassen.

Abbildung 43: Der Einfluss des Corporate Behavior im Rahmen eines Dienstleistungs-Erstellungsprozesses

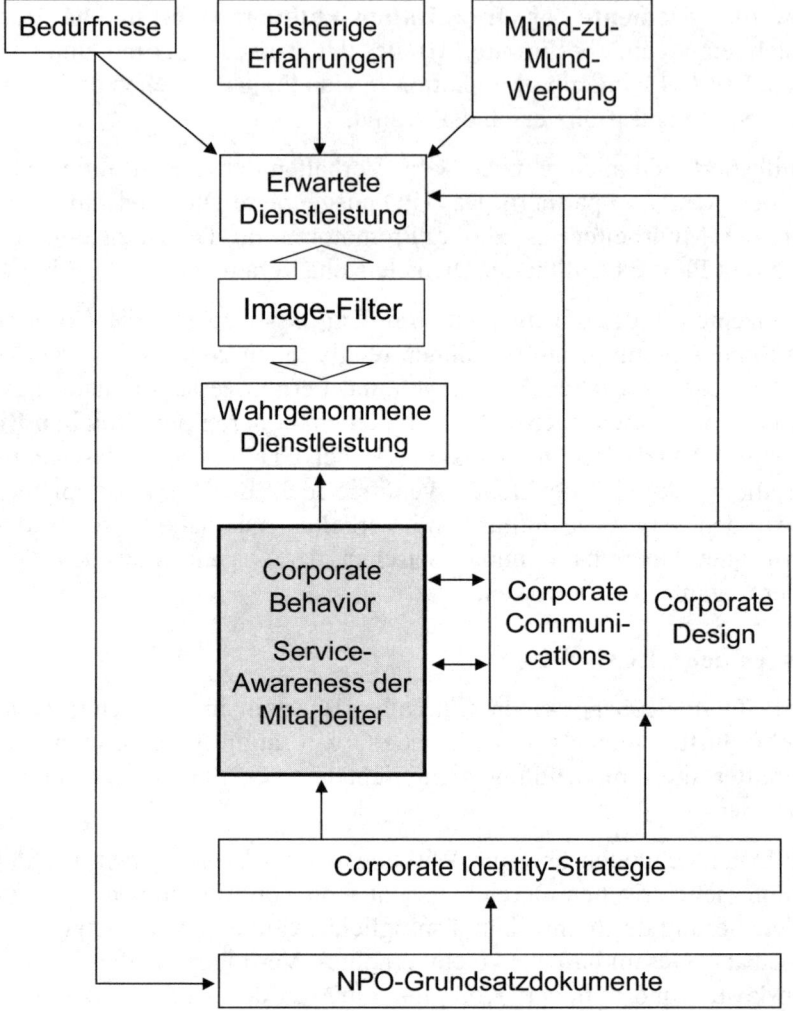

Abbildung 44: Schwierigkeitsgrad, Realisierbarkeit und Commitment bei der Implementierung von CI-Massnahmen (Suckrow 1992, S. 182)

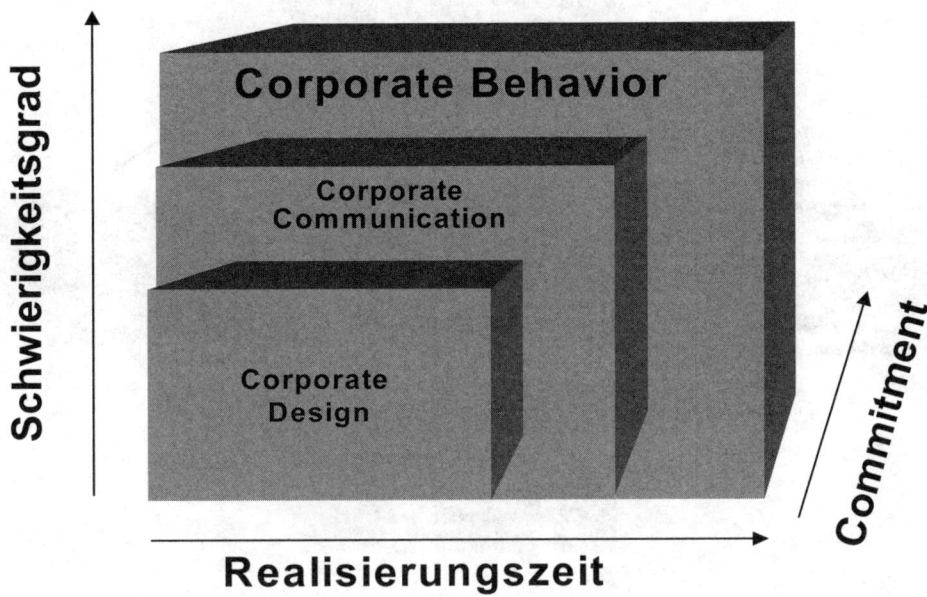

In Abbildung 45 wird die Vernetzung zwischen den Führungsinstrumenten als "festgelegte Elemente", der Organisationskultur als "weiche Elemente" und der CI/COOPI als "Ausdruckselemente" dargestellt. Diese drei Bausteine prägen die Identität der Mitarbeitenden/Mitglieder einer NPO und bewirken bei den Austauschpartnern ein Image über die NPO.

Eine sorgfältig geplante Positionierung/CI-Strategie ist einem "Laisser-faire" vorzuziehen, denn **NPO** sind auf den **Goodwill** der **Austauschpartner** angewiesen. Zudem muss eine geplante CI nicht teurer sein als eine ungeplante. Die Erfahrung zeigt, dass mit der Einführung eines CI-Konzeptes oft ein Wildwuchs von Formularen, Broschüren etc. eliminiert werden kann. Zudem wird allein durch den ablaufenden Prozess die gesamte Organisation identitäts- und damit marketing-bewusster. Die in der Positionierung/CI/COOPI fixierten Grundhaltungen und organisationsbezogenen Kernaussagen unterstützen das Management bei der Durchführung im Zeitablauf konsistenter Marketing-Aktivitäten (Meffert 1990, S. 819).

Abbildung 45: Vernetzung zwischen Organisationskultur, Führungssystem und Corporate Identity (vgl. auch Fringer 1994)

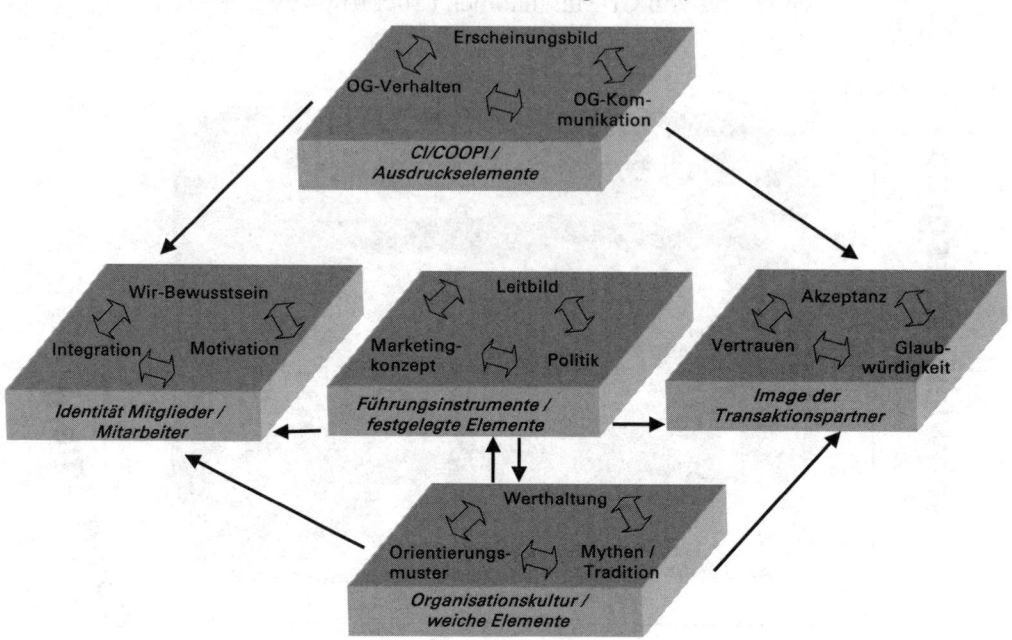

1.6 Festlegen der Marketing-Einsatzbereiche

1.6.1 Beschaffungs- und Leistungsabgabe-Marketing

Ausgehend von den bisherigen Schritten wird nach unserer Checkliste nun festgelegt, in welchen Bereichen wir Marketing planmässig einsetzen, d.h. zu welchen Austauschpartnern wir "Marketing-Brücken" schlagen. Dies ist neben der Gesamtpositionierung der zentrale Teil des Marketing-Konzeptes.

Die Abbildung 46 ("Marketing-Einsatzbereiche") zeigt, dass wir zahlreiche Einsatzmöglichkeiten für Marketing haben, nämlich im Innen- und im Aussenbereich, jeweils gegliedert nach Beschaffungs- oder Leistungsabgabe-Marketing. Der Aufstellung liegt ebenfalls das Input-/Output-Modell zugrunde, und sie folgt dem unter Punkt 1 dargestellten System der Austauschprozesse. Die Abbildung macht auch deutlich, dass wir im NPO-Marketing drei grosse Einsatzfelder für das Marketing haben, nämlich das **Leistungsabgabe-Marketing** und das **Beschaffungsmarketing** als die wichtigen Brücken zur Transaktionsumwelt im Aussenbereich, und als dritten wichtigen Bereich das **Marketing innerhalb der NPO** im Innenbereich, das ein wichtiges Spezifikum des NPO-Marketing darstellt.

Abbildung 46: Die Marketing-Einsatzbereiche im NPO-Marketing

Marketing-Einsatzbereiche			Marketing-Bereich
Aussenbereich	Innenbereich	Aussenbereich	
Inputbeziehung		Outputbeziehung	Beziehung
Beschaffung von Dritten, Umfeld	Marketing in der NPO, NPO-Mitglied	Leistungsabgabe an Dritte, Umfeld	Zielgruppe
CI / COOPI	CI / COOPI	CI / COOPI	Einsatz CI/COOPI
Beschaffungsmarketing		Leistungsabgabe-Marketing	Marketing-Art

Beschaffungsmarketing:

Mitglieder-Marketing
- Neue Mitglieder
- Freiwillige Helfer
- Ehrenamtliche

Mitgliederaktivierung
- Informationen
- Beiträge
- Mitarbeit

Finanz-Marketing
- Subventionen
- Fundraising

Kooperationen
- Mit Dachverband
- Mit ähnlichen Verbänden
- Mit Lieferanten der Mitglieder

Einkauf
- Einkaufskooperationen

Personal

Leistungsabgabe-Marketing:

Eigen-Marketing
- Internes Marketing
- Personal
- Milizer
- Mitgliederpflege
- Freiwillige
- Marketing-Transfer
- Koordinationsleistungen
- Stand-by Lobbying
- Intraorganizational Bargaining

Interessenvertretung
- Beziehung zur Öffentlichkeit (Public Relations)
- Social Marketing
- Beziehungen zum politischen System
- Interorganizational Bargaining

Dienstleistungsmarketing
Produkte- und Güter-Marketing

Marketing als Auftragsdurchführung
- Kooperative Kommunikation
  - Produkte/Labels
  - Einstellungs- und Verhaltensänderungen
  - Mitgliedschaften/Berufe
  - Branchen/Regionen
- Verbandsmarketing

Die Abbildung 46 ist im Sinne einer Checkliste, einer Übersicht zu verstehen, die der einzelnen Organisation erlaubt, ihre Marketing-Einsatzbereiche systematisch zu bestimmen. Viele Organisationen sind nicht in allen hier dargestellten Marketing-Einsatzbereichen tätig. In dieser Tabelle sind auch alle in Kapitel II, 2.2 erwähnten NPO-Leistungen enthalten.

Es folgt eine Beschreibung der einzelnen Marketing-Einsatzbereiche. Eine vertiefte Auseinandersetzung mit den wichtigsten Einsatzbereichen findet sich in Kapitel VI.

Beginnen wir gemäss Abbildung 46 mit der Erläuterung des **Innenbereiches**.

1. Innenbereich

Dieser Teil befasst sich mit dem Marketing innerhalb der NPO, dem Management der Beziehungen zu den Mitgliedern, freiwilligen Helfern, Milizern und Unterverbänden (Sektionen etc.). Dabei gehen wir von Abbildung 21 aus und zählen die Beziehungen zu den Mitgliedern zum Innenbereich, in welchem Beschaffungs- und Leistungsabgabe-Aktivitäten anfallen und Eigen-Marketing zu betreiben ist.

a) Beschaffungsmarketing (Mitgliederaktivierung)

- Beschaffung von **Informationen** aus dem Mitgliederkreis:
  Die Beschaffung von Informationen bei den Mitgliedern sowie deren Erarbeitung und Weitergabe sind für viele Verbände wichtige Service-Funktionen (z.B. Herausgabe von Mitgliederstatistiken).

- Beschaffung von **Finanzmitteln/Beiträgen** aus dem Mitgliederkreis:
  Hier geht es um allgemeine Mitgliederbeiträge oder Finanzmittel für spezifische Aktionen (zweckgebundene Sonderbeiträge/-umlagen).

- Beschaffung von Mitarbeit:
  - **Milizer**: Ehrenamtliche **Führungskräfte**
    Das Wesen der NPO erfordert die Mitarbeit von Mitgliedern/Gewählten in Organen, Kommissionen, Ausschüssen etc.
  - **Freiwillige** Helfer, ehrenamtlich Mitarbeitende auf der ausführenden Ebene

b) Leistungsabgabe-Marketing

Zu diesem Bereich gehören das Eigen- und das Dienstleistungs-(Produkte-) Marketing.

- **Eigen-Marketing**

Unter Eigen-Marketing verstehen wir Marketing-Aktivitäten im Innenbereich. Zum einen geht es darum, die im Marketing entwickelten Methoden, Aktivitäten und Verhaltensweisen NPO-intern zum Tragen zu bringen (Internes Marketing und Marketing-Transfer in sämtliche Glieder der NPO). Zum andern sind Marketing-Kommunikationstechniken einzusetzen, um die Mitglieder, Mitarbeitenden und freiwilligen Helfer für die NPO zu erhalten und das marketingorientierte Verhalten aller Organisationsmitglieder zu fördern.

Da NPO komplex aufgebaute Dienstleistungsbetriebe mit zum Teil geringer Kohäsion sind, braucht es dauernde Anstrengungen auf allen Ebenen, um mit dem System wettbewerbsfähig zu bleiben. Folgende Einsatzbereiche gehören zum Eigen-Marketing:

- **Internes Marketing**

Wie wir unter Kapitel I, 2.3, Punkt 1 ausgeführt haben, bedeutet Internes Marketing die bewusste **Verhaltensbeeinflussung der Mitarbeitenden** einer Organisation, um deren **Dienstleistungskompetenz** zu erhöhen. Die im erwähnten Abschnitt gemachten Ausführungen sind auch im NPO-Bereich zu berücksichtigen. NPO sind dem Charakter nach Dienstleistungsorganisationen. Die Förderung der Dienstleistungsbereitschaft aller Mitarbeitenden muss ein wesentliches Anliegen des Internen Marketing sein. Internes Marketing wird dadurch zum unerlässlichen Bestandteil des Qualitäts-Management. Strukturen, Prozesse und persönliches Verhalten haben sich konsequent an den Mitglieder-/Klientenbedürfnissen auszurichten, wobei der Dienstleistungsvollzug und seine organisatorischen Rahmenbedingungen gleichzeitig die Zufriedenheit der Mitarbeitenden "stimulieren" sollen.

Weiter müssen in den NPO die **Milizer**, d.h. die Mitglieder mit Führungsfunktionen (z.B. Vorstandsmitglieder, Ausschussmitglieder etc.) gepflegt, betreut und ausgebildet werden, um das reibungslose Funktionieren der Organisation zu gewährleisten.

Zum Bereich des Internen Marketing gehören auch die **freiwilligen Helfer**. Die Freiwilligenarbeit ist ein wesentliches Standbein für viele NPO.

Aber selbst die **Mitglieder** müssen so gepflegt werden, dass sie vom Nutzen der NPO überzeugt bleiben. Mitglieder sind Träger einer NPO. Wie beim Kunden-Marketing ist es viel aufwendiger, ein neues Mitglied zu gewinnen, als bisherige Mitglieder zu behalten. Es ist deshalb eine systematische Mitgliederkommunikation aufzubauen. Weitere Hinweise zur Mitgliederpflege erfolgen in Kapitel VI, 3.2.

- **Marketing-Transfer (in mehrstufigen NPO)**

Marketing lässt sich in NPO nur dann erfolgreich realisieren, wenn alle Glieder mitwirken. Zentralverband, Landesverbände, Regionalverbände bis zum einzelnen Mitglied müssen zusammenarbeiten.

- **Koordinationsleistungen**

Unter Koordinationsleistungen wird die durch die NPO organisierte Koordination gewisser Tätigkeiten bei Mitgliedsbetrieben verstanden (z.B. Bereich internes Rechnungswesen, technische Normen, Prüfungsreglemente in Sportorganisationen, Kalkulationsgrundlagen usw.).

- **Stand-by-Lobbying**

Erfolgreiches Lobbying erfordert nicht nur ein permanentes Monitoring, sondern auch laufend einen Informationsaustausch mit der eigenen Basis (vgl. Kapitel VI, 6.4).

- **Intraorganizational Bargaining**

Voraussetzung für ein erfolgreiches Verhandeln zwischen zwei Verbänden ist eine Konsensfindung innerhalb der eigenen Gruppe. Dieses Intraorganizational Bargaining ist vom Interorganizational Bargaining (Verhandeln zwischen den Verbänden) abzugrenzen (vgl. Kapitel VI, 7.3).

- **Dienstleistungsmarketing**

Praktisch alle NPO bieten ihren Mitgliedern oder Klienten individuelle Dienstleistun-gen oder Produkte an.

Die **Bereitstellung von Dienstleistungen** für Mitglieder ist eine **Kernaufgabe** von Selbsthilfe-NPO. Die enge Mitgliederbeziehung ermöglicht es, sehr bedarfsgerechte Dienstleistungen zu entwickeln. Oft weisen NPO-Dienstleistungen Monopolcharakter auf (z.B. Betriebsvergleiche, Branchenstatistik).

Dienstleistungen können zu Marktpreisen oder zu höheren Preisen angeboten werden, um der Organisation möglichst viele Mittel einzubringen, die zum Beispiel für die Subventionierung von Kollektivgütern eingesetzt werden können. Umgekehrt kann man Dienstleistungen verbilligt anbieten, d.h. man subventioniert diese aus anderen Finanzmitteln. Beides wird als interne Subventionierung bezeichnet (weitere Ausführungen folgen in Kapitel VI, 4.).

- **Marketing als Auftragsdurchführung**

  Die NPO übernimmt Marketing-Aufgaben für ihre Mitglieder wie z.B. Werbeaufgaben (Kooperative Werbung). Hier sind heikle verbandsinterne Kooperations- und Abstimmungsprobleme zu lösen, bevor eine Werbekampagne realisiert werden kann.

2. Aussenbereich

Dieser Bereich behandelt die Marketing-Beziehungen zu Transaktionspartnern ausserhalb der NPO.

a) Beschaffungsmarketing

Unter das Beschaffungsmarketing subsumieren wir das Mitglieder-/Finanz-Marketing sowie das Marketing für Kooperationen, Einkauf und Personal.

- **Mitglieder, Milizer, freiwillige Helfer**

  Jede mitgliedschaftlich strukturierte NPO muss die **Mitgliederbasis** erhalten oder erweitern können, um das Überleben der Organisation zu sichern. Deshalb ist ein permanentes Mitglieder-Marketing eine Notwendigkeit. Neuzugänge müssen allein schon die natürlichen Abgänge ausgleichen. Bei gewissen Sportorganisationen beträgt die Fluktuation 30 % des Mitgliederbestandes pro Jahr. Weiter führen Strukturbereinigungen in der Branche, Fusionen, Unzufriedenheit etc. laufend zu Austritten. Deshalb ist eine kontinuierliche Neubeschaffung von Mitgliedern erforderlich. Für viele NPO bedeutet eine hohe Mitgliederzahl auch eine verstärkte Repräsentativität und/oder verstärkte Markt- und Verhandlungsmacht. Weitere Ausführungen enthält das Kapitel VI, 1.

  Bei nicht-Mitgliedschaftlichen NPO (Stiftungen) tritt die Rekrutierung von **Milizerinnen** und **Milizern** für die Organe an die Stelle der Mitgliedergewinnung. Aufgrund von Anforderungsprofilen sind Interessenten zu suchen und zur Übernahme eines Ehrenamtes und der damit verbundenen Führungsverantwortung zu überzeugen.

  Ebenso sind in sozialen NPO auf dem Markt **freiwillige Helfer** zu rekrutieren, wobei ähnliche Anreize mitspielen wie beim angestellten Personal, mit Ausnahme der Entlöhnung. Man spricht im Gegensatz zur Geldspende hier auch von Zeitspende, zu der Interessenten bewegt werden sollen (vgl. Kapitel VI, 1.3).

- **Finanz-Marketing**

  Die Beschaffung von finanziellen Mitteln hat in der NPO eine ganz unterschiedliche Bedeutung. Generell kann gesagt werden, dass sich **Wirtschaftsverbände** eher über **Mitgliederbeiträge** finanzieren, **karitative** und **soziokulturelle Organisationen** eher über **staatliche Mittel** und **Fundraising**, während bei **Personenverbänden Mitgliederbeiträge** und **Erlöse** aus Dienstleistungen im Vordergrund stehen.

  Staatliche Zuwendungen sind oft nur über hartes Lobbying für die Schaffung entsprechender Gesetze zu erreichen oder bedürfen, zum Beispiel für Projektfinanzierungen, intensiver Verhandlungen auf der Basis sachlicher Überzeugung. Im Bereich öffentlicher Finanzierung (Staat, Sozialversicherung) sind neue Entgeltsysteme im Aufbau begriffen. Im Zuge des New Public Management schliessen die NPO mit dem Staat Leistungsverträge ab, die durch Globalbudgets abgegolten werden. Dieser **Übergang** von der **Input-Steuerung** (Finanzierung von Ressourcen, Defizitausgleich) zur **Output-(**Leistungs-)**Steuerung** verlangt von der NPO eine beträchtliche Entwicklung in den Bereichen Qualitäts-Management und Controlling, um den Anforderungen der Finanzgeber gerecht werden zu können.

  Einen Marketing-Schwerpunkt bildet in **karitativen NPO** das **Fundraising**. Es geht darum, auf dem Spendenmarkt Mittel zu beschaffen. Das stark marketinggeprägte Thema "Fundraising" soll in Kapitel VI, 2. vertieft werden.

- **Kooperation/Einkauf/Personal**

  Die Suche nach **Kooperationspartnern** und das Eingehen von Kooperationen sind wichtige Aufgaben des NPO-Management. Insbesondere bei der Kollektivgüter-produktion ist die NPO meistens auf Partner angewiesen. Viele kleinere Verbände delegieren die Erstellung von Kollektivgütern an Oberverbände.

- **Einkauf**

  Der **Einkauf** von Material und Dienstleistungen sowie die Beschaffung von Personal sind nicht primär Marketing-Aufgaben. Die Auswahl des Personals in einer Dienstleistungsorganisation soll jedoch nach Marketing-Gesichtspunkten und Vorgaben (z.B. Anforderungsprofilen) erfolgen. Das **Personal-Marketing** stützt sich inhaltlich auf personal-wirtschaftliche Vorgaben wie Stellenbeschreibungen, Anforderungsprofile, Anstellungs- und Arbeitsbedingungen. Seine Aufgabe ist die kommunikative Umsetzung dieser Inhalte und die Vermittlung der dargestellten Positionierung der NPO gegenüber Interessenten auf dem Arbeitsmarkt. Ideelle Orientierung, Image und Zielsetzungen der NPO können dabei so attraktiv sein, dass Interessenten bereit sind, für eine "gute Sache" auch aufgrund von nicht-marktkonformen Angeboten eine Anstellung einzugehen.

b) Leistungsabgabe-Marketing

Hier unterscheiden wir drei Marketing-Teilbereiche: Interessenvertretung, Dienstleistungs-Marketing für Dritte und Marketing als Auftragsdurchführung.

- **Interessenvertretung**

  Interessenvertretungsaufgaben sind für alle NPO ein Kerngeschäft. Weil es sich hier um Kollektivgüter handelt, braucht es eine übergeordnete Instanz, welche die Interessen der einzelnen Mitglieder und Klienten artikulieren und als Gesamtinteresse verbindend formulieren und vertreten kann. Die Interessenvertretung manifestiert sich in drei Zielrichtungen:

  - **Beziehungen zur Öffentlichkeit**

    Ohne aktive Public Relations kommt kaum eine NPO aus, selbst wenn es sich um einen lokalen Verein oder eine kleinere Stiftung handelt. Auch diese sind auf den Goodwill ihres näheren Umfeldes angewiesen, müssen also ihr Image bewusst und systematisch pflegen.

    Öffentlichkeitsarbeit dient deshalb dem Erzielen von Akzeptanz für die NPO selber oder - denken wir an COOPI - für eine gesamte Branche, einen gesamten (Wohlfahrts-)"Konzern". Medienarbeit wird aber auch als flankierende Massnahme in Collective Bargaining-Prozessen oder zur Unterstützung von Lobbying-Aktionen eingesetzt und gehört in diesem Falle zum Marketing-Mix einer NPO. Ein prägnantes Beispiel dafür sind die Wahl- und Abstimmungskampagnen bei politischen (Volks-)Entscheiden.

    Wir behandeln das Marketing-Instrument "Public Relations" (PR) in Kapitel V, 7.3.3, Punkt 3 über die operative Marketing-Planung und PR als Marketing-Einsatzbereich unter Kapitel VI, 5.

  - **Social Marketing**

    Social Marketing bedeutet Marketing für "übergeordnete" Ideen. Die NPO setzt sich beispielsweise ein für "Nichtrauchen", "AIDS-Prophylaxe" usw., also für Ziele, die im Interesse der Allgemeinheit oder einer bestimmten Zielgruppe liegen. Medien- und Kommunikationsarbeit stehen dabei im Mittelpunkt. Mit ihrer Hilfe sollen Einstellungen (z.B. gegenüber Minderheiten) oder Verhaltensweisen (z.B. Respektierung von Geschwindigkeitsbegrenzungen) beeinflusst oder gar verändert werden. Rothschild (1999) empfiehlt Social Marketing als Ergänzung zu erzieherischen und gesetzlichen Massnahmen.

    Vielfach wird der Begriff "Social Marketing" zur Beschreibung der Marketing-Aktivitäten von sozialen Organisationen verwendet (z.B. Bruhn/Tilmes 1994) oder sogar im Sinne des hier verwendeten Oberbegriffes "NPO-Marke-ting" gebraucht. In unserem Konzept ist Social Marketing als ein möglicher Marketing-Einsatzbereich im Rahmen des NPO-Marketing zu betrachten.

- **Beziehungen zum politischen System (Lobbying)**

Viele NPO werden mit Lobbyismus in Verbindung gebracht. Tatsächlich sind NPO ein wesentliches Element im politischen System von modernen Demokratien. Auch hier handelt es sich um ein typisches Kollektivgut, welches das einzelne Mitglied nicht bereitstellen könnte. Parallel zu den Lobbying-Tätigkeiten sind ein Monitoringsystem und ein Beziehungsnetz aufzubauen (Stand-by-Lobbying).Weitere Ausführungen folgen in Kapitel VI, 7.

- **Interorganizational Bargaining**

Unter "Interorganizational Bargaining" versteht man das Verhandeln zwischen organisierten Gruppen, wie die Verhandlungen mit "Gegenverbänden", beispielsweise diejenigen zwischen Arbeitnehmern und Arbeitgebern. Dies ist eine zentrale Verbandsaufgabe. Durch gemeinsam erarbeitete Verträge werden verbindliche Normen und Regeln für das Verhalten der Partnerorganisationen und deren Mitglieder festgelegt. Solche Verträge werden auch zwischen Lieferantenverbänden und Abnehmerverbänden (z.B. Handwerk, Gewerbe) abgeschlossen.

Diese Bargaining-Prozesse werden von gegenseitigen Interessen getragen (z.B. Arbeitsfrieden, stabile Arbeitsbedingungen), wobei Druck- und Gegendruckmittel (Streiks, Aussperrungen) eingesetzt werden können (vgl. Kapitel VI, 7.).

- **Dienstleistungs- und Produkte-Marketing**

Marktfähige Dienstleistungen werden von Selbsthilfe-NPO je nach Politik auch an Nicht-Mitglieder, Dritte abgegeben. Meistens werden dafür Marktpreise, oft aber höhere Preise als für die Mitglieder verlangt. Nimmt das Dienstleistungsgeschäft grössere Ausmasse an, werden solche Sparten nicht selten von der NPO in eigenständige Tochtergesellschaften in der Rechtsform einer Aktiengesellschaft oder GmbH ausgegliedert. Dafür sprechen neben der Marktorientierung auch steuerliche Erfordernisse und Vorschriften (Deutschland). Zudem nimmt man dieses marktorientierte Angebot aus der demokratisch-politischen Steuerung durch Trägerschaftsorgane weitgehend heraus: Verbandliche Führungsorgane üben die Funktion eines Aufsichts-/Verwal-tungsrates aus.

In karitativen Organisationen werden Dienstleistungen **ohne Entgelt** für Bedürftige erbracht. Die Finanzierung erfolgt über Spendeneinnahmen, Subventionen und Leistungsentgelte (z.B. von Sozialversicherungen) und andere Zuschüsse. Bei Drittleistungs-NPO im Gesundheits- und Sozialbereich stellen die Dienstleistungen an Klienten (z.B. Betagte) den Zweck der Organisation dar. Diese werden durch offiziell ausgehandelte Tarifsysteme finanziert, welche Versicherungs- bzw. Staatsbeiträge festlegen.

Neben Dienstleistungen werden in NPO teilweise auch Produkte/Güter angeboten, z.B. Verkauf von Auto-Zubehör durch Automobil-Clubs, Verkauf von Honig und Gegenständen aus der Dritten Welt durch Hilfswerke etc. Hier gelten die Regeln des Produkt-Marketing. Weitere Ausführungen zum Dienstleistungsmarketing sind in Kapitel VI, 4. enthalten.

- **Marketing als Auftragsdurchführung**
  Wie erwähnt, übernimmt die NPO Marketing-Aufgaben für ihre Mitglieder, d.h. spezifische Marketing-Aufgaben werden von den Mitgliedern - insbesondere in Wirtschaftsverbänden - an die NPO delegiert.

  - **Kooperative Kommunikation**
    Die kooperative Kommunikation kann vielfältige Werbeobjekte beinhalten, wie
    - Produkte, Labels
    - Verhaltensänderungen
    - Branchen usw.

    Kooperative Kommunikation bedeutet das gleichzeitige Lösen eines Werbe- und eines Kooperationsproblems. Über diese Zusammenhänge informiert Kapitel VI, 8.

  - **Verbandsmarketing**
    Viele Verbände sind Träger einer Fachmesse und unterstützen damit ihre Mitglieder, oder Verbände leisten Marketing-Support für die Mitglieder (Bereitstellen von Prospekten), oder die NPO geht eine Marketing-Allianz mit einer Firma ein (Bank wirbt gemeinsam mit Unicef).

Auf der Ebene des Marketing-Konzeptes sind die Grundsätze und Richtlinien für die Erfüllung der Marketing-Aufgaben insgesamt festzulegen. Für die einmal festgelegten Einsatzbereiche ist je nach Grösse und Tätigkeitsspektrum der NPO dieses Marketing-Gesamtkonzept in einzelnen Teilkonzepten (z.B. für Eigen-Marketing, Fundraising, Dienstleistungen) zu konkretisieren. Auf jeden Fall sind zumindest die Ziele und Grundsätze, allenfalls Prioritäten für **die einzelnen Teilkonzepte** festzulegen, die als verbindende Grundlage für die Marketing-Teilkonzepte gelten, oder für die Marketing-Planung, wenn sich die NPO auf ein Marketing-Gesamtkonzept beschränkt. Die Konzepte sind anschliessend auf der Ebene der operativen und dispositiven Planung umzusetzen.

1.6.2 Portfolio-Analyse als Instrument zur Festlegung der Marketing-Einsatzbereiche

In der Betriebswirtschaftslehre hat im Bereich der strategischen Planung die Portfolio-Analyse verbreitet Akzeptanz gefunden (Kühn/Grünig 1998, S. 45). Diese wird in modifizierter Form auch in den NPO eingesetzt, weil sie ein praktisches Analyse- und Visualisierungsinstrument darstellt, das sich auch für NPO-(Miliz-)Gremien gut eignet (Roggo 1983, S. 167).

Die Portfolio-Technik kann im Rahmen einer Stärken-/Schwächen-Analyse verwendet werden, weiter als Grundlage für ein Organisations-Entwicklungskonzept oder bei der Erstellung eines Leitbildes/einer Verbandspolitik. Sie kann auch bei der Erarbeitung eines Marketing-Konzeptes als Teil der vorzunehmenden Analysen benützt werden, oder - wie hier vorgestellt - als Hilfsmittel zur Festlegung der Marketing-Einsatzbereiche.

Die Grundidee der Portfolio-Analyse wurde in Analogie zum Wertschriften-Portfolio entwickelt. Ziel eines Wertschriften-Portfolios soll die optimale Steuerung des Anlage-Mix sein, um einen maximalen Ertrag bei akzeptablem Risiko zu erreichen. Diese Idee wurde von internationalen Beratungsfirmen auf die Entscheidungssituation der Unternehmung übertragen, diese sollte die Gesamtheit ihrer Aktivitätsfelder bzw. ihrer strategischen Geschäftseinheiten im Sinne eines Portfolios optimal bewirtschaften. Die Geschäftsfelder sind aufgrund bestimmter Erfolgsfaktoren zu bewerten und in einer Portfolio-Matrix zu lokalisieren.

Die Portfolio-Analyse

- ermöglicht eine visuelle Darstellung aller strategischen Leistungsbereiche im **direkten Vergleich,**
- bewirkt eine Verknüpfung der Umfeldentwicklungen mit der eigenen Wettbewerbssituation,
- soll **das effektivste Leistungsprogramm** für die Zukunft ermitteln
- und gleichzeitig Spielräume für sinnvolle Ressourcenumschichtungen aufzeigen.

Für den NPO-Bereich hat sich die Verwendung der Marktattraktivitäts-/Wettbewerbsvorteil-/Portfolio-Matrix bewährt, die seinerzeit von der McKinsey Company als Antwort auf die zweidimensionale Marktwachstum-/Marktanteil-/Portfolio-Matrix der Boston Consulting Group gedacht war. Denn die Schlüsselfaktoren, die den Erfolg einer Organisation ausmachen, sind nicht durch nur zwei interdependente Grössen (Marktwachstum/Marktanteil) auszudrücken, sondern sind Konglomerate ganzer Einflussbündel, wobei sowohl qualitative als auch quantitative Grössen berücksichtigt werden können (Meffert/Wehrle 1983, S. 55). Sowohl die Marktattraktivität wie auch die Wettbewerbsstärke werden durch eine ganze Anzahl Parameter definiert.

Portfolio-Analyse gehen wir davon aus,

- ss es für die einzelnen Leistungen leichter oder schwieriger ist, Zustimmung und Akzeptanz bei den Austauschpartnern zu erwirken,
- dass dies einerseits von der **Marktattraktivität** im jeweiligen Leistungsbereich,
- andererseits von den **relativen Wettbewerbsvorteilen** im Vergleich zu den Mitbewerbern abhängt.

Der **Markt** ist für eine NPO umso **attraktiver**,

- je grösser die potenzielle Zielgruppe für eine Leistung ist (Marktgrösse),
- je zunehmender die Nachfrage nach diesen Leistungen ist (Marktwachstum),
- je weniger Anbieter auf diesem Markt tätig sind (Konkurrenzsituation),
- je weniger diese Leistungen durch Umfeldentwicklungen bedroht sind (Substitutionsleistungen),
- je wichtiger den Mitgliedern/Klienten die Wahrnehmung dieser Aufgaben ist (Erwartungshaltung).

Die **relativen Wettbewerbsvorteile** sind umso besser,

- je besser die relative Marktposition ist,
- je besser die bisherigen Leistungen von den Austauschpartnern beurteilt werden und der Nutzen erlebt wird (Qualität der Leistung),
- je stärker unsere Alleinstellung ist (Exklusivität der Leistung),
- je besser die Potenziale der NPO in qualitativer und quantitativer Hinsicht sind (Marketing-Stärke),
- je besser das Preis-/Leistungsverhältnis eingeschätzt wird und
- je wirtschaftlicher die NPO die Leistung erstellen kann (Kostensituation).

In der Praxis hat sich folgendes Vorgehen bewährt (s. Abb. 47):

1. Selektion der zu realisierenden Leistungen

Als erster Schritt wird eine Übersicht über die wesentlichen Leistungen der NPO erstellt. Um die Übersichtlichkeit zu wahren, werden mehrere Leistungen zu Leistungsgruppen zusammengefasst. Es sollen nur die wichtigsten Leistungen erfasst werden,

Abbildung 47: Ablaufübersicht Portfolio-Planung

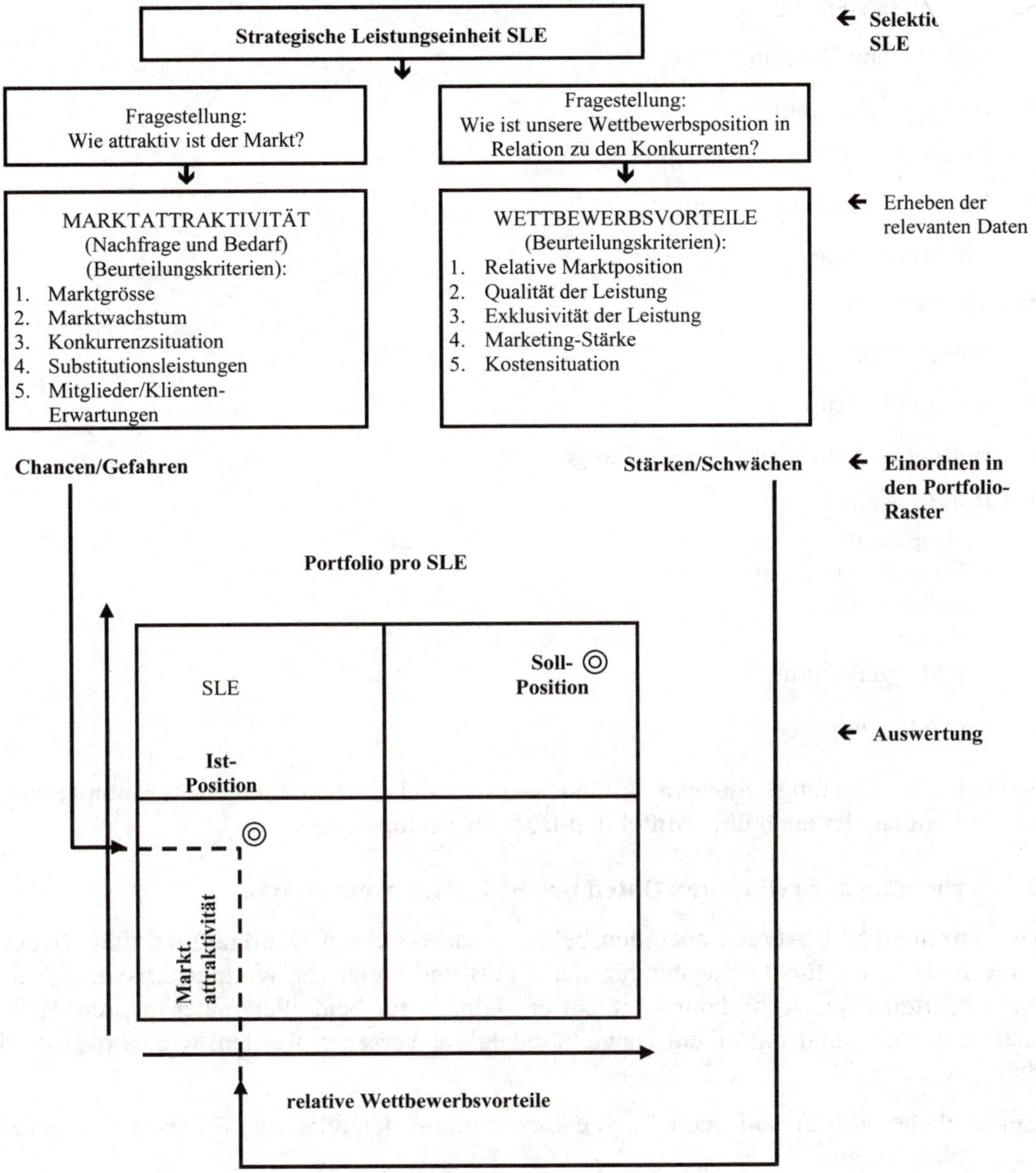

```
                    ┌─────────────────────────────────────┐
                    │  Strategische Leistungseinheit SLE  │      ← Selektion
                    └─────────────────────────────────────┘        SLE
                                      ↓
        ┌──────────────────┐                ┌──────────────────┐
        │  Fragestellung:  │                │  Fragestellung:  │
        │ Wie attraktiv ist│                │Wie ist unsere Wett-│
        │    der Markt?    │                │bewerbsposition in │
        │                  │                │Relation zu den Konkurrenten?│
        └──────────────────┘                └──────────────────┘
                ↓                                    ↓
```

MARKTATTRAKTIVITÄT   WETTBEWERBSVORTEILE   ← Erheben der
(Nachfrage und Bedarf)   (Beurteilungskriterien):   relevanten Daten
(Beurteilungskriterien):
1. Marktgrösse   1. Relative Marktposition
2. Marktwachstum   2. Qualität der Leistung
3. Konkurrenzsituation   3. Exklusivität der Leistung
4. Substitutionsleistungen   4. Marketing-Stärke
5. Mitglieder/Klienten-   5. Kostensituation
   Erwartungen

Chancen/Gefahren   Stärken/Schwächen   ← Einordnen in
                                                                         den Portfolio-
                                                                         Raster

Portfolio pro SLE

SLE Ist- Position ◎	Soll- ◎ Position
Marktattraktivität	

relative Wettbewerbsvorteile

← Auswertung

deshalb wird von **strategischen Leistungseinheiten** (SLE) gesprochen. Die SLE ("Rechtsabteilung") eines Arbeitgeberverbandes der Industrie setzt sich beispielsweise aus folgenden Teilleistungen zusammen (Zumkeller 1995, S. 36):

SLE-Rechtsabteilung

- telefonische Beratung
- schriftliche Beratung
- Beratung vor Ort
- Rechtsvertretung erste und zweite Instanz
- Musterverträge
- Themenhefte
- Merkblätter
- Kurzgutachten
- Betreuung bei Betriebsverhandlungen
- Rundschreiben
  - Allgemeines
  - Sozialversicherung
  - Arbeitsrecht
  - Europarecht
  - Altersversorgung
- Infoveranstaltungen

Strategische Leistungseinheiten sollten wenn möglich einen eigenen Kompetenzbereich bilden, der auch über Mittel und Budgets verfügen kann.

2. Erhebung der relevanten Daten pro SLE (Nutzwertanalyse)

Die einzelnen SLE werden nach den beiden Matrix-Achsen "Marktattraktivität" (Nachfrage und Bedarf für die Leistungen der NPO) und "relativer Wettbewerbsvorteil" der NPO beurteilt. Wie Abbildung 47 illustriert, können für beide Parameter mehrere Kriterien beigezogen und mit einem Gewichtungsfaktor versehen werden, wie es die Abbildung 48 zeigt.

Ein ähnlicher Raster soll auch für die Bestimmung der relativen Wettbewerbsstärke ausgefüllt werden.

Sämtliche zu analysierenden Leistungen werden nach den aufgestellten Kriterien für Marktattraktivität und relative Wettbewerbsvorteile beurteilt. Wenn es das vorhandene Rechnungswesen erlaubt, sollen auch die pro SLE eingesetzten finanziellen Mittel grob festgehalten werden.

Abbildung 48: Raster zur Bestimmung der Marktattraktivität
(Schauer 1997, S. 13)

Markt-attraktivität	Gewichtung										Eignungs-punkte (1 - 10)	Einzelnutz-wert (Pkte x Gew.)
	10	20	30	40	50	60	70	80	90	100		
Marktgrösse						60					3	180
Marktwachstum									90		1	90
Konkurrenzsituation			30								2	60
Preisniveau		20									1,5	30
Weitere Kriterien												
Gesamt											10	

Diese Analysen können meistens im Rahmen einer Projektgruppe erstellt werden. Selbstverständlich können auch Mitgliederbefragungen etc. als Grundlage dienen. Die Erfahrung zeigt, dass bereits die intensive Auseinandersetzung mit diesen Daten und Kriterien eine hohe Sensibilisierung für die Performance der NPO ergibt.

3. Einordnung der Resultate in den Portfolio-Raster

Die in Abbildung 49 genannten Resultate sind auf der Basis einer intensiven Mitgliederbefragung zustande gekommen. Die hohe **Marktattraktivität** der SLE-Rechtsabteilung ergibt sich aus der hohen Bewertung durch die Mitglieder und deren Bereitschaft, sogar zusätzliche Kostenbeiträge zu leisten.

Der relative **Wettbewerbsvorteil** der SLE-Rechtsabteilung resultiert aus Vergleichen zu Wettbewerbern, d.h. der Verband ist näher am Puls, ist besser mit dem Wirtschaftszweig vertraut als freie Anwälte, und der Verband unterhält zahlreiche Kontakte zu wichtigen Meinungsbildnern und Stakeholdern wie Gerichten und Gewerkschaften (Rechtsabteilung als Kernkompetenz).

Abbildung 49: Portfolio-Raster eines Wirtschaftsverbandes

Produkt	Marktattraktivität	Wettbewerbs-vorteile	Kosten
Rechtsberatung	80	80	40
Seminare	60	70	40
Koordinierung / Rundschreiben	70	55	20
Tarife	95	50	20
PR-Mittel	15	10	60

Grafisch aufgezeigt, ergibt sich das in Abbildung 50 (Ergebnis eines Wirtschaftsverbandes; vgl. Zumkeller 1995) festgehaltene Resultat, wobei die Grösse der Kreise den finanziellen Aufwand symbolisiert.

4. Auswertung

Für die Auswertung können der Quadranten-Ansatz und der Zonen-Ansatz angewendet werden.

Beim Quadranten-Ansatz (s. Abb. 50) wird der Portfolio-Raster in die **vier** folgenden **Quadranten** eingeteilt:

I. **Question-Marks**: Für die hier eingeordneten Leistungen besteht zwar eine hohe Nachfrage, doch der eigene Wettbewerbsvorteil ist gering. Eine Veränderung bedingt einen relativ hohen Finanzbedarf, daher ist zwischen Ab- und Ausbau dieses Leistungsbereiches zu entscheiden. Aus diesem Grund werden diese Leistungen mit "Fragezeichen" bewertet.

II. **Stars**: Eine gute Nachfrage und hohe Wachstumschancen ergeben sich durch unsere Wettbewerbsvorteile, hier sind die erfolgreichen Leistungen angesiedelt. Meistens können diese ihren Finanzbedarf selbst erwirtschaften und andere Leistungen subventionieren. Normalerweise werden diese Leistungen ausgebaut.

III. **Cash-Cows**: Hier hat man durch Wettbewerbsvorteile einen hohen Marktanteil errungen, doch die Nachfrage stagniert. Eventuell befindet man sich in einer späten Wachstumsphase, oder der Produktlebenszyklus geht zu Ende. Durch Erhaltungsinvestitionen wird der Marktanteil gestützt. Diese Leistungen sollten einen hohen Deckungsbeitrag erwirtschaften, deshalb der Begriff "Milchkühe".

IV. **Dogs**: Ein niedriges Wachstumspotenzial, geringe Wettbewerbsvorteile sind hier die Kennzeichen. Es wird meistens die Strategie der Desinvestition empfohlen, deshalb die Bezeichnung "arme Hunde".

Abbildung 50: Grafische Einordnung der Leistungen in den Portfolio-Raster

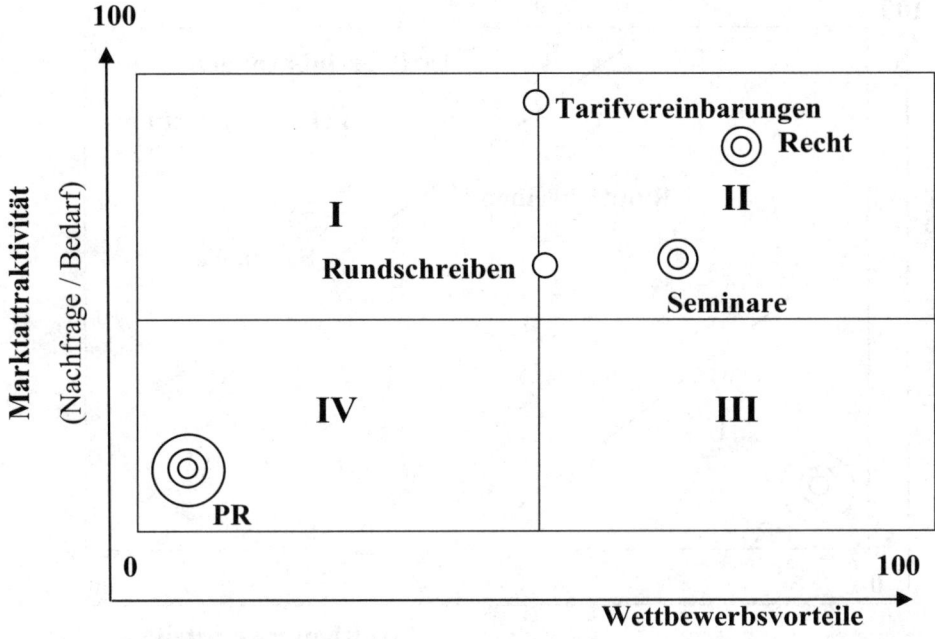

Bei der Zonen-Strategie wird der Portfolio-Raster in **drei Zonen** eingeteilt (s. Abb. 51).

Zone I: In dieser Zone sollte nach Möglichkeit desinvestiert werden.

Zone II: In dieser Zone muss selektiert werden. Es herrscht keine eindeutige Bedingungslage.

Zone III: Diese Zone bindet zwar Mittel, bietet aber auch die besten Chancen für Auf- und Ausbau von Leistungen.

Abbildung 51: Portfolio-Zonenraster eines Wirtschaftsverbandes (Zumkeller 1995)

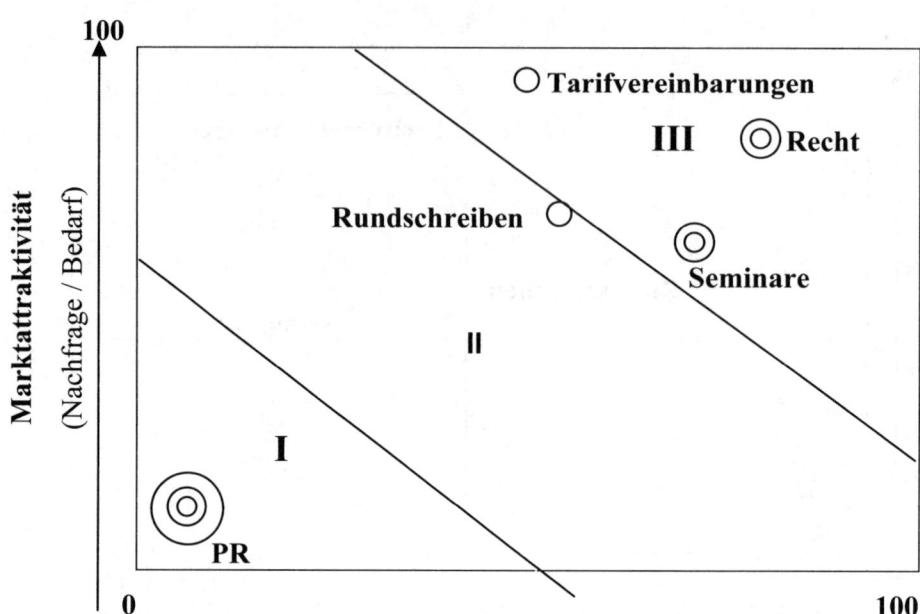

Auf den ersten Blick ergibt die Portfolio-Technik mit einem einfach anzuwendenden Verfahren relativ schnell klare Entscheidungsgrundlagen. Das illustrierte Beispiel verdeutlicht aber auch ganz klar die **Grenzen** einer zu **schematisch angewandten Portfolio-Technik** im NPO-Bereich: Die Grafiken zeigen einen tiefen Attraktivitätswert für die PR-Massnahmen des Verbandes, d.h. ein Kollektivgut wird relativ schlecht bewertet, während das Individualgut "Rechtsberatung", das dem einzelnen Mitglied direkt zugute kommt, viel höher eingeschätzt wird. Aber gerade ein Branchenverband in der Chemie kann wahrscheinlich auf PR-Aktivitäten nicht verzichten, deshalb müssen bei der Bewertung von Kollektivgütern immer auch verbandspolitische Kriterien mit in die Erwägung gezogen werden. Eine reine Abstützung auf eine Mitgliederbefragung wie in diesem Fall kann zu falschen Schlussfolgerungen führen. In der Praxis versucht man, Einseitigkeiten in der Betrachtung zu verhindern, indem die Marketing-Projektgruppe so abgestützt wird, dass die Meinungen der wesentlichen Stakeholders berücksichtigt werden können.

Eine originelle Verknüpfung zwischen Portfolio-Analyse und der in NPO oft vorhandenen Stärken-/Schwächen-Analyse (betrifft die NPO) und der Chancen-/Gefahren-Analyse (betrifft die Umfelder der NPO) schlägt Kattnigg (1999) vor (s. Abb. 52). Es

Abbildung 52: Portfolio aus Stärken-/Schwächen- und Umfeldanalysen

ergeben sich damit bereits Hinweise darauf, ob ein an sich zukunftsträchtiges Betätigungsfeld durch die NPO überhaupt erfolgreich bearbeitet werden könnte. Eventuell sind vorerst umfangreiche Ressourcenverschiebungen vorzunehmen. Aus der Abbildung 52 ergeben sich folgende vier Kombinationen mit entsprechenden Ansätzen zur Ressourcenumverteilung:

a) **Kombination Chancen – Schwächen**

In diesem Feld bedarf es grosser Anstrengungen und einer Verstärkung der Ressourcen, um langfristig erfolgreich sein zu können.

b) **Kombination Chancen – Stärken**

Die in diesem Feld angesiedelten strategischen Leistungseinheiten sind "Stars". Die günstigen Umfeldentwicklungen unterstützen die eigenen Stärken.

c) **Kombination Gefahren – Stärken**

Bei diesen SLE lassen sich unsere Stärken aufgrund von negativen Umfeldveränderungen nicht voll ausschöpfen. Eventuell ist eine allmähliche Redimensionierung der eingesetzten Ressourcen notwendig.

d) **Kombination Gefahren – Schwächen**

Diese SLE sind "Problembereiche" der NPO. Es stellt sich die Frage, ob Ressourcen mittelfristig auf andere SLE übertragen werden könnten, ohne Gefahr zu laufen, den eigentlichen NPO-Auftrag (Verbandszweck, öffentlichen Auftrag) zu verletzen.

Die Resultate der Portfolio-Analyse können zur Bestimmung der **Marketing-Einsatzbereiche** verwendet werden. Es ergeben sich Hinweise, wo Marketing-Schwerpunkte gesetzt werden können.

Die Portfolio-Technik wird von der Praxis gut als Analyse-Instrument angenommen. Sie stützt sich aber meistens auf subjektive Bewertungen der Projektgruppe und liefert keinerlei Hinweise auf eine zu realisierende Wettbewerbsstrategie und über aufzubauende Wettbewerbsvorteile (Kühn/Grünig 1998, S. 49). Diese sind im Rahmen der operativen Marketing-Planung zu entwickeln.

Nach unseren Erfahrungen wird die Portfolio-Technik im NPO-Bereich eher im Rahmen von Gesamtstrategie-Prozessen eingesetzt (z.B. Entwickeln von Leitbildern/Verbandspolitik). Für die Bestimmung der Marketing-Einsatzbereiche liefert das für die Marketing-Konzepterstellung beschriebene heuristische Vorgehen meistens genügend klare Ergebnisse.

1.7 Marketing-Organisation

Organisatorisch ist festzulegen, welche Stellen, Organe für die Entscheidungen und die Aktivitäten im Marketing verantwortlich sind. In der NPO akzentuiert sich dieses Verteilungsproblem namentlich im Verhältnis zwischen Milizorganen und "Profis" (Geschäftsführung) einerseits und zwischen Zentralorganisation (Bundesebene) und Dezentralen (Sektionen, Landesverbänden, Regionalstellen usw.) andererseits. Mit anderen Worten gefragt: Worüber sollen die Milizorgane entscheiden, und welche bzw. wie viele Kompetenzen sollen der Geschäftsführung übertragen werden? Welche Entscheide, Aufgaben sollen zentral wahrgenommen werden und welche dezentral, und wie kann eine CI-orientierte Gesamtkoordination aller Marketing-Tätigkeiten in der NPO sichergestellt werden?

Nach dem Freiburger Management-Modell sollen sich die Milizorgane auf die wesentlichen Soll-Vorgaben beschränken, welche den Rahmen für das Marketing festlegen. Dazu gehören die Mitarbeit (z.B. in Marketing-Projektgruppen) am Marketing-Konzept und dessen Genehmigung, die Genehmigung eines CI-Konzeptes und das Festlegen des Marketing-Budgets sowie die Aufteilung der Marketing-Tätigkeiten zwischen Zentrale und dezentralen Einheiten. Weiter sollen Milizer ihr Fachwissen in eventuell zu schaffenden oder vorhandenen Kommissionen einbringen, z.B. in der Kommission für Marketing, Öffentlichkeitsarbeit, Lobbying usw.

Die nächste wichtige Aufgabe ist, das Marketing in der Organisationsstruktur des Profisystems zu verankern. In Dienstleistungsorganisationen ist es viel schwieriger, Marketing in einer Abteilung zu zentralisieren als etwa im Konsumgütersektor, wo sich Marketing und Produktion klar trennen lassen.

NPO als Dienstleistungsanbieter sind ganz besonders darauf angewiesen, dass der Marketing-Gedanke alle **Mitarbeiterinnen und Mitarbeiter** "durchflutet", denn diese **sind ja wesentliche Mitwirkende im Dienstleistungs-Erstellungsprozess**. Marketing lässt sich bei Dienstleistungen viel weniger an gewisse Spezialisten delegieren.

Weil aber die Verwirklichung der **Marketing-Philosophie** die **gesamte Organisation** betrifft, wird das **Marketing zur Führungssache**. **Jede Stelle** hat **ihren Teil** zum erfolgreichen Marketing **beizutragen**. Gerade deshalb ist es wichtig, ein Marketing-Gesamtkonzept zu haben, damit allen Organisationsmitgliedern klar wird, was Marketing im Gesamten und in einzelnen Teilbereichen bedeutet.

Wenn auch die Gesamtverantwortung für das Marketing bei der obersten Führung liegt, ist es zweckmässig, wenn sich eine **Stelle** spezifisch um Marketing-Fragen kümmert, beratend und **koordinierend** in die NPO hineinwirkt und **bestimmte Aufgaben** wie CI-Massnahmen, Öffentlichkeitsarbeit, Werbung für Dienstleistungen etc. wahrnimmt. Zudem ist eine solche Stelle/Abteilung für das **Interne Marketing** und die **Marketing-Implementierung** in der Gesamtorganisation verantwortlich. Diese Stelle kann als Linienstelle "Marketing" oder als Stabsstelle "Marketing" ausgebildet werden. Als Linienstelle hat sie Linienfunktionen (z.B. Öffentlichkeitsarbeit, Mitgliederwerbung) auszuüben und gleichzeitig Stabsfunktionen (Koordination, Überwachen der Einhaltung der CI-Grundsätze) wahrzunehmen. Eine weitere Möglichkeit besteht in der Schaffung einer Marketing-Stabsgruppe (z.B. Geschäftsleitung und Marketing-Stabsstelle), die über die Einhaltung des Marketing-Konzeptes wacht und dieses jährlich einmal überprüft und eventuell ergänzt.

Neben dem **Internen Marketing** (vgl. Kapitel VI, 3.1) ist besondere Beachtung dem **Marketing-Transfer** in die **Gesamtorganisation** wie in Sektionen, Landesverbänden etc. zu schenken (vgl. Kapitel VI, 3.3).

Marketing hat auch **Rückwirkungen auf das Ressourcen-/Mittelsystem**. Der Einsatz von Marketing erfordert Mittel. Meistens sind mit dem Einsatz von Marketing Vorinvestments verbunden. Marketing-Aufwendungen werden in der Privatwirtschaft als Investition betrachtet. Im NPO-Bereich bestehen oft Hemmungen, das Marketing überhaupt in die Organisationsstruktur einzubeziehen und für Marketing-Aktivitäten Budgetpositionen zu führen. Allerdings ist hier langsam ein Wandel in den Ansichten festzustellen.

Eine weitere organisatorische Voraussetzung für erfolgreiches Marketing ist eine **zweckmässige Kostenstellenrechnung**. Die einzelnen Leistungen und Leistungsbereiche müssen kostenmässig erfasst werden, um zielgerechte Entscheide fällen zu können.

In der Abbildung 53 wird die Marketing-Organisation eines grösseren Wirtschaftsverbandes dargestellt. Bei dieser Organisation wird das Marketing von einer Linienstelle mit zusätzlichen Stabsfunktionen wahrgenommen.

Abbildung 53: Organisatorische Verankerung des Marketing in einem Wirtschaftsverband

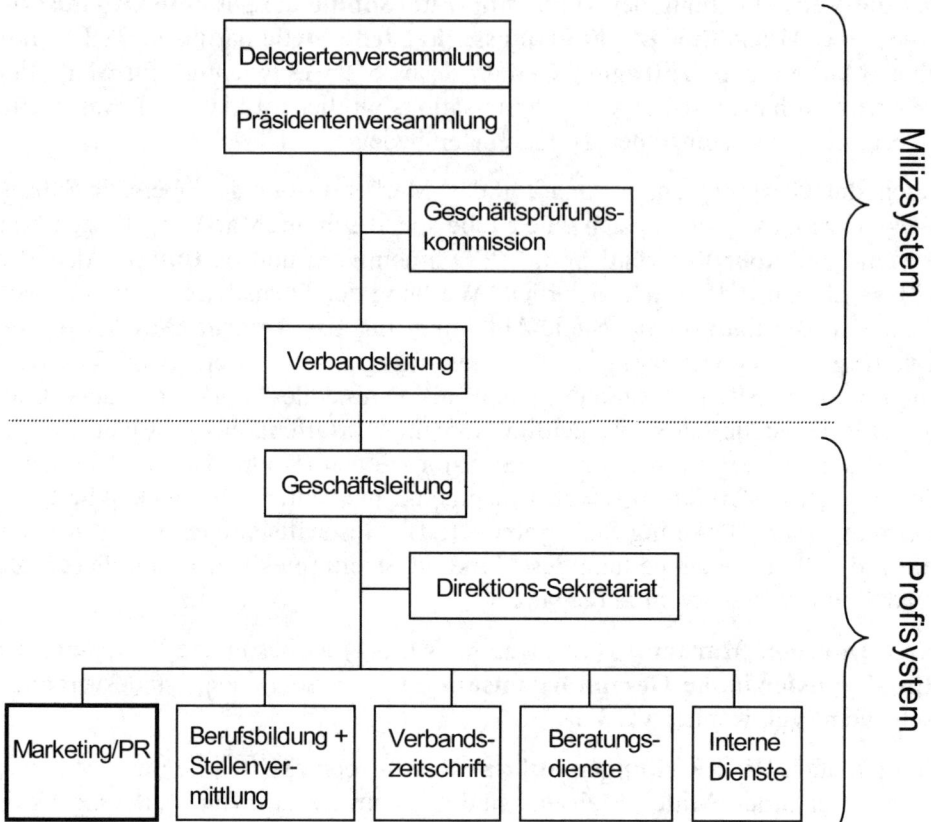

Anschliessend wird die Marketing-Organisation im Diakonissenhaus Bern vorgestellt, einer NPO, die ein Spital, ein Alters- und Pflegeheim mit Therapiestationen etc. umfasst. Dieses Organisationskonzept zeigt deutlich, wie die Marketing-Idee die ganze Organisationsstruktur bis zum einzelnen Mitarbeiter durchdringen muss (hier wird eine Verwirklichung des Internen Marketing angestrebt).

Beispiel: Zur Marketing-Organisation eines Wirtschafsverbandes

Das **Marketing-Gesamtkonzept** mit der ausformulierten Strategie ist von der Verbandsleitung auf Antrag der Geschäftsleitung zu genehmigen. Darin sind die **Grundsätze** und die **Marketing-Einsatzbereiche** formuliert.

Im Anschluss daran erarbeiten die **einzelnen Departemente** ihre **Marketing-Teilkonzepte** mit:

- den Zielen
- der vorgesehenen Positionierung
- der Strategie
- dem Mix

Die Geschäftsleitung überprüft die Kongruenz dieser Konzepte mit den Grundsatzpapieren und genehmigt sie. In den Departementen geht es insbesondere darum, dass man sich der eigenen Marketing-Aktivität bewusst wird, und dass bei jedem Mitarbeiter die Dienstleistungsorientierung gefördert wird.

Führungsmässig ist **jedes Departement** für den eigenen **Marketing-Teilbereich** verantwortlich. Die **Geschäftsleitung** ist zuständig für die **Interessenvertretung** und die **Verhandlungsleistungen**, wobei für fachspezifische Fragen die zuständigen Departementsleiter zugezogen werden.

Das **Departement Marketing/PR** ist **Linienstelle** für die organisatorisch **zugeteilten Dienstleistungen** (Nachwuchswerbung, Verkaufsförderung als Marketing im Auftrag der Mitglieder und PR) und die **Stabsstelle** für die **Marketing-Koordinationsaufgaben** im Gesamtverband. Es berät alle Mitarbeiter in Marketing-Fragen, unterstützt Aktionen, die alle Mitglieder betreffen, und gibt Impulse für neue Aktivitäten.

Das einzelne Departement nimmt bei der Einführung des Marketing eine **Realisierungskontrolle** vor und berichtet der Geschäftsleitung. Es überwacht konstant die korrekte formelle Einhaltung der CI/CD-Richtlinien im Gesamtverband.

Die **Marketing-Erfolgskontrolle** wird in den einzelnen Departementen vorgenommen.

Die **Marketing-Infrastruktur** muss je nach den Bedürfnissen der einzelnen Departemente mit einem speziellen Budget ausgebaut werden.

Beispiel: Die Marketing-Organisation im Diakonissenhaus Bern

Zuordnung der Marketing-Funktionen

Der Stiftungsrat des Diakonissenhauses Bern
- **genehmigt** die auch für das **Marketing wesentlichen Grundsatzdokumente**: Statuten, Leitbild, strategische Leitziele,
- genehmigt das Jahresbudget und die Jahresrechnung einschliesslich der Marketing-Kosten,
- genehmigt die Aufgaben und die Errichtung von neuen Arbeitszweigen, einschliesslich der damit verbundenen Marketing-Massnahmen.

Der Ausschuss des Stiftungsrates des Diakonissenhauses Bern
- **genehmigt** das **Marketing-Konzept** für die Gesamtorganisation,
- genehmigt die jährlichen Zielsetzungen für die einzelnen Betriebe, welche auch die Marketing-Massnahmen enthalten,
- genehmigt wesentliche Elemente von CI/COOPI: Logo, wesentliche Änderungen am äusseren Erscheinungsbild.

Die erweiterte Gesamtleitung
- führt jährlich im Rahmen eines Workshops eine **Standortbestimmung** über **das Marketing** der Gesamtorganisation durch und entwickelt Zukunftsperspektiven.

Die Gesamtleitung
- **genehmigt** die **Marketing-Konzepte** der **einzelnen Betriebe**,
- plant und realisiert besondere Marketing-Massnahmen für die Gesamtorganisation,
- koordiniert die operativen Optimierungsmassnahmen (Zusammenarbeit mit Agenturen, Lieferanten, Medien).

Die einzelnen Betriebe
- entwickeln ihre **Marketing-Konzepte**,
- setzen diese nach der Genehmigung durch die Gesamtleitung um,
- schlagen aufgrund von Veränderungen am Markt geeignete Konzept-Änderungsmass-nahmen vor.

Die Vorgesetzten in den einzelnen Betrieben
- **kennen** das **Marketing-Konzept** ihres Betriebes,
- leben das Marketing-Verständnis in ihrer eigenen Arbeit vor,
- planen Marketing-Massnahmen für ihre Bereiche und setzen sie nach Genehmigung um,
- qualifizieren die einzelnen Mitarbeiter im Rahmen der jährlichen Mitarbeitergespräche auch in Bezug auf ihren Beitrag zum Marketing.

Die einzelnen Mitarbeiter
- kennen die für sie **wichtigen Elemente des Marketing-Konzeptes** für ihren Bereich,
- leben das Marketing-Verständnis in der Ausführung ihrer Tätigkeit vor,
- setzen die für ihr Aufgabenfeld geplanten Marketing-Massnahmen um,
- schlagen neue Marketing-Massnahmen vor.

1.8 Prioritäten/Sofortmassnahmen

Mit der vorstehend in Einzelheiten beschriebenen Checkliste steht der NPO ein Leitfaden für die Erarbeitung eines Marketing-Gesamtkonzeptes zur Verfügung. Kernstück dieses Konzeptes ist die **Festlegung der Positionierung** der **Gesamtorganisation** und die Bestimmung der **Marketing-Einsatzbereiche**.

Das Marketing-Konzept bildet den Rahmen für die Marketing-Aktivitäten mit einem Zeithorizont von etwa fünf Jahren. Das Konzept sollte jährlich einmal in Bezug auf Aktualität überprüft werden. Im Rahmen dieses "Reviewing-Prozesses" sind jährlich auch **Prioritäten/Aktivitätspläne** festzulegen. Es können in den meisten Fällen nicht alle Marketing-Einsatzbereiche sofort bearbeitet werden. Meistens wird nach der Erstellung des Marketing-Gesamtkonzeptes **prioritär** mit dem **Eigen-Marketing/ Internen Marketing** begonnen, um den Transfer der Marketing-Idee innerhalb der Organisation zu gewährleisten. Aber auch bei den übrigen Aktivitäten der NPO ist nach dem Prozess der Konzeptentwicklung ein "Marketing-Effekt" zu beobachten, d.h. das Management ist sensibilisiert für das Marketing-Denken. Es wird vermehrt konzeptorientiert gedacht und gehandelt, die Führungskräfte sind sich bewusst, dass ihre Aktivitäten das gesamte Marketing und die Gesamtpositionierung stützen und festigen sollen.

Mit der Erstellung des Marketing-Konzeptes hat sich die NPO für einen **Marketing-Gesamt-Mix** entschieden: Welche Einsatzbereiche sollen wie bearbeitet werden, wie wird die organisatorische Verankerung des Marketing vorgenommen usw. Die einzelnen Marketing-Aktivitäten sind aufeinander abzustimmen, als gemeinsamer Richtwert gilt die Positionierung der Gesamtorganisation.

Nach der Erstellung des Marketing-Gesamtkonzeptes werden die Marketing-Einsatzbereiche durch die operative Marketing-Planung konkretisiert. Diese soll wiederum systematisch/heuristisch vorgenommen werden. Dazu dient die im Folgenden vorgestellte **operative Marketing-Planungssequenz**, in deren Zentrum der Einsatz des **Marketing-Instrumenten-Mix** steht.

Kapitel V
Marketing-Management in der NPO II: Die operative Marketing-Planung

1. Einführung

In unserer Planungslogik bestimmen wir Konzepte als längerfristig geltende systematische Grundsatzaussagen über einen abgegrenzten Aufgabenbereich. Für das Marketing-Management haben wir das Gesamtkonzept vorgestellt und darauf hingewiesen, dass dieses je nach Aufgabenstellung in der NPO durch ergänzende Teilkonzepte zu vertiefen sei.

Um zu den konkreten Marketing-Aktivitäten vorzustossen, muss die Planung weiter konkretisiert werden. Dies gilt für die Ausgestaltung der Positionierung und die Umsetzung der CI/COOPI auf allen Ebenen sowie für die Feinplanung der einzelnen Marketing-Einsatzbereiche.

Auf der operativen Ebene wird mit einem Zeithorizont von zwei bis drei Jahren gerechnet, es sind deshalb mittelfristige Projekte, Programme und Aktionen zu definieren und zu beschliessen. Eine Prioritätenliste sollte sich aus dem Marketing-Konzept ergeben. In der dispositiven Planung (ein Jahr und kürzer) werden die Projekte konkret umgesetzt. Bei dieser sukzessiven Konkretisierung sind die Vorgaben und Grundsätze der Konzeptebene stets zu respektieren und die dort getroffenen Rahmenentscheide einzuhalten. Insbesondere ist die Gesamtpositionierung der Organisation durch alle Marketing-Massnahmen zu stützen und zu kommunizieren. Auf diese Weise erhält die strategisch-konzeptionelle Orientierung ihren Sinn. Es ist selbstverständlich möglich, dass sich im operativ-dispositiven Bereich neue Erkenntnisse ergeben, die eine Überprüfung des Gesamtkonzeptes oder einzelner Teile als empfehlenswert erscheinen lassen. Wir haben bereits oben angetönt, dass ein bestehendes Marketing-Konzept jedes Jahr einmal kurz auf seine Aktualität/Gültigkeit hin zu überprüfen ist.

Die operative Marketing-Planung soll die vorgesehenen Marketing-Aufgaben und die im Konzept festgelegten Grundsätze zielgerecht und koordiniert umsetzen. Auch hier wird ein entscheidungsorientierter, heuristischer Ansatz gewählt, indem die Planungsaufgabe in einzelne Teilschritte aufgeteilt wird. Auf der **operativ-dispositiven** Ebene arbeiten wir mit einer **Standard-Planungssequenz**, die folgende Schritte aufweist:

1. Marketing-**Information**:
   Beschaffen der für die Planung erforderlichen Informationsgrundlagen

2. Marketing-**Ziele**:
   Festlegen der Bereichsziele

3. Marketing-**Segmentierung**:
   Festlegen von Segmenten, Zielgruppen

4. Marketing-**Austauschsysteme**:
   Analyse des zu planenden Austauschprozesses

5. **Positionierung der Leistung**, des Angebots:
   Abstimmen mit der Gesamtpositionierung der Organisation

6. Marketing-**Mix**:
   Die Marketing-Instrumentenbatterie

7. Marketing-**Organisation**:
   Infrastruktur und organisatorische Zuständigkeiten für das Planungsvorhaben

8. Marketing-**Budget**:
   Festlegen des Bereichs- oder Aktionsbudgets

9. Marketing-**Kontrolle**:
   Überwachung der Ausführung und Kontrolle der Ergebnisse

10. **Definitive Festlegung** der **Planungsinhalte**

Ähnliche Planungssequenzen finden wir in Marketing-Lehrbüchern für den Profit- und den NPO-Bereich. Je nach Autor werden die Planungsschritte in etwas anderer Reihenfolge abgehandelt. Die Behandlung der einzelnen Punkte kann bei Bedarf ohne weiteres geändert werden. Wesentlich ist, dass zu allen Punkten eine klare Aussage gemacht wird. Da sämtliche Schritte einander beeinflussen, muss die Planung im Sinne eines revolvierenden Prozesses realisiert werden, d.h. in der Planungssequenz nachgeordnete Schritte können eine Modifikation vorgelagerter Punkte erfordern: Der Abstimmungsprozess ist dementsprechend laufend zu verfeinern. Ein vorhandenes Budget beispielsweise kann Rückwirkungen auf die Ziele oder den Mitteleinsatz haben und damit eine Modifikation der Planung bewirken. Hill/Rieser (1990, S. 472) empfehlen in diesem Sinne ein **zweistufiges Vorgehen,** bei dem in einer **ersten Runde** ein **Annäherungsprozess** zwischen Zielen und Budgets vorgenommen wird, der dann in der zweiten Stufe zu einem **definitiven Marketing-Plan** führt (s. Abb. 54). Diesem Vorgehen wollen wir uns anschliessen, indem wir empfehlen, die gesamte Planungssequenz durchzuspielen, Alternativen zu evaluieren, Rückkoppelungsprozesse vorzunehmen und am Ende als Punkt 10 die getroffenen Schlussfolgerungen als Massnahmenplan festzuhalten.

Wir stellen im Folgenden die einzelnen **Planungsschritte** in **allgemeiner Form** vor. Für jede Planungsaufgabe (z.B. Mitgliederwerbung, Gemeinschaftswerbung) sind die Planungsinhalte der Problemlage entsprechend zu modifizieren. Im Rahmen der in Kapitel VI vorzunehmenden vertiefenden Behandlung einiger Marketing-Einsatz-bereiche wird auch die dazugehörende operative Planungssequenz aufgezeigt. Damit wird der hier vorgestellte Planungsprozess leichter nachvollziehbar.

Abbildung 54: Operative Marketing-Planung nach Hill/Rieser (1990, S. 472)

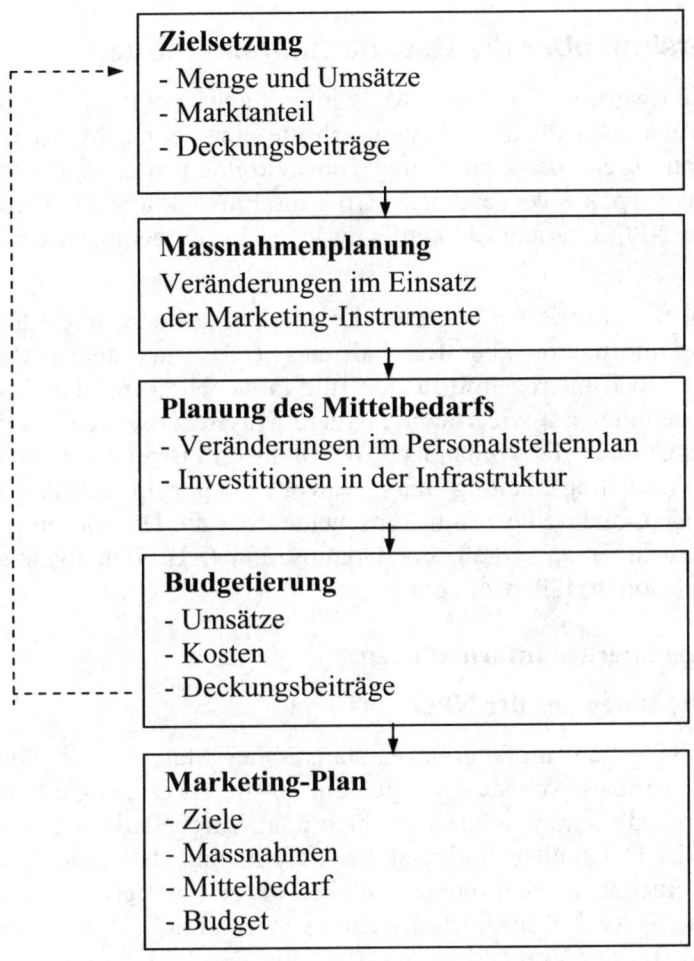

2. Marketing-Information: Beschaffen der für die Planung erforderlichen Informationsgrundlagen

2.1 Übersicht über die Beschaffungsmethoden

Es ist empfehlenswert, die operative Marketing-Planung durch die Aufbereitung vorhandener Informationen für alle Planungsschritte einzuleiten. Man beginnt hier nicht von vorne, denn bereits der Erarbeitung von Leitbildern und Marketing-Konzept(en) wurde eine Analysephase vorgeschaltet. Über die Entwicklung des Umfeldes bzw. der Märkte und der NPO-internen Stärken/Schwächen liegen demnach bereits Informationen vor.

Die Abbildung 55 illustriert die Breite der Marketing-Forschung, die als Marktforschung externe Information über Beschaffungs- (z.B. Fundraising-Märkte) und Absatzmärkte, aber auch interne Information (die in der NPO mit der Systemgrenze des Innenbereichs definiert ist) wie Daten aus dem Mitgliederbereich, Statistiken etc. beschafft. Weiter ist auch die vorhandene Marketing-Infrastruktur zu analysieren, denn eine sinnvolle Marketing-Planung muss die vorhandenen infrastrukturellen Möglichkeiten einbeziehen, nicht zuletzt, um Entscheide über die Delegation gewisser Aufgaben an Auftragnehmer ausserhalb der Organisation (z.B. Datenbankverwaltung von Spendenorganisationen) fällen zu können.

1. Gewinnung interner Informationen

a) Statistische Daten aus der NPO:

In vielen NPO liegt umfangreiches statistisches Material vor. Die Aufbereitung von Daten wird oft von den Mitgliedern an die NPO delegiert. Gewisse Unternehmerverbände sammeln Umsatzzahlen ihrer Mitgliedsfirmen und sind so in der Lage, präzise Daten über Märkte etc. zu liefern, ohne dass teure Marktforschungsaufträge vergeben werden müssen. Weiter werden in Verbänden im Rahmen der Organisations- und Koordinationsleistungen zahlreiche Daten erhoben. Da die Mitglieder Teil des Verbandes sind, stellt die Beschaffung dieser Daten meistens keine grossen Probleme dar.

b) Statistiken / Daten

- Berichte, spezielle Projektpläne
- Frühere Marktforschungen
- Unterlagen des Rechnungswesens
- Spendenstatistiken
- Mitgliederstatistiken
- Beitragsstatistiken

Abbildung 55: Bereiche der Marketing-Forschung

Marketing-Forschung		
*Gewinnung **externer** Information*		*Gewinnung **interner** Information*
Beschaffungs-märkte	Absatzmärkte	Statistiken/Daten der gesamten NPO
Mitglieder	Dienstleistungen	Analyse von Beschwerden
Finanzen	Produkte	Analyse der Umsätze, Nachfrage
Spendende	Konkurrenzanalysen	Analyse der eingesetzten Marketing-Instrumente
Marktforschung		Infrastrukturelle Möglichkeiten

c) **Analyse von Beschwerden**

Beschwerden sind eine Artikulation von Unzufriedenheit, die Austauschpartner gegenüber der NPO äussern. Im NPO-Bereich sollten Beschwerden beim Management einen höheren Stellenwert haben als im Profit-Bereich, wo Kunden ihren Widerspruch durch "Abwanderung" artikulieren (Hirschman 1974). Somit manifestiert sich Unzufriedenheit durch Umsatzrückgänge etc., die relativ rasch wahrgenommen wird. In **mitgliedschaftlich strukturierten NPO** haben die Mitglieder demokratische Instrumente zur Artikulation ihrer Unzufriedenheit: Sie sind mehr als Kunden, sie sind Teil der Organisation. Beschwerden müssen deshalb besonders ernst genommen werden. Wenn die Unzufriedenheit nicht beachtet werden kann, bestehen für das Mitglied folgende Möglichkeiten:

- abzuwandern, d.h. auszutreten, oder sich eine bestimmte Verbandsleistung anderweitig zu beschaffen;
- negative Mund-zu-Mund-Werbung zu betreiben;
- passiven Widerstand zu leisten.

Bei nicht-mitgliedschaftlich strukturierten NPO fehlen oft Rückkoppelungsmöglichkeiten für Klienten, die NPO muss deshalb ihre Performance aktiv zu kontrollieren versuchen. Auch hier ist das Beschwerdewesen ein wichtiges Mittel. Weitere Ausführungen folgen in Kapitel VI, 3. (Eigen-Marketing).

d) **Analyse der eingesetzten Marketing-Instrumente**

Ein wesentliches Element in der Informationsanalyse ist die Beurteilung der bisher eingesetzten Marketing-Instrumente. Dazu gehören Massnahmen wie Werbeanalyse, Analysen der Finanzsituation (Beitragsanalysen, Subventionsanalysen, Preisanalysen), Produkt-/Leistungsanalysen usw.

e) **Infrastrukturelle Möglichkeiten**

Zur Vorbereitung der operativen Marketing-Planung gehört auch eine Analyse der infrastrukturellen Möglichkeiten der NPO. Es macht keinen Sinn, grosse Marketing-Aktivitäten zu planen, die von der Organisation in keiner Art und Weise durchgeführt werden können. Oft fehlt es in NPO bereits an den personellen Kapazitäten. Gerade wenn in einer NPO vermehrt Marketing-Aktivitäten eingeführt werden sollen, ergibt dies zusätzlichen Arbeitsaufwand, der von den bisherigen Stelleninhabern nur zum Teil bewältigt werden kann. Hier schimmert wieder der Investitionscharakter des Marketing durch.

2. **Gewinnung externer Informationen**

a) Veröffentlichungen von **Dritten** (staatlichen Institutionen, anderen Verbänden, Marktforschungsinstituten usw.)

b) **Fachzeitschriften**

c) **Forschungsberichte**

d) **Konkurrenzanalysen**: Marketing-orientierte NPO beobachten Konkurrenzorganisationen (z.B. Konkurrenzgewerkschaften, Hilfswerke, die ähnliche Anliegen vertreten) oder auch Gegenverbände (Arbeitnehmer/Arbeitgeber), um die Marketing-Instrumente gezielter einsetzen zu können.

2.2 Marktforschung

Unter der Gewinnung externer Informationen wird nach Abbildung 55 die **Marktforschung** verstanden, die im NPO-Bereich nicht nur für Absatzmärkte, sondern auch für Beschaffungsmärkte Bedeutung hat. Unter Marktforschung versteht man "eine systematische empirische Untersuchungstätigkeit mit dem Ziel der Informationsgewinnung oder -verbesserung über objektiv bzw. subjektiv bedingte Markttatbestände und -phänomene" (Zentes 1996, S. 281).

Über die vielen **Methoden** der Marktforschung (Primärforschung, Forschung an der Quelle) gibt Abbildung 56 einen Überblick. Die folgenden Ausführungen stützen sich auf die Publikationen "Marktforschung" von Kühn/Fankhauser (1996) sowie von Pasquier (2005).

Abbildung 56: Methoden der Marktforschung (vgl. Kühn 1986, S. 12)

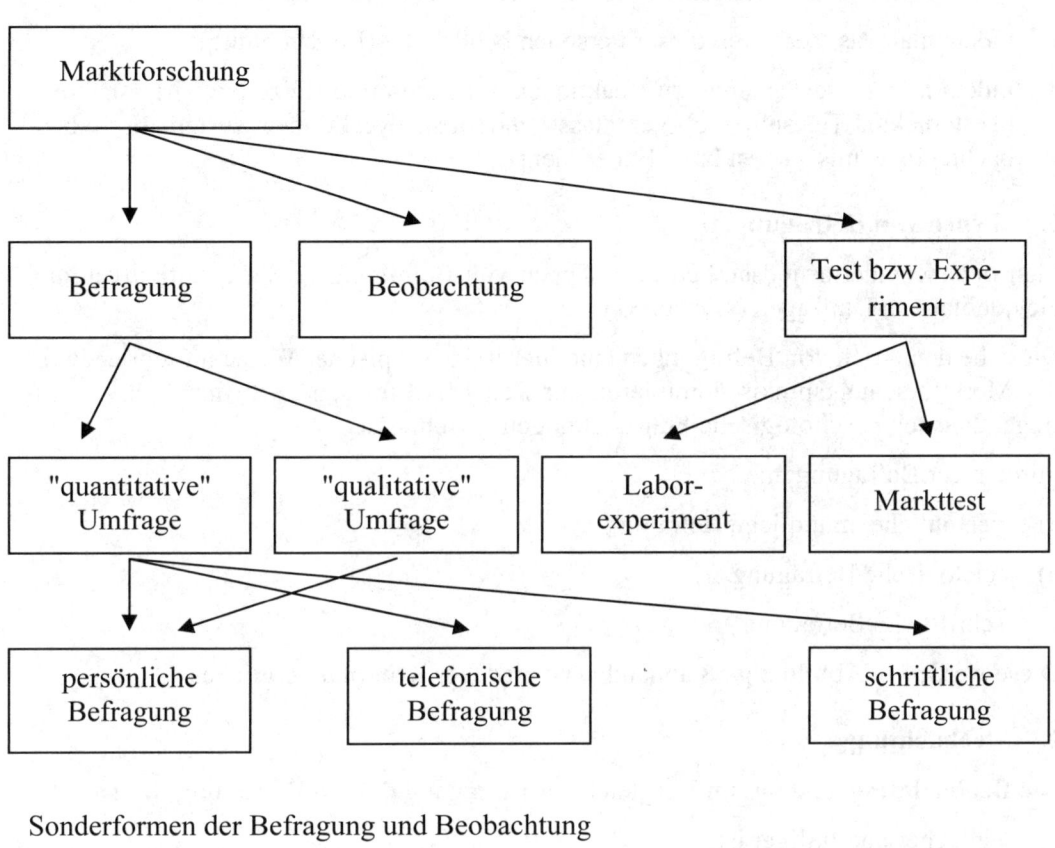

Marketing-Information: Beschaffen der für die Planung erforderlichen Informationsgrundlagen

Als wichtigste Methodenkategorien unterscheidet man zwischen Befragung, Beobachtung und Test. Es geht darum, von den als Informationsträger interessierenden Organisationen bzw. Personen Daten in Erfahrung zu bringen,

- indem man spezielle Fragen an diese Personen richtet (Befragung);
- indem man das Verhalten dieser Personen beobachtet (Beobachtung);
- indem man diese Personen zu Reaktionen auf bestimmte Reize bzw. Massnahmen (Testobjekte, Testsubjekte) veranlasst und diese Reaktionen systematisch beobachtet bzw. misst (Test bzw. Experiment).

1. Typen von Befragungen

Man unterscheidet grundsätzlich zwei Typen von Befragungen: die quantitativen und die qualitativen Umfragen (s. Abb. 57).

Diese beiden Arten von Befragungen sind hier in idealtypischer Weise umschrieben. In der Marktforschungspraxis dominieren zur Zeit Mischformen (z.B. quantitative Umfrage, die auch psychologische Fragestellungen einschliesst).

Formen der Befragungen:

a) persönliche, mündliche Befragung

b) telefonische Befragung

c) schriftliche Befragung

Diese werden in Abbildung 58 anhand verschiedener Kriterien verglichen.

2. Beobachtung

Die **Beobachtung** gewinnt im Vergleich zur Befragung dort an Bedeutung, wo sie

a) einfacher und billiger ist,

b) zuverlässigere Informationen liefert.

Beispiel: Durch Beobachten lässt sich das Verhalten der Mitglieder quantitativ erfassen:

- Die Mitgliederdatei enthält Basisinformationen über das Mitglied (Standort, Lebensalter, Mitgliedschaftsdauer, Zahlungsstand, Ausbildungsstand usw.).
- Erfassbar sind zum Beispiel:
    - die Teilnahme an Veranstaltungen
    - die Teilnahme an Veranstaltungsorten
    - die individuelle Beanspruchung von Leistungen usw.

Abbildung 57: Marktforschungstypen, in Anlehnung an Kühn (1986, S. 13 – 14)

Kriterien	Quantitative Umfragen	Qualitative Umfragen
Stichprobe	gross, statistisch repräsentativ	relativ klein, statistisch nicht repräsentativ
Untersuchungsziel	Erfassung von soziodemographischen Informationen und Verhaltensmerkmalen	Erfassung von psychologischen, sozialpsychologischen und soziologischen Merkmalen
Typen von Fragen	vorformulierte, standardisierte Fragen	halbstrukturiertes Interview bzw. freies Gespräch
Auswertung	EDV-gestützte Auswertung (quantitativ)	Inhaltsanalyse, semiotische Analyse

3. Tests

Tests sind grösstenteils sehr spezifische Methoden mit beschränkten Anwendungsbereichen. Die Tests und Experimente bezwecken Kausalanalysen (Tests und Experimente sind sehr häufig mit Befragungen und/oder Beobachtungen verbunden).

a) **Labortests**: Anwendung von psychometrischen Testgeräten (z.B. Augenkameras) oder weiteren Forschungsmethoden bei einer oft geringen Anzahl Personen; getestet werden neue Mailings, Plakate, Markennamen usw.

b) **Markttests**: Test von Marketing-Mitteln in einigen wenigen geographisch beschränkten und abgrenzbaren Regionen bzw. Märkten (z.B. Test-Mailing im Fundraising, Austesten einer neuen Zeitschrift).

4. Sonderformen der Befragung und Beobachtung

a) **Omnibusumfragen**: Während bei der Spezial- oder normalen Befragung nur ein Thema behandelt wird (1-Thema-Befragung), sind Omnibusbefragungen (ein Omnibus hat Platz für mehrere Passagiere!) auf **mehrere Themen** ausgerichtet (Mehr-Themen-Befragung). Sie werden von verschiedenen Marktforschungsinstituten regelmässig angeboten. Es können sich daran verschiedene Auftraggeber mit einer beschränkten Zahl von Fragen beteiligen. Die Vorteile dieser Methode liegen ausser in der Wirtschaftlichkeit auch in methodischen Aspekten, d.h. die Gesprächsatmosphäre wird aufgelockert, und die Ermüdung der Befragten ist geringer. Die Auswahl eines bestimmten Omnibusangebots setzt ein klares Marketing-Ziel

Abbildung 58: Vergleich der wichtigsten Befragungsformen (vgl. Kühn 1986, S. 14)

Kriterien	Persönliche Befragung	Schriftliche Befragung	Telefonische Befragung
Kosten	hohe Kosten	im Allgemeinen preiswert	mittlere Kosten
Stichproben	gewisse Bevölkerungskreise sind schwer anzutreffen (Junge)	gewisse Bevölkerungskreise sind untervertreten (niedrige Kaufkraftklassen)	zum Teil schlechte Ausschöpfung; deshalb schwierige Interpretation
Frage-stellung	alles möglich; höchste Qualität möglich	einfache Fragen; bei geschlossenen Fragen beschränkte Zahl von Antworten; kein Zeige-material	nur einfachste, klar verständliche Fragen; möglichst Faktenfragen
mögliche Fehler	höherer Interviewer-Einfluss; beschränkte Kontrollmöglichkeiten	geringer Interviewer-Einfluss; sehr gute Kontrollmöglichkeiten	unkontrollierbarer Einfluss durch Dritte

voraus. Daran lässt sich beurteilen, ob die Standardmerkmale des Angebots (Befragungsmethode, Grundgesamtheit bzw. Befragungszielgruppe, Repräsentativität der Stichprobe) der gestellten Aufgabe entsprechen (Kühn/Fank-hauser 1996, S. 108).

b) **Panels**: Hier werden bestimmte repräsentative Gruppen in regelmässigen Zeitabständen zum gleichen Untersuchungsgegenstand befragt. Durch die periodische Wiederholung der Einzelerhebungen sollen **Veränderungen** im **Zeitablauf** sichtbar gemacht werden. Man erhält Längsschnittdaten, z.B. über Spendenverhalten. Im NPO-Bereich interessieren Verbraucher-Panels, während Handels-Panels vor allem im Produkte-Marketing eine Rolle spielen.

c) **Gruppendiskussionen**: Die Diskussion über ein festgelegtes Thema im Rahmen einer Gruppe ist die vermutlich am weitesten verbreitete Variante der **qualitativen Befragung**. Diese ist auch für den NPO-Bereich sehr geeignet. Der Gesprächsablauf soll durch einen detaillierten, mit spezifischen Fragen durchsetzten Leitfaden bewusst gesteuert werden, um das berühmte Ausufern der Diskussion zu verhindern. Diese Form der Gruppendiskussion dient oft als "preisgünstiger" Ersatz für grössere qualitative Studien. Man muss sich bewusst sein, dass bei dieser Methode die Repräsentativität oft nicht ausreichend berück-sichtigt werden kann. Weiter können sich die Gruppenmitglieder gegenseitig beeinflussen. Andererseits bildet gerade die durch die Gruppendynamik stimu-lierte gegenseitige Anregung die Basis für phantasievolle Assoziationen und Ideen.

Die Qualität der Ergebnisse von Gruppendiskussionen hängt von verschiedenen Faktoren ab (Kühn/Fankhauser 1996, S. 71). Zu nennen sind insbesondere:

- die Fähigkeiten (fachliche, menschliche) des Gesprächsleiters
- die Auswahl der Gruppenmitglieder (meist Mitglieder der Kernzielgruppe[n])
- die Grösse der Gruppen (mindestens 4, ideal 8, höchstens 12 Personen)
- die technischen Voraussetzungen (geeigneter Diskussionsraum, Installation für Tonband- und Videoaufzeichnungen, Möglichkeiten für ein Beobachterteam, die Diskussion via Video zu verfolgen, um dem Gesprächsleiter per Bildschirm oder Telefon Zusatzfragen zu übermitteln)
- die Zahl der Gruppengespräche (mindestens 2, meist 4 bis 6).

5. Auswahl der Untersuchungsobjekte

Um Marktforschungsmethoden anwenden zu können, muss die Zielgruppe der zu Befragenden festgelegt werden. Aus finanziellen, zeitlichen und organisatorischen Gründen wird in der Regel anstelle einer Vollerhebung eine Untersuchung in einer Teilmasse (Sample, Stichprobe) vorgenommen. Die Stichprobentheorie zeigt, dass bei Beachtung bestimmter Auswahlregeln eine beschränkte Zahl von Untersuchungspersonen genügt, um Daten zu erhalten, die objektive Rückschlüsse auf alle Informationsträger (auch Grundgesamtheit genannt) erlauben (Pasquier 2005, S. 10).

Eine Stichprobe ist repräsentativ, wenn sie in der Verteilung (Struktur) aller relevanten Kriterien der Grundgesamtheit entspricht. Als wichtigste Stichproben-Verfahren sind zu erwähnen:

a) die **reine Random- oder Zufallsstichprobe** ("Lotterieauswahl"): Die Elemente (Personen) können direkt aus der Grundgesamtheit gezogen werden. Jede Person der Grundgesamtheit hat die gleiche Chance, in die Stichprobe zu "gelangen".

b) **Quota-Stichprobe**: Es wird nach bestimmten Kriterien ein "Modell" der Grundgesamtheit gebildet (z.B. Quoten nach Regionen, Geschlecht, Stadt/Land, Altersgruppen). Die Auswahl der Personen erfolgt dann nicht nach dem reinen Zufallsprinzip, sondern durch die Person, welche die Stichprobe zieht, indem diese gemäss ihrer Quotenanweisung die Stichprobe "zusammenstellt".

Dazu einige Hinweise:

a) Gemäss der Erkenntnisse der Stichprobentheorie hängt die Stichprobengrösse nicht von der Grösse der Grundgesamtheit ab.

b) Die kleinste Untergruppe von Personen, deren Aussagen man quantitativ (repräsentativ) auswerten möchte, sollte nicht unter n = 30 sinken.

c) Es existieren Formeln zur Berechnung der Stichprobengrösse und der damit verbundenen Fehlermargen.

Eine Gegenüberstellung der wichtigsten Stichprobenarten findet sich in Abbildung 59.

6. Planung und Durchführung einer Marktforschung

Da die Kosten einer Marktforschung relativ hoch sind (der interne Aufwand wird oft unterschätzt), sollten einzelne Punkte abgeklärt werden, bevor man sich für eine Primärmarktforschung entscheidet:

a) Grobe Beschreibung des Problems und Bestimmung der Ziele der Marktforschung

b) Überprüfung der vorhandenen Informationen; kann Marktforschung überhaupt neue Erkenntnisse bringen?

c) Bestimmung der Marktforschungsmethoden (Befragung, Beobachtung oder Tests, Grösse der Stichprobe)

d) Schätzung der Kosten der benötigten Forschung (inkl. interner Zusatzaufwand)

e) Entscheid über Durchführung einer Primärforschung

Der Grundsatzentscheid über die Durchführung einer Marktforschung löst eine ganze Reihe von Planungs- und Durchführungsarbeiten aus. Weil in der Praxis meistens mit einem Marktforschungsinstitut zusammengearbeitet wird, ist es sinnvoll, eine genaue Ablaufplanung vorzunehmen. Dazu gehören folgende Phasen (Pasquier 2005, S. 13):

a) Präzisierung des Untersuchungszweckes
- Formulierung der Ziele
- Sammlung und Auswertung des Sekundärmaterials
- Grobe Zeitplanung
- Grobbestimmung des Budgets

b) Bestimmung der Forschungsstrategie
- Informationsträger
- Marktforschungsmethode
- Art der erwarteten Datenauswertung
- Aufforderung an Marktforscher zur Offertstellung, Briefing der Marktforscher und Wahl eines Instituts

Abbildung 59: Wichtigste Merkmale der Grundvarianten der Stichprobenauswahl (Kühn/Fankhauser 1996, S. 123)

Grundvarianten Merkmale	einfache Zufallsstichprobe	Quota-Stichprobe
Sicherung der Repräsentativität	durch Verfahrensvorschriften, die sicherstellen, dass Stichprobeneinheiten zufällig ausgewählt werden (Zufallsprinzip)	durch Vorgabe von Quotenmerkmalen bzw. Quoten, die die Stichprobe erfüllen muss, um ein Abbild des Universums zu sein (Abbild-Prinzip)
Schwierigkeiten der Repräsentativitätssicherung	mangelhafte oder veraltete Adressdatenbanken mangelnde Ausschöpfung wegen nicht erreichbarer oder Antwort verweigernder Stichprobeneinheiten Untervertretung bestimmter Bevölkerungskreise als Folge der Ausschöpfungsproblematik	grundsätzliche Schwierigkeit, ein korrektes Abbild des Universums durch Quotenvorgaben zu sichern mangelhafte Kenntnis der zweckmässigen Quotenmerkmale Gefahr der Übervertretung leicht erreichbarer Personengruppen
Anwendbarkeit der Stichprobentheorie	grundsätzlich gegeben allerdings mit Einschränkungen bei schlechter Ausschöpfung	grundsätzlich nicht gegeben in der Praxis jedoch gebräuchlich
Interviewereinfluss auf Auswahl	weitgehend ausgeschaltet	grundsätzlich bedeutend, aber steuer- und kontrollierbar
Kostenwirkung	eher verteuernd	eher verbilligend
Anwendungsbereiche und -grenzen	alle Universen, die adressmässig erfassbar sind problematisch, wenn Absatzbedeutung zwischen einzelnen Abnehmern stark variiert (z.B. in Industriegütermärkten)	alle Universen, deren Strukturmerkmale zahlenmässig bekannt sind bevorzugte Methode für Labortests und Investgüteruntersuchungen, schlecht geeignet bei hohen Anforderungen an Repräsentativität

c) **Bestimmung der technischen Fragen der anzuwendenden Methode**
- Stichprobenart und -grösse
- Bestimmung der Programmfragen
- Detailbudget und Zeitplan im Detail

d) **Definitive Ausarbeitung der Untersuchungsmethode und Feldarbeit**
- Probe-Interviews und definitive Bereinigung der Fragebogen
- Befragung im Feld (inkl. Kontrolle der Feldarbeit)

e) **Datenaufbereitung**
- Codierung
- Rechnerisches und inhaltsanalytisches Auswerten

f) **Datenauswertung und -interpretation**
- Beurteilung des Marktforschungsberichtes
- Analyse und Verwendung der für das Marketing-Problem beschaften Informationen

Dieser kurze Überblick zur Marktforschung soll hier genügen. Es existiert eine umfassende Spezialliteratur zu diesem Thema, und für die praktische Umsetzung steht eine Vielzahl von spezialisierten Instituten zur Verfügung. Marktforschung wird heute in NPO für viele Zwecke eingesetzt, etwa im Beschaffungs-Marketing (Fundraising), aber beispielsweise auch im Marketing-Teilbereich "Auftragsdurchführung" sollen Marktanalysen über die Stellung eines Gewerbezweiges (z.B. Zukunft des Schreinergewerbes) und die Ansprüche der heutigen Kunden an den Verband und seine Mitglieder direkte Hinweise für die Zukunftsbewältigung liefern.

Auf der andern Seite ist darauf hinzuweisen, dass in der NPO-Praxis oft genügend interne Informationen zur Verfügung stehen, um die operative Marketing-Planung sinnvoll voranzutreiben. Es besteht die Gefahr, dass zu viel Geld in die Abklärungen investiert wird - Mittel, die dann für die Umsetzung der Marketing-Tätigkeiten fehlen.

3. Marketing-Ziele: Festlegen der Bereichsziele

Wir haben bei der Definition der NPO als Organisationstyp festgehalten, dass bei NPO die Sachziele im Vordergrund stehen. In der Unternehmung gilt die Formalzieldominanz, d.h. Gewinnziele, Umsatzziele stehen im Vordergrund. Deshalb sind hier Marketing-Ziele auch relativ leicht zu quantifizieren. Wie wir in Kapitel II erwähnt haben, können NPO in Teilbereichen auch Gewinne erwirtschaften, um damit z.B. Kollektivgüter zu finanzieren. In diesem Sinne kann auch die NPO ökonomische Ziele verfolgen, z.B. ein Gewinnziel mit einer Messe, finanzielle Ziele im Fundraising usw. Bei NPO haben Formalziele jedoch untergeordneten Charakter.

Da es bei der operativen Marketing-Planung vor allem um den abgestimmten Einsatz der Marketing-Instrumente geht, stehen hier Leistungsziele im Vordergrund. Für die zu planende Verbandsleistung (vgl. Kapitel II, 2.2) sind möglichst konkrete Ziele zu planen, diese sind präzise zu formulieren und mit den folgenden Dimensionen zu umschreiben:

Zielinhalt: Was soll mit dieser Massnahme erreicht werden? (z.B. neue Mitglieder in einer bestimmten Region)

Zielausmass: Welcher Zielerreichungsgrad ist gewünscht? (es ist z.B. ein Organisationsgrad von 60 % anzustreben)

Zeitbezug: In welchem Zeitraum sollen die Ziele erreicht werden? (z.B. im Laufe der nächsten 18 Monate)

Im NPO-Bereich werden die Oberziele oft nicht präzise formuliert: "Das Leben von Menschen erleichtern, die an Krankheit X leiden", "Die Interessenvertretung für die Wirtschaft wahrnehmen" etc. Zudem ist der Zeitbezug nicht gegeben, und das Zielausmass ist vielfach grenzenlos, d.h. die Not in der Welt lässt sich nicht eliminieren, ein Interessenvertretungsmandat lässt sich beliebig ausweiten. So werden als Ersatz für fehlende Zielgrössen Ersatzindikatoren verwendet wie Input-Grössen (z.B. finanzieller Aufwand für NPO-Aktionen etc.). Dieses Vorgehen gibt uns den Hinweis, dass Marketing-Tätigkeiten immer auch eine Budgetfrage bedeuten, d.h. Punkt 9 der Planungssequenz ("Marketing-Budget") kann zu einer Modifikation der Ziele führen.

Im Profit-Marketing stehen die Initiierung und die erfolgreiche Durchführung einer Güter- oder Leistungstransaktion im Vordergrund. Im NPO-Marketing werden oft andere Reaktionsarten von der Zielgruppe angestrebt. Kotler (1978, S. 285) listet folgende Einteilung zur Initiierung erwünschter Veränderungen auf:

1. Kognitive Veränderungen
2. Konkrete Handlungen
3. Wertänderungen oder Einstellungsänderungen
4. Verhaltensänderungen

Die Reihenfolge deutet gleichzeitig den steigenden Grad der Realisierungsschwierigkeiten an, die mit der jeweiligen Zielsetzung verbunden sind. Abbildung 60 zeigt Beispiele für Zielformulierungen in den vier Klassen und den gesteigerten Schwierigkeitsgrad der intendierten Veränderungen (vgl. Bruhn/Tilmes 1994, S. 55, wobei wir die Reihenfolge geändert haben).

Bei den **kognitiven Veränderungen** wird eine Veränderung und Verbesserung des Informationsstandes der Zielgruppen über ein von der NPO bearbeitetes oder vertretenes Thema/Anliegen angestrebt. Diese Veränderung des Informationsstandes ist Voraussetzung für die weiteren Stufen.

Konkrete Handlungen können die Ausführung einer Tauschbeziehung (Kauf von Produkten einer Umweltorganisation), Leistung einer Spende, Teilnahme an einer Veranstaltung bedeuten. Das hier geforderte Verhalten entspricht weitgehend den Transaktionen im Profit-Marketing, wobei die Gegenleistung objektiv nicht der Leistung entsprechen muss (Spende gegen "gutes Gewissen"). Solche konkreten Handlungen müssen nicht zu einer Wert- oder Einstellungsänderung führen. Eine Mitarbeit als freiwillige Helfer oder die Übernahme einer Milizposition dürften über eine Einstel-lungs- zu einer Verhaltensänderung führen.

Die in der dritten Stufe angedeuteten **Wert- und Einstellungsänderungen** sind eine Grundlage für die in der vierten Stufe angestrebten **Verhaltensänderungen.** Gerade im Social Marketing werden durch Marketing-Massnahmen Verhaltensänderungen von Dritten angestrebt, von Menschen, die mit der NPO direkt nichts zu tun haben und die unter Umständen die angestrebte Verhaltensänderung innerlich gar nicht wollen. Beispiele sind die Schonung der Umwelt, Einschränkung des Rauchens usw.

Bei der Mittelzuteilung können verschiedene Ziele in einem Konkurrenzverhältnis zueinander stehen, was sich zu eigentlichen Zielkonflikten ausbilden kann (die Erfüllung eines Zieles ist nur auf Kosten anderer Ziele zu erreichen). Insbesondere in NPO, die durch Gruppen getragen werden, sind Zielkonflikte fast systembedingt, z.B. Ziele von grossen versus solchen von kleinen Mitgliedsfirmen, Ziele der Regionalorganisationen versus Ziele der Zentralorganisation, Dienstleistungsziele versus Interessenvertretungsziele usw. Um Zielkonflikte zu vermeiden, ist eine systematische Planung auf allen Ebenen erforderlich. Es muss der in NPO oft anzutreffenden Maxime "pleasing everybody and doing nothing" entgegengewirkt werden, damit nicht vordergründig alle Wünsche berücksichtigt werden, ohne aber zu echten Problemlösungen zu gelangen. Konfliktäre Zielsetzungen sind auszudiskutieren und sinnvolle Prioritäten zu setzen. Im Marketing müssen Ziele, welche die festgelegte Gesamtidentität verletzen, unbedingt modifiziert werden. In diesem Sinne sollte auf die Komplementarität aller Marketing-Ziele hingearbeitet werden. Jede Marketing-Aktivität muss die weiteren Aktivitäten stützen und ergänzen.

Abbildung 60: Mögliche Ziele im Nonprofit-Marketing und der Schwierigkeitsgrad der intendierten Veränderung (vgl. Bruhn/Tilmes 1994, S. 55)

**Verhaltens-
änderung**
- Einschränkung des Alkohol- und Tabak-konsums
- Anspornen der AutofahrerInnen zur Einhaltung von Tempo 100 km/h auf der Autobahn
- Verbesserung ungesunder Ernährungsgewohnheiten

hoch

**Wert- und
Einstellungs-
änderung**
- Rauchen als schädlich anerkannt
- Abbau der AusländerInnenfeindlichkeit
- Erhöhung des Umweltbewusstseins
- Erhaltung der Sozialpartnerschaft

Schwierigkeitsgrad der intendierten Veränderung

**Konkrete
Handlungen**
- Teilnahme an Spendenkampagnen
- Kauf von Produkten eines Hilfswerkes
- Teilnahme an Wahlveranstaltung

**Kognitive
Veränderung**
- Aufklärungskampagne über die Umweltschädlichkeit von PVC
- Informationsveranstaltungen von Selbsthilfegruppen über ihre Arbeit
- Info über das Verhältnis Anzahl Wohneigentümer zu Anzahl Mieter

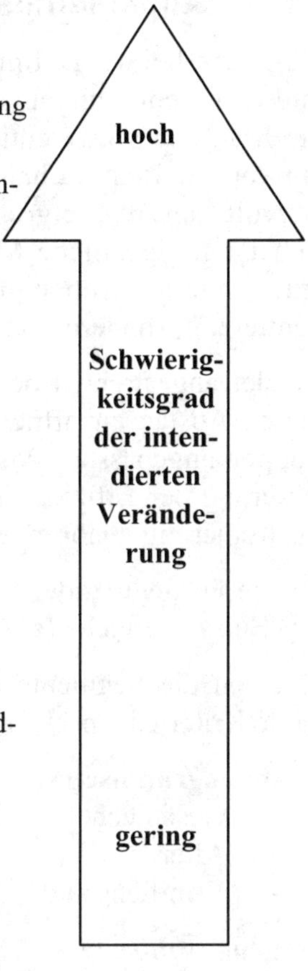

gering

4. Marketing-Segmentierung: Festlegen von Segmenten, Zielgruppen

4.1 Allgemeines

Wir haben bei der Definition von Marketing festgehalten, dass die Marketing-Philosophie als Orientierung an den Wünschen der Austauschpartner verstanden werden muss. Die Marketing-Segmentierung entspricht deshalb dieser Kernaufgabe des Marketing. Um kundenorientiert handeln zu können, muss man die Kunden kennen. Deshalb ist es sinnvoll, unsere Zielgruppen segmentspezifisch zu bearbeiten. Es handelt sich nicht immer um eigentliche Märkte, es kann sich auch um Quasi-Märkte, Mitglieder- und andere interne Gruppen usw. handeln. Deshalb sprechen wir nicht nur von Marktsegmentierung, sondern von Marketing-Segmentierung.

Mit der angestrebten besseren Befriedigung der Bedürfnisse der möglichst klar definierten Austauschpartner der NPO ergibt sich gleichzeitig die Möglichkeit einer zielgruppen-angepassten Positionierung der angebotenen Leistungen und damit eine Verbesserung der Effizienz beim Einsatz der Marketing-Instrumente. Segmentierung und Positionierung gehören deshalb wie siamesische Zwillinge zueinander.

Für die Festlegung der Segmentierungsbereiche folgen wir der Gliederung der Marketing-Einsatzbereiche (s. Abb. 61).

Bestehen die Segmente aus **Individuen**, so lassen sich für deren Beschreibung folgende Kriterien einsetzen:

- **demographische**
  - Geschlecht
  - Alter
  - Familienstand
  - Beruf
  - Einkommen
  - Familienlebenszyklus
- **geographische**
  - Land
  - Stadt
  - Kaufkraftbezirk
- **psychographische**
  - Einstellung
  - Motive
  - Rollen
- **verhaltensorientierte**
  - Verhaltensmuster
  - Lebensgewohnheiten
  - Lebensstil (Life-Style)
  - Milieus
- **Gruppenbezogenheit und Gruppenzugehörigkeit**
- **Rollen im Austauschprozess**

Abbildung 61: Segmentierungsbereiche in der NPO

Aussenbereich	Innenbereich	Aussenbereich
Input-Bereich		Outputbereich
Nichtmitglieder-Segmente **Fundraising-Segmente**	**Mitglieder-Segmente** - Regionale - Fachliche - Betriebsgrössen	**Segmente für Interessenvertretung** - Behörden - Parlament - Öffentlichkeiten - Gegenverbände etc. **Segmente für Auftragsdurchführung**
	Dienstleistungssegmente	

Für die Beschreibung von **Organisationen/Gruppen** sind folgende Punkte wichtig:

- Organisationscharakteristik
- Verhalten gegenüber den Leistungen der NPO
- Kooperationsverhalten

Weiter können die Segmente näher aufgeschlüsselt werden, indem wir uns fragen: Wer in der Gruppe sind die Entscheider, die Beeinflusser, die Käufer oder Benutzer, die Ausführenden, die Gate-Keeper (Informationsfilter)?

Eine andere Möglichkeit besteht in der Erstellung eines Segmentierungskataloges. Die Abbildung 62 zeigt mögliche Segmentierungskriterien für eine Industrie- und Handelskammer.

Aber auch in kleineren Organisationen lassen sich sehr sinnvolle Segmente festlegen. Die schweizerische Entwicklungshilfe-Organisation «Helvetas» unterscheidet folgende Segmente:

1. Informationsbezüger: Menschen, die nur an Informationen interessiert sind.

2. Käufer von Helvetas-Produkten: Diese Menschen sind nicht bereit, ohne Gegenleistung zu spenden, sie sind jedoch bereit, Produkte mit einem Preiszuschlag zu erwerben (z.B. Helvetas-T-Shirt oder Honig).

3. Die Spenderinnen und Spender: Diese Menschen leisten Beiträge aufgrund von Spendenanfragen.

4. Mitglieder: Diese Menschen sind bereit, regelmässig Spenden zu leisten.

Abbildung 62: Mögliche Marktsegmentierung der IHK Karlsruhe
(Dietzfelbinger 1995)

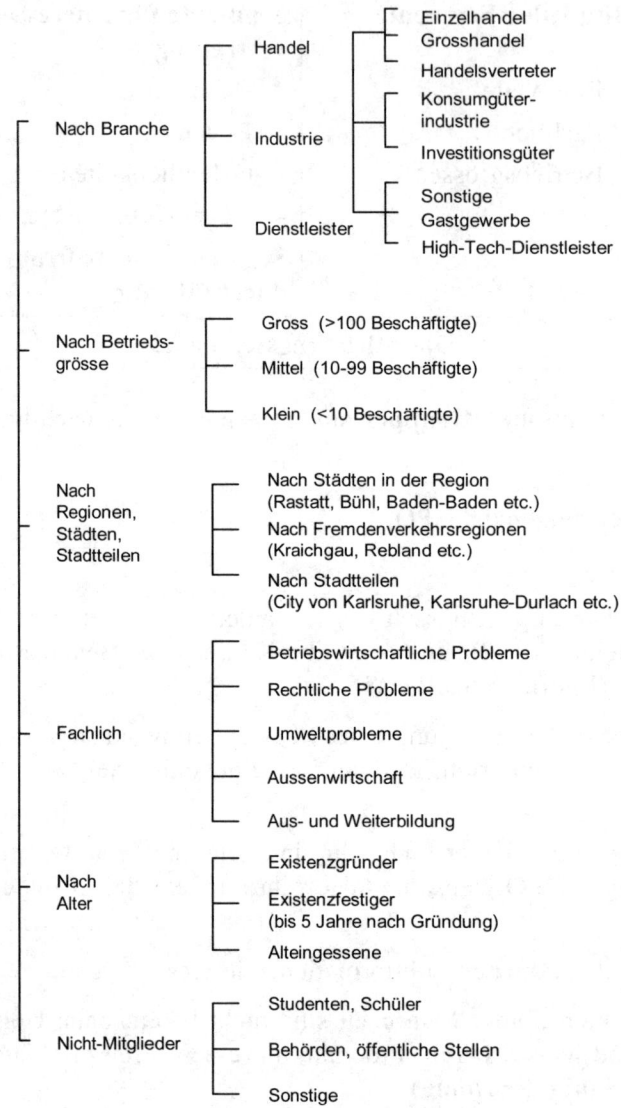

5. Mitglieder aktiver Orts- und Regionalgruppen: Diese Menschen sind bereit, sich persönlich für Helvetas zu engagieren.

Für jedes dieser Segmente gibt es ein ganz spezifisches Set von Marketing-Instrumenten.

Wir sind überzeugt, dass im **NPO-Bereich** noch viel **zu wenig segmentiert** wird. Es ist in vielen Bereichen möglich, relativ homogene Zielgruppen zu bestimmen.

Auf der andern Seite müssen wir aber darauf hinweisen, dass wir besonders im **Social Marketing "negative" Segmente** zu bearbeiten haben, d.h. die Austauschpartner sind gegenüber dem Angebot der NPO negativ eingestellt (z.B. Konsumenten stemmen sich gegen Recycling-Aktionen). Kollektivgüter (gemeinsam finanzierte Güter) können individuell nutzenvermindernd wirken. Im Profit-Marketing würde man logischerweise eine "negative" Zielgruppe nicht in Betracht ziehen. Die NPO aber kann ihre Segmente oft nicht autonom festlegen. Diese sind z.B. vorgegeben (Kirchen), oder die Mission der NPO ist normativ besetzt, und damit lassen sich die Leistungen nicht auf irgendwelche Kundenbedürfnisse zuschneiden (vgl. Kapitel III, 2.2). Diese Problematik findet sich bei den meisten Präventionskampagnen (Unfälle verhüten, Antiraucher-Kampagnen). Hier beschränkt sich die Segmentierungsaufgabe auf das Definieren der Zielgruppe (wer soll die Botschaft erhalten) und auf eine möglichst zielgruppengerechte Aufbereitung, ohne die normativen Inhalte aber grundsätzlich zu ändern. Präventiv-Informationen haben den Nachteil, dass der "Benefit" erst viel später eintritt und das zu vermeidende Übel vielleicht gar nicht eintreten muss (Schlüssigkeit fehlt!).

Eine interessante Studie zur Raucherprävention wurde an der Universität Wien durchgeführt. Weil starkes Rauchen Suchtcharakter aufweist, ist eine Verhaltensänderung bei Rauchern nur sehr schwer zu bewerkstelligen. Starke Raucher lassen sich deshalb nicht durch Informationskampagnen vom Rauchen abhalten. Bei diesen Personen braucht es meistens eine ernste Warnung durch einen Arzt, die aufgrund von gesundheitlichen Problemen ausgesprochen wird. Die etablierten Raucher fallen deshalb als Zielgruppe für die Antiraucher-Werbung ausser Betracht. Ein sinnvolles Segment wären Jugendliche in dem Stadium, in welchem sie sich für oder gegen das Rauchen entscheiden. Untersuchungen haben ergeben, dass bei 13- bis 16-Jährigen etwa 50 % als Nichtraucher gelten, 25 % als Raucher und 25 % als unsichere Nichtraucher. Bei älteren Jugendlichen sind etwa 50 % Raucher, die 25 % unsicheren Nichtraucher werden meistens zu Rauchern.

Weiter ergab die Imagestudie, dass der typische Raucher nicht von den Rauchern, sondern von den unsicheren Nichtrauchern am positivsten beurteilt wurde. Analog wurde der typische Nichtraucher von den unsicheren Nichtrauchern am schlechtesten beurteilt. Daraus ergibt sich das Problem, dass die mit Rauchern in Verbindung gebrachten Eigenschaften wie Spontaneität, Lässigkeit etc. sehr attraktiv wirken, dass man aber diese positiven Assoziationen mit Verboten nicht aus der Welt schafft, sondern versuchen müsste, auch für das Nichtrauchen positive Assoziationen zu kommunizieren.

Damit hat die Suche nach einem sinnvollen Segment bereits auch Hinweise für dessen aktive Beeinflussung gebracht (Praschl 1987, S. 66).

Eine weitere Schwierigkeit ist die oft unzureichende Informationsbasis für die Bearbeitung von Segmenten. Man kann zwar die Segmente umschreiben (z.B. die Nichtmitglieder, die Nichtspendenden), weiss aber nicht, weshalb sich die Zielgruppen so verhalten. Ein Beispiel: In der Schweiz spenden bei Massenmailings ein Promille der Spendenden Beträge unter CHF 5.--. Dieses Segment kostet in der Bearbeitung mehr, als es einbringt. Deshalb ist es für eine NPO sinnvoll, dieses Segment nur noch bedingt anzuschreiben.

4.2 Das Involvement-Konzept als wichtige Dimension für die Zielgruppen-Segmentierung

Das Phänomen "Involvement" wird im Profit-Bereich als neues wichtiges Element für die Verfeinerung der Zielgruppen-Segmentierung angesehen (Kühn/Jenner 1998, S. 15). Rothschild (1979, S. 13) hat als erster darauf hingewiesen, wie wichtig dieses Konstrukt auch für den NPO-Bereich ist.

Unter Involvement verstehen wir das **Interesse an** einem, die persönliche **Betroffenheit durch** und das persönliche Engagement **für** einen Meinungsgegenstand (Identifikationsmöglichkeiten), ein(em) Produkt, eine(r) Dienstleistung, eine(r) Marke, eine(r) Sportart usw. Das **Involvement beeinflusst** den allgemeinen Aktivitätsgrad einer Person gegenüber bestimmten Informationen oder ganz allgemein das **Informationsverhalten**. Daraus ergibt sich das Engagement, die innere Beteiligung, mit der sich jemand der Kommunikation zuwendet.

«Das gesamte Involvement setzt sich zusammen aus:

1. **persönlichem Involvement**, das von den Werten und Motiven der Empfänger abhängt. Beispiel: Jemand ist fussballbegeistert und deswegen involviert, wenn es in der Kommunikation um Fussballbelange geht.

2. **Produktinvolvement**, das vom Interesse an einem Produkt oder an einer Dienstleistung bestimmt wird. Es hängt vor allem vom wahrgenommenen Risiko bei der Beschaffung des Produktes oder der Dienstleistung ab.

3. **Situationsinvolvement**: Es wird durch den vorhandenen Zeitdruck, die Entscheidungssituation und durch andere situative Einflussgrössen geprägt.

4. **Werbemittel- oder Reaktionsinvolvement**: Es entsteht durch die Aktivierungskraft eines Werbemittels, zum Beispiel einer Anzeige.

5. **Medieninvolvement**, das ist die innere Beteiligung bei der Benutzung eines Mediums. Dabei ist zwischen einem allgemeinen und einem speziellen Medien-involvement zu unterscheiden:

Das allgemeine Medieninvolvement bezieht sich auf die mehr oder weniger engagierte Zuwendung zu einem Medium. Es ist zum Beispiel beim Lesen einer Zeitschrift stärker als beim Fernsehen. Das spezielle Medieninvolvement kommt in der Aufgeschlossenheit zum Ausdruck, mit der sich der Empfänger der Werbung in einem bestimmten Medium zuwendet» (Kroeber-Riel 1993, S. 222).

Wie wir im Abschnitt über Marketing-Kommunikation ausführen werden, laufen bei beeinflussenden Kommunikationsprozessen simultan mehrere Prozesse ab:

1. Prozess der Informationsaufnahme
2. Prozess der Informationsverarbeitung
3. Eventuell Prozess der Einstellungsänderung
4. Eventuell Prozess der Verhaltensänderung

Das Involvement beeinflusst all diese Prozesse. Jeder Mensch hat schon beim ersten Kontakt mit einer Botschaft ein vorgeprägtes Involvement, das sein grundsätzliches Verhalten vor, in und nach der Kontaktsituation beeinflusst.

Ist das **Involvement** gegenüber einem Angebot/Meinungsgegenstand **hoch**, dann verwendet eine Person viel Zeit und Energie, um Informationen zu suchen, aufzunehmen und zu verarbeiten. Man verfügt über gefestigte Einstellungen und vorgefasste Präferenzen. Eine Verhaltensänderung kommt nur nach reichlicher Überlegung zustande (vgl. Mühlbacher 1982, S. 187).

High Involvement

- Meinungsgegenstand wird als wichtig eingestuft
- Ich-Betroffenheit ist gross
- Zielperson ist bereit, Information zum Thema zu suchen und
- aufzunehmen
- Source-Effekt (Informationsquelle) ist stark: Wer sagt es?

Ist das **Involvement tief**, ist die Bereitschaft, nach Informationen zu suchen, geringer; es bestehen schwächer ausgeprägte Einstellungen, die auch stark untereinander variieren. Eine Verhaltensänderung ist kurzfristig möglich (Impulshandlung), man entscheidet spontan und macht sich eher nachher gewisse Überlegungen.

> **Low Involvement**
> - Gleichgültigkeit gegenüber einem Meinungsgegenstand
> - Ich-Betroffenheit ist klein
> - Der Zielgruppe fehlt die Motivation, Informationen zu verarbeiten

In Wirklichkeit bestehen zwischen High und Low Involvement zahlreiche graduelle Varianten, die zudem von Mensch zu Mensch unterschiedlich ausgeprägt sind.

In Abbildung 63 wird eine rein hypothetische Verteilung von Gütern, Meinungsgegenständen für den Profit- und Nonprofit-Bereich dargestellt. Auf der linken Seite der Tabelle sind Güter aus dem Profit-Bereich aufgelistet, am oberen Ende der Tabelle High Involvement-Güter, am unteren Ende eher solche, die einen Low Involvement-Charakter aufweisen. Auf der rechten Seite der Tabelle werden Meinungsgegenstände/Güter aus dem Nonprofit-Bereich aufgelistet.

Bei Profitgütern ist beispielsweise anzunehmen, dass Autos (für Männer), Parfums/Schmuck (für Frauen) ein eher hohes Involvement, Zündhölzer, Zucker etc. ein geringes Involvement aufweisen. Hohes Involvement weisen vor allem Gegenstände auf, die stark im sozialen Kontext eingebunden sind, z.B. wie erwähnt Autos oder auch Skis: man setzt sich beim Warten am Skilift der öffentlichen Begutachtung aus.

Konsumgüter haben im Allgemeinen für Menschen eine geringere Bedeutung als "Hot Issues", das sind konträr beurteilte Meinungsgegenstände wie Ablehnung des Militärdienstes, die Aids-Frage, das Verhältnis zu Ausländern, zu Minderheiten, der Tierschutz, Tierversuche usw. Selbstverständlich ist der Grad des Involvement je nach Meinungsgegenstand individuell verschieden. Viele Angebote im NPO-Bereich lassen sich relativ eindeutig dem High oder Low Involvement-Sektor zurechnen. Diese Meinungsgegenstände unterliegen oft einer starken Polarisierung. Entweder ist man dafür oder dagegen, oder das Thema findet bei gewissen Gruppen überhaupt kein (persönliches) Interesse. Deshalb lassen sich grössere Zielgruppen bilden, die eher Richtung High oder Low Involvement tendieren. Abbildung 63 will darstellen, dass Güter aus dem Profit-Bereich tendenziell eher ein mittleres Involvement aufweisen, während wir im NPO-Bereich eher eine Häufung im High Involvement- oder dann im Low Involvement-Bereich feststellen. So stehen NPO oft vor dem Problem, dass die Zielgruppe über den zur Diskussion stehenden Meinungsgegenstand gar nichts wissen will (wir haben dies bereits bei den "negativen" Segmenten angedeutet).

In der Praxis werden aber Werbemassnahmen so gestaltet, als ob die Zielgruppe am Meinungsgegenstand interessiert wäre. Man wirbt so, als ob man eine High Involvement-Zielgruppe zu bearbeiten hätte. Deshalb stellt sich im NPO-Marketing nach Bestimmung der Zielgruppen jeweils die Folgefrage des Involvement dieser Zielgruppe.

Abbildung 63: Produktinvolvement in Abhängigkeit zur Güterart (modifiziert nach Rothschild 1979, S. 13)

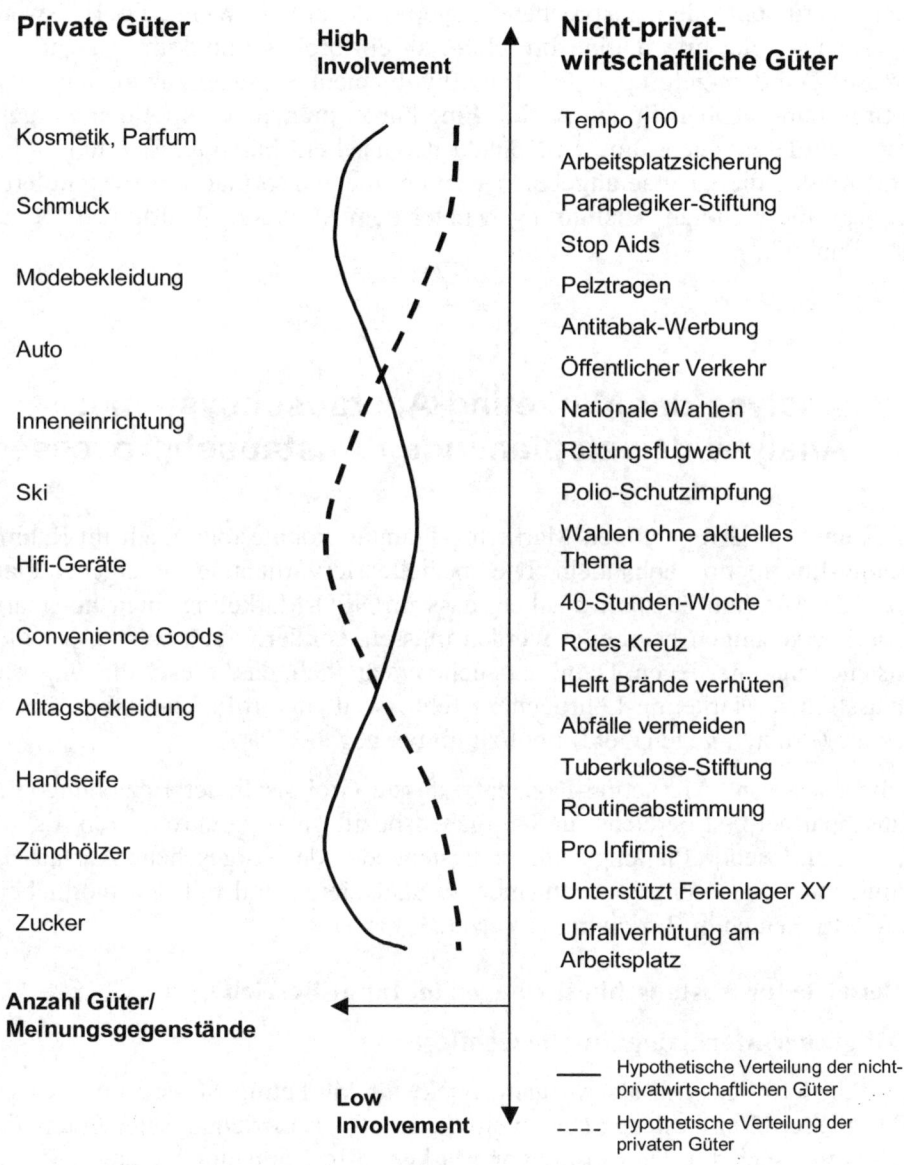

Haben wir es mit einem High Involvement- oder Low Involvement-Verhalten zu tun, oder finden sich in unserer Zielgruppe gar beide Verhaltensweisen? In diesem Fall müsste die Kommunikation für beide Involvement-Segmente angepasst werden. High- oder Low Involvement-Zielgruppen sind nicht "besser" oder "schlechter", sondern die ablaufenden Informationsprozesse sind verschieden, und deshalb müssen die Kommunikationsinstrumente dementsprechend angepasst werden. Wenn ein Hilfswerk eine teure, umfangreiche Informationsbroschüre an ein breites Publikum versendet, dürfte ein grosser Teil der Zielgruppe dem Low Involvement-Segment zuzurechnen sein. Die teure Broschüre wandert in den Abfall. Eine kurze, prägnante, emotional aufgemachte Message würde genügen, um den Kontakt herzustellen. Für Interessierte (High Involvement) müsste die Chance angeboten werden, mehr Information nachgeliefert zu erhalten (vgl. die weiteren Ausführungen unter dem Marketing-Instrument "Kommunikation", Punkt 7.3).

5. Analyse der Marketing-Austauschsysteme: Analyse des zu planenden Austauschprozesses

Diesen Punkt in der operativen Marketing-Planung könnte man auch im Rahmen der Marketing-Information abhandeln. Die spezielle Hervorhebung als eigener Planungsschritt soll wiederum bewusst machen, dass im NPO-Marketing nicht nur marktliche Austauschbeziehungen bearbeitet werden müssen, sondern auch solche, die nicht der Marktsteuerung unterliegen. Damit ist auch verständlich, dass dieser Planungsschritt in den klassischen Marketing-Lehrbüchern fehlt, weil im Profit-Marketing die Art der Beziehung (Produkt gegen Geld) implizit immer gegeben ist.

Der für das Gesamt-Marketing-Konzept erfasste Grobraster der Beziehungen zu den Austauschpartnern ist bereichs- und aufgabenspezifisch zu konkretisieren. Es gilt hier, die für die zu lösende Planungsaufgabe bestehende oder vorgesehene Austauschbeziehung mit ihren Steuerungsmechanismen zu analysieren und mit den möglichen Marketing-Instrumenten in Beziehung zu setzen.

1. **Beispiele für Austauschbeziehungen im Input-Bereich**

a) **Mitglieder-Marketing/Mitgliederpflege**

Mitgliederrollen sind als Ausgangspunkt für Marketing-Massnahmen wesentlich. Mitgliederrollen bestehen aus einem Geflecht von Beziehungselementen, die vielfältige Ansätze für den Einsatz von Marketing-Instrumenten bieten.

b) Fundraising

Auch im Fundraising kann der Austauschprozess mehrschichtig sein. Der Austausch "Spende gegen gutes Gewissen" kann durch einen Kaufprozess überlagert werden, in dem die NPO mit dem Spendenaufruf einen Gegenstand (Karten, Klebeetiketten mit dem Namen des Spenders etc.) anbietet und damit an eingespielte Verhaltensweisen (Kaufprozess) appelliert.

2. Beispiele für Austauschbeziehungen im Output-Bereich

a) Interessenvertretung

Bei der Interessenvertretung wird in politischen Systemen gewirkt. Das zur Diskussion stehende politische System ist in seinen Grundzügen, d.h. mit den vorkommenden Akteuren und den ablaufenden Prozessen zu erfassen (vgl. Kapitel VI, 6.) und nach möglichen Bereichen zur Einflussnahme zu untersuchen. Es stehen vor allem Verhandlungsprozesse im Vordergrund.

Bei der Öffentlichkeitsarbeit und im Social Marketing stehen kommunikative Prozesse an erster Stelle.

b) Dienstleistungsmarketing

Wie die Ausführungen zum Dienstleistungsmarketing (Kapitel I, 2.3) gezeigt haben, befasst sich die neuere Marketing-Literatur intensiv mit dem Prozesscharakter der Dienstleistungen. Man hat erkannt, dass sich das Dienstleistungsmarketing vom Produkte-Marketing wesentlich unterscheidet. Wir werden uns in Kapitel VI, 4. mit dem Dienstleistungsprozess als wichtige Form einer Marketing-Austauschbeziehung auseinander setzen.

c) Marketing als Auftragsdurchführung

Wenn die NPO Marketing-Aufgaben für ihre Mitglieder übernimmt (wie z.B. bei der Gemeinschaftswerbung), sind einerseits klassische Marketing-/Werbeprozesse zu bewältigen, indem mit der Gemeinschaftswerbung die Kunden (z.B. Konsumenten) der Mitglieder(-betriebe) kommunikativ beeinflusst werden sollen. Auf der andern Seite haben wir im Innenbereich (d.h. zwischen NPO und ihren Mitgliedern) einen Kooperationsprozess zu managen, wie die Ausführungen über kooperative Kommunikation (vgl. Kapitel VI, 8.) zeigen.

6. Positionierung der Leistung, des Angebots: Abstimmen mit der Gesamtpositionierung der Organisation

Im Marketing-Konzept wurde die Positionierung der NPO als Organisation festgehalten. Wir haben darauf hingewiesen, dass dies für NPO ein Kernelement des Marketing darstellt, denn NPO sind stark von ihren Umfeldern abhängig und bieten vor allem Dienstleistungen an, für deren Vermarktung ein positives Sender-Image wichtig ist. Dies sind gute Gründe, die für eine aktive Gestaltung der Organisationsidentität sprechen.

Weiter sind jedoch auch die **einzelnen Leistungsangebote** der Organisation bewusst zu positionieren. Austauschpartner nehmen eine angebotene Einzelleistung selten isoliert wahr, diese steht in Bezug zu einer gemachten Erfahrung mit Leistungen der NPO, zu einer vorhandenen Vor- oder Einstellung hinsichtlich einer angebotenen Leistung oder eines Konkurrenzangebots usw.

Im Profit-Marketing wird der Produktpositionierung oder Umpositionierung strategische Bedeutung beigemessen (Esch/Levermann 1995, S. 14). Während grosse Firmen die Möglichkeit haben, Produkte als möglichst eigenständige, von der Firma abgekoppelte Markenpersönlichkeiten zu positionieren, fällt dieser Ansatz im NPO-Bereich ausser Betracht. Einerseits fehlt die wirtschaftliche Potenz, andererseits bieten NPO praktisch ausschliesslich Dienstleistungen an, bei denen das Image der anbietenden Organisation ("Sender-Image") wie erwähnt eine tragende Rolle spielt. Deshalb ist die Produkt-/Leistungspositionierung in der NPO zwingend mit der Positionierung der Organisation abzustimmen, sie muss die Gesamtpositionierung der Organisation stützen. Die Wichtigkeit der Produkt-/Leistungspositionierung zeigt sich auch darin, dass wir für diese einen separaten Planungsschritt vorsehen, man könnte die Positionierung ja auch implizit bei der Produktplanung im Marketing-Mix behandeln. Es ist aber vorzuziehen, diese Frage bewusst, und nicht nur implizit, anzugehen.

Wie bereits bei der Segmentierung angetönt, bildet die **Produkt-/Leistungspositionierung** das **gestaltende Element im Marketing**-Prozess. Man will das Produkt dem Austauschpartner annähern, deshalb spielen neben den objektiven Produkteigenschaften auch subjektive Einschätzungen der potenziellen Kunden eine grosse Rolle. Grundlagen für die Produkt-/Leistungspositionierung können Einstellungsmessungen sein, Polaritätsprofile zwischen eigenen und Konkurrenzprodukten (s. Abb. 30 und 31). Aber auch psychologische Marktmodelle, welche Produkte in ein soziales Feld eingruppieren, können zur Ermittlung von Marktlücken oder -nischen führen. Ziel der Produkt-/Leistungspositionierung muss es sein, die psychische Distanz zwischen den von potenziellen Interessenten wahrgenommenen Eigenschaften eines Angebots und dem mehr oder weniger stark ausgeprägten Idealprofil der gesuchten Leistung zu minimieren. Die Austauschpartner sollen der Leistung einen eindeutigen Platz im "Meinungsfeld" zuweisen können, denn in einer Entscheidungssituation erscheinen im Bewusstsein der Leistungsbezüger/Spender-Innen meistens mehrere mögliche Alternativen ("a set of evoked alternatives"). Diese Angebote bilden eine Vorauswahl und konkurrieren miteinander. Für viele Angebote im NPO-Bereich existieren heute nicht nur Konkurrenzangebote aus anderen NPO, sondern auch aus dem Profit-Bereich. Man denke an Dienstleistungen im Sport, die sowohl von Vereinen wie von privaten Anbietern auf den Markt gebracht werden.

Eine klare Produkt-/Leistungspositionierung erlaubt der NPO, den Marketing-Mix gezielter und harmonischer zu gestalten. Allerdings muss eine festgelegte Idealpositionierung auch ausgefüllt werden können, d.h. die gesamte **Performance** bei der Leistungserstellung muss dem **Positionierungsanspruch entsprechen**. Es dürfen keine Glaubwürdigkeitslücken resultieren.

Für die Erarbeitung der Positionierung bedienen wir uns folgender Methoden:

1. Positionierung durch Produkt-/Leistungseigenschaften

Bei dieser Methode versucht man, diejenigen **Produkteigenschaften** herauszuarbeiten, die dem Produkt/der Leistung eine **Alleinstellung** verschaffen. In der Praxis zeigt sich immer wieder, dass Konsumenten relativ wenig Produkteigenschaften für ihren Entscheid beiziehen. Für die Beurteilung eines Bürodrehstuhles spielen beispielsweise die beiden Faktoren Design (Ästhetik, sinnvolle Formen) und Funktion (Ergonomie, Gebrauchstauglichkeit) eine zentrale Rolle. Es gab auf dem Markt lange Zeit zwar ergonomisch gute Stühle, die jedoch formal nicht befriedigten. Auf der andern Seite gab es sehr schöne Modelle, die aber den ergonomischen Kriterien nicht genügten. Diese Sachlage bewog die Firma Wilkhahn, Sitzmöbel, ein Produkt mit der Formel "eine optimale Funktion in ihre schönste Form bringen" zu positionieren. - Auch im Konsumgüterbereich beschränkt man sich in der Regel auf zwei als relevant erachtete Merkmalsdimensionen, die für die Abweichung in der Produktwahrnehmung der Konsumenten hauptverantwortlich sind.

Bei Dienstleistungen genügen die im Produkt-/Güterbereich verwendeten wenigen Merkmalsdimensionen meistens nicht. Die wichtigen Merkmale und insbesondere die Differenzierung gegenüber der Konkurrenz lassen sich sehr gut in einem Polaritätsprofil darstellen. Eine weitere mögliche Darstellungsform, die den Vergleich einer Vielzahl von Merkmalen zulässt, zeigt Abbildung 64.

In dieser Abbildung wird eine Verbandszeitschrift (STZ) mit einer konkurrierenden Verbandszeitschrift (SIA) sowie einer auf dem freien Markt erscheinenden Publikation (Technische Rundschau) verglichen. Aus diesen Merkmalen lassen sich für die STZ Marketing-Argumente sowohl für die Mitgliederwerbung, für die Abonnentenwerbung wie für die Inserate-Akquisition ableiten. Die Eigenständigkeit der STZ lässt sich durch eine konsequente Kommunikation auch in der Wahrnehmung der Zielgruppe verankern.

Abbildung 64: Positionierung der STZ gegenüber den Konkurrenz-Zeitschriften "SIA" und "Technische Rundschau" (Schürer 1988)

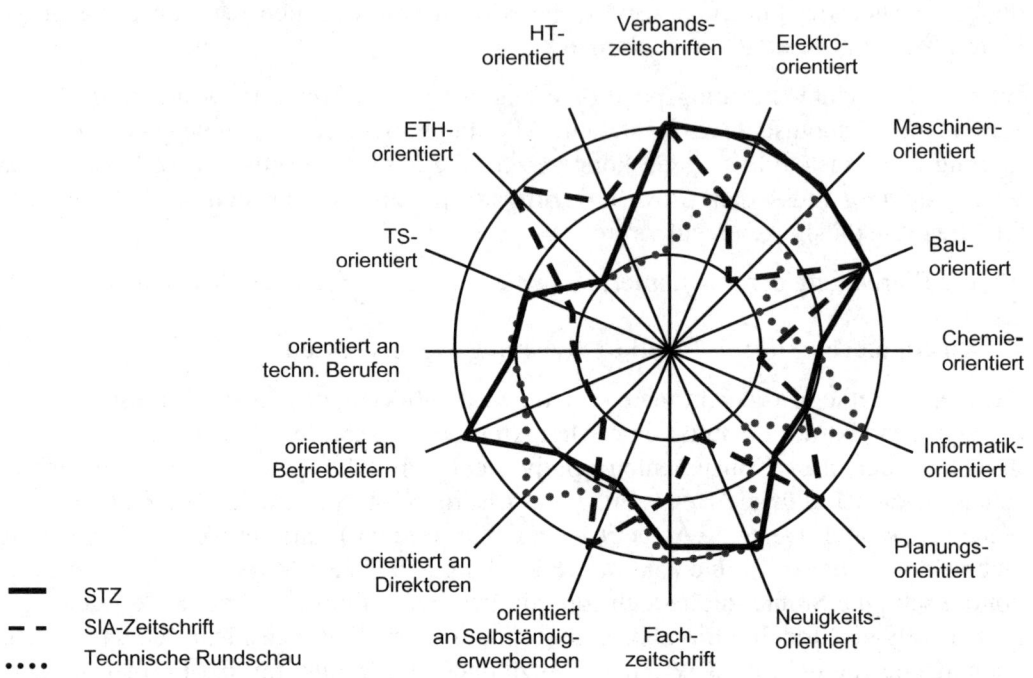

HTL = Höhere technische Lehranstalt (Fachhochschule)
ETH = Eidgenössische Technische Hochschule
TS = Technik-Schulen
STZ = Schweiz. Technischer Verband
SIA = Schweizerischer Ingenieur- und Architektenverein

2. Positionierung durch Konkurrenzvergleich im Positionierungsraum

Die festgelegte Positionierung durch die Herausarbeitung differenzierender Produkteigenschaften gewinnt an Prägnanz, wenn man das eigene Angebot mit im Wettbewerb stehenden Angeboten vergleicht. Die wesentlichen Produkteigenschaften werden als Kontinuum zwischen zwei Extremausprägungen aufgetragen. Auf das oben erwähnte Beispiel "Bürostuhl" übertragen, heisst dies: hohe versus tiefe Designqualität und hohe versus tiefe funktionale Qualität (s. Abb. 65).

Abbildung 65: Grundpositionierungen für Bürostühle

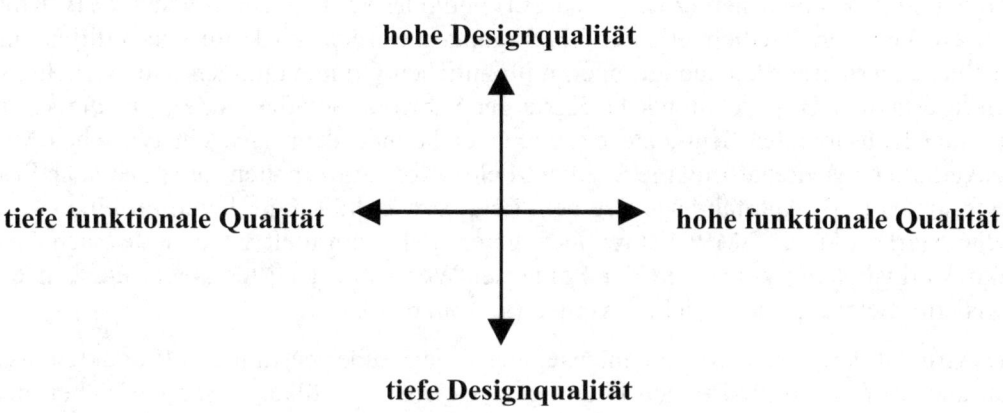

Die verschiedenen, auf dem Markt angebotenen Produkte lassen sich in diesen Positionierungsräumen klar zuordnen.

Anonymes Billigprodukt

Produkt mit hoher Designqualität, funktional und ergonomisch seit den 1950er Jahren nicht weiterentwickelt (Eames Chair)

Funktional qualitativ gute Stühle, die jedoch eher wie Sitzmaschinen aussehen (zahlreiche Angebote auf dem Markt)

Verbindung von gutem Design mit einer optimalen Funktion (z.B. Wilkhahn, Vitra)

Durch den Durchmesser der Kreise kann man zum Beispiel die Preishöhe andeuten (grosser Durchmesser = hoher Preis). Damit erhalten wir einen mehrdimensionalen Eigenschaftsraum, der die Positionierung der wesentlichen Wettbewerber abbilden sollte. Die graphische Darstellung ist für eine Diskussion in Gruppen sehr geeignet, und es lassen sich auch gewünschte oder geplante Änderungsrichtungen eintragen (z.B. von Position **3** zu Position **4**).

3. Positionierung durch Verbindung des Produktes mit Zielgruppen: "Positionierungslandschaften"

Eine weitere Möglichkeit besteht darin, **Produkte** bestimmten **Zielgruppentypen zuzuordnen** (vgl. Schobert 1980, S. 146). Auf der Basis von psychologischen (z.B. Einstellungen), soziologischen (z.B. Lebensstil) und/oder verhaltensbezogenen (z.B. Konsumgewohnheiten, Medienverhalten) Befragungen werden mit Hilfe von multivarianten Rechenverfahren Personengruppen mit ähnlichen Grundhaltungen und Verhaltensweisen erfasst (z.B. psychologische Karte der Schweiz, Soziogramme). Für die so ermittelten Konsumenten-Segmente bzw. -Felder können dann z.B. ein typisches Medienverhalten (Medienaffinität je Segment/Feld), Konsumverhalten für spezifische Produktgruppen (z.B. Autofahrer je Segment/Feld) sowie die Käuferdichte für eine spezifische Marke (Anteil BMW-Fahrer je Segment/Feld) ermittelt werden. Je nach Produkt-/Marktstrategie können in der Folge der Werbestil, der Media-Mix etc. auf die anvisierte Zielgruppe ausgerichtet werden (s. Abb. 66).

Die Affinität definierter Konsumentensegmente gegenüber bestimmten Produkten lässt sich auch auf den NPO-Bereich übertragen: Gewisse Bevölkerungskreise ziehen den einen Turnverein dem andern vor, auch zu Hilfswerken gibt es klare Affinitäten. Dies zeigt sich ebenso bei der Rekrutierung von Ehrenamtsträgern. Das Prestige eines Vorstandsmandates beim Schweizerischen Roten Kreuz soll höher sein als jenes beim Schweizerischen Samariterbund. Das Gleiche gilt für NPO-Leistungen und Meinungsgegenstände: Die Flüchtlingshilfe, der Tierschutz, der Naturschutz, der Heimatschutz etc. haben Zielgruppen mit starker und schwacher Affinität (vgl. Ausführungen zum Involvement).

Positionierungslandschaften zeigen, dass Personengruppen zu gewissen Produkten eine spezifische Affinität haben. Dies bestätigt die vorherige Aussage, dass die Menschen relativ starke Vorstellungsbilder über Produkte gespeichert haben. Es ist aus Marketing-Sicht natürlich vorteilhaft, solche vorhandenen Affinitäten in der Kommunikation "abzuholen" und weiter zu verstärken.

4. Verbale Positionierung

Anstelle dieser graphisch orientierten Methoden lässt sich eine Positionierung auch rein verbal ausdrücken, d.h. man versucht, die **Eigenschaften** des Angebots möglichst **klar zu umschreiben**, so dass das Produkt "**Gestaltcharakter**" erhält. Hier können Produkteigenschaften und Zielgruppen einbezogen werden. Beispiel für einen familien- und christlich-orientierten Sportverein:

«Wir bieten Sport für die ganze Familie an. Neben der sportlichen und körperlichen Ertüchtigung soll auch das Erlebnis der Gemeinschaft unter Gleichgesinnten gepflegt werden. Weil viele unserer Mitglieder als freiwillige Helfer mitwirken, sind wir in der Lage, unsere Leistungen auch preisgünstig anzubieten.»

Abbildung 66: Beispiel für Positionierungsstrukturen/-landschaften

```
                          progressiv
                                NONKONFORMISMUS
                          ESKAPISMUS
                       Marke B
                                DURCHSETZUNGSVERMÖGEN
                 2004                RISIKOFREUDE
      HEDONISMUS              ROMANTIK
        EXTRAVERSION    ANTIAUTORITÄRE HALTUNG
                          STRESS
                                    INFORMELLE ERSCHEINUNG
                         MUEDIGKEIT AMBITIONSLOSIGKEIT
                    MATERIALISMUS   BESCHEIDENHEIT    Marke A
    aussen          ERFOLG                            innen
                          GEPFLEGTE ERSCHEINUNG
                             RUHE
                              AUTORITÄRE HALTUNG
                            SPANNKRAFT
                            REALISMUS
     Marke C           SICHERHEIT          INTROVERSION
                                           RESERVIERTHEIT
                       FRIEDFERTIGKEIT 1974
                       KONFORMISMUS
                          VERWURZELUNG

                          konservativ
```

Das psychographische Klima der Schweiz (PKS) vermittelt u.a. Impulse, wo plausible Felder einer allfälligen Markterweiterung liegen; die Karte zeigt die Standorte der Marken und liefert u.a. verfeinerte Impulse für Positionierungen und Werbeansprachen (DemoSCOPE AG, Research & Marketing, Adligenswil 2004)

Alle bisher vorgestellten Ansätze lassen im konkreten Fall relativ rasch erkennen, ob sich das Eigenschaftsprofil des eigenen Angebots von jenem der Wettbewerber abhebt oder sich mit jenem von Wettbewerbsprodukten überlagert. Im letzteren Fall ist eine Modifizierung der Positionierung empfehlenswert.

5. Das Positionierungskreuz

Die bisher vorgestellten Positionierungsansätze zeigen uns, dass wir zur Positionierung eines Produktes/einer Leistung Aussagen haben sollten über die:

a) einmaligen, speziellen Produkt-/Leistungseigenschaften unserer Angebote,

b) Eigenschaften der Konkurrenzangebote, Unterschiede zum eigenen Angebot,

c) Vorstellungen, Wünsche, Eigenschaften, Charakteristik der Zielgruppen.

Weiter haben wir wiederholt betont, dass eine Produkt-/Leistungspositionierung im NPO-Bereich die Gesamtpositionierung der Organisation nicht beeinträchtigen darf. Deshalb ist das Produkt auch in **Beziehung zum Selbstverständnis der Organisation** zu bringen. Diese vierte Dimension ist unseres Erachtens unbedingt zu berücksichtigen. Das bereits zur Positionierung der Gesamtorganisation verwendete Positionierungskreuz lässt sich auch zur Produkt-/Leistungspositionierung einsetzen.

Wir definieren das Produkt/die Leistung gemäss Abbildung 67 in Bezug auf die:

a) Produkteigenschaften
- Was macht das Produkt einmalig?
- Was zeichnet die Leistung aus?
- Was zeichnet die Leistungspotenziale aus?
- Was zeichnet den Leistungsprozess aus?

b) Konkurrenzangebote
- Welches sind die wichtigsten Wettbewerbsangebote?
- Wie unterscheiden wir uns von diesen Angeboten?

d) Zielgruppen
- Definition/Umschreibung der Zielgruppen
- Lässt sich ein zielgruppenspezifisches Idealprofil definieren?
- Wie soll die Zielgruppe das Produkt wahrnehmen?
- Zielgruppenspezifische Leistungsvorteile

d) CI der NPO
- Passt das Angebot zu unserem Selbstverständnis, zur Glaubwürdigkeit der NPO?
- Passt das Produkt zum Gesamtangebot der NPO?

Auch hier sei nochmals der Hinweis angebracht: Das **Positionierungskreuz** hat nichts mit den vorher vorgestellten Eigenschaftsräumen zu tun. Die **Positionierung** wird hier **rein verbal** umschrieben. Die unter Punkt 1 bis 3 vorgestellten Methoden können als Hilfsmittel dienen, um die einzelnen Parameter des Positionierungskreuzes zu definieren:

Die Methode "Positionierung durch Produkteigenschaften" kann zur Herausarbeitung unserer Stärken dienen, die Positionierung durch Konkurrenzvergleich unterstützt die Herausarbeitung der Profilierung gegenüber der Konkurrenz, die Methode der "Positionierungslandschaften" gibt uns Hinweise auf die Zielgruppe.

Abbildung 67: Die vier Merkmalsdimensionen des Positionierungskreuzes für die Produkt-/Leistungspositionierung

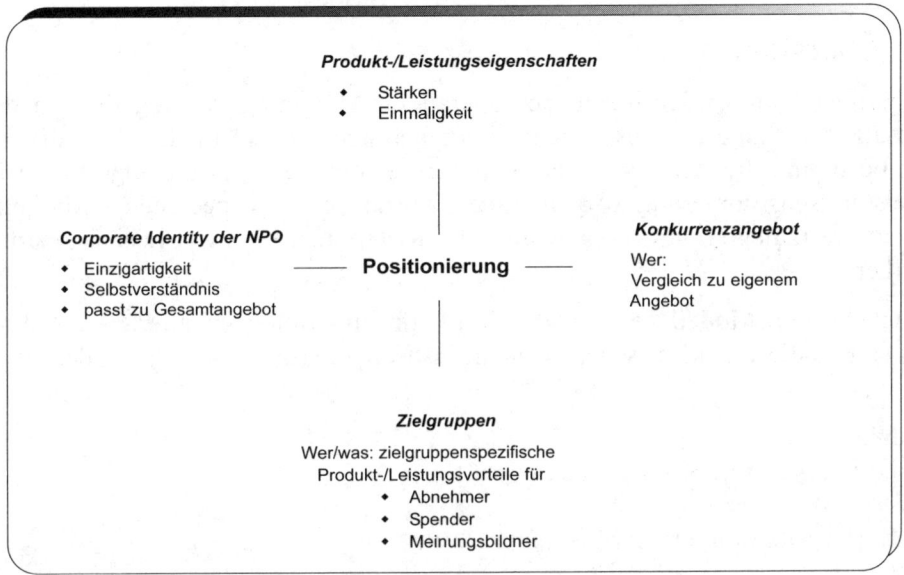

Für das Vorgehen bei der Produkt-/Leistungspositionierung empfiehlt es sich, zuerst eine **Ist-Positionierung** zu erarbeiten: Wie liegt die Leistung heute im Markt? Bei unbefriedigendem Ergebnis soll die Ist-Positionierung durch eine **Soll-** oder **Ideal-Positionierung** ersetzt werden. Für eine Idealpositionierung sind diejenigen Eigenschaften wichtig, welche die Abnehmer subjektiv für richtig halten. Steht ein Produkt zum Angebot eines Konkurrenten in starkem Wettbewerb, soll auch dafür ein Positionierungskreuz erstellt werden, um nach Möglichkeit Ansätze zur eigenen Profilierung herausarbeiten zu können. Je näher die Positionierungen zweier Angebote liegen, desto stärker stehen sie im Wettbewerb zueinander. Deshalb sind die Eigenschaften hervorzuheben, die sich möglichst von Konkurrenzangeboten abheben.

Abschliessend halten wir fest, dass wir in der **Produkt-/Leistungspositionierung** eine zentrale **Steuerungsgrundlage** sehen für die Art und Weise des **Einsatzes** der Marketing-Instrumente, des gesamten **Marketing-Mix**. Die Produkt-/Leistungspositionierung ist ein zentraler Schritt in der operativen Marketing-Planung, nämlich die Verkörperung der Grundidee des Marketing (Marktanpassung und Marktgestaltung) auf der operativen Ebene. Durch den Einsatz der Kommunikationsinstrumente sollen die Vor- und Einstellungen der Zielgruppen in die Richtung unserer Positionierung verändert werden.

7. Der NPO-Marketing-Mix: Die Marketing-Instrumentenbatterie

7.1 Übersicht

Die bisherigen Planungsschritte in der operativen Marketing-Planung dienten dazu, den Einsatz der Marketing-Instrumente vorzubereiten. Nachdem die Ziele/die Zielgruppen bestimmt, die Art des Austauschprozesses definiert und die angestrebte Produkt-/Leistungspositionierung vorgenommen wurde, sind die geeigneten Marketing-Instrumente festzulegen, um die gewünschten Reaktionen bei den Austauschpartnern zu bewirken.

Zu der in unserem Modell verwendeten Marketing-Instrumentenbatterie (s. Abb. 68) gehören einmal die vier klassischen Standardinstrumente (die vier „P") aus dem Profit-Marketing:

- Produkt
- Promotion (gesamte Kommunikation)
- Preis
- „Place" (Distribution, Ort der Leistungserbringung)

Diese Instrumente sind jedoch spezifisch für den Einsatz in der NPO anzupassen und teilweise stark zu modifizieren: Da wir in der NPO vor allem Dienstleistungen anbieten, die aus einem Leistungsbündel bestehen, sprechen wir statt von Produkt von **Performance**, was den gesamten Produkt-Dienstleistungs-Mix einschliesst (vgl. Kapitel VI, 4.).

Auch das Instrument **Kommunikation** ist der Charakteristik der Nonprofit-Güter wesentlich anzupassen, da die Kommunikation in einzelnen Einsatzbereichen einen anderen, **höheren Stellenwert** als bloss denjenigen von „Werbung" erhält. Öffentlichkeitsarbeit (PR) hat für die NPO eine höhere Bedeutung als für Unternehmungen. Die Instrumente Werbung und PR sind in ihrer Bedeutung für Unternehmungen und NPO gerade umgekehrt proportional. Die Lösung von übergeordneten PR-Aufgaben beispielsweise wird von Unternehmungen an Verbände delegiert. Diese abgeleiteten Aufgaben sind ein wichtiger Grund für die Existenzberechtigung von NPO. Die im Unternehmungs-Marketing (zu Recht) angestrebte strikte Trennung zwischen Werbung (für Produkte) und PR (für Institutionen) ist im NPO-Bereich nicht erstrebenswert.

Weil wir in der NPO neben Marktpreisen weitere wichtige Finanzierungsmittel (Gebühren, Beiträge, Spenden) kennen, gewinnt die **Preispolitik** im Vergleich zum Business-Marketing einige **zusätzliche Dimensionen**.

Abbildung 68: Die Marketing-Instrumentenbatterie für NPO

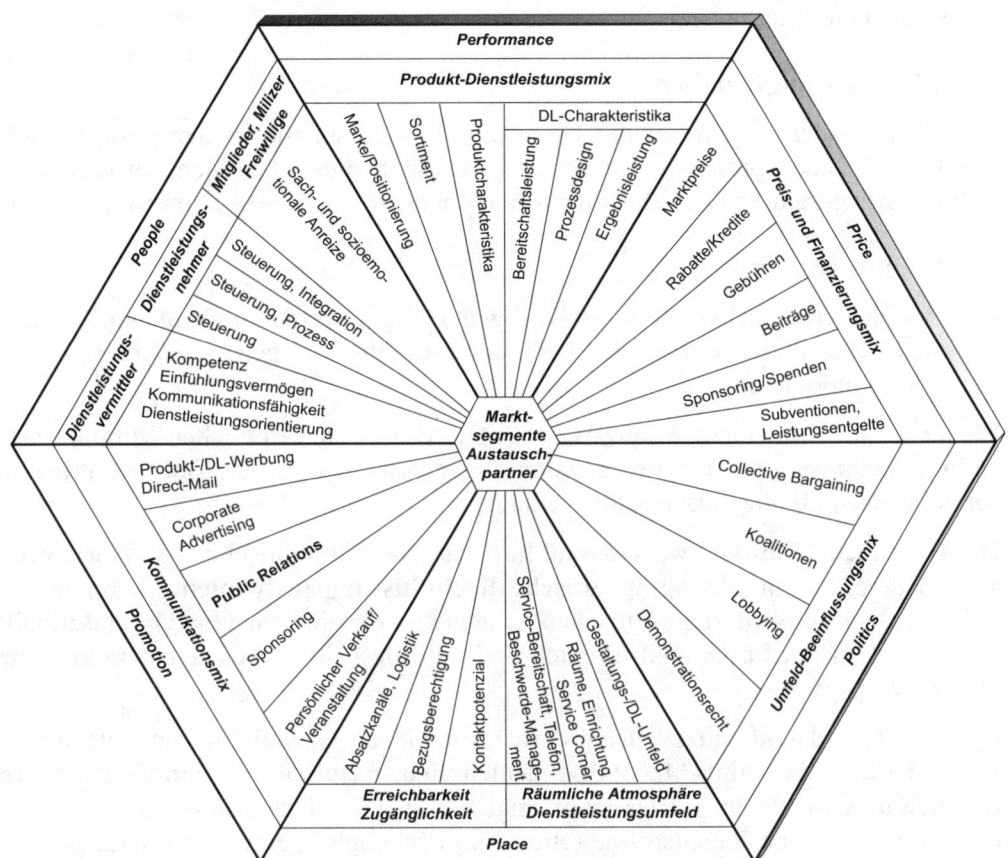

Bei der **Distribution** ist vor allem der Ort der Leistungserbringung – zentral oder dezentral – und damit die Nähe zum Mitglied/Klienten von Bedeutung. Das Instrument „Place" erhält aber im Dienstleistungsmarketing noch eine weitere Dimension, denn die Leistungserstellung hat für das Dienstleistungs-Umfeld eine grosse Bedeutung: Gestaltung der Empfangsumgebung, Warteräume, Schaffung einer angenehmen Arbeitsatmosphäre durch Raumgestaltung/Einrichtung, Service Corners usw.

Neben diesen „klassischen" Marketing-Instrumenten umfasst unsere **Marketing-Instrumentenbatterie** zusätzlich: „People" und „Politics".

Das Marketing-Instrument „**People**" soll verdeutlichen, dass NPO als Dienstleistungsorganisationen und mitgliedschaftlich organisierte Gebilde die folgenden drei Personengruppen mit spezifischen **Anreiz-Beitrags-Instrumenten** bearbeiten sollen:

1. Mitarbeitende

Dies sind im Dienstleistungs-Erstellungsprozess direkt Beteiligte in der Leistungsproduktion. Deshalb müssen Leistungsbereitschaft, Leistungskompetenz und das Leistungsverhalten dauernd beeinflusst werden.

2. Dienstleistungsnehmer

Je nach Dienstleistungsart ist der Dienstleistungsnehmer mehr oder weniger stark in den Dienstleistungsprozess zu integrieren. Deshalb muss der Dienstleistungsnehmer während des gesamten Dienstleistungs-Erstellungsprozesses positiv motiviert werden.

3. Mitglieder

Von Mitgliedern und Milizern, freiwilligen Helfern werden Leistungen/Beiträge in verschiedenster Form verlangt. Deshalb sind diese durch sogenannte Anreiz-Beitrags-Systeme zu motivieren.

Weiter werden besondere Anreiz-Beitrags-Systeme in den Bereichen Mitglieder-Marketing, Fundraising, Collective Bargaining eingesetzt. Das Anreiz-Beitrags-Prinzip gilt somit im Kern für alle Austauschbeziehungen.

Das Instrument "**Politics**" weist darauf hin, dass NPO in politischen Systemen arbeiten und zu deren Beeinflussung **spezifische Beeinflussungsinstrumente** benötigen. Gerade die Beeinflussung der politischen Systeme ist für eine einzelne Organisation/Person nicht oder nur beschränkt möglich und wird deshalb an den Kooperationsbetrieb (NPO) delegiert.

Ergänzend ist darauf hinzuweisen, dass Kommunikation und "Politics" dann als Instrumente des Marketing-Mix zu betrachten sind, wenn sie als **flankierende Massnahmen** neben anderen Instrumenten eingesetzt werden. Daneben haben sie aber auch den Stellenwert eines eigenen Marketing-Einsatzbereiches, einer "selbständigen" Leistung der NPO (vgl. Kapitel VI, 5. und 6.).

Die NPO-Marketing-Instrumentenbatterie umfasst demnach sechs "P". Es sind dies die Instrumente:

1. **Performance**: Produkte-/Dienstleistungs-Mix, Leistungsbündel
2. **Promotion**: Kommunikations-Mix
3. **Price**: Preis- und Finanzierungs-Mix
4. **Place**: Distribution, Dienstleistungs-Umfeld
5. **People**: Anreiz-/Beitragsinstrumente
6. **Politics**: Politische Instrumente

Nach dieser Übersicht sollen die Marketing-Instrumente im Folgenden näher beschrieben werden.

7.2 Performance: Produkt-/Dienstleistungs-Mix, Leistungsbündel

Im Profit-Marketing wird die Produktpolitik als **Kernaufgabe** Marketing verstanden. Alle weiteren Instrumente sind der Produktpolitik unterzuordnen, sie haben eine unterstützende, begleitende Funktion zu erfüllen.

Wir sprechen hier nicht von Produktpolitik, sondern vom Produkt-/Leistungsangebot, denn die **grundsätzlichen produktpolitischen** Entscheidungen wurden im Rahmen des Marketing-Konzeptes bei der **Festlegung** der **Marketing-Einsatzbereiche** getroffen. Bei der operativen Marketing-Planung geht es um die Gestaltung eines **konkreten** Produkt-/Leistungsangebots.

Ein wesentlicher Unterschied zwischen PO und NPO ist in der Art der Produkte/Leistungen zu sehen. Im Profit-Marketing bezieht sich die Produktpolitik auf Individualgüter (Produkte und Dienstleistungen), während sich das in Kapitel II, 2.2 vorgestellte Produkt-Leistungsangebot der NPO auf folgende Güterarten bezieht:

1. **Individualgüter**
- Sachgüter/Produkte (z.B. durch Hilfswerke angebotene Produkte aus der Dritten Welt, Genossenschaftsangebote)
- Geldleistungen (Streikgelder, Unterstützungsleistungen an Hinterlassene)
- Personenbezogene Dienstleistungen (Schulung, Beratung)

2. **Kollektivgüter**
- Vertretungsleistungen (Gesamtarbeitsverträge)
- Organisationsleistungen/Auftragsdurchführung (Normen, Gemeinschaftswerbung)

3. **Informations- und Kommunikationsleistungen**
- Öffentlichkeitsarbeit
- Social Marketing

Vielfach werden in der NPO-Praxis alle Leistungen einer Organisation als "Produkte" bezeichnet, so auch im New Public Management (NPM). In unseren Ausführungen verstehen wir unter «Produkt» ein marktfähiges Sachgut.

Obwohl durch die Festlegung der Marketing-Einsatzbereiche die Aktionsfelder der NPO im Prinzip eingegrenzt sind, ist es in der Praxis nicht leicht, den optimalen Produkt-/Leistungs-Mix zu finden. Dies hängt damit zusammen, dass wir nur bei Individualgütern eine klare Rückkoppelung durch das Nachfragevolumen haben, bei Kollektivgütern sind die Definition und das Ausmass der anzustrebenden Leistung viel schwieriger festzulegen. Bei karitativen Drittleistungs-NPO ist die Nachfrage im Prinzip nie gestillt, das Angebot hängt eigentlich eher von der Finanzierbarkeit ab (vgl. Kapitel V, 7.4).

Eine Tendenz, die praktisch im gesamten NPO-Bereich anzutreffen ist, liegt in der laufenden Ausweitung des angebotenen Leistungskatalogs. Während im Profit-Bereich sinkende Umsätze/Erträge klare Signale vermitteln, um Produkte zu eliminieren, fehlen diese Indikatoren im NPO-Bereich weitgehend. Bei der Produkt-/Leistungsplanung empfiehlt es sich deshalb, folgende Vorfragen zu stellen:

1. Existieren in unserem Angebot veraltete, **überflüssige**, nicht genügend nachgefragte Leistungen?

    Dies muss oft untersucht werden. In einem grossen deutschen Wirtschaftsverband konnten aufgrund einer Untersuchung 40 % der Angebote im Bereich Mitgliederkommunikation ersatzlos gestrichen werden.

2. Kann die Leistung durch andere Organisationen besser und günstiger angeboten werden? Ist eine **Auslagerung** möglich? Ist eine Kooperation mit einem Dachverband, Nachbarverband möglich?

3. Können **bisherige Leistungen** verbessert, einfacher, **kostengünstiger** angeboten werden?

    Ist z.B. ein Übergang von der «Bringschuld» zur «Holschuld» möglich? In einem Industrieverband werden Kommentare zur Rechtsentwicklung nicht mehr automatisch an alle Mitglieder gesandt, sondern können von diesen bei Bedarf per Internet abgefragt werden.

Eine detaillierte Checkliste zur Leistungsbeurteilung zeigt Abbildung 69.

Um die Perspektiven eines Produkt-/Leistungsangebotes für die Zukunft beurteilen zu können, wird neuerdings auch in der NPO-Literatur auf das im Profit-Marketing populäre Produkt-Lebenszyklus-Konzept hingewiesen (Mono 1994, S. 123), das in Abbildung 70 dargestellt ist.

Dieses Modell geht davon aus, dass jedes Produkt, jede Leistung einen Lebenszyklus durchläuft, wie er in Abbildung 70 dargestellt wird. Nach einer positiv aufgenommenen Einführung ergibt sich durch Mund-zu-Mund-Werbung und den Einsatz der Marketing-Instrumente ein stärkeres Wachstum, das irgendeinmal in eine Sättigung mündet und sogar in einem Rückgang der Nachfrage enden kann. Obwohl wahrscheinlich jedes Produkt diesem Zyklus unterliegt und das **Modell** deshalb eine **grosse Plausibilität** aufweist, ist es eigentlich **nicht praxistauglich**, denn man weiss nicht, in welcher Phase des Zyklus man gerade steht, da die Zeitachse für jedes Produkt anders verläuft

Abbildung 69: Raster für die Leistungsbeurteilung in NPO

1.	- Wie **intensiv** wird die **Leistung** beansprucht? - Wird die Inanspruchnahme erfasst? - Wird die Leistung in **Zukunft stärker** oder **schwächer** beansprucht?
2.	- Haben wir ein **Monopol** für diese Leistung? - Haben wir eine **starke Stellung**? - Ergeben sich **Synergien** zu anderen Leistungsbereichen?
3.	- Wie **alt** ist die Leistung? - Aus welchem **Zusammenhang** wurde die Leistung **erstmals erstellt**? - Stimmen diese Gründe heute noch? - Wurden **Variationen** oder **Differenzierungen** am Angebot vorgenommen?
4.	- Wird die Leistung mit der Organisation identifiziert? Positiver **Imageträger**? - Entspricht die Leistung den heute geltenden **Leitbildern**?

5.	- Bestehen positive **Identifikationsmöglichkeiten** für
	   - Mitarbeitende? - Mitglieder?
	   - Milizer? - Freiwillige?

6.	- Wird die Leistung durch die **Zentralorganisation** erbracht? - Wird die Leistung durch **regionale Organisationseinheiten** oder gemeinsam erbracht? - Passt die Leistung in einen (eventuell vorhandenen) nationalen oder internationalen Verbund der NPO?
7.	- Existieren für diese Leistungen **Konkurrenten**: - andere NPO? - Staat? - PO? - Bestehen **Überschneidungen** mit anderen Leistungserbringern?
8.	- Könnte die Leistung besser **durch andere** erbracht werden? - Erbringen wir die Leistung **effizient**? - Lassen sich **Kostensenkungen** vorstellen? - Gibt es den Leistungen entsprechende, organisatorisch fassbare Einheiten (**Kostenstellen**), die den finanziellen Aufwand klar umschreiben lassen?
9.	- Welches wären die Konsequenzen, wenn die Leistung **gestrichen** würde?
10.	- Ist die **Finanzierung** der Leistung **gesichert**? Aus welchen Mitteln: - Finanzierung durch Mitglieder? - Finanzierung durch Staat? - Finanzierung durch Dritte?
11.	- Welche **Entscheidungskriterien** gelten für die "Sortimentskontrolle"? - Entscheid Desinvestition, Beibehalten, Neuinvestition.
12.	- Wie ist das **Evaluationsverfahren** organisiert, um neue Leistungen aufzunehmen?

Abbildung 70: Produkt-/Leistungslebenszyklus

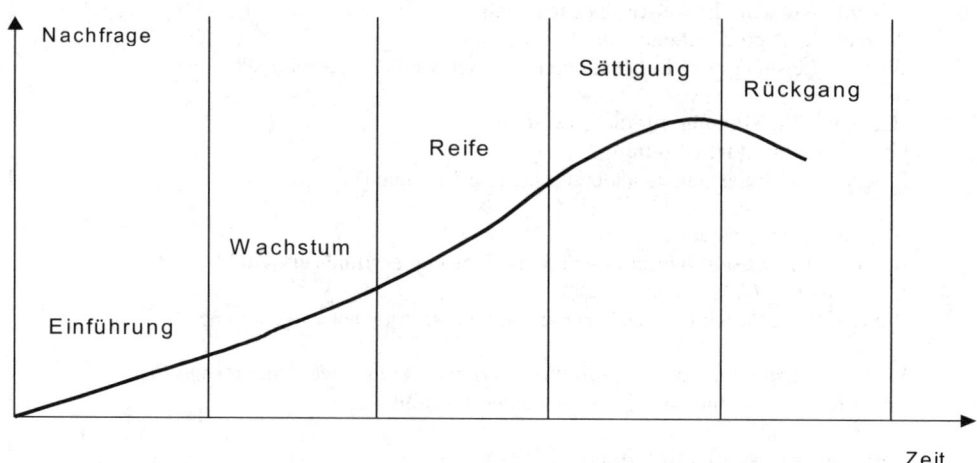

und praktisch nicht prognostiziert werden kann. Weiter können Konkurrenzeinflüsse (neue Angebote, Preissenkungen) den Zyklus des eigenen Angebots radikal ändern. Ein gut ausgelastetes Pflegeheim einer NPO wird plötzlich mit Überkapazitäten konfrontiert, die durch den forcierten Bau staatlicher Heime entstanden sind. Oder eine Gewerkschaft entschliesst sich kurzfristig, neue Mitgliederkategorien aufzunehmen, die bis jetzt von anderen Gewerkschaften abgedeckt wurden. Aus diesen Gründen lässt sich eigentlich die Kurve erst ex-post aufzeichnen, d.h. der Lebenszyklus einer Leistung lässt sich nur aus der Vergangenheit nachzeichnen, jedoch nur schwer in die Zukunft prognostizieren. Deshalb sind auch ganz andere Kurvenverläufe denkbar (vgl. Andreasen/Kotler 2003, S. 363).

Trotzdem kann es nützlich sein, sich bei der Analyse vorhandener Angebote zu fragen, wie deren Lebenskurve sich in der weiteren Zukunft entwickeln könnte. Ähnliche Überlegungen werden auch im Rahmen der Portfolio-Analyse angestellt.

Wir empfehlen auf jeden Fall eine vertiefte Analyse und Hinterfragung vorhandener Leistungen nach einem Raster, wie er in Abbildung 69 vorgestellt wird.

Weiter ist es sinnvoll, die angebotenen Leistungen in einem **Leistungskatalog** zu erfassen, um komplementäre Verflechtungen herauszuarbeiten und die einzelnen Leistungen harmonisch aufeinander abzustimmen. Abbildung 71 zeigt einen Katalog von Individualleistungen einer Gewerkschaft für deren Beschäftigte im Verkauf. Gewerkschaften sind besonders darauf angewiesen, dem Mitglied Leistungen anzubieten, die sofort als persönlicher Vorteil wahrgenommen werden, denn die Bereitschaft, für Kollektivleistungen Beiträge aus dem persönlichen Einkommen beizusteuern, nimmt immer mehr ab. Die Versuchung, als Trittbrettfahrer "mit zu reiten", ist (zu) gross.

Abbildung 71: Leistungsangebot einer Gewerkschaft für Beschäftigte im Verkauf

Leistungsadressaten / Leistungsarten	ganze Mitgliedschaft	Branchen		spez. Mitglieder-Kategorien			spez. Beitrag, Aufpreis
		Verkauf	Diverse	Frauen	Jubilare	Familien-ange-örige	
1. Rechtsschutz							
a) beruflicher Rechtsschutz	X						
b) Verkehrs-Rechtsschutz	X					X	
c) Privater Rechtsschutz	X					X	X
2. Inventurmanko-Versicherung		X					
3. Streik-/Massregelungs-unterstützung	X						
4. Weiterbildung							
a) gewerkschaftliche	X						
b) berufliche			X				
5. Geschenk an Wöchnerinnen				X			
6. Hilfe in Härte-/Notfällen	X						
7. Treueprämien					X		
8. Leistungen an Hinterlassene						X	
9. Vergünstigung für Reise-Checks	X						
10. Publikationen							
a) Verbandsorgan	X						
b) Fachschriften			X				X

7.2.1 Bestimmen der Leistungsziele und der Qualitätsstandards

Ausgehend von den bisherigen Planungsschritten sind die Leistungsziele und Qualitätsstandards für die Leistung und den Leistungserstellungsprozess zu bestimmen, mit deren Hilfe die Bedürfnisse und Erwartungen der Austauschpartner befriedigt werden können. Dazu gehören auch Richtgrössen bezüglich der anzustrebenden Mitglieder-, Klienten- oder Kundenzufriedenheit (vgl. Kapitel VI, 4. «Dienstleistungmarketing»).

7.2.2 Entwicklung neuer Leistungen

Für die Entwicklung neuer Leistungen sind folgende Phasen zu bearbeiten (vgl. Andreasen/Kotler 2003, 354).

1. Ideensuche und Vorauswahl

Zur Ideensuche stehen Methoden der Marktforschung (vgl. Abschnitt 2.2), Mitglieder- oder Klientenbefragungen, Ergebnisse der Umfeldanalyse zur Verfügung. In diesem Prozess lassen sich auch die üblichen Kreativitätstechniken einsetzen. In der Vorauswahl werden mögliche Ideen im Hinblick auf die Gesamtzielsetzungen des Marketing-Konzeptes, die Positionierung der Organisation und die Beziehung zu den übrigen Produkt-/Leistungsangeboten geprüft.

2. Entwickeln und Testen des Konzeptes

Für jede vorhandene Produkt-/Leistungsidee gibt es verschiedene mögliche Varianten. Diese müssen in Bezug auf vorhandene Ressourcen und Potenziale sowie in Bezug auf Konkurrenzangebote geprüft werden. Definitive Produktvarianten sollen in einer Projekt- oder Testgruppe vorgestellt und evaluiert werden. In Verbänden eignen sich auch Geschäftsführer- oder Präsidentenkonferenzen sowie spezielle Ausschüsse als Evaluationsgremien.

3. Wirtschaftlichkeitsanalyse

Bei den über den Markt angebotenen Individualleistungen lassen sich Wirtschaftlichkeitsberechnungen anstellen. Da nicht viele NPO über eine ausgebaute Kostenrechnung verfügen, kann auch eine approximative Schätzung nützlich sein. Bei Kollektivgütern lässt sich das Kosten-/Nutzenverhältnis nur abschätzen. Trotzdem ist es wichtig, dass man den erwarteten Nutzen und die erwarteten Kosten in irgendeiner Form festhält und dem Entscheidungsgremium unterbreitet.

4. Eigentliche Leistungserstellung

Hier gilt es, den Grundnutzen, die Kernleistung zu definieren, diese durch Zusatzleistungen zu ergänzen und das Umfeld der Leistungserstellung zu gestalten.

Bei Dienstleistungen sind vor der Leistungserstellung alle Vorkehrungen zu treffen, welche die Leistungsbereitschaft sicherstellen.

5. Test-Marketing und Einführung

Eventuell kann das Produkt-/Leistungsangebot in einem begrenzten Anwendersegment vor der breiten Einführung noch getestet werden.

Diese eher grundsätzlichen Aussagen zur Produkt-/Leistungsgestaltung sollen für die Präsentation der operativen Marketing-Planung genügen. Das Produkt-/Leistungsangebot ist in NPO derart vielfältig, die einzelnen Produkt-Charakteristiken sind so verschieden, dass die Marketing-Planungssequenz für einzelne Leistungsbereiche angepasst werden muss. Shapiro (1977, S. 112) bemerkt beispielsweise, dass NPO zwei Sets von Produktplanung haben müssen, nämlich eines für den Spender- (Fundraising-Planung) und eines für den Klientenbereich (Dienstleistungs-Planung). Dieser Aussage können wir nur zustimmen. Wir werden in Kapitel VI. bei der vertieften Darstellung einzelner Marketing-Einsatzbereiche auch spezifisch angepasste operative Planungssequenzen vorstellen, wie z.B. für neue Dienstleistungen, für die operative Fundraising-Planung oder für die Lobbying-Planung.

Ein ganz spezielles Problem im NPO-Marketing stellt das Marketing von Kollektivgütern dar. Hier existieren unseres Wissens in der Literatur keine Angaben. Es sollen im folgenden Abschnitt einige vorläufige Hinweise gegeben werden.

7.2.3 Marketing für Kollektivgüter

Wie wir bereits wissen, können bei Kollektivgütern nicht-zahlende Dritte vom Konsum nicht ausgeschlossen werden, weil der Güternutzen nicht einer Person, sondern eben einem Kollektiv zufällt. Die angestrebte Kollektivgüterproduktion ist vielfach der Grund für die Existenz oder Entstehung einer NPO. Kollektivgüter sind demnach klassische NPO-Produkte.

Kollektivgüter können von privaten Unternehmungen oder Personen nicht oder nur sehr bedingt bereitgestellt werden, weil das schlüssige marktliche Austauschsystem fehlt. Angebotsentscheidungen werden nicht marktlich, sondern aufgrund von politischen Präferenz- und Wahlprozessen gefällt.

1. Als **Effizienzkriterien** für das Angebot an Kollektivgütern dienen nicht monetäre Gegenleistungen (Gewinn/Umsatz), sondern gilt die **kollektiv-aggregierte Nutzenstiftung**. Diese lässt sich selten in Zahlen ermitteln, man muss sich mit Schätzungen oder Umschreibungen begnügen.

2. Kollektivgüter können sogar für **einzelne Individuen oder Organisationen nutzenvermindernd**, "bad" wirken (Umweltauflagen eines Verbandes für einzelne Mitgliedsbetriebe).

3. Der **Nutzen** von Kollektivgütern wird vom Individuum **tendenziell unterbewertet** ("freerider"-Möglichkeit) und oft **gegenwartsverzerrt** wahrgenommen (geringes Involvement für künftige Umweltschäden!).

Das Marketing von Kollektivgütern stellt für NPO eine grosse Herausforderung dar. Das Thema ist bis jetzt in der Literatur vernachlässigt worden. Es sollen hier einige Hinweise folgen, wie die Produktion von Kollektivgütern gefördert oder überhaupt erst ermöglicht werden kann.

1. Zwang

Zwang wird für die Bereitstellung öffentlicher Kollektivgüter eingesetzt. Die Finanzierung erfolgt über Steuern (Sicherheit, Polizei). Der Staat delegiert jedoch vielfach die Produktion von Kollektivgütern an Verbände oder überlässt den NPO die Produktion dieser Güter (Subsidiaritätsprinzip). Die Tätigkeit der Verbände wird damit selbst zum öffentlichen Gut für die Gesellschaft.

Privatwirtschaftliche Vereinbarungen wie Tarifabschlüsse zwischen Gewerkschaften und Arbeitgebern können in der Form eines Tarif- oder Gesamtarbeitsvertrages zu einem **öffentlichen Gut** werden, indem die Abschlüsse für alle Arbeitnehmer einer Branche verbindlich werden. Für die Erklärung dieser funktionierenden Interessenharmonisierung zwischen Staat, Arbeitgebern und Arbeitnehmern gibt es zumindest drei Hypothesen (Gärtner/Boller 1989, S. 16):

a) Der **Staat** verspricht sich durch den Tarifabschluss ein höheres Mass an sozialem Frieden.

b) Die **Arbeitgeber** zahlen freiwillig höhere Löhne auch an Nichtgewerkschafter, um so den Zulauf zu den Gewerkschaften zu drosseln und damit deren Macht zu limitieren.

c) Die **Gewerkschaften** sehen die Arbeitsplätze ihrer Mitglieder in Gefahr, wenn die Gewerkschafter systematisch mehr verdienen als die Nichtgewerkschafter. Deshalb akzeptieren sie das gleiche Lohnniveau für Nicht-Gewerkschaftsmitglieder.

Bei gewissen Interessenkonstellationen ist es möglich, dass der Staat ein **privates kollektives Gut** zu einem **öffentlichen erklärt,** damit das Trittbrettfahrerproblem (im genannten Fall auf Arbeitgeberseite) eliminiert werden kann.

2. Gesetzliche Mitgliedschaft

Eine andere Variante des Zwangs ist die gesetzliche oder Pflichtmitgliedschaft (wie sie die Kammern in Deutschland und Österreich kennen). Diese fusst auf gesetzlichen Grundlagen. Die Pflichtmitgliedschaft ergibt für das einzelne Kammermitglied tiefere Kosten ("cheap rider" statt "freerider"!) und eine "gerechtere" Belastung für alle. Auf der andern Seite mindern sich tendenziell die Einflussmöglichkeiten der Gruppenmitglieder bei Kammerentscheidungen, weil das Kammer-Management nicht von freiwilligen Mitgliederbeiträgen abhängt.

3. Selektive Anreize

Um das Trittbrettfahrerproblem zu umgehen, kann der Anreiz zur Mitgliedschaft in der Organisation durch die Option auf ein **privates**, Nichtmitgliedern nicht oder nur zu einem höheren Preis zur Verfügung stehendes **Gut** erhöht werden (z.B. Pannenhilfe bei Automobil-Clubs, Exklusivinformationen eines Verbandes).

Die NPO fördert mit **selektiven Anreizen** die Produktion von Kollektivgütern (Olson 1968). Dies ist eine sehr wirksame Methode für die Kollektivgüterfinanzierung, wie die Beispiele der Automobil-Clubs zeigen. Viele Mitglieder wären nämlich nicht bereit, für die Erstellung von Kollektivgütern (Strassen-, Verkehrspolitik) Beiträge zu leisten. Das Versprechen der Pannenhilfe ist ein derart starker selektiver Anreiz, dass der Verband eine hohe Mitgliederattraktivität gewinnt und gleichzeitig Mittel für die Bereitstellung von Kollektivgütern generiert.

4. Verbund mit Individualgut

Ein ähnlicher Ansatz ist der Verbund des Kollektivgutes mit einem Individualgut. Dies wird vor allem in Fundraising-Organisationen gemacht: Durch die Spende erwirbt der Spender ein quasiöffentliches Gut, der allgemeine Charakter der Spendenhilfe ist dem Spender bewusst, durch ein gleichzeitig angebotenes privates Gut (z.B. Glückwunschkarten, Benefizveranstaltung mit Eintrittspreisen) erhält die Spende eine **private Komponente** und kommt damit den meistens vorhandenen gemischten Motivstrukturen beim Spender entgegen. Der Wert des privaten Gutes rechtfertigt für den Spender mehr oder weniger die gesamte Spendensumme, der Austauschprozess erhält damit Züge des üblichen (durch Gewohnheit trainierten) Konsumverhaltens!

5. Aufteilung der Organisation in Untergruppen

Je kleiner die Gruppe, desto grösser sind die Beeinflussungs- und Mitwirkungsmöglichkeiten des Einzelnen. Die Wichtigkeit der Mitwirkung oder Unterstützung jedes Einzelnen bei der Kollektivgüterherstellung wird leichter bewusst. Untersuchungen haben bestätigt, dass die **Aufhebung der Anonymität** in einer Gruppe die Neigung zum Trittbrettfahren wesentlich senkt. Selbst relativ lockere soziale Bindungen können das Trittbrettfahrersyndrom eliminieren und tragen wesentlich zum kooperativen Verhalten bei.

6. Einsatz eines politischen Unternehmers

Meinungsbildungsprozesse in Gruppen hängen sehr stark von der Gruppenführung ab. Gelingt es sogenannten "politischen Unternehmern", die Mitglieder und die Nichtmitglieder von der Notwendigkeit ihres Beitrages zur Erstellung des Kollektivgutes zu überzeugen, kann die "freerider-Haltung" abgeschwächt werden. Bei dezentralen Gruppen braucht es eine ganze Kette solcher Promotoren oder "change agents".

Es sind deshalb nach Möglichkeit in **jeder Teilgruppe politische Unternehmer** einzusetzen.

7. Kommunikative Massnahmen

Die Qualität von Kollektivgütern ist meistens nicht sehr gut mess- oder berechenbar, eine individuelle Qualitätskontrolle fraglich. Als wichtiger Ersatzmechanismus zur Qualitätsbeurteilung wird der **Goodwill** einer Organisation herbeigezogen. Wer ist der Kollektivgut-Ersteller? Wird dieser positiv beurteilt? Damit wird die Gestaltung der **Identität** der anbietenden Organisation zu einem zentralen Element im Kollektivgüter-Marketing. Die Qualität der CI ist ein wesentlicher Punkt für das Sender-Image und damit für die Glaubwürdigkeit der Kommunikation.

Für das Marketing von kollektiven Anliegen empfehlen amerikanische Autoren (Wiener/Doescher 1991, S. 38ff.), durch **Kommunikationsappelle** direkt die beim Individuum bestehenden oder entstehenden Hemmfaktoren abzubauen. Folgende Hemmfaktoren werden genannt:

a) Überwindung der Reaktanzschwelle

b) Erhöhung der Partizipationsbereitschaft durch Erfolgsmeldungen, wie das Melden über Erreichen von Teilzielen

c) Annähern eigener Interessen an das Gruppeninteresse

d) Fördern des Gruppeneffektes ("Herdentrieb")

Diese Faktoren sind wie folgt zu konkretisieren:

1. Um die Reaktanzschwelle zu überwinden, versuche man die **Wichtigkeit des Projektes** darzustellen. Der "starving baby appeal" ("ohne Ihre Hilfe stirbt das Baby") hebt die negativen Konsequenzen bei Nichterreichen des Gruppenzieles hervor. "Ihr Beitrag zählt" - "Ihre Mitwirkung ist dringend gefragt" - "Wenn es den WWF nicht gäbe, wer setzte sich konsequent für die Umwelt ein?"

2. **Das Mitwirken in einem Winning-Team** erhöht die Partizipationsneigung. Wenn die Gruppenmitglieder oder Angehörige eines Adressatenkreises glauben, dass das Ziel erreicht werden kann, sind sie leichter zu motivieren ("well-baby appeal"). Das Ergebnis oder Teilergebnisse sind laufend zu kommunizieren (Einstellungsänderung, Sammlungsergebnisse, Abstimmungsergebnisse usw.). Erfolgsmeldungen motivieren. Man kann diesen Effekt bei Spendenkampagnen beobachten, deren Erfolge in den Medien laufend kommuniziert werden ("Glückskette" in der Schweiz, "Nachbar in Not" in Österreich).

3. Wir versuchen in der Kommunikation, das **Eigeninteresse der Zielgruppe anzunähern**. Das Kollektivgut wird in eine für die Zielgruppe wahrnehmbare Form gebracht. "Persönlicher Wohlstand braucht eine starke Wirtschaft" heisst der Slogan einer Handelskammer (Diezfelbinger 1995). "Rette einen Baum" ist einfacher zu kommunizieren als "Rette einen Wald". "Übernehmen Sie ein Patenkind" ist ein für die einzelne Person erreichbares Ziel, im Gegensatz zur Aufforderung, den "Hunger in Afrika zu bekämpfen".

Ein wichtiger Ansatz ist auch die Betonung der **Notwendigkeit des Einsatzes jedes einzelnen Gruppenmitglieds oder Angesprochenen**: "**Ihr** Beitrag entscheidet."

4. Das Kooperationsverhalten wird gefördert, wenn **andere auch mitwirken** (Gruppeneffekt!). Deshalb muss laufend kommuniziert werden, wer alles mitwirkt, dass die Teilnehmerzahlen ständig zunehmen usw. Diese Technik wird bei Fundraising-Aktionen durch das Radio mit Erfolg angewendet.

Zusammenfassend kann gefolgert werden, dass es für die Kommunikation von Kollektivgütern nicht genügt, nur für das Kollektivgut an sich zu werben, sondern es soll zusätzlich versucht werden, die individuellen Partizipationsmotive/Widerstände der einzelnen Gruppenmitglieder bzw. Kommunikationsadressaten auf- bzw. abzubauen.

Wie bereits erwähnt, werden Kollektivgüter meistens im Rahmen von politischen Prozessen erstellt. Deshalb kommt dem Marketing-Instrument "Politics" für die Herstellung von Kollektivgütern eine tragende Rolle zu (vgl. Abschnitt 7.7 und Kapitel VI, 6.).

7.3 Promotion: Kommunikations-Mix

7.3.1 Grundsätzliches zur Kommunikation

1. Die Bedeutung der Kommunikation in NPO

Wir haben bereits in Kapitel III, 2.3 auf die Wichtigkeit der Kommunikation im Marketing hingewiesen, denn praktisch alle Austauschbeziehungen einer NPO enthalten eine Kommunikationskomponente. Oft bildet ein **Kommunikationsprozess die einzige Austauschbeziehung** zwischen der NPO und ihren Adressaten. Im Social Marketing z.B. werden Bewusstseins- oder Verhaltensänderungen bei Zielgruppen angestrebt, die man durch Kommunikationsmassnahmen zu erreichen versucht. Zudem sind NPO vielfach abstrakte Gebilde (Verbände als abgeleitete Unternehmen), man kann zum Teil von virtuellen Unternehmungen sprechen, die erst durch ihre Kommunikation Konturen erhalten. Deshalb haben wir im Marketing-Konzept der Positionierung und deren Umsetzung in CI/COOPI-Massnahmen einen zentralen Stellenwert eingeräumt, um damit zu bewirken, dass die NPO bei den Austauschpartnern positiv und kohärent wahrgenommen wird.

Unsere Wirtschaft und Gesellschaft leiden unter Informationsüberlastung. Dies bedeutet, dass die Reizschwelle für wirksame Kommunikation deutlich höher geworden ist. NPO stehen mit ihren kommunikativen Äusserungen im Wettbewerb zur kommerziellen Kommunikation der Unternehmungen und allen andern Kommunikationsquellen. NPO sollten deshalb die vorhandenen Erkenntnisse und erprobten **Methoden** der **Kommunikationstechnik** ebenso professionell einsetzen wie andere Organisationen. Um Kommunikationsinstrumente sinnvoll und wirksam verwenden zu können, muss man über gewisse Grundkenntnisse verfügen. Deshalb erarbeiten wir hier einige begriffliche Grundlagen, analysieren den Kommunikationsprozess, zum einen den Ablauf des Prozesses selber, zum andern die daran beteiligten Akteure, und fragen uns, wie wir diesen Prozess marketing-gerecht beeinflussen können.

2. Begriffe und Grundlagen

Kommunikation wird als die Gesamtheit der zwischenmenschlichen Bedeutungsvermittlung angesehen. Aus der Perspektive einer Organisation heisst dies Übermittlung von Information und weiteren Bedeutungsinhalten zum Zweck der Steuerung von Meinungen, Einstellungen, Erwartungen und Verhaltensweisen bestimmter Austauschpartner (vgl. Bruhn 1997, S. 1). Aus der Sicht der Marketing-Logik wird Kommunikation hier instrumentell verstanden, d.h. es sind in den Kommunikations-Mix sämtliche Entscheidungen einzubeziehen, die auf eine aktive, zielgerichtete (im Sinne der NPO) Gestaltung der Kommunikationsmassnahmen orientiert sind.

Weiter ist festzuhalten, dass Kommunikation nicht etwas Statisches ist, sondern einen kontinuierlichen Prozess darstellt. Deshalb müssen im Kommunikations-Mix nicht nur Instrumente festgelegt, sondern auch deren Einsatz im Ablauf des Kommunikationsprozesses bestimmt werden. Wir werden deshalb den Kommunikationsprozess im Folgenden analysieren und später auch mit dem Prozess der Dienstleistungserstellung in Beziehung bringen.

Der persönlichen (direkten) Face to face-Kommunikation können wir als Gegensatz die indirekte Kommunikation gegenüberstellen (s. Abb. 72), die für die Kommunikation von Organisationen im Vordergrund steht.

Die **persönliche Kommunikation** findet, wie es der Name suggeriert, in der persönlichen Begegnung von Mensch zu Mensch statt, sie ist im Prinzip immer **zweiseitig**, d.h. der Kommunikationspartner hat die Gelegenheit, Feedback-Aussagen zu machen, es kann ein Dialog entstehen, die Kommunikation ist zwischen den Partnern potenziell symmetrisch ausgewogen. Die Rollen zwischen Sender und Empfänger können laufend wechseln, wobei nonverbale Äusserungen den Kommunikationsprozess unterstützen (können).

Abbildung 72: Kommunikationsformen

Direkte Kommunikation	Indirekte Kommunikation
Face to face	räumlich-zeitliche Trennung
persönliche Kommunikation	unpersönliche Kommunikation
zweiseitige Kommunikation	einseitige Kommunikation
physische Kommunikation	Kommunikation mittels Wort-, Schrift-, Bild- und/oder Tonzeichen über Medium
personen- und/oder organisationsspezifisch ausgerichtet	an ein weites Publikum gerichtet

Die **indirekte**, unpersönliche **Kommunikation** ist durch eine räumlich-zeitliche Trennung zwischen Sender und Empfänger gekennzeichnet. Es werden "konservierte" Botschaften über ein Medium an ein mehr oder weniger definiertes Publikum gesendet. Als Beispiel diene die klassische Medienwerbung, Rückkoppelungsmöglichkeiten sind nur sehr beschränkt vorhanden. Die Kommunikation wiedergibt die Sicht des Senders, sie ist ihrer Natur nach einseitig. Indirekte Kommunikation ist die **Kommunikationsform**, mit der **Organisationen** hauptsächlich kommunizieren, und sie muss uns deshalb im Folgenden beschäftigen.

3. Funktionen des Kommunikations-Mix

Für die Darstellung der Funktionen der Kommunikation schlägt Bruhn (1997, S. 6) ein Schema vor, das zwischen mikro- und makroökonomischen Funktionen der Kommunikation unterscheidet (s. Abb. 73).

Die **Informationsfunktion** bedeutet das Vermitteln von Wissen, Eigenschaften über einen Meinungsgegenstand. Sie ist die primäre Aufgabe von Kommunikationsaktivitäten. Verbände informieren ihre Mitglieder, Drittleistungs-NPO ihre Spendenden oder NPO allgemein die Öffentlichkeit über wirtschaftspolitische Zusammenhänge oder gesellschaftspolitische Anliegen. Begleitend vermitteln auch die übrigen Marketing-Instrumente Information. Man spricht von der Informationsfunktion eines Produktes, eines Preises usw. Auch im Rahmen von Dienstleistungsprozessen wird laufend kommuniziert.

Der Marketing-Logik entsprechend ist die Information im Marketing immer **beeinflussende Kommunikation**. Der Kommunikations-Mix soll die Zielgruppen den anvisierten Zielen entsprechend beeinflussen. Die Beeinflussungskomponente ist für uns

Abbildung 73: Funktionen der Kommunikation

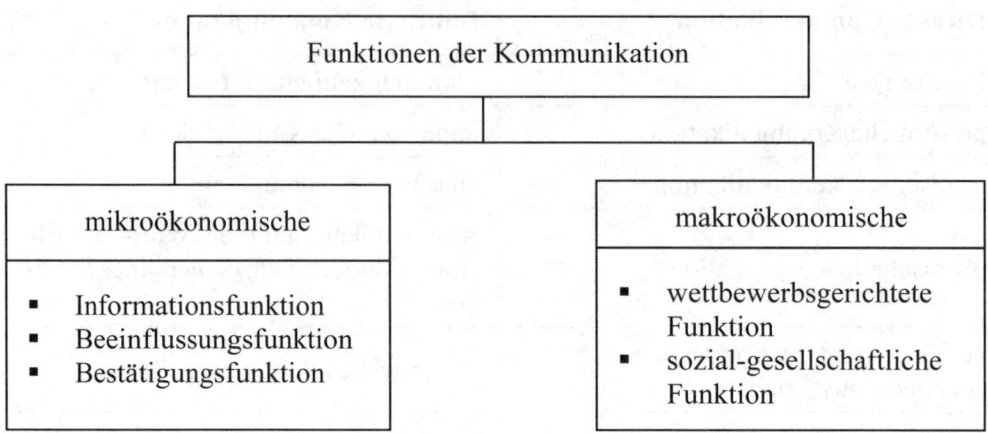

ein zentrales Element der Kommunikation, und wir müssen uns im Folgenden intensiv damit auseinander setzen, wie diese Komponente effizient und effektiv gestaltet werden kann.

Genauso wichtig wie im Profit-Bereich ist die **Bestätigungsfunktion** der Kommunikation im NPO-Bereich: Mitglieder müssen permanent darin bestätigt werden, dass ihre Mitgliedschaft ein sinnvolles Investment darstellt. Dies erfordert laufend kommunikative Anstrengungen, denn gerade bei Kollektivgütern ist der individuelle Nutzen nicht direkt erkennbar. Zudem muss immer mit der möglichen Option des Trittbrettfahrers gerechnet werden. Aber auch in Drittleistungs-NPO müssen Spender und andere Unterstützungsgruppen laufend in ihrem Engagement bestätigt werden, insbesondere weil die persönlich gemachte Erfahrung, die beispielsweise bei einem Güterkauf gegeben ist, als Bestätigung/Verstärker entfällt. Die Austauschpartner möchten, dass das Verhalten der NPO mit ihren Wertvorstellungen, ihren Erwartungen übereinstimmt. Andernfalls entsteht die Gefahr eines Glaubwürdigkeits- und Vertrauensverlustes und damit einer Abnahme der Unterstützungsbereitschaft. NPO-Güter sind weitgehend auch Vertrauensgüter.

Die **makroökonomische** Funktion der Kommunikation gliedert Bruhn in eine wettbewerbsgerichtete und eine sozial-gesellschaftliche Funktion.

Die für den Profit-Bereich als wichtig angesehene **wettbewerbsgerichtete** Funktion ist im NPO-Bereich nicht minder **zentral**. Wir haben dies im Vorgehen bei der Gesamtpositionierung der Organisation und der Positionierung jeder Marketing-Massnahme bereits konkret umgesetzt. Im Profit-Bereich verlagern sich die Wettbewerbsaktivitäten zunehmend auf den Einsatz der Kommunikationsmittel (Bruhn 1997, S. 8). Die Unternehmung und ihre angebotenen Leistungen müssen in den Köpfen der Zielpersonen eine einzigartige Stellung erreichen, die Kommunikation ist zu einem zentralen Erfolgsfaktor für die Unternehmungen geworden. Für die NPO gilt dies aus den mehrmals dargelegten Gründen in noch stärkerem Masse.

Die Wahrnehmung einer **sozial-gesellschaftlichen** Funktion wird in einem gewissen Ausmass auch der Unternehmungskommunikation zugeschrieben, indem diese das Wertesystem der Gesellschaft beeinflusst. Bei NPO ist diese Kommunikationsaufgabe nicht als Nebenerscheinung, sondern als **primäre Aufgabe** anzusehen. Gerade die Kommunikation solcher Anliegen, die weder Staat noch Markt vertreten können oder wollen, gehören in den Aufgabenbereich der NPO.

4. Der Kommunikationsprozess

Zum Verständnis der Kommunikation haben neben der Ökonomie die Psychologie und Soziologie wichtige Impulse und weiterführende Erkenntnisse geliefert. Ein guter Überblick findet sich bei Bruhn (1997, S. 15ff.). Die Unterschiedlichkeit dieser Wissensdisziplinen führt zur Anwendung völlig verschiedener Theorieansätze bei der empirischen und theoretischen Durchdringung der kommunikationspolitischen Fragestellungen. In unserem Zusammenhang interessieren auf der Theorie basierende, praxisrelevante und anwendungsorientierte Schlussfolgerungen. Für theoretisch Interessierte sei auf die zahlreich vorhandene Spezialliteratur hingewiesen (vgl. Bruhn 1997 und die dort verarbeitete Literatur).

Für die Beschreibung des Kommunikationsprozesses eignet sich das auf Lasswell (1967, S. 178) zurückgehende klassische, systemorientierte Kommunikationsmodell (s. Abb. 74): "Wer sagt was zu wem? Auf welchem Kanal? Mit welcher Wirkung?"

a) **Wer**: Die Nonprofit-Organisation.

b) Sagt **was**: Kommunikationsbotschaft. Diese ist sprachlich und bildlich zu codieren.

c) Über welchen **Kanal**: Es sind Medien oder Kommunikationsträger zu bestimmen.

d) Zu **wem**: Zielpersonen, Kommunikationsempfänger.

e) Mit welcher **Wirkung**?

Dieses einfache Denkschema kann durch weitere Fragen ergänzt werden, wie durch Fragen zu den Kommunikationskosten oder der Kommunikationswirkung. Zudem sind in das System Störungen durch vielfältige Einflüsse einzubeziehen.

Wir sind uns bewusst, dass es sich beim vorgestellten Modell um eine vereinfachte "mechanistische" Betrachtung handelt, eine "Dingmethaphorik" (Luhmann 1999, S. 193). Man nimmt an, dass die gesendete Botschaft beim Empfänger genauso ankommt, wie es der Sender wünscht, dass zwischen den Partnern Übereinstimmung hinsichtlich

Abbildung 74: Klassisches Kommunikationsmodell

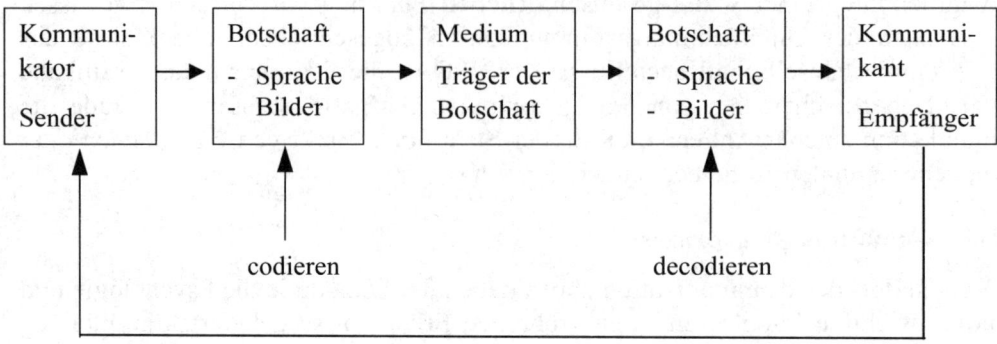

Bedeutung und Verwendung der Zeichen gegeben ist, dass der Empfänger genügend Wissen hat, um die Botschaft zu verstehen, ja sogar an der Botschaft interessiert ist. Das Modell ist in diesem Sinne senderorientiert, der Kommunikationsprozess wird nur punktuell und nicht über einen Zeitraum dargestellt. Weiter wird nur die Sachebene aufgezeigt, die ebenfalls vorhandene Beziehungsebene hingegen ausgeblendet (vgl. Ausführungen zum Beziehungsschema weiter unten). Das eingesetzte Medium hat ebenfalls Einfluss auf die Informationsaufnahme beim Rezipienten usw. Bruhn (1997, S. 21) meint, dass es sich hier lediglich um eine rein formale Annäherung zu Abbildungen von Systemstrukturen sowie den darin ablaufenden Prozessen handle. Diese gedanklich strukturelle Vorarbeit sei notwendig, um relevante Ursache-/Wirkungszusammenhänge erklären zu können.

Wir schliessen uns dieser Meinung an und versuchen, im Folgenden das Modell mit einigen Aspekten zu ergänzen, um so direkt Hinweise zur **Effizienzverbesserung** der Kommunikationsarbeit in NPO ableiten zu können. Wir nehmen folgende Ergänzungen vor:

a) Einbau von **Marketing-Aspekten**

b) Einführung der **Beziehungsebene**

c) Einführung von **mehrstufigen** Systemen

a) Einbau von Marketing-Aspekten

Wenn Marketing mit den Stichworten "Brücken bauen zur Zielgruppe", "sich in die Zielgruppe hineindenken" umschrieben werden kann, so ist auch der gesamte Kommunikationsprozess zielgruppengerecht aufzubauen. Die Praxiserfahrung zeigt, dass dies nicht leicht umzusetzen ist.

Sender: Der Sender verfolgt mit der Kommunikation eine Absicht. Welche Motive stehen hinter der Absicht? Welches sind die Kommunikationsziele des Senders? Wer wählt die Information aus? Wie ist der Selektionsprozess organisiert? Welche Kriterien werden angewendet? Wie wird die Meinung, werden die Anliegen der Zielgruppen berücksichtigt?

Wie verhält es sich mit dem Sender-Image? Wie wird der Sender von der Zielgruppe wahrgenommen? Gilt der Sender als glaubwürdig? Mit zunehmender Glaubwürdigkeit des Kommunikators steigt die Wahrscheinlichkeit, dass eine Kommunikation wirksam wird (Kroeber-Riel/Weinberg 1996, S. 494).

Beispiele marketing-orientierter Kommunikationsmassnahmen sind:

- Adressaten immer persönlich anschreiben
- Telefon-"Hotlines" zu aktuellen Themen anbieten
- Ansprechpartner mit Bild vorstellen
- Service- und Info-Center einrichten
- Durchlaufzeiten bei Anfragen regelmässig überprüfen
- Service Awareness der Mitarbeitenden schulen

Botschaft: Wird die Information aus der Optik des Senders oder jener des Empfängers ausgewählt und aufbereitet? In diesem Bereich finden wir in vielen NPO eine starke Sender- statt Empfängerorientierung. Hilfswerke z.B. überfordern die Spendenden vielfach mit der Darstellung komplexer Zusammenhänge, die zwar für die Spezialisten in der Organisation wichtig und interessant sind, den Wissensstand und die Aufnahmefähigkeit und -bereitschaft der Zielgruppen aber weit übersteigen.

Die Information muss sprachlich und bildlich codiert werden. Auch in diesem Bereich ergeben sich häufig Unstimmigkeiten. Verstehen die Empfänger die Botschaft? Passt die Sprache zur Botschaft? So sind etwa bei den Handwerksverbänden die Verständigungsschwierigkeiten zwischen der Basis und der Verbandsführung nicht selten auf eine abgehobene, den Mitgliedern nicht mehr geläufige Sprache zurückzuführen. - Das Gleiche gilt für die Bildauswahl: Ist diese sender- oder empfängerorientiert? (Über die starke Wirkung von Bildern diskutieren wir weiter unten.)

Medium: Zur Übermittlung ist man auf den Einsatz von Medien angewiesen. Die codierten Botschaften, Werbemittel wie Inserate, Texte werden über Werbeträger, Presse, TV-Programme übermittelt. Wortmedien wie Zeitungen, Mitteilungsblätter haben ein höheres Abstraktionsniveau als Bildmedien wie Zeitschriften und TV-Programme. Bildmedien verfügen jedoch über starke Reiz-/Reaktionszusammenhänge. Hier gilt es zu fragen, ob unsere Botschaft zum Medium und das Medium zur Zielgruppe passt. Entspricht das Medium auch dem Involvement der Zielgruppe?

Empfänger: Der Empfänger muss die erhaltene Botschaft entschlüsseln können. Kann er die Botschaft überhaupt aufnehmen und verstehen? Fühlt er sich angesprochen, oder interpretiert er die Inhalte anders als der Sender? Denken wir uns in die Situation des Empfängers hinein? Geben wir ihm die Chance, reagieren zu dürfen, weitere Informationen einzuholen usw.?

b) Einführung der Beziehungsebene

Der Kommunikationsforscher Watzlawick vertritt die nachvollziehbare These, dass alles Verhalten letztendlich eine Form von Kommunikation mit verbalen und nonverbalen Aspekten sei. Zur Erfassung dieses Phänomens differenziert dieser Autor in der persönlichen Kommunikation zwischen Inhalts- und Beziehungsebene (Watzlawick/Beavin/Jackson 1990, S. 55).

Auf der **Inhalts**-, Informations- oder Mitteilungsebene kommunizieren wir einmal den Sachinhalt und gleichzeitig einen Appell an den Empfänger, z.B. "Diese Flüchtlinge sind auf Ihre Hilfe angewiesen". Sachinhalt: "Diese Flüchtlinge sind arm." Appell: "Spenden Sie."

Die **Beziehungsebene** stellt einen impliziten Kommunikationsvorgang dar, sie ist Kommunikation über die Kommunikation. Der Sender vermittelt während der Kommunikation auch Informationen über sich selber (Selbstdarstellung, Autokommunikation), und aus der zweiseitigen Kommunikation lässt sich unschwer auch die Qualität der Beziehung zwischen Sender und Empfänger ablesen (s. Abb. 75). Etwas wahrnehmen, heisst immer auch, etwas interpretieren und bewerten. Wir versuchen, vom beobachteten Ausdruck des andern auf die inneren Ursachen dieses Ausdruckes, der Kommunikation zu schliessen (Attribuierung).

Auf der Seite des Empfängers wird die Information ebenfalls auf den zwei Ebenen wahrgenommen. Auch der Empfänger entschlüsselt vier Inhalte aus den zwei Codes:

Infoebene

- **Sachinhalt**: Wie ist die Botschaft zu verstehen?
- **Appell**: Was soll ich aufgrund der Mitteilung tun?

Beziehungsebene

- **Autokommunikation**: Wer ist diese Person? Was ist das für eine Institution?
- **Art der Beziehung**: Wie kommuniziert man mit mir?

Die Beziehungsebene wird wie erwähnt als Kommunikation über die Kommunikation, als Metakommunikation bezeichnet, da sie dem Empfänger die Bedeutung der Mittei-

Abbildung 75: Kommunikationsebenen und Kommunikationsinhalte

Kommunikationsebenen	Kommunikationsinhalte
Infoebene (Mitteilungsebene)	▶ **Code 1 explizit - verbale Aussagen**
Bedeutungsvermittlung ⇨	- **Sachinhalt**, Fakten, Information
zielgerichtet, pragmatisch ⇨	- **Appell** an den Empfänger
Beziehungsebene psychologische Ebene)	▶ **Code 2 implizit - nonverbale Aussagen**
Identitätsvermittlung ⇨	- **Autokommunikation**, Selbstdarstellung
soziales Handeln ⇨	- **Art der Beziehung:** Was hält Sender vom Empfänger? Wie stehen sie zueinander?

lung für den Sender vermittelt und sagt, wie sie zu verstehen ist (Watzlawick/ Beavin/Jackson 1990, S. 56). Sie enthält Informationen, die man aufnimmt, ohne dass sie ausgesprochen werden. Der Inhaltsaspekt vermittelt die "Daten", der Beziehungsaspekt weist an, wie diese Daten aufzufassen sind. Solche Beziehungsaspekte werden vor allem durch die Gesten, die Mimik, den Tonfall oder die Art bzw. das „Klima" der Beziehung übermittelt. In der Werbung spricht man auch von der "unthematischen Information" und meint damit die stimmungsmachenden Begleitinformationen (Stil, Tonalität, Bilder, Begleitgegenstände, Arrangements, Personen etc.).

Mitteilungsebene und **Beziehungsebene** einer **Kommunikation** sollten möglichst **kongruent** sein (gleiche Bedeutungen ausdrücken), um nicht widersprüchliche und verwirrende Effekte zu erzielen (Peter 1991, S. 128).

Ausschlaggebend für die **Wirkung** beim Empfänger **ist** meist **die Beziehungsebene** bzw. die unthematische Information (s. Abb. 76).

Für eine erfolgreiche Aufnahme und die spätere Akzeptanz von Information ist es günstig, wenn die informationsempfangenden Personen zum kommunizierten Thema und zum Absender emotional positiv gestimmt sind. Dies steigert das persönliche Involvement (vgl. Abschnitt 4.2).

Aus diesen für die persönliche Kommunikation herausgearbeiteten Zusammenhängen können auch für die **indirekte Kommunikation** sinnvolle **Schlüsse**, **Empfehlungen** abgeleitet werden:

Abbildung 76: Beziehungsebene

Sachebene: Kognitive Ebene
Beziehungsebene: Emotionale Ebene und Beziehungsklima
⬇
Gefühle zum Absender und Gefühle zum Thema werden ausgelöst
⬇
Diese **beeinflussen** die **Aufnahme** und Akzeptanz der **gesamten Information**!

- Wir sollen **nicht nur** auf der **kognitiven Ebene** kommunizieren! Weil sich die Beziehungsebene primär auf der emotionalen Schiene abspielt, ist die **emotionale Ebene,** wenn immer möglich, **auch** zu **berücksichtigen** (vgl. Ausführungen zur Aktivierungstechnik weiter unten).

- Sämtliche kommunikativen Äusserungen einer NPO weisen eine **autokommunikative Komponente** auf, die systematisch zu überwachen, bewusst zu pflegen und mit der Positionierung abzustimmen ist.

   Die Austauschpartner sollen spüren, welche Art von Beziehung wir mit ihnen anstreben, und wir müssen bei ihnen ein positives Gefühl wie Sympathie uns gegenüber anstreben.

"Sympathie fördert die Wahrnehmung positiver Verhaltensweisen und Eigenschaften bei gleichzeitiger Immunisierung gegenüber negativen Informationen. Sympathieurteile relativieren Negativschlagzeilen und erlauben es diesen nicht, die eigene Gesamtbewertung zu verändern.

Sympathie fördert zentral die kommunikative Zuwendung. Man nimmt sich mehr Zeit für alles, was einem sympathisch ist, man hört zu, ist offen für Informationen, übernimmt auch Neuerungen und ist bereit, etwas zu lernen, möglicherweise auch eigene Einstellungen zu ändern. Sympathie profiliert und positioniert, andere 'Angebotsalternativen' verlieren an Bedeutung im Vergleichsniveau der Alternativen.

Sympathie führt zu Schlussfolgerungen, die durch objektive Daten und Informationen überhaupt nicht beziehungsweise keineswegs hinreichend abgesichert sind (Bergler 1999, S. 39)."

c) Einbau von mehrstufigen Systemen

Wie Abbildung 77 zeigt, besteht bei mehrstufigen Kommunikationssystemen zwischen Sender und Empfänger eine indirekte Beziehung über Medien, gleichzeitig jedoch eine **direkte Kommunikationsbeziehung** zwischen einem **Multiplikator**/Mediator und dem **Empfänger** (Verknüpfung von Massen- und Individualkommunikation). Diese Personen werden von der Zielgruppe als Meinungsbildner angesehen. Ihnen wird die Funktion von "Induktoren" zugeschrieben, weil sie einen grossen Einfluss auf der Überzeugungsebene haben, wie dies auch in der Mund-zu-Mund-Werbung feststellbar ist. Deren Wirksamkeit wird in der Literatur immer wieder hervorgehoben. Die hohe Wirkung der Mund-zu-Mund-Werbung dürfte auf der Wirksamkeit der persönlichen Kommunikation beruhen.

Im NPO-Bereich gibt es zahlreiche Möglichkeiten für zweistufige Kommunikation. Bei allen mitgliedschaftlich strukturierten Organisationen haben die Mitglieder, das Ehrenamt, freiwillige Helfer die Möglichkeit, als Multiplikatoren zu wirken oder systematisch in dieser Funktion eingesetzt zu werden.

Kroeber-Riel/Weinberg (1996, S. 637) weisen mit Recht darauf hin, dass die Hypothesen sowohl über die einstufige wie über die zweistufige Kommunikation (jede für sich allein genommen) unzureichende Erklärungsmuster für einen möglichen Beeinflussungsvorgang sind. In der realen Welt kommunizieren Menschen mehrfach, d.h. dass Wahrnehmung und Einfluss der Umwelt auf das Individuum durch eine Verknüpfung von Erfahrungen durch die Kommunikation mit anderen Menschen und gleichzeitig durch Einflüsse der Massenkommunikation erfolgen. Persönliche Kommunikation und Massenkommunikation können parallel oder nacheinander konkurrierend oder komplementär genutzt werden. Die Wirkung auf das Verhalten ist stets das Ergebnis des Einflusses aller beteiligten Kommunikationsformen.

Als Beispiel für eine mehrfache Kommunikation nennt Kroeber-Riel das Kontakt-Ketten-Konzept von Diller/Beba (1988). Die Autoren formulieren im Zusammenhang mit der Werbekommunikation der Bundeswehr Deutschland die Hypothese, dass eine nachhaltige Beeinflussung der Empfänger (Schüler, die ihre Erkenntnisse über die Bundeswehr ergänzen und eine positive Haltung gewinnen sollen) vor allem durch nacheinander geschaltete Mehrfachkontakte erreicht wird, die sowohl durch persönliche Kommunikation (Präsentationen durch Angehörige der Bundeswehr) als auch durch Massenkommunikation (Inserate, Fernsehspots) zustande kommen können. Gerade in Nonprofit-Organisationen sind solche mehrfachen Kommunikationsimpulse erforderlich, weil von den Austauschpartnern Einstellungs- und Verhaltensänderungen gewünscht werden, die sehr persönliche Verhaltensbereiche betreffen können.

Die mehrfache Kommunikation wird auch unter dem Gesichtspunkt gesehen, dass der Kommunikationsfluss nicht nur vom aktiven Sender, sondern auch vom Kommunikant, also der Zielperson, gesteuert wird.

Abbildung 77: Zweistufiges Kommunikationssystem

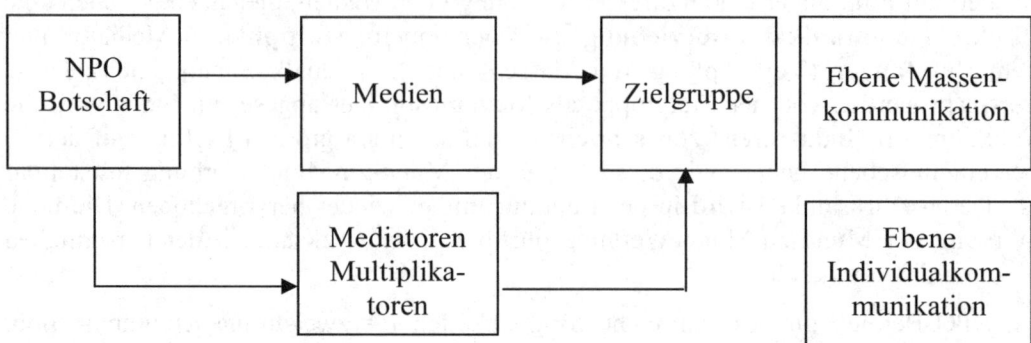

In der NPO findet sich eine Vielzahl von komplexen **mehrstufigen** Kommunikationsprozessen: Bei den Vertretungsleistungen sowie Organisationsleistungen sind neben den Mitgliedern auch Dritte Kommunikationspartner eines Verbandes, z.B. bei der Interessenvertretung die Rollenträger im politischen System, bei Tarifverhandlungen der Verband der Marktgegenseite, bei Organisationsleistungen (z.B. Gemeinschaftswerbung) die Transaktionspartner der Mitglieder (indem durch die Gemeinschafts-Werbeaktion des Verbandes die Märkte der Mitgliedsfirmen bearbeitet werden). Gleichzeitig muss durch Kommunikationsmassnahmen zwischen Verband und Mitglied das Verhalten der Mitglieder so koordiniert werden, dass der Kommunikationsprozess zwischen Verband und den Dritten unterstützt und sinnvoll ergänzt wird. Die Mitglieder sind indirekte Nutzniesser aus dem Kommunikationsprozess zwischen Verband und Dritten, wenn das Verhalten der Dritten in eine für die Mitglieder vorteilhafte Richtung tendiert (z.B. das Ergebnis eines Tarifabschlusses ist für die Mitgliedsfirmen positiv, die Gemeinschafts-Werbeaktion bringt den Mitgliedsfirmen bessere Umsätze usw.). Solche mehrschichtigen Kommunikationsprozesse erfordern eine gute Abstimmung zwischen den Kommunikationsmassnahmen des Verbandes und denjenigen der Mitglieder und der Kommunikation zwischen dem Verband und den Dritten.

5. Der Mensch als Kommunikationsempfänger

Alle Kommunikationsmassnahmen einer NPO "landen" schlussendlich bei **einem Menschen**. Wir haben wiederholt festgestellt, dass die persönliche Kommunikation die beste Wirkung hat, weil sie glaubwürdig ist und das "Ankommen" beim Empfänger laufend durch Rückfragen, Beobachtungen etc. kontrolliert werden kann. Aber auch die indirekte Kommunikation muss irgendwann bei einem Menschen ankommen. In der heutigen Zeit leiden die Menschen jedoch unter der erwähnten dramatischen Informationsüberflutung, etwa 98 % der Informationen sollen nach der Studie von Kroeber-Riel überhaupt nicht wahrgenommen werden. Die überall zitierten hohen Werte der Informationsüberlastung werden in der Praxis nicht derart stark als Belastung empfunden, da die heutigen Menschen eine Vielzahl von Selektionsmechanismen eingeübt haben. Stelleninserate werden beispielsweise mit Absicht überhaupt nicht beachtet (vgl. Trommsdorf 1997, S. 2). Um die Information aufzunehmen, welche eine Anzeige in Publikumszeitschriften enthält, müssten die Leser ca. 40 Sekunden aufwenden. Tatsächlich wenden sie sich jedoch lediglich während knapp 2 bis 3 Sekunden einer Anzeige zu (Kroeber-Riel 1987, S. 258). Der wachsenden Informationsflut steht ein praktisch gleichbleibendes Zeitbudget für die Informationsaufnahme zur Verfügung. Zudem sind dem Menschen natürliche Grenzen in der Aufnahme- und Verarbeitungskapazität von Informationen gesetzt.

Diese kognitiven Prozesse bei der Informationsaufnahme und -verarbeitung werden nach Kroeber-Riel/Weinberg (1996, S. 224) eingeteilt in:

- Informationsaufnahme
- Wahrnehmen einschliesslich Beurteilen
- Lernen und Erinnern

Die heutigen kognitiven Theorien unterteilen in Analogie zur elektronischen Informationsverarbeitung die kognitiven Prozesse im Menschen in folgende Vorgänge:

- Informationsaufnahme
- Informationsverarbeitung
- Informationsspeicherung

Nach dem bekannten Drei-Speicher-Modell (s. Abb. 78 sowie Kroeber-Riel/Weinberg 1996, S. 225 und die dort angegebene Literatur) erfolgt die gedankliche Verarbeitung von Reizen mittels verschiedener Gedächtniskomponenten, die als "Speicher" bezeichnet werden. Diese Speicher dienen der Speicherung und der Verarbeitung von Informationen.

Der **Ultra-Kurzzeit-Speicher** (UKZS) hält kurzfristig eine Vielzahl von Reizen fest, das Auge tastet die Umwelt laufend ab, man ist jedoch nicht in der Lage, mehr als maximal sieben Eindrücke miteinander aufzunehmen. Diese Reize werden in bioelektrische Impulse umgewandelt und dann weiterverarbeitet. 75 % der wahrgenommenen Informationen werden gar nicht weiter beachtet. Voraussetzung für eine Weiterverarbeitung ist, dass Reize mindestens für eine kurze Zeit gespeichert werden. Dies übernimmt der Ultra-Kurzzeit-Speicher. Es handelt sich eher um ein passives Festhalten von Sinneseindrücken, die Kapazität des UKZS ist sehr gross, die Speicherdauer aber sehr klein.

Die eigentliche Informationsverarbeitung geschieht im **Kurzzeitspeicher (KZS)**. Der Kurzzeitspeicher übernimmt einen Teil der Sinneseindrücke vom sensorischen Spei-

Abbildung 78: Informationsverarbeitung im Gehirn (Gedächtnis als Drei-Speicher-Modell)

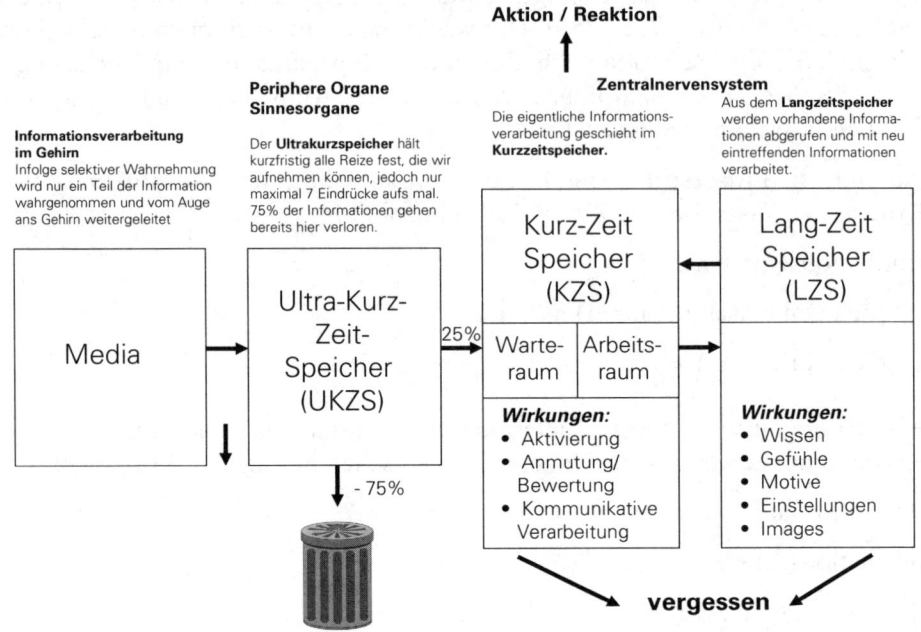

cher zur Weiterverarbeitung. Die Reizauswahl hängt wesentlich vom Aktivierungspotenzial der Reize ab. Die beschränkte Aufnahmekapazität des Menschen erzwingt eine "Informationsreduktion", die im Kurzzeitspeicher übernommenen Reize werden entschlüsselt und in kognitiv verfügbare Informationen umgesetzt, sie werden zu weiteren Informationen in Beziehung gebracht, zu grösseren Informationseinheiten verbunden usw. Erst durch die Entschlüsselung bzw. Interpretation des Reizes im Kurzzeitspeicher wird aus dem eingegangenen Reiz eine gedanklich verarbeitbare **Information**. Wie die Abbildung 78 zeigt, übernimmt der Kurzzeitspeicher zwei Funktionen: einmal die **Speicherung** (einige Sekunden), um die Information für die Verarbeitung bereitzuhalten, sowie zum anderen die aktive **Verarbeitung** der eingegangenen Informationen. Damit wird der Kurzzeitspeicher zum Arbeitsspeicher und zur zentralen Einheit der Informationsverarbeitung. Als Folge kann eine **Aktion/Reaktion** ausgelöst werden, z.B. Anfordern einer Broschüre etc. Weiter ist eine Einstellungsänderung gegenüber einem Meinungsgegenstand denkbar, und die neue Einstellung kann in den Langzeitspeicher transferiert werden.

Der Kurzzeitspeicher kann auch jederzeit auf die im **Langzeitspeicher** vorhandenen Informationen aus früheren Erfahrungen zurückgreifen. Ein Spendenaufruf eines Hilfswerkes kann mit früheren Eindrücken aus einer Fernsehsendung usw. und das

Bild des Hilfswerkes mit den vorhandenen Informationen anderer Hilfswerke verglichen werden.

Die im Kurzzeitspeicher verfügbaren Informationen können wieder vergessen, ausgeblendet werden oder in den Langzeitspeicher wandern. Nach Kroeber-Riel/Weinberg ist von zentraler Bedeutung, dass die Kapazität des Kurzzeitspeichers ausserordentlich beschränkt ist. Sie begrenzt die Menge der verarbeiteten Informationen und der durchgeführten kognitiven Operationen, was bei der Informationsvermittlung in der Praxis oft übersehen wird. Bei einer flüchtigen Betrachtung eines Spendenbriefes von fünf Sekunden ist die Zahl der im Kurzzeitspeicher verarbeiteten Informationseinheiten auf etwa 20 begrenzt. In Kommunikationsmitteln von NPO, die einen Erstkontakt herstellen sollten, wird meistens ein Mehrfaches an Information angeboten, das aus den dargelegten Gründen gar nicht aufgenommen wird (oder werden kann).

Der **Langzeitspeicher (LZS)** ist mit dem **Gedächtnis** des Menschen identisch, die verarbeiteten und zu kognitiven Einheiten organisierten Informationen werden hier langfristig gespeichert. Dies geschieht durch den Aufbau von biochemischen Substanzen. Nach der heutigen wissenschaftlichen Auffassung werden Informationen, die einmal im Langzeitgedächtnis gespeichert sind, nie mehr gelöscht. Das Vergessen von Informationen wird in erster Linie als mangelnde Zugriffsmöglichkeit auf die gespeicherten Informationen interpretiert.

Das **Vergessen** ist im Wesentlichen auf folgende Ursachen zurückzuführen:

a) Nur kurze Aufenthalte von Informationen im Kurzzeitspeicher; die Verarbeitungstiefe war zu gering; die Information ist **nie** im **Langzeitspeicher** deponiert worden. Als Gründe dafür können gelten: mangelndes Interesse, fehlende Assoziationsmöglichkeiten, störende Zusatzwahrnehmungen, nachlassende Proteinsynthese im Alter.

b) **Interferenzwirkungen**: Eine Information wird durch eine stärkere überlagert, verdrängt.

c) **"Nicht-Wiederfinden"** von gespeicherten, aber zugeschütteten oder durch blockierte Schalter abgeschnittenen Informationen. Gründe können sein: eine durch Stresssituation/Stressoren hervorgerufene Denkblockade wie Lärm, optische Überreizung, Misserfolg, Enttäuschung usw.

Dem Vergessen kann durch die zeitliche Verteilung der Informationsaktivitäten entgegengewirkt werden. Der Vergessensprozess wird nach (mindestens vier) **Wiederholungen** einer Botschaft verlangsamt. Durch eine **zeitlich verteilte Wiederholung** einer Information werden höhere Lernleistungen erzielt als durch eine massierte Wiederholung in kurzer Zeit.

Um die Form und den Ablauf der Speicherung zu beschreiben, werden Netzwerkmodelle zu Hilfe genommen. Der Langzeitspeicher wird als aktives Netzwerk aufgefasst, das Wissensstrukturen repräsentiert. Man unterscheidet Knoten (Begriffe, Situationen, Ereignisse) und Relationen zwischen den Knoten (z.B. zwischen Objekten und ihren

Eigenschaften). Mit Hilfe von semantischen Netzwerken kann man eine vorhandene Wissensstruktur, ihr Zustandekommen und ihre Veränderungen verdeutlichen. Das Netzwerk bildet die assoziativen Beziehungen zwischen mehreren Begriffen ab (s. Abb. 79). Dieses Beispiel eines semantischen Netzes zeigt, mit welchen Begriffen das Rote Kreuz assoziiert werden kann. Solche semantischen Netze sind eine gute Grundlage für die Positionierung einer Organisation oder einer Leistung, gleichzeitig soll uns bewusst werden, dass wir durch eine systematische Positionierung die Entstehung solcher Gedächtnisstrukturen unterstützen.

In diesem semantischen Netz werden beispielhaft verbale Positionierungen wiedergegeben, wie sie in der Rotkreuz-Werbung verwendet werden könnten ("Hilft dort, wo keiner hilft"; "Die Flügel des Roten Kreuzes" etc.). Mit dieser auch emotional aufgeladenen Ansprache wird gleichzeitig das Bildgehirn aktiviert (vgl. folgenden Abschnitt).

Die aktive Kommunikation soll bestehende Assoziationen einer Organisation, eines Meinungsgegenstandes zu positiv besetzten Begriffen verstärken, neue Assoziationen zu solchen Begriffen aufbauen und bestehende Assoziationen zu eher negativ besetzten Begriffen hemmen (in unserem Beispiel wäre "bürokratische Organisation" ein negativer Begriff für das Rote Kreuz). Die assoziativen Prozesse, die dazu führen, dass sich Begriffe gegenseitig verstärken, und dass Vorstellungen Begriffe evozieren, verlaufen automatisch und sind der bewussten Kontrolle nicht zugänglich (Wettler et al. 1998, S. 254f.). Wir können nicht verhindern, dass uns etwas einfällt.

Die bisherigen Darlegungen zum **Informationsverarbeitungsprozess** stützen die Annahme, dass dieser durch zahlreiche Hindernisse beeinträchtigt werden kann.

a) **Informationsüberlastung** ist ein Phänomen der heutigen Informationsgesellschaft.

b) **Selektive Wahrnehmung** der Information: Die Information wird überhaupt nicht wahrgenommen, d.h. nur im SIS kurz angetippt, oder sie wird bewusst abgewehrt.

c) **Unzureichende Informationsaufnahme**: Die Information wird zwar kurz im Kurzzeitgedächtnis aufgenommen, doch mangels Interesse wieder fallengelassen.

d) **Unzureichende Informationsverarbeitung**: Die Information wird aufgenommen, aber falsch verstanden, beispielsweise nicht im Sinne des Absenders.

e) **Unzureichende Informationsspeicherung**: Die Information wird nicht in den Langzeitspeicher aufgenommen oder nach der Aufnahme durch störende Interferenzen verdrängt.

f) **Unzureichender Informationsabruf**: Die gespeicherte Information kann nicht mehr abgerufen werden.

Abbildung 79: Semantisches Netz am Beispiel des Roten Kreuzes

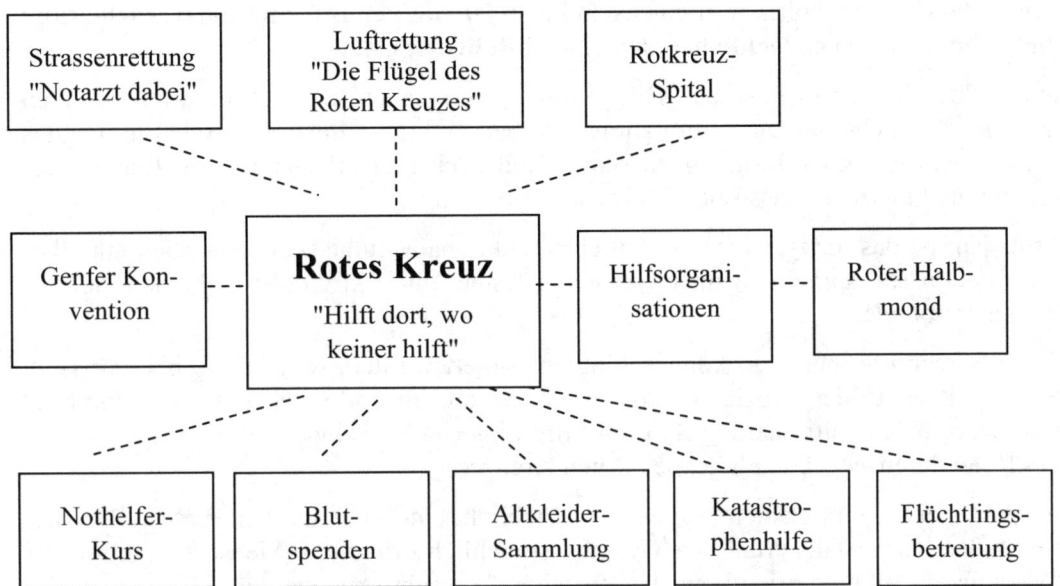

Die vorangehenden Ausführungen lassen auch folgende Schlussfolgerung zu: Es ist unbedingt darauf zu achten, dass Zielgruppen die angebotenen Informationen mit bereits **gespeichertem Wissen verknüpfen** können. Deshalb sind "**Standardkommunikations-Komponenten**" so wichtig, d.h. die Grundaussagen über die NPO, wie verbale Positionierung, Mission Statement etc., sind bei allen kommunikativen Äusserungen zu wiederholen. Ein Spendenbrief darf sich nicht auf das Geldsammeln beschränken, sondern dieser soll gleichzeitig die Positionierung der Organisation laufend kommunizieren.

Weil bei zahlreichen **Informationsverarbeitungsprozessen** die **Verarbeitungstiefe** im Gedächtnis **gering** ist, sollen Botschaften **wiederholt** werden.

Zudem müssen wir die Informationsempfänger durch **Aktivierung** dazu bringen, sich mit Informationen gedanklich auseinander zu setzen. Deshalb werden wir anschliessend Aktivierungstechniken vorstellen.

Diese Darlegungen zu den kognitiven **Informationsverarbeitungsprozessen** sollen in einem weiteren Schritt durch Ausführungen über **Bildverarbeitungprozesse** erweitert werden. Auch dafür liefert die heutige Forschung Erkenntnisse, die von NPO-Führungskräften in vielen Bereichen nutzbringend in die Praxis umgesetzt werden können.

Sprachgedächtnis und Bildgedächtnis

Bis vor kurzem war man der Ansicht, dass aufgenommene Informationen im Gehirn nur sprachlich codiert und verarbeitet werden. Erst in den 1970er Jahren wurde erkannt, dass es im Gehirn **zwei** eigenständige **Systeme der Informationsverarbeitung** gibt, nämlich einen **sprachlichen** und einen **bildlichen** Code.

Die rechte Gehirnhälfte ist das "Bildgehirn", gekennzeichnet durch intuitives Denken und ganzheitlich-analoge Informationsverarbeitung. Die linke Gehirnhälfte ist das "Sprachgehirn", das Informationen sequenziell nach logisch-analytischen Regeln verarbeitet und unser Bewusstsein beherrscht.

Trotzdem ist das menschliche Gehirn eine funktionale Einheit, die Verarbeitung einer Information (ob sprachlich oder bildlich) ist stets mit Aktivitäten in beiden Gehirnhälften verbunden.

Auch Sprachinformationen können bildlich codiert werden, wenn diese bildhaft sind. Sprache kann Bilder evozieren. Man denke an die im vorhergehenden Abschnitt erwähnte verbale Positionierung für die Luftrettung (in der Schweiz: Rettungsflugwacht) des Roten Kreuzes: "Die Flügel des Roten Kreuzes".

Es gibt bei den einzelnen Menschen erhebliche individuelle Unterschiede in der Links-/Rechtsspezialisierung des Gehirns, sprachlich orientierte Menschen können als "Verbalizer", bildlich orientierte als "Visualizer" umschrieben werden.

Die Forschung unterscheidet zwei Arten von inneren Bildern:

- Wahrnehmungsbilder
- Gedächtnisbilder

Von einem **Wahrnehmungsbild** sprechen Kroeber-Riel/Weinberg (1996, S. 343), wenn der Gegenstand oder eine Abbildung des Gegenstandes präsent ist und vom Menschen sinnlich wahrgenommen wird. Ein **Gedächtnisbild** umfasst die Vorstellungen in Abwesenheit des Gegenstandes. Die Gedächtnisbilder lassen sich als gelernte (gespeicherte) Wahrnehmungsbilder verstehen. Es handelt sich in beiden Fällen um visuelle Vorstellungen, die sich durch die gleichen Eigenschaften kennzeichnen lassen. Ihre gedankliche und emotionale Verarbeitung folgt den gleichen Regeln. Diese gedankliche Entstehung, Verarbeitung und Speicherung von innern Bildern werden als "Imagery" bezeichnet. Es handelt sich um die Codierung von Informationen im Gedächtnis in einer nichtverbalen Form.

Untersuchungen von Paivio (1971) und anderen haben ergeben, dass das **Gedächtnis** für **Bilder** wesentlich **besser** ist als dasjenige für sprachliche Information (Kroeber-Riel/Weinberg 1996, S. 346).

> **Merkhierarchie**
> - Reale Gegenstände werden besser erinnert als Bilder.
> - Bilder werden besser erinnert als konkrete Wörter.
> - Konkrete Wörter werden besser erinnert als abstrakte Begriffe.

Die Konkretheit (Bildhaftigkeit) einer Information erweist sich demzufolge als Schlüsselgrösse dafür, wie gut die Information behalten wird, denn der im Gedächtnis benutzte Bildercode ist gegen gedächtnisreduzierende Einflüsse resistenter als der Sprachcode. Dies hat zur Folge, dass die **Gedächtnisleistung** in dem Masse **steigt**, in dem eine Information im Gedächtnis **bildlich codiert** werden kann.

Die in karitativen Nonprofit-Organisationen gerne verwendeten abstrakten Worte wie Toleranz, Gerechtigkeit usw. können nur verbal codiert werden. Konkrete Wörter wie "Morgenrot" rufen zugleich innere Bilder hervor. Sie sind deshalb sowohl im Sprach- wie im Bildercode verfügbar. Konkrete Wörter und Bilder werden aufgrund ihrer doppelten Codierung besser erinnert. Je konkreter bildliche und verbale Informationen sind, desto eher können sie verbal und bildlich codiert und gespeichert werden. Bilder lassen sich im Gehirn bequemer doppelt codieren als Wörter, weil sie leichter in einen verbalen Code übersetzt werden können als Wörter in einen Bildercode. Dies ist der Grund für ihre überlegene Gedächtnisleistung.

Wie Abbildung 80 zeigt, gibt es zahlreiche Möglichkeiten, die Bildhaftigkeit einer Information zu verstärken. Selbst die Art der Typographie kann die Bildhaftigkeit von sprachlicher Information wesentlich erhöhen.

Die Aufnahme und Verarbeitung von Bildern unterliegen zusammenfassend folgenden Gesetzmässigkeiten:

- Bilder werden **schnell aufgenommen** und verstanden (300 - 400 Millisekunden).
- Bilder werden **ganzheitlich** verstanden, in relativ grosse Infoeinheiten zerlegt - sprachliche Informationen zerfallen in eine Sequenz von kleinen, nacheinander geschalteten Infoeinheiten.
- Bilder werden weitgehend **automatisch**, mit geringer Anstrengung **verarbeitet**. Weniger aktivierte, passive Empfänger werden besser erreicht.
- Bilder werden als **"Wirklichkeit"** wahrgenommen. Wir können dies an der Wirkung des Fernsehens bei Kindern beobachten. Die Sprache hingegen ist ein verschlüsseltes und wirklichkeitsfernes Zeichensystem.

Abbildung 80: Instrumente der Bildkommunikation

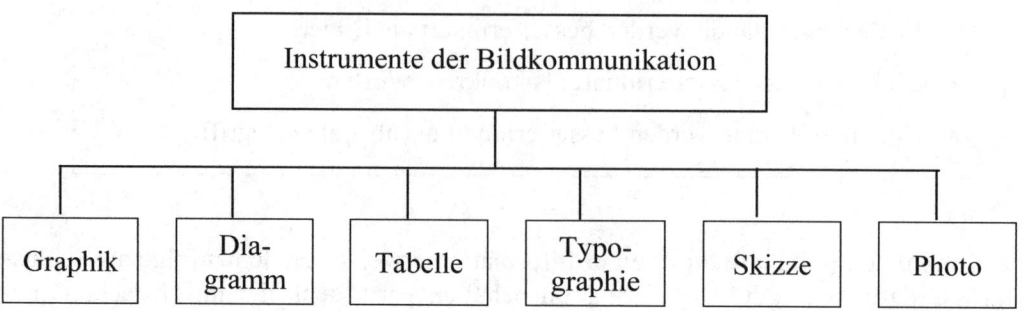

- Bilder werden anders gespeichert als sprachliche Informationen und können deshalb **besser erinnert** werden.
- Bilder unterlaufen die **kognitive Kontrolle**. Dies führt dazu, dass die Empfänger von Bildern diesen gegenüber weniger innere Gegenargumente entwickeln und deshalb leichter beeinflusst werden können, denn die Aktivitäten der rechten Gehirnhälfte werden dem Individuum weniger bewusst. Unser Denken wird von den kognitiven, analytischen Vorgängen der linken Hemisphäre beherrscht.

Anregung

Versuchen Sie bei der Infoübermittlung, Bilder oder zumindest Graphiken einzusetzen. Verwenden Sie assoziationsreiche, d.h. konkrete, anschauliche Wörter und Sätze. Versuchen Sie, Ihre Botschaften wenn immer möglich doppelt zu codieren.

Diese Ausführungen über die Informationsaufnahme beim Menschen haben nach unserer Erfahrung eine grosse Bedeutung für die Praxis. Zahlreiche Beispiele von Broschüren, Mitgliederinformationen usw. in Nonprofit-Organisationen zeigen, dass auf die Eigenheiten und Möglichkeiten der Informationsaufnahme beim Menschen nicht genügend Rücksicht genommen wird.

7.3.2 Der kommunikative Beeinflussungsprozess

1. Prozessablauf

Wie wir in Abschnitt 4.2 (Involvement-Konzept zur Zielgruppen-Segmentierung) erwähnt und im soeben beschriebenen Gedächtnismodell bestätigt gefunden haben, laufen in beeinflussenden Kommunikationsvorgängen simultan mehrere Prozesse ab:

- ein Prozess der Informationsaufnahme
- ein Prozess der Informationsverarbeitung
- eventuell ein Prozess der Einstellungsänderung
- eventuell ein Prozess der Verhaltensänderung

Seit Jahren wird versucht, solche kommunikativen Wirkungsprozesse systematisch darzustellen. Das wohl bekannteste Modell ist die AIDA-Formel von Lewis (1898!). Nach dieser durchläuft ein Kommunikationsprozess in der Werbung die folgenden Stufen:

A   Attention: Aufmerksamkeit erregen

I   Interest: Interesse wecken, kognitive Informationen liefern

D   Desire: Wunsch auslösen, emotionale Informationen liefern

A   Action: eine Handlung auslösen

Dieses Modell wurde vielfach variiert, im Prinzip gehen jedoch alle Wirkungsmodelle in der Kommunikation von Stufenfolgen aus, auch wenn diese nicht immer gleich bezeichnet werden. Meffert/Bruhn (1995, S. 285) haben für den Einsatz von Kommunikation bei Dienstleistungen eine erweiterte Stufenfolge entwickelt. Die Autoren sprechen von psychographischen Kommunikationszielen und nennen dabei folgende Punkte:

a) **Berührungs- und Kontakterfolg**
Die Botschaft soll die ausgewählten Zielgruppen in den Marktsegmenten möglichst ohne Streuverluste erreichen.

b) **Aufmerksamkeitswirkung**
Die Botschaft muss überhaupt wahrgenommen werden.

c) **Gefühlswirkung**
Die Botschaft muss Emotionen wecken.

d) **Erinnerungswirkung**
Die Botschaft soll im Gedächtnis gespeichert werden.

e) **Positive Hinstimmung**
Die Botschaft soll die Zielgruppe positiv motivieren.

f) **Interessenweckung**
Die Kommunikation soll das Interesse an der Leistung so aktivieren, dass der Umworbene bereit ist, sich aktiv mit dem Gegenstand auseinanderzusetzen.

g) **Informationsfunktion**
Insbesondere bei rein immateriellen Dienstleistungen haben Kommunikationsinstrumente die Aufgabe, den Leistungsumfang, die Art der Leistungserstellung etc. zu verdeutlichen.

h) **Auslösen der Kaufhandlung**

Bei all diesen Modellen wird durch die verschiedenen Stufen des **Informationsverarbeitungsprozesses** eine Wissenserweiterung angenommen. Die Sequenz läuft von der Aufmerksamkeitswirkung über kognitive Informationen zu affektiven Komponenten bis hin zur Handlungsauslösung.

Die Ansicht von einer linearen und stets gleichförmigen Abfolge solcher Teilwirkungen in Kommunikationsprozessen wird aufgrund der heutigen Erkenntnisse über die Verhaltensbeeinflussung nicht mehr aufrechterhalten. Zudem unterstellen die meisten Wirkungsformeln in der Kommunikation der Zielgruppe ein High Involvement-Verhalten und damit ein Interesse an der kommunizierten Botschaft. Im heutigen Informationsüberfluss spielen jedoch die Informationsempfänger meistens eine eher passive Rolle und bringen den überall angebotenen Informationen wenig Interesse entgegen. Wie der Abschnitt über die Segmentierung gezeigt hat, ist ein **Low Involvement-Verhalten** auch im **NPO-Bereich immer häufiger** anzutreffen. Deshalb gewinnen Low Involvement-Strategien in der beeinflussenden Kommunikation zunehmend an Bedeutung.

Für die Erklärung und Strukturierung von beeinflussenden Kommunikationsprozessen haben wir gute Erfahrungen mit dem **Modell der Wirkungspfade** von Kroeber-Riel/Weinberg (1996, S. 586) gemacht. Das Modell arbeitet mit folgenden drei Elementen:

a) **Wirkungskomponenten**
Das sind die in Frage kommenden "Bausteine" der gesamten Kommunikationswirkung.

b) **Wirkungsdeterminanten**
Das sind Bestimmungsgrössen der Kommunikationswirkung. Mit ihnen werden die Bedingungen angegeben, die zu einer bestimmten Kommunikationswirkung führen.

c) **Wirkungsmuster**
Das sind die Resultate der Verknüpfungen zwischen Komponenten und Determinanten.

Mit diesem Modell lassen sich unterschiedliche Wirkungsmuster der Kommunikation abgrenzen und erklären. Damit können auch Kommunikationskampagnen sinnvoll beurteilt werden. Wir beginnen mit dem Beschrieb der Wirkungskomponenten (s. Abb. 81).

a) **Wirkungskomponenten**

- **Kommunikationskontakt**

Kontakt heisst, dass die Kommunikation von den Sinnesorganen des Empfängers aufgenommen wurde, ob bewusst oder unbewusst (vgl. die bisherigen Ausführungen zum Menschen als Kommunikationsempfänger).

- **Aufmerksamkeit**

Diese ist Ausdruck der Aktivierung der Umworbenen. Die Aufmerksamkeit wird in erheblichem Ausmass vom Involvement der Empfänger bestimmt, d.h. **starke** Aufmerksamkeit = **High Involvement**, **schwache** Aufmerksamkeit = **Low Involvement**.

- **Kognitive Prozesse**

Es handelt sich um die Aufnahme, Verarbeitung und Speicherung der von der Kommunikation dargebotenen Informationen. Die kognitiven Wirkungen sollen dafür sorgen, dass die vom Kommunikator angesprochenen Antriebskräfte (Motivation) der Empfänger in "rationale Bahnen" gelenkt werden. Bei informativer Kommunikation werden eher kognitive Vorgänge ausgelöst.

- **Emotionale Prozesse**

Emotionale Kommunikation löst emotionale Vorgänge aus. Bei der emotionalen Kommunikation dominiert die Darbietung emotional gestalteter Bilder oder Reizwörter. Emotionale Reize können sich direkt auf den Kommunikationsgegenstand beziehen oder nur in einem räumlichen oder zeitlichen Zusammenhang mit dem Angebot/Meinungsgegenstand dargeboten werden.

- **Einstellung, Handlungsabsicht**

Je nach Ablauf des Kommunikationsprozesses gelingt es, Einstellungen zu verändern und damit Kauf- oder Spendenabsichten, Mitwirkung bei einer Aktion, Zustimmung für ein Anliegen zu erzeugen.

- **Verhalten**

Je nachdem folgt am Ende das vom Sender gewünschte Verhalten.

b) **Die Wirkungsdeterminanten**

Das Modell nennt folgende zwei Determinanten:

- die **Art der Kommunikation**: emotional oder informativ oder gemischt
- das **Involvement der Zielgruppen**: geringes oder starkes Involvement

Abbildung 81: Wirkungskomponenten kommunikativer Beeinflussung

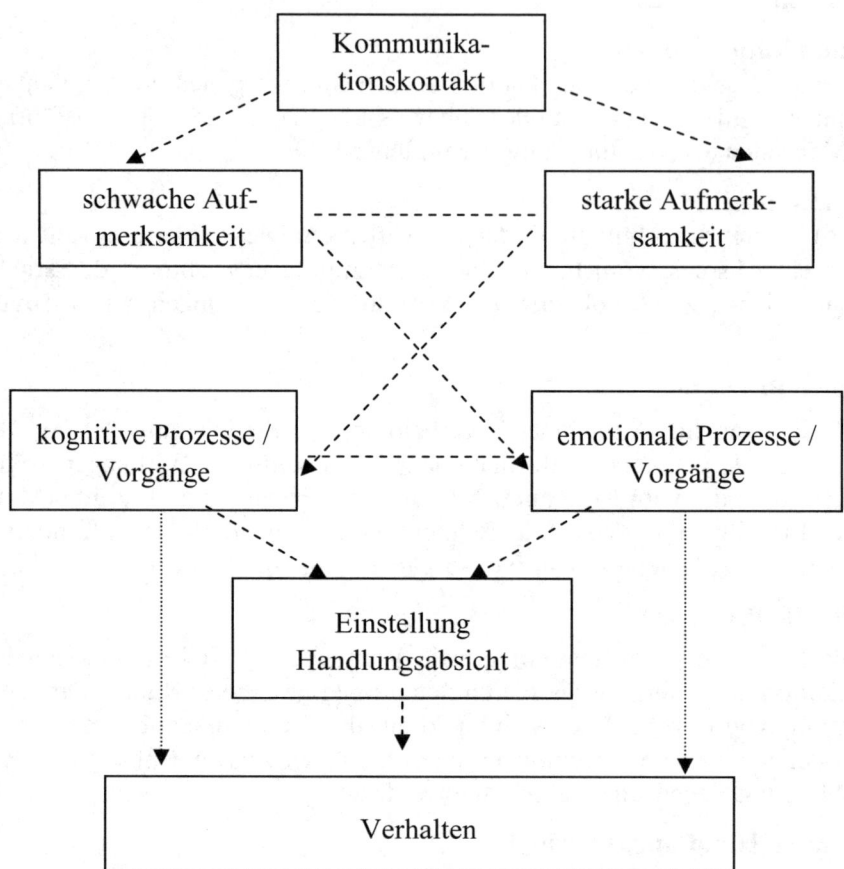

Unter informativer Kommunikation verstehen wir Kommunikation, die sachliche Informationen in den Vordergrund stellt. Bei der emotionalen Kommunikation dominiert hingegen die Darbietung emotionaler Reize wie Bilder oder Reizwörter.

Das Involvement haben wir bereits im Abschnitt über Segmentierung geschildert und als Engagement oder als Ich-Beteiligung der Zielgruppe in Bezug auf einen Meinungsgegenstand umschrieben. Das Involvement wird im Wesentlichen von den persönlichen Eigenschaften der Zielpersonen bestimmt, von ihrem Interesse am kommunizierten Meinungsgegenstand und von der Situation, in welcher sich die Zielperson befindet. Zu diesem situativen Involvement trägt auch das Involvement des gerade benutzten Mediums bei (s. Abb. 82; das Lesen einer Zeitung erfordert höheres Involvement als das Hinschauen beim Fernsehen).

Da sich wenig involvierte Zielgruppen einem Kommunikationsangebot gegenüber eher passiv verhalten, stark involvierte Personen sich jedoch mit Aufmerksamkeit der Kommunikation zuwenden und sich aktiv mit ihr auseinandersetzen, werden im beschriebenen Modell mit den Wirkungsdeterminanten "geringe Aufmerksamkeit" (Low Involvement) und "starke Aufmerksamkeit" (High Involvement) berücksichtigt.

Starkes oder schwaches Involvement beeinflusst die Erreichung der Kommunikationsziele entscheidend. Die ablaufenden Wirkungsprozesse sind verschieden und müssen bei der Kommunikationsplanung berücksichtigt werden.

- **High Involvement**:
  - bewirkt zuerst bewusste und messbare Einstellungsänderungen, dann Verhaltensänderungen
  - kognitive Abwehrmechanismen können aktiv werden

- **Low Involvement**:
  - bewirkt graduelle Veränderungen der Wahrnehmungsstruktur durch wiederholte Kontakte mit "einfacher" Information
  - ohne Aktivierung kognitiver Abwehrmechanismen
  - später eventuell Einstellungsänderung

- **Kommunikationsmittel und Kommunikationsmedien bei starkem Involvement**

  Kommunikationsmittelgestaltung
  - Signalreize geben, die darauf hinweisen, dass hier wichtige Informationen für Empfänger folgen
  - sachbezogene Information, Dokumentation, lange Briefe
  - erfolgtes Mitglieder-/Spendenverhalten bestätigen
  - Einbezug der Zielgruppen in die Organisation: Gönner, Patenschaften, Kooperationspartner
  - Gefahr der Informationsüberlastung gering

Abbildung 82: Der Zusammenhang zwischen Involvement des Meinungsgegenstandes, der Kommunikationsmittel und der Kommunikationsmedien (vgl. Mühlbacher 1982, S. 227)

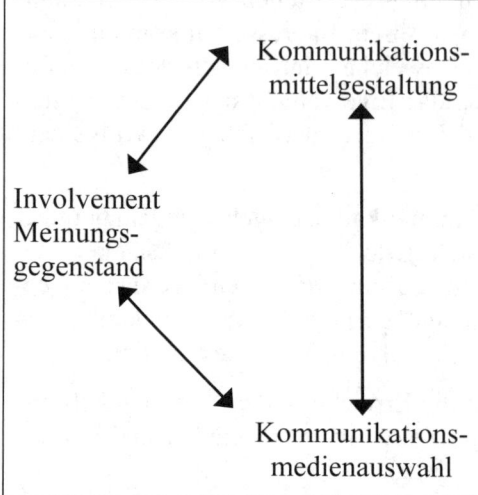

Media/Kommunikationsmediengestaltung
- man hat Zeit für das Kommunikationsmedium, kognitive Verarbeitung wird erleichtert
- Zeitungen, Zeitschriften (Media-Involvement stärker, wenn Leser vom redaktionellen Umfeld angesprochen wird; Textseite besser als Werbeseite)
- persönliche Ansprache: intensive Auseinandersetzung möglich, vgl. Informationstagung, Mitgliedertagung, Tagung für freiwillige Helfer etc.
- Direct Mail-Briefe
- Frequenz weniger bedeutsam

- **Kommunikationsmittel und Kommunikationsmedien bei schwachem Involvement**

Kommunikationsmittelgestaltung
- Die Kommunikationsmittel sollten an sich schon eine hohe Aufmerksamkeit erzeugen
- bei der Zielgruppe Aufmerksamkeit erregen und mindestens für eine kurze Zeit behalten
- viel Bild, eher emotional, Reize mit Angebot, Message verbinden
- Kommunikationsdifferenzierung möglichst stark, ein Blick soll zur Erfassung des Werbeinhaltes genügen

- sachbezogene Information tritt in den Hintergrund, emotionale Konditionierung anstreben
- Kürze, Einfachheit und möglichst Unveränderlichkeit der Botschaft
- Standard-Informationskomponenten einbauen
- Bekanntheit und Vertrautheit schaffen Gewöhnung

Media/Kommunikationsmediengestaltung
- Plakate, Radio, TV (Ton und Bewegung haben an sich Signalcharakter), Zeitschriften (Bilder)
- möglichst hohe Frequenz

Wie vorher erwähnt, erfordert Lernen mit geringem Involvement eine **häufige Wiederholung** der Botschaft, aber Low Involvement-Lernen ist der **gedanklichen Kontrolle** durch die Empfänger weniger unterworfen, und damit ergibt sich weniger Widerstand gegenüber der Botschaft, und die Verarbeitung erfolgt weniger kritisch.

c) **Die Wirkungsmuster**

Nachfolgend soll die Wirkung der Kommunikation unter einzelnen Wirkungsmustern beschrieben werden. Wir beschränken uns hier auf zwei typische Wirkungsmuster, nämlich den Wirkungspfad der **informativen Kommunikation** bei stark **involvierten Zielgruppen** und den Wirkungspfad der **emotionalen Kommunikation** bei **wenig involvierten Zielgruppen**.

Das **erste Wirkungsmuster** arbeitet mit informativer Kommunikation. Diese bietet meistens verbale Informationen dar. Die Vermittlung von umfangreicheren Sachinformationen (im NPO-Bereich sehr verbreitet) führt im Allgemeinen nur dann zum beabsichtigten Erfolg, wenn die Empfänger involviert sind und deshalb die Botschaften aufmerksam aufnehmen und verarbeiten. Das in Abbildung 83 wiedergegebene Wirkungsmuster einer informativen Kommunikation lautet: starke Aufmerksamkeit ⇨ kognitive Wirkungen ⇨ Einstellungsänderung ⇨ Verhalten.

Selbstverständlich stellen sich bei der Verarbeitung einer informativen Werbebotschaft auch mehr oder weniger starke emotionale Begleitreaktionen ein, denn bei involvierten Empfängern besteht Interesse am Gegenstand, und das damit verbundene Herzblut führt zu emotionalen Begleitreaktionen. Diese aktivieren den Empfänger zusätzlich und sorgen für eine effiziente Verarbeitung und Speicherung der Informationen (vgl. Abschnitt 7.3.1, Punkt 5). Dieser Vorgang wird durch die gestrichelten Linien im Wirkungsmuster abgebildet (Kroeber-Riel/Weinberg 1996, S. 596). Wie der vorangehende Abschnitt gezeigt hat, ist es immer sinnvoll, Botschaften doppelt zu codieren, d.h. sprachlich und bildlich.

Abbildung 83: Wirkungspfad informativer Werbung bei stark involvierter Zielgruppe

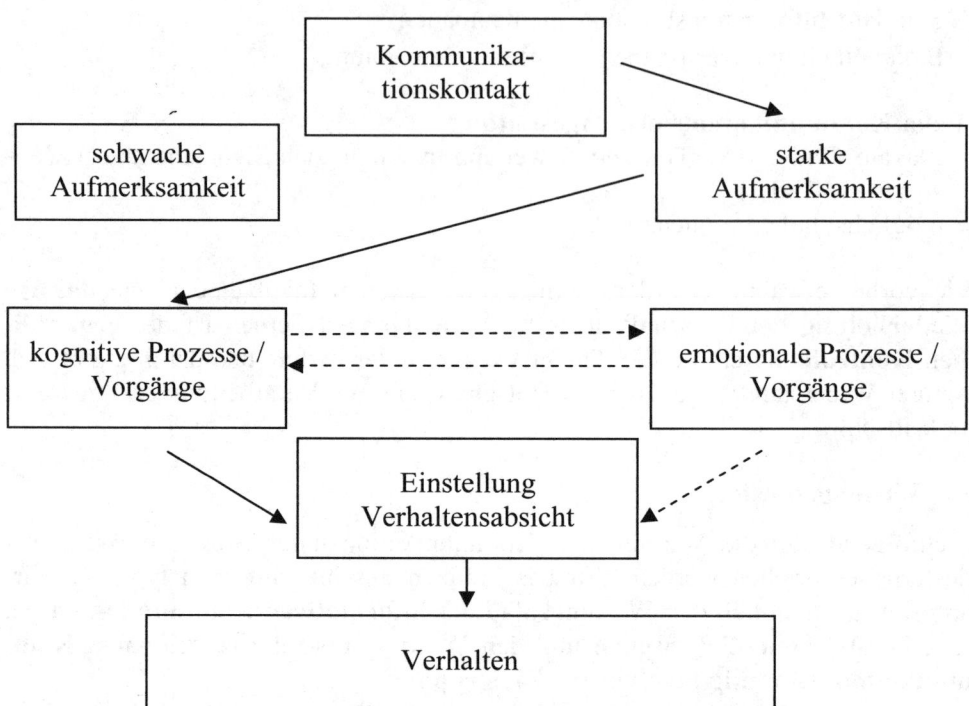

Verstehen und gedankliches Weiterverarbeiten der erhaltenen Informationen reichen aber noch nicht aus, um das Verhalten zu beeinflussen. Die kognitiven Vorgänge müssen zu einer verhaltenswirksamen Einstellung und Handlungsabsicht führen. Dies wird nach Kroeber-Riel/Weinberg erreicht, wenn die übernommenen Informationen den Erwartungen des Empfängers entsprechen und von ihm positiv bewertet werden.

Diese Bewertung durch die Zielgruppe führt zu einer Festigung der Einstellung oder Veränderung der Einstellung gegenüber dem Meinungsgegenstand. Danach erfolgt unter bestimmten Bedingungen eine Verhaltensreaktion (z.B. Mitgliedschaft anstreben, Spende auslösen). "Unter bestimmten Bedingungen" will heissen, dass die Zielperson z.B. über frei disponible finanzielle Mittel verfügt.

Ist die Zielgruppe wenig involviert, so ist eine umfangreiche Informationsvermittlung nicht möglich, da die schwache Aufmerksamkeit bei der Informationsaufnahme und die geringe kognitive Verarbeitungstiefe nur eine Vermittlung von wenigen, leicht verständlichen und merkbaren Informationen zulassen. Deshalb ist es in diesem Fall besser, mit emotionaler Kommunikation zu arbeiten.

In der Abbildung 84 zeigen wir den zweiten Wirkungspfad der emotionalen Kommunikation bei wenig involvierten Zielgruppen. Emotionale Kommunikation, die sich an passive Zielpersonen richtet, die wenig involviert sind, wirkt in erster Linie nach den Gesetzmässigkeiten der emotionalen (klassischen) Konditionierung. Die emotionale Konditionierung ist nicht darauf angewiesen, dass sich die Zielgruppe der Kommunikation aufmerksam zuwendet, es genügt, wenn die Kommunikation als solche absichtslos und flüchtig und ohne grosse kognitive Anteilnahme aufgenommen wird. Durch häufige Wiederholung der Kommunika-tion wird eine emotionale Bindung zum Meinungsgegenstand herzustellen versucht, die sich in einer verhaltenswirksamen Einstellungsänderung gegenüber dem Meinungsgegenstand äussern soll. Es kann hier nicht genug hervorgehoben werden, dass Low Involvement-Kommunikation auf häufige Wiederholung angewiesen ist. Der dominante Wirkungspfad heisst hier: Kontakt ⇨ geringe Aufmerksamkeit ⇨ emotionale Wirkung ⇨ Einstellungsänderung ⇨ Verhalten. Selbstverständlich ist auch hier mit einer gewissen Beteiligung von kognitiven Vorgängen zu rechnen. Diese werden direkt von der übermittelten Botschaft ausgelöst oder von den ablaufenden emotionalen Vorgängen induziert. Sie tragen zur kognitiven Anreicherung der Einstellung zum Meinungsgegenstand bei (gestrichelte Linie in Abb. 84). Die Einstellungsänderung erfolgt durch die emotionale Konditionierung, andererseits kann aber auch angenommen werden, dass eine konditionierte Emotion direkt zu einem positiven Verhalten führen kann (gepunktete Linie in Abb. 84).

In der Praxis ist darauf zu achten, dass man, wenn immer möglich, sowohl eine gute Informationsvermittlung als auch eine zielgruppengerichtete emotionale Ansprache kommuniziert. Auf diese Weise lassen sich die beiden beschriebenen Wirkungspfade verbinden.

Uns bleibt nochmals die Tatsache in Erinnerung zu rufen, dass wir im **NPO-Bereich** oft klar unterscheidbare Zielgruppen zu bearbeiten haben, die **deutlich** eher dem **Low Involvement-** oder dem **High Involvement-Segment** zuzuordnen sind. Deshalb sollen diese beiden Zielgruppen nach Möglichkeit unterschiedlich angesprochen werden.

2. Beeinflussungstechniken in der Kommunikation

Marketing-Kommunikation ist **beeinflussende** Kommunikation. Man will die Zielgruppe möglichst stark beeinflussen, um die Akzeptanz eines Meinungsgegenstandes, einer Dienstleistung zu erhöhen. Wie das vorgestellte Gedächtnismodell und das Modell der Wirkungspfade gezeigt haben, müssen wir vorerst einmal Aufmerksamkeit gewinnen, damit die gesendete Botschaft überhaupt eine Chance hat, in den sensorischen Infospeicher zu gelangen. Dies wiederum erfordert die Auslösung eines Aktivierungsprozesses bei der Zielgruppe. Um die Wirkung der Kommunikation zu erhöhen,

Abbildung 84: Wirkungspfad emotionaler Kommunikation bei wenig involvierter Zielgruppe

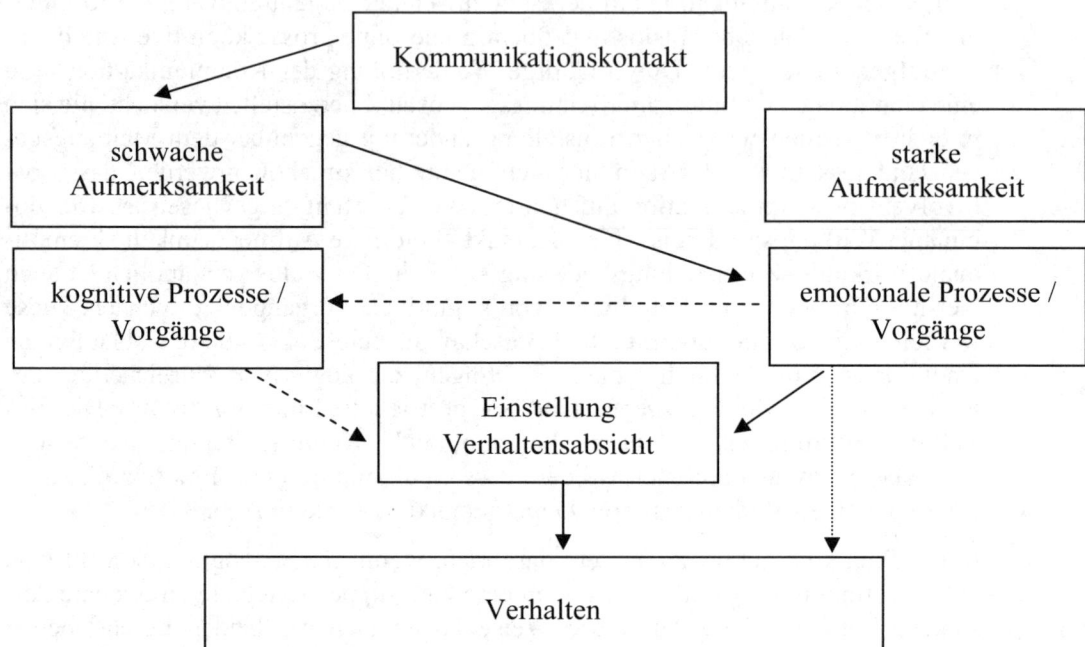

können Individuen gezielt durch **äussere Reize** aktiviert werden, um dadurch den Beeinflussungserfolg zu steigern. Äussere Reize sind Bilder, Texte, Töne, emotionale Appelle (Kroeber-Riel/Weinberg 1996, S. 70). Je nach Situation wird die äussere Aktivierung durch innere Reize oder Stimulanzien (emotionale oder motivationale Prozesse) ergänzt oder verstärkt. Bei der heutigen Reizüberflutung ist eher damit zu rechnen, dass wir es mit relativ passiven Zielpersonen zu tun haben. Deshalb kommen auch NPO nicht darum herum, systematisch **Aktivierungstechniken** einzusetzen. Stärker aktivierende Kommunikationsmittel werden besser (vollständiger) gespeichert und können deshalb leichter erinnert werden. Bei wiederholten Kontakten nutzt sich die Aktivierungskraft kaum ab. Allerdings darf nicht übersehen werden, dass sich die leistungsfördernde Wirkung der Aktivierung vor allem auf den Reiz bezieht, der die Aktivierung auslöst. Deshalb muss angestrebt werden, dass ein **starkes Bildelement** mit den **Textelementen verbunden** ist, mit diesen eine gedankliche Einheit bildet und nicht für sich allein wahrgenommen wird (Kroeber-Riel/Meyer-Hentschel 1982, S. 93).

Nach Kroeber-Riel/Weinberg (1996, S. 70) erfolgt die zur Aktivierung führende Reizentschlüsselung lediglich in einer sehr groben Weise, um einmal die Relevanz des Reizes für das Individuum zu bestimmen. Die genauere Entschlüsselung und Wahrnehmung des Reizes sowie dessen weitere Verarbeitung werden erst später nach erfolgter Aktivierung vorgenommen und dann durch die ausgelöste Aktivierung mehr oder weniger stimuliert. Ist die Aktivierung schwach, verlaufen diese kognitiven Reizverarbeitungsprozesse weniger effizient. Weiter ist darauf hinzuweisen, dass die objektiv ausgelöste Aktivierung subjektiv sehr verschieden interpretiert werden und damit eine sehr subjektive Ausprägung erhalten kann.

Im Folgenden sollen **Aktivierungs-** plus **emotionale** und **kognitive Beeinflussungsinstrumente** beschrieben werden (s. Abb. 85). Damit sollen die in Abbildung 83 und 84 vorgestellten Wirkungspfade im Sinne der NPO beeinflusst werden.

a) **Aktivierungstechniken**

Für die gezielte **Auslösung der Aktivierung** stehen gemäss Abbildung 85 zur Verfügung:

- Schlüsselreize, emotionale Stopper
- überraschende kognitive Aufhänger
- physische Reize

Diese **Erstreize** sollen sofort durch **weitere emotionale** und **kognitive Appelle** verstärkt werden. Selbstverständlich können in einem Kommunikationsmittel mehrere Reize kombiniert werden, wobei auch die Reizaufnahme bei der Zielgruppe ganz individuell ausgestaltet sein kann. Die hier dargestellte Systematik will ein Gesamtbild der am häufigsten eingesetzten Reize darstellen, ohne Hinweise auf mögliche Abfolgen der Reizaufnahme prognostizieren zu wollen.

Schlüsselreize sind besonders starke Reize, die biologisch vorprogrammierte Reaktionen auslösen und damit die Empfänger weitgehend automatisch erregen. Solche natürlichen Schlüsselreize können durch Zeichnungen, Fotos etc. künstlich nachgebildet werden, die Verhaltensforschung spricht hier von Attrappen. Diese haben die gleiche oder - wenn besonders typische Reizmerkmale hervorgehoben werden - sogar eine stärkere Wirkung als die natürlichen Schlüsselreize selber. Bekannte „Attrappen" für das menschliche Verhalten sind das Kindchen-Schema, der weibliche Busen, Attrappen von Auge, Mund und Mimik (Kroeber-Riel/Weinberg 1996, S. 91).

Die Wirksamkeit des **Kindchen-Schemas** wurde in der Kommunikation vielfach nachgewiesen. Die Darstellung von kleinen Kindern mit grossem, rundem Kopf (in der Werbung speziell vergrössert), grossen Kulleraugen und dicklichen Gliedmassen löst bei den meisten Menschen positive Reaktionen aus. Das Gleiche gilt für die Darstellung junger Tiere. Man denke an den weltweiten Erfolg des Teddybären. Das Kindchen-Schema lässt sich im NPO-Bereich vielfältig einsetzen.

Abbildung 85: Beeinflussungstechniken in der werblichen Kommunikation

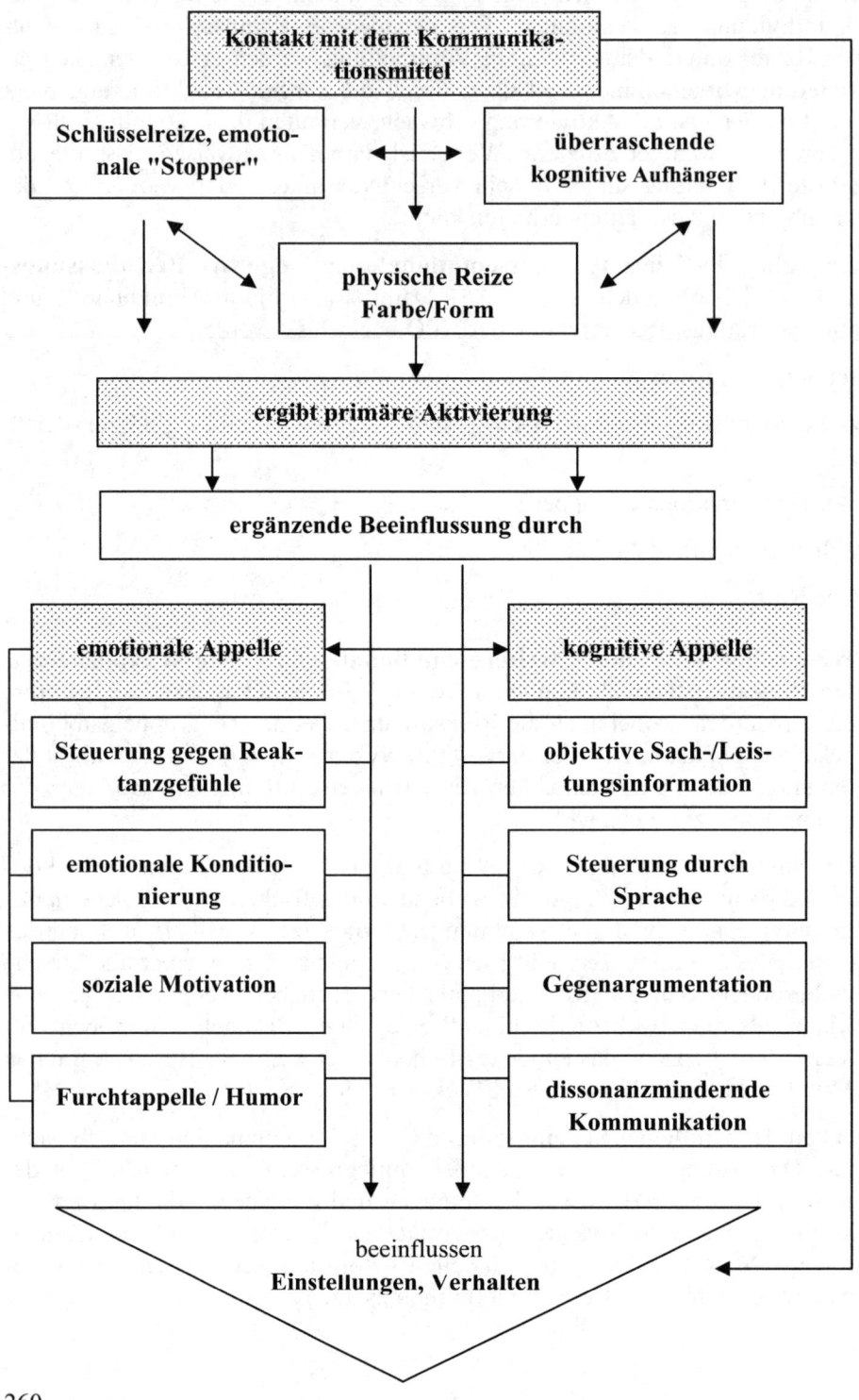

Erotische Attrappen eignen sich für die Aktivierung besonders gut, weil sie sich kaum abnutzen und ihre Wirkung unabhängig von Alter, Geschlecht und soziodemographischen Merkmalen ist. Allerdings besteht die Gefahr, dass erotische Reize von der eigentlich zu kommunizierenden Botschaft ablenken und/oder Irritationen oder Reaktanz auslösen können. Erotische Werbung wird im NPO-Bereich sehr wenig eingesetzt (Ausnahme: Stopp Aids-Kampagnen).

Ein weiterer Schlüsselreiz ist die pointierte Darstellung von **Gesichtern, Augen, Lippen und Mimik**. Die Darstellung von Gesichtern generiert spontan Aufmerksamkeit, Menschen haben die Tendenz, überall Gesichter und Augen herauserkennen zu wollen (z.B. bei Sonne, Mond) (vgl. Dieterle 1992, S. 71). Sehr prägend im Gesicht wirken Augenausdruck, Blickrichtung und Blickkontakt. Die Augen sollten die Betrachter fixieren oder zum abgebildeten Angebot hinführen, keinesfalls den Betrachter "aus dem Bild geleiten" und damit von der kommunizierten Botschaft oder vom Angebot ablenken.

Als genetisch verankert und universell verständlich gilt das mimische Ausdrucksverhalten für Freude, Ärger, Trauer usw. Weil körpersprachliche Botschaften weniger kontrolliert werden können, wirken sie echt, und es wird ihnen eine grosse Glaubwürdigkeit zugesprochen. Die nonverbale Botschaft in der Kommunikation kann als bildliche Information sehr viele Worte ersetzen und die kommmunizierte Botschaft wirkungsvoll unterstützen (Weinberg 1992, S. 54).

Überraschende kognitive Aufhänger sind gedanklich überraschende, ungewohnte Kombinationen, welche bei der Wahrnehmung zum Denken anregen und dadurch die Informationsverarbeitung stimulieren: "Das Meer hat keinen Abfluss. Der Dreck bleibt drin. Greenpeace."

Ein anderes Beispiel: Ein Foto zeigt eine Wand mit dem gesprayten Satz "Refugee go home!" Unter dem Bild steht als Headline: "Er würde gerne nach Hause gehen, wenn er ein zu Hause hätte." Absender ist eine Flüchtlingshilfe-Organisation. Solche kognitiven Aufhänger, kombiniert mit einem Bild, sind sehr wirksam, da sie den Menschen sprachlich und bildlich aktivieren.

Ein weites Feld bieten **physische** (physikalisch wirkende) **Reize** (Farbe, Form). Beispielsweise nimmt das Betrachtungsverhalten mit der **Grösse** einer Anzeige eindeutig zu, dies haben zahlreiche Untersuchungen bestätigt (Kroeber-Riel/Weinberg 1996, S. 76). Man sollte deshalb, wenn möglich, eine ganze Seite einer Zeitschrift belegen oder zumindest das Inserat so gestalten, dass es seitendominant wirkt. Ein senkrechter Balken z.B. dominiert in der Dimension einer Drittelseite bei guter Gestaltung die Seite, weil der verbleibende Raum vielfach durch Kleininserate gefüllt wird. - Auch eine Darstellung, die mit viel Leerraum arbeitet, aktiviert. Die Aufteilung der einzelnen Elemente innerhalb eines Inserates kann ebenfalls stark aktivierend wirken. Deshalb sollte die Headline gross und kontrastreich gestaltet werden und das Anliegen, die Botschaft sofort erkennen lassen.

Farben sind ein weiteres, äusserst wirksames Mittel, um Aufmerksamkeit zu gewinnen. Ein kleines Farbinserat kann auf einer Zeitungsseite, die sonst nur schwarz/weisse Inserate enthält, eine weit überproportionale Beachtung erzeugen. Die überlegene Aktivierungsleistung farblicher Gestaltung gilt aufgrund der heute vorliegenden empirischen Befunde als gesichert (Kroeber-Riel/Meyer-Hentschel 1982, S. 69). Die Farbpsychologie weist auf die Gefühlswirkung von Farben hin. Rot, Orange, Gelb sind erregende Farben, die stark aktivieren. Kroeber-Riel (1993, S. 102) misst auf Grund von Untersuchungen der farbigen Anzeigengestaltung eine sehr starke Sympathiewirkung zu, denn befragte Personen finden vierfarbige Inserate sympathischer als schwarz/weisse. In der NPO-Praxis wird im sozialen Bereich oft ohne Buntfarbe gearbeitet, um damit den "Sparwillen" der Organisation zu dokumentieren. Dies kann Sparen am falschen Ort bedeuten, denn man vergibt damit ein erprobtes und wirksames Mittel zur Aktivierung und Sympathie-Erzeugung.

Als **Ergänzung** zu den beschriebenen **Aktivierungstechniken** stehen **zusätzliche kognitive** und **emotionale Appelle** zur Verfügung, die im Folgenden kurz beschrieben werden.

b) Kognitive Appelle

Zu den kognitiven Appellen zählen wir:

- objektive Sach-/Leistungsinformation
- Steuerung durch Sprache
- Gegenargumentation
- dissonanzmindernde Kommunikation

Mit diesen Appellen sollen kognitive Prozesse ausgelöst werden, um das angestrebte Verhalten zu bewirken. Die gedankliche Steuerung ist umso stärker, je weniger die Zielgruppe über bewährte Entscheidungsmuster verfügt, um den Entscheidungsprozess zu vereinfachen. Gerade im NPO-Bereich liegen oft Entscheidungsprobleme vor, deren Lösung nicht vorstrukturiert ist (dies im Gegensatz zu vielen Entscheiden im Bereich der Konsumgüterwahl).

Die Beeinflussung durch **objektive Sach-, (Dienst-)Leistungs- oder Produktinformation** ist im Kern in jeder Art von beeinflussender Kommunikation enthalten. Man nimmt an, dass es genüge, der Zielgruppe möglichst sachliche Informationen anzubieten. Bei erklärungsbedürftigen Angeboten und bei neuen Anliegen oder Dienstleistungen muss die Zielgruppe mit einer Grundinformation versorgt werden, um überhaupt Entscheidungen auslösen zu können. Die informative Kommunikation bietet meistens verbale Informationen an, die durch sachbezogene Graphiken oder Abbildungen ergänzt werden. Man denke in diesem Zusammenhang an Werbeschreiben von Verbänden oder an Spendenbriefe von Hilfswerken. Wie wir im vorhergehenden Abschnitt gesehen haben, führt informative Kommunikation nur bei stark involvierten Personen zum Erfolg, deshalb wird heute in der Werbung versucht, das Produkt, die Leistung zum Star zu machen: "The product is the hero". Die Einzigartigkeit der Leistung wird durch Bild- und Sprachelemente hervorgehoben. Die Werber sprechen hier von USP (Unique Selling Proposition) als einzigartigem Verkaufsversprechen, als eigenständigem Angebot, als speziellem Anliegen.

Ist dem Angebot kein spezielles, differenzierendes Attribut zuzuschreiben, wird oft auf ein imaginäres, im Prinzip durch die Kommunikation geschaffenes Attribut zurückgegriffen: UAP (Unique Advertising Proposition) bedeutet einen einzigartigen Werbevorteil. Genauso wie sich viele Produkte im Profit-Bereich praktisch kaum mehr unterscheiden lassen, trifft dies immer mehr auch für Verbände, Gewerkschaften und Hilfswerke zu. Man denke nur an den Entwicklungshilfe-Bereich: Für die Spenderinnen und Spender und das weitere Umfeld ist es oft schwierig, die eigentliche Charakteristik einer Organisation zu verstehen, die sie von den anderen unterscheidet.

Eine weitere Möglichkeit, die objektive Information zu verstärken, besteht darin, diese in gewagte Behauptungen und werbliche Übertreibungen zu kleiden ("Das Rote Kreuz hilft dort, wo keiner hilft."). Oder wir demonstrieren einen komplexen Sachverhalt und zeigen der Zielgruppe, wie sie sich in bestimmten Fällen verhalten soll. (Die Aids-Hilfe Schweiz demonstrierte in der Printaufklärungskampagne 1999 anschaulich den Gebrauch des Kondoms, wobei anzuführen ist, dass diese Werbung auch starke Irritationen ausgelöst hat und sich beispielsweise Zeitungen in der Südschweiz geweigert haben, diese Sujets zu publizieren.)

Die zuletzt genannten Beeinflussungstechniken zeigen, dass wir die **Sprache** zur **Verhaltenssteuerung** einsetzen können. Die Sprache ermöglicht eine präzise Informationsübermittlung, die sprachliche Aufnahme verläuft geordnet und sequenziell, was dem Empfänger weniger Spielraum zur Interpretation lässt. Verbale Kommunikation ist stark sendergesteuert. (Nonverbale Kommunikation ist eher empfängergesteuert, weil die Rezipienten mehr Interpretationsspielraum haben.) Worte können das Allgemeine ausdrücken, nonverbale Elemente drücken das Spezielle aus: So kann das Wort "Tier" nicht durch ein Bild oder eine Geste gedeutet werden, es muss eine Tierart, also das Spezielle abgebildet werden (Schuster/Woschak 1989, S. 9).

Es gibt eine erprobte "Psychologie der Grammatik", um mit grammatikalischen Kunstgriffen psychologische Effekte zu erzielen (Kroeber-Riel/Meyer-Hentschel 1982, S. 159).

Die **Bevorzugung von Substantiven** trägt dazu bei, von einem Wort auf einen realen Sachverhalt zu schliessen, anstelle von Adjektiven werden zusammengesetzte Substantive eingesetzt, die eine erhöhte Perfektion suggerieren: "Direkthilfe für Somalia" - "Fastenopfer-Effizienz". - "Entwicklungshilfe-Profi". Diese Versubstantivierung hat für die Werbung folgende Vorteile (Kroeber-Riel/Meyer-Hentschel 1982, S. 161):

- Substantive wirken glaubwürdiger als Adjektive.
- Die Grossschreibung der Substantive verleiht ihnen ein besonderes optisches und damit gedankliches Gesicht.
- Die Verwendung von Substantiven ist ökonomisch: Substantive enthalten häufig den Inhalt eines ganzen Satzes.

Zur Steuerung des Verhaltens können auch Wörter eingesetzt werden, die automatisch gewisse Assoziationen auslösen. Mit dem Wort "Afrika" werden z.B. Palmen, Schwarze, Hitze, aber auch Korruption assoziiert. Assoziationen, die nach einem Reizwort an erster Stelle genannt werden, nennt man **Primärassoziationen**. Experimente zeigen, dass die Häufigkeit der Primärassoziationen in den letzten Jahren allgemein gestiegen ist, weil das Sprachverständnis immer einheitlicher und gleichförmiger wird. Dies hat mit der "Aussenlenkung" unserer Gesellschaft zu tun.

Nützliche Einsichten geben uns auch die Hinweise zur "**Bewertungsautomatik**". Die in unserer Sprache enthaltenen Wertungen sind so allgegenwärtig, dass sie uns in den meisten Fällen gar nicht mehr bewusst werden. "Diese Organisation ist hocheffizient." Die Aussage ("ist") wirkt wie die Wiedergabe eines Sachverhaltes. Die in der Sprache verborgenen impliziten Wertungen werden weniger durchschaut und deswegen weniger als Beeinflussungsversuch empfunden als wie direkte Wertungen oder übertriebene Versprechungen.

In der für NPO wichtigen politischen Beeinflussung wird gerne die **Einfärbetechnik** eingesetzt: Man wählt Formulierungen, die beim Empfänger eine möglichst positive Wertung nahelegen. Mit der Wahl der speziellen Darstellung wird die Zielgruppe vorprogrammiert. Der gleiche Sachverhalt wird durch eine bestimmte Wortwahl eingefärbt und dadurch "geschönt":

- Statt einer Beitragserhöhung gibt es eine Beitragsanpassung.
- Massenentlassungen werden als Umstrukturierungen bezeichnet.
- Wilde Streiks mutieren zu spontanen Arbeitsniederlegungen.
- Ein unfähiger Geschäftsführer wird nicht entlassen, sondern man trennt sich im gegenseitigen Einvernehmen.

Gegenargumentation: Ziel der Beeinflussung ist es, Menschen zu einem bestimmten Standpunkt zu bewegen. Wenn nur Argumente zugunsten des eigenen Standpunktes vorgebracht werden, können Reaktanzgefühle geweckt werden. Der Einsatz von Gegenargumenten ist eine besonders wirksame Form von (auf den ersten Blick) nicht durchschaubarer Kommunikation. Diese Art zu kommunizieren wirkt glaubwürdiger und ehrlicher, weil sie den Eindruck erweckt, Probleme sachlich zu diskutieren. Sie gibt dem Umworbenen das Gefühl, dass auf sein Problembewusstsein und sein kritisches Denkvermögen eingegangen wird (Kroeber-Riel/Meyer-Hentschel 1982, S. 177). Zudem suggeriert diese Technik Verhaltensfreiheit. Die Gegenargumentationstechnik wirkt vor allem bei Personen mit höherem Bildungsgrad.

Mit der **dissonanzmindernden Nachentscheidungs-Information** ist gemeint, dass Menschen nach getroffenen Entscheidungen oft von einem Gefühl der Unsicherheit befallen werden. Habe ich richtig gewählt, lohnt sich die Mitgliedschaft im Berufsverband, habe ich mich nicht doch zu lange für eine Patenschaft (Spendenwerbung) verpflichtet etc.? Die NPO muss durch fortgesetzte Kommunikation den Zielpersonen nach dem Entscheid Sicherheit vermitteln, weitere Argumente liefern, damit diese ihren Entscheid sich selbst und ihrer sozialen Umgebung gegenüber positiv rechtfertigen können. Damit soll sich eine gefestigte positive Einstellung zugunsten des Angebotes und der anbietenden Organisation entwickeln.

c) Emotionale Appelle

Emotionale Appelle werden immer wichtiger, selbst für die Produktwerbung wird heute postuliert, dass Emotionen und Erlebnisse, die durch das Produkt entstehen oder suggeriert werden, wichtiger sind als die sachlich-funktionalen Qualitätseigenschaften (Opaschowski 1997, S. 13). Dies gilt auch für NPO-Angebote und Meinungsgegenstände. Emotionale Appelle sollen emotionale Prozesse bewirken, die einerseits sofort eine Handlung auslösen oder eine Einstellungsänderung im Sinne des Absenders zur Folge haben und andererseits den kognitiven Prozessen mehr Schubkraft vermitteln. Motivationale und kognitive Prozesse bedingen sich gegenseitig, der Stimulus der Motivation regt zur Auseinandersetzung mit dem Thema an und fördert damit das Informationsverhalten. Die Bereitschaft zur Informationsaufnahme wird gesteigert (Kroeber-Riel/Weinberg 1996, S. 372). Zu den emotionalen Appellen zählen wir:

- Steuerung gegen Reaktanzgefühle
- emotionale Konditionierung
- soziale Motivation
- Furchtappelle/Humor

Steuerung gegen Reaktanzgefühle: Menschen reagieren auf jedwelche Beschränkung der Entscheidungsfreiheit tendenziell negativ. Dieses natürliche Verhalten gilt auch gegenüber der beeinflussenden Kommunikation und kann deshalb zu einem Bumerang-Effekt führen, d.h. die Beeinflussten verhalten sich gerade umgekehrt, als es die Kommunikation erwartet oder wünscht! Der Beeinflussungserfolg kann erheblich geschmälert werden, wenn die Kommunikation Reaktanz bei den Umworbenen auslöst. Deshalb muss, wenn immer möglich, der Eindruck vermieden werden, die Entscheidungsfreiheit der Umworbenen werde eingeschränkt. Ein wesentliches Element in diesem Zusammenhang ist die Glaubwürdigkeit der Kommunikation. Bei unglaubwürdiger Kommunikation nehmen die Betroffenen immer eine Beeinflussungsabsicht wahr.

Ein probates Mittel, um die **Glaubwürdigkeit der Kommunikation** zu heben, sind die **Fliesstexte** in einem Inserat (Kroeber-Riel/Meyer-Hentschel 1982, S. 110). Dies sind längere Textblöcke, die meistens unter der Headline stehen und der Zielgruppe den Eindruck vermitteln, dass eine Vielzahl von Tatsachen und Argumenten für das Anliegen, das Angebot sprechen. Die Beworbenen sind meistens zu bequem, um diese Texte zu lesen, aber sie estimieren sie, indem sie die Anzeigen für informativ und glaubwürdig(er) halten. Der Ausdruck "Fliesstext" weist darauf hin, dass der Text unauffällig gestaltet werden und unauffällig "fliessen" soll, denn eine auffällige Gestaltung würde die primäre Funktion, nämlich Glaubwürdigkeitsillusion zu erzeugen, abschwächen. Selbstverständlich gibt es gerade im NPO-Bereich auch Fliesstexte, die eine echte Informationsfunktion zu übernehmen haben.

Ebenso wie eine Glaubwürdigkeitsillusion lässt sich auch eine Freiheitsillusion auslösen. Die Kommunikation suggeriert eine subjektiv erlebbare Entscheidungsfreiheit ("Sie sind gewohnt, Ihre Spenden nach handfesten Kriterien zu vergeben. Wir liefern Ihnen die Kriterien frei Haus."), um damit die kritischen Abwehrreflexe gegen Beeinflussung abzuschwächen oder ganz zu unterlaufen.

Emotionale Konditionierung: Das Prinzip der emotionalen Konditionierung in der Kommunikation versucht, bei den Umworbenen eine positive Einstellung zu einem Meinungsgegenstand zu erreichen, indem dieser wiederholt mit starken positiven Reizen (Bildern, emotionalen Wörtern) dargestellt wird. Die gleichzeitige Darbietung der Reize genügt, ein Verständnis bei der Zielgruppe für den Zusammenhang zwischen Reiz und Meinungsgegenstand/Produkt ist nicht erforderlich (Kroeber-Riel/Meyer-Hentschel 1982, S. 119). Ein Beispiel: Die Kaffeemarke "Max Havelaar" wird durch laufende Darbietung zusammen mit angenehmen Reizen emotional aufgeladen. ("Für diesen Kaffee arbeiten glückliche Menschen, deren Arbeit geschätzt wird. - Max Havelaar kontrolliert die Arbeitsbedingungen der Plantagenarbeiter.") Max Havelaar-Kaffee erhält für die Umworbenen eine positiv aufgeladene Bedeutung. Aufgrund dieser positiven Haltung wird Max Havelaar-Kaffee vorgezogen, obwohl der Kaffee teurer ist als andere Kaffeesorten. So erhalten Angebote/Marken ein klares Erlebnisprofil, einen psychischen Zusatznutzen, in unserem Fall erhalten die Kaufenden neben dem Kauf von Kaffee auch ein positives Empfinden, den fairen Handel zwischen der Ersten und der Dritten Welt zu unterstützen.

Einige Hilfswerke tragen einen Namen, der an sich bereits emotional konditionierend wirkt: "Kinderdorf Pestalozzi" lässt bei vielen Menschen sofort ein Bild eines malerischen Dorfes im Appenzeller Land entstehen, das Kindern aus aller Welt ein Zuhause anbietet. - "SOS Kinderdorf" wirkt ähnlich emotionalisierend.

Die Reizwahrnehmung bei emotionaler Konditionierung entfaltet ihre Wirkung weitgehend automatisch und praktisch ohne gedankliche Mithilfe der Betroffenen. Kroeber-Riel/Meyer-Hentschel (1982, S. 124) bestätigen in ihren Untersuchungen die allgemeine Erwartung, dass Frauen stärker emotional angesprochen und gesteuert werden als Männer. Im Spenden-Marketing weiss man, dass Frauen mehr spenden als Männer...

Soziale Motivation: "Das Verhalten des einzelnen Menschen wird in erheblichem Umfang durch seine sozialen Bedürfnisse und damit letztlich durch andere Menschen gesteuert, auf die er zur Befriedigung seiner Bedürfnisse angewiesen ist" (Kroeber-Riel/Meyer-Hentschel 1982, S. 126). Eine wichtige Rolle spielen hier Bezugsgruppen oder Bezugspersonen. Diese setzen Verhaltensnormen, liefern Vergleichsmassstäbe und haben eine Vorbildfunktion. Appelle an die soziale Motivation sind in der NPO-Kommunikation sehr wichtig. NPO sind vielfach das organisatorische Vehikel von Bezugsgruppen. Man denke an Organisationen für Sport- und Freizeitaktivitäten, Gewerkschaften oder auch Service-Clubs wie Rotary, Lions etc. Die Formel für sozial-emotionale Kommunikation lautet: Man appelliert an soziale Bedürfnisse und informiert, dass unsere Organisation diese befriedigt.

Ein wichtiges soziales Bedürfnis ist das Streben nach **sozialem Kontakt**. Sozialer Kontakt bietet Wohlbehagen und Geborgenheit, verringert die Angst etc. Eng verbunden mit diesem Bedürfnis ist jenes nach **sozialer Akzeptanz**, was sich in einer Anpassung an das Verhalten der anderen ausdrückt. Der Anpassungsdruck durch eine Gruppe wird als einer der stärksten sozialen Einflüsse gewertet (Kroeber-Riel/Meyer-Hentschel 1982, S. 137). Hier setzen gerade NPO Massstäbe und Verhaltensrichtlinien, seien diese festgeschrieben oder auch nur informell vorhanden.

Ein erfolgreicher Ansatz ist auch der **Hinweis** auf die **Mehrheit** oder eine grosse Anzahl von Menschen, die gleiche Interessen verfolgen. "Über 250'000 Hauseigentümer stehen in der Schweiz für das Grundrecht des Privateigentums ein." Der Hinweis auf die grosse Anzahl vermittelt Sicherheit, allerdings muss die Zielgruppe "die grosse Zahl" als für sie relevante Bezugspersonen anerkennen. Im dargestellten Beispiel sind es die Hauseigentümer, im nächsten Beispiel die Umweltbewussten: "Auch wenn Sie im Moment für Greenpeace nichts spenden können, verwenden Sie die beiliegenden Klebeetiketten, damit man weiss, auf welcher Seite Sie stehen." Mit diesem Appell lädt Greenpeace die potenziell Spendenden ein, Teil einer erfolgreichen Gruppe zu werden. Da die Kommunikation immer auch Individualität und Exklusivität versprechen soll, darf nicht mit dem Hinweis "alle" gearbeitet werden. Die Bezugspersonen sollten durch ein Attribut präzisiert werden: "Alle Fortschrittlichen" etc.

Ein weiteres soziales Bedürfnis ist jenes nach **Status** und **Prestige**. Nicht nur Konsumgüter haben den Charakter von Statussymbolen, dies trifft auch für Mitgliedschaften in NPO zu. Man denke an Service-Clubs wie Rotary, Lions oder Oldtimer Clubs, Lyceum Club, Gesellschaft für Kunstgeschichte, VIP-Clubs von Sportvereinen usw.

Dem Bedürfnis nach sozialem Kontakt und Gruppenzugehörigkeit steht die **Fremdenfurcht** gegenüber. Deshalb wird für die Werbung im Profit-Bereich empfohlen, keine Personen darzustellen, die Fremdenfurcht oder Ablenkung in diese Richtung auslösen könnten (Kroeber-Riel/Meyer-Hentschel 1982, S. 154). Sofern es für die Kommunikation unbedingt nötig sei, "Fremde" abzubilden, sollten Abbildungen von Kindern oder

Frauen eingesetzt werden, um den negativen Fremdeneffekt durch das Kindchen-Schema oder den "weiblichen" Effekt abzufedern.

Eine grosse Anzahl der NPO befasst sich mit Menschen aus anderen Kulturen und Erdteilen, Flüchtlingen usw. Die Kommunikation in diesem Zusammenhang sollte die latent vorhandene Fremdenfurcht berücksichtigen und die Zielgruppen nicht nur rational, sondern auch emotional abzuholen versuchen. Appelle, die eine Hilfe vor Ort bewerkstelligen wollen, kommen z.B. viel besser an als der Aufruf zur Unterbringung von Flüchtlingen im eigenen Land.

Furchtappelle/Humor: Ein wichtiger emotionaler Appell im NPO-Bereich ist der **Furchtappell**. Mit zunehmender Furchtintensität steigen Aufmerksamkeit und Interesse für die Botschaft und die darin enthaltenen Handlungsvorschläge. Diesen fördernden Effekten des Furchtappells stehen aber auch hemmende Effekte gegenüber: Zunehmende Furcht verursacht irrationales Verhalten beim Empfänger der Botschaft wie Vermeidungsverhalten, selektive Wahrnehmung, Verzerrung der Informationsabsicht. Die fördernden Effekte sollen durch die hemmenden Effekte nicht zu stark neutralisiert werden, wie Abbildung 86 illustriert (Ray 1982, S. 252). So haben Tests einer schweizerischen Amtsstelle für eine Werbekampagne gegen Alkohol am Steuer ergeben, dass ein Werbesujet, das den Führerausweis-Entzug androhte, eine höhere Akzeptanz aufwies als Sujets, die mit dem Krankenwagen oder gar dem Leichenwagen "drohten". Offensichtlich wird die Erinnerung an einen möglichen Unfalltod weitgehend verdrängt, die Drohung, den Führerausweis zu verlieren, als eine zwar unangenehme, jedoch reale Bedrohung empfunden, mit der man sich auseinandersetzen muss. - Wichtig ist, dass Kommunikation mit einem Furchtappell eine klare Handlungsempfehlung folgen lässt, wie man die entstandene Furcht abbauen oder ganz vermeiden kann. Die Zielpersonen sollten sich allerdings in der Lage fühlen, diese Handlungsempfehlung auch durchführen zu können (Aaker/Patra/Meyers 1992, S. 243). Hier schimmert deutlich das Dilemma der furchtorientierten Antiraucher-Werbung auf, denn der angebotene Handlungsvorschlag, nämlich mit dem Rauchen aufzuhören, ist für die meisten Raucher keine erstrebenswerte Alternative, und somit werden diese Angst-Inserate lieber sofort ausgeblendet (Keller/Goldberg 1996, S. 455; vgl. auch unsere Ausführungen in Abschnitt 4. „Segmentierung"). Deshalb sollten in solchen Fällen eher positive Appelle eingesetzt werden. Weiter zeigen Studien, dass Furchtappelle wirksamer sind, wenn sie von einer glaubwürdigen Quelle stammen (Ray 1982, S. 314). Nach unserem Konzept sollte eine NPO, die mit Furchtappellen arbeitet, klar und glaubwürdig positioniert sein.

Aaker/Patra/Meyers (1992, S. 243) nennen vier Bedingungen für den erfolgreichen Einsatz von Furchtappellen:

Abbildung 86: Fördernde und hemmende Effekte sowie vermutete Gesamtwirkung von Furchtappellen bei zunehmendem Intensitätsgrad (Ray/Wilie/Fear 1970, S. 56)

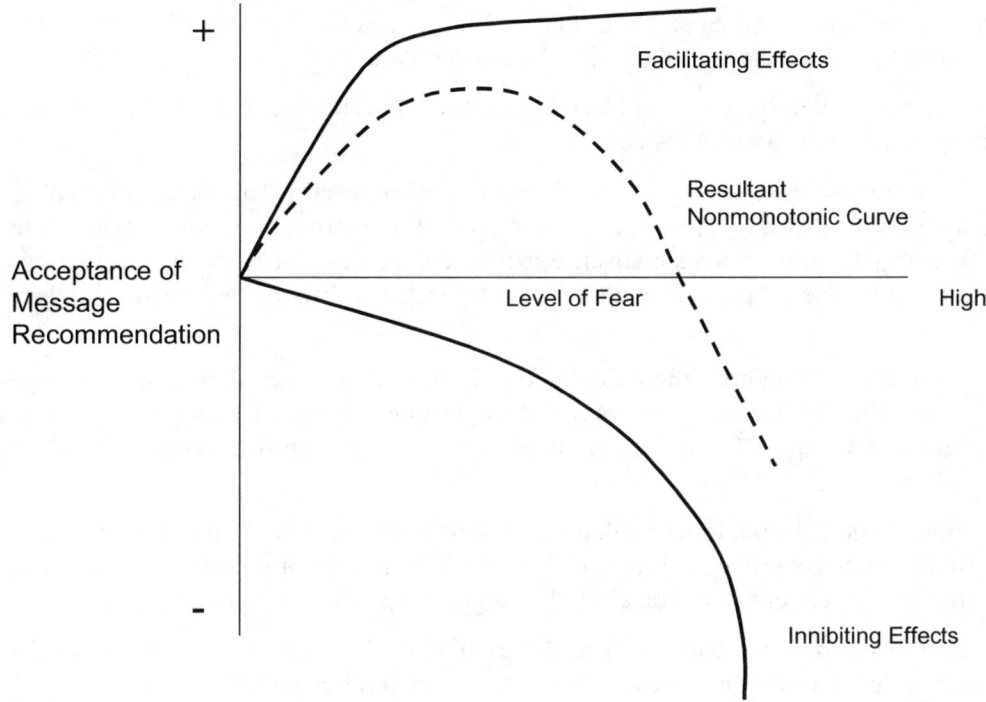

- Die beschriebene Bedrohung ist real.
- Die Konsequenzen sind für den Umworbenen hart.
- Das vorgeschlagene Verhalten oder die vorgeschlagene Verhaltensänderung reduzieren die Bedrohung eindeutig.
- Die Zielgruppe ist in der Lage, das empfohlene Verhalten auszuführen.

Humor hat bei den meisten Menschen eine positive Wirkung. Humor aktiviert, hebt die Stimmung, lenkt von Gegenargumenten ab und hat einen hohen Erinnerungswert. Mit Humor angereicherte Kommunikation hebt sich auch von der Masse der langweiligen Appelle ab. Humor kann mit dem dargestellten Angebot identifiziert werden und dessen Image beeinflussen. Allerdings besteht die Gefahr, dass sich die dargestellte Pointe verselbständigt und nicht mit dem Kommunikationsanliegen verbunden wird ("Nicht immer, aber immer öfter", Clausthaler Bier). Zudem besteht das Risiko, dass bei Wiederholungen (und wir benötigen in der Kommunikation Wiederholungen!) der

Humor plötzlich abgestanden wirkt und Reaktanz hervorrufen kann. Humor-Anzeigen dürfen nicht lange mit dem gleichen Sujet werben, das Thema sollte laufend variiert werden. Es ist weiter darauf zu achten, dass das Humor-Verständnis in der anvisierten Zielgruppe nicht allzu verschieden ist. Humor ist auch sehr stark kulturell gebunden, so setzen englische Werber Humor öfter ein als amerikanische, und der englische Humor kommt in den USA nicht immer gut an. Ähnliches dürfte für deutschen und Schweizer Humor gelten. Humor ist an sich ein sehr wirksamer emotionaler Appell, doch er stellt eine schwierige Herausforderung in der Umsetzung dar.

Ausgehend vom heutigen Zustand der Informationsüberflutung können wir für diese **Sequenz zusammenfassend** festhalten:

- Die Informationen sollen in allen Bereichen **aktivierend** dargeboten werden. Zu diesem Zweck sind primäre Aktivierungs- und **kognitive** und **emotionale Beeinflussungstechniken** systematisch einzusetzen. In der wachsenden Informationskonkurrenz können sich die stärker aktivierenden Informationen besser durchsetzen.

- **Sprachliche Informationen** werden den Gegebenheiten des Zielpublikums **angepasst** (Bildung, Verständnis usw.) und so gestaltet, dass sie leichter aufgenommen werden können: kürzere Sätze, möglichst konkrete Ausdrucksweise, bildhafte Wörter.

- Sprachliche Informationen sollen durch **Bilder ergänzt** und zum Teil gar durch Bilder ersetzt werden. Bilder und Sprache sollen harmonisch aufeinander abgestimmt werden, damit wir eine möglichst gute **doppelte Codierung** erreichen.

- Sowohl bei den sprachlichen wie den bildlichen Elementen sind immer wiederkehrende "**Standardelemente**" einzusetzen, um den Lerneffekt zu erhöhen.

7.3.3 Kommunikationsinstrumente

Wie wir in Kapitel III, 2.3 dargelegt haben, sind praktisch alle Austauschbeziehungen der NPO kommunikativ unterlegt. Kommunikation wird in der Marketing-Planung für alle Marketing-Einsatzbereiche als Instrument eingesetzt, z.B. bei:

- Mitgliederwerbung
- Spendenwerbung
- Gönnerpflege
- Social Marketing
- Dienstleistungswerbung

- politische Kommunikation
- Gemeinschaftswerbung usw.

Die wichtigsten verfügbaren Kommunikationsinstrumente sind die folgenden:

- Medienwerbung (Print, TV, Radio, Aussenwerbung)
- Direct Marketing, persönliche Kommunikation, Direktvertrieb, Veranstaltungen
- Public Relations (PR) als unbezahlte Medienkommunikation

1. Medienwerbung

Unter (Medien-)Werbung verstehen wir eine **absichtliche**, im Sinne der Marketing-Ziele gestaltete **Beeinflussung** von bestimmten Zielgruppen **über Distanz** durch **spezifische** (Werbe-)**Medien**. Wichtig ist der Hinweis, dass es sich bei der Werbung um bezahlte Medien handelt und der Absender sofort erkennbar ist. Werbung ist als solche leicht von den klassischen PR zu unterscheiden, bei welchen unbezahlte Medien eingesetzt werden, die Botschaften im redaktionellen Teil eines Mediums erscheinen und der Absender nicht ohne weiteres identifiziert werden kann.

Der Einsatz von Werbung nimmt im NPO-Bereich mit der Intensivierung des Kommunikationswettbewerbs stark zu. Denn nur mit bezahlten Medien kann eine systematische Kommunikationskampagne langfristig gewährleistet werden. Auch im Nonprofit-Bereich etabliert sich der Gedanke, dass Werbung eine Investition darstellt, die Erträge bringt und deshalb die Ausgaben auch rechtfertigt. Selbst in Spenden sammelnden Organisationen setzt sich diese Sichtweise durch.

Die Werbeobjekte sind im NPO-Bereich vielfältig: Neben Produkten, Dienstleistungen und Personen kann jeder Meinungsgegenstand zum Werbeobjekt werden. Man denke an Kampagnen im Bereich des Social Marketing oder solche zur Promotion von wirtschaftspolitischen Themen. Auch die NPO selber kann Werbeobjekt sein, in diesem Fall sprechen wir von „Corporate Advertising", Werbung für oder über die Organisation.

2. Direct Marketing

Direct Marketing umfasst alle Formen der **direkten, individuellen Marketing-Kommunikation** zwischen NPO und deren Zielgruppen. Dazu gehören:

- Direktwerbung oder Direct Mail
- Tele-Marketing: Telefonwerbung, -verkauf, -service
- Internet-Werbung
- persönliche Kommunikation, Direktvertrieb
- Veranstaltungen, Events

Alle diese Kommunikationsformen sind stark im Zunehmen begriffen, für viele karitative NPO sind dies die wichtigsten Marketing-Instrumente überhaupt.

Direct Mail wird praktisch in jeder NPO eingesetzt. Mitgliederbriefe, Werbebriefe aller Art, Spendenbriefe sind Beispiele. Voraussetzung für den erfolgreichen Einsatz des Direct Mail bilden klar definierte, dem Absender bekannte Zielpersonen. Mitgliederstrukturierte NPO verfügen hier über eine gegebene Basis. Spendensammelnde Organisationen müssen sich eine geeignete Datenbank aufbauen. Die Grundinvestition ist recht hoch, man kann hier von eigentlichen Markteintrittsbarrieren sprechen. Die Datenbank-gestützte Bewerbung der Kunden/Mitglieder oder Spendenden ermöglicht nicht nur eine zielgruppengerechte direkte Ansprache, sondern eine Optimierung der Segmente, der Angebote, der Bearbeitungsfrequenz, der Erfolgskontrolle und der Vermeidung von Streuverlusten. Direct Mail ist ein wichtiges Instrument zur Mitglieder- oder Spenderbindung.

Grenzen gesetzt sind der Direktwerbung durch die Datenschutzgesetze. Zudem hat sich die Werbewirtschaft in den deutschsprachigen Ländern eine Selbstbeschränkung ("Robinson-Liste") auferlegt, indem Bürger, die sich in diese Liste aufnehmen lassen, grundsätzlich nicht mehr mit Direct Mail-Sendungen bedient werden dürfen.

Für die Gestaltung von Direct Mail-Briefen sind die in den vorhergehenden Kommunikationskapiteln erarbeiteten Hinweise zu berücksichtigen. Zudem existiert über Direkt-Marketing eine umfangreiche Spezialliteratur.

Auch das Telefon spielt im NPO-Marketing eine wichtige Rolle. **Telefon-** oder **Tele-Marketing** ist die systematische Nutzung von Telekommunikationsinstrumenten in der Bearbeitung von Austauschpartnern. Man unterscheidet zwischen:

- Inbound-Tele-Marketing oder passiven Einsatzmöglichkeiten
- Outbound-Tele-Marketing oder aktiven Einsatzmöglichkeiten

Beim **Inbound-Tele-Marketing** geht der Anruf von den Zielpersonen aus:

- Annahme von Bestellungen, Aufträgen, Spenden
- Auskünfte von Verbänden, Kammern, Gewerkschaften
- Bearbeitung von Beschwerden
- Nothilfe-Stelle: Dargebotene Hand, Kindertelefon
- Tele-Predigt
- Schaltung von Anrufbeantwortern

Die Verarbeitung von Information ist eine primäre Aufgabe der NPO, deshalb wird Inbound-Tele-Marketing in einer Vielzahl von Varianten eingesetzt. Die Anrufhemmschwelle kann durch vielfältige Massnahmen gesenkt werden:

- Schaltung mehrerer Leitungen, um Wartezeiten zu vermeiden
- Einbezug von Aushilfspersonen in der Organisation
- Einbezug von privaten Telefonservice-Anbietern
- Einrichtung von Gratis-Telefonnummern

Bei sehr gefragten Angeboten kann durch die Erhebung von Gebühren eine Barriere gesetzt werden.

Outbound-Tele-Marketing bedeutet, dass der Anruf von der Organisation ausgeht. Einsatzmöglichkeiten sind:

- Anfragen für Mitgliedschaften
- Mitgliederpflege
- Einladung zu Veranstaltungen
- Anmahnung ausstehender Mitgliederbeiträge
- Befragungen
- Einführung neuer Leistungen, Angebote
- Anfragen für Spenden
- Rückgewinnung ehemaliger Spendenden
- Dank für besonders hohe Spenden usw.

Für standardisierbare Anfragen lassen sich mit Vorteil Service-Organisationen einschalten. Obwohl die Kosten pro Anruf relativ hoch sind, zeigen unsere Erfahrungen, dass dieses Werbemittel (besonders im Long-Run) im Vergleich zu anderen relativ preisgünstig und die Erfolgsquote erstaunlich hoch ist. Wie die Erfahrung zeigt, scheinen viele der Betroffenen einen solchen Anruf zu schätzen, besonders alleinstehende Menschen empfinden diese Anrufe als Abwechslung. Im Vergleich zu den USA, wo Übersättigungstendenzen zu beobachten sind, wird Tele-Marketing im deutschen Sprachraum noch vergleichsweise spärlich eingesetzt.

Das **Internet** hat auch im NPO-Bereich eine grosse Zukunft. Bereits heute bieten zahlreiche Verbände Mitgliederinformationen über das Internet an, damit können nicht nur viele Papier- und Logistikkosten gespart werden, sondern die Information ist auch rascher verfügbar. Zudem lässt sich diese laufend aktualisieren, und die Ansprechpartner können den Zugriff nach Bedarf variieren. Deutsche Chemieverbände bieten ihren Mitgliedern Hinweise zu Entwicklungen der Rechtssprechung auf Internet an. Oder der Schweizerische Aero-Club bietet den Clubmitgliedern (Piloten) aktuelle Daten über Anlässe, Flugverhältnisse etc. an. Allerdings setzt der Einsatz des Internet bei den Kommunikationspartnern eine gewisse Infrastruktur und Interesse am Meinungsgegenstand voraus, die nicht bei allen Zielgruppen vorhanden sind. Aus diesem Grunde hat sich beispielsweise das Internet-Fundraising noch nicht nennenswert durchgesetzt.

Der Einsatz der **persönlichen Kommunikation** im Direct Marketing ist ein weiteres wichtiges Instrument. Kennzeichnend ist hier der unmittelbare Kontakt zwischen Kommunikator und Zielperson. Damit kommen die in den vorhergehenden Abschnitten dargelegten Vorteile der direkten Kommunikation voll zum Tragen. Insbesondere der Dialog ermöglicht dem Sender, zu Informationen zu kommen, die schriftlich oder telefonisch nicht abrufbar sind. Der gewichtigste Nachteil dieses Direct Marketing-Instrumentes sind die hohen Kosten. Trotzdem wird das Mittel der persönlichen Kommunikation in NPO vermehrt eingesetzt.

Mitgliederbesuche: Die Wirtschaftskammer Oberösterreich lässt ihre Mitgliedsbetriebe systematisch durch Mitarbeitende besuchen, um Informationen über die Zufriedenheit mit den Kammerleistungen zu erhalten. Die Ergebnisse dieser Aktion sind absolut überzeugend. Mit ihr signalisiert die Organisation nicht nur ihre Mitglieder- und Kundenorientierung, die daraus resultierenden Gespräche vermitteln auch Einsichten, die Fragebogen-Aktionen nie erbringen können. Es werden wertvolle Informationen zur Lobbying-Arbeit und über die Qualität der angebotenen Dienstleistungen vermittelt. Für viele Mitglieder ist dies der erste Kontakt mit der Kammer! Weiter ist es möglich, im Gespräch auf die vorhandenen Spezialisten hinzuweisen und damit die Service-Bereitschaft zu illustrieren. Werden solche Gespräche, wie im geschilderten Fall, in grösserer Anzahl geführt (1999 waren es 10'000 Gespräche), lassen sich auch eindeutige Trends bei den Mitgliederwünschen/-beschwerden erkennen.

Aussendienst von Gewerkschaften: Grössere Gewerkschaften setzen Aussendienstmitarbeitende ein, um Mitglieder zu gewinnen. In der heutigen Zeit mit ihren Entsolidarisierungstendenzen kämpfen viele NPO (nicht nur die Gewerkschaften) gegen den Mitgliederschwund. Die Motivation zu einem Gewerkschaftsbeitritt braucht Überzeugungsarbeit, in einem Dialog kann auf die spezifischen Bedürfnisse des Austauschpartners eingegangen werden.

Gewinnung von Gönnern: Das Schweizerische Rote Kreuz, Greenpeace Schweiz und viele andere schweizerische, deutsche und österreichische Organisationen setzen Verkaufsagenturen für die Gewinnung von Mitgliedern/Gönnern ein. Die Verkäufer versuchen, eine Verpflichtung der Zielpersonen zur Bezahlung von festen Beiträgen für einige Jahre zu erreichen. Da die Kosten pro Abschluss relativ hoch sind, führt dies immer wieder zu Diskussionen in den Organisationen und in der Presse. Die durch diese Methode erreichten Resultate belegen aber, dass die Mitgliedschaft tatsächlich über mehrere Jahre erhalten bleibt und damit die Akquisitionskosten auf ein vertretbares Niveau von ca. 20 % sinken. Zudem ist es praktisch aussichtslos, Mitgliedschaften auf schriftlichem Weg zu generieren.

Direktvertrieb: Diese Variante des Direct Marketing umfasst den Verkauf von Produkten durch die NPO direkt an Konsumenten. Diese Methode lässt sich mit dem Tele-Marketing oder Direct Mail verbinden. Eine grössere Anzahl Hilfswerke unterhält einen solchen Versandhandel (Dritte-Welt-Produkte, T-Shirts, Honig aus Entwicklungsländern, Handarbeitsprodukte, Trauerkarten usw.). Unsere Erfahrung aus zahlreichen Gesprächen zeigt, dass, insbesondere wenn die Ware eingekauft werden muss, mit diesem Geschäft (vor allem im Textilbereich) nicht unerhebliche Risiken verbunden sind (modische Tendenzen, verschiedene Grössen usw.). Man setzt sich mit dieser Tätigkeit voll dem Wettbewerb im Profit-Bereich aus. Meist sind die erzielten Erträge alles andere als überzeugend. Deshalb spielt dieses Instrument für die Finanzierung von NPO eine unwesentliche Rolle. Selbstverständlich gibt es immer wieder Ausnahmen, wie die Robbenbaby-Kampagne der Fondation Franz Weber, die in der Schweiz einen unglaublichen Verkaufserfolg erzielte. Sinnvoll hingegen ist der Verkauf von Produkten, wenn diese etwas mit der Tätigkeit/der Mission der NPO zu tun haben (z.B. Produkte aus Behindertenwerkstätten etc.). Aber auch hier haben viele Anbieter mit Absatzproblemen zu kämpfen.

Veranstaltungen: Dieses Instrument ist geradezu typisch für NPO. Von Anlässen, Parteiveranstaltungen, Gewerkschaftsmanifestationen, Tag der Behinderten usw. bis hin zum Gourmet-Dinner mit Starkoch Paul Bocuse zu Gunsten der Schweizerischen Krebsliga gibt es hier alles nur Erdenkliche. Viele Anlässe entwickeln sich heute in Richtung "Event-Marketing", d.h. Inszenierung von besonderen Ereignissen, die erlebnisorientierte Aktivitäten bieten. Wichtig ist in diesem Zusammenhang die Interaktion, der Kontakt zwischen Mitarbeitern der NPO, Mitgliedern, Spendern und Sympathisanten. Für die Organisation solcher Anlässe stehen auch spezialisierte Agenturen zur Verfügung, die ebenfalls Infrastrukturen wie Zelte, Bänke usw. liefern können.

Praktische Tipps für die Planung von "besonderen Veranstaltungen"

- Beginnen Sie möglichst **frühzeitig** mit der Planung, jedoch nicht so früh, dass der Elan erlahmt.

- Gründen Sie ein **Organisationskomitee** und arbeiten Sie nach verbindlichen Konzepten, Strukturen, Pflichtenheften (Verantwortlichkeiten), Verträgen (mit Dritten), Zeit- und Finanzplänen.

- Setzen Sie Ihre **Mitglieder** und **freiwilligen Helfer** ein, aber versuchen Sie, diese weder zu unter- noch zu überfordern.

- **Analysieren** Sie, was wo Erfolg bringt, suchen Sie aber immer wieder neu Ihre eigene Formel, welche der Einzigartigkeit, Kreativität und Überzeugungskraft Ihrer Organisation ein Profil gibt. Überlegen Sie sich, wie die Menschen in- und ausserhalb der Organisation mit diesem Anlass optimal für die Ziele Ihrer Organisation motiviert werden können.

- **Originalität** ist sehr gefragt, aber sie muss zum Zweck Ihrer Organisation passen.

- Setzen Sie Veranstaltungen als Bestandteile, im besonderen Fall gar als **Markenzeichen** (Special Event!) und Angelpunkt Ihrer normalen Aktivitäten ein.

- Beginnen Sie mit **kleinen Veranstaltungen**, sammeln Sie Erfahrungen und Kontakte, prüfen Sie, ob diese mit der Zeit ausgebaut oder gar zur Tradition werden können.

- Suchen Sie die Koordination und die **Partnerschaft** mit weiteren Trägern oder Sponsoren. Auch das gezielte Einbeziehen von Prominenten kann sehr hilfreich sein.

- Denken Sie an die Bedeutung von **Sach- und Ortskenntnissen**. Je weiter Sie sich aus Ihrer Region entfernen, desto mehr sind Sie auf Hilfe lokaler Kräfte angewiesen.

- Betrachten Sie die Veranstaltung immer wieder aus der Perspektive Ihres **Zielpublikums**, nicht nur aus jener Ihrer Organisation.

- Richten Sie die **Grösse der Veranstaltungen** nach Ihren Möglichkeiten und einer realistischen Einschätzung des Marktes aus. Die grössten Veranstaltungen sind nicht immer die besten!

- Legen Sie Wert auf einen **einheitlichen Marktauftritt**, der Ihrer Positionierung entspricht. Dazu gehört auch ein **einheitlicher, graphischer Auftritt** Ihrer Organisation. Nur so kann sie sich auch visuell bei den Besuchern einprägen.

- Sorgen Sie dafür, dass zwischen Mitgliedern und dem Publikum viele **persönliche Kontakte** stattfinden. Ihre Mitglieder sind die beste Werbung für Ihre Organisation.

- Es liegt weitgehend in Ihrer Macht, Risiken zu begrenzen. Vielleicht wollen Sie aber auch einmal bewusst Risiken eingehen, indem Sie z.B. ein neues Zielpublikum ansprechen oder jungen Künstlern eine Chance geben.

- Vergessen Sie auch bei Veranstaltungen nie das **Erklären, Bitten und Danken**, ohne dabei allzu ausführlich, untertänig oder anbiedernd zu werden. Lassen Sie aber keine gute Möglichkeit zur Mittelbeschaffung und Werbung aus.

- Messen Sie den Erfolg Ihrer Veranstaltung nicht nur am kurzfristigen Ergebnis, betrachten Sie die Arbeit vielmehr als **Investition in die Zukunft**. Ein positives, aktives Image erleichtert und unterstützt die zukünftigen Fundraising-Kampagnen und Werbeaktivitäten (vgl. Leutenegger 1994).

3. Public Relations (PR)

Public Relations oder Öffentlichkeitsarbeit beinhalten eine **planmässige, systematische Kommunikation** über die Organisation als Ganzes **mit der** allgemeinen **Öffent-**

lichkeit oder definierten Teilpublika **über Distanz** unter Einbezug von **(meistens) nicht bezahlten Medien** zur Gewinnung bzw. Erhaltung von Verständnis, Sympathie und Vertrauen. PR werden im Profit-Bereich deutlich von der (Produkt-)Werbung abgegrenzt, indem Werbung den Verkauf von Produkten an Kunden zu unterstützen hat, während PR die Gesamtanliegen der Firma an ein breites Publikum kommunizieren sollen. Werbung wird als Aufgabe der Marketing-Abteilung gesehen, während PR in den Zuständigkeitsbereich der obersten Geschäftsleitung fallen. Es geht bei PR um die Gewinnung des Vertrauens verschiedener Anspruchsgruppen (nicht nur der Kunden!) oder sogenannter Stakeholder wie Öffentlichkeit, Staat, Finanz- und Bankenwelt. Weil die Präsenz in unbezahlten Medien nicht genügend gesteuert werden kann, setzt man heute vermehrt für PR-Zwecke auch bezahlte Medien ein. Damit werden die Übergänge zur klassischen Werbung fliessend.

Im Freiburger Modell sind **PR** ein **Kommunikationsinstrument**, das begleitend für zahlreiche Marketing-Aktivitäten eingesetzt wird, z.B. im Fundraising. Gleichzeitig bilden sie einen **Marketing-Einsatzbereich** (vgl. Kapitel VI, 5.).

7.4 Price: Preis- und Finanzierungs-Mix

Die Preispolitik im Profit-Marketing umfasst jene Massnahmen im Marketing-Mix, die der Unternehmung durch Verkauf der angebotenen Güter oder Dienstleistungen langfristig ein Maximum an Einkünften sichern sollen. Die verlangten Preise sind die Gegenleistung der Marktpartner für die erhaltenen Produkte- oder Dienstleistungen. In der Literatur wird deshalb auch von Gegenleistungspolitik gesprochen.

Die Preispolitik ist eng mit der Güterart verbunden, die marktliche Preisfinanzierung bezieht sich dementsprechend auf Individualgüter. Im NPO-Bereich existieren für viele Angebote gar keine marktfähigen Preise, oder bei Drittleistungs-NPO werden Leistungen oft ohne Entgelt abgegeben. Der Preis-Mix erweitert sich deshalb in der NPO zu einem Preis-/Finanzierungs-Mix. Die Gestaltung des Produkt-/Leistungs-angebotes ist sehr stark mit den Finanzierungsmöglichkeiten der NPO verknüpft.

Aus dieser Perspektive stehen für die NPO folgende Finanzierungsmöglichkeiten zur Verfügung:

1. Marktpreise/Monopolpreise
2. Gebühren
3. Beiträge
4. Spenden
5. Staatliche Beiträge
6. Kapitalfinanzierung
7. Nichtmonetäre Leistungen

7.4.1 Finanzierungsquellen

1. Marktpreise/Monopolpreise

Dies sind die von den Nutzern geleisteten Entgelte für Individualgüter. Wir sprechen von Marktpreisen, wenn das Angebot zu ähnlichen Produkten im Wettbewerb steht, oder von Monopolpreisen, wenn die NPO alleiniger Anbieter ist. Für die Preisbildung ergeben sich folgende Ansätze, die in der Praxis meistens kombiniert eingesetzt werden:

a) Kostenorientierte Preisbildung

Diese Methode erfordert brauchbare Kalkulationsgrundlagen, die auf einer Kostenstellen-/Kostenträgerrechnung basieren. Im Dienstleistungsbereich ist auch ein gutes Zeiterfassungssystem erforderlich. Zu den Kosten kann je nachdem ein Gewinn dazugeschlagen werden. Diese Methode wird in der Praxis häufig verwendet, da die **Kosten** meistens **präziser** zu **schätzen** sind als die Nachfrage. Zudem hat man im Dienstleistungsbereich grundsätzlich hohe Bereitschafts- und Fixkosten (Personal), Schwankungen in der Auslastung können oft nicht abgeschätzt werden.

Die kostenorientierte Preisbildung kann auch Grundlage für die Bemessung von staatlichen Subventionen sein. Wenn keine vergleichbaren Marktpreise zur Verfügung stehen, besteht jedoch die Gefahr, dass der Tiefhaltung der Kosten zu wenig Beachtung geschenkt wird, da diese zu leicht auf die von Drittfinanzierern verlangten Preise überwälzt werden. Dies wird denn auch immer wieder Wohlfahrtsorganisationen vorgeworfen. Deshalb wird heute versucht, durch klar **spezifizierte Leistungsaufträge** Gegensteuer zu geben (vgl. nachfolgenden Punkt 5).

b) Konkurrenzorientierte Preisbildung

Die Orientierung an Konkurrenzpreisen ist in der marktlichen Preisbildung systemimmanent enthalten. Für praktisch alle Marktangebote existieren sogenannte **Preisbänder**. So bewegen sich beispielsweise die Preise pro Kurstag von Weiterbildungsveranstaltungen in ganz bestimmten Bereichen, die für jeden Neuanbieter Orientierungspunkte liefern. Man nimmt an, dass der Durchschnittspreis einer Branche eine befriedigende Rentabilität ermöglicht, und man dürfte damit auch die Erwartungen der Nachfrager treffen. Preise, die über dem oberen Rand des Preisbandes liegen, können nur durch eine überdurchschnittliche Leistung und gutes Marketing-Know-how längerfristig verlangt werden. Wenn die Kostenorientierung einen höheren Preis ergibt, als es die Konkurrenzorientierung zuliesse, wird der Marktzutritt erschwert.

c) **Nachfrageorientierte Preisbildung**

Weiter können Preise abnahme- oder nachfrageorientiert gestaltet werden. Im Profit-Bereich wird hier mit der Nachfrage-Elastizität gearbeitet - bei starker Nachfrage lassen sich die Preise erhöhen. Im NPO-Bereich denken wir eher an eine **Preisdifferenzierung** zwischen klar abgrenzbaren Nachfragekategorien, wie z.B.:

- personenbezogene Differenzierung: Mitglieder versus Nichtmitglieder
- zeitunterschiedliche Methode: Preise für Eintrittskarten von Veranstaltungen an verschiedenen Wochentagen
- Differenzierung nach wirtschaftlicher Leistungsfähigkeit: Tarifstaffelung in Betagtenheimen

Es geht hier weniger um eine Preismaximierung als um eine den Organisationszielen entsprechende **Steuerung der Nachfrage**. Gerade in Drittleistungs-NPO kann die Preisbildung sowohl zur **Nachfragebelebung** wie zur **Nachfragebegrenzung** eingesetzt werden.

In der Praxis muss die Preisbildung von der Kosten- und der Markt-/Konkurrenzseite her überprüft werden, wie dies Emberger (1998, S. 117) sehr illustrativ zeigt (s. Abb. 87).

In Verbänden wird immer wieder diskutiert oder von den Mitgliedern direkt verlangt, dass die Preisfinanzierung gefördert werde, d.h. dass Dienstleistungen, die eine Preisfinanzierung zulassen, nicht durch allgemeine Beiträge quersubventioniert werden sollen. Unseres Erachtens ist diese Frage nicht eindeutig zu beantworten, sondern muss von Fall zu Fall entschieden werden. Wir diskutieren im Folgenden die Vor- und Nachteile einer Preisfinanzierung.

Mögliche Vorteile der Preisfinanzierung

- Die Preisfinanzierung ist markt- und kostengerecht, der **Nutzen** wird **direkt belastet** (Verursacher-Prinzip).
- Ertragszahlen sind ein **einfacher Gradmesser** des Erfolges und der betrieblichen Effizienz (mit Ausnahme von Monopolleistungen!).
- **Der Leistungsbezug intensiviert die Beziehung** Verband/Mitglied (von den Kollektivgütern spürt das Mitglied meistens direkt nicht viel).
- Die Marktkontrolle zwingt die NPO zu mindestens einem der **Konkurrenz adäquaten Leistungsstandard**. Damit werden Innovation und Einbezug der Kundenbedürfnisse zu Voraussetzungen des Erfolges. Die Marketing- und Qualitätsorientierung werden gefördert.

Abbildung 87: Modell zur Preisbildung bei Individualleistungen
(Emberger 1998, S. 117)

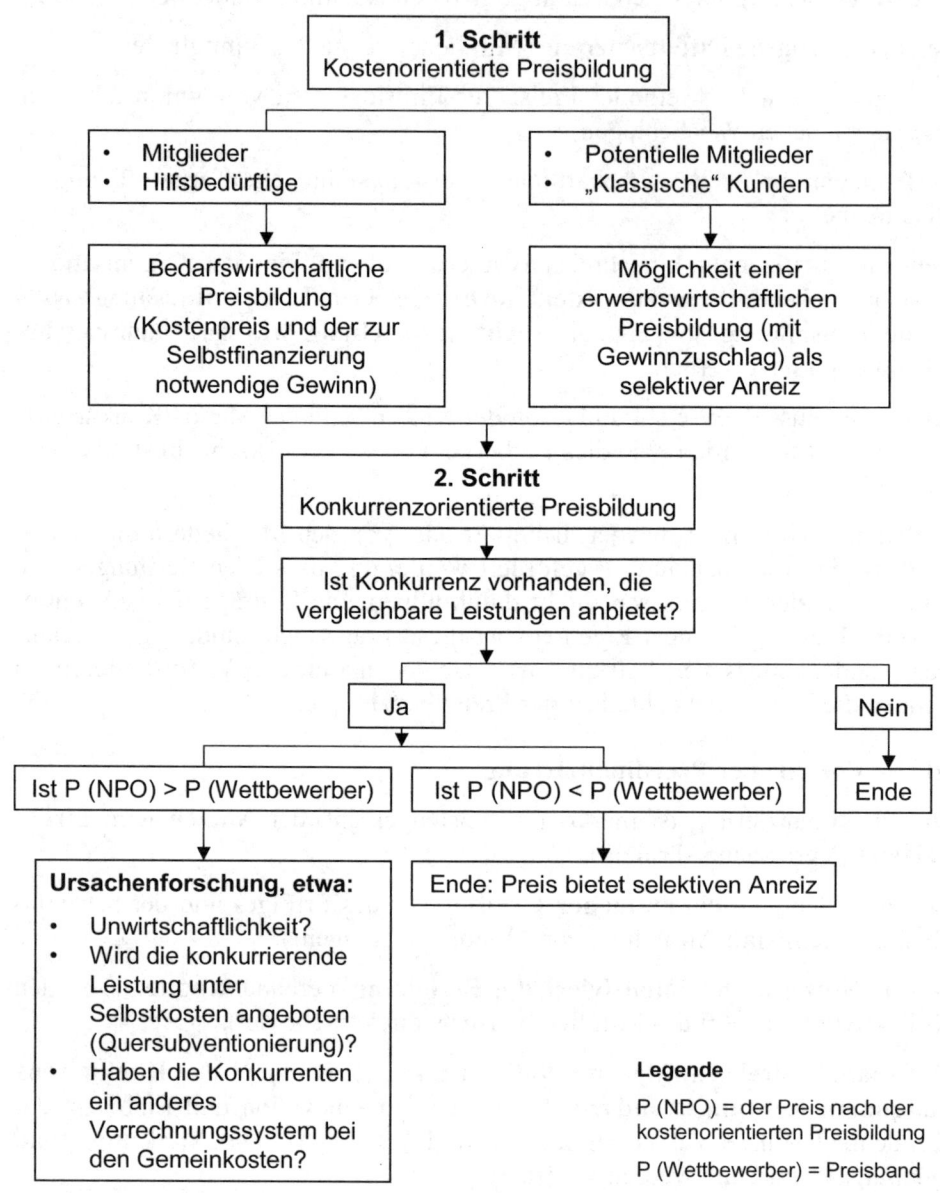

- Die Preisfinanzierung macht die Organisation vom **Beitragsaufkommen unabhängiger**.

- Mit einem eventuellen Überschuss können intern andere Leistungen (**Kollektivgüter**) **subventioniert** werden. Es kann u.U. ein Kollektivgut bereitgestellt werden, dessen Nutzen die Mitglieder vor der Realisierung nicht erkannt hätten.

- Das Erwirtschaften von **Überschüssen/Gewinnen** erhöht den Spielraum der Führung.

- Das **Kostenbewusstsein** wird in der NPO gefördert und kann auch Auswirkungen auf die Nonprofit-Angebote (Kollektivgüter) haben.

- Die **NPO-Manager** gewinnen durch den Beweis, auch unter Marktbedingungen erfolgreich operieren zu können, an **Selbstbewusstsein**. Dies erleichtert den Dialog mit den Mitgliedern und der Umwelt, deren Denk- und Wertvorstellungen vom Marktsystem geprägt sind.

- Der allgemeine **Mitgliederbeitrag** kann **tiefer** gehalten werden.

Mögliche Nachteile der Preisfinanzierung

- Das Streben nach Gewinn verleitet zur Setzung von **falschen Prioritäten**. Die NPO konzentriert sich zu stark auf die Bereitstellung der "einkommensträchtigen" Güter.

- Die Bedürfnisorientierung kann sich von der Mitgliederorientierung zur **reinen Kundenorientierung** wandeln. Vielfach sind die Kunden jedoch nur ausserhalb des Mitgliederkreises zu finden.

- Der **Marktvergleich** kann die **Abwanderung der Mitglieder** fördern. Es kann Intransparenz bezüglich interner Kosten- und Gewinnverschiebungen entstehen.

- Die **Bedürfnisbefriedigung** richtet sich nach den **bedeutendsten Nachfragern**, z.B. Dienstleistungen nur für mittlere und grosse Betriebe.

- Die Mitglieder verlieren einen Teil ihrer über die demokratischen Prozesse ablaufenden Einflussmöglichkeiten auf das Management der NPO. Dies gilt vor allem bei einer Ausgliederung in selbständige GmbH/AG. Weiter kann auch eine **Entfremdung** vom **Organisationszweck** herbeigeführt werden.

- Die **allgemeinen Verbandsaufgaben** werden **vernachlässigt**, da der "Profit"-Teil zu viele Kapazitäten bindet.

- Ein Produkt muss bei Preisfinanzierung so angeboten werden, dass ein relativ kurzfristiger oder eindeutig erfassbarer **Return on Investment** erkennbar ist. Langfristige Überlegungen kommen eventuell zu kurz.

Die Ausführungen zeigen, dass die reine Preisfinanzierung im NPO-Bereich sehr überlegt eingesetzt werden sollte. Das Ehrenamt erliegt hier oft einer zu einseitigen Betrachtungsweise. Praktische Erfahrungen zeigen, dass ein "Systemwechsel" von der Beitrags- zur Preisfinanzierung meistens auf grosse Widerstände stösst, obwohl dies Verbandsmitglieder immer wieder fordern.

2. Gebühren

Gebühren verstehen wir als **nicht kostendeckende Entgelte** für **meritorische Güter**. Ein Teil der Kosten wird über Gebührenfinanzierung, ein Teil über andere Finanzquellen abgedeckt (Mitgliederbeiträge, Spenden, Subventionen usw.). Diese Quersubventionierung ist bewusst gewollt, um den Absatz oder die Inanspruchnahme von Leistungen der NPO zu fördern.

Die **Quersubventionierung** von Leistungen ist im NPO-Bereich sehr beliebt, man bietet damit selektive Anreize, um die Mitglieder "bei der Stange" zu halten. Sehr verbreitet ist die Quersubventionierung von Weiterbildungsveranstaltungen. Den Teilnehmenden werden z.B. nur die direkt mit dem Kurs angefallenen Kosten (ohne Gemeinkosten) berechnet. Der Verband bietet ein Individualgut günstiger als die Konkurrenz auf dem Markt an, um damit die generelle Verbandsattraktivität zu steigern.

Bei Hilfswerken können Gebühren auch zur Nachfrageregelung beitragen, denn eine kostenlose Abgabe von Leistungen kann die Nachfrage zu stark aufblähen. Weiter werden Gebühren für Leistungen verlangt, die NPO im Auftrag des Staates anbieten, z.B. gesetzliche Pflichtleistungen der Kammern, Lehrlingsausbildung durch Verbände usw.

3. Beiträge

Beiträge sind **Abgaben**, die zur **Finanzierung** von **Kollektivgütern** dienen. Die wichtigste Beitragsart sind die Mitgliederbeiträge. In der Literatur werden für die Festlegung der Mitgliederbeiträge zwei prinzipielle Wege vorgeschlagen (vgl. Emberger 1998, S. 104): Entweder richten sich die Mitgliederbeiträge an den erforderlichen Finanzmitteln aus und verändern sich somit je nach Aufwand (Umlageverfahren), oder der Haushalt wird auf der Basis fester Mitgliederbeiträge geplant (einnahmeorientierte Budgetierung). In der Praxis steht die zweite Methode im Vordergrund, wobei für Sonderaufgaben (z.B. Finanzierung einer wichtigen Abstimmungskampagne) durchaus das Umlageverfahren angewendet werden kann. Dem Umlageverfahren steht eine Input-orientierte Finanzierung zugrunde, die heute selbst im staatlichen Bereich im Rahmen des NPM durch eine Output-orientierte Finanzierung (z.B. in Form von Leistungsaufträgen) abgelöst werden soll. Dies hat direkte Rückwirkungen auf die Finanzierung von Drittleistungs-NPO, die früher ihren Aufwand mehr oder weniger direkt dem Sozialversicherungssystem verrechnen konnten, heute aber für den Erhalt von Finanzmitteln im Wettbewerb stehen (auch gegenüber privaten Organisationen), und sich der Aufwand nach dem vorgegebenen Leistungsauftrag zu richten hat (vgl. den folgenden Abschnitt über Subventionen).

In der Regel werden die Mitgliederbeiträge nicht nach der (praktisch nicht feststellbaren) Intensität der Nutzung, sondern nach Gesichtspunkten der **Gleichheit** (Beitrag pro Mitglied) und/oder der wirtschaftlichen **Leistungsfähigkeit** festgelegt (Schwarz 1984, S. 90). Weiter werden neben den Mitgliedern auch Nichtmitglieder oder nahestehende Organisationen zur Leistung von Solidaritätsbeiträgen gebeten (allenfalls durch staatliche Verordnung gezwungen), um gemeinsame Interessen wirkungsvoll vertreten zu können.

Ein wesentliches Element für die Bestimmung der Mitgliederbeiträge ist die **Bemessungsgrundlage** (s. Abb. 88). Mitgliederbeiträge sollen von den Mitgliedern als gerecht empfunden werden, und sie sollen gleichzeitig attraktiv, in jedem Fall jedoch für eine Mitgliedschaft nicht abschreckend wirken. Für das Mitglied soll der Leistungs-/Beitrags-Mix stimmen.

Im Sinne der demokratischen Struktur von NPO (one man – one vote) sind gleiche Beiträge für alle Mitglieder weit verbreitet. In Personenverbänden gibt es oft Abweichungen nach unten (z.B. Jugend-, Senioren- oder Passivmitglieder) und selten solche nach oben (z.B. Differenzierung nach Einkommen bei Ärzten, wie Assistenten, Spitalärzten, Ärzten mit eigener Praxis usw.).

Selbst bei Wirtschaftsverbänden gibt es erstaunlich viele Organisationen mit homogenen Beiträgen. Oft werden zusätzliche Komponenten differenziert nach Grösse, Wirtschaftskraft eingebaut, z.B. gleicher Sockelbeitrag für alle, zusätzlicher Beitrag nach Umsatz (z.B. Exportumsatz), Anzahl Beschäftigte oder Output-Grössen (Tonnen Stahl). In der Praxis werden oft Kombinationen von mehreren leistungsorientierten Indikatoren vorgesehen. Allerdings ist davor zu warnen, dass ein zu ausgeklügeltes, möglichst "gerechtes" System plötzlich so kompliziert wird, dass das Handling Probleme schafft. Beitragssysteme sollen möglichst einfach aufgebaut und transparent sein.

Wenn Umsätze und andere sensible Daten als Bemessungsgrundlage dienen, kommt immer wieder die Frage der Vertraulichkeit auf. Die Mitglieder möchten nicht, dass vertrauliche Daten über den Verband an die Konkurrenz gelangen. Diesem Anliegen wird in der Praxis Rechnung getragen, indem man neutrale Stellen wie Treuhandfirmen mit der Berechnung der verschiedenen Faktoren betraut und der Verband nur die dem Mitglied zu verrechnende Gesamtsumme erhält, und/oder man setzt für alle Faktoren Bandbreiten fest (z.B. Umsatz zwischen CHF 500'000.-- und CHF 1'000'000.--), so dass sich aus den Mitgliederbeiträgen nur ungefähre Rückschlüsse auf die betriebli-

Abbildung 88: Mögliche Beitragssysteme (Emberger 1998, S. 110)

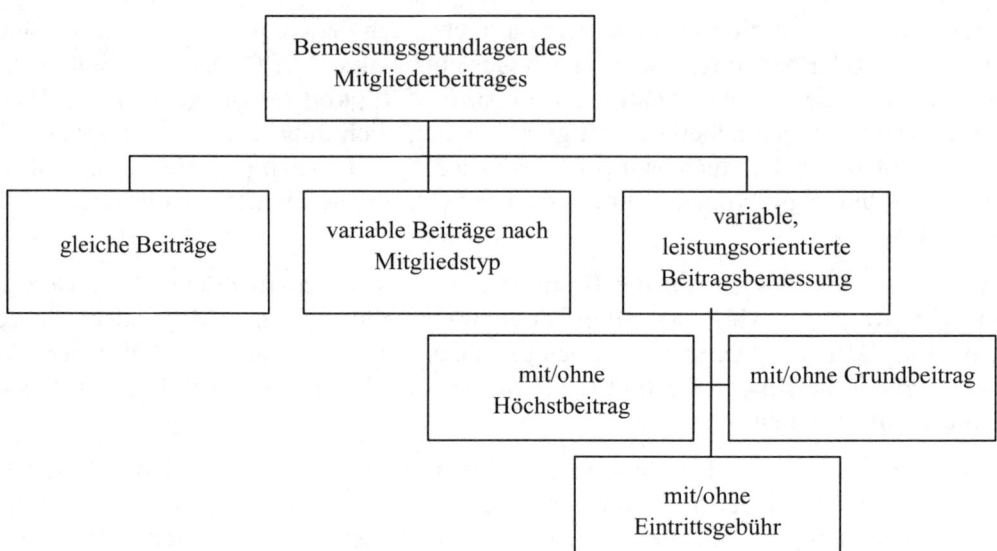

chen Daten ziehen lassen. Weiter ist es sinnvoll, für Neumitglieder eine Eintrittsgebühr zu verlangen, um damit an die von den bisherigen Mitgliedern geleisteten Investitionen beizutragen.

Bei **variabler Beitragsbemessung** werden meist degressive Skalen eingebaut, um die grössten Beitragszahler etwas zu schonen. Nicht selten werden sogar Höchstbeiträge festgelegt, um die finanzielle Abhängigkeit von einigen wenigen Grossfirmen zu beschränken, was offenbar positiver gewertet wird als der damit verbundene Beitragsentgang (Schwarz 1984, S. 91). Diese auf den ersten Blick als Bevorzugung der Grossen erscheinende Massnahme ist nicht nur aus den erwähnten politischen Gründen (Reduzierung der Abhängigkeit von den Grossmitgliedern) zu befürworten, sondern auch aus sachlicher Sicht: "Grosse" Mitglieder (z.B. Grossfirmen) bringen neben den Beiträgen meistens auch das Expertenwissen in die Ausschüsse, und sie ermöglichen überhaupt erst, die Minimalschwelle zu erreichen, welche die Finanzierung grösserer Projekte erfordert. Man kann eher behaupten, dass die Kleinen die Grossen "ausbeuten", denn ohne die Grossen wäre das Kollektivgut überhaupt nicht finanzierbar (auf dieses Phänomen stossen wir wieder bei der Finanzierung von **Gemeinschaftswerbeaktionen**, vgl. Kapitel VI, 8.). Als Beispiel diene die Handelskammer Karlsruhe: Von den grossen Beiträgen von Daimler Chrysler profitiert über die Kammerdienstleistungen ohne Zweifel das gesamte mittelständische Gewerbe der Region. Zudem wären die

Grösstunternehmungen meistens in der Lage, Verbands- und Kammerleistungen selbst oder mit eigenen Partnern zu erstellen.

Um die hohen Beiträge der Grossen zusätzlich zu honorieren, können die **Stimmenanteile** mit den variablen Beiträgen gekoppelt werden, grössere Beitragszahler erhalten damit ein stärkeres Stimmengewicht, wobei dieses nicht proportional zu den Beiträgen, sondern nur weit unterproportional zunimmt. Solche Stimmrechtsregelungen (in der Schweiz stärker vertreten als in Deutschland und Österreich) bedingen heikle machtpolitische Auseinandersetzungen. Die Praxis zeigt jedoch, dass auch diese Lösung in gewissen Fällen nicht verhindern kann, dass die "grossen" Mitglieder trotzdem mit ihren Möglichkeiten zur Einflussnahme im Verband nicht einverstanden sind und deshalb eine zusätzliche Organisation gründen (z.B. Interpharma als Verband der grossen Basler Pharmafirmen. Dieser Verband wirkt in der Schweiz neben der Schweize-rischen Gesellschaft für Chemische Industrie/SGCI, die alle chemischen Betriebe ver-tritt). Ähnliche Probleme hatte man im Schweizerischen Zeitschriftenverleger-Verband oder im Bundesverband der Pharmazeutischen Industrie in Deutschland.

Die Erhebung von Mitgliederbeiträgen ist das klassische Finanzierungsinstrument für Wirtschafts- und Personenverbände. Insbesondere für die Finanzierung von Kollektivgütern ist sie unerlässlich. Da die Beitragsfixierung nur sehr bedingt der Marktkontrolle unterworfen ist, soll das Management folgenden Hinweisen von Blümle/Schwarz (1978, S. 28) immer wieder Beachtung schenken:

a) Der Verband wird vom Mitglied als Kostenverursacher angesehen, ohne dass notwendigerweise adäquate Leistungen in Anspruch genommen werden.

b) Das Verursacherprinzip kommt nicht zum Tragen; es kann zu unerwünschten Umverteilungen zwischen den Mitgliedern kommen.

c) Der Verband kann allzu abhängig vom Beitragsaufkommen oder gar von "grossen" Beitragszahlern werden.

d) (Hohe) Mitgliederbeiträge stellen eine Eintrittsbarriere dar.

e) Die Erfolgskontrolle wird erschwert, da keine "echten" Umsatz- bzw. Gewinnzahlen vorliegen.

f) Leistungen werden aufgrund zum Teil bereits erbrachter Gegenleistungen (z.B. Beitrag) häufig über den eigentlichen Bedarf hinaus in Anspruch genommen. Daher wird eine innovative Anpassung der Leistungen an die tatsächlichen Bedürfnisse oftmals gar nicht oder zu spät vorgenommen.

g) Das Kostenbewusstsein im Verband wird nicht gefördert, da Vergleiche mit der nicht verbandlichen Konkurrenz nicht möglich sind.

4. Spenden, Zuschüsse, Sponsoring

Spenden sind ein bedeutendes Finanzierungsinstrument für karitative Drittleistungs-NPO. Spenderinnen und Spender leisten **freiwillige finanzielle Beiträge** an eine NPO, **ohne** eine eigentliche **Gegenleistung** dafür zu erhalten. Die NPO finanziert mit dem Spendenertrag Dritte/Klienten, Projekte in der Dritten Welt etc. Das Spenden-Marketing (Fundraising) stellt einen wichtigen Marketing-Einsatzbereich für karitative NPO dar. Es empfiehlt sich deshalb, für diese Organisationen dem Marketing-Konzept ein Fundraising-Konzept anzugliedern. Für die Fundraising-Planung steht im Freiburger Management-Modell eine spezifische Fundraising-Planungssequenz zur Verfügung, die wir in Kapitel 2. vorstellen werden.

Sponsoring stellt im PO- und NPO-Bereich ein vermehrt eingesetztes Marketing-Instrument dar. Für den Profit-Bereich hat **Sponsoring** den **Charakter** eines **Kommunikationsinstrumentes**, für die NPO primär die Funktion eines **Finanzierungsinstrumentes**. Im Gegensatz zu Spenden oder dem reinen Mäzenatentum gilt im Sponsoring das Prinzip von Leistung (die Mittel für die NPO als Gesponserte) und Gegenleistung (kommunikative Leistungen für den Sponsor). Der Sponsor soll von der Bekanntheit und Popularität oder ganz einfach dem positiven Image des Gesponserten profitieren.

Auch im kulturellen Bereich sind vermehrt Sponsoring-Aktivitäten feststellbar. Das **Kultur-Sponsoring** liegt relativ nahe beim Mäzenatentum, denn die kommunikative Gegenleistung entspricht selten dem Sponsoring-Betrag.

Ähnliches gilt für das **Sozio-Sponsoring**. Das Sponsoring von karitativen Organisationen ist vielfach mit nichtmonetären Gegenleistungen (vgl. unten Punkt 7 verbunden. Zu Beginn der 1990er Jahre galten das Sozio-Sponsoring ebenso wie das Öko-Sponsoring als zukunftsträchtige Finanzierungsinstrumente, doch hat sich diese Prognose nicht bewahrheitet (Hermanns 1997, S. 90). Die sehr zurückhaltende Akzeptanz des Sozio-Sponsoring auf Seiten der potenziellen Sponsoren weist offenbar auf eine besondere Sensibilität gegenüber diesem Kommunikationsinstrument hin (Hermanns 1997, S. 92). Da in diesem Bereich Identifikationsmöglichkeiten mit einer Unternehmung weit geringer sind als z.B. im Sport, muss das unternehmerische Engagement glaubwürdig vertreten werden können. Oft ist die Funktion eines Mäzens in diesem Bereich glaubwürdiger zu vertreten als diejenige eines Sponsors.

Um die Sponsoring-Partner vor gegenseitigen Enttäuschungen zu bewahren, ist es sinnvoll, dass beide Partner ihre Organisations-**Positionierungen** im Hinblick auf Gemeinsamkeiten oder Anknüpfungspunkte vergleichen bzw. analysieren. Dies ist unseres Erachtens die Kernfrage einer Sponsoring-Projektskizze (Purtschert/Hofstetter 2001).

Eine neue Variante des Sponsoring ist das **Cause-related Marketing**, d.h. ein Unternehmen überweist pro verkaufte Einheit während einer gewissen Zeit einen bestimmten Betrag an eine Fundraising-Organisation. Diese Gelder werden nicht einem Spendenfonds der Unternehmung entnommen, sondern stammen aus dem Marketing-Budget. Deshalb wird die Aktion auch durch vielfältige Verkaufsförderungsmassnahmen begleitet (vgl. Varadarajan/Menon 1988).

Spenden oder Zuschüsse sind auch in Wirtschafts- und Personenverbänden denkbar, damit können einzelne Verbandsaktivitäten direkt unterstützt werden. In vielen Personenverbänden werden die Mitgliederbeiträge von Mitgliedern freiwillig durch Spenden aufgerundet. Der Schweizerische Hauseigentümer-Verband hat beispielsweise seine über 220'000 Mitglieder mit Erfolg gebeten, die Abstimmungskampagne für die Volksinitiative "Wohneigentum für alle" (1998) mit einer freiwilligen Spende zu unterstützen.

5. Staatliche Beiträge

Subventionen (Zuschüsse) sind **Finanzierungsleistungen** durch **staatliche Körperschaften** für **zweckgebundene** oder **nicht zweckgebundene** Aufgaben. Es können damit marktfähige (z.B. Verpflegung an Bedürftige wie "Essen auf Rädern" in Österreich) oder nicht marktfähige Leistungen (z.B. Flüchtlingsbetreuung durch das Rote Kreuz oder Caritas) finanziert werden.

Wie vorher erwähnt, stand früher eher eine Input-orientierte Finanzierung im Vordergrund, indem der Staat für die vom Hilfswerk verursachten Kosten aufkam, während heute die **Output-orientierte Finanzierung** forciert wird: Die gewünschten Leistungen werden klar definiert und berechnet, in einem Leistungsauftragsvertrag festgehalten und durch ein darauf aufbauendes Global- oder Pauschalbudget abgegolten.

Die Leistungssteuerung über den Leistungsauftrag bedeutet Finanzierung vertraglich vereinbarter Leistungen, und es gibt keine allgemeinen Beiträge an das Budget (Personal- und Sachkosten) oder keine nachträgliche Deckung der Defizite mehr. Der **Leistungsauftrag** regelt grundsätzlich:

- welche **Leistung**,
- in welcher **Menge**,
- in welcher **Qualität**,
- zu welchem **Preis**

angeboten wird. Der Leistungsauftrag und das damit verbundene Global-/Pauschalbudget sind das Ergebnis von Verhandlungen zwischen dem Leistungsbesteller und dem Leistungserbringer. Die **öffentliche Hand** (Bund, Land, Kommune) wird zum **Leistungsbesteller (-käufer)**, d.h. sie

- erkennt Probleme, Entwicklungen und Bedarf,
- ermittelt die erforderlichen Angebote und Leistungen zur Lösung der erkannten Probleme,
- formuliert Leistungsziele für die einzelnen Angebote und Leistungen,

- sichert gewollte Angebote und Leistungen durch Leistungsaufträge,
- überprüft die Leistungserbringung hinsichtlich Wirksamkeit, Qualität, Wirtschaftlichkeit,
- stellt den Rücklauf von Plandaten sicher, damit frühzeitig Entwicklungen, Veränderungen und Tendenzen erkannt werden.

Die **NPO** sind **Leistungserbringer** (vgl. Schiess 1998). Sie

- erbringen Leistungen gemäss Leistungsauftrag,
- tragen die Verantwortung für die Zielerreichung,
- sorgen für einen wirtschaftlichen Mitteleinsatz sowie für Qualität und Wirkung ihres Handelns,
- überprüfen ihre Leistungen bzw. lassen sie überprüfen,
- informieren den Leistungsbesteller über Veränderungen, Entwicklungen und Tendenzen und liefern ihm standardisiert Daten zwecks Kontrolle und weiterer Planung (Controlling).

Dies bedingt, dass die **NPO**

- ihre Leistungen definieren,
- ihre Zielgruppen und das geographische Einzugsgebiet pro Leistung bezeichnen,
- das Wirkungsziel pro Leistung umschreiben,
- die Qualität der Leistungen (Standards und Indikatoren) definieren,
- die Qualitätseinhaltung garantieren,
- für Kostentransparenz sorgen (die Kosten pro Leistung kennen),
- die Zielerreichung (Soll/Ist-Vergleich) überprüfen.

Ähnlich wird in der Schweiz vorgegangen, wenn die Sozialversicherungen Leistungen (z.B. im Spitex-Bereich) zu vergüten haben.

Weiter werden nach Möglichkeit Wettbewerbselemente bei der Vergabe von Leistungsaufträgen eingeführt, d.h. es können sich mehrere Anbieter um einen Leistungsauftrag bewerben, nicht selten sind dies heute auch Profit-Unternehmungen. Man will im NPO-Bereich den nicht vorhandenen marktlichen Wettbewerb durch eine sogenannte "managed competition" ersetzen.

Wie die bisherigen Ausführungen zeigen, sind staatliche Beiträge durch Verhandeln und Beeinflussen des politischen Systems zu generieren, deshalb ist meistens gleichzeitig auch das Instrument "Politics" einzusetzen (vgl. unten Abschnitt 7.7).

6. Kapital- und Kreditfinanzierung

Unter Kapitalfinanzierung verstehen wir die **Finanzierung** aus **vorhandenen Vermögensbestandteilen** oder aus **Vermögenserträgen**. Diese Finanzierungsart spielt als **Ausgleichsfinanzierung** eine wesentliche Rolle für viele NPO. Oft lassen sich andere Finanzierungsinstrumente (wie Mitgliederbeiträge) nicht kurzfristig verändern, oder die Einnahmen sind starken Schwankungen unterworfen (Spendeneinnahmen). Um einen geordneten Betrieb der Organisation zu gewährleisten, sind deshalb gewisse Reserven oder ein sogenannter Dotationsfonds für viele NPO unerlässlich. In der Presse wird immer wieder kritisiert, dass Hilfswerke (zu) grosse Reserven hielten. Die Erfahrungen in der Praxis zeigen jedoch, dass solche Reserven unerlässlich sind: In einigen Rotkreuz-Gesellschaften gab es eine Zeitlang Probleme mit Blutpräparaten. Die damit einhergehenden negativen Presseberichte liessen Spendenerträge für einige Rotkreuz-Gesellschaften drastisch einbrechen, obwohl die Spendensammlungen gar nichts mit dem Aktivitätenbereich "Blut" zu tun hatten und die Spendenerträge dringend für die Katastrophenhilfe gebraucht worden wären.

Einen Spezialfall stellen die Stiftungen dar, die im Regelfall über ein Stiftungskapital verfügen, dessen Erträge zur Finanzierung der Stiftungsaktivitäten dienen.

In diesem Zusammenhang käme auch eine vorübergehende **Kreditfinanzierung** in Frage, aber im Allgemeinen spielt dieses Finanzierungsinstrument eine eher untergeordnete Rolle im Nonprofit-Bereich, abgesehen von einer üblichen hypothekarischen Belastung von Gebäuden.

7. Nichtmonetäre Leistungen

Die NPO kann versuchen, zur Finanzierung auch nichtmonetäre Leistungen zu generieren. In Wirtschafts- und Personenverbänden wird ein grosser Teil der Facharbeit in Ausschüssen durch Ehrenamtsträger geleistet. Damit ist das Fachwissen gesichert, und die Verbandskosten können tiefer gehalten werden. Die Ehrenamtsträger werden durch vielfache Anreize motiviert (vgl. unten Abschnitt 7.6 Marketing-Instrument "People").

Für karitative oder Freizeit-Verbände ist es oft leichter, von Unternehmungen Sachgüter oder Zeitspenden anstelle von Finanzmitteln zu erhalten, d.h. man stellt eigene Produkte der NPO kostenlos oder zu stark reduzierten Preisen zur Verfügung. Firmen leihen Sportverbänden oder Hilfswerken ihre Autos, andere liefern PC oder Fotokopiergeräte. Aber auch Arbeitskraft kann zur Verfügung gestellt werden, indem beispielsweise EDV-Fachleute kostenlos Support leisten oder eine Werbeagentur für ein Hilfswerk unentgeltlich eine Kampagne gestaltet.

Die Zeitspenden durch freiwillige Helfer sind für viele NPO ein wichtiger wirtschaftlicher Faktor, der in der Grössenordnung das Volumen der Geldspenden weit übertrifft. Diese indirekte Finanzierung von NPO-Angeboten soll hier nicht weiter diskutiert, sondern unter den Kapitel VI, 1. (Marketing für Mitglieder, Milizer, freiwillige Helfer) und VI, 3.1 (Internes Marketing) vertieft behandelt werden. Es geht dort um die Suche, Pflege und dauernde Motivation dieser Personen.

Weiter werden in der Literatur zum Thema "Preis/Gegenleistung" indirekte Gegenleistungen wie Verhaltensänderungen der Zielgruppe genannt (Bruhn/Tilmes 1994, S. 208; Emberger 1998, S. 100). Aufgrund einer Informationskampagne gegen das Rauchen ändert beispielsweise die Zielgruppe ihre Rauchergewohnheiten. Wir möchten dieser Argumentation nicht folgen. Die Verhaltensänderungen sind für uns Marketing-Ziele, die erreicht werden sollen. Unter dem Aspekt des Marketing-Instrumentes "Preis" steht für uns bei diesem Beispiel die Frage im Vordergrund, wie eine solche Kampagne finanziert werden könnte.

7.4.2 Produkt-/Leistungs- und Finanzierungsart

Die bisherigen Ausführungen zum Marketing-Instrument "Preis" haben gezeigt, dass in der NPO eine ganze Palette von Preis-/Finanzierungsinstrumenten zur Verfügung steht. Es gilt, in der operativen Marketing-Planung von Fall zu Fall den optimalen Finanzierungs-Mix festzulegen, wobei sich für die Finanzierung von Individualgütern grundsätzlich alle aufgeführten Finanzierungsarten einsetzen lassen, während für Kollektivgüter die Preisfinanzierung ausser Betracht fällt. In Abbildung 89 findet sich eine Matrix, die Güterarten und Finanzierungsarten miteinander verbindet.

Generelle Aussagen über den optimalen Preis-Mix sind schwierig zu machen, hingegen ist heute bei mitgliedschaftlich strukturierten NPO der Trend nach vermehrter Preisfinanzierung feststellbar, um die Verbandsbeiträge für die Erstellung von Kollektivgütern zu reservieren und damit möglichst tief zu halten. Allerdings sollten Individualgüter immer auch als selektive Anreize wirken, um die Mitgliedschaft attraktiver zu gestalten. Die verlangten Preise müssen deshalb als vorteilhaft wahrgenommen werden. In diesem Sinne wird in der Praxis ein optimaler Mix zwischen preisfinanzierten und beitragsfinanzierten Leistungen gesucht. Es sind hier praktisch alle vorstellbaren Varianten anzutreffen: Verbände, die zu über 90 % über Dienstleistungserträge finanziert werden, sowie andere, die zu nahezu 100 % ihrer Mitgliederbeiträge praktisch für die Kollektivgüterproduktion verwenden.

Für Drittleistungs-NPO ist es immer schwieriger, zusätzliche staatliche Beiträge zu erhalten. Da die öffentlichen Haushalte auch in den nächsten Jahren unter Spardruck stehen, wird die Erschliessung neuer Finanzquellen immer wichtiger.

Abbildung 89: Die Elemente der Finanzierung, Mittelherkunft in NPO (FMM, S. 258, Abb. 74)

Güterart	Finanzgeber			
	Mitglieder	Nicht-Mitglieder (potentielle Mitglieder)	Dritte (Verbände, Unternehmen, Haushalte, Klienten)	Staat (öffentlich-rechtliche Institution)
A. Nicht-marktfähige Güter				
1. Öffentliches Gut	Verbandsbeitrag	(Trittbrettfahrer)	Spende	Subvention
2. Kollektives Gut				
2.1 Nutzung durch gesamte Gruppe				
2.1.1 Nutzung der Gesamtleistung	Verbandsbeitrag	(Trittbrettfahrer)		
2.1.2 Nutzung einer Teilleistung	Sonderbeitrag (z.B. für Berufsausbildung)	Solidaritätsbeitrag zweckgebundener Beitrag einer Interessensgruppe	Spende	Subvention, zweckgebunden
2.2 Nutzung durch Untergruppe	Sonderbeitrag (z.B. für Gemeinschaftswerbung einer Fachgruppe)			
B. Marktfähige Güter				
3. Privates Gut mit Gruppenkonsum (generelle Leistung) oder individueller Nutzung (individuelle Leistung)				
3.1 Der Marktkontrolle unterstellt				
3.1.1 Konkurrenzgut	Marktpreis (z.B. für Verbandszeitschrift)	(höherer) Preis, Gebühr oder Ausschluss von der Nutzung	Preis, Gebühr oder Ausschluss von der Nutzung	Subvention oder leistungsbezogene Abgeltung (Tarife, Globalbudget mit Leistungsauftrag)
3.1.2 Monopolgut	Monopolpreis (z.B. für Branchenstatistik)			
3.2 Der Marktkontrolle nicht unterstellt	(Entgelt im Verbandsbeitrag inbegriffen)			
4. Meritorisches Gut der Marktkontrolle nur teilweise unterstellt	Gebühr (z.B. für Seminar mit interner Subventionierung aus anderen Finanzmitteln)			

Für Drittleistungs-NPO ist es immer schwieriger, zusätzliche staatliche Beiträge zu erhalten. Da die öffentlichen Haushalte auch in den nächsten Jahren unter Spardruck stehen, wird die Erschliessung neuer Finanzquellen immer wichtiger.

Allerdings darf man sich keine Illusionen darüber machen, dass die staatlichen Beiträge durch Fundraising-Erträge ersetzt werden könnten. Fundraising trägt weltweit im Durchschnitt etwa 30 % zur Finanzierung von Drittleistungs-NPO bei (Salomon/Anheier 1996): Es wäre vermessen zu glauben, man könne diesen Anteil verdoppeln. Trotzdem sollte in Drittleistungs-NPO Fundraising als eigenständiges Finanzierungsinstrument systematisch und professionell eingesetzt und gefördert werden (vgl. Kapitel VI, 2.), nicht zuletzt deshalb, um einen möglichst ausgewogenen Finanzierungs-Mix für die NPO zu erhalten.

7.5 Place: Distribution, Dienstleistungsumfeld

Das vierte "P" im klassischen Marketing-Mix umfasst alle Entscheidungen und Handlungen, die im Zusammenhang mit dem Weg eines Produktes zum Endverbraucher stehen (Zentes 1996, S. 89). In der Abhängigkeit zur Nachfrage soll

- das/die richtige Gut/Dienstleistung
- im richtigen Zustand
- zum richtigen Zeitpunkt
- an den richtigen Ort

gelangen. Zur Distributionspolitik gehören zwei wichtige Tatbestände:

- die Gestaltung der **Absatzwege** und der damit verbundenen vertraglichen Beziehungen der Distributionsmitglieder,
- die Gestaltung der **logistischen Systeme**.

Von zentraler Bedeutung für die distributionspolitischen Entscheidungen im Güter-Marketing sind die Zahl und die Art der in den Distributionsprozess zwischengeschalteten Absatzmittler und Absatzhelfer, wie des Gross- und Einzelhandels.

Entscheidungsprobleme bei der Güterdistribution spielen im NPO-Bereich eine geringere Rolle, abgesehen von Genossenschaften, die sehr stark auf Gütermärkten operieren. In geringerem Ausmass bestehen auch im karitativen Bereich Güterdistributionsprobleme, beispielsweise produzieren in der Schweiz viele Behindertenwerkstätten eine Vielzahl von Produkten, die aber in viel zu kleinen Mengen abgesetzt werden können, weil die Distributionskanäle fehlen.

Das deutsche Komitee von Unicef kann für die Distribution seiner Produkte auf ein das gesamte Bundesgebiet abdeckendes Netz von ehrenamtlich fungierenden Verteilstellen zurückgreifen, die den Vertrieb der Produkte entweder durch persönlichen Verkauf auf Basaren oder Märkten oder auf postalischem Weg abwickeln. Es können auch Einzelhändler für die Kooperation gewonnen werden (z.B. Auflage von Karten in Apotheken, Buchhandlungen oder Geschenkboutiquen). Hier wird die Distribution mit dem Einsatz von freiwilligen Helfern verknüpft (Cooper 1994, S. 207). In der Schweiz arbeitet Unicef sehr stark mit dem System des Direktvertriebs/Direct Marketing. Auch der Erfolg des Max Havelaar-Kaffees war in der Schweiz erst gegeben, als die Distribution von Dritt-Welt-Läden auf etablierte Grossverteiler wie Migros, Coop ausgedehnt werden konnte. Distributionspartner von karitativen NPO arbeiten oft mit reduzierter oder überhaupt keiner Distributionsmarge.

Wie alle Marketing-Instrumente muss auch die Distributionspolitik den Austauschprozess zwischen der Organisation und ihren Zielgruppen unterstützen. Da die NPO-

Leistungen meistens Dienstleistungscharakter haben, stehen in der Distributionspolitik folgende zwei Bereiche im Vordergrund:

1. Standortplanung
2. Gestaltung des Dienstleistungsumfeldes

1. Standortplanung/Absatzwege

Weil bei Dienstleistungen die Erstellung und der Absatz zusammenfallen und Dienstleistungen nicht lagerfähig sind, finden wir in NPO vor allem direkte Distributionssysteme. Um den Tauschprozess aktiv beeinflussen zu können, ist die Beantwortung folgender Fragen nützlich:

a) Wo findet der Austausch statt?
b) Kann man den Austausch durch verbesserte Distribution fördern?
c) Ist eine Dezentralisierung möglich und sinnvoll?
d) Ist die Mitglieder- oder Klientennähe aus Kundensicht vorteilhaft?
e) Kann der direkte Austausch durch Kommunikationsmittel ersetzt werden?

Die Distributionspolitik ist aus diesen Gründen stark auf **Standortfragen** fokussiert, d.h. wo sollen die Dienstleistungen angeboten werden. Standortfragen sind meistens längerfristig anzugehen, Standorte lassen sich oftmals nicht leicht verändern. Traditionellerweise finden sich NPO oft in der Nähe der politischen Akteure, d.h. in den Hauptstädten. So sind die Spitzenverbände in Berlin, Bern oder Wien angesiedelt. Eine andere Möglichkeit ist, die Nähe der Mitglieder zu suchen. Deshalb finden sich viele Landesverbände in der Schweiz in Zürich, der Verband der chemischen Industrie in Deutschland hat seinen Sitz in Wiesbaden und wird diesen nicht nach Berlin verlegen, da der heutige Standort für die Mitglieder viel besser erreichbar ist. Um Mitgliedernähe zu gewinnen, unterhalten die deutschen Handels- und österreichischen Wirtschaftskammern ein Netz von Servicestellen. Dies ist insbesondere dann sinnvoll, wenn der eigentliche Kundenkontakt für die Erledigung von Geschäften erforderlich ist (Einholen von Attesten, Schulungseinrichtungen usw.). Auch soziale NPO verfügen über ein Netz von Kontaktstellen (Caritas, Rotes Kreuz). Eine dezentrale Servicestruktur verringert den Klienten den Aufwand für die Anreise. Meistens geht mit der geographischen Nähe auch eine Verbesserung der Problemnähe einher. Regional unterschiedliche Bedürfnisse können besser abgedeckt werden. - Auch bei der Interessenvertretung ist eine Präsenz vor Ort unabdingbar (vgl. Lobbyisten-Büros in Brüssel).

Die hier vertretene Auffassung über Standortüberlegungen von NPO wird durch eine am geographischen Institut der Universität Bern verfasste Studie über das Standortverhalten der NPO in der Schweiz (Burkhalter 1999) bestätigt: In der Schweiz sind 54 % aller NPO an den drei Standorten Zürich, Bern und Genf konzentriert. "Es ist eindeutig festzustellen, dass Bern ein bedeutendes Zentrum für national ausgerichtete NPO, Genf erwartungsgemäss ein wichtiges Zentrum für internationale NPO darstellt. Internationale Organisationen mit klarem Bezug zu den Organisationen der UNO bevorzugen aufgrund der spezifischen Dienstleistungsausstattung den Standort Genf. Sowohl bei den nationalen wie auch bei den internationalen NPO hat jedoch Zürich den grössten quantitativen Anteil an Organisationssitzen aller schweizerischen NPO-Standorte" (Burkhalter 1999, S. 37).

Die quantitative Ermittlung der NPO-Standorte in der Schweiz wurde durch eine qualitative Standortanalyse ergänzt, die weitere interessante Ergebnisse liefert:

a) Arbeitsplatzwirksame NPO-Organisationssitze (grössere NPO) sind zu 80 % in grossen und mittleren Zentren angesiedelt, während sich kleinere NPO durch ein deutlich disperses Standortmuster auszeichnen. Bei der ersten Standortnahme spielen oft sehr persönliche Präferenzen der Entscheidungsträger eine gewichtige Rolle, wie das Beispiel des Schweizerischen Bauernverbandes mit seinem eher ungewöhnlichen Sitz in Brugg zeigt.

b) Neu ist u.E. die Feststellung, dass sich NPO durch eine erhebliche Kooperationsorientierung auszeichnen. 31,6 % der von Burkhalter untersuchten Organisationen unterhalten ihren Sitz zusammen mit weiteren (meist inhaltlich verwandten) NPO. Über 80 % aller kooperierenden NPO befinden sich an zentralen Standorten.

Weiter hat die Untersuchung ergeben, dass die folgenden vier Faktoren als **zentrale Einflussgrössen** bei der **Standortwahl** von Organisationen des Nonprofit-Sektors wesentlich sind:

a) räumliche Nähe zu politischen und/oder wirtschaftlichen Vorbereitungs- und Entscheidungszentren,

b) mikro- und makroräumliche Verkehrslage und Erreichbarkeit des Standortes,

c) räumliche Nähe zu den Mitgliedern der Organisation,

d) Kooperationsmöglichkeiten am Standort mit Unternehmen des Profit-Sektors, anderen NPO oder Behörden.

Die ersten beiden genannten Standortfaktoren werden auch für Deutschland in der Studie von Sebaldt (1997, S. 312) bestätigt.

"Dabei zeigt sich, dass für NPO spezifische Standortfaktoren von Bedeutung sind, während mit Ausnahme der Verkehrsanbindung allgemeine Standortfaktoren wie Mietpreise oder das Image eines Standortes als weniger entscheidend bei einer Standortnahme beurteilt werden" (Burkhalter 1999, S. 37).

Für die Realisierung einer **dezentralen Verbandsstruktur** gibt es die Möglichkeit der Filialisierung von Geschäftsstellen, oder der Verband ist mehrstufig aufgebaut, d.h. Landes-, Bezirks- oder Ortsverbände betreuen die Mitglieder/Klienten an dezentralen Standorten. Eine dezentrale Verbandsstruktur bietet einige Vorteile (vgl. Emberger 1998, S. 125):

- Kosten für den Leistungsadressaten geringer
- Schwelle für die Inanspruchnahme der Leistung geringer
- Problem- und Mitgliedernähe höher
- Reaktionsmöglichkeiten auf Veränderungen der Bedürfnisse der Zielgruppe schneller
- Abbau von Misstrauen erleichtert
- Basisverankerung besser spürbar

Kundennähe kann auch dadurch erreicht werden, dass die Dienstleistung direkt beim Kunden erbracht wird, z.B. Mitarbeiter der NPO besuchen die Zielgruppe (Berater von Verbänden, Aussendienstmitarbeiter von Gewerkschaften, Hausbesuche von Mitarbeitern im karitativen Bereich).

Für die zahlreichen kommunikativen Dienstleistungen hat sich die Einrichtung von Online-Verbindungen bewährt. Diese Verbindungen erlauben es den Mitgliedern, jederzeit auf das verbandliche Informationsangebot zurückzugreifen. In diesen Fällen spielt es keine Rolle, wo die Potenziale wie Infrastruktur usw. zur Erstellung der Dienstleistung angesiedelt sind.

Die oben aufgeführten Vorteile einer dezentralen Verbandsstruktur gelten für die Distribution in mehrstufigen Verbänden nur sehr bedingt. Es zeigt sich in der Praxis immer wieder, dass die Aufgabenteilung in der Distribution zwischen Zentralverband (Bundesverband) und den Sektionen oder Landesverbänden sehr schwierig ist. Weil die Unterverbände rechtlich selbständige Gebilde sind, ist ein "Durchgriff" von der Zentrale nicht möglich. Distributionsfragen wandeln sich oft zu Fragen der Aufgabenteilung zwischen Zentrale und Dezentrale. Gerade in diesem Bereich haben die demokratischen Strukturen starke Auswirkungen.

2. Dienstleistungsumfeld

Wenn die NPO Dienstleistungen unter Mitwirkung der Kunden produziert (z.B. Schulungsveranstaltungen, Auskunftsstelle einer NPO), spielt die Dienstleistungsumgebung eine wichtige Rolle: Fühlen sich die Dienstleistungsnehmer wohl, stimmt das Ambiente usw.? Dies kann man auch bei Weiterbildungsveranstaltungen feststellen. Wenn etwas mit der Dienstleistungsumgebung nicht stimmt (z.B. Probleme mit dem Hotel, mit dem Essen, ungünstiger Seminarraum) hat das sofort Rückwirkungen auf die Wahrnehmung der Gesamtqualität eines Weiterbildungsangebots.

Weiter ist die Interdependenz mit den anderen Marketing-Instrumenten bei der Distributionspolitik besonders deutlich erkennbar vorhanden. Ein gehobenes Kursangebot gehört in ein gehobenes Hotel, eine politische Partei muss ihre Angebote unter die breite Masse bringen, die Überschneidung mit der Massenkommunikation ist evident. Bei vielen NPO-Leistungen verschmilzt die Distribution mit der Kommunikation.

Abschliessend ist noch darauf hinzuweisen, dass nach unserer Erfahrung in der Praxis die Bewältigung der Distribution im Vergleich zu den übrigen Marketing-Instrumenten weniger Probleme verursacht. Standortfragen werden als weniger bedeutend beurteilt als im Profit-Bereich (Burkhalter 1999, S. 37), nicht zuletzt, weil die im Profit-Bereich zentrale Steuerfrage keine wesentliche Rolle spielt.

7.6 People: Anreiz-/Beitragsinstrumente

Das fünfte Marketing-Instrument "People" will andeuten, dass die Austauschprozesse in NPO sehr stark personenorientiert sind, weil am Austauschprozess sowohl auf der Anbieter- wie auf der Nachfragerseite Personen beteiligt sind, deren Verhalten wesentlich zum Gelingen der Transaktion beiträgt. Deshalb müssen diese Akteure in den Marketing-Prozess einbezogen werden.

Dies betrifft zum einen den Dienstleistungsprozess, indem der Dienstleistungsvermittelnde auf der Anbieterseite eine wesentliche Rolle für die produzierte Dienstleistungsqualität spielt, wie auch die Dienstleistungsnehmenden, die sich je nach Dienstleistungsart mehr oder weniger in den Dienstleistungsprozess einbringen müssen (Partizipation/Integration). Wir werden dieses Thema in Kapitel VI, 4. im Rahmen des Marketing-Einsatzbereiches "Dienstleistungen" behandeln. Die Einwirkung auf die Dienstleistungsvermittelnden wird in Kapitel VI, 3.1 (Internes Marketing) vorgestellt.

Zum anderen betrifft dies viele andere Austauschprozesse in NPO. Wir haben zu Beginn dieses Kapitels festgehalten, dass die Marketing-Philosophie ein konsequentes Anreiz-/Beitragsdenken verkörpern soll. Die NPO ist in diesem Sinn als Anreiz-/ Beitragssystem zu verstehen, indem sie ihren Mitgliedern, Spendern, Beziehungs- und Verhandlungspartnern etwas anbieten muss, das diese als Anreiz empfinden, damit sie im Gegenzug der Organisation die gewünschten Beiträge leisten. Die Austauschpartner der Organisation machen ihrerseits Anreiz-/Beitragskalküle, um Beitrags- oder Mitwirkungsentscheide zu treffen. Längerfristig muss zwischen den Anreizen/Beiträgen der beteiligten Gruppen ein Gleichgewicht vorhanden sein, ansonsten mit Abwanderung oder Mitwirkungsverzicht zu rechnen ist.

Unter dieses Denkmodell fallen deshalb Beziehungen wie:

- NPO/Mitarbeiter (Motivationsanreize)
- NPO/Mitglieder (Mitgliederrollen)
- NPO/Spender (Spendermotive)
- NPO/andere NPO als Verhandlungspartner (Wohlverhalten gegen Zugeständnisse im Collective Bargaining)

Um die benötigten Beiträge von all ihren Beziehungspartnern zu erhalten, setzt die NPO vielfältige Anreize ein. Es ist deshalb logisch, das **Anreiz-/Beitragskonzept** in die Marketing-Instrumentenbatterie einzubauen.

Anreize spielen insbesondere im Verhältnis der Organisation zu ihren Mitgliedern und ehrenamtlich Tätigen eine wichtige Rolle. Es geht vor allem auch um nicht materielle Anreize wie Selbstverwirklichung, Prestige. Für die verschiedenen Mitgliedschaftsrollen (Input-Lieferant, Mitwirkung, Beanspruchung der Organisationsleistungen) sind **unterschiedliche Anreiz-/Beitragskonstellationen** gegeben (Schwarz 1984, S. 214). Bereits die Entscheidung, einer Organisation beizutreten bzw. da mitzuarbeiten, hängt von den Erwartungen der Teilnehmer und den gebotenen Anreizen ab. Die Mitgliederrollen sollten also entsprechend attraktive Anreize bieten. Ein konsequentes **Anreiz-/Beitragsdenken** ist demnach Voraussetzung für ein effizientes Mitglieder-Marketing (vgl. Mitglieder-Marketing in Kapitel VI, 1.).

Anreize

Anreize sind die von einer Organisation an ihre internen und externen Austauschpartner angebotenen Potenziale oder erbrachten Leistungen und Aktivitäten, welche auf das Verhalten der Austauschpartner einwirken. Es gibt auch negative Anreize (Sanktionen).

Beiträge

Beiträge sind die von Austauschpartnern an die Organisation geleisteten Aktivitäten, Leistungen und Zahlungen.

Der Wert von Anreizen wird durch die Motiv- und Bedürfnisstruktur der jeweiligen Zielpersonen bestimmt, ist also subjektiv. Die unterschiedliche Ausprägung von Motiven und Bedürfnissen bei Mitgliedern hat zur Folge, dass das Anreizsystem einer NPO ebenfalls vielseitig sein muss. Gleichzeitig ist jedoch der Gefahr der Verzettelung der Kräfte unbedingt Beachtung zu schenken. Wichtig ist, dass grössere Mitgliedergruppen das Gleichgewicht zwischen angebotenen und zu leistenden Beiträgen als gerecht oder angemessen empfinden (z.B. Verbandsleistungen für Klein- und Mittelbetriebe versus Grossbetriebe) (vgl. Blümle/Kohlas 1975). In der Praxis lässt sich ein solcher Nutzensaldo nicht berechnen, denn Anreize und Beiträge beziehen sich auf die gesamte Motivstruktur der Austauschpartner, und diese enthält nicht nur materielle, sondern auch emotionale und ethisch-ideelle Werte und Bedürfnisse. Gewisse Hinweise ergibt der Grad der Mitgliederzufriedenheit, der durch Befragung ermittelt werden kann. Handelt es sich bei Austauschpartnern um Organisationen, sind die Mitgliederrollen oft auf

Abbildung 90: Zusammenhänge zwischen Motivation, Mitgliedertypen und Anreizen

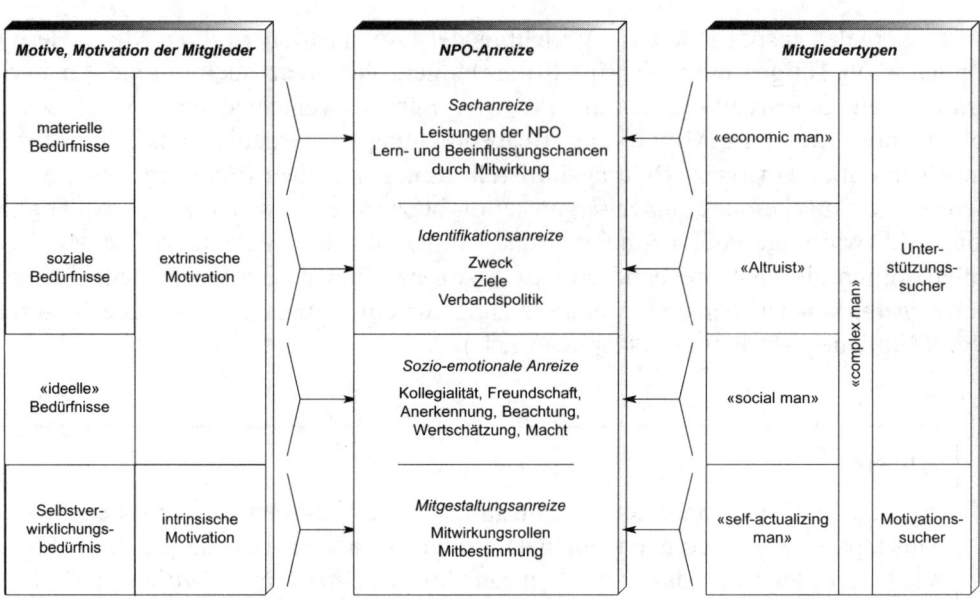

mehrere Mitarbeiter verteilt. Auch dies erschwert es, den Gesamtnutzen der Kollektivmitgliedschaft zu aggregieren (Schwarz/Purtschert/Giroud/Schauer, 2002, S. 245).

Für die Gestaltung von wirksamen Anreizen ist es unumgänglich, die verschiedenen Arten von Motivation zu kennen. Grundsätzlich kann zwischen **extrinsischer** und **intrinsischer Motivation** unterschieden werden. Die extrinsische Motivation umfasst Anreize, die ausserhalb der Mitarbeit selber liegen, also von der Situation bzw. der Organisation angeboten werden. Die intrinsische Motivation bezieht sich auf die Befriedigung durch die Tätigkeit selber.

Diese individuellen Bedürfnisse und Motivstrukturen können in einer Mitgliedertypologie dargestellt werden (Schwarz 1984, S. 206). Schwarz unterscheidet fünf mögliche Ausprägungen von Mitgliedertypen:

"Economic man": Dieser Menschentyp handelt zweckrational. Er verkörpert den "Homo oeconomicus", der seine Bedürfnisse maximal zu erfüllen trachtet und dabei vorwiegend wirtschaftlich denkt. Mitgliedschaftlich strukturierte NPO versuchen, dieses Bedürfnis durch das Anbieten von Individualgütern/Leistungen zu erfüllen. Gewerkschaften bieten ein ganzes Set von Individualleistungen an, weil diese besser auf individuelle Nutzenabwägungen ansprechen als Kollektivgüter. Bei Arbeitgeber- und

Industrieverbänden darf angenommen werden, dass der Wert von Kollektivgütern von Führungskräften besser erkannt wird (Ausbildung, Informationsstand der Führungskräfte), und zudem belasten die dafür aufzuwendenden Beiträge die Entscheidenden nicht persönlich, wie dies im Gegensatz bei Personenverbänden der Fall ist. Aber auch in Wirtschaftsverbänden werden Verbandsbeitritte heute stärker unter rein ökonomischen Kriterien beurteilt als früher, da die Verweildauer der Manager in den jeweiligen Positionen kürzer ist und damit weniger soziale Bindungen im Verbandsbereich wachsen können.

"**Social man**": Diese Personen suchen in der NPO Geselligkeit, soziale Beziehungen, Anerkennung und Kollegialität und damit eine sozio-emotionale (affektive) Befriedigung. Diesen Typus trifft man in negativem Sinn in vielen NPO an ("Vereinsmeier", "Sesselkleber"), doch im positiven Sinn gesehen, ist das "Abholen" der sozialen Bedürfnisse eine äusserst wichtige Funktion in der NPO. Gerade Gewerbeunternehmer und Mitglieder von Berufsverbänden sind auf diese Interaktion mit Kollegen stark angewiesen, um ihre berufliche Isolation aufbrechen zu können. Vielfach ist dies eine gute Gelegenheit, mit Konkurrenten in einer positiven Atmosphäre sprechen zu können, oder man kann im Gespräch mit Berufskollegen auch seinen persönlichen "Marktwert" etwas besser abschätzen. In Sport- und Freizeitverbänden bildet die soziale Ebene eine tragende Komponente.

"**Altruist**": Solche Menschen verwirklichen in der NPO ideelle Bedürfnisse. Man denke an die Vielzahl ideologisch-ethisch geprägter NPO. Der Altruist ist aber auch eine zentrale Zielgruppe im Fundraising, er will "Gutes für andere" tun.

"**Self-actualizing man**": Diese Menschen streben nach Selbstverwirklichung und Selbstbestätigung in ihrer Tätigkeit. Dieser Typ des emanzipierten Menschen scheint in der heutigen Zeit an Verbreitung zu gewinnen. Die Komplexität des heutigen Wirtschaftslebens ist auf die Initiative und das Engagement der Mitarbeitenden angewiesen. Die Erweiterung der Handlungsspielräume in der Arbeit ist fast zwingend erforderlich. NPO bieten für die Umsetzung des Selbstverwirklichungsstrebens zahlreiche Möglichkeiten. Für viele Menschen ergibt sich neben der Berufsarbeit ein zweites Betätigungsfeld, das Abwechslung und oft mehr persönliche Entfaltungsmöglichkeiten bietet als das Arbeitsleben. Unsere Beobachtungen zeigen, dass insbesondere in Sport- und Freizeitvereinen Leistungen von ehrenamtlich Tätigen und freiwilligen Helfern erbracht werden, die von der Qualität und der Menge her äusserst beeindruckend sind. In diesem Bereich werden unglaubliche Motivationskräfte freigelegt.

"**Complex man**": In Wirklichkeit trifft man wahrscheinlich eher eine Mischung der vier vorher beschriebenen Typen an. Der "complex man" ist der sich anpassende, situativ reagierende, auf die Befriedigung seiner heterogenen Motivstruktur ausgerichtete Mensch der organisierten Gesellschaft.

Wie erwähnt, können Menschen eher intrinsisch oder extrinsisch motiviert sein. Der "self-actualizing man" und der "Altruist" sind eher intrinsisch, der "economic man" und der "social man" eher extrinsisch motiviert, während der "complex man" heterogenen Motiven folgt.

Intrinsisch motiviert sind Motivationssucher ("motivation seeker"). Diese Menschen suchen ihre inneren Motive durch Herausforderungen zu befriedigen. Dieser Typ ist weitgehend motivational unabhängig von seiner Umwelt, eine eher **innen geleitete** Persönlichkeit (Riesman 1966).

Im Gegensatz dazu ist der **extrinsisch** motivierte Typ als Unterstützungssucher eher **aussen geleitet**. Soziale Beziehungen sind für ihn von grosser Bedeutung, Veränderungen in seinem Umfeld passt er sich flexibel an.

Die Vielfalt der NPO bietet jeder Typenausprägung vielerlei Andockungsmöglichkeiten.

Wie Abbildung 90 zeigt, können diesen Mitgliedertypen die "passenden" NPO-Anreize gegenübergestellt werden. In diesem Sinne unterscheiden wir folgende Kategorien von Anreizen:

- **Sachanreize**: Dazu gehören alle mit der Organisationsaufgabe verbundenen Merkmale wie z.B. Ziel und Zweck, Lern- und Beeinflussungsmöglichkeiten durch die Mitwirkung in der Organisation sowie die gesamten durch die Organisation angebotenen Leistungen. NPO bieten auch Karrierechancen, z.B. nach der Pensionierung in der Funktion als Präsident einer NPO (zweite Karriere). Diese Anreize befriedigen vor allem das materiell interessierte Organisationsmitglied. Was vorwiegend zählt, sind die Leistungen der NPO und/oder damit verbundene persönliche Vorteile.

- **Sozio-emotionale Anreize**: Eigenschaften wie Kollegialität, Freundschaft, Freizeit unter Gleichgesinnten, Anerkennung, Wertschätzung und Macht spielen als soziale Befriedigung eine wesentliche Rolle für den emotional orientierten Menschen. Auch die Kommunikationsbeziehungen und die zwischenmenschlichen Aspekte der Organisationsleistungen werden dadurch berührt.

- **Ideelle Reize**: Zweck und Ziele einer NPO bieten spezifische Identifikationsmöglichkeiten, welche Menschen im Berufsleben oft nicht mehr vorfinden. Gerade die ideelle Prägung ist ein Kernelement der NPO, man denke an Kirchen, Parteien, Freizeitorganisationen.

- **Mitgestaltungsanreize**: Durch sie wird vor allem der intrinsisch motivierte Mensch befriedigt, der seine Ideen realisieren möchte. Die Ausstattung von Ämtern, Organen, Stellen mit Kompetenzen spielt hier eine wesentliche Rolle, denn Mitgestaltung motiviert "Macher-Typen", die leistungsorientiert denken und wirkungsvolle Problemlösungen und effiziente Arbeitsabläufe anstreben.

Abbildung 91: Katalog von Anreizen

1. Positive Anreize (Belohnungen)	
Arten	**Ausprägungen**
1.1 Sachanreize	
• materielle Anreize	Geld (Sitzungsgelder), Güter (Genossenschaft), kostenlose Betreuung, mitgliedergerichtete Preis-/Leistungskombination, mitgliedergerichtete Überschussverteilung
• materielle Vorteile als selektiver Anreiz	Gut, Dienstleistung etc. als selektiver Anreiz zum Verbandsbeitritt und zum Mitfinanzieren der Kollektivgüter-Herstellung
• Leistungen der NPO	Lern- und Beeinflussungschancen durch Mitwirkung
• Karriere	Karrierechancen im Ehrenamt (als Präsident etc.)
• Information	Info-Vorsprung, Info-Erweiterung
• Organisationsmacht	Unterstützung, Schutz bei Haftungsfällen, Gewährung von Sicherheit (Berufsverbände)
1.2 Identifikationsanreize	
• Zweck und Ziele der Organisation	persönliche Identifikation, Gefühle, religiös-weltanschaulich gestützte Handlungsmotivation
• CI/COOPI	wird als Verstärkung der eigenen Identität erlebt
1.3 Sozio-emotionale Anreize	
• persönliche, nicht materielle Anreize	Kollegialität, Freundschaft, gefördert durch: - Treffen, Ehrenclub usw. - gegenseitige Unterstützung - Auszeichnungen - Prestigeeffekt, Berufsstand, Machtgefühl
• CI/COOPI	Wir-Gefühl, Uniform, Abzeichen usw.
1.4 Mitgestaltungsanreize/Mitgliedschaft	Mitwirkungsrollen: - Führungsaufgaben, Mitwirkungsmöglichkeiten - Mitbestimmungsmöglichkeiten, Partizipation - Mitkontrolle - Teilnahme an "grossen Ereignissen"

2. Negative Anreize (Strafen)		
2.1 Zwang		Marktzugangszwang für Mitglieder
		Beteiligungszwang
		Aufnahmebestimmungen
2.2 Sanktionen		Mahnungen
		Vorenthaltung von Anreizen
		Bussen
		Ausschluss von Mitgliedern
3. "Überzeugungsanreize"		
• Einpflanzung von Motiven		bewusste Erziehung, Indoktrination der Mitglieder ("wir sind etwas Besonderes")
		Selbstverwirklichung (Sport)
		Herausforderung, Siegergefühl

Zusammenfassend kann gesagt werden, dass alle fünf Anreizgruppen eine Rolle spielen. In der Abbildung 91 findet sich ein etwas detaillierter aufgeschlüsselter Katalog von Anreizen. Die jeweilige "Auswahl" hängt von der Person und der Situation ab. Primärer und wichtigster Anreizfaktor bleibt eindeutig die Sachdimension. Die andern Anreize sind eher als flankierende Massnahmen einzustufen. Wenn es hingegen darum geht, Mitglieder zur Mitarbeit zu motivieren, spielen eher die ideellen, sozio-emotionalen und die Mitgestaltungsanreize eine zentrale Rolle.

Als Fazit kann festgehalten werden, dass der NPO-Manager bei der Lösung einer operativen Marketing-Aufgabe immer auch abklären soll, ob sich bei der Zielgruppe spezifische Anreize zusätzlich einsetzen lassen.

7.7 Politics: Politische Instrumente

Weil Austauschprozesse von NPO oft in politischen Systemen ablaufen, gilt es, dafür adäquate Beeinflussungsinstrumente zu entwickeln. Die Beeinflussung von politischen Systemen wird als typische NPO-Aufgabe im Sinne der kollektiven Erfüllung von abgeleiteten Mitgliederaufgaben angesehen. Diese Interessenvertretung im politischen System wird in Kapitel VI, 6. als spezieller Marketing-Einsatzbereich behandelt.

Im Rahmen der operativen Marketing-Planungssequenz geht es um die Frage, ob ein politisches Instrument ergänzend eingesetzt werden könnte. Die folgende Auflistung diene als Ideenlieferant.

1. **Ausübung von öffentlichem Druck, "Pressure"**

- Kreierung von Medienereignissen, d.h. im Sinne des Agenda Setting die politische Agenda beeinflussen (vgl. Kapitel VI, 5. Marketing-Einsatzbereich "Public Relations")

- Drohung, einer Partei die Wählerstimmen der eigenen Mitglieder zu entziehen

- Bildung von Koalitionen mit andern Gruppen

- Abgabe von Wahlempfehlungen

- Einsatz von Demonstrationsmacht, Kundgebungen und Grossdemonstrationen

- Androhungen von Boykottmassnahmen (vgl. Aktionen gegen Nestlé wegen Verkauf von Babynahrung in die Dritte Welt oder gegen Shell im Zusammenhang mit der Ölplattform Brent Spar)

- Einsatz von Marktmacht: Drohung, Arbeitsplätze ins Ausland auszulagern, geplante Investitionen nicht auszuführen, Konsumverweigerung (z.B. BSE-Rindfleisch, BSE-Käse)

- Androhung von Streikmassnahmen

2. **Lobbying im eigentlichen Sinn (Beeinflussung des politischen Systems)**

Dieser Punkt wird wie erwähnt in Kapitel VI, 6. eingehender behandelt. Hier nur einige Stichworte:

- Bereitstellung von Informationen für Vertreter des politischen Systems

- Mitarbeit in Expertengremien

- Hilfestellung bei der Entwicklung von Gesetzen, Verordnungen

- Teilnahme an Vernehmlassungsverfahren (Gesetzesanhörung)

- "Hilfs-Sheriff-Funktion", d.h. die NPO bewirkt die Delegation von staatlichen Aufsichtsaufgaben an NPO, z.B. Lehrlingsausbildung, Berufsprüfungen, Kontrollen (Groser 1992, S. 136)

- Delegation staatlicher Aufgaben an NPO (Führung von Sozialwerken etc.)

7.8 Abstimmung der Marketing-Instrumentenbatterie

Die Ausführungen zur Marketing-Instrumentenbatterie haben ergeben, dass wir die vier klassischen Marketing-Instrumente für den Einsatz im NPO-Bereich ergänzen, zum Teil anpassen und mit weiteren Inhalten füllen müssen. Zudem setzen wir zwei zusätzliche Marketing-Instrumente ein, nämlich "People" (Anreiz-/Beitragsinstrumente) und "Politics". So wie wir nicht jede Austauschbeziehung durch den Einsatz von Marketing beeinflussen können, verwenden wir auch nicht alle Instrumente bei jeder Marketing-Planung. Die Instrumentenbatterie hat viel mehr den Charakter eines Werkzeugkastens, aus dem wir je nach Situation einzelne Werkzeuge auswählen und gezielt einsetzen.

In der Praxis kommt der **Abstimmung der einzelnen Instrumente im Marketing-Mix** eine grosse Bedeutung zu.

Besonders wichtig ist die Abstimmung sämtlicher Kommunikationsinstrumente. Die Kommunikation ist in den meisten Fällen ein dominierendes Marketing-Instrument, das viele Gestaltungsmöglichkeiten zulässt. In meisten NPO ist für den Einsatz dieses Instrumentes noch ein grosses Verbesserungspotenzial vorhanden. Zur Abstimmung im Kommunikationsbereich gehört die Umsetzung der im Marketing-Konzept verankerten, übergreifenden CI/COOPI in sämtliche Kommunikationsmassnahmen der Marketing-Teilbereiche. Zielgruppen nehmen nämlich die durch die einzelnen Instrumente bzw. Elemente des Marketing-Mix vermittelten "Botschaften" nicht einzeln, sondern als "gestalthafte" Ganzheit wahr und verarbeiten diese in psychischen Lernprozessen.

Marketing-Transaktionen werden in der Regel wiederholt, es sollen längerfristige Beziehungen entstehen, die dauernder Pflege bedürfen (Bindungs-Management, Relationship-Marketing).

8. Marketing-Organisation und -Infrastruktur

Bei diesem Punkt geht es um die organisatorische Regelung bzw. Zuständigkeit der in Planung befindlichen operativen Marketing-Aufgabe. (Die Marketing-Gesamtorganisation wurde im Marketing-Konzept festgelegt.) In diesem Zusammenhang gilt es abzuklären, ob die Aufgabe durch Mitarbeitende der Organisation bewältigt werden kann, oder ob externe Kräfte beigezogen werden müssen. Unter Umständen lohnt es sich, ein Projektteam aufzustellen. Wenn in einer Organisation eine Marketing-Stabsstelle vorhanden ist, werden solche Planungen meistens in Zusammenarbeit zwischen Fachabteilung und Marketing-Stelle realisiert.

Selbstverständlich ist die operative Marketing-Organisation bereits bei der Auftragserteilung vorgespurt oder vorgegeben. Die definitive Organisation dürfte sich jedoch erst nach der Festlegung der Marketing-Instrumente ergeben. Wichtig ist auch, dass für die Durchführung längerfristig klare Zuständigkeiten herrschen.

Weitere Abklärungen sind zu treffen über die vorhandenen infrastrukturellen Möglichkeiten, auch hier kann eine Ausgliederung sinnvoll sein (z.B. Mediaplanung, Adress-Service, Mailings usw.). Ein professionelles Marketing erfordert aber eine minimale eigene Marketing-Infrastruktur. Oft fehlen im NPO-Bereich bereits die personellen Ressourcen. Ein gewisses Marketing-Fachwissen muss in einer marketing-orientierten Organisation vorhanden sein.

9. Marketing-Budget

Die geplanten Marketing-Massnahmen sind selbstverständlich auch zu budgetieren. Meistens wird von einem Grobbudget ausgegangen, das während des Ablaufs der Planungssequenz laufend verfeinert werden kann. Wie wir erwähnt haben, kann der revolvierende Prozess dazu führen, dass eine Budgeterhöhung beantragt werden muss, oder dass der Marketing-Mix so zu verändern ist, dass er in den vorgegebenen Budgetrahmen passt. Da ein Marketing-Budget aus vielen Teilbudgets besteht (z.B. PR-Budget, Werbebudget, Veranstaltungsbudget usw.) ist es unter Umständen möglich, für eine geplante Aktion Budgetmittel aus einem andern Teilbudget zu transferieren.

In vielen NPO wird der **Investitionscharakter** von Marketing-Ausgaben noch nicht erkannt, deshalb müssen nicht selten geplante Marketing-Massnahmen stark reduziert werden, um den vorhandenen oder zugestandenen Budgetmitteln gerecht zu werden. Aus diesem Grund ist es äusserst wichtig, vor der Planung Kenntnis zu haben über die ungefähren Budgetmöglichkeiten, um nicht sinnlose Marketing-Luftschlösser zu bauen. Es ist aber ebenso nicht zu übersehen, dass zu Beginn dieses Jahrtausends in vielen NPO eine Verstärkung der Marketing-Orientierung wahrzunehmen ist und damit auch für professionelle Aktionen die notwendigen Budgets bereitgestellt werden.

10. Marketing-Kontrolle

Wie wir bei der Entwicklung des Marketing-Konzeptes festgelegt haben, soll das Gesamtkonzept jährlich in Bezug auf Prioritäten und Massnahmen überprüft werden. Eventuell wird der Input für einzelne Marketing-Einsatzbereiche vergrössert oder reduziert, Marketing-Einsatzbereiche werden eliminiert oder es kommen neue dazu. Da NPO nicht unter Marktdruck stehen, ist die **wichtigste Kontrollfrage** die nach der **effektiven Realisierung** von Marketing-Aktivitäten. Pläne bleiben oft Pläne, geplante Vorhaben werden immer wieder verschoben.

In diesem Abschnitt geht es um die Möglichkeiten der Erfolgskontrolle im Rahmen der operativen Marketing-Planung. Es ist zu überlegen, welche Kontrollinstrumente für die Erfolgsmessung einer konkreten Marketing-Aktion zur Verfügung stehen, und wie man diese einsetzen soll. Wie erwähnt, stehen im NPO-Marketing meistens sehr knappe Marketing-Mittel zur Verfügung, deshalb sollte der Aufwand für Kontrollinstrumente in einem vernünftigen Verhältnis zum Gesamtbudget stehen.

Eine einfache und doch sehr sinnvolle Massnahme ist die Überprüfung des gesamten Planungsprozesses. Die Planungsschritte werden noch einmal durchgegangen, vielleicht einer kleinen Gruppe vorgestellt und dann definitiv festgelegt. Deshalb führen wir den Punkt 11 ("Definitive Festlegung der Planungsinhalte") ein, der die Resultate der definitiven Planung übersichtlich darstellt.

Für die Kontrolle der operativen Marketing-Massnahmen gelten die üblichen Anforderungen an ein Kontrollsystem (vgl. Kotler 1978, S. 249):

- Zuerst muss eine Anzahl eindeutiger, möglichst quantitativ umschriebener Ziele vorhanden sein.

- Zum zweiten müssen die gegenwärtig erzielten Ergebnisse "gemessen" und mit den geplanten verglichen werden.

- Als drittes Element fungiert die Diagnose der Ursachen für etwa bestehende Abweichungen.

Den vierten Bestandteil im Kontrollsystem bilden schliesslich Korrekturmassnahmen, die aufgrund der vorhergehenden Ursachenanalyse eingeleitet werden. Findet sich kein Fehler in der Planverwirklichung, so muss die Frage gestellt werden, ob der Plan selbst stimmt, vielleicht sind die Ziele unrealistisch, oder die Ziele lassen sich mit den vorhandenen Mitteln nicht erreichen.

Da für die Erfolgsmessung in der NPO die üblichen Kriterien wie Umsatz, Gewinn usw. fehlen, müssen Ersatzkriterien gesucht werden. Für einzelne Marketing-Aufgaben lassen sich die erzielten Resultate konkret messen, wie:

- Anzahl neuer Mitglieder
- Rückläufe bei Direct Mail-Aktionen
- eingegangene Spendenbeiträge
- Anzahl Teilnehmende an Kursen
- Anzahl Teilnehmende an Veranstaltungen
- Inanspruchnahme von Dienstleistungen

Für die Messung der Wirkung von Kommunikationsinstrumenten lassen sich Befragungen einsetzen:

- Imagemessungen
- Mitgliederbefragungen
- Spenderbefragungen
- Klientenbefragungen usw.

Es leuchtet ein, dass die Einführung eines formalen Kontrollsystems allen Beteiligten mehr Sicherheit gibt. Gerade im NPO-Bereich, wo die Widerstände gegen den Einsatz von Marketing immer noch vorhanden sind und Marketing-Budgets oft vor nicht sehr fachkundigen Gremien gerechtfertigt werden müssen, sind quantitative oder auch qualitative Kontrollresultate sicher hilfreich.

"Die verschiedenen, nicht über den Markt geregelten gesellschaftlichen Begünstigungen durch eine NPO werden als sozialer Nutzen bezeichnet. Soziale Kosten sind das jeweilige Gegensatzpaar und schliessen ökonomische, rechtliche, kulturelle und andere Wirkungen mit ein" (Bruhn/Tilmes 1994, S. 225). Mit einer sozialen bzw. gesellschaftsbezogenen Rechnungslegung zum Zweck der Marketing-Kontrolle wird versucht, alle möglichen sozialen Kosten- und Nutzenkomponenten festzulegen und, wenn immer möglich, Kausalzusammenhänge zwischen der Leistungserstellung und der Nutzengenerierung aufzuzeigen.

Als mögliches Instrument wird immer wieder die Kosten-/**Nutzenanalyse** genannt (Kotler 1978, S. 243; Bruhn/Tilmes 1994, S. 227), indem die verursachten Kosten quantifiziert oder zumindest beschrieben und diese dem entstandenen Nutzen gegenübergestellt werden. Konkrete Geldausgaben können klar festgehalten werden. Ist das Programm jedoch mit "sozialen Kosten" verbunden, so wird die Quantifizierung schwierig. Die Idee hinter der Kosten-/Nutzenanalyse ist, dass man das subjektive Urteil, wenn immer möglich, systematisieren und quantifizieren soll. Die Suche nach allen Kosten- und Nutzenarten führt zu einer Auslegeordnung, die zum Auffinden möglichst aller zu berücksichtigenden Faktoren führt.

Kosten-/Wirksamkeitsanalysen sind Verfahren, die sich mit den Auswirkungen verschiedener Kostenhöhen auf den Nutzen befassen. Kotler (1978, S. 247) bringt als Beispiel einen Vergleich der verschiedenen Werbemittel, die eingesetzt werden, um Blutspenderinnen und Blutspender für eine Blutbank zu finden. Es werden Zeitungsinserate, direkte Aufforderungen durch Direct Mail und Gruppendiskussionen eingesetzt.

Die Abbildung 92 zeigt die hypothetische Kosten-/Wirksamkeitsfunktion für jedes dieser drei Instrumente. Der Einsatz von Direct Mail resultiert in einer linearen Kostenfunktion, d.h. mit jeder zusätzlichen Einsatzeinheit der persönlichen Aufforderung resultiert ein konstanter prozentualer Zuwachs an Spenderinnen und Spendern. Der Einsatz von Zeitungsinseraten produziert bei niedrigem Einsatzniveau eine ziemlich

Abbildung 92: Verlauf einer Kosten-/Wirksamkeitsfunktion (Kotler 1978, S. 247)

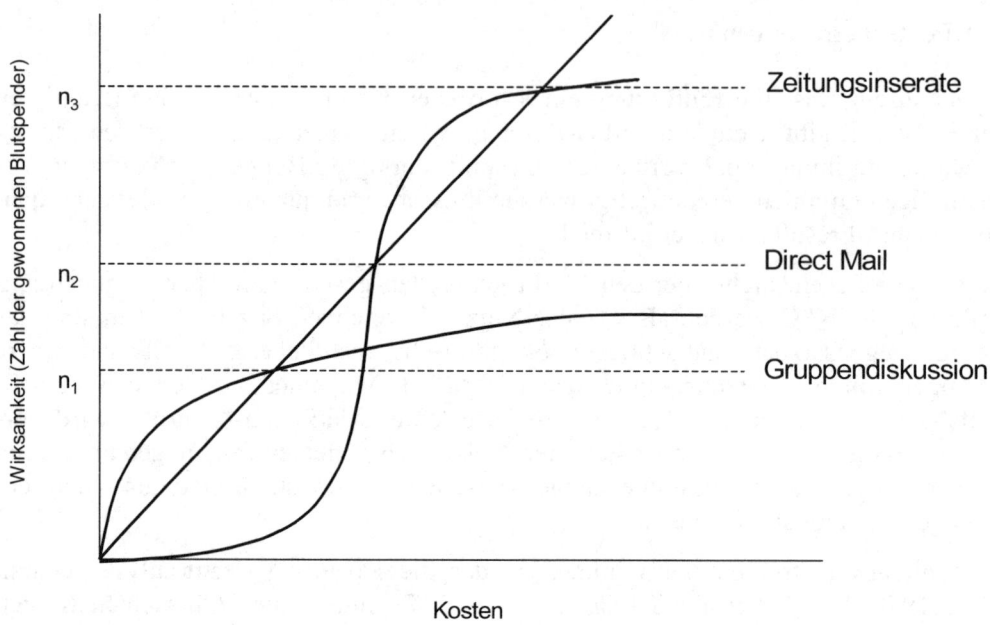

niedrige Reaktion. Wir wissen, dass es eine untere Werbeschwelle gibt, d.h. wenn dieses Instrument zu schwach dosiert wird, sind praktisch keine Reaktionen zu erwarten. Ab einem gewissen Einsatzniveau gibt es überproportional steigende Zuwachsraten, die bei einer bestimmten Einsatzhöhe wieder abflachen. Gruppendiskussionen produzieren durch die persönliche Kommunikation schon auf niedrigem Einsatzniveau eine hohe Anzahl von Spendenden, weil natürlich zuerst mit erfolgversprechenden Gruppen Kontakt aufgenommen wird.

Im weiteren Verlauf verflachen sich auch diese Zuwachsraten. Kotler empfiehlt nun für den Fall, dass nur wenig Spendende gesucht werden müssen, die Gruppendiskussionen einzusetzen (n_1). Wird eine mittlere Anzahl Spendender gesucht, scheint die postalische Methode die beste (n_2) und für eine noch grössere Anzahl empfehlen sich Zeitungsinserate (n_3). In der Praxis lässt sich dieses hypothetische Beispiel leider nicht so leicht umsetzen, denn die einzelnen Wirksamkeitsfunktionen sind oft nicht bekannt, und wenn man mehrere Instrumente einsetzt, gibt es Sekundärwirkungen. So können Zeitungsinserate auch den Erfolg des Direct Mail wesentlich beeinflussen. Wichtig bleibt, dass in der Planung Überlegungen zum Kosten-/Wirksamkeitsverhältnis angestellt und in der Diskussion mögliche bzw. plausible Zusammenhänge herausgearbeitet werden.

11. Definitive Festlegung der Planungsinhalte

Nachdem man sich auch Gedanken über mögliche Kontrollinstrumente gemacht hat, ist es sinnvoll, die zu jedem Planungspunkt getroffenen Massnahmen und ausgewählten Instrumente zusammenfassend aufzulisten. Damit sollen die getroffenen Entscheide übersichtlich und komprimiert festgehalten werden. Auf folgende Fragen sollen wir eine klare Antwort geben können:

1. Welches sind die von uns verfolgten Ziele?
2. Welches sind die Zielgruppen?
3. Wie positionieren wir das Angebot?
4. Welchen Marketing-Mix setzen wir ein?
5. Wer befasst sich mit diesem Auftrag? Wie sind die organisatorischen Fragen geregelt?
6. Welche Budgetmittel können wir einsetzen?
7. Wie kontrollieren wir den Erfolg der Aktion?

Als Beispiel diene die Planung einer Mitglieder-Werbeaktion für einen Berufsverband oder eine Gewerkschaft.

Planung einer Mitglieder-Werbeaktion für einen Berufsverband/eine Gewerkschaft

1. Marketing-Information

Wir stellen fest, dass wir jährlich 3 % der Mitglieder durch Pensionierung, Berufswechsel etc. verlieren.

2. Marketing-Ziel

Wir versuchen, Neumitglieder zu gewinnen, um die jährlichen Abgänge ersetzen zu können und ein Mitgliederwachstum von 3 % zu realisieren. Bei einem Bestand von 100'000 Mitgliedern ergibt das ein Marketing-Ziel von 6'000 Neumitgliedern pro Jahr.

3. Marketing-Segmentierung

Als Zielgruppe wählen wir Mitarbeitende in Betrieben, wo wir bereits eine Vertretung haben. Weiter sollen einige wenige ausgewählte Gruppen von potenziellen Mitgliedern angeschrieben werden, die wir nicht näher kennen.

Definitive Festlegung der Planungsinhalte

4. Marketing-Austauschsystem

Die Mitgliedschaft verkörpert verschiedene **Rollen**:

- Leistungsbezüger unserer Organisation
- Mitwirkungsmöglichkeiten
- Solidargemeinschaft
- weitere mögliche Anreize
- Beitragszahler

Diese Rollen müssen in der Werbung thematisiert werden.

5. Positionierung der Leistung, des Angebotes

Die Mitgliedschaft bietet **persönliche Sicherheit**, z.B. durch Rechtsberatung und Rechtsvertretung.

Die Mitgliedschaft bietet **persönliche Vorteile**, Weiterbildung, Mitwirkungsmöglichkeiten, Versicherungsleistungen usw.

6. Marketing-Mix

Es soll eine **zweistufige** Werbekampagne realisiert werden, d.h. **Beginn** mit **Direct Mail** und **persönliches Nachfassen** durch Mitglieder der Organisation oder Nachfassen durch **Telefon-Marketing**.

Im **Argumentarium** sollen die persönlichen Vorteile und das Sicherheitsmoment hervorgehoben werden, wie besondere Vorteile für Frauen (z.B. Wöchnerinnen-Beitrag).

Der **Mitgliederbeitrag** kann bequem in die Gehaltsabzüge eingebaut werden.

Einladung zu einer **Informationsveranstaltung**.

7. Marketing-Organisation

Die ganze Aktion wird von der Abteilung "Mitglieder" geplant und durchgeführt unter Einbezug der lokalen Kader und freiwilligen Helfer.

8. Marketing-Budget (ohne Personalkosten)

10'000 Direct Mail-Briefe à CHF 1.50	CHF 15'000.--
Spesen für persönliche Besuche	CHF 25'000.--
5'000 Telefonanrufe à CHF 15.--	CHF 75'000.--
	CHF 115'000.--

9. **Kontrolle**
- Rückläufe der Direct Mail-Aktion
- Auswertung der Besuchsberichte
- Auswertung des Telefon-Marketing
- Anzahl Neumitglieder im Verlauf von 12 Monaten

Werden die 3'000 anvisierten Neumitglieder gewonnen, bringen diese bei einem Jahresbeitrag von CHF 360.-- insgesamt CHF 1'080'000.-- ein. Allerdings dürfte sich der durchschnittliche Jahresbeitrag während des Planungsjahres auf ca. drei Monate belaufen. Damit wären Einnahmen von CHF 270'000.-- gegeben, womit sich die Werbeinvestition lohnen würde. Allerdings sind hier keine Personalkosten eingerechnet.

Jede Aktion wird gesamthaft evaluiert und dokumentiert, als Grundlage für eventuell folgende Aktionen.

Mit diesen Ausführungen haben wir die Beschreibung der operativen Planungssequenz abgeschlossen. Im folgenden Kapitel sollen die in Kap. IV vorgestellten Marketing-Einsatzbereiche vertiefend dargestellt und soll die soeben behandelte Planungssequenz zur operativen Marketing-Planung je nach Einsatzbereich ergänzt werden.

Kapitel VI
Marketing-Einsatzbereiche

1. Marketing für Mitglieder, Milizer, freiwillige Helfer

1.1 Mitglieder-Marketing (Beschaffung)

1.1.1 Grundsätzliches

Unter Mitglieder-Marketing verstehen wir Marketing-Aktivitäten sowohl im Bereich Beschaffungsmarketing wie beim Leistungsabgabe-Marketing. Im **Beschaffungsmarketing** geht es im Aussenbereich um die Gewinnung **neuer** Mitglieder (eigentliches Mitglieder-Marketing), im Innenbereich um die Mitgliederaktivierung, d.h. Mitglieder sollen neben finanziellen Beiträgen auch Mitarbeit (z.B. Mitwirken in Ausschüssen) oder Informationen, Know-how usw. an den Verband liefern (z.B. Beteiligung in einer Vernehmlassung).

Im Bereich **Leistungsabgabe-Marketing** geht es um die Aktivitäten der NPO zur Mitgliederpflege. Mit der Gewinnung eines Mitgliedes beginnt ein Prozess des Beziehungs-Marketing, denn das Mitglied muss dauernd davon überzeugt bleiben, dass sich die Mitgliedschaft lohnt. Wir ordnen dieses Bindungs-Management dem **internen Marketing als Teil des Eigen-Marketing** zu (vgl. Kapitel VI, 3.). In diesem Abschnitt behandeln wir das Mitglieder-Marketing im Sinne von Beschaffungsmarketing.

Die Bedeutung des Mitglieder-Marketing variiert je nach NPO-Typ erheblich. Stiftungen und viele Drittleistungs-NPO haben gar keine Mitglieder oder höchstens in Form von Gönnern/Sympathisanten. Die Gönnerpflege ist in unserem System Aufgabe des Fundraising.

Bei Selbsthilfe- und Drittleistungs-NPO mit grossen Trägervereinen (z.B. Samaritervereinen) hingegen ist ein gutes Mitglieder-Marketing eine Existenzfrage. Denn ohne Mitglieder kein Verband. Selbstverständlich gibt es auch hier Ausnahmen in dem Sinne, dass die Mitgliedschaft eine Selbstverständlichkeit darstellt, wie beispielsweise in gewissen spezialisierten Industrieverbänden (mit z.B. 20 bis 30 Mitgliedern), wo das klar definierte Ziel der gemeinsamen Interessenvertretung derart wichtig ist, dass sich das Verbands-Management nicht um neue Mitglieder kümmern muss.

Personenverbände mit generell hohen Mitgliederzahlen sind auf ein permanentes Mitglieder-Marketing angewiesen. Der Bund der Deutschen Steuerzahler muss jährlich ca. 30'000 Neumitglieder werben, nur um seinen Bestand halten zu können. Denn erst ein hoher Organisationsgrad bringt einem Verband Einfluss und Gehör, um in übergeordneten Verbänden (Dachverbänden), bei Gegenverbänden (Arbeitgebern/Arbeitnehmern), und insbesondere extern im politischen System (vgl. Kapitel VI, 7. "Lobbying") Einfluss nehmen zu können. Lakes (1999, S. 144) leitet hier einen direkten Zwang zu organisatorischer Grösse ab. Unseres Erachtens ist nicht die absolute Grösse relevant, sondern eine glaubwürdige Repräsentativität der vertretenen Gruppe. Eine grosse Zahl von Mitgliedern bedingt eine komplexe Aufbauorganisation mit Landesverbänden, Sektionen und einen ausgebauten Zentralverband, um mitgliedernah wirken und die demokratischen Prozesse garantieren zu können. Dies macht die Organisation tendenziell schwerfälliger, die Entscheidungswege länger. Bei diesen Grossorganisationen sind die Mitgliederakquisition, -betreuung, -verwaltung und die Organisation der Mitgliederdemokratie sehr aufwendig, jedoch für die Bereitstellung der Kollektivgüter der Interessenvertretung notwendig (eine Arbeitgeber/Arbeitnehmer-Verhandlungsrunde braucht auf beiden Seiten die Mobilisierung verschiedenster Gremien bis hin zur Organisation einer Urabstimmung; vgl. Kapitel VI, 7.). Auf der andern Seite sind gerade Mitglieder in Personenverbänden nicht bereit, für die Kollektivleistungen allzu viel auszugeben (Trittbrettfahrer-Problem). Wir stellen beispielsweise in Sportverbänden immer wieder fest, wie schnell die Schallgrenze für die Erhöhung von Mitgliederbeiträgen erreicht ist. In der Praxis versuchen deshalb Personenverbände, ihre Erträge durch den Verkauf individueller Dienstleistungen zu erhöhen und damit Kollektivleistungen quer zu subventionieren. Beliebt sind Bildungsangebote, Reisen etc. Auch Verbandszeitschriften können hervorragende Deckungsbeitragslieferanten sein. Ein gutes Beispiel ist der Hauseigentümerverband Schweiz, der für einen minimalen Mitgliederbeitrag von CHF 30.-- pro Jahr den Mitgliedern eine umfangreiche spezialisierte Fachzeitung liefert, Rechtsauskünfte anbietet etc., was für das Mitglied einer valablen Gegenleistung entspricht. Die Verbandszeitung ist für Inserenten ein ideales zielgruppenspezifisches Medium, das dementsprechend Ertrag abwirft. Leider stehen einer ganzen Anzahl von Personenverbänden solche Möglichkeiten nicht zur Verfügung, insbesondere Arbeitnehmerorganisationen kämpfen hier auf einem schwierigen Terrain. Um die zu beobachtenden sinkenden Mitgliederzahlen zu kompensieren, suchen Gewerkschaften Lösungen über Fusionen. Dies geschieht intensiv in Deutschland und in der Schweiz. Das macht unseres Erachtens durchaus Sinn, denn Arbeitnehmerinteressen sind in den einzelnen Branchen nicht so verschieden, dass es derart zahlreiche Einzelgewerkschaften braucht.

Weil Personenverbände auf eine breit abgestützte Basis angewiesen sind, müssen sie laufend neue Mitglieder akquirieren, auch wenn der Aufwand mit zunehmendem Organisationsgrad eher steigt. Allerdings erhöht eine breite Mitgliederbasis die Chancen des Verbandes, Dienstleistungen oder andere Angebote anzubieten und damit die Finanzierung zu verbessern.

Die grosse Herausforderung im Mitglieder-Marketing besteht in der Tatsache, dass nicht eine einzelne Leistung, sondern die **NPO** mit ihrer **gesamten Performance** "verkauft" werden muss. Die NPO selbst **wird zum Produkt**. Deshalb gibt es auch keine genialen Tricks für die Mitgliederwerbung, denn eine Mitgliederbeziehung ist eine spezifische "Kundenbeziehung", sie erfordert ein grösseres, meistens längerfristiges Engagement des Austauschpartners und ist deshalb auch schwieriger zu erreichen. In diesem Sinne sollen im Folgenden einige Spezifika bei der operativen Planung im Mitglieder-Marketing aufgezeigt werden.

1.1.2 Die operative Planung im Mitglieder-Marketing

1. Marketing-Information: Beschaffen der für die Planung erforderlichen Informationsgrundlagen

Die übergeordneten Führungsinstrumente legen den Stellenwert des Mitglieder-Marketing fest. Bei mitgliedschaftlich strukturierten NPO (z.B. Selbsthilfe-NPO) ist die Bedeutung wie dargelegt hoch. Weil die Mitgliederbindung enger ist als eine reine Kundenbindung, besteht meistens ein Fundus von Daten über die Charakteristika der einzelnen Mitgliedsgruppen sowie über Fluktuations- und Ausscheidungsraten (Tod, Wegzug etc.).

Beim Schweizerischen Turnverband STV hat beispielsweise eine Befragung der Projektgruppe "Mitglieder-Marketing" über den Vereinsaustritt zu folgenden Gründen geführt (Glettig 1999, S. 6):

- Natürliche Fluktuationen (Alter, Umzug, Berufswechsel etc.)
- Konkurrenz (andere Freizeitangebote, andere Sportvereine)
- Angebot des STV zu unspezifisch, zu breit
- zu wenig (gute) LeiterInnen
- zu grosse Verpflichtungen (Turnerabend, Wettkämpfe etc.)
- veraltetes, nicht trendorientiertes Angebot
- Übertritte klappen nicht (z.B. Jugend zu Aktiven etc.)

Aber auch eine Analyse der Mitgliederstatistik kann wertvolle Aufschlüsse liefern. So weiss man beim STV, dass

- der STV im Vergleich zu andern Sportverbänden sehr viele Kinder unter 10 Jahren als Mitglieder hat,
- sehr viele Jugendliche im Alter zwischen 15 - 20 Jahren aus dem Turnverein austreten,
- der Frauenanteil in den Turnvereinen bei 44 % (Tendenz steigend) liegt, der Männeranteil aber eher rückläufig ist.

Im Weiteren sind mögliche Konkurrenzanbieter und deren Leistungen zu analysieren, sei dies von Profit- oder NPO-Seite. Gerade Verbände im Freizeitbereich spüren Konkurrenz von privaten Anbietern.

2. Marketing-Ziele

Für die Gewinnung von Mitgliedern können zwei grundsätzliche Zielrichtungen eingeschlagen werden:

- viele Mitglieder zu gewinnen, um einen **höchstmöglichen Organisationsgrad** und damit Repräsentativität zu erreichen. Dies ist für tarifrechtliche Wirkungen sehr wünschenswert;

- eine **selektive Mitgliederaufnahme** zu verfolgen, indem man die qualitativen Anforderungen hoch ansetzt (Service-Clubs, Romantik-Hotels usw.).

Erste Zielvorgaben sollten sich aus der Verbandspolitik ergeben. So hält die Clubpolitik des SAC (Schweizerischer Alpen-Club) Folgendes fest:

- Der SAC strebt eine breite Mitgliederbasis an. Eine breite Basis sichert ein vielfältiges Clubleben und ein hinreichendes Gewicht bei der Vertretung der Mitgliederinteressen oder bei politischen Stellungnahmen.

- Mitglieder im SAC sind sowohl aktive Bergsportlerinnen und Bergsportler als auch andere am Alpinismus und an der Gebirgswelt interessierte Menschen. Ein besonderes Augenmerk ist auf die Mitgliedschaft Jugendlicher und von Familien zu richten.

Diese Aussagen werden im Mitglieder-Marketing-Konzept noch konkretisiert (von Gunten 1999, S. 3). Mit der Aufnahme neuer Mitglieder verfolgt der SAC folgende Ziele:

- Existenzsicherung des SAC als führender Bergsteiger-Verein
- Fortbestand der Aktivitäten nach den Zielsetzungen in Leitbild und Clubpolitik
- Erhalten eines aktiven Clublebens in den Sektionen
- Finanzielle Tragbarkeit der Infrastruktur (insbesondere Hütten) und anderer Leistungen
- Sicherstellung des Nachwuchses an ehrenamtlichen Leitern und Funktionären
- Schaffung eines ansehnlichen Gewichts für die Interessenvertretung

Aufgrund der vorhandenen Daten weiss man, wie viele Alpinisten es ungefähr gibt, man kennt die Austritte und natürlichen Abgänge und setzt so ein realistisches Ziel, den Mitgliederbestand mittelfristig um 10 % zu erhöhen.

3. Mitglieder-Segmentierung

In Kapitel V, 4. haben wir die Vorzüge einer Zielgruppen-Segmentierung beschrieben. Man bedenke, dass sich der Ursprung der Verbände aus der Bündelung gemeinsamer Interessen der Mitglieder ergibt. Die gleiche Interessenlage führt zu einer kooperativen Identität (COOPI). Insbesondere Arbeitnehmerorganisationen sind auf die Solidarität ihrer Mitglieder angewiesen. Der vorher dargestellte Zwang zur Grösse und die Lebenszyklus-Kurve von Organisationen können dazu führen, dass eine Organisation plötzlich aus relativ heterogenen Untergruppen besteht, die nur noch wenig Gemeinsamkeiten aufweisen. Ein illustratives Beispiel erwähnt Lakes (1999, S. 162) für die Gewerkschaft Erziehung und Wissenschaft in Deutschland. In dieser Organisation stehen sich laut einer Mitgliederanalyse vier grosse Mitgliedergruppen gegenüber, die über keine wesentlichen Berührungspunkte mehr verfügen:

- Die grosse Gruppe der Mitglieder aus Westdeutschland zwischen Anfang 50 und der Pensionsgrenze, die in öffentlichen Bildungseinrichtungen beschäftigt sind;
- die kleine Gruppe der jungen Mitglieder, die von der ersten Gruppe durch eine Differenz von 20 und mehr Jahren getrennt sind;
- die Mitglieder aus Ostdeutschland, die trotz sich langsam angleichenden Lebens- und Arbeitsbedingungen sich den anderen Gruppen gegenüber fremd fühlen;
- die kleine und in sich wiederum sehr heterogene Gruppe von Mitgliedern, die nicht in öffentlichen Bildungseinrichtungen arbeiten und völlig anderen Arbeits- und Entlöhnungsbedingungen unterliegen.

In einem solchen Fall müssen die verschiedenen Marktsegmente auch in der Organisationsstruktur verankert sein, es sind Untergruppen oder zumindest Ausschüsse zur Vertretung der Anliegen der unterschiedlichen Mitgliedersegmente zu bilden.

Je präziser sich Zielgruppen-Segmente umschreiben lassen, desto besser können die Zielgruppen angesprochen werden. Aus dem "allgemeinen" Mitglied im Schweizerischen Turnverband sind heute folgende Mitglieder-Zielgruppen entstanden (Glettig 1999, S. 10):

- Mütter und Kinder (MuKi/Mutter- und Kinder-Turnen) (3 - 7 Jahre): Die Eltern spielen eine Vermittlerrolle und sind deswegen primäre Zielgruppe;
- Mädchen- und Knaben (8 - 15 Jahre): vom polysportiven Kinderturnen bis hin zur leistungsorientierten Spezialisierung;
- Vorführungs- und wettkampforientierte Junioren und Erwachsene: das klassische, leistungsorientierte Mitglied eines Turnvereins;
- Gesundheits- und vereinsorientierte Erwachsene: Freizeit/Turnen ohne Wettkämpfe;

- Vereinsgebundene Sportkonsumenten: aus gesundheitlichen und auch aus sozialen Gründen wird das gemeinsame Sportangebot gesucht;
- Senioren/Seniorinnen (ab ca. 50 Jahren): Gesundheitliche und soziale Motive stehen im Vordergrund. Stark wachsende Zielgruppe;
- Passivmitglieder/Gönner: Bereitschaft, den Turnverein finanziell zu unterstützen.

4. Analyse des Austauschsystems "Mitgliedschaft"

Eine Mitgliedschaft bedeutet rechtlich gesehen die Übernahme einer Anzahl von Rechten und Pflichten in einer Organisation. Das Mitglied ist Träger der Organisation, Mitwirkender und Leistungsadressat. Eine bewährte Bezugnahme zur Erfassung des Phänomens "Mitgliedschaft" ist die **Rollenanalyse**. Man versteht unter einer Rolle die Summe der Verhaltenserwartungen, die an das Mitglied als Inhaber einer sozialen Position gestellt oder von ihm erwartet wird (Blome-Drees 1998, S. 71).

Wir unterscheiden folgende Mitgliederrollen (s. Abb. 93):

a) Mitglieder als Träger der NPO

Satzungen und Statuten von Selbsthilfe-NPO legen in der Regel präzise fest, wer als Mitglied aufgenommen werden kann. Die Mitgliederkategorien und Aufnahmebedingungen leiten sich aus dem Zweck der NPO ab. Eine volle Mitgliedschaft mit allen Rechten und Pflichten wird den ordentlichen Mitgliedern zuerkannt. Dies können Personen (z.B. in Gewerkschaften, Parteien) oder Organisationen sein, die primär die Rolle als Träger der NPO wahrnehmen. Sie bilden das oberste Macht- und Entscheidungszentrum und entscheiden direkt in Vollversammlungen oder indirekt über Delegierten-/Abgeordnetenversammlungen über die grundsätzlichen Ziele, Aufgaben und Leistungen, Potenziale und Strukturen der NPO.

b) Mitglieder als Input-Lieferanten

Durch ihren Beitritt zu einer NPO übernehmen die Mitglieder bestimmte Pflichten. Dazu gehört die Entrichtung von Mitgliederbeiträgen und die Bereitschaft zur Mitwirkung bzw. Mitarbeit. Man denke hier an die Sport- und Freizeitvereine, die ihren Zweck nur erfüllen können, wenn ein Grossteil der Arbeit ehrenamtlich geleistet wird. Aber auch eine funktionsfähige Verbandsdemokratie braucht die Mitwirkung der Mitglieder. Zudem wird die Übernahme von Ehren-/Milizämtern erwartet.

In Wirtschaftsverbänden haben Mitgliedsunternehmen die Pflicht, bestimmte Infor-mationen aus ihren Betrieben zu liefern, damit gewisse Verbandsdienstleistungen erstellt werden können.

Abbildung 93: Die nutzenorientierten Fragen eines Interessenten vor dem Verbandsbeitritt (eine Illustrion des Anreiz-/Beitrags-Prinzips) (FMM, S. 246, Abb. 70)

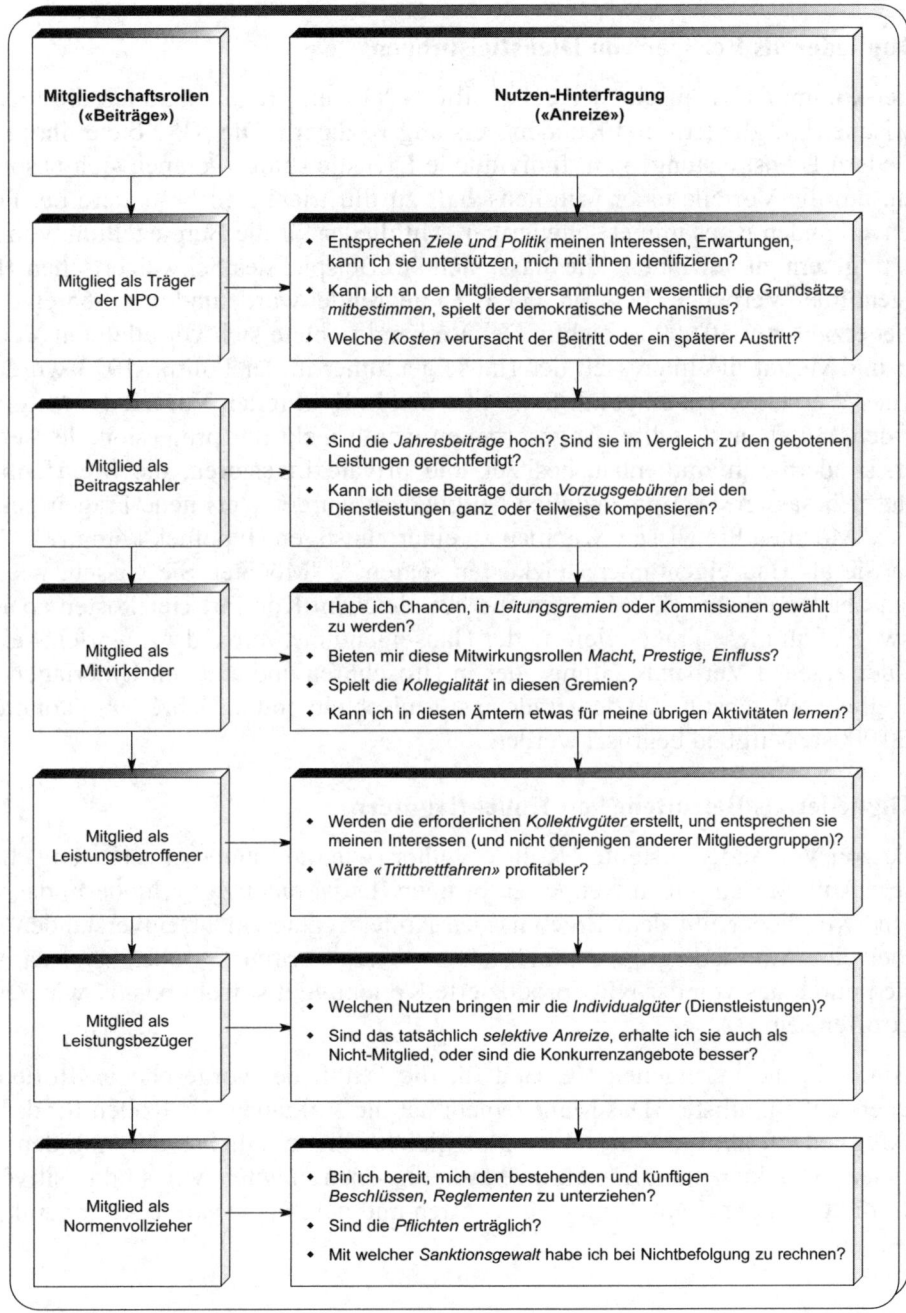

c) **Mitglieder als Normenvollzieher**

NPO können Standesregeln erlassen oder Mitglieder sind verpflichtet, tariflich ausgehandelte Vertragsinhalte zu respektieren bzw. zu erfüllen.

d) **Mitglieder als Bezüger von Dienstleistungen**

Hier kommt das Typische der Selbsthilfe-NPO zum Tragen, nämlich die Identität zwischen Mitgliedern und Kunden/Leistungsbezügern. Die NPO bietet ihren Mitgliedern Dienstleistungen an. Individuelle Dienstleistungen eignen sich besonders gut, um die Vorteile einer Mitgliedschaft zu illustrieren. Insbesondere bei Personenverbänden ist es immer schwieriger, Mitglieder für die Bereitstellung von Kollektivgütern zu gewinnen. Dies lässt sich am Beispiel des Schweizerischen Hauseigentümer-Verbandes belegen, der 1915 gegründet wurde und bis 1955 eine Mitgliederzahl von 50'000 erreichte. Der Verband richtete sich vor allem an Vermieter und vertrat die Interessen der Hauseigentümer in der Politik. 1973 wurde ein neues Werbekonzept eingeführt, das klar den **individuellen Vorteil** der Mitglieder in den Mittelpunkt stellte. Angesprochen waren nicht nur professionelle Vermieter, sondern Einfamilienhausbesitzer und private Investoren, die Mehrfamilienhäuser besassen. Den potenziellen Mitgliedern wurden stets neue Fragen gestellt, wie: "Möchten Sie wissen, wie man zu einer günstigen Hypothek kommt?", "Wollen Sie als Hauseigentümer Heizkosten sparen?", "Möchten Sie wissen, wie man Bauschäden erkennt?", "Möchten Sie bei gleichem Komfort Heizkosten sparen?" usw. Auf all diese Fragen lieferte der Hauseigentümerverband Antworten, sei dies in der eigenen Verbandszeitung oder in Broschüren und anderen Unterlagen. Das Mitglieder-Wachstum setzte geradezu stürmisch ein und im Jahre 1999 konnte das 250'000ste Mitglied begrüsst werden.

e) **Mitglieder als Betroffene von Kollektivgütern**

Die von Verbänden erstellten Kollektivgüter (wie die Interessenvertretung) haben viele Anliegen auf einen Nenner zu bringen. Es ist nicht zu verhindern, dass einzelne Mitglieder mit dem Ergebnis des Kollektivgutes nicht einverstanden sind. Oder eine Mitgliedergruppe fühlt sich zu wenig vertreten. Daher kann das Mitglied durch das von der NPO produzierte Kollektivgut sowohl positiv wie negativ betroffen sein.

Es ist sinnvoll, die im eigenen Verband für die Mitglieder vorgesehenen Rollen aus Mitgliedersicht aufzulisten. Das Management hat die Aufgaben, die Rollen für das einzelne Mitglied attraktiv zu gestalten und gleichzeitig möglichst gut mit den Verbandszielen in Einklang zu bringen. Im Marketing-Instrumenten-Mix sind positive Anreize für die Übernahme von Rollen zu schaffen und durch eine aktive Kommunikation zu bewerben.

5. Positionierung des Angebots

Bei diesem Schritt übernehmen wir im Prinzip die Gesamtpositionierung der NPO, wobei bei Selbsthilfe-NPO auch die COOPI klar formuliert sein sollte. Denn die potenziellen Mitglieder sollten erstrebenswerte Möglichkeiten zur Identifikation erkennen. Das potenzielle Mitglied muss die Organisationskompetenz der NPO spüren, sie soll mit den eigenen Vorstellungen und Erwartungen übereinstimmen.

6. Der Marketing-Mix im Mitglieder-Marketing

Im Zentrum des Marketing-Mix steht bei der Mitglieder-Akquisition die Absicht, mit dem potenziellen Mitglied Kontakt aufzunehmen und durch eine überzeugende Argumentation Interessen für eine Mitgliedschaft zu wecken. Im Zentrum der Kommunikation steht die NPO mit ihren Leistungen. Bei Personenverbänden sind vor allem die dem Mitglied zukommenden persönlichen Vorteile in den Vordergrund zu stellen, während bei Unternehmensverbänden die Vorteile für den Betrieb herauszuarbeiten sind. Selbstverständlich können auch in Unternehmensverbänden persönliche Vorteile, die dem Firmenvertreter zugute kommen (z.B. Wahl in ein prestigeträchtiges Gremium), einer Mitgliedschaft förderlich sein.

Als Beispiel für den Ablauf eines **Prozesses** zur **Mitgliedergewinnung** sei das Vorgehen für einen **gewerblichen Verband** vorgestellt (vgl. teilweise Deutscher Verband für Garten- und Landschaftsbau, Ga La Bau 1996).

Phase 1: Empfehlungen generieren und Erstkontakte vereinbaren

Bisherige Mitglieder nennen interessierte Kollegen, oder das Verbands-Management sucht aus Branchenverzeichnissen etc. mögliche Kandidaten für die Mitgliedschaft. Ein Werbebrief soll den Erstkontakt herstellen. Nach Möglichkeit ist der Kandidat zu einer Veranstaltung des Verbandes einzuladen, und selbstverständlich sollte dort das potenzielle Mitglied speziell betreut werden.

Phase 2: Ausführliche Information zur Kontaktvertiefung

Vielfach bringt ein erster Werbebrief keine Reaktion, es ist deshalb nachzufassen und die Begleitinformation zu vertiefen. Selbstverständlich bietet der Verband immer die Möglichkeit zu einem persönlichen Gespräch mit Verbandsvertretern an.

Phase 3: Nachfassaktivitäten zum Intensivkontakt

Sollten die bisherigen Massnahmen zu keinem Erfolg geführt haben, versucht man, die Kandidaten für eine Informationsveranstaltung zu gewinnen. Solche Einladungen werden in der Regel durch telefonische Nachfassaktionen unterstützt. Falls dies nicht möglich ist, kann ein Nachfassbrief nachgeschoben werden.

Phase 4: Persönliche Beratung zur Mitgliedsgewinnung

Bei Firmenmitgliedschaften braucht es meistens eine persönliche Beratung, weil die Mitgliedschaft etwelche - auch finanzielle - Konsequenzen hat. Es ist nochmals intensiv auf die mit der Mitgliedschaft verbundenen Vorteile hinzuweisen (vgl. nächsten Abschnitt).

Weiter ist das potenzielle Mitglied über das Aufnahmeverfahren ins Bild zu setzen. Dieses umfasst normalerweise folgende Stufen:

a) Ausfüllen des Antragsformulares mit den betrieblichen Daten, Lohnsumme etc.

b) Der Antrag wird im Verband beraten. Je nachdem ist der Vorstand oder die Mitgliederversammlung für den Aufnahmeentscheid zuständig.

c) Eventuell Betriebsbesichtigung beim Mitglied. Dies vor allem dann, wenn der Verband für die Aufnahme gewisse Qualitätskriterien festlegt.

d) Information an das Mitglied über den Antragsentscheid mit eventuellen zusätzlichen Wünschen oder Vorbehalten.

e) Festlegen des Eintrittdatums und Liefern der für das Mitglied erforderlichen Unterlagen, Datensätzen, Handbüchern etc.

Neben dieser persönlichen Ansprache stehen weitere Kommunikationsinstrumente zur Verfügung:

- Inserate
- Broschüren, Selbstdarstellung des Verbandes und seiner Leistungen
- Mailings
- Werbeveranstaltungen (Cocktails, Feierabendgespräche, Frühstücksgespräche etc.)
- Interviews, Gespräche durch neutrale Dritte

In den Werbeschriften und Broschüren sind die Argumente aufzulisten, die für eine Mitgliedschaft sprechen. Hier eine Auswahl von Vorteilen, die Mitgliedern von Gewerbeverbänden zugute kommen:

a) **Finanzielle Vorteile**

- Der Verband erzielt positive Verhandlungsergebnisse im Tarif-, Sozial- und Arbeitsrecht.
- Der Verband führt eine AHV-Ausgleichskasse (Schweiz), die günstigere Verwaltungskosten aufweist als staatliche Kassen.
- Der Verband schliesst Rahmenverträge mit Krankenkassen, Versicherungen und Lieferanten ab.

- Der Verband beschafft öffentliche Fördermittel für die Mitglieder.
- Der Verband bietet Gebührenvorteile für die Mitglieder bei den eigenen Leistungen.
- Der Verband organisiert eine Fachausstellung und gewährt den Mitgliedern spezielle Ausstellerpreise.

b) **Marktvorteile**

- Der Verband zeichnet den Mitgliedsbetrieb durch ein Verbandslogo aus (Qualitätssiegel).
- Der Verband wirbt kollektiv für die Mitglieder (vgl. Abschnitt 8.).
- Der Verband vertritt die Ideen der Mitglieder in der Öffentlichkeit und im politischen Raum (vgl. Abschnitte 5. und 6.).
- Der Verband vertritt die Interessen gegenüber Marktpartnern wie Lieferanten und der öffentlichen Hand (vgl. Abschnitt 7.).

c) **Betriebliche Marketing-Vorteile**

- Der Verband liefert Kalkulationsgrundlagen, Rahmenverträge, die dem einzelnen Mitglied anderweitig nicht zugänglich wären.
- Der Verband produziert branchenspezifische Werbemittel für die Mitgliedsbetriebe.
- Der Verband liefert für die Zielgruppen der Mitglieder Sachbücher und Ordner (z.B. Unterlagen an Architekten über den Gartenbau).
- Der Verband organisiert Erfa-Gruppen.
- Der Verband erstellt Salärstudien über Aussendienstmitarbeiter oder andere spezifische Berufsgruppen in den Mitgliedsunternehmen.
- Der Verband liefert betriebliche Kennzahlen.

d) **Vorteile im Personalbereich**

Qualifizierte Mitarbeiter sind eine Voraussetzung, um im nationalen und internationalen Wettbewerb zu bestehen. Deshalb

- ist der Verband Träger der fachspezifischen Aus- und Weiterbildung;
- organisiert der Verband die Nachwuchswerbung;
- unterhält der Verband Ausbildungsstätten für die Branche;
- beschafft der Verband Arbeitshilfsmittel, Berufskleider usw.

Bei **Personenverbänden** ist es sinnvoll, aus den unter Punkt 4 analysierten Mitgliedsrollen den entstehenden Nutzen für das Mitglied herauszuarbeiten. Selbstverständlich können diese Anreize auch für die Entscheider oder Vertreter in Unternehmensverbänden relevant sein. Die einzelnen Nutzen aus den verschiedenen Mitgliedschaftsrollen sind den potenziellen Mitgliedern möglichst illustrativ zu kommunizieren. Obwohl bei Personenverbänden individuelle Vorteile im Vordergrund stehen mögen, ist nicht zu verkennen, dass auch Kollektivgüter - besonders bei ideologisch geprägten Organisationen - attraktiv für eine Mitgliedschaft sein können. Gruppensolidarität oder Einsatz für ein idealistisches Ziel sind durchaus anzustrebende menschliche Zielvorstellungen. Man beachte auch die Ausführungen, die wir in Kapitel V, 7.6 zum Marketing-Instrument "People" (Anreiz-/Beitragssysteme) gemacht haben.

Generell sollten im Beitragskalkül die Anreize höher bewertet werden als die zu erwartenden Kosten.

7. Die Organisation

Mitglieder-Marketing ist eine zentrale Aufgabe für das Verbands-Management. Grundsatzentscheidungen in diesem Bereich sollten deshalb durch die Führungsorgane getroffen oder zumindest bestätigt werden. Dies nicht zuletzt auch aus dem Grund, weil Führungspersonen eine wichtige Funktion im Rahmen von Mitglieder-Werbeaktionen wahrnehmen sollten.

Im übrigen kommt auch in diesem Fall den hauptamtlichen Mitarbeitern in den Bereichen "Entscheidungsvorbereitung" und "Ausführung" eine wichtige Rolle zu. Neben dem Mitglieder-Marketing sind auch die Mitgliederbetreuung und die Mitgliederadministration eine permanente Aufgabe, für die normalerweise eine spezielle Abteilung zuständig ist. Für grosse Organisationen stehen auch ausgeklügelte EDV-Programme zur Mitgliederbewirtschaftung zur Verfügung.

Je nachdem, ob Mitglieder-Marketing eher als permanente oder punktuelle Aufgabe betrieben wird, ob Aktionen in grösserem Stil oder marginale Aktivitäten abzuwickeln sind, sollte auch die angemessene Organisationsform gewählt werden:

a) **Ressort im Vorstand**

Je nach Verband kann es ausreichen, wenn sich ein Vorstandsmitglied vertiefter mit der Aufgabe befasst.

b) **Mitglieder-Marketing-Kommission**

Bei grösseren Verbänden wird meistens eine Mitglieder-Marketing-Kommission eingesetzt, die sich **permanent** mit Mitgliederfragen befasst. Für die Besetzung der Kommission kommen folgende Personen in Betracht:

- Hauptamtliche Mitarbeiter
- Ehrenamtliche Vorstands-, Kommissions-, Ausschussmitglieder
- Vertreter von Sektionen/Landesverbänden
- Mitglieder (Mund-zu-Mund-Werbung)
- Neutrale Dritte
- Verbandsspezialisten
- PR- und Werbefachleute etc.

c) **Projektgruppe**

Eine Projektgruppe wird für eher **punktuelle** Aktionen eingesetzt. Für die Zusammensetzung gelten analog die Vorschläge für die Mitglieder-Marketing-Kommission.

8. Budget und Kontrolle

Wie bei allen grösseren Aufgaben gilt es auch für das Mitglieder-Marketing, ein entsprechendes Budget zu erstellen. Dabei sind nicht nur die Umsetzungskosten zu berücksichtigen, sondern auch die Planung, die Bereitstellung der Instrumente, Beratungskosten oder Sitzungs-/Taggelder von mitwirkenden Ehrenamtlichen.

Die Mitgliederbewirtschaftung erfordert einiges an finanziellen Mitteln. Das Nachführen und Publizieren von Mitgliederverzeichnissen etc. bringen viel Aufwand mit sich. In der Praxis zeigt sich immer wieder, wie wenig Verständnis die Mitglieder für diese Kosten haben. Denn mit diesen Stand-by-Kosten sind noch keine Leistungen für die Mitglieder erbracht!

Mitgliederbewegungen werden in der Praxis aufmerksam verfolgt. Das Einfordern der Mitgliederbeiträge ergibt jährlich ein Spiegelbild der Mitgliedersituation. Austritte werden meistens erst bei dieser Gelegenheit wahrgenommen.

Abschliessend ist darauf hinzuweisen, dass die Gewinnung neuer Mitglieder eine sehr wichtige Marketing-Aufgabe darstellt. Gleich wichtig aber ist die Pflege der bisherigen Mitglieder. Dieser Bereich wird in Abschnitt 3. "Eigen-Marketing" behandelt.

1.2 Marketing für Milizer

Die "Beschaffung" von Milizern, d.h. ehrenamtlich Tätigen in Führungsgremien, gehört in Vereinen und Verbänden zum Beschaffungsmarketing im Innenbereich, d.h. Mitglieder sind so zu aktivieren, dass sie bereit sind, in der NPO aktiv mitzuarbeiten, sei dies in Ausschüssen oder durch die Übernahme eines Mandates in einem der Führungsgremien. Milizer in Organen müssen durch das oberste Verbandsgremium gewählt werden, was je nach Situation förderlich oder hinderlich sein kann. Eine langfristige sorgfältige Personalplanung für alle Gremien ist empfehlenswert.

Bei nicht-mitgliedschaftlich strukturierten NPO - insbesondere Stiftungen - müssen Milizer ausserhalb des NPO-Systems gesucht und vom Stiftungsrat ernannt werden. Dieses Vorgehen betreiben auch karitative oder andere Drittleistungsorganisationen, die bewusst Stiftungsrats-/Vorstandsmitglieder suchen, die nicht aus dem Bereich der eigenen NPO kommen, um damit nicht vorhandenes fachspezifisches Wissen in die NPO einzubringen (z.B. Rechtsanwalt als juristischer Fachmann der NPO).

Für die Rekrutierung können selektiv die gleichen Instrumente eingesetzt werden wie bei der Mitgliederwerbung. Die Positionierung, das Ansehen der Organisation spielen eine wesentliche Rolle, um solche Ämter als attraktiv erscheinen zu lassen. Weitere Anreize sind die Mitwirkungs- und Mitgestaltungsmöglichkeiten, wobei hochkarätige Milizer eben nicht mit dem Tagesgeschäft belastet, sondern nur für die strategischen Aufgaben, die langfristigen Ziele, die grundsätzliche Steuerung der NPO eingesetzt werden sollten. Dies setzt ein System von Führungsinstrumenten, eine klare Trennung zwischen Miliz- und Profistruktur und damit eine ausgebaute Geschäftsstelle voraus, um das Ehrenamt zu entlasten, für die Entscheidungsvorbereitung fundierte Unterlagen bereitstellen und die Umsetzung der Beschlüsse auf operativer Ebene vollziehen zu können.

1.3 Marketing für freiwillige Helfer

Wie im vorhergehenden Abschnitt dargelegt, werden Milizer, die gewählten ehrenamtlichen Führungskräfte, eher selten auf dem Markt gesucht (mit den genannten Ausnahmen). Anders verhält es sich bei den freiwilligen Helfern, d.h. **ehrenamtlich Tätigen** auf der **ausführenden Stufe**. Diese sind in hohem Masse ausserhalb der NPO zu rekrutieren. Denn: Ohne freiwilliges Engagement vieler Menschen würden heute keine kommunale Selbstverwaltung, keine flächendeckende Brandbekämpfung und kein Rettungswesen, kein Sportverein und kein Selbsthilfeprojekt funktionieren. Es gäbe deutlich weniger Kultur- und Freizeitangebote.

Unter Freiwilligenarbeit versteht man Arbeit im Auftrag einer Organisation (dies in Abgrenzung zur sogenannten Nachbarschaftshilfe) zugunsten Dritter, und zwar ohne Bezahlung oder mit einer Entlohnung, die deutlich geringer ist als eine marktübliche (Weng 2002, S. 25). Die Tätigkeiten werden nebenamtlich, meistens in der Freizeit ausgeübt, wobei es zahlreiche Menschen gibt, deren Einsatz für die NPO fast einer hauptberuflichen Tätigkeit entspricht. Die Finanzierung der Lebenshaltungskosten erfolgt über andere Quellen, z.B. über ein Ruhestandsgehalt. Bei Frauen erschliesst sich nach der Kindererziehung nicht selten ein neues Zeitfenster, das für ehrenamtliche Tätigkeiten eingesetzt werden kann.

Eine sehr grosse Bedeutung hat die Freiwilligenarbeit in den kulturellen NPO (Musik- und Gesangsvereine usw.), den Sport- und Freizeitvereinen und im sozialen Bereich (Behindertenorganisationen, Samaritervereine usw.). Dies zeigen in der Schweiz erhobene Zahlen: 32 % der Männer und 21 % der Frauen sind in der Schweiz in irgend einer Art und Weise freiwillig tätig. Freiwilligenarbeit wird prozentual überdurchschnittlich im mittleren Alter geleistet, zwischen dem 40. und 54. Lebensjahr sind 39 % der Männer und 26 % der Frauen freiwillig engagiert. Nach dem 65. Altersjahr nimmt die Tendenz zur Freiwilligenarbeit generell ab. Wenn man alle möglichen Tätigkeitsfelder für Freiwilligenarbeit zusammen betrachtet, sind Männer stärker beteiligt als Frauen (s. Abb. 94; vgl. Bundesamt für Statistik, Schweizerische Arbeitskräfteerhebung SAKE, BFS, Bern 1997, und Münzel/Rumpf 1998, S. 26). Die Grafik zeigt deutlich den hohen Anteil der Freiwilligenarbeit im Sport- und Kulturbereich. Nach Angaben des Schweizerischen Olympischen Verbandes arbeiten rund 400'000 Menschen freiwillig und meist unentgeltlich in den 27'000 Schweizer Sportvereinen. Immerhin 13 % der Freiwilligen engagieren sich im sozial-karitativen Bereich. Hier soll gegenüber früheren Studien ein leichtes Wachstum feststellbar sein. Im sozial-karitativen Bereich ist der Anteil der Frauen mit 22 % gegenüber 7 % der Männer ausgeprägt höher. Je älter die Freiwilligen sind, desto grösser wird die Wahrscheinlichkeit, dass sie sich im sozial-karitativen Bereich engagieren. Fast ein Drittel der über 65-Jährigen, die Freiwilligenarbeit leisten, tun dies in diesem Sektor. Allerdings sind insgesamt lediglich 17 % der über 65-Jährigen freiwillig tätig. In der Schweiz leisten Freiwillige im sozial-karitativen Bereich durchschnittlich einen Einsatz von 8,4 Stunden pro Woche (Wallimann 1993, S. 22). Diese Zahl liegt über dem gesamteuropäischen Durchschnitt von ca. fünf Stunden pro Woche (Gaskin/Smith/Paulwitz 1996, S. 151). Schnyder (1999, S. 70) berechnet aufgrund der Daten des Schweizerischen Bundesamtes für Statistik den Wert der Freiwilligenarbeit auf 5,5 % des Bruttoinlandproduktes.

Auch für Deutschland sind die Zahlen im Bereich Freiwilligenarbeit beeindruckend. Bundesweit sollen über 22 Millionen Menschen ehrenamtlich tätig sein (BFS Trendinformation 6, 2000, S. 4). In Berlin sind nach Schätzung von Experten über 300'000 Menschen ehrenamtlich tätig, 20'000 wirken allein beim Diakonischen Werk, 18'000 im Deutschen Paritätischen Wohlfahrtsverband, 1'500 im Deutschen Roten Kreuz, 9'250 wirken als Laienrichter, 1'200 beim Technischen Hilfswerk Berlin, 40'000 leisten ehrenamtlichen Einsatz im Landessportbund, davon 9'000 als Trainer und Übungsleiter.

Zur Abrundung noch ein Beispiel aus Österreich. Im Roten Kreuz Österreich arbeiten neben 3'000 hauptamtlich Beschäftigten 37'000 Personen ehrenamtlich (APA Journal Nr. 104, Mai 2000).

Abbildung 94: Tätigkeitsbereiche der Freiwilligen in der Schweiz

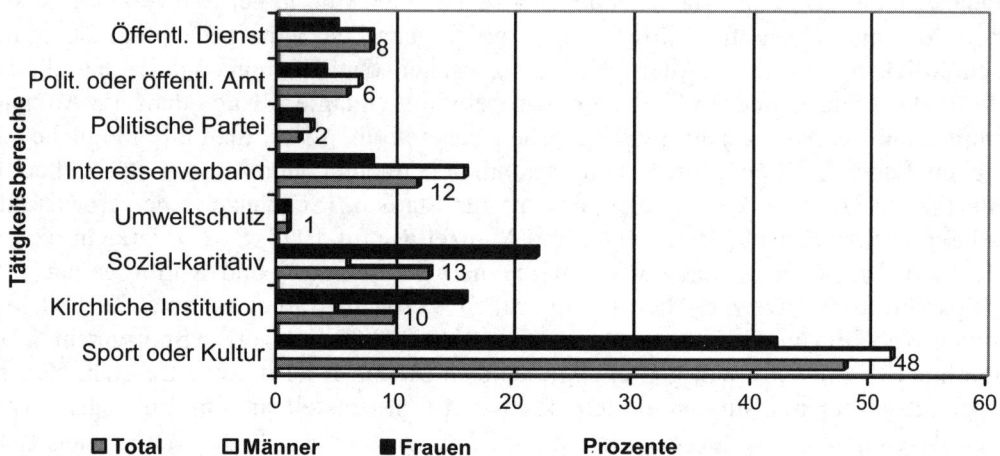

In vielen NPO übersteigt der Wert der Freiwilligenarbeit bei weitem den finanziellen Ertrag aus Fundraising-Aktionen. Da Freiwillige oft über ein grosses Wissen sowie gute Schul- und Berufsbildung (Münzel/Rumpf 1998, S. 27), über Lebenserfahrung, Ideenreichtum und vielfältige Kontakte im lokalen Umfeld verfügen, kommt deren Beschaffung und Pflege (vgl. Kapitel VI, 3. "Internes Marketing") eine sehr grosse Bedeutung zu.

1. Marketing-Information: Beschaffung der erforderlichen Informationen

Es ist Klarheit zu gewinnen über die Anzahl der benötigten Freiwilligen und die möglichen Einsatzbereiche. Es ist sinnvoll, eine Planungsgruppe aus den Vertretern des Vorstandes, der hauptamtlich Mitarbeitenden und bereits aktiven Freiwilligen zu bilden. Es gilt abzuklären, weshalb die Organisation Freiwillige einsetzen möchte und welche Rollen sie in der Organisation übernehmen sollen (vgl. Beispiel SRK, Abb. 95).

Abbildung 95: Analyse der Freiwilligenarbeit im Schweizerischen Roten Kreuzes SRK (NPO-Analyse) (Münzel/Rumpf 1998, S. 37)

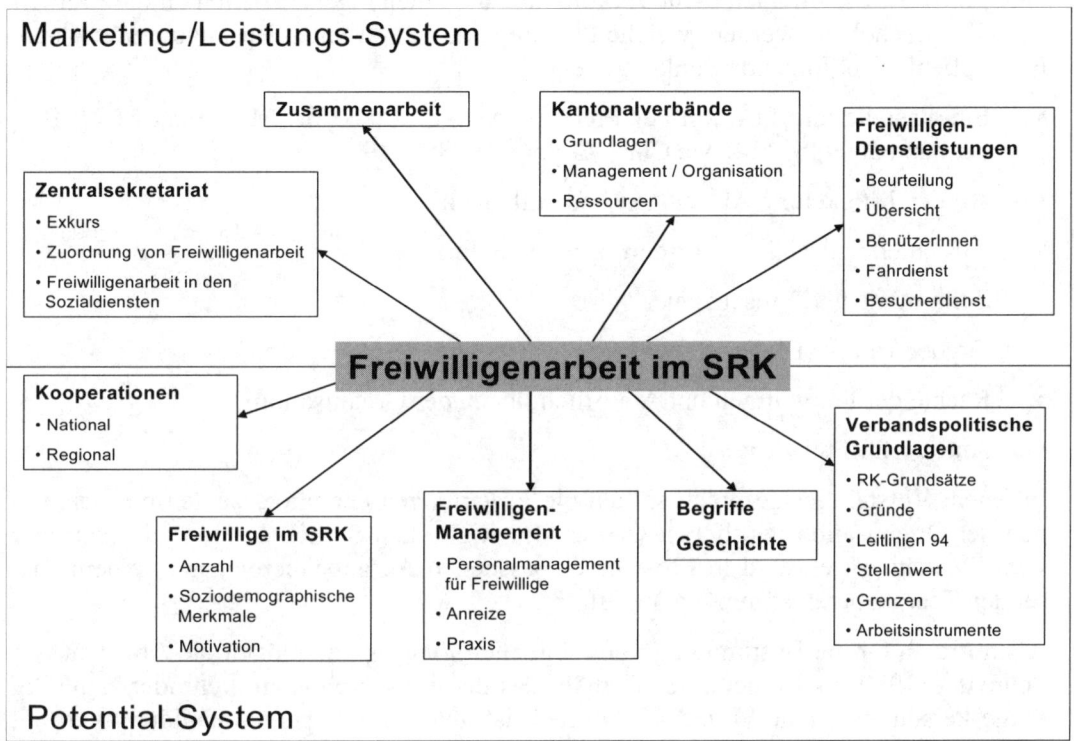

2. Ziele für die Freiwilligenarbeit

Es ist sinnvoll, einige Leitsätze zur Freiwilligenarbeit zu formulieren. Es sollte klargestellt werden (Biedermann 2000, S. 112):

a) welche Arbeiten und Aktivitäten für die Freiwilligen bestimmt sind,

b) ob den Freiwilligen von der Organisation Arbeit zugewiesen wird oder ob sie dazu berechtigt sind, auch neue Projekte einzubringen (werden Freiwillige auch in die Meinungsbildung einbezogen?),

c) ob die Freiwilligen als gleichberechtigte Mitarbeitende anerkannt sind oder ob sie einen Sonderstatus erhalten,

d) wie die Zusammenarbeit zwischen Hauptamtlichen und Freiwilligen geregelt ist.

3. Freiwilligensegmentierung

Freiwillige können in den verschiedensten Bereichen eingesetzt werden. Um für die Interessenten möglichst passende Angebote bereitstellen zu können, müssen die Aufgabenbereiche bestimmt und Stellenbeschreibungen entwickelt werden (Lichtsteiner 1995, S. 103). Es soll auch nicht vorkommen, dass diejenigen Arbeiten an die Freiwilligen "abgeschoben" werden, welche die hauptamtlich Arbeitenden ungern verrichten. Es empfiehlt sich, folgende Punkte zu regeln:

- Einsatzstelle und Position der Freiwilligen (vgl. Punkt 6. "Marketing-Mix"; Biedermann 2000, S. 114; Mc Curley/Lynch 1998, S. 19).
- Art der Tätigkeiten, Aktivitäten und Aufgaben
- Absichten und Ziele, Anforderungen, Kenntnisse
- Zeitumfang und Einsatzdauer
- Ort der Tätigkeit
- Rechte der Freiwilligen und Verpflichtungen der Organisation
- Anreize für Freiwillige

In einem Vorstellungsgespräch sollten die Erwartungen der Interessenten mit denjenigen der Organisation verglichen werden. Im englischen Sprachraum spricht man hier vom "Matching", es wird in Form eines passenden Aufgabenbereiches in einem passenden Team Übereinstimmung angestrebt.

Als hilfreich für die Bestimmung von möglichen Zielgruppen mögen die Angaben von Schnyder (1999, S. 70) sein, der festhält, das die typisch ehrenamtlich oder freiwillig tätige Person zwischen 40 und 45 Jahre alt ist, über eine höhere Ausbildung verfügt, meistens in einem Familienhaushalt mit Kindern lebt und beruflich oder im eigenen Haushalt tätig ist. Dieses Profil trifft sowohl auf Männer wie auch auf Frauen zu.

Interessant sind auch die Resultate einer am VMI durchgeführten Untersuchung über das Profil der freiwilligen Helfer in verschiedenen Hilfswerken in Deutschland, Österreich und der Schweiz (Weng 2002). Die Abbildung 96 zeigt einen Vergleich zwischen Caritas Schweiz und Caritas Österreich. Caritas Schweiz ist es gelungen, jüngere Segmente für die Freiwilligenarbeit zu gewinnen. Diese jüngeren Personen weisen eine schwache Bindung zur Kirche auf, im Gegensatz zu den älteren Personen der Vergleichsgruppe aus Österreich. Die Schweizer Gruppe verfügt über eine höhere Schulbildung als der Deutschschweizer Durchschnitt, etwas über die Hälfte sind Singles, im Gegensatz zu Österreich, wo 83 % verheiratet sind. Die junge Schweizer Gruppe will sich auch nur kurzfristig einsetzen und engagiert sich vornehmlich für mehrtägige Projektarbeiten in der Landwirtschaftshilfe, während die österreichische Gruppe im Schnitt über vier Jahre arbeitet und regelmässig stundenweise in der Alten-/

Abbildung 96: Freiwilligenarbeit: Vergleich Caritas Schweiz/Österreich (Weng 2002)

Caritas Schweiz	Caritas Österreich
▪ Altersmedian: 30 Jahre	▪ Altersmedian: 56 Jahre
▪ Geschlechterverteilung: 51,6 % weiblich 48,4 % männlich	▪ Geschlechterverteilung: 74,6 % weiblich 25,4 % männlich
▪ sehr schwache Bindung zur Kirche	▪ sehr intensive Bindung zur Kirche
▪ höhere Schulbildung als Deutschschweizer Durchschnitt	▪ durchschnittliche Schulbildung im österreichischen Vergleich
▪ 56,5 % Singles	▪ 83,1 % Eheleute
▪ 70,5 % weniger als ein Jahr aktiv, Ø: 1 Jahr und 7 Monate	▪ alle über ein Jahr aktiv. Ø: 4 Jahre und 1 Monat
▪ Hauptaufgaben: 74,2 % mehrtätige Projektarbeit in der Landwirtschaftshilfe	▪ Hauptaufgaben: 70,4 % regelmässig stundenweise in der Alten-, Krankenbetreuung und Seelsorge
▪ Projektengagement: Ø: 1 bis 7 Tage pro Jahr	▪ Projektengagement: Ø: 7 bis 14 Tage pro Jahr
▪ Stundenweises Engagement: Ø: 2,07 Stunden pro Woche	▪ Stundenweises Engagement: Ø: 2,15 Stunden pro Woche
▪ Hauptmotive: private Bereicherung, Freizeitnutzen, Gefühl, nützlich zu sein	▪ Hauptmotive: soziales Verantwortungsbewusstsein, religiöse Überzeugung
▪ Art des Eintritts: 40 % aus eigenem Antrieb, 25 % durch Medien	▪ Art des Eintritts: über 60 % durch direkte Ansprache
▪ Spendenverhalten: 25 % spenden nie, nur 23,3 % spenden regelmässig	▪ Spendenverhalten: 77 % spenden regelmässig, keine Nichtspender

Krankenbetreuung wirkt. Interessant ist auch, dass die österreichische Gruppe ein regelmässiges Spendenverhalten aufweist, während die jungen Menschen in der Schweiz wenig spendefreudig sind. Die Ergebnisse bestätigen unsere Hinweise in Abschnitt "Fundraising", dass junge Menschen eher bereit sind, Zeit statt Geld zu spenden.

Ein neues Segment für die Ansprache im Bereich Freiwilligenarbeit sind Unternehmungen. Der in den USA seit langem praktizierte Ansatz des "Corporate Volunteering" beginnt langsam auch im deutschsprachigen Raum Fuss zu fassen: Firmen stellen Mitarbeitende für einen Teil der Arbeitszeit frei, damit sich diese für das Gemeinwohl engagieren können. Manager bringen in sozialen Einrichtungen ihr **Management-Know-how** zur Geltung. Damit verschiebt sich die Freiwilligenarbeit auch auf die Führungsebene. Auf der andern Seite wird das Bewusstsein der Führungskräfte für die Probleme der Gesellschaft geschärft. In München entstand das Pilotprojekt "Switch", in welchem die Firma Siemens, unterstützt von der Stadt München, Manager zur Weiterbildung in soziale Einrichtungen delegierte. In der Schweiz existiert ein ähnliches Projekt unter dem Namen "Seitenwechsel". Die Förderung des ehrenamtlichen Engagements von Mitarbeitern steht im Kontrast zu der früher vorherrschenden Einstellung, dass sich ehrenamtliches Engagement nicht mit einem harten Job vereinbaren lasse (BFS Trendletter Nr. 6, 2000). Der Ansatz des Corporate Volunteering ist für NPO bestimmt interessant, da die Firmen oft nicht nur Freiwillige, sondern auch noch weitere Ressourcen zur Verfügung stellen.

4. Analyse des Austauschsystems Freiwilligenarbeit

Es ist sinnvoll zu wissen, welche Faktoren Freiwillige dazu motivieren, auf diesen Austauschprozess einzutreten. Badelt (1997, S. 370) nennt folgende mögliche Faktoren:

a) **Tauschkomponente**: Die Freiwilligenarbeit kann direkte Gegenleistungen erbringen, z.B. Lerneffekte, Bildung einer Brücke zur Erwerbsarbeit, Mitwirkungsmöglichkeiten, Einflussgewinnung usw. Unsere Erfahrungen am VMI zeigen, dass insbesondere Wiedereinsteigerinnen nach eins bis zwei Jahren Freiwilligenarbeit und entsprechender Weiterbildung in der Lage sind, sich erfolgreich für hauptamtliche Stellen in NPO zu bewerben.

b) **Eigenwertkomponente**: Die Freiwilligenarbeit kann einen Eigenwert darstellen: soziale Integrationsmöglichkeiten, persönliche Zufriedenheit, Selbstverwirklichung, persönliche Weiterentwicklung, sozialer Status, Mittel gegen Langeweile oder Einsamkeit usw.

c) **Altruistische Komponente**: Viele Menschen möchten ihre Arbeitskraft in einem bestimmten Lebensabschnitt für eine aus ihrer Sicht sinnvolle Tätigkeit einsetzen.

Die hier vorgestellten Motive können in Werbebotschaften eingearbeitet werden.

5. Positionierung der Freiwilligenarbeit

Je klarer die Organisation positioniert ist und je besser sich Interessenten mit der Organisation identifizieren können, desto eher ist es möglich, Freiwillige zu gewinnen. Die zu vergebenden Positionen sollten ebenfalls klar definiert sein, damit sich Kandidatinnen und Kandidaten ein Bild über die zu verrichtenden Tätigkeiten machen können. Weiter ist es sinnvoll, wenn Arbeitsplätze und/oder das Wirkungsfeld eingesehen werden können. Selbstverständlich spielen der erste Eindruck, der Empfang, die Art und Weise, wie der Freiwilligenjob vorgestellt wird usw. eine wichtige Rolle.

6. Der Marketing-Mix

Es braucht ein klar definiertes **Produkt** mit Aufgaben und Verantwortlichkeiten, Stellenbeschreibung usw. Wichtig sind die möglichen **Lernchancen** bei der Tätigkeit, die **Aus- und Weiterbildung**, sei das intern oder extern. Bezahlte Weiterbildungsmöglichkeiten stellen einen guten Motivationsfaktor dar. Auch die laufende Unterstützung, evtl. Supervision und Motivation spielen eine grosse Rolle.

Als spezifische **Anreize** wären etwa zu nennen (Lichtsteiner 1995, S. 201):

- Freiwilligen sollen **Handlungsspielräume** zugestanden werden.
- Freiwillige sollten **selbstverantwortlich** handeln können.
- Freiwilligen sollten **Entwicklungsmöglichkeiten** angeboten werden.
- Freiwillige schätzen wie alle Mitarbeitenden **positive Rückmeldungen** zu ihrem Wirken.
- Die Institution muss für ein **positives Betriebsklima** sorgen, eine entsprechende Betriebskultur rund um die Freiwilligenarbeit entwickeln.

Es ist wichtig auch darauf hinzuweisen, dass sich Freiwillige während ihres Einsatzes ganz bestimmte **Qualifikationen** aneignen können. Münzel/Rumpf (1998, S. 29) nennen:

- **soziale Kompetenzen**, wie Einfühlungsvermögen, Teamfähigkeit oder die Fähigkeit zur Mit- oder Eigenverantwortung;
- leistungsmässige Kompetenzen, wie Belastbarkeit, Prioritäten setzen können, organisatorische Fähigkeiten;
- kreative Kompetenzen, wie eigene Lösungsansätze entwickeln, Initiative ergreifen;
- psycho-soziale Kompetenzen, wie Verhandlungsfähigkeit, Fähigkeit zur Problembearbeitung, Umgang mit (psychischem) Stress.

Für die **Kommunikation** braucht es eine überzeugende Botschaft, und neben Medien wie Kleininseraten, Plakaten, usw. ist der Rückgriff auf informelle Netzwerke sehr wichtig (Biedermann 2000, S. 116). Weiter gibt es Beratungs- und Vermittlungsdienste (Freiwilligen-Agenturen), denen jedoch gutes Werbematerial der NPO zur Verfügung stehen muss. Freiwilligen-Agenturen werden im ganzen deutschsprachigen Raum eingerichtet. Eine der ersten war die Freiwilligen-Agentur Bremen, die als Vordenkerin und Prototyp gilt. Man kann heute die Charakteristik einer Freiwilligen-Agentur wie folgt beschreiben:

a) **Funktion**: Vermittlungsstellen sind Kontaktaufnahmestellen für Freiwillige und für Organisationen; sie beraten, informieren, vermitteln, fördern den Austausch unter den verschiedenen Anbietern und Nachfragern.

b) **Koordinierende und bereichsübergreifende Angebote** für Weiterbildungen: Das Engagement von Freiwilligen soll angeregt und für alle Beteiligten konstruktiv nutzbar gemacht werden.

c) **Institutionenunabhängigkeit:** Die Freiwilligen-Agenturen werden meistens von einer Vielzahl von Organisationen, Institutionen getragen, sollen jedoch ihre Unabhängigkeit bewahren und nicht den Institutionen, sondern den Freiwilligen verpflichtet sein (Janning 1997, S. 35). Grosse Organisationen, wie das Deutsche Rote Kreuz, verfügen über eigene Servicestellen für Freiwillige, die dem Ziel der Gewinnung, Beratung, Information und Dokumentation von Freiwilligen dienen.

Wichtige Kommunikationsinstrumente sind auch das **Vorstellungsgespräch** und die weitere **persönliche Betreuung**, ob in Form eines Patensystems oder in grösseren Organisationen durch Freiwilligenbetreuer.

Finanzielle Anreize in Form von Reiseentschädigungen, Spesenentschädigungen oder ein finanzielles Entgelt in **bescheidenem** Rahmen können ebenfalls Motivationsfaktoren sein.

Eine eigentliche Bezahlung hingegen scheint zu Reaktanz zu führen. Die intrinsische Motivation wird gefährdet, wenn die Freiwilligenarbeit der extrinsischen Kontrolle oder Belohnung unterworfen wird. Finanzielle Anreize im Freiwilligensektor können die Menge an Freiwilligenarbeit reduzieren (Frey/Götte 2003, S. 20). Dies belegen zahlreiche Untersuchungen (Mieg/Wehner 2002, S. 15; Kunz 2004, S. 143).

Auch der **Arbeitsort** kann ein zentrales Argument sein. Lange Anfahrtswege werden meistens nicht sehr geschätzt.

Spezifische Anreize können eine grosse Rolle spielen. (Viele Menschen fahren gerne Auto, deshalb ist es eher leicht, Freiwillige für Chauffeurdienste zu gewinnen. Im Schweizerischen Roten Kreuz beispielsweise wächst der Fahrdienst seit 1970 kontinuierlich und repräsentiert heute den zahlenmässig stärksten Bereich in der Freiwilligenarbeit [Münzel/Rumpf 1998, S. 44]). - Gerade wenn Menschen nicht darauf angewiesen sind, eine Arbeit gegen Entgelt zu verrichten, spielen andere Motivationsfaktoren eine grosse Rolle.

Wichtige Anreize sind auch die Abgabe eines Personalausweises, einer Arbeitsbestätigung mit Arbeitszeugnis (erleichtert beispielsweise den beruflichen Wiedereinstieg) und selbstverständlich ein zeitgemässer Versicherungsschutz.

Selbst **politische Instrumente** könnten wirkungsvoll eingesetzt werden. Wichtige Postulate sind, dass Spesen, die für Freiwilligenarbeit anfallen, von der Steuer abgezogen werden können. In der Schweiz laufen in vielen Kantonen politische Vorstösse in dieser Richtung. In einigen Kantonen werden auch Fach-, Koordinations- oder Vermittlungsstellen für Freiwilligenarbeit unterhalten. (Die erwähnte Organisation "Benevol Zug" jedoch wird durch private Gönner getragen.)

7. Organisation der Freiwilligenarbeit

Prinzipiell sollten Freiwillige wie andere Mitarbeitende in der Organisation eingegliedert sein. Allerdings bedingt die häufige Teilzeitarbeit der Freiwilligen und der andersartige Charakter dieser Arbeit einen grösseren Betreuungsaufwand. In den angelsächsischen Ländern werden deshalb "Volunteer Manager" oder "Volunteer Coordinator" eingesetzt. Mit diesem Freiwilligen-Koordinator soll gewährleistet werden, dass sich die Freiwilligen möglichst gut in die Organisation einfügen. Diese Person könnte auch die Bewerbungsgespräche führen, die Einarbeitung begleiten usw.

8. Budget, Kontrolle und Evaluation

Es ist hervorzuheben, dass auch gänzlich unbezahlte Freiwilligenarbeit für die Organisation nicht kostenlos ist, denn es müssen Arbeitsplätze, Arbeitshilfsmittel etc. bereitgestellt werden. Daneben ist wie erwähnt der Betreuungs- und Koordinationsaufwand eindeutig grösser als bei festangestellten Mitarbeitenden. Viele Teilzeiteinsätze erfordern einen grösseren Koordinations- und Kontrollaufwand, um beispielsweise eine Dienstleistung auf einem bestimmten Qualitätsniveau anbieten zu können. Bei einer grösseren Anzahl von Freiwilligen lohnt es sich deshalb, den erwähnten Freiwilligen-Koordinator einzustellen. All diese Kosten sind zu berücksichtigen.

Arbeitsabläufe sind immer wieder zu evaluieren. Die grundsätzliche Arbeitsteilung zwischen Freiwilligen und Hauptamtlichen ist dauernd zu überprüfen.

2. Fundraising

Fundraising (Mittelbeschaffung) ist für Drittleistungs-NPO ein wichtiges Finanzierungsinstrument. Während sich einzelne Hilfswerke ausschliesslich über Fundraising finanzieren, dürfte diese Finanzierungsart im Schnitt bei den Hilfswerken etwa einen Drittel der verfügbaren Mittel generieren. Dies bestätigt auch die breit angelegte internationale Studie der Johns Hopkins-Universität (Anheier/Toepler 1995).

Falls Fundraising für eine NPO eine wichtige Finanzierungsquelle darstellt, ist es empfehlenswert, ein vom Marketing-Konzept abgeleitetes Fundraising-Konzept zu erarbeiten. Für die Fundraising-Aktionsplanung steht eine aus der operativen Marketing-Planung entwickelte spezifische Planungssequenz zur Verfügung. Wir stellen diese Instrumente im Folgenden vor.

2.1 Das Fundraising-Konzept

Beim Fundraising-Konzept handelt es sich um ein **Marketing-Teilkonzept**, das als mittelfristig gültiger Rahmenplan für sämtliche Fundraising-Aktivitäten wirken soll. Damit wird die Gesamtkoordination der Fundraising-Aktivitäten sichergestellt. Weiter muss gewährleistet sein, dass die Fundraising-Kommunikation mit der Gesamtidentität der Organisation nicht nur übereinstimmt, sondern diese laufend verstärkt.

Die einzelnen Punkte des Fundraising-Konzeptes sind in der Checkliste Abb. 97 enthalten. Wir werden sie einzeln im Folgenden beschreiben.

2.1.1 Analyse der Fundraising-Situation

Fundraising findet nicht im luftleeren Raum statt, es ist deshalb sinnvoll, sich einige Gedanken über die einzelnen Akteure im Fundraising-Austauschprozess zu machen.

a) Situation der Fundraising-Organisationen allgemein

- Fundraising wird in vielen NPO als rein technische Funktion der Mittelbeschaffung betrachtet. Diese isolierte Auffassung manifestiert sich auch in der oft ungenügenden Eingliederung des Fundraising in die Organisationsstruktur.

- Fundraising ist meist nicht Chefsache, obwohl Fundraising-Tätigkeiten das Image der Organisation zentral treffen.

- Vielfach wird Fundraising nicht systematisch geplant, eher herrscht eine aktions-bezogene kurzfristige Denkweise vor.

Abbildung 97: Checkliste: Fundraising-Konzept

1. **Analyse der Fundraising-Situation**

2. **Vorgaben** aus **übergeordneten Führungsinstrumenten** (Leitbild, Politik, Statuten)

   2.1 **Vorgaben** aus dem **Marketing-Konzept**
   - Marketing-Einsatzbereiche
   - Marketing-Prioritäten
   - Positionierung der Gesamtorganisation

   2.2 **Vorgaben** aus dem **Finanzkonzept**
   Rückstellungen für:
   - Programmfinanzierung
   - spezielle Projektfonds
   - Investitionsfonds
   - Permanente Finanzierungsfonds (Dotationsfonds)

3. **Spendenpolitik/Spendenleitsätze**

4. **Positionierung der Organisation** im Bezug auf Fundraising
   - Name
   - verbale Positionierung
   - Mission Statement/zentrale Botschaft
   - Abstimmen mit CI der Gesamtorganisation

5. **Grundsatzziele** und **Schwerpunkte** in den Fundraising-Aktivitäten (Fundraising-Strategie)

Programme	**Mittelbedarf**	**Fundraising-Strategie**
Standartprogramme	....	....
Projektfonds	....	....
Investitionsfonds	....	....
Dotationsfonds	....	....

6. **Vorgaben** und **Beschränkungen** für die **Fundraising-Aktionsplanung**

7. **Organisation** des Fundraising und der **Infrastruktur**
   - Kompetenzen Vorstand/Geschäftsführung/Fundraiser
   - Aufteilung zentrale/regionale Einheiten
   - Vorgaben für Infrastruktur: "In-house"/"Out-of-house"
   - EDV-Struktur und Handling

b) **Situation Spendermarkt**
- Die Spenderinnen und Spender werden emanzipierter, sie möchten wahrheitsgetreu und glaubwürdig informiert werden.
- Die generelle Solidarität zu irgendetwas nimmt ab. Dabeisein ist kein Muss mehr.
- Die Leistungen der NPO und der Hilfswerke werden vermehrt hinterfragt.
- Die Ansprüche an Transparenz sind gestiegen.
- Die Spender nehmen eine NPO gesamtheitlich wahr, machen sich ein Bild über deren wahrnehmbare Tätigkeiten, was wiederum Rückwirkungen auf das Fundraising hat.

Die Spendertreue nimmt ab. Der allgemeine Konsumtrend des "Variety Seeking" ist auch hier feststellbar, es wird spontaner, aus dem Augenblick heraus gespendet, Abwechslung ist gefragt.

c) **Situation Konkurrenzumfeld**
- Es drängen immer neue Fundraising-Organisationen auf den hart umkämpften Spendenmarkt (Deutschland 6 Milliarden EUR, Schweiz 900 Mio. CHF), neben Hilfswerke treten Organisationen, die nicht-karitative Ziele verfolgen, wie Museen, Nostalgie-Eisenbahnen usw.
- Neue internationale, stark marketing-orientierte Hilfswerke verschärfen die Konkurrenzsituation.

d) **Situation des Fundraising-Umfeldes**
- Die öffentliche Hand versucht, Subventionen an Hilfswerke zu kürzen oder zumindest nicht zu erhöhen.
- Die Presse nimmt sich immer häufiger dem Thema "Fundraising" an. Probleme von und in Hilfswerken werden intensiver thematisiert.

e) **Analyse der bisherigen Fundraising-Aktivitäten**

Falls man bereits Fundraising-Aktivitäten betrieben hat, ist es sinnvoll, eine Analyse über die bisherigen Spendenden zu machen. Es ist nicht nur wichtig zu wissen, wie viel die einzelnen Spendergruppen zum Spendenaufkommen der Organisation beitragen, es interessiert auch die Nachhaltigkeit (Beständigkeit und Intensität) des Mittelzuflusses. Die NPO muss danach trachten, keine Verpflichtungen bzw. Belastungen einzugehen, die über den Zeithorizont hinausgehen, für den die Finanzierung gesichert ist. Gerade im Fundraising-Bereich spielt die Sicherheit bzw. Unsicherheit der Zahlungseingänge eine grosse Rolle (vgl. Schauer 1997, S. 12). Auch in diesem Fall lässt sich die uns bekannte Portfolio-Analyse als illustratives Planungsinstrument einsetzen (s. Abb. 98 und 99).

Abbildung 98: Struktur eines Finanz-Portfolio in einer spendenorientierten NPO (Schauer, 1997)

	niedrig	**hoch**
hoch	„Fragezeichen" Hohes Finanzaufkommen für bestimmte Zwecke. Beständigkeit und Kontaktintensität gering.	„Gönner" Beständig hohes Finanzmittelaufkommen und intensive Beziehung zur NPO. Bereit zur aktiven Mithilfe in der NPO.
niedrig	„Ad-hoc-Spender" Niedriges Finanzaufkommen, keine Beständigkeit und Intensität. Jene, die sich nicht mit dem Spendenzweck oder der NPO identifizieren oder einmal jährlich mit einer kleinen Spende ihr Gewissen beruhigen.	„Treue Seelen" Zielgruppen mit hoher Kontaktintensität zur NPO bzw. gleichmässiger Spenden-Beständigkeit. Finanzmittelaufkommen niedrig. Geldspenden werden vielleicht durch aktive Mithilfe kompensiert. (Ehrenamtliche und Freiwillige)

Finanzmittelaufkommen in % des Jahresbudgets (vertikale Achse)

Beständigkeit und Intensität (horizontale Achse)

Abbildung 99: Ist-Finanz-Portfolio (Schauer 1997)

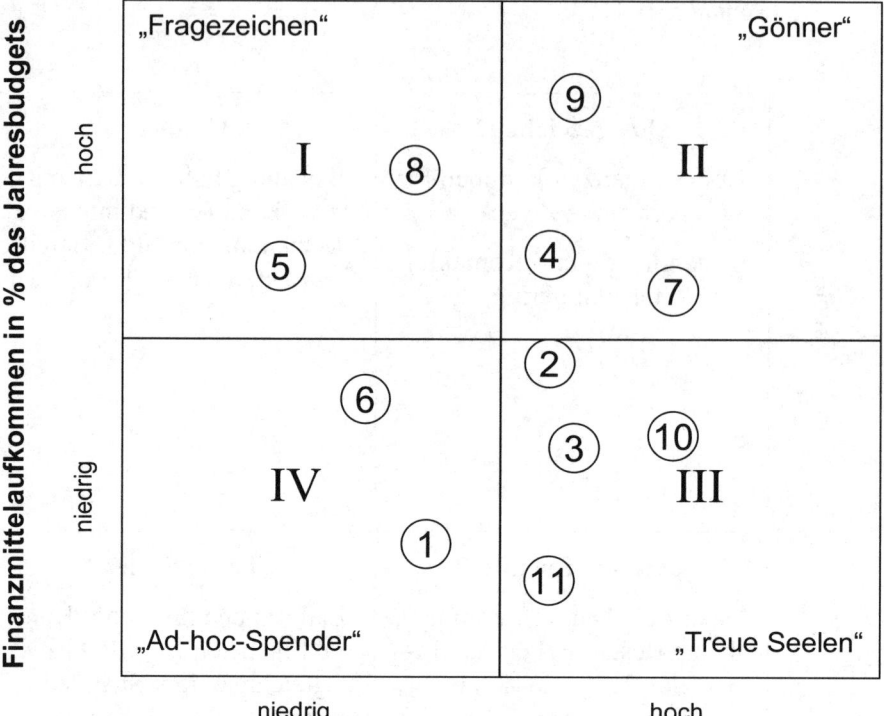

Mögliche Zielgruppen:

Privatpersonen:	1	Anonyme Personen
	2	namentlich bekannte Einzelpersonen
	3	namentlich bekannte Familien
Unternehmen:	4	mit dem NPO-Zweck in Verbindung stehende Unternehmen (z.B. Lieferanten)
	5	Unternehmen ohne Verbindung zum NPO-Zweck
Öffentliche Hand:	6	Bund
	7	Länder
	8	Gemeinden
Andere Organisationen:	9	Vereine
	10	Stiftungen
	11	Schulen

Zur Interpretation von Abbildung 99:

Quadrant I:	Zwar **hohe**, aber **unbeständige** Finanzmittel
Strategie:	- Zielgruppe zu "Verbündeten" der NPO machen
- Aktives Fundraising mit abgestimmten Aktionen
- Versuch, mit der Zielgruppe in einen "Dialog" zu kommen (zu Veranstaltungen einzuladen)
- Motive und Bedürfnisse beobachten
Quadrant II:	**Hohes** Finanzmittelaufkommen, **beständige** Kontakte, Gönner
Strategie:	- Zielgruppe mit aktivem Dialog motivieren
- "Leitfiguren", Organisationen und Personen, die die Werte der NPO mittragen, in Aktionen einbinden
- Eventuell Rekrutierung von "ehrenamtlichen Helfern" möglich
Quadrant III:	**Beständigkeit** und Treue der Zielgruppe, Finanzmittelaufkommen eher **niedrig**
Strategie:	- Durch Ansprechen des starken Interesses an der NPO versuchen, die Spenden zu erhöhen
- Personen für aktive Mithilfe in der NPO bewerben
- Bei Fundraising-Aktionen kann die Gruppe als "Verstärker" eingesetzt werden
Quadrant IV:	**Niedriges** Finanzmittelaufkommen und **hohe Unbeständigkeit**
Strategie:	- Erforschung der Spendermotive dieser Gruppe
- Identifikation durch Information und imagebildende Massnahmen erhöhen

Grundsätzliche Ziele dieser Portfolio-Analyse sind:
- Erfassung der strategischen Positionen der Spendenden
- Wegweiser für strategisches Verhalten gegenüber verschiedenen Zielgruppen
- Zielgruppenorientierte Analyse von beständigen und unbeständigen Finanzmittelaufkommen

In der Abbildung 98 werden die Höhe des Finanzmittelaufkommens sowie die Beständigkeit und Intensität der Beziehung zum Spender dargestellt.

In der Abbildung 99 werden mögliche Zielgruppen vorgestellt, danach deren Finanzpotenziale analysiert und mögliche Beeinflussungsstrategien abgeleitet.

Neben der Analyse der Spendergruppen ist auch der bisher eingesetzte Fundraising-Mix zu analysieren. Welche Instrumente wurden mit welchem Erfolg eingesetzt?

2.1.2 Vorgaben aus übergeordneten Führungsinstrumenten

Wir klären ab, welche für das Fundraising relevanten Vorgaben/Angaben uns die übergeordneten Führungsinstrumente setzen.

1. Wertvorstellungen/Leitbild

Gerade in NPO spielen die Wertvorstellungen der Führungskräfte (Ehrenamt und Hauptamt) eine wesentliche Rolle. Diese Wertvorstellungen können die Haltung zum Fundraising beeinflussen, z.B. keine Kooperation mit Firmen, die im ökologischen Bereich negativ auffallen.

Das oder die obersten Führungsdokumente wie Leitbild/Politik sind in zweifacher Hinsicht wichtig für das Fundraising:

Sie legen **gewisse Vorgaben** für das Fundraising fest. Im Leitbild des Österreichischen Roten Kreuzes steht zum Punkt "Finanzierung" Folgendes: "Der Rotkreuz-Grundsatz der Unabhängigkeit verpflichtet das Österreichische Rote Kreuz auch, seine wirtschaftliche Eigenständigkeit zu bewahren. Dazu trägt in erster Linie die uneigennützige, unentgeltliche Leistung seiner freiwilligen Mitarbeiter als kostbarstes Gut des Österreichischen Roten Kreuzes bei. Darüber hinaus wird diese finanzielle Eigenständigkeit durch leistungsbezogene Entgelte, durch die Beiträge seiner unterstützenden Mitglieder und durch Spenden, um die wir uns immer bemühen müssen, erreicht" (Leitbild Österreichisches Rotes Kreuz 1995, S. 9).

Dieser Auszug zeigt uns, dass im Fundraising des Österreichischen Roten Kreuzes immer wieder darauf hingewiesen wird, dass die Spendenden durch ihre Beiträge die für eine erfolgreiche Arbeit unverzichtbare Unabhängigkeit stützen.

Die **Leitbildinhalte** sind im Fundraising dauernd zu **kommunizieren**. Gerade weil Fundraising-Organisationen oft Anliegen Dritter vertreten, ist es besonders wichtig, dass die Austauschpartner verstehen, welche Gesamtziele die Organisation verfolgt.

2. Marketing-Konzept

Das Marketing-Konzept bezeichnet die wesentlichen Austauschpartner der NPO und hält die Gesamtpositionierung (CI/COOPI) der Organisation fest. Diese ist vom Fundraising zu übernehmen, damit sämtliche Marketing-Aktivitäten vernetzt werden, um eine möglichst "bruchlose" Ausstrahlung (und damit Wahrnehmung der NPO) zu gewährleisten.

Diese Feststellung ist für die Gestaltung und Realisierung des **Fundraising (als Teil des Beschaffungsmarketing)** von entscheidender Bedeutung. Erfolgreich kann Fundraising gemäss dieser ganzheitlichen Konzeption nur dann sein,

a) wenn es sich in ein **übergeordnetes Marketing-Konzept** einfügt, und

b) wenn die übrigen **Marketing-Bereiche** ebenso zu einem **CI-gemässen positiven Sender-Image** beitragen.

Für Sozialinstitutionen mit ihrem quasiöffentlichen Charakter ist dieser Ansatz fundamental wichtig. Denn die gleiche Öffentlichkeit, welche die Leistungen (Output) der NPO wahrnimmt, wird auch als Spendermarkt angesprochen. Jedes Tun und Lassen der NPO schlägt sich in ihrem Image nieder und ist damit Teil ihres akquisitorischen Potenzials auf dem Spendenmarkt. Somit steht eindeutig fest, dass Fundraising-Konzepte und -Aktionen in die gesamte Marketing-Gestaltung integriert werden müssen und nur in intensiver Koordination mit den anderen Marketing-Aktivitäten ihre volle Wirkung entfalten können.

3. Finanzkonzept

Vielfach finden sich im Finanzkonzept direkte Vorgaben für das Fundraising. Beim Österreichischen Roten Kreuz heisst es zum Beispiel: "Förderung einer breiten Spenderbasis (Förderer, Gönner, unterstützende Mitglieder) zur Sicherung der Unabhängigkeit des Roten Kreuzes" (Leitbild Österreichisches Rotes Kreuz 1995, S. 13).

Weil die Fundraising-Erträge nicht genau geplant werden können und eine Kreditfinanzierung nur in Ausnahmefällen opportun ist, arbeiten Fundraising-Institutionen mit verschiedenen Arten von Fonds (Rückstellungen).

Programmfonds: Die Mittel werden für die Finanzierung laufender Programme verwendet.

Spezielle Projektfonds: Für bestimmte Projekte werden spezielle Fonds geäufnet. Diesen Fonds können auch organisatorische Einheiten zugewiesen werden. Es ergibt sich dann eine Art "Product-management-Struktur".

Investitionsfonds: Für langfristig geplante grössere Investitionsvorhaben werden Rückstellungen in sogenannten Investitionsfonds gebildet.

Permanente Finanzierungsfonds: Fundraising-Erträge sind relativ unsicher, sie können grösseren Schwankungen unterworfen sein. Um den "normalen Betrieb" einer Organisation finanziell abzusichern, um Risiken von Schwankungen bei den Erträgen auszugleichen, werden sogenannte permanente Finanzierungs- oder Dotationsfonds eingerichtet.

Die vorgesehene Verwendung der Spendengelder kann Rückwirkungen auf die Fundraising-Methoden haben (es ist zum Beispiel möglich, für ein einzelnes grösseres, jedoch überschaubares Projekt einen Mäzen zu finden), und die Verwendung der Fundraising-Beiträge lässt sich auch im Fundraising-Argumentarium einsetzen.

2.1.3 Spendenpolitik/Spendenleitsätze

Mit der Spendenpolitik (Policy)/den Spendenleitsätzen werden grundsätzliche Vorgaben und Rahmenbedingungen für das Fundraising festgelegt. Es handelt sich im Prinzip um eine Konkretisierung des Leitbildes oder der Vereins-/Verbandspolitik in Bezug auf Fundraising.

Diese Leitsätze sollen zu einer Unité de doctrine im Bereich Fundraising führen. Fundraising ist ein heikles Unterfangen, das Rückwirkungen auf die Gesamtwahrnehmung der Organisation hat. Die immer wieder auftauchenden kritischen Presseberichte zeigen dies. Die Fundraising-Leitsätze sollen zu einem akzeptierten und jederzeit vertretbaren Fundraising führen.

Hier einige Beispiele möglicher Fundraising-Leitsätze (die Beispiele schliessen sich zum Teil gegenseitig aus. Man hat sich für eine Variante zu entscheiden):

- Wir suchen Spenden, um unseren statutarischen Zwecken effektiv und effizient nachzukommen.

- Durch Fundraising-Aktivitäten sollen x Prozent unseres Budgets gedeckt werden.

- Um die Unabhängigkeit der Organisation zu bewahren, finanzieren wir uns nur durch Fundraising-Aktivitäten.

- Um flexibel zu bleiben, versuchen wir, einen Teil der Spenden ohne Zweckbindung zu generieren.

- Für einzelne Projekte suchen wir zweckgebundene Spenden und weisen diese in unserer Rechnung auch aus.

- Spenden, die nicht explizit einem Projekt gewidmet werden, stehen der Organisation im Rahmen des Organisationszweckes zur freien Verfügung.

- Wir überprüfen die Herkunft aller Spenden. Wir behalten uns vor, Spenden zurückzuweisen, wenn das Verhalten der Spendenden (z.B. Firma) nicht mit unseren Zielen zu vereinbaren ist, oder die Unabhängigkeit und Integrität unserer Organisation einschränken könnte oder an irgendwelche, für die Organisation schädigende Bedingungen geknüpft ist.

- Die Organisation und ihre Outsourcing-Partner respektieren alle Datenschutzgesetze des Landes. Namen und Adressen von Mitgliedern und Sympathisanten werden weder an Dritte verkauft, vermietet noch ausgeliehen. Weiter hält sich die Organisation an ethische Vorgaben für das Fundraising, wie sie Branchenorganisationen aufstellen.

- Firmenspenden und Regierungsgelder werden prinzipiell nicht angenommen.

- Firmenspenden und staatliche Gelder sind unter klar festgelegten Bedingungen möglich. Dazu wird eine schriftliche Vereinbarung getroffen, welche die Dauer, die Leistungen, die gegenseitigen Verpflichtungen und die Form der Zusammenarbeit klar festhält.

- Die Organisation legt ihren Finanzhaushalt in Form der Jahresrechnung und des Jahresberichtes offen. Mitglieder, Sympathisanten und Spendende werden informiert, die Rechnung wird auch ins Internet gestellt.

- Ab einem Betrag von CHF 500.— werden Spendende als „Grossspender" betrachtet. Solche Spenden werden prinzipiell verdankt.

- Für das Fundraising werden verschiedene Methoden eingesetzt. Die Sammelmethoden dürfen aber nicht als aufdringlich oder agressiv empfunden werden. Treten berechtigte Klagen auf, wird das Programm verbessert oder sogar gestoppt. Die Fundraising-Kosten sollen in einem vernünftigen Verhältnis zum Fundraising-Ertrag stehen.

- Für Sponsoring-Engagements ist grundsätzlich ein Vorstandsbeschluss erforderlich.

2.1.4 Gesamtpositionierung der Organisation/CI

Die Gesamtpositionierung der Organisation übernehmen wir aus dem Marketing-Konzept. Falls kein solches vorhanden ist, muss die Positionierung im Rahmen des Fundraising-Konzeptes entwickelt werden (über das Vorgehen vgl. Kapitel IV, 5.). Eventuell kann die Positionierung für das Fundraising mit gewissen zusätzlichen Elementen ergänzt werden, denn bei jedem Spendenaufruf soll die Identität der Organisation wahrgenommen werden. Es ist positiv, dass der Positionierungsgedanke auch in die moderne Fundraising-Literatur dringt (Sargeant/Jay 2004, S. 84).

2.1.5 Grundsatzziele und Schwerpunkte in den Fundraising-Aktivitäten (Fundraising-Strategie)

Wir legen für die einzelnen Programme den Mittelbedarf und die vorgesehene Fundraising-Strategie fest.

Dabei ist auch abzuklären, welche **Bereiche aus-** oder **abzubauen** und welche auf dem **heutigen Niveau** zu halten sind.

Programme/Fonds	Mittelbedarf	Fundraising-Strategie
Standardprogramme	....	....
Projektfonds	....	....
Investitionsfonds	....	....
Dotationsfonds	....	....

2.1.6 Vorgaben und Einschränkungen für die Fundraising-Aktionsplanung

Dies sind Vorgaben und Einschränkungen, die für sämtliche Fundraising-Aktionsplanungen Gültigkeit haben. Die einzelne Planungsgruppe (z.B. auch eine Werbeagentur) darf sich über diese "Constraints" nicht hinwegsetzen.

Beispiele:

1. Zewo Kalender berücksichtigen.
   In der Schweiz werden die Sammeldaten der Zewo-Mitglieder (Zentralstelle für Wohlfahrtsunternehmen) in einem "Sammelkalender" koordiniert. Damit wird zu verhindern versucht, dass die Spendenden zu viele Werbebriefe im selben Zeit-abschnitt erhalten. Die von allen Spenderorganisationen gewünschten "guten Termine" (z.B. Zeit vor Weihnachten) werden den einzelnen Werken abwechslungsweise zugeteilt.

2. Kein Sponsoring mit Unternehmungen, die eine zwiespältige Politik mit der Dritten Welt verfolgen.

3. Kein Sponsoring mit Anbietern von suchtgefährdenden Produkten (Zigaretten, Alkohol).

2.1.7 Organisation im Fundraising-Bereich und Infrastruktur

Als grundsätzliche organisatorische Fragen sind die folgenden Punkte zu klären:

1. Kompetenzen zwischen Vorstand/Geschäftsführung und Fundraising-Abteilung

2. Aufteilung des Fundraising zwischen zentralen und regionalen Einheiten

3. Einbau des Fundraising in die Organisationsstruktur

4. Vorgaben für die Infrastruktur: "In-house" oder "Out-of-house"

5. EDV-Struktur und Handling

1. Kompetenzen zwischen Vorstand/Geschäftsführung und Fundraising-Abteilung

Wie bei der organisatorischen Verankerung des Marketing gilt es auch für das Fundraising, eine Aufteilung der Entscheidungskompetenzen zwischen den verschiedenen Organisationseinheiten zu finden (Organe, Stellen). Weil ein Fundraising-Konzept grundsätzliche Entscheidungtatbestände einer Organisation tangiert, wie die Finanzierung, die Kommunikation der CI usw., sind die Milizorgane in den Konzeptentwicklungsprozess einzubeziehen (z.B. Mitarbeit in der Projektgruppe "Fundraising-Konzept"), und der Vorstand muss das ausgearbeitete Fundraising-Konzept genehmigen.

Keinesfalls sollen sich diese Organe mit Einzelheiten der Fundraising-Aktionsplanung (Methodenwahl, Botschaftsinhalte, Schriftarten und Farben etc.) beschäftigen. Dazu verfügen sie weder über die erforderliche Zeit noch in der Regel über fundiertes Knowhow. Diese operativen Entscheide und Tätigkeiten sind eindeutig der Geschäftsführung und der Fundraising-Abteilung zu delegieren, die sie allein oder unter Beizug externer Fachleute wahrnehmen.

2. Aufteilung des Fundraising zwischen zentralen und dezentralen Einheiten

Bei mehrstufigen NPO haben die Milizorgane auf zentraler Ebene über die Gesamtplanungsinstrumente auch verbindliche, **koordinierende Vorgaben für die Gesamt-NPO** festzulegen, an welche sich auch die dezentralen Einheiten zu halten haben. Nur so ist die erforderliche Koordination im Grundsätzlichen zu bewerkstelligen. Dass zusätzlich eine klare Aufgabenteilung bezüglich der Durchführung einzelner Fundraising-Aktionen zwischen Zentrale und Dezentralen bestehen muss, versteht sich wohl von selbst. Auch auf der "Profi"-Ebene ist deshalb eine enge Koordination zwischen zentraler Geschäftsführung und dezentralen Einheiten unerlässlich.

Abbildung 100 zeigt beispielhaft die Möglichkeit der Verteilung der Entscheidungskompetenzen für die im Zielsetzungs-/Planungs- und Kontrollsystem vorgesehenen Planungsinstrumente auf die verschiedenen Organe und Stellen einer **mehrstufigen NPO** mit Zentralorganisation und dezentralen Einheiten (z.B. Landes-/Kantonalverbände). Sie illustriert, welche Entscheide (Genehmigung von Planungsinstrumenten) sinnvollerweise den Milizorganen zugeordnet und von diesen auch "verkraftet" werden können. Im Rahmen dieser Vorgaben bewältigt dann das Profisystem die Fundraising-Aktionsplanung und -Durchführung selbständig, was natürlich entsprechende Fähigkeiten und Kapazitäten voraussetzt.

3. Einbau des Fundraising in die Organisationsstruktur

Aufgrund der bisherigen Ausführungen ist es sinnvoll, das Fundraising dem Marketing zu unterstellen. Die Marketing-Abteilung könnte zum Beispiel aus den drei Unterabteilungen "Zeitschrift", "Fundraising" und "PR" bestehen (s. Abb. 101).

Dies illustriert, dass die Marketing-Abteilungen in NPO Aufgaben in der Beschaffung (Fundraising) und im Leistungsabgabe-Bereich (Zeitschrift) lösen müssen. Gleichzeitig hat die Marketing-Abteilung jedoch auch Stabsfunktionen für diejenigen Abteilungen zu übernehmen, welche die Leistungen der NPO bereitstellen (z.B. Betreuung von Klienten, Führen eines Heimes, Projekte in der Dritten Welt usw.). Man vergleiche hier die Ausführungen im Kapitel "Marketing-Konzept" (Kapitel IV, 7. "Marketing-

Abbildung 100: Fundraising-Organisation in mehrstufigen NPO

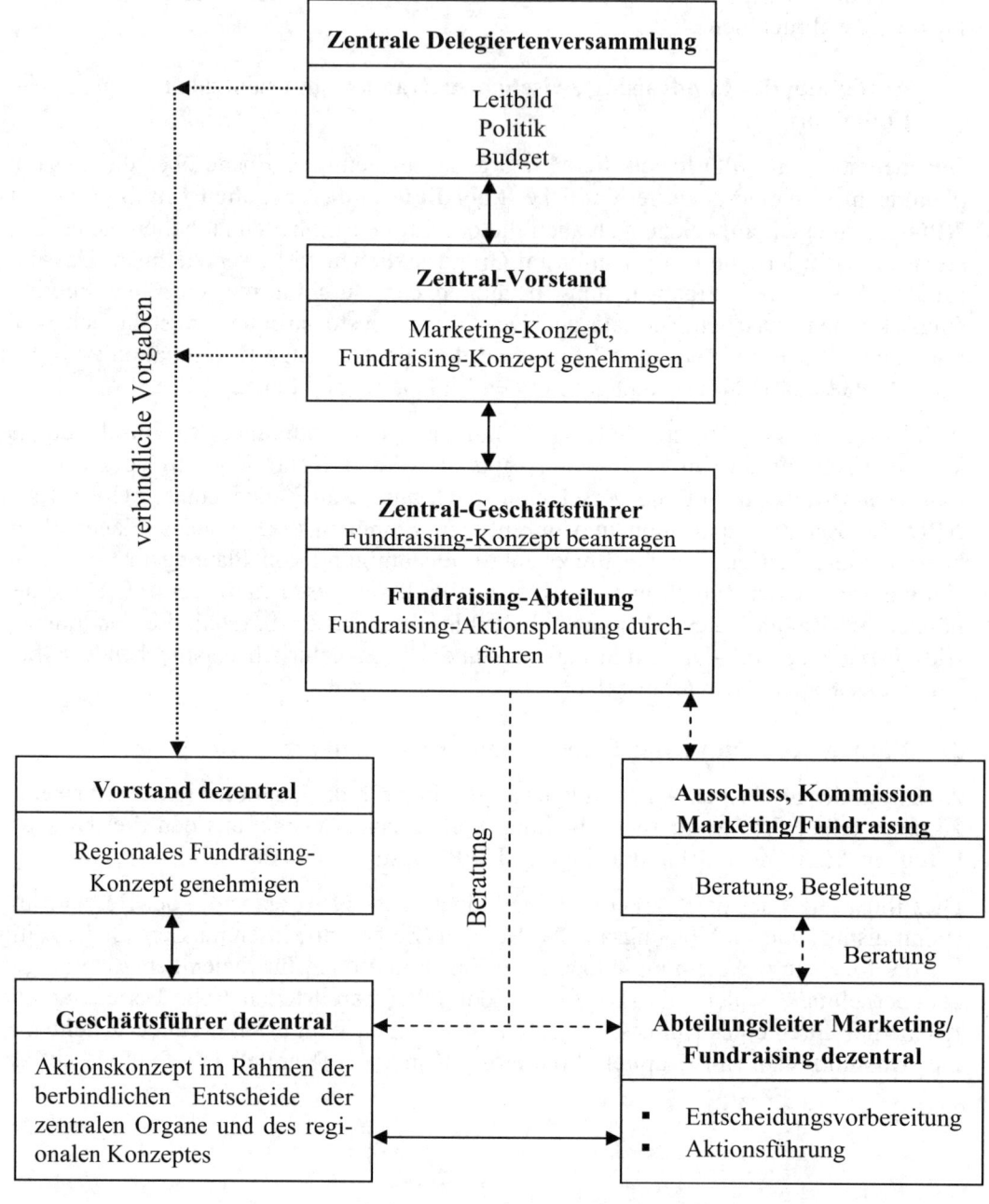

Abbildung 101: Eingliederung des Fundraising in eine Organisationsstruktur

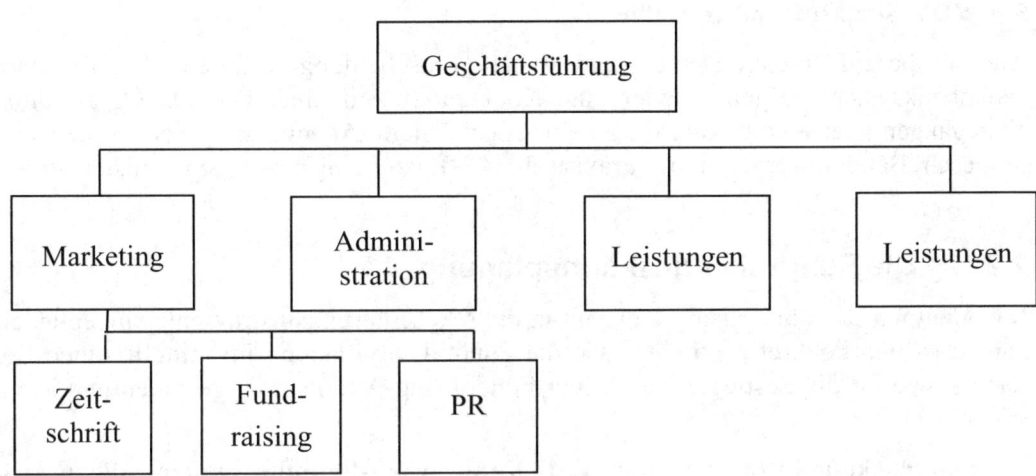

Organisation"). In diesem Sinne wäre es auch möglich, die Marketing-Abteilung (mit Fundraising) als Stabsstelle der Geschäftsleitung auszugestalten. In der Praxis ist in vielen Hilfswerken das Marketing in der Organisationsstruktur noch nicht verankert, die Fundraising-Abteilung ist der Abteilung Administration (insbesondere, wenn das gesamte Fundraising ausgelagert wird) oder der Abteilung Finanzen zugeteilt.

4. Vorgaben für die Infrastruktur "In-house" / "Out-of-house"

Im Fundraising-Konzept ist auch die generelle Entscheidung zu treffen, ob Fundraising in der eigenen Organisation realisiert oder ob diese Aufgabe ganz oder teilweise ausgelagert werden soll. In diesem Bereich existieren in der Praxis alle möglichen Lösungen. Es gibt auch grosse Organisationen, die das gesamte Fundraising an eine Fundraising-Agentur delegiert haben. (Für viele Kleinstorganisationen gibt es fast keine andere Möglichkeit, da es schlicht undenkbar ist, eine eigene Datenbank etc. aufzubauen.) Für die "In-house"-Lösung wie auch für die "Out-of-house"-Lösung gibt es gute Argumente. Die Erfahrungen im VMI zeigen, dass in der Praxis meistens **Teile** der **Fundraising-Aufgaben ausgelagert** werden. Zudem stehen für solche Entscheide nicht nur finanzielle Überlegungen im Vordergrund (es konnte nicht nachgewiesen werden, dass die "Out-of-house"-Lösung billiger wäre), sondern es handelt sich meistens um einen politischen Entscheid. Beispielsweise eignen sich Fundraising-Aktivitäten sehr gut, um Behinderte zu beschäftigen (Versenden von Mailings etc.). Aus diesem Grund werden mit dem Fundraising auch Beschäftigungsprogramme realisiert. Was sicherlich **nicht**

ausgelagert werden sollte, ist die Erarbeitung des **Fundraising-Konzeptes**. Dieses Konzept ist unseres Erachtens gerade eine Voraussetzung, um die Auslagerung von Teilbereichen kompetent steuern zu können.

5. EDV-Struktur und Handling

Auch in diesem Bereich ist die grundsätzliche Entscheidung zu fällen, ob ein eigenes Datenbanksystem aufgebaut oder eine Kooperation mit einer anderen Organisation eingegangen oder ob die Aufgabe an eine spezialisierte Agentur vergeben werden soll. In diesem Bereich werden in der Praxis sehr oft Outsourcing-Lösungen realisiert.

2.2 Die Fundraising-Aktionsplanung

Nachdem wir das Fundraising-Konzept in die NPO-Führungsinstrumente eingegliedert haben, ist nun konkret zu fragen, wie die Fundraising-Planung im mittelfristigen Bereich sowie für die Festlegung einzelner Fundraising-Aktionen zu gestalten und abzuwickeln ist.

Ausgangspunkt und Vorgabe ist die **VMI-Fundraising-Planungssequenz**, die in Analogie zur operativen Marketing-Planung folgende Schritte umfasst:

- Analyse, Informationsbeschaffung
- Fundraising-Ziele
- Fundraising-Segmente
- Charakter, Art der vorgesehenen Austauschprozesse
- Positionierung der Aktion
- Bestimmung des Fundraising-Mix
- Organisation der Aktionen
- Finanzplan und Budget
- Kontrolle, Evaluation

Diesen für die Fundraising-Aktionsplanung generell gültige Raster ist im Sinne einer Checkliste zu verstehen. Die Reihenfolge der Schritte ist nicht zwingend vorgegeben. Es kann vorkommen, dass Entscheide im hinteren Teil des Prozesses Änderungen in vorderen Teilen der Sequenz bedingen (revolvierender Prozess). Wichtig ist, dass alle Punkte durchdacht werden und ein stimmiges Ganzes resultiert. Die einzelnen Elemente/Schritte der Sequenz werden im Folgenden erläutert.

2.2.1 Analyse, Informationsbeschaffung

Für die Fundraising-Planung im mittelfristigen und kürzerfristigen Bereich dürften bereits zahlreiche Informationen und Analysedaten vorliegen, die für die übergeordneten Konzepte (Marketing) und Grundsatzdokumente (Leitbild, NPO-Politik) und das Fundraising-Konzept erarbeitet wurden. Allenfalls fehlende, spezifisch den Spendenmarkt betreffende Daten wären über Markt- und Meinungsforschung etc. zu erheben.

2.2.2 Fundraising-Ziele

Im Rahmen der bereits formulierten übergeordneten Ziele sind herauszuarbeiten:

a) unmittelbare Fundraising-Ziele
- Höhe der zu erzielenden Sammelergebnisse
- Höhe der angestrebten Einzelspende

b) mittelbare Fundraising-Ziele
- Erweiterung der Gönnerbasis
- Bekanntmachung der Ziele der Organisation etc.

c) grundsätzliche Vorgehensweisen ("Strategien"), welche zur Zielerreichung einzuschlagen sind. Dazu gehören etwa:

- die **Marktdurchdringung:**

  Bei gleichen Zielgruppen mit verbesserten Methoden und höherer Frequenz einen grösseren Spendenanteil gewinnen

- die **Markterweiterung:**

  Mit bisherigen Methoden neue Zielgruppen erreichen

- die **Diversifikation**:

  Mit Hilfe neuer Fundraising-Methoden in neue Zielgruppen "eindringen"

2.2.3 Fundraising-Segmentierung

Die Segmentierung verfolgt den Zweck, den Spendenmarkt in möglichst klar definierte Zielgruppen aufzuteilen. Die für die operative Marketing-Planung gemachten Ausführungen über die Segmentierung gelten auch hier. Insbesondere spielt das **Involvement der Zielgruppe** im Fundraising eine grosse Rolle. Gerade in diesem Bereich wird viel zu oft davon ausgegangen, dass die Spendenden generell Interesse an den Anliegen der

Spendenorganisation hätten. Den potenziellen Spendenden wird also ein High-Involvement-Verhalten unterschoben, das in der grossen Mehrzahl der Fälle nicht vorhanden ist. Deshalb ist besonders bei der Ansprache neuer Adressaten eher mit einem Low-Involvement-Verhalten der Zielgruppe zu rechnen, was wiederum Rückwirkungen auf die Gestaltung des Fundraising-Mix hat.

Emberger (1998, S. 136) nennt folgende Faktoren, die das Involvement von Spendenden stark beeinflussen können:

1. Potenzielle und tatsächliche Selbstbetroffenheit

Wenn sich potenzielle Spender vom Fundraising-Thema betroffen fühlen oder entsprechende Erfahrungen im privaten Bereich haben, steigt das Involvement. Bezeichnenderweise wird die Bedeutung der Hilfe für kranke und alte Menschen in weiten Kreisen der Bevölkerung als wertvoller eingeschätzt als die Betreuung von Flüchtlingen.

2. Fremdverschulden

Wenn die Zielgruppe den Zustand einer sozialen Gruppe für selbstverschuldet hält, sinkt das Involvement. Die Hilfe für behinderte Menschen wird positiver beurteilt als jene für Drogenabhängige etc.

3. Regionaler Bezug

Soziale Themen mit regionalem Bezug finden stärkeres Interesse als Geschehnisse, die weit weg liegen. Deshalb unterstreichen international tätige Hilfswerke immer wieder, dass sie auch im eigenen Land wirken (Caritas, Rotes Kreuz).

4. Der konkrete Nutzen einer Massnahme

Konkrete Massnahmen stossen auf ein höheres Involvement (Bau einer Wasserversorgung, Hilfe zur Selbsthilfe vor Ort) als diffuse Anliegen wie "Hilfe für Afrika".

Je besser die Zielgruppe eingegrenzt werden kann, desto gezielter lässt sich auch der Fundraising-Mix gestalten. Interessant ist in diesem Zusammenhang die Aussage von Urselmann (1998, S. 158ff.), dass die Mehrheit der in seiner Studie untersuchten NPO die Präferenzen ihrer Spender überhaupt nicht erforscht und somit über wenig Grundlagen für ein spenderorientiertes Fundraising verfügt. "Offensichtlich hält man die Spenderpräferenzen entweder für irrelevant oder man glaubt, sie auch ohne systematische Erforschung ungefähr einschätzen zu können. Letzteres kann sich gerade für grössere NPO mit Zehntausenden von Spendern als fatal erweisen, da in diesen Fällen wohl kaum von einer homogenen Spendergruppe mit identischen Präferenzen ausgegangen werden kann. Diejenigen Organisationen, die in den Spenderpräferenzen und ihrer Erforschung jedoch eine zentrale Idee des Marketing-Gedankens erkannt hatten, erwiesen sich als signifikant erfolgreicher. Allen Organisationen sei daher empfohlen, die Präferenzen ihrer Spender möglichst detailliert zu erfragen oder auszutesten." Nur so können sie ihr Fundraising erfolgreich auf die Spendenden ausrichten.

Massenaktionen, die sich an die gesamte Bevölkerung richten, sind mit grossen Streuverlusten verbunden, es sei denn, das Sender-Image der Organisation oder das Sammelobjekt habe eine aussergewöhnliche Anziehungskraft (z.B. bei dramatischen Katastrophen wie Erdbeben oder Lawinenniedergängen in den Alpen, die in den Medien grossen Widerhall finden, erfolgen Spenden allein durch Angabe des PC-Kontos).

Ein wichtiges Segmentierungskriterium ist das **Alter der Spendenden**. Jüngere Menschen bevorzugen eher projektorientierte und kurzfristige Formen der sozialen Aktion: Ihr Hilfsengagement ist auf konkrete Problemgruppen in ihrem Erlebnisfeld fixiert. Ältere Gruppen (ab 45 Jahren) neigen eher zur Bindung an gesamtgesellschaftliche Institutionen und zeigen ein auf Lebensdauer angelegtes Bindungsverhalten. Die älteren religions- oder ideologiemotivierten Spendenden bilden auch nach der Studie "Spendenmarkt Schweiz 1994" ein Cluster von Spendern mit grossem Spendevolumen. Ein weiteres Segment sind die Kinder- und Krankenfreunde, die auch gerne auf materielle Gegenleistungen (kleine Geschenke) reagieren (Felber 1995, S. 3).

Im Folgenden sollen einzelne mögliche Segmente kurz beschrieben werden (Fäh 1999):

1. Die öffentliche Hand

Im gesamten deutschsprachigen Raum spielt die Unterstützung von Hilfswerken durch die **öffentliche Hand** eine zentrale Rolle. Für viele NPO ist sie die wichtigste Finanzierungsquelle. Die von ihr bewilligten Gelder beruhen meistens auf einem Gesetz und können in der Regel nicht kurzfristig zugesagt werden. Die öffentliche Hand hält sich auch das Recht vor, die Verwendung der Subventionen zu kontrollieren, heute vielfach im Zusammenhang mit Leistungsaufträgen. Die Beschaffung von Mitteln der öffentlichen Hand ist im Prinzip ein Finanzierungsinstrument, das durch Lobbying-Prozesse aktiviert wird. Meistens werden diese Kontakte auf der Ebene der Geschäftsführung gepflegt, es handelt sich in diesem Sinn nicht um eine klassische Fundraising-Aufgabe.

2. Unternehmungen

Die Spendenfreudigkeit von Unternehmungen wird vielfach krass überschätzt. Grössere Beträge sind meistens nur durch persönliche Beziehungen zu erhalten. Die unter dem Kapitel IV, 7.4.1, Punkt 7. "Preise/Finanzierung" erwähnte Unterstützung durch Produkte ist hingegen recht häufig. Weiter sind auch Ansätze im Social Sponsoring zu verzeichnen. Allerdings ist die Erbringung der Gegenleistung für eine soziale NPO viel schwieriger als beispielsweise im Sportbereich. Vieles, was unter dem Begriff "Sozio-Sponsoring" läuft, ist eher dem Mäzenatentum zuzurechnen.

3. Stiftungen

Stiftungen verwalten das eigene Stiftungsvermögen und verteilen nach bestimmten Richtlinien Gelder. Sie haben vor allem in den Vereinigten Staaten eine sehr grosse Bedeutung für das Fundraising. Auch wenn im deutschsprachigen Raum ihre Bedeutung geringer ist, sind sie doch wichtige Quellen für das Fundraising. Stiftungen sind meistens relativ unbekannt, sie müssen deshalb von Fundraising-Organisationen systematisch aufgespürt und der Kontakt zu ihnen gepflegt werden. Eine gewisse Hilfe bieten Stiftungs-Aufsichtsbehörden, und für einzelne Stiftungszweige gibt es auch Register. Trotz allem bleibt hier eine nicht zu unterschätzende, aufwendige Sucharbeit. Da Stiftungszwecke oft relativ vage formuliert sind, muss genau abgeklärt werden, ob die Vergabe von Geldern an die eigene NPO überhaupt in Frage kommt. Weiter gilt es herauszufinden, wie gross die jährlich zur Verfügung stehenden Mittel sind. Zudem sind die Vergabemodalitäten in Erfahrung zu bringen. Meistens vergeben Stiftungen keine dauernden Unterstützungen. Sie möchten eher klar umrissene, zeitlich befristete Projekte unterstützen. Die Pflege von Kontakten zu Stiftungen gehört in den Bereich des Beziehungs-Marketing auf der Geschäftsleitungsebene, sie kann jedoch durch die Fundraising-Abteilung vorbereitet werden.

4. Einzelpersonen

Die Einzelpersonen sind die mit Abstand **wichtigste Zielgruppe** für das Fundraising. Selbst in den USA, die im Fundraising eine Vorreiterrolle einnehmen, werden 90 % des gesamten Spendeeinkommens von Hilfswerken durch Private generiert. Deshalb wird generell unter Fundraising das Spendensammeln bei Privaten verstanden.

Für die NPO wäre es wertvoll, etwas über die **Spendenmotive** zu wissen. Gute Übersichten finden sich bei Luthe (1997, S. 181ff.), Schneider (1996, S. 90ff.) und bei Cooper (1994, S. 48ff.). Luthe spricht von einem "prosozialen Verhalten", das er auf einem Kontinuum mit zwei Polen darstellt: Der eine Pol wird markiert durch einen minimalen Einsatz an Zeit, Kosten oder Risiko für die eigene Person, der andere Pol markiert einen maximalen persönlichen bzw. materiellen Einsatz. Freiwilligkeit und Nutzen für den Empfänger sind Bestandteile eines jeden prosozialen Verhaltens (Schneider 1996, S. 105). Das Ausmass des persönlichen Engagements ist variabel. Das prosoziale Verhalten enthält immer eigennützige und altruistische Anteile, es fusst auf vielfältigen Bedingungen (s. Abb. 102) wie:

- Werte, Normen, Leitbilder
- Erfahrungen im Bereich des prosozialen Verhaltens
- Umfeldfaktoren
- Persönlichkeitsmerkmale, z.B. die Fähigkeit zur Einfühlung in andere Menschen
- religiöse und politische Präferenzen
- soziodemografische Faktoren wie Alter, Bildung, Einkommen etc.

Abbildung 102: Bedingungen für prosoziales Verhalten (Luthe 1997, S. 188)

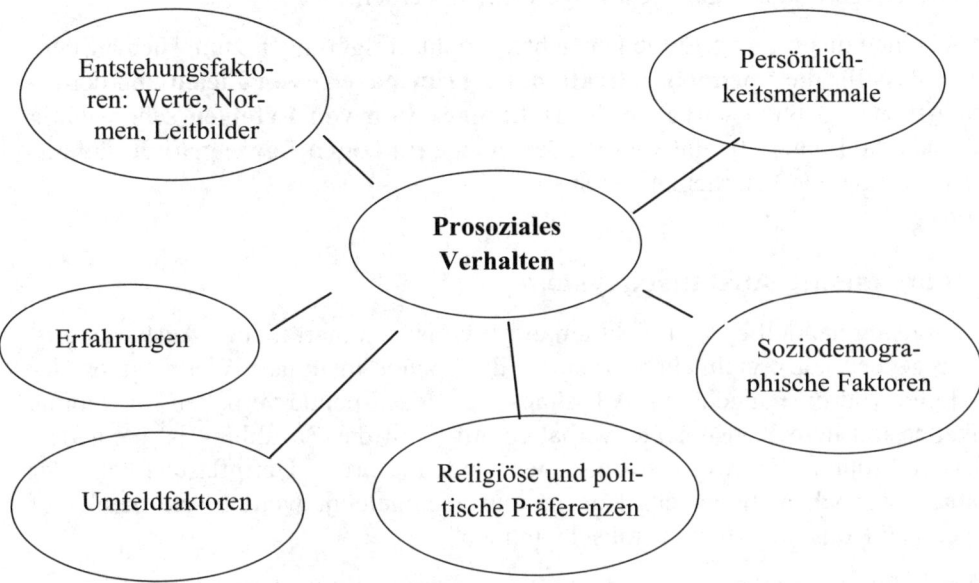

Wichtig sind die von Luthe (1997, S. 190) zu Recht genannten **individuellen Befindlichkeiten**, die das Spendenverhalten beeinflussen:

- Eindeutigkeit bzw. Uneindeutigkeit der Situation: Ist die Spende notwendig?
- Aussichten auf Erfolg bzw. Misserfolg: Sind sinnvolle Hilfeleistungen oder Veränderungen möglich?
- Einschätzung der eigenen Kompetenz bzw. der Bedeutung einer Spende: Kann ich mit meiner Spende etwas ausrichten? Wie kann ich spenden?
- Kognitive und emotionale Dissonanzen: "Man" müsste spenden, aber...
- Ausmass der aktuellen Gesamtbelastung: Stimmung, Konzentration, Zeitdruck. Habe ich gerade jetzt Lust und Zeit zum Spenden?
- Anpassungsdruck: Spenden auch andere?

"Fundgiving" ist ein **komplexes sozialpsychologisches Phänomen**, weder handelt es sich um ein rein eigennütziges, noch ausschliesslich um ein rein altruistisches Verhalten.

Auch Cooper (1994, S. 52) ortet diese zwei Pole "Hilfe" und "Gratifikation". Neben Hilfsmotiven nennt sie auch immaterielle Gratifikationen als wichtige motivationale Faktoren der Spendenden. Mit einer Spende können nicht nur kognitive Dissonanzen reduziert (z.B. Schuldgefühle gegenüber der Dritten Welt), sondern auch das Selbstwertgefühl gesteigert oder sogar Prestige gewonnen werden.

Wichtig scheinen uns die von Luthe gemachten Schlussfolgerungen zum Thema Spendenmotive: dass für die **Spendenmotivation** die **Transparenz von Zielen** und der realisierten Arbeit von NPO wie auch die **Dokumentation** von **Erfolgen** sehr wichtig und dass auch die immer ebenfalls vorhandenen **eigennützigen Beweggründe für das Spenden** durch die NPO zu thematisieren sind.

2.2.4 Fundraising-Austauschsystem

Beim Fundraising handelt es sich nicht um einen typischen marktlichen Austauschprozess (Ware gegen Geld), vielmehr werden für die Spende imaginäre Werte (gutes Gewissen, Helfersyndrom) angeboten. Allerdings weist das Spenderverhalten im Habitus Ähnlichkeiten mit dem Konsumentenverhalten auf ("mit der Bezahlung ist mein Beitrag geleistet"), durch die Abgabe von Gegenständen (Karten, Heftpflaster) kann der Spendenprozess noch mehr an das Konsummuster angelehnt werden und damit auf dem eingeübten Konsumverhalten "mitschwimmen".

Der in der Aktion vorherrschende Typ von Austauschprozess ist genau zu analysieren, und dessen Eigenheiten sind bei der Gestaltung des Fundraising mitzuberücksichtigen.

Als Beispiel eines Austauschprozesses diene die Basler Gassenküche (s. Abb. 103), eine Organisation, die aus christlicher Motivation in einem nicht vereinnahmenden Geist Menschen auf der Gasse Mahlzeiten in einem besonderen Ambiente anbietet. Das sieht so aus: Realprodukt A ist die "tägliche Mahlzeit in ästhetischer Atmosphäre"; der "Gast" von der Gasse wird - im Gegensatz zu seinem sozialen Status - "bedient". Dieses Produkt ist aber Träger für Produkt B: "umfassende Gesundheit für Menschen auf der Gasse." Produkt C ist der ideelle Kern: Die Gassenküche "produziert" "Menschenwürde für Menschen am Rande - in christlicher Tradition". Dieses Realprodukt der NPO Gassenküche wird nun zum gegenläufig wirkenden Idealprodukt D, das im Beschaffungsbereich eingesetzt wird: etwa zum "Gefühl/Wissen der Ressourcenspender, im Sinne liberal-christlicher Verantwortung, Drogenpolitik avantgardistisch mitzubestimmen" (Felber 1995, S. 6).

2.2.5 Positionierung der Fundraising-Aktion

Die Positionierung der NPO im Spendenmarkt übernehmen wir aus dem Fundraising-Konzept. Untersuchungen zeigen immer wieder, dass eine **positive Wahrnehmung**

Abbildung 103: Austauschsystem Basler Gassenküche (Felber 1995, S. 5)

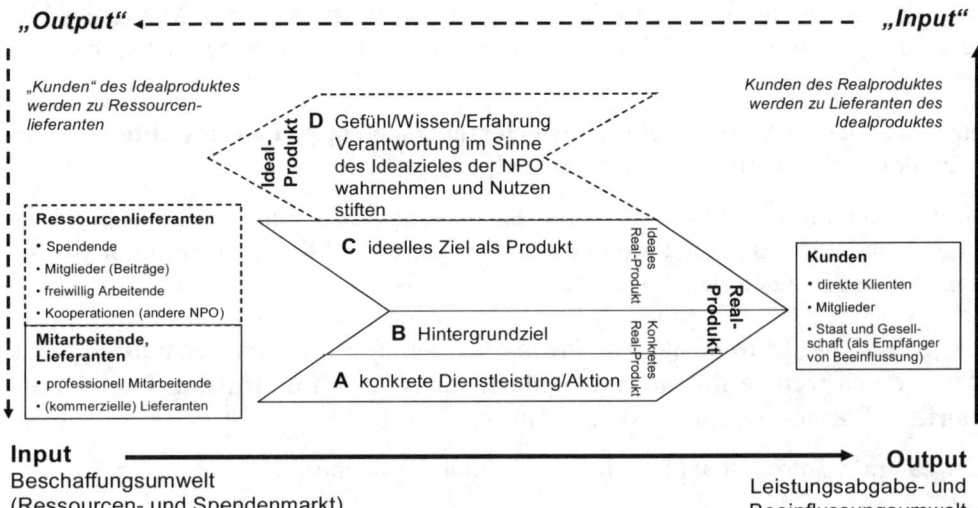

der **Fundraising-Organisation** durch den Spender eine wesentliche Voraussetzung für den Fundraising-Erfolg ist. Spender können in den meisten Fällen das Fundraising-Anliegen nicht objektiv beurteilen. Sie sind auf Ersatz- oder Hilfskriterien angewiesen. Es ist deshalb wichtig, dass die NPO dem Spender positive Identifikationsmöglichkeiten bietet. Auf der Basis eines solchen "Wir-Gefühls" zwischen Spender und Fundraising-Organisation lassen sich langfristig tragfähige Spender-/Gönnerbeziehungen aufbauen. Metzler (1990) bezeichnet den organisatorischen Goodwill als wichtigsten Mechanismus zur Qualitätssicherung des Fundraising-Prozesses aus der Sicht der Spendenden.

Zusätzlich ist auch jede **Fundraising-Aktion** als solche zu **positionieren**. Hier geht es um eine präzis-detaillierte Abgrenzung eines Fundraising-Programmes bzw. einer Fundraising-Aktion gegenüber der Konkurrenz und evtl. weiteren eigenen Fundraising-Programmen (z.B. Patenschaften). Dabei soll das eigene Fundraising:

1. vom Spender als **klares Angebot** wahrgenommen und zugeordnet werden können
2. den erzielten **Erfolg** der Spende (was erreichen wir?) überzeugend darstellen
3. den Spendenden **Identifikationsmöglichkeiten** bieten
4. sich in denkbar vielen Eigenschaften von den anderen Spendenangeboten **unterscheiden** (was nicht immer einfach ist!)
5. mit dem **Image der Organisation** möglichst gut übereinstimmen

2.2.6 Der Fundraising-"Mix"

Der Begriff "Fundraising-Mix" wird in Anlehnung bzw. Analogie zum Marketing-Mix definiert. Mit dem Begriff "Mix" wird ausgedrückt, dass die genannten Fundraising-Instrumente

1. nach Möglichkeit präzise auf die **festgelegten Zielgruppen auszurichten** und gemäss der Positionierung zu gestalten sind;
2. aufeinander **abzustimmen**, zu vernetzen sind, so dass eine harmonische, kompakte "Batterie" eingesetzt werden kann, die unser Aktionsziel in möglichst hohem Ausmasse zu erreichen vermag.

Die klassischen vier Instrumente des (Profit-)Marketing werden im Fundraising modifiziert und durch weitere Instrumente ergänzt, sodass die "**Fundraising-Instrumentenbatterie**" folgendes enthält (s. Abb. 104):

1. Die zentrale Botschaft als Fundraising-Produkt/-Angebot
2. Kommunikationsmittel/Träger/Verstärker
3. Art der Spende
4. Distribution/Kontaktpotenzial
5. Anreiz-Beitrags-Elemente
6. Politische Aktion/Unterstützung

1. Die zentrale Botschaft als Fundraising-Produkt/-Angebot

Ausgangspunkt ist die Frage, was wir dem (anvisierten) Spender anbieten, "geben", damit er seine Leistung in Form einer Spende erbringt. Die zentrale Aufgabe liegt in der Übermittlung einer **Botschaft**, die ihn von Sinn, Notwendigkeit der Spende überzeugt bzw. in ihm ein "gutes Gefühl" beim Spenden für ein wertvolles Anliegen weckt.

Gleichzeitig können wir den Spendenden einen **tangiblen Gegenstand** oder eine **erlebbare Leistung** als Gegenwert anbieten, der ganz unterschiedliche Formen annehmen kann:

a) Man verkauft den Spendenden ein **Produkt** (Kalender) oder legt dem Spendenaufruf einen mehr oder weniger nützlichen Gegenstand bei, z.B. Karten.

b) Die NPO veranstaltet ein **Konzert**, einen **Basar** usw., an dem die Spendenden (gegen Entgelt!) teilnehmen können, wobei die Produktionskosten ihrerseits durch Gratisleistungen Dritter mindestens teilweise gedeckt werden.

Abbildung 104: Die sechs Instrumente der Fundraising-Instrumentenbatterie

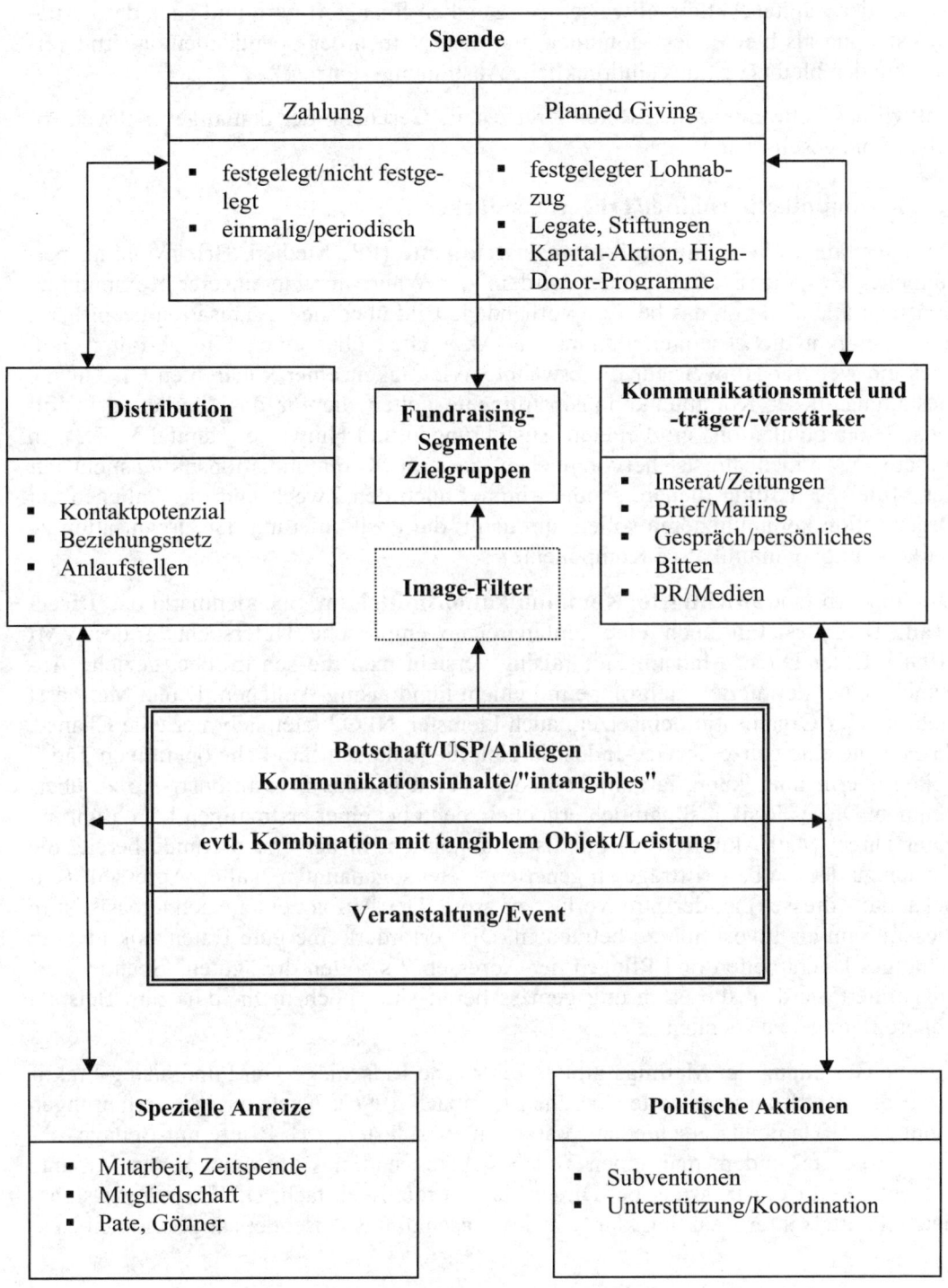

361

c) Die NPO errichtet ein konkretes **Bauwerk** (z.B. Spital), das durch die Teilnehmer an der Kapital-Aktion teilweise oder gänzlich finanziert wird und nach der Fertigstellung als bleibendes Monument mit dem Namen der Spendenden dauernd verbunden bleibt (vgl. das eindrückliche Ausbildungszentrum).

Nottwil des Schweizerischen Roten Kreuzes als Geschenk der damaligen Schweizerischen Bankgesellschaft).

2. Kommunikationsmittel/Träger/Verstärker

Darunter fallen alle **Kommunikationsinstrumente** (PR, Medien, Brief/Mailing, persönliches Gespräch). Der Spender wird in der Wahrnehmung unserer Kommunikationsinstrumente durch das bei ihm vorhandene Bild über die Organisation beeinflusst, d.h. er nimmt die gesamten Fundraising-Aktivitäten über einen "Image-Filter" auf. Dies ein weiterer Hinweis für die erwähnte Wichtigkeit einer kohärenten CI. Für die Gestaltung dieser Kommunikationsinstrumente gelten die für das Marketing-Instrument "Kommunikation" erarbeiteten Ausführungen und Hinweise (Kapitel V, 7.3). In diesem Zusammenhang ist hervorzuheben, dass die Kommunikationsmittel nicht nur der Mittelbeschaffung dienen, sondern immer auch den Zweck und die Anliegen der Organisation kommunizieren sollen, um damit die Positionierung der Organisation zu stärken (autokommunikative Komponente).

Das mit Abstand **wichtigste Kommunikationsmittel** im Spendenmarkt ist **Direct Mail**. Dies bestätigt auch eine umfangreiche empirische Untersuchung des VMI (1996). Unter Direct Mail im Fundraising versteht man die schriftliche, gezielte Ansprache einer definierter Zielgruppe mit einem Fundraising-Anliegen. Direct Mail lässt sich in jeder Organisation einsetzen, auch kleinsten NPO bietet sich hier eine Chance, da es heute eine ganze Service-Industrie gibt, die praktisch sämtliche operativen Tätigkeiten übernehmen kann, ja zum Teil sogar bereit ist, das Investitionsrisiko zu übernehmen. Dieses Risiko ist nämlich erheblich, denn bei einer erstmaligen Durchführung einer Direct Mail-Aktion ist es praktisch unmöglich, in der ersten Runde bereits die Kosten zu decken bzw. Erträge zu generieren. Bei sogenannten "kalten Adressen" (unbekannte Adressen) ist der Streuverlust zu gross. Der Aufbau einer Spenderbasis ist in diesem Sinn als Investition zu betrachten. Dies erfordert eine gute Datenbank und ein ständiges Überarbeiten und Pflegen der Adressen. Es sollen die "guten" Spender herausgefiltert werden, die erfahrungsgemäss bereit sind, noch mehr, d.h. zum Beispiel höhere Beträge, zu spenden.

Für die Gestaltung der Mailings gibt es zahlreiche Ratschläge von Fundraising-Praktikern, die auf Erfahrungswerten beruhen (Haibach 1996). Nach unseren Erfahrungen lohnt es sich, laufend verschiedene Varianten auszutesten, z.B. Briefe mit Beilage, ohne Beilage etc., indem man einen Teil des Adressstammes mit einer neuen Variante bedient. Die Erfolgsmessung bei Direct Mail ist relativ einfach: Die Empfänger signalisieren mittels ihrer Reaktion klar, wie die Botschaft des Absenders angekommen ist.

Öffentlichkeitsarbeit (PR) wirkt als unterstützendes Instrument. Beispiel: Für ein Benefizkonzert werben wir mit Inseraten und Prospekten. Unterstützend organisieren wir eine Pressekonferenz, um über die Medien Goodwill und Teilnehmer zu gewinnen. Für viele Fundraising-Botschaften ist es relativ leicht, Unterstützung durch die Medien zu erhalten. Deshalb erhalten PR im Fundraising-Bereich einen hohen Stellenwert. Weitere Ausführungen erfolgen unter Kapitel VI, 5. (PR als Marketing-Einsatzbe-reich) und unter Kapitel V, 7.3.3 (Kommunikationsinstrumente).

3. Art der Spende

Alle bisherigen Massnahmen/Instrumente zielen darauf ab, möglichst viele Spendende zu möglichst ergiebigen Spenden zu motivieren. Dabei können wir auch die **Spendenzahlung** "vorstrukturieren", z.B. mittels vorgedrucktem Betrag auf dem Einzahlungsschein. Hier lohnt es sich, zwei Einzahlungsscheine beizulegen, den einen vorgedruckt mit einer Spendenempfehlung, den anderen ohne Vordruck. Damit sind die Spendenden frei, eventuell einen höheren oder auch einen tieferen Betrag einzusetzen. Wir signalisieren damit auch ganz klar, dass wir den Spender nicht bevormunden möchten. Wenn sich Menschen unter Druck gesetzt fühlen, reagieren sie eher ablehnend. Die Spendensituation ist in dieser Beziehung besonders heikel. Eventuell ist es möglich, die Spende periodisch zu fixieren: Die Spendenden sind beispielsweise bereit, mittels Lastschriftverfahren pro Monat einen gewissen Betrag automatisch ab ihrem Konto abbuchen zu lassen. Auch relativ kleine Beträge werden durch den Faktor 12 zu erheblichen Summen.

Das **Planned Giving** betrachten wir als spezifische Spendenform, die vertraglich festgelegte Zahlungsversprechen zu bewirken versucht, z.B. festgelegte Lohnabzüge pro Monat, Legate, einmalige Kapital-Aktionen für definierte Projekte.

Bei den **Kapital-Aktionen** erfreut sich die folgende Variante steigender Beliebtheit: Die Spendenden stellen der NPO einen grösseren Kapitalbetrag zur Verfügung und beziehen im Gegenzug zu Lebzeiten die jährlich anfallenden Zinsen. Im Todesfall steht dann das Kapital dem Hilfswerk zur Verfügung.

Die **Legate** sind vom Ertrag her gesehen das wichtigste Fundraising-Instrument nach dem Direct Mail (VMI-Studie1996). Legate verzeichnen die grössten Wachstumsraten, in der Schweiz sind es bereits 15 % der gesamten Spendeneinnahmen. Trotzdem werden in der Schweiz erst 0,75 % der vererbten Vermögen in Legate umgesetzt (Fäh/Notter 2000, S. 13). Dieses noch kaum genutzte Potenzial ist auf eine Nachkriegsgeneration zurückzuführen, die grössere Vermögenswerte erwerben konnte und die heute durchaus bereit ist, Vergabungen an Organisationen mit ideellen Zwecksetzungen zu machen. Insbesondere Personen ohne Nachkommen können so bestimmen, was mit ihrem Nachlass geschieht. Die Aussicht, dass der Staat Alleinerbe wird, ist nicht allzu verlockend. Interessant ist auch die Tatsache, dass die Menschen im Durchschnitt ihr Testament fünf bis sieben Jahre vor dem Tod erstellen, d.h. Testamente werden in relativ kurzer Zeit nach der Erstellung vollstreckt. Im Gegensatz zum angelsächsischen Sprachraum ist das Thema "Legate" im deutschsprachigen Raum viel stärker mit einem Tabu behaftet. Diese Sicht beginnt sich langsam zu wandeln, und heute bietet eine Vielzahl von Nonprofit-Organisationen Unterlagen für die Erstellung eines Testamentes an oder stellen den Anwälten/Notaren Unterlagen für die Beratung ihrer Klienten zur Verfügung.

4. Distribution/Kontaktpotenzial

Dazu gehören alle Massnahmen im Sinne der Organisation und Durchführung von Tauschprozessen. Wir verstehen darunter die Träger/Ausführenden von Kommunikationsmassnahmen (z.B. Freiwillige als Spendensammler) oder dezentrale Anlaufstellen (für Auskünfte, für Bereitstellung und Abgabe von "Leistungen", für Spendeneinzahlungen z.B. auf regionale Konti, den Aufbau von Beziehungsnetzen usw.).

5. Anreiz-/Beitragselemente

a) **Zielgruppen:**
Anreize wenden wir bereits bei der direkten Gestaltung unseres Austauschprozesses ("Produkt" und Gegenleistung) an. Wir können aber auch zusätzliche, generelle Anreize schaffen, welche den beabsichtigten Austauschprozess fördern. Beispiel: Wir bieten bestimmten Zielgruppen eine besondere Beziehung beispielsweise zu unserer Karitativorganisation an (z.B. als freiwillige Mitarbeiter, Mitglieder, Ehrenmitglieder, Paten usw.). Diese Beziehung ist "enger", tragfähiger als eine gewöhnliche Spenderbeziehung, sie kann (und wird) sich positiv auf das Spenderverhalten dieser Personen auswirken.

b) **Mitarbeitende**:
Urselmann (1998, S. 194) weist auf die Wichtigkeit der Motivation der eigenen Mitarbeiter und Mitarbeiterinnen hin. Ohne persönliche Identifikation der Mitarbeitenden mit den Zielen der Organisation und den Fundraising-Anliegen lassen sich keine dauerhaften Fundraising-Erfolge erzielen.

6. Politische Aktion/Unterstützung

In vielen Fällen kann es nützlich oder gar unerlässlich sein, auf dem "Umweg" über das politische System (Behörden, Politiker) Unterstützung für Fundraising-Aktionen im weitesten Sinne zu gewinnen. Das können Start- oder Teilsubventionen sein, Empfehlungsschreiben eines Bundesamtes ("Gütesiegel") oder Empfehlungen von Politikern (Opinion-Leaders, Zugpferde, Vorbilder).

Weiter gehören zu diesen Instrumenten Lobbying-Aktionen, um beispielsweise die Übertragung von vom Staat wahrgenommenen Aufgaben an Hilfswerke (z.B. Flüchtlingsbetreuung) zu bewirken - selbstverständlich mit den entsprechenden Budgetmitteln (vgl. Kapitel VI, 6. "Lobbying").

2.2.7 Organisation der Aktion

Hier geht es um die organisatorischen Belange der einzelnen Aktion. Stimmt die Infrastruktur? Verfügen wir über Datenbank, notwendiges Adressmaterial etc.? Wie werden Anfragen beantwortet? Wie wird mit Beschwerden umgegangen? Urselmann (1998, S. 236) plädiert für ein professionelles Beschwerde-Management, denn die Auseinandersetzung mit unzufriedenen Spendenden stellt für jede NPO eine besondere Herausforderung dar. Oft werden Spendende, deren Beschwerden kompetent bearbeitet werden, zu treuen Förderern.

2.2.8 Fundraising-Finanzplan und -Budget

Wie in jedem Aufgabenbereich der NPO sind auch die Fundraising-Aktivitäten in ihren finanziellen Auswirkungen zu planen und zu budgetieren. Damit Plan und Budget zu einem vollwertigen Führungs- und Kontrollinstrument werden, dürfte sich eine möglichst präzise Kostenerfassung aufdrängen. Nicht nur die Drittkosten, sondern ebenso der betriebsinterne Arbeitsaufwand sind für die Planung entscheidungsrelevant, sowohl kostenmässig wie von der eingeplanten Kapazitätsbindung her. Den Werken obliegt hier eine grosse Selbstverantwortung. Unsere Erfahrungen am VMI zeigen immer wieder, dass Kostenvergleiche zwischen einzelnen Werken leicht zu falschen Schlussfolgerungen führen, denn die Fundraising-Unkosten hängen sehr stark von den Fundraising-Themen ab. Der Fundraising-Aufwand für die Krebsprophylaxe ist beispielsweise wesentlich geringer als jener für die Flüchtlingshilfe, weil die Spendenbereitschaft für das erstgenannte Anliegen viel grösser ist. Deshalb wäre es unfair, den Aufwand für die Mittelbeschaffung für solche grundverschiedenen Anliegen zu vergleichen, wie das etwa in den Medien geschieht.

2.2.9 Fundraising-Kontrolle, Evaluation

Zweifellos wäre die "beste" aller Kontrollen immer eine Ergebnis- und damit eine Zielerreichungskontrolle. Wo diese aber schwierig ist bzw. zu negativen Resultaten führt ("Ziel nicht erreicht"), müssen auch andere Kontrollinformationen erhoben werden, z.B. durch:

1. **Prozesskontrolle/-evaluation**: Bereits während einer Aktion, insbesondere aber nach deren Abschluss, ist die gesamte Abwicklung zu analysieren, um allfällige

2. Schwachstellen sichtbar zu machen, welche den Aktionserfolg beeinträchtigen. Bei der Produktion von Werbemitteln können Pretests hilfreich sein.
3. **Kostenkontrolle**, welche einen permanenten Budgetvergleich ermöglicht und damit Erfahrungswerte für spätere Aktionen liefert.
4. **Wirkungs-Evaluation**. Diese ist dann - meist mit beträchtlichem Aufwand - vorzunehmen, wenn ein Erfolg bzw. ein Misserfolg hinterfragt wird, also Gründe für die (positive bzw. negative) Wirkung von Botschaften oder Produktkombinationen eruiert werden sollen.

Die hier aufgezeigte Fundraising-Planungssequenz betrachten wir als verbindliche Checkliste bzw. einen heuristischen Vorgehensraster, dessen Systematik zwar keine Erfolgsgarantie abgeben, jedoch einen effizienten Weg zum Erfolg im Fundraising-Bereich weisen kann.

Selbstverständlich gibt es über die einzelnen Planungsschritte, insbesondere die Ausgestaltung der Fundraising-Instrumente, noch wesentlich mehr zu sagen. Es hat sich in diesem Bereich eine Menge, in der Praxis erprobtes Wissen angesammelt, dessen Vermittlung den Rahmen dieses Buches sprengen würde, zumal Fundraising nur für einen Teil der NPO überhaupt von Bedeutung ist. Deshalb wollen wir es hier bei diesen grundsätzlichen Ausführungen bewenden lassen. - Es sei auf die spezifischen Lehrgänge des VMI oder der Deutschen Fundraising-Akademie verwiesen.

3. Eigen-Marketing

Unter dem Begriff "**Eigen-Marketing**" subsumieren wir die Marketing-Aktivitäten im Innenbereich.

Das **Interne Marketing** soll die Marketing- und Dienstleistungs-Orientierung bei den Mitarbeitenden und den Milizern bewirken. Weiter sind auch zufriedene Mitglieder laufend zu "pflegen". Weil NPO komplex aufgebaute Dienstleistungsorganisationen sind, braucht es einen **Marketing-Transfer** in alle Glieder dieser Organisationen. Weiter zählen wir zum Eigen-Marketing das Erstellen von **Koordinationsleistungen**, indem die Verbandszentrale die Koordination gewisser Tätigkeiten und Aufgaben bei Mitgliedsbetrieben übernimmt.

3.1 Internes Marketing in NPO

In Kapitel I haben wir unter Abschnitt 2.2.1 (Übertragung des Marketing auf weitere organisationsinterne und -externe Austauschbeziehungen in NPO und PO) das Interne Marketing vorgestellt: Internes Marketing ist die bewusste Verhaltensbeeinflussung der Mitarbeitenden einer Organisation, um deren Dienstleistungskompetenz zu erhöhen. Wir halten weiter im Kapitel "Dienstleistungsmarketing" (Kapitel VI, 4.) fest, dass der

Dienstleistungsvermittler eine zentrale Figur im Dienstleistungserstellungsprozess darstellt. Der Dienstleistungsvermittler wird zum Marketing-Instrument (People). Er hat unter anderen die Integrativität des Dienstleistungsnehmers zu fördern. Weil im Dienstleistungsprozess die Produktion und die Vermarktung des Angebotes zusammenfallen, ist der Dienstleistungsvermittler ein wesentliches Element des Produktionsprozesses, er ist Bestandteil des Marketing und muss deshalb auf seine Aufgabe vorbereitet und dauernd weitergebildet werden.

Der NPO-Dienstleistungsvermittler muss sehr stark mit den Problemen der Austauschpartner (z.B. der Mitglieder) vertraut sein, deshalb muss sich das Interne Marketing mit dem Beziehungsdreieck Organisation/Mitarbeitende/Zielgruppen befassen, da nur eine Gesamtoptik zu einer nachhaltigen Veränderung im Bewusstsein und im Verhalten der Mitarbeitenden und damit zu einer qualitativen Verbesserung der Leistungen führen kann (s. Abb. 105).

Weiter ist darauf hinzuweisen, dass sich in NPO das Interne Marketing nicht nur auf fest angestellte Mitarbeitende, sondern auch auf Milizer und freiwillige Helfer beziehen muss.

Während im Profit-Bereich eine stetige Entwicklung zum Thema "Internes Marketing" festzustellen ist, hat sich im Nonprofit-Bereich praktisch niemand mit dieser Frage befasst. Auf der Grundlage der Monographie von Schönig (2001) zum Internen Marketing definieren wir Internes Marketing in der NPO folgendermassen:

Internes Marketing in NPO versteht sich als die zur Optimierung der Austauschbeziehungen und Zielerreichung der NPO abzielende systematische Förderung von service- und marketingorientiertem Verhalten der für die NPO tätigen Mitarbeitenden, Milizer und freiwilligen Helfer und die Schaffung entsprechender organisatorischer Rahmenbedingungen.

3.1.1 Verhaltensziele des Internen Marketing in NPO

Um längerfristig erfolgreich zu sein, muss die NPO die Beziehungen zu ihren Austauschpartnern optimieren. Dies dürfte deren Zufriedenheit steigern und damit die Bindung an die NPO fördern. Allerdings ist hier auf eine Vielzahl von durchgeführten Studien im Profit-Bereich hinzuweisen, die zeigen, dass zwischen Kundenzufriedenheit und Kundenloyalität keine schlüssige Beziehung besteht. Ein Grund kann das Streben nach Abwechslung, "Variety Seeking", sein, denn Abwechslung ist auch ein Kundenbedürfnis. Im NPO-Bereich dürften die Verhältnisse anders liegen, denn die Mitgliedschaft in einem Verband oder die Beziehung eines Klienten zu einer NPO sind meistens stabil und von längerer Dauer. Zufriedenheit mit den Leistungen der Organisation ist hier bestimmt ein Mittel zur Bindung an die Organisation. Meistens stehen den Austauschpartnern auch nicht derart viele attraktive Alternativen wie im Profit-Bereich zur Verfügung.

Abbildung 105: Beziehungsdreieck im Internen Marketing (Schönig 2001, S. 115)

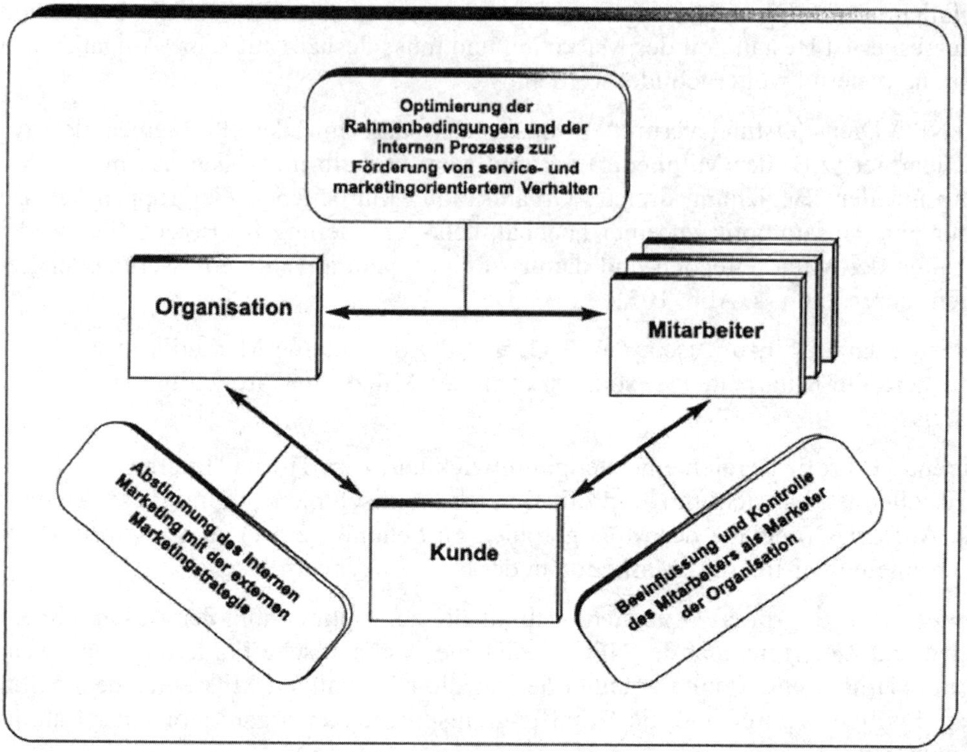

Dieses grundsätzliche Ziel des Internen Marketing soll durch ein service- und marketing-orientiertes Verhalten der Mitarbeitenden erreicht werden (s. Abb. 106). Deshalb sind die Beziehungen zwischen NPO und Mitarbeitenden sowie die Beziehungen der Mitarbeitenden mit den Austauschpartnern aktiv zu "managen". Mitarbeitende müssen informiert und motiviert sein und über die organisatorischen Voraussetzungen verfügen, damit sie die Rollen als Marketer und qualitätsorientierte Dienstleister erfüllen können. Aus dieser Sicht lassen sich Verhaltensziele für Mitarbeitende ableiten.

1. **Marketing-orientiertes Mitarbeiterverhalten**

Um die gewünschte Marketing-Orientierung in einer NPO zu erreichen, muss die Marketing-Idee durch sämtliche Mitarbeitenden getragen werden. Dies erfordert eine bewusste Identifikation der Mitarbeitenden mit den Zielen und Leistungen der Organisation. Mitarbeitende haben permanent folgende Rollen zu übernehmen (Schönig 2001, S. 126f.):

Abbildung 106: Zielsystem des Internen Marketing in NPO (Schönig 2001, S. 123)

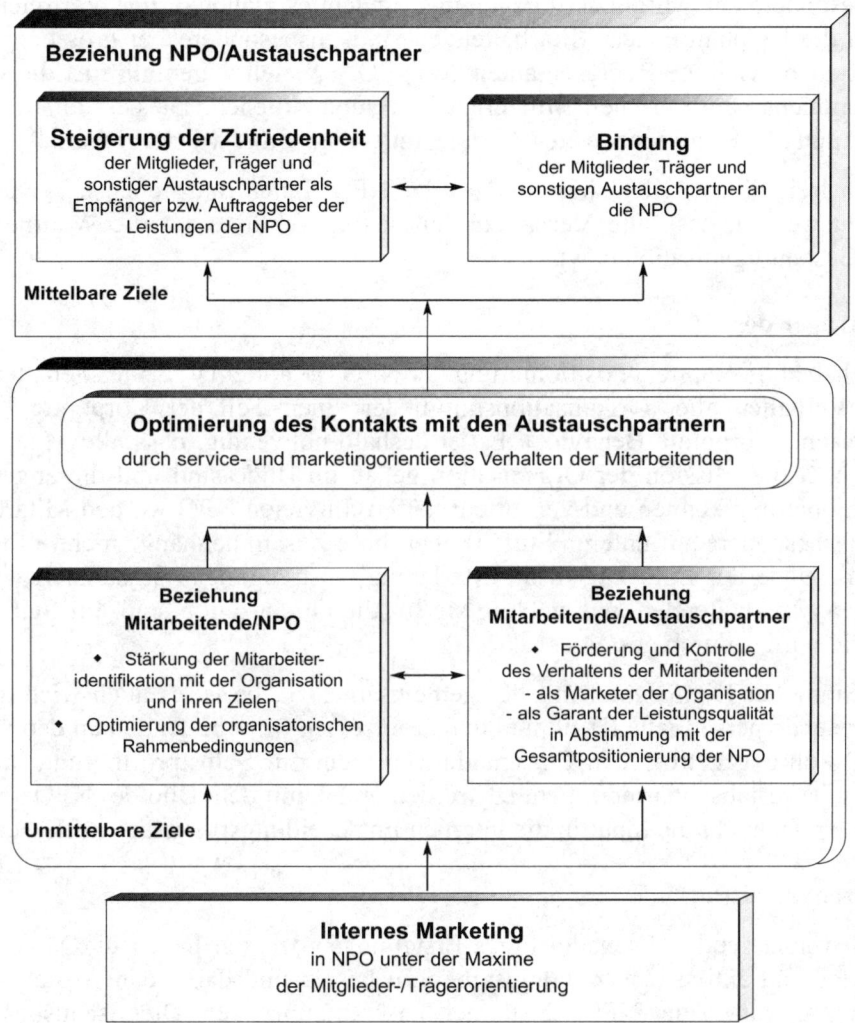

a) **Repräsentant der Organisation**

Alle Mitarbeitenden sind Repräsentanten der NPO. Dies trifft im speziellen Mass für die Führung, d.h. das ganze Milizsystem zu. Sie bildet gegen aussen die oberste Vertretung der NPO, und ihr Verhalten wird dementsprechend wahrgenommen. Insbesondere den Mitgliedern gegenüber braucht es glaubwürdige Vertreter. Aber auch die hauptamtlichen Mitarbeitenden sind, insbesondere bei grösseren Organisationen, wichtige Repräsentanten der NPO. Speziell augenfällig ist die Art der Zusammenarbeit zwischen Milizern und Hauptamtlichen. Dies ist an Hauptversammlungen, Konferenzen etc. für die Umgebung sofort wahrnehmbar.

Auch freiwillige Helfer sind ein Teil der NPO. Ihnen muss ebenso bewusst gemacht werden, dass ihre Verhaltensweisen Rückschlüsse auf die Wahrnehmung der Gesamtorganisation bewirken.

b) **Mitträger der CI**

Wir haben im Kapitel "Positionierung der NPO" (Kapitel IV, 5.) festgehalten, dass das Verhalten aller Organisationsmitglieder einen Teil der Corporate Identity ausmacht (Corporate Behavior). Es ist deshalb notwendig, dass alle Mitarbeitenden über die Mission der Organisation genau im Bilde sind und die angestrebte Positionierung kennen und vermitteln helfen. In vielen NPO werden Mitarbeitende (insbesondere auf unteren Stufen) über diese Zusammenhänge nicht informiert. Aber gerade der Einbezug in die Marketing-Anstrengungen signalisiert den einzelnen Mitarbeitenden, wie wichtig sie für die Organisation sind. Ihr Selbstwertgefühl wird dadurch gesteigert.

Im Sinne der Konformität mit der gemeinsamen Sache ist es auch wichtig, dass auftretende persönliche Kritikpunkte der einzelnen Mitarbeitenden an den von der NPO-Führung getroffenen Entscheidungen nicht zur Selbstprofilierung im Kontakt mit Austauschpartnern genutzt werden und damit dem Bild der NPO schaden, sondern vielmehr als Input in die internen Entscheidungsprozesse einfliessen.

c) **Nutzenvermittler**

In den ablaufenden Dienstleistungs-Erstellungsprozessen haben die Mitarbeitenden laufend aktive Überzeugungsarbeit zu leisten und dabei den Austauschpartnern den Nutzen der NPO-Leistungen zu kommunizieren. Dies ist insbesondere bei der Vermittlung des Nutzens von Kollektivgütern äusserst wichtig, weil die Mitglieder diesen nicht immer unmittelbar wahrnehmen können (vgl. Kapitel VI, 6. "Lobbying").

d) **"Marktforscher" und "Zufriedenheitsmesser"**

Alle Mitarbeitenden sollten in ihrer Funktion als Marketer für die NPO den direkten Kontakt zu Austauschpartnern zur Informationsgewinnung nutzen. Weil diese Kontakte in den NPO im Durchschnitt viel intensiver und längerfristig ausgelegt sind als gewöhnliche Kundenkontakte, bietet sich hier eine besonders gute Chance, Informa-tionen zu gewinnen. Dies betrifft nicht nur die Zufriedenheit über das aktuelle Leistungsprogramm, sondern auch Informationen über mögliche Verbesserungsvorschläge sowie weitere Wünsche und Bedürfnisse der Austauschpartner. Dieses Verhalten muss aktiv gefördert werden, um den in NPO vorkommenden Bürokratietendenzen entgegenzuwirken.

2. Dienstleistungsorientiertes Mitarbeiterverhalten

Um Dienstleistungen i.e.S. erfolgreich erbringen zu können, braucht es eine Service Awareness, eine Dienstbereitschaft oder ein Gefühl für Dienstleistungsorientierung bei den Mitarbeitenden. Dies beinhaltet einen Perspektivenwechsel: Die Problemsituation ist aus der Sicht des Austauschpartners (Mitglieder, Klienten) zu erkennen und zu verstehen und nicht aus der Sicht des Anbieters. Wie die Forschungsarbeiten zur Dienstleistungsqualität (vgl. Zeithaml/Parasuraman/Berry 1990) zeigen, sind aus der Sicht der Austauschpartner folgende Verhaltenskriterien wichtig:

a) **Reliability**: Zuverlässigkeit wird bei Kontakten mit Austauschpartnern als wichtigstes Kriterium angesehen. Werden die zugesagten Termine eingehalten, die Versprechungen über die Dienstleistungsbereitschaft, über den Interaktionsprozess oder über das Ergebnis einer Dienstleistung, welche im Rahmen der Positionierung der NPO oder in der Kommunikation des Marketing-Mix gemacht wurden, tatsächlich auch eingelöst?

b) **Responsiveness**: Hier geht es um die Reaktionsfähigkeit, gekoppelt mit erkennbarer und erlebbarer Hilfsbereitschaft. Wie lange dauert es, bis eine Anfrage beantwortet wird? Erhält der Anfrager sofort eine Kurzantwort, wenn beispielsweise die Abklärungen aus bestimmten Gründen länger dauern? Wird tatsächlich auf Kundenanfragen konkret eingegangen, oder werden diese einfach abgewimmelt? Wird der Anfrager durch mehrmaliges Verbinden am Telefon mürbe gemacht?

c) **Assurance**: Sachkompetenz ist ein wesentlicher Pfeiler der Dienstleistungsqualität. Damit wird auch Vertrauen vermittelt. Das gesamte Auftreten, die Fähigkeit, präzise und verständliche Informationen weiterzugeben, eine rasche Problemerfassung und das Entwickeln von kundengerechten Lösungen wie auch die persönliche Ausstrahlung tragen zur Bildung von Vertrauen bei.

d) **Empathy**: Das Einfühlungsvermögen und das spürbare persönliche Engagement des Dienstleistungsvermittlers sind ein weiterer Verhaltensaspekt, der zur positiven Wahrnehmung einer Dienstleistung beiträgt. Hier kommt der erwähnte Perspektivenwechsel zum Tragen. Der Dienstleistungsvermittler stellt sich auf die Persönlichkeit des Austauschpartners ein, versucht, dessen Eigenarten, Wünsche und Verhaltensweisen zu verstehen und sich danach zu richten. Klienten und Mitglieder von NPO fühlen sich wichtig und ernst genommen und spüren eine Art "Heimat" in der Beziehung zur NPO.

3.1.2 Einflussfaktoren zum Verhalten der Mitarbeitenden

Um bei den Mitarbeitenden das erwünschte dienstleistungsorientierte Verhalten zu bewirken, versucht man, diese gezielt zu beeinflussen. Ebenso wichtig ist jedoch das Schaffen von entsprechenden Rahmenbedingungen, weil die Mitarbeitenden zahlreichen organisationsexternen wie -internen Einflüssen ausgesetzt sind.

Die verschiedenen Einflüsse lösen beim Mitarbeitenden kognitive Prozesse aus, die zu einem bestimmten Verhalten führen, das wiederum gruppendynamische Prozesse auslöst oder durch Gruppeneinflüsse weiter modifiziert wird. Verschiedene Autoren (z.B. Schmitz-Simonis 2001, S. 6) haben vier wesentliche Einflussfaktoren herausgearbeitet, die das Mitarbeiterverhalten prägen (s. Abb. 107):

1. das individuelle Können
2. das persönliche Wollen
3. das soziale Dürfen
4. die organisatorischen Rahmenbedingungen

1. Individuelles Können

Eine Grundvoraussetzung für eine optimale Leistungserstellung ist das individuelle Können der Mitarbeitenden. Dies muss bereits bei der Rekrutierung beachtet werden. Zudem müssen Mitarbeitende durch Aus- und Weiterbildung einen genügenden Ausbildungsstand halten können.

Besondere Aufmerksamkeit ist hier den Milizern zu schenken. Diese sind auf die Übernahme ihres Amtes vorzubereiten und mit entsprechenden Unterlagen zu versorgen. Als gutes Beispiel sei die Funktionärsakademie der Wirtschaftskammern in Österreich genannt. Dort werden die Milizer (in Österreich: Funktionäre) systematisch aus- und weitergebildet. - Ähnliches gilt für freiwillige Helfer, die neben dem guten Willen auch ein genügendes professionelles Know-how mitbringen müssen (vgl. Kapitel VI, 1.3).

2. Persönliches Wollen

Der Wille zur Identifikation mit den erwünschten Rollen und zur Umsetzung des gewünschten Verhaltens hängt von persönlichen Eigenschaften und den intrinsischen Motivationsfaktoren ab. Förderlich sind zudem transparente Methoden der Anerkennung durch Vorgesetzte und Kollegen sowie eventuell auch finanzielle Anreize.

Abbildung 107: Einflussfaktoren zum Mitarbeiterverhalten (Schönig 2001, S- 132)

3. Soziales Dürfen

Dienstbereitschaft und marketing-orientiertes Verhalten erfordern eine entsprechende Organisationskultur, die dieses Verhalten aktiv fördert und unterstützt. Auf der formalen Seite müssen deshalb alle Führungspapiere, die strategische Positionierung und sämtliche für den operativen Bereich nötigen Richtlinien und Vorschriften auf die Förderung des marketing-orientierten Verhaltens ausgelegt sein. Diese formalen Grundlagen bleiben aber wirkungslos, wenn sich die Mitarbeitenden nicht mit den darin festgelegten Werten identifizieren. Es ist deshalb wichtig, dass die Mitarbeitenden mit den entsprechenden Dokumenten vertraut gemacht werden und sie die Chance erhalten, gewünschte Verhaltensweisen zu diskutieren und auch einzuüben. Damit sollen die unter den Mitarbeitenden ablaufenden gruppendynamischen Prozesse angeregt und auch die Selbstorganisation als Mittel zur Förderung der Service- und Marketing-Orientierung eingesetzt werden.

4. Organisatorische Rahmenbedingungen

Das angestrebte marketing-orientierte Verhalten kann nur erreicht werden, wenn die organisatorischen Rahmenbedingungen stimmen. Die Mitarbeitenden brauchen die entsprechende Infrastruktur wie auch die notwendigen Kompetenzen und einen gewissen Ermessensspielraum, um rasch und kundengerecht agieren zu können.

3.1.3 Wirkungskomponenten des Internen Marketing

In diesem Abschnitt sollen die Wirkungskomponenten des Internen Marketing vorgestellt werden, d.h. mögliche Einflussfaktoren, die zu einem marketing-orientierten Verhalten der Mitarbeitenden führen. Im Prinzip handelt es sich um die Verwendung bekannter Instrumente im Personal- und Kommunikationsbereich. Weil alle Mitarbeitenden betroffen sind, sollen diese Massnahmen im Rahmen der Geschäftsleitung festgelegt werden.

Es stehen **drei Wirkungskomponenten** im Vordergrund:

1. Servicekultur/interne Kommunikation
2. Organisationsstruktur/Prozessstruktur
3. Personalebene: Personalgewinnung und -ausbildung, -motivation und -entwicklung

1. Servicekultur/interne Kommunikation

Um die angestrebte Servicekultur zu erreichen und den Mitarbeitenden zu ermöglichen, aktiv als Marketer zu wirken, sind diese mit den entsprechenden Informationen zu versorgen. **Marketing-relevante Schlüsselinformationen** sind in geeigneter Form an alle Mitarbeitenden weiterzugeben. Es geht hier um Informationen wie das Grundverständnis der NPO (z.B. Leitbilder), die aktuelle Leistungspalette und erreichte Erfolge, aber auch um wesentliche verbandspolitische Entscheide (z.B. Tarifabschlüsse), welche beispielsweise über Marketing-Meetings oder interne Informationsbulletins verbreitet werden können. Neue Mitarbeitende sollten in der Einführungsphase auf den aktuellen Informationsstand gebracht werden. Bei grösseren Verbänden ist dafür zu sorgen, dass die interne Information auch über die einzelne Abteilung ("Abteilungsdenken") hinausgeht. Eine ausführliche Information über die Mitglieder- und Kundenerwartungen ist eine wesentliche Grundlage, um eine Perspektivenübernahme zu gewährleisten, d.h. dass die Mitarbeitenden lernen, Leistungen aus Kundensicht zu beurteilen (Bruhn/Murmann 1999, S. 295).

Zudem sollen die Mitarbeitenden auch aktiv auf Schlüsselinformationen zurückgreifen können. Insbesondere sollte bei wichtigen getroffenen Entscheiden, die beispielsweise die Mitglieder interessieren, für alle Mitarbeitenden ein Argumentarium abrufbar sein, damit sie alle sinnvoll mit den Austauschpartnern kommunizieren können.

Mitarbeitende "an der Front" haben Gelegenheit, **aktuelle Informationen** wahrzunehmen, aber auch **Anregungen** und **Kritik** von Mitgliedern und Kunden aufzunehmen. Mindestens ebenso wichtig wie die "Top-down"-Information ist die "Bottom-up"-Information. Es ist zu gewährleisten, dass eingehende Informationen gesammelt und an die entsprechenden zuständigen Stellen weitergeleitet werden. Wenn sich die Mitarbeitenden über die Wertschätzung ihrer Informationen bewusst werden, verstärkt sich dieser Prozess automatisch.

In der Praxis fällt vielfach auf, dass sich die internen Kommunikationsmedien in den Verbänden **wenig attraktiv** präsentieren. Man könnte sie mit Amtsblättern verwechseln. Auch für diese Medien müssten unbedingt die gleichen Gestaltungsregeln wie für die externe Kommunikation gelten.

Für grössere Verbände mit einer erheblichen Schnittstellenproblematik zwischen dezentralen und zentralen Einheiten, mit einem komplexen strukturellen Aufbau, vielen Kommissionen und hohen Anforderungen bezüglich interner Koordinations- und Kommunikationsleistungen bietet der Einsatz der neuen Digitaltechnologien eine wirksame Entlastung. Die verschiedenen Anwendungen wie Intranet-Foren, Intranet-Seiten, E-Mail lassen neben Zugriffs- und Einsatzmöglichkeiten sowie hoher Ablaufgeschwindigkeit auch eine marketing-gerechte Gestaltung zu und bieten insbesondere im NPO-Bereich eine sinnvolle Ergänzung zu den herkömmlichen Methoden. Allerdings ist der damit verbundene Investitions- und Schulungsaufwand nicht zu unterschätzen. Die Praxis zeigt, dass Verbände diese Mittel sinnvoll und bedarfsgerecht einzusetzen beginnen (Schönig 2001, S. 194).

NPO generieren nicht nur Dienstleistungen i.e.S. (vgl. Kapitel VI, 4.), sondern auch eine Vielzahl von **schlüssigen** und **nicht-schlüssigen Leistungen** für das **gesamte Mitgliederkollektiv** (s. Abb. 108). Die Leistungserstellung für solche Angebote erfordert einen speziellen Einsatz aller Mitarbeitenden auf der kommunikativen Ebene.

Die Produktion von Dienstleistungen i.e.S. wird laufend kommunikativ begleitet (vgl. Kapitel VI, 4.2) und durch die Nachfragenden gesteuert (Preisfinanzierung). Schlüssige und nicht-schlüssige Leistungen, die sich an das gesamte Mitgliederkollektiv wenden, werden durch entsprechende Mitgliederaufträge gesteuert. Damit werden diese auch pauschal über Mitgliederbeiträge finanziert, was dem Mitglied eine entsprechende Kosten-/Nutzenrechnung verunmöglicht. Das Mitglied kann nur die Gesamtleistung des Verbandes in Bezug zu den geleisteten Beiträgen setzen, weil bei den Leistungen für das Mitgliederkollektiv die Integrativität als Charakteristikum der Dienstleistung wegfällt, das Mitglied nicht an der Erstellung der Leistung mitwirkt und sich sein Interesse dafür in Grenzen hält. Der Bezug der Leistung (z.B. Mitgliederzeitschrift) sagt nichts aus über die Attraktivität der Leistung oder die Zufriedenheit bei den Mitgliedern, diese erhalten die Zeitschrift ohnehin gratis zugestellt. Noch krasser ist die Situation bei den Leistungen mit reinem Kollektivgutcharakter wie Interessenvertretung, Lobbying usw.: Die Mitglieder sind sich oft nicht oder nur vage bewusst, dass diese Leistungen erstellt werden. Deshalb spielt hier die marketing-gerechte Kommunikation der Mitarbeitenden eine zentrale Rolle. Damit wird Folgendes bezweckt:

Abbildung 108: Marketing-Funktionen der Mitarbeitenden im Wirtschaftsverband
(Schönig 2001, S. 101)

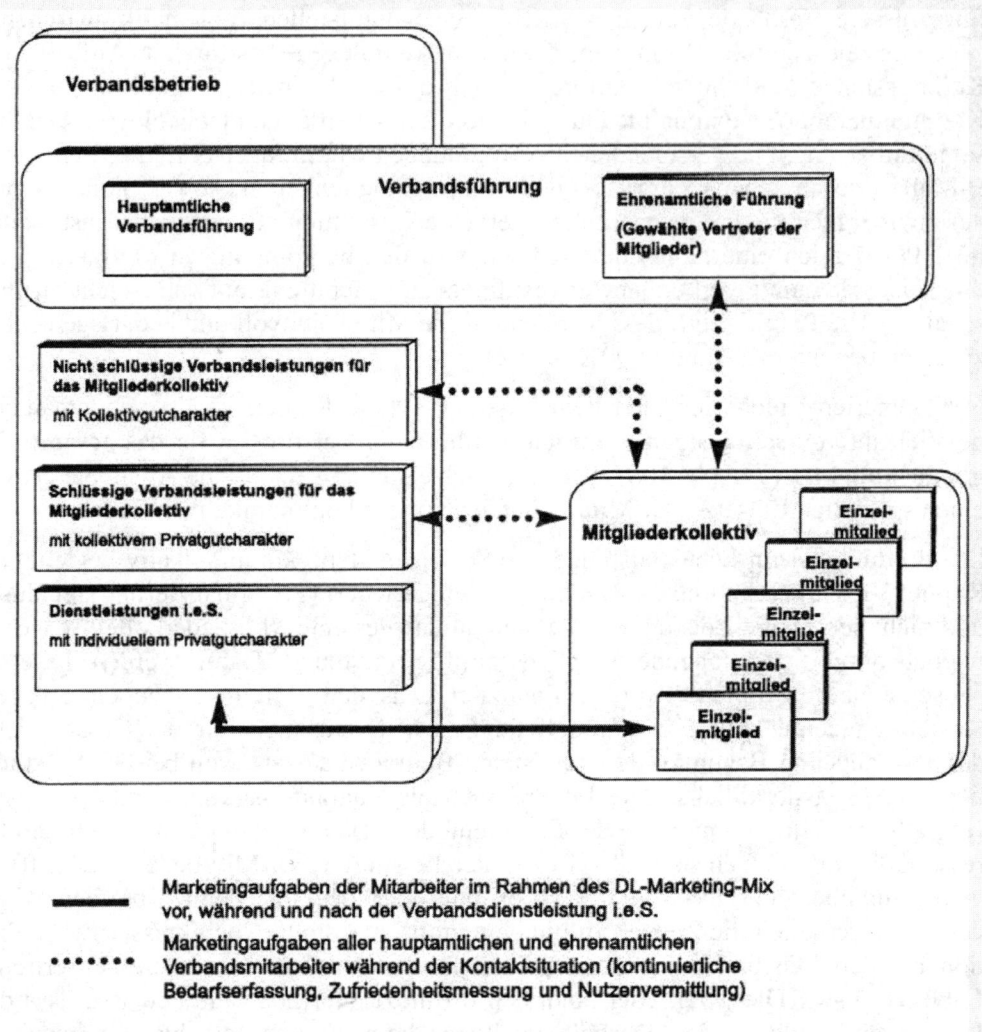

a) **Nutzenvermittlung**

Die unter Absatz 3.1.1., Punkt 1 erwähnte Nutzenvermittlung ist bei Leistungen und kollektiver Nutzung ganz wesentlich. Die Leistungserstellung ist nur möglich, wenn das gesamte Kollektiv die Finanzierung sicherstellt. Dem Trittbrettfahrer-Verhalten ist entgegenzuwirken, indem über den Sinn und die Wirkungen von bereitgestellten Kollektivgütern laufend kommuniziert wird. Viele Kollektivgüter werden in Austauschprozessen mit externen Austauschpartnern (Politik, Verbänden der Marktgegenseite) erstellt. Auch in diesen Beziehungen kommt den entsprechenden Mitarbeitern eine permanente Rolle des Nutzenvermittlers und Zufriedenheitsmessers zu (vgl. Kapitel VI, 6. "Lobbying" oder VI, 7. "Collective Bargaining").

b) **Zufriedenheitsmessung und Qualitätskontrolle**

Neben spontanen und schriftlichen Äusserungen (die relativ selten eingehen) ist der gezielte Dialog zwischen Mitarbeitenden und Mitgliedern ein guter Indikator, um deren Zufriedenheit auszuloten. Mitarbeitende und Milizer müssen auch als ständige Ansprechpartner für Verbesserungsvorschläge und Beschwerden fungieren. Zudem sind periodisch Mitgliederbefragungen durchzuführen, um den Puls der Basis zu spüren.

c) **Leistungsevaluation**

Alle NPO sind mit dem Problem konfrontiert, dass von Mitgliedern oder Dritten immer wieder neue Leistungen gefordert werden, ohne aber auf gewisse überholte Leistungen zu verzichten. Aufgrund der Dialoge der Mitarbeitenden mit den Austauschpartnern kann das Management die Angebotspolitik überprüfen und gewisse Leistungen abbauen, um Kapazitäten für die Befriedigung neuer Bedürfnisse bereitzustellen. Die Sensibilisierung aller Mitarbeitenden für diese Kommunikationsarbeit ist ein zentraler Punkt des Internen Marketing.

2. Organisationsstruktur/Prozessstruktur

Damit die für ein erfolgreiches Internes Marketing erforderliche Erweiterung der Handlungsspielräume und die Erhöhung der Eigenverantwortung der Mitarbeitenden erreicht werden, sind auch die Strukturen und Prozesse als fördernde Faktoren zu gestalten.

Die Struktur ist so zu gestalten, dass sie eine Führung durch Zielvereinbarung und nach dem Ausnahmeprinzip zulässt, und zwar bis zu den einzelnen Mitarbeitenden. Klare Zielvorgaben mit Delegation von Kompetenzen schaffen die notwendige Handlungsfreiheit und Selbstverantwortung, damit die einzelnen Mitarbeitenden situativ und kundengerecht entscheiden können (vgl. Schwarz/Purtschert/Giroud/Schauer 2005, S. 103ff.).

Marketing kann nicht von einer Instanz oder Person "befohlen" werden, sondern erfordert eine grundsätzliche Ausrichtung der Gesamtorganisation in diese Richtung. Ein weiterer Bereich zur Einflussnahme bildet die Personalebene.

3. Personalebene

Im wichtigen Personalbereich bestehen unseres Erachtens vier Wirkungskomponenten für das Interne Marketing:

a) Personalgewinnung und -ausbildung

b) Personalmotivation und -entwicklung

a) Personalgewinnung und -ausbildung

Bereits bei der **Personalgewinnung** können wichtige Weichen gestellt werden, indem Personen gesucht werden, die über eine gewisse **Dienstleistungsaffinität** verfügen. Die konsequente Einhaltung dieser Verhaltensvorgabe bei der Personalsuche kann auch eine Signalwirkung beim bestehenden Personal auslösen, weil damit die Bedeutung des marketing-orientierten Verhaltens durch die Verbandsführung unterstrichen wird und als Folge zusätzliche gruppendynamische Effekte ausgelöst werden können. Dies gilt insbesondere für die Besetzung von Kaderstellen.

Bei der **Suche** von **Milizern** sind solche Ziele weniger leicht durchzusetzen, da bei der Auswahl politische Prozesse spielen. Allerdings kann in Pflichtenheften auf diese Anforderungen hingewiesen werden. Um qualifizierte Milizer zu finden, steht ein ganzes Set von Anreizen zur Verfügung (vgl. Schwarz/Purtschert/Giroud/Schauer 2005, S. 255). Wesentlich ist, dass Milizer echte Führungsarbeit leisten können und sich nicht mit Banalitäten befassen müssen. Was ganz klar ist: Milizer haben "Aussenminister"-Funktionen, sind ganz wesentliche Ambassadoren für jede NPO, und dementsprechend sind kommunikative Fähigkeiten gefragt.

Wie die Salärstudie für Mitarbeitende in NPO des VMI (1999) zeigt, wird heute noch bei Anforderungsprofilen von NPO-Führungskräften das Schwergewicht auf hohe Sachkompetenz, akademische Bildung usw. gelegt und weniger nach Sozial- und Kommunikationskompetenz gefragt.

Die Erkenntnis, dass die **permanente Aus- und Weiterbildung** der Mitarbeitenden ein wesentlicher Faktor für die Zukunftssicherung einer Organisation darstellt, ist im NPO-Bereich viel weniger verbreitet als im Profit-Bereich. Vielfach existieren praktisch keine Weiterbildungsbudgets. Gerade eine vermehrte Marketing-Orientierung erfordert permanente Weiterbildung, und zwar nicht nur im Marketing-Bereich, sondern auch im zugeteilten Aufgabenbereich. Grundlegend ist die Einführung bei Stellen-antritt, damit die Eintretenden mit der Kultur, den Zielen und dem Funktionieren der Organisation vertraut werden. Grosse Organisationen wie das Österreichische Rote Kreuz oder die Österreichischen Wirtschaftskammern haben zu diesem Zweck eigentliche Einführungsprogramme zum Selbstverständnis der Organisation, zur Organisationskultur etc. entwickelt.

Sehr sinnvoll für die Stärkung des Internen Marketing ist die Veranstaltung von Marketing-Tagungen, die von allen Mitarbeiterinnen und Mitarbeitern besucht werden. An solchen Workshops soll die Umsetzung der Positionierung auf die einzelnen Marketing-Einsatzbereiche diskutiert und in Arbeitsgruppen die Umsetzung der Marketing-Vorgaben bis auf den einzelnen Arbeitsplatz erarbeitet werden. Wie die Praxis zeigt, überraschen der Enthusiasmus und der Ideenreichtum der Mitarbeitenden immer wieder positiv.

b) **Personalmotivation und -entwicklung**

Führung im Sinne des Internen Marketing heisst Wegkommen von den in vielen NPO vorhandenen, eher bürokratischen Führungsmodellen, die stark aufgabenorientiert und innenzentriert sind, und Hinwendung zu einem dienstleistungs-, kunden- und mitgliederorientierten Führungsverhalten. Vielfach wird vom sogenannten "Empowerment" der Mitarbeitenden gesprochen, was mit Stärkung der Eigenverantwortung der einzelnen Personen übersetzt werden kann. Auch hier kommen das Führungsmodell "mbo/mbe" und die Selbstorganisation zum Tragen. Mitarbeitende sollten sich als verantwortlich für die Ergebnisse ihrer Arbeit fühlen und müssten die Arbeit selbst als bedeutsam ansehen (Frey/Osterloh 1997, S. 29).

Ein nicht zu unterschätzendes Element der Personalmotivation ist in den Entlohnungssystemen zu sehen. Während in Profit-Unternehmungen vielfältige finanzielle Anreizsysteme eingesetzt werden, existiert dieses Führungsinstrument in Nonprofit-Organisationen praktisch kaum (vgl. VMI-Salärstudie 1999). Möglich wäre beispielsweise ein Leistungslohnanteil, der direkt vom Ergebnis der Verhaltensbeurteilung nach den Erfordernissen für ein dienstleistungsorientiertes Verhalten abhängen würde. Auch bei Kadermitarbeitern könnte die Erfüllung solcher vereinbarter Ziele als Massstab genommen werden.

Selbstverständlich sollte ein solches System für alle Mitarbeitenden gelten. Wir erinnern uns an einen Praxisfall, in dem in einem grösseren Berufsverband die Dienstleistungsabteilung mit leistungsbezogenen Komponenten entlohnt wurde, während die Abteilung, die Kollektivgüter erstellte, diese Chance nicht hatte, was zu Spannungen innerhalb der Organisation führte.

In der NPO sind besonders auch die ideellen Anreize wie z.B. die Mission der Organisation zu kultivieren (Thom 2000, S. 14). Auch Flexibilität der Arbeitszeit und Teilzeitarbeit sind in NPO besonders stark verbreitet.

Im ehrenamtlichen Bereich stellt sich die Frage, ob Milizer überhaupt entlohnt werden sollten. Wie es die Bezeichnung formuliert, ist Ehrenamt auch unbezahlter Einsatz für die NPO. Heute sind hier eindeutige Tendenzen zu erkennen: In Unternehmerverbänden gilt das Ehrenamt nach wie vor, da die Repräsentanten Delegierte ihrer jeweiligen Firmen sind. Auch Gewerkschaftsfunktionäre erhalten je nach Gesetzgebung eine bezahlte Freistellung für Gewerkschaftsarbeit. In Berufsverbänden hingegen (vor allem in freien Berufen) bedeutet die für den Verband eingesetzte Zeit einen Nettoeinkommensverlust für die Mandatsträger. Deshalb haben sich hier Honorierungsmodelle mehr und mehr durchgesetzt.

Ebenfalls bei Wohlfahrtsverbänden wird es immer schwieriger, geeignete Kandidaten für das Ehrenamt zu finden. Auch hier wird, wenngleich in geringerem Ausmass, für Vorstandsmitglieder eine Honorierung zunehmend aktueller. Es hat sich in der Praxis gezeigt, dass für Präsidialämter karitativer Organisationen mangels Entschädigungsmöglichkeiten oft Kandidatinnen oder Kandidaten gewählt werden (müssen), die auf kein finanzielles Entgelt angewiesen sind, was nicht immer eine "Bestauslese" zulässt.

Abschliessend sei festgehalten, dass mit dem Internen Marketing die Sensibilisierung aller Mitarbeitenden einer NPO für die Marketing-Haltung bewirkt werden soll. Es wäre aber völlig verfehlt, eine "Marketing-Bürokratie" aufzubauen. Die gesamte Einwirkung soll in den bestehenden Strukturen durch die bestehenden Stellen und die verantwortlichen Personen in der NPO realisiert werden. Dazu eignen sich Projektgruppen, Workshops usw. Mit der jährlichen Überprüfung des Marketing-Konzeptes kann auch der Stand des Internen Marketing evaluiert und können eventuell zu treffende Massnahmen beschlossen werden.

3.2 Mitgliederpflege

Ein weiterer Bereich des Eigen-Marketing betrifft die Mitgliederpflege. Wie wir unter Kapitel V, 1. gezeigt haben, betrifft das Mitglieder-Marketing die Aktivitäten im Bereich Beschaffungsmarketing, es geht im Aussenbereich um die Gewinnung neuer Mitglieder. Im Bereich Leistungsabgabe-Marketing geht es um die Aktivitäten der NPO zur Mitgliederpflege, denn mit der Gewinnung eines Mitgliedes beginnt der Prozess des Beziehungs-Marketing, um die Mitglieder bei der "Stange zu halten". Die Mitgliederpflege ist vor allem für Wirtschaftsverbände (Unternehmerverbände, Berufsverbände, Gewerkschaften) und Freizeitverbände (Sport) wichtig, aber auch in den NPO im soziokulturellen und im sozialen Drittleistungsbereich in Vereinsform (z.B. Kirchen, Rotes Kreuz).

In der Mehrzahl der Fälle handelt es sich um einzelne Personen als Mitglieder, die auch direkt angesprochen werden können. Bei Unternehmerverbänden sind die Mitglieder Organisationen, d.h. Kollektive. Hier ergeben sich zusätzliche Probleme, weil verschiedene Mitarbeitende an der Erfüllung der Mitgliedschaftsrollen beteiligt sind und jeweils nur einen Teil derselben wahrnehmen. Sie haben deshalb keine "integrierte" Beziehung zum Verband (vgl. Schwarz 1984, S. 196). Ihre Meinung über den Verband und ihre Kenntnisse über das Verbandsgeschehen beschränken sich auf die eigene limitierte Erfahrung (z.B. eine Rechtsabteilung bezieht Auskünfte vom Verband, eine technische Abteilung wirkt in einem Normengremium mit). Meistens gelangen nur diejenigen Mitarbeitenden, die Mitwirkungsrollen im Verband übernehmen, zu einer gewissen Identifikation mit dem Verband. Der Verband muss deshalb mehrere Leistungs- und Kommunikationsadressaten beliefern und auch wissen, welche Personen für die Input-Lieferung (Beiträge, Informationen) zuständig sind. Oft wird die Beitritts- oder Austrittsentscheidung von einem Manager getroffen, der selber weder im Verband mitwirkt noch irgend eine Benutzerrolle innehat. Auf der andern Seite entscheiden angestellte Führungskräfte eher nach sachlichen Gesichtspunkten als etwa die Einzelunternehmer und Meister in Handwerk und Gewerbe. Zudem müssen die Verbandsbeiträge nicht aus der eigenen Tasche beglichen werden, was einer objektiven Einstellung dem Verband gegenüber förderlich sein dürfte. Aber auch die Handlungen einer Mitgliedsorganisation sind schlussendlich durch Entscheide und Aktivitäten von einzelnen Personen bestimmt und deshalb bleiben im Mitglieder-Marketing und bei der Mitgliederpflege einzelne Personen Ansprechpartner.

Zur Mitgliederpflege kann das im Kapitel der operativen Marketing-Planung vorgestellte Instrument "People" (Anreiz-/Beitragsinstrumente) eingesetzt werden (Kapitel IV, 7.6). Zu berücksichtigen wäre auch der in Kapitel VI, 1.3.1, Punkt 6 vorgestellte Marketing-Mix für das Mitglieder-Marketing.

Im Folgenden werden einige Massnahmen zur Mitgliederbindung herausgearbeitet und kommunikative Massnahmen zur Mitgliederpflege vorgestellt.

3.2.1 Massnahmen zur Mitgliederbindung

Eine gute **Leistungsperformance**, die sachliche Kompetenz des Verbandes ist das wirkungsvollste Instrument zur Mitgliederbindung. Weiter sind eventuell vorhandene **Exklusivleistungen** speziell hervorzuheben. Die Leistungen müssen auch mit einer konstant guten Qualität angeboten werden.

Vom einzelnen Mitglied aus spielen das persönliche Interesse, **persönliche Vorteile** eine wesentliche Rolle (z.B. Weiterbildungszeugnis, guter Arbeitsvertrag dank Sozialpartnerschaft).

Wenn der Verband über **exklusive Ressourcen** verfügt (z.B. Titel- oder Lizenzvergabe, Organisationsrechte), verkörpert dies natürlich ein wichtiges Bindungselement (vgl. dazu in anderem Zusammenhang Diller 1996, S. 91).

Das Vertrauen in die **Kompetenz der Organisation** stellt ein ganz wichtiges Bindungselement dar, insbesondere bei den Vertrauensgütern, deren Qualität nicht oder nur schwer überprüft werden kann. Typisch ist dies für die Kollektivgüter. Dem einzelnen Mitglied stehen praktisch keine Möglichkeiten offen, die Performance des Verbandes zu überprüfen, dies im Gegensatz zu individuellen Dienstleistungen, die eine persönliche Beurteilung ermöglichen. Deshalb ist die Kompetenz der NPO dauernd zu kommunizieren, wahrnehmbar zu machen.

Ein weiteres Bindungselement sind wahrnehmbare **Machtpotenziale**, die dem Mitglied Sicherheit vermitteln können: Das Mitglied stellt z.B. fest, dass nach einer Streikdrohung durch seine Gewerkschaft die Ziele in einem Arbeitskonflikt erreicht werden.

Aber auch Sympathie, die **emotionale Bindung** spielt eine grosse Rolle, insbesondere bei Freizeit- und ideologisch geprägten Organisationen. Auch ein Branchenverband kann "Branchenstolz" verkörpern und so etwas wie eine **Wertegemeinschaft** darstellen. Eine starke **Loyalität** oder Verbundenheit ist auch ein starkes Bindungsmittel. Loyalität kann sich aus langjähriger Mitgliedschaft und damit verbundener emotionaler Bindung ergeben, oder man unterstützt die Organisationsziele prinzipiell. Loyalität führt aber auch dazu, dass bei einer Unzufriedenheit nicht sofort aus dem Verband ausgetreten wird, sondern dass Unbehagen in Form von Widerspruch (Hirschman 1974) oder einer Abwanderungsdrohung kundgetan wird. Somit ist Widerspruch kein negatives Element, und deshalb plädieren wir im nächsten Abschnitt für die Einführung eines aktiven Beschwerdemanagement, das solche Äusserungen positiv aufnimmt.

Mit einer Abwanderung der Mitglieder ist zu rechnen, je geringer die Loyalität, je geringer die Abhängigkeit von der NPO ist und je mehr valable Konkurrenzangebote zur Verfügung stehen. Wichtig ist aber auch die Tatsache, dass, je geringer die Änderungsmöglichkeiten durch das Mitglied eingeschätzt werden und je weniger man dem Verband ein positives Reagieren zutraut, desto grösser die Abwanderungsgefahr wird.

3.2.2 Kommunikation zur Mitgliederpflege

Wenn Mitglieder keine persönlichen Dienstleistungen eines Verbandes beanspruchen, nehmen sie von der Mitgliedschaft oft nichts wahr - ausser der jährlichen Beitragsrechnung. Insbesondere die Kollektivgüterherstellung wird vom Einzelmitglied oft nicht wahrgenommen (deshalb ist beim Kollektivgüter-Marketing die Kommunikation so wichtig, vgl. Kapitel V, 7.2.3). Verbände müssen versuchen, mit den Mitgliedern in Kontakt zu bleiben. Es steht hier eine Anzahl bewährter Kommunikationsmöglichkeiten zur Verfügung.

Mitgliederbefragungen über den Verband und seine Leistungen werden nach unserer Erfahrung von den Mitgliedern geschätzt. Mitglieder interpretieren solche Befragungen als Versuch zu verstärkter Mitgliederorientierung. Auch wenn die Resultate meistens nicht viel Neues an den Tag bringen, ist der Effekt der Mitgliederpflege nicht zu unterschätzen. Noch viel wertvoller sind Mitgliederbesuche (vgl. Kapitel V, 7.3.3, Punkt 2). Weil dieses Instrument in grösseren Verbänden nur punktuell eingesetzt werden kann, ist der (positive) Überraschungseffekt bei den besuchten Mitgliedern sehr gross. In einem persönlichen Gespräch kann ein viel breiterer Informationsaustausch stattfinden als bei einer (meistens schriftlichen) Mitgliederbefragung.

Aber auch in allen schriftlichen Äusserungen des Verbandes ist der **Verbandsnutzen** zu **kommunizieren** und damit dem Mitglied Sicherheit zu vermitteln. Der Verbandsnutzen kann durch folgende Stichworte illustriert werden (Martell 1996, S. 59):

- Vertretungsnutzen: Der Verband als Advokat der Branche, der Berufsgruppe, der Sportgruppe etc.
- Koordinationsnutzen: Gemeinsamkeit macht stark
- Informationsnutzen: Der Verband als Informationsbroker
- Beratungsnutzen: Das Mitglied hat ein Problem, der Verband hat oder vermittelt eine Lösung
- Individueller Nutzen durch Dienstleistungen
- Begegnungsnutzen: Branchenkontakte oder soziale Kontakte, Freizeitkontakte etc.
- Rationalisierungsnutzen: Verbandswissen erspart eigene Investitionen

Mit der Kommunikation der verschiedenen Nutzen sollen auch Appelle an die Solidarität einhergehen, den Mitgliedern muss immer wieder bewusst werden, dass sie einer positiven Gruppe angehören.

Das **Anbieten individueller Dienstleistungen** ermöglicht zahlreiche **Kontakte** zu Mitgliedern.

Viele Verbände erbringen **Informationsdienstleistungen** (wie Rundschreiben, Zeitschriften). Oft bilden diese den einzigen regelmässigen Kontakt zu den Mitgliedern. Häufig sind diese Schriftstücke in der Praxis leider derart technisch abstrakt gestaltet, dass man die Mitgliederpflege nicht spürt. Vielfach werden auch keine Mitteilungen über das Geschehen in der Zentrale vermittelt. Eine entsprechende Kommunikation könnte die Mitgliederbindung stärken. In diesem Bereich sind nach unserer Erfahrung mit relativ bescheidenen Mitteln erhebliche Verbesserungen möglich: Wandel vom Quasi-Amtsblatt zur mitgliedsorientierten Zeitschrift.

Auch die **Dienstbereitschaft** der **Mitarbeitenden** muss den Mitgliedern immer wieder kommuniziert werden. Klare Angaben, wer wofür zuständig ist (Foto, direkte Telefonwahl), signalisieren Dienstleistungsbereitschaft.

Jahrestagungen, Regionalmeetings, Erfa-Gruppen usw. sind bewusst in den Dienst der Mitgliederpflege zu stellen. Es sollen **Begegnungsmöglichkeiten** unter den Mitgliedern aktiv gefördert werden, z.B. kein Bankett, sondern Buffets mit freier Tischwahl und zusätzlichen Stehtischen.

Eine günstige Kontaktvariante bilden **Mitgliederkontakte per Telefon**. Es kann dies eine kurze Anfrage über die Einschätzung der Branchenkonjunktur oder über die Meinung des Mitgliedes über ein neues Gesetz etc. beinhalten. Es kann aber auch ganz einfach danach gefragt werden, weshalb das Mitglied (z.B. eine Firma) den Verband seit längerem nicht mehr kontaktiert hat. Die heutigen elektronischen Mittel erlauben es, ein Informationssystem für die Beziehungspflege aufzubauen, das allen Mitarbeitenden einen sofortigen Zugriff ermöglicht, der zeigt, welche Serviceleistungen etc. das Mitglied beansprucht, wer die Ansprechpartner sind usw. - Über die Wichtigkeit einer funktionierenden Telefonzentrale brauchen hier keine Worte verloren zu werden. Trotzdem liegen in der Praxis die Dinge in diesem Bereich öfter im Argen, als man glaubt.

Jahresberichte sollen zu eigentlichen **Leistungsberichten** umgestaltet werden, d.h. Verzicht auf Ausführungen "zur wirtschaftlichen Lage", die von zahlreichen andern Stellen geliefert werden, dafür mehr Nachrichten über die Verbandstätigkeiten, über die Führungsgremien, die Ausschüsse und auch über die Mitglieder. Es gibt Verbände, welche die Herausgabe eines Jahresberichtes zu Gunsten einer viermal jährlich erscheinenden Mitgliederinformation eingestellt haben. In einer solchen Mitgliederinformation kann auch ein- oder zweimal jährlich über das finanzielle Ergebnis berichtet werden. Leistungsberichte werden in der Praxis meistens aus der Innensicht, d.h. aus der Sicht der Geschäftsstelle, geschrieben und viel zu wenig aus Mitgliedersicht konzipiert. Auch Berichte über die Interessenvertretung sollten von einem Mitgliederproblem ausgehen und ergänzend den Beitrag des Verbandes zur Lösung dieses Problems darstellen.

Weil die Mitgliedschaft eine intensivere Beziehung beinhaltet als eine reine Kundenbeziehung, ist es wichtig, **Beschwerden** besondere Aufmerksamkeit zu widmen. Beschwerden sind eine Artikulation von Unzufriedenheit, die gegenüber dem Verband mit dem Zweck vorgebracht werden, auf ein subjektiv wahrgenommenes kritikwürdiges Verhalten aufmerksam zu machen oder eine Änderung des Verhaltens von Mitarbeitenden zu bewirken. Unzufriedenheitsäusserungen können die verbandlichen Dienstleistungen, die verbandlichen Aktionen gegen aussen, die Entscheidungs- und Wahlverfahren und das Verhalten der Organe und der Mitarbeitenden des Verbandsbetriebes betreffen.

Beschwerden und Anregungen von Seiten der Mitglieder signalisieren deren Engagement, eine gewisse Verbundenheit mit der Organisation. Beschwerden haben auch Frühwarncharakter, indem sie mögliche Probleme aufzeigen. Um eine Beschwerde oder Reklamation anzubringen, braucht es ein gewisses Mass an persönlicher Überwindung. Deshalb dürfte hinter jeder ausgesprochenen oder angebrachten Beschwerde eine Anzahl nicht verbalisierter Beschwerden stehen. Im Verband tragen Beschwerden vermehrt den Charakter eines Kollektivgutes, ein Einzelner engagiert sich für ein Problem von vielen. Die Einladung an Mitglieder, Feedback-Möglichkeiten zu nutzen, Anregungen und auch Beschwerden anzubringen, ist ein Ausdruck des Bemühens um Mitgliederorientierung. Damit werden verbandliche Leistungen vermehrt auf den Prüfstand gestellt, und der innerverbandliche Dialog wird gestärkt. Urteile, Erfahrungen (vor allem negative) und Einstellungen der Mitglieder über Verbände werden meistens überzeichnet an Bezugsgruppen im sozialen Umfeld weitergegeben. Solche Äusserungen sollten nach Möglichkeit auf den Verband kanalisiert werden, um eine negative Beeinflussung gegenüber Dritten zu vermeiden. Die innerverbandliche Kommunikation muss signalisieren, dass Beschwerden nicht als negativ empfunden werden. An

Veranstaltungen, in Rundschreiben ist darauf hinzuweisen, dass man Urteile, Erfahrungen der Mitglieder kennen lernen möchte. Innerhalb der Organisation ist sicherzustellen, dass die Behandlung von Beschwerden in einem klar strukturierten Prozess abläuft. Die zuständige Stelle muss als solche erkennbar sein und aus Sicht der Mitglieder als kompetente, glaubwürdige Ansprechstelle erlebt werden. Unter Umständen kann man eine Ombudsperson ausserhalb der Organisation in Betracht ziehen. Betreffen Beschwerden das Verhalten anderer Mitglieder (z.B. bei Nichteinhalten von Gesamtarbeitsverträgen), ist eine verbandsinterne Schlichtungsstelle zur Lösungsfindung einzusetzen.

Erfasste Beschwerden müssen systematisch an die betroffenen Abteilungen weitergeleitet werden. Dort sollten nicht nur unverbindliche Antwortschreiben verfasst, sondern echte Verbesserungen realisiert werden. Damit diese Bemühungen nicht versanden, sollten die Aufsichtsgremien in das Reporting einbezogen werden.

Mitgliederpflege heisst aktives Vertrauens-Management. Es geht immer auch darum, den Gesamteindruck der Organisation, das Ansehen des Verbandes zu fördern.

3.3 Marketing-Transfer in mehrstufigen NPO

Weil NPO komplex strukturierte Gebilde sind, ist die Implementierung des Marketing im einzelnen Verband mit Aufwand verbunden und erfordert eine konstante Beharrlichkeit. Insbesondere wenn Marketing-Massnahmen die Mitwirkung von Mitgliedern bedingen (bei der Werbung für eine Berufsgattung haben die Mitglieder z.B. einen "Tag der Offenen Tür" in ihrem Betrieb zu organisieren), bedeutet dies einen nicht unerheblichen Koordinations- und Motivationsaufwand für die Zentrale.

Bei mehrstufigen NPO ist dem Marketing-Transfer in die Gesamtorganisation besondere Aufmerksamkeit zu schenken. Weil in den meisten Fällen Landesverbände oder Sektionen rechtlich eigenständige Gebilde sind, besteht kein Durchgriffsrecht der Zentrale. Die Koordination muss durch Verhandlungs- und Überzeugungsprozesse hergestellt werden (man vergleiche die Organisationsstruktur der Wirtschaftskammern Österreichs, des Schweizerischen Baumeister-Verbandes und dessen verschiedenen Sektionen oder die Strukturen des Roten Kreuzes in Deutschland, Österreich oder der Schweiz, die alle mit diesem Problem konfrontiert sind).

Es empfiehlt sich, ein Marketing-Konzept für die Zentrale und abgestimmte Konzepte für die Dezentralen zu erstellen. Bei den Marketing-Einsatzbereichen ist auszuhandeln und klar festzulegen:

- Marketing-Aufgaben der Zentrale (z.B. Gesamtarbeitsverträge)
- Marketing-Aufgaben der Dezentralen (z.B. Mitgliederbetreuung)
- Marketing-Aufgaben, die gemeinsam gelöst werden (z.B. Lobbying auf Bundesebene und Lobbying auf Länderebene zum gleichen politischen Thema)

Bei der operativen Marketing-Planung sind die Planungsschritte zwischen den involvierten Organisationseinheiten und -stellen abzustimmen. Um diese Koordination zu sichern, ist es empfehlenswert, an den in den meisten Organisationen institutionalisierten Geschäftsführerkonferenzen Marketing-Themen zu traktandieren und zusätzlich marketing-spezifische Koordinationsgremien einzuberufen. Für grössere Marketing-Projekte (z.B. Imagewerbung für die Branche, nationale Nachwuchswerbung) sind oft Beschlüsse in Führungsgremien (z.B. Delegiertenversammlung oder Präsidentenkonferenz) erforderlich. Hier ist Aufklärungs- und Präsentationsarbeit zu leisten. Marketing-Massnahmen, die im Prinzip für den Aussenbereich gedacht sind, müssen vorerst einmal intern "verkauft" werden, damit diese von der Gesamtorganisation bewilligt und getragen werden (vgl. z.B. Kapitel V, 7. "Collective Bargaining").

3.4 Koordinationsleistungen

Wie der Begriff aussagt, wird unter Koordinationsleistungen die durch die NPO **organisierte Koordination gewisser Tätigkeiten** oder Grundlagen für diese Tätigkeiten **bei Mitgliedsbetrieben** verstanden, wie z.B. einheitlicher Kontenplan, Vereinheitlichung von technischen Normen, Prüfungsreglemente für Sportvereine, Kalkulationsgrundlagen in Gewerbeverbänden usw. Betreffen solche Daten die wirtschaftlichen Tätigkeiten, so sind sie in der Regel wettbewerbsneutral. Sie ermöglichen dem einzelnen Mitglied, mittels der vom Verband erhobenen Kennzahlen die eigene Position im Wettbewerb besser abschätzen zu können.

In vielen Verbänden sind Mitglieder auf Kalkulationsgrundlagen zwingend angewiesen (z.B. Landwirtschaft, Baumschulen oder Gewerbe), weil der einzelne Betrieb gar nicht in der Lage ist, die Preise der Produkte/Leistungen präzise zu berechnen. Viele Verbände verfügen in diesem Bereich über Monopolleistungen, die für Mitglieder schlicht unentbehrlich sind. Die modernen Kartellgesetze verbieten verbandliche Preisvorschriften, Verbände haben sich auf Preisempfehlungen oder Kalkulationsgrundlagen zu beschränken, wobei heute die Kartellbehörden selbst dies missbilligen. Das ist nicht ganz nachvollziehbar, denn der Wettbewerb regelt sich in der Praxis über Rabatte und andere Preisnachlässe.

Wenn sich die Koordinationsleistungen auf die **Markt**koordination beziehen, spricht man von "**Kartellierung**". Hier wird der Wettbewerb direkt beeinflusst, d.h. im Sinne der Kartellteilnehmer eingeschränkt. Die Erfahrung zeigt, dass eine Absprache (z.B. Gebietsaufteilung der Bierbrauer in der Schweiz) rasch nach weiteren Regelungen ruft, wie Absprache über Preise, Art der Gebinde usw., was am Ende zu einer sehr starken Regulierung und damit Wettbewerbsbeschränkung führt. Interessanterweise hat sich das Bierkartell in der Schweiz durch das Wirken von Kartellbrechern unter den eigenen Mitgliedern selbst aufgelöst. Heute sind kartellistische Verbandsregelungen durch die Kartellgesetze sinnvollerweise verboten.

4. Dienstleistungsmarketing

Bei der Beschreibung der Weiterentwicklung der Marketing-Ansätze in Kapitel I. haben wir festgehalten, dass die Marketing-Wissenschaft in den letzten Jahren die Dienstleistungen verstärkt in ihren Objektbereich einbezogen hat. Marketing ist immer aus dem Kontext der Zeit und der Umwelt zu verstehen. Mit dem Wandel zur Dienstleistungsgesellschaft traten Dienstleistungen auch im Marketing in den Vordergrund. Wir haben die Unterschiede zwischen Sachgut und Dienstleistung dargestellt und festgehalten, dass sich Dienstleistungen aus den Komponenten "Bereitschaftsleistung", "Leistungserstellungsprozess" und "Leistungsergebnis" zusammensetzen. Dienstleistungen können materielle und immaterielle Bestandteile in unterschiedlicher Zusammensetzung enthalten. Wir gehen von folgendem Begriffsverständnis aus:

Dienstleistung: Definition

Dienstleistungen sind Austauschprozesse zwischen zwei oder mehreren Partnern, die damit einen gegenseitigen Nutzen generieren. Der Dienstleistungsanbieter führt auf den Grundlagen bereitgestellter Ressourcen Prozesse durch, in welchen Dienstleistungsgeber und Dienstleistungsnehmer oder weitere externe Faktoren so interagieren, dass an Menschen oder Gütern nutzenstiftende Wirkungen erzielt werden
(Prozess- und Ergebnisnutzen).

Der in Kapitel II vorgestellte Leistungskatalog der NPO zeigt, dass NPO einerseits einer Person oder Organisation direkt zurechenbare Dienstleistungen (Individualgüter) oder Dienstleistungen im engeren Sinn anbieten, andererseits Kollektivgüter wie Interessenvertretung und Koordinationsleistungen produzieren (vgl. Abschnitt 4.5). Weil auch diese Leistungen an das Mitgliederkollektiv die meisten der typischen Charakteristika von Dienstleistungen aufweisen, erhalten die Erkenntnisse des Dienstleistungsmarketing für NPO ein besonderes Gewicht. Deshalb sollen in diesem Kapitel einige ergänzende Ausführungen zum Dienstleistungsmarketing für NPO gemacht und insbesondere der Marketing-Mix spezifisch für die Erbringung von **Dienstleistungen i.e.S.** angepasst werden. Auch die Planungssequenz im operativen Marketing ist für die Planung neuer Dienstleistungen i.e.S. zu ergänzen, wie unsere Ausführungen zeigen werden.

4.1 Immaterialität und Integrativität als Dienstleistungscharakteristika

Als wesentlicher Unterschied zwischen Sachgut und Dienstleistung (s. Abb. 109) sind die Materialität respektive Immaterialität und die Trennung respektive Verschmelzung zwischen Produktion und Konsumtion hervorzuheben. Weil Sachgüter immer mehr Dienstleistungskomponenten enthalten und Dienstleistungsprozesse oft durch Sachleistungen ergänzt werden, lässt sich die Trennung zwischen materiellen Gütern und Dienstleistungen immer weniger aufrechterhalten. Im Dienstleistungs-Erstellungsprozess sind sowohl materielle wie immaterielle Komponenten eingebunden, und auch das Leistungsergebnis enthält meistens materielle Komponenten (z.B. Kursdokumentation). Die Unterscheidung zwischen einer mit Sachleistung angereicherten Dienstleistung und einem Sachgut mit Dienstleistungskomponente ist relativ willkürlich. Im Prinzip werden eigentlich nicht einzelne Produkte oder einzelne Leistungen ausgetauscht, sondern beim Austausch handelt es sich meistens um **Leistungsbündel**. Leistungsbündel können materielle und immaterielle Ergebnisbestandteile in unterschiedlicher Zusammensetzung enthalten.

Was die Mitwirkung der Dienstleistungsnehmer am Dienstleistungs-Erstellungsprozess betrifft, so kann diese mehr oder weniger intensiv sein. Man spricht hier von einem variablen Grad der **Integrativität** des Dienstleistungsnehmers. Diese kann nur schwach (Betätigen eines Geldautomaten) oder sehr fordernd sein, z.B. bei der Teilnahme an einem Intensiv-Lehrgang. Aufgrund dieser Sachverhalte lässt sich die in Abbildung 110 dargestellte Leistungstypologie aufstellen (Engelhardt/Kleinaltenkampf/Reckenfelderbäumer 1993, S. 417). Diese Grundtypen von Leistungsbündeln lassen sich folgendermassen charakterisieren:

Typ I

Leistungen, die ausschliesslich bzw. in hohem Masse immaterielle Leistungsergebniskomponenten beinhalten und die vom Anbieter unter weitgehender Mitwirkung des Dienstleistungsnehmers erstellt werden (z.B. Beratungsleistungen).

▶"klassische Dienstleistung"

Typ II

Leistungen, die in hohem Masse materielle Leistungsergebnisbestandteile beinhalten und die vom Anbieter unter weitgehender Mitwirkung des Dienstleistungsnehmers erstellt werden (z.B. Spezialmaschine).

▶"Investitionsgut"

Abbildung 109: Leistungstypologie (nach Engelhardt/Kleinaltenkampf/
Reckenfelderbäumer 1993, S. 417)

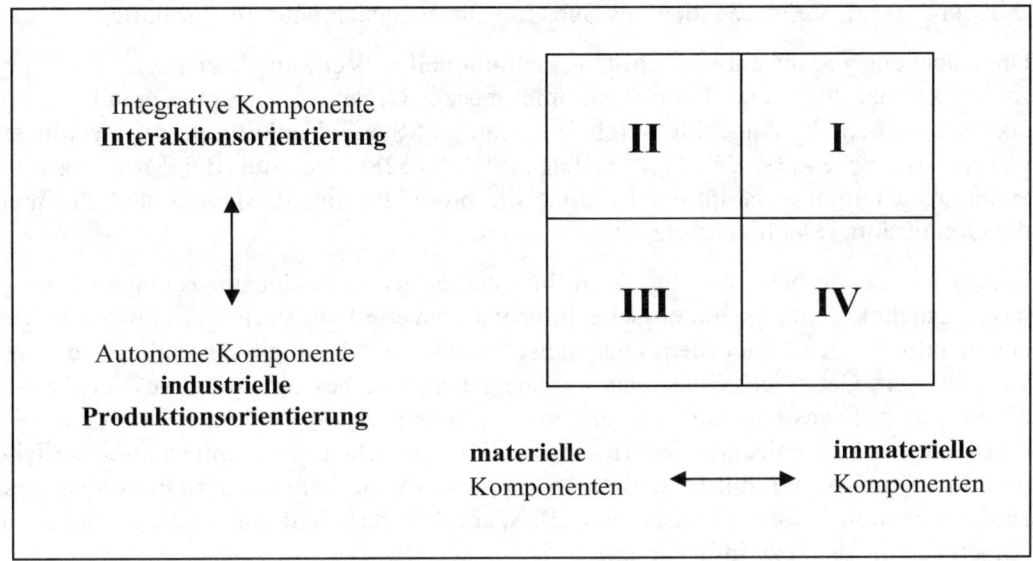

Typ III

Leistungen, die in hohem Masse materielle Leistungsergebnisbestandteile beinhalten und die vom Anbieter weitgehend autonom erstellt werden, wie industriell hergestellte Güter.

▶"Konsumgut"

Typ IV

Leistungen, die ausschliesslich bzw. in hohem Masse immaterielle Leistungsergebniskomponenten beinhalten und die vom Anbieter weitgehend autonom erstellt werden (z.B. EDV-Dienste).

▶"automatisierte Dienstleistung"

Leistungsbündel, die eine starke integrative und immaterielle Komponente aufweisen, bedingen sowohl für den Dienstleistungsnehmer (Konsumenten) wie auch für den Produzenten spezifische **Konsequenzen**.

Für den **Dienstleistungsanbieter** bedeutet die **Immaterialität** den Zwang zu einer dauernden Bereitschaftsleistung (Speicherungsproblem). Eine Profilierung der Leistung ist nicht leicht zu bewerkstelligen, genauso wenig wie die Qualitätskontrolle und

-sicherung im Leistungserstellungsprozess. In der Marketing-Kommunikation kann auf die vorhandenen Potenziale und die Bereitschaftsleistung hingewiesen werden, wie auch generell das Vertrauen in die Dienstleistungsorganisation eine grosse Rolle spielt (Sender-Image). Vertrauen dient als Substitut für nicht sichtbare Eigenschaften.

Dienstleistungsorganisationen sollten institutionelles Vertrauen schaffen. Dies geschieht einmal durch eine klare Positionierung der Organisation (vgl. Kapitel IV, 5.), aber auch indem die Angebote durch Surrogate mit Symbolfunktion besser visualisiert werden (Bouncken 2000, S. 17). Meffert (1994, S. 528) stellt zutreffend fest, dass mit zunehmender Immaterialität der Leistung die produktbezogene Markenidentität durch die Organisationsidentität ersetzt werden muss.

Dies ist auch deshalb wichtig, weil im Verhältnis Dienstleistungsanbieter/Dienstleistungsnehmer eine asymmetrische Informationsverteilung vorliegt. Von Seiten der besser informierten Partei (dem Dienstleistungsanbieter) kann ein "Signaling" in Form von Attesten, Garantien, Gütesiegel etc. ausgehen, welches die kognitive Vertrauensbildung beim Dienstleistungsnehmer fördert (Ripperger 1998, S. 65). Die Dienstleistungsnehmer als schlechter informierte Partei versuchen, ihre Informationsdefizite durch Kommunikation mit Dritten etc. zu verbessern. Deshalb hat der Dienstleistungsanbieter neutrale Informationsstellen (z.B. Weiterbildungs-Beratungsstellen) über seine Angebote eingehend zu informieren.

Die **Integrativität**, d.h. der Einbezug des Dienstleistungsnehmers in die Dienstleistungserstellung, erschwert die Qualitätssicherung, eine Standardisierung ist nur sehr bedingt möglich. Das Qualitätsempfinden des Dienstleistungsnehmers hängt von seinen individuellen Vorstellungen ab. Dies stellt hohe fachliche und interaktive Anforderungen an die dienstleistungsvermittelnden Personen.

Beim **Dienstleistungsnehmer** bedeutet die **Immaterialität**, dass die Produkte physisch nicht wahrnehmbar sind, die Vergleichbarkeit eingeschränkt ist und damit für den Dienstleistungsnehmer das subjektive Risiko steigt. Dienstleistungen sind eigentliche Vertrauensgüter. Auch der Dienstleistungsnehmer kann versuchen, auf Surrogate auszuweichen: persönlicher Eindruck, externe Informationsquellen wie Mund-zu-Mund-Werbung, Referenzen und vielleicht der Preis als quantifizierbares Merkmal.

Die **Integrativität** ermöglicht dem Dienstleistungsnehmer, als "Prosumer" (Produzent **und** Konsument) die Entstehung der Dienstleistung aktiv mitzugestalten. Subjektive Vorstellungen und Wahrnehmungen spielen eine grosse Rolle.

Die bisherigen Ausführungen zeigen, dass das normale "Produkt"-Marketing, das zu innovativen Leistungsbündeln und kundenorientierten Leistungen führen soll, durch ein **interaktives Marketing** ergänzt werden muss, weil die Dienstleistungserstellung einen Prozess (an dem der Dienstleistungsnehmer beteiligt sein kann) darstellt, der laufend gestaltet und beeinflusst werden muss. Dies erfordert von den Dienstleistungsvermittlern ein hohes Mass an sozialer und Verhaltenskompetenz (s. Abb. 110). Diese

Kompetenzen sind spezifisch zu schulen, was Aufgabe des Internen Marketing ist (vgl. das vorangehende Kapitel).

Die übliche Marktbeziehung im Produkt-Marketing wandelt sich bei Dienstleistungen zu einem durch mehrere Individuen getragenen **Interaktionsprozess**. Es genügt also nicht, den innerbetrieblichen Produktionsprozess nach Effizienzkriterien zu optimieren, um das reibungslose Ablaufen aller Tätigkeiten zu garantieren, denn im Interaktionsprozess zwischen Dienstleistungsnehmer und -anbieter entziehen sich die subjektiven und situationsbezogenen Elemente weitgehend dem direkten Einfluss der organisatorischen Gestaltung.

Während im industriell orientierten Management die Führungsanstrengungen auf die unmittelbare Optimierung des Outputs (Managing-Output) ausgerichtet sind, hat sich das Management interaktionsorientierter Dienstleistungen auf die Schaffung optimaler Voraussetzungen für den Interaktionsprozess zwischen Dienstleistungsnehmer und -anbieter zu konzentrieren (Managing-Context) (Lehmann 1993, S. 49).

Es ist ein **Umfeld** zu schaffen, welches den Dienstleistungsnehmer als individuellen Kunden betrachtet und bei den eigenen Mitarbeitenden bewirkt, dass diese Interaktion mit der eigenen Individualität (und nicht mit einem "angeklebten" Verhalten) erfolgreich abgewickelt werden kann.

Dies erfordert **Strukturen** und **organisatorische Rahmenbedingungen** für ein **servicefreundliches Umfeld** und gleichzeitig einen **persönlichen Freiraum** für die Mitarbeitenden zur optimalen Entfaltung der eigenen Individualität. Auf der andern Seite ist ein **effizientes** und auch **kostenbewusstes Management** für den Dienstleistungsprozess durchzusetzen. Daraus kann ein Widerspruch zwischen Management-Erfordernissen und den interaktionsbezogenen Anforderungen entstehen. Die Lösung dieses Dilemmas ist eine Herausforderung im Dienstleistungs-Management. Hier hat das Interne Marketing einzusetzen, das bei der Personalauswahl, -ausbildung und beim laufenden Training auf die Dienstleistungsbereitschaft und -fähigkeit der Mitarbeiter achtet und diese permanent fördert.

Das "uno-actu-Prinzip", die gegenseitige Interaktion zwischen Dienstleistungsanbieter und Dienstleistungsnehmer, macht letzteren wie erwähnt zum "Prosumer". Er kann im Dienstleistungsprozess gestaltend mitwirken, was wiederum Rückwirkungen auf den Dienstleistungsersteller hat. Der Kontakt während des Prozesses beeinflusst aber auch die Gesamtbeziehung der beiden Interaktionspartner. Bei einem positiven Ausgang der Dienstleistungserstellung wird die Beziehung zur Anbieterorganisation gefestigt. Der Dienstleistungsnehmer wird nämlich laufend während der Dienstleistungsbeziehung und auch vor und nachher durch den Verhaltensstil der Organisation bewusst und unbewusst beeinflusst.

Abbildung 110: Die Dimensionen des Dienstleistungsmarketing

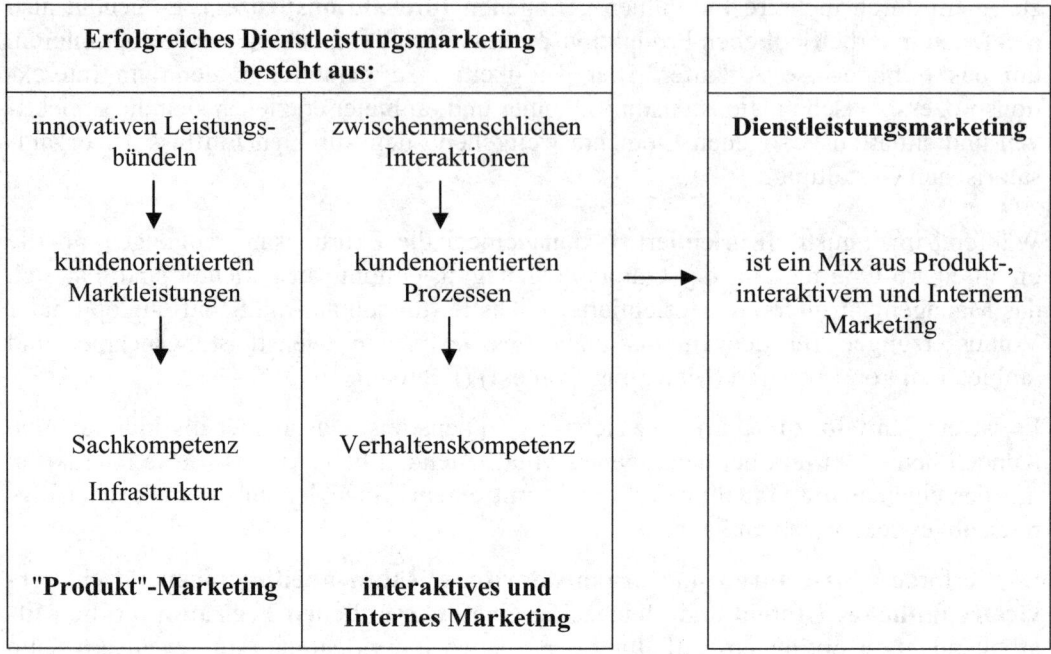

Der bei der **Dienstleistungsbeziehung** entscheidende "**moment of truth**" (Moment der Wahrheit), der sich bei der Dienstleistungserstellung unerbittlich einstellt, sollte sich längerfristig zu einer "**relationship of truth**" entwickeln, zu einer permanenten positiven Einstellung zwischen Dienstleistungsnehmer und Organisation (Relation-ship-Marketing).

Im Dienstleistungsmarketing müssen aufgrund dieser Zusammenhänge die Marketing-Instrumente auf verschiedenen Ebenen wirken. Zudem sind die Instrumente dienstleistungsgerecht auszugestalten.

4.2 Die Gestaltung der Marketing-Instrumente für Dienstleistungen

Der Prozess-Charakter der Dienstleistungen erfordert eine prozessorientierte Gestaltung des Marketing-Mix, denn die Qualitätswahrnehmung der Nachfrager konkretisiert sich im Verlauf des gesamten Dienstleistungs-Erstellungsprozesses. Die Qualitätswahrnehmung ergibt sich aus verschiedenen subjektiven Wahrnehmungsmomenten, die sich zu einem Gesamtqualitätsurteil verknüpfen. Es sind dies die erwähnten "Momente der Wahrheit", in denen die Dienstleistung immer wieder neu verkauft werden muss (vgl. Bühler 1999, S. 101). Wir müssen uns deshalb fragen, in welchen Phasen der Dienstleistungserstellung welche Steuerungs- und Beeinflussungsmöglichkeiten bestehen, um auf die Wahrnehmung der Dienstleistungsnehmer einzuwirken. Es lässt sich sowohl auf die Erwartungshaltung (hier spielt die Bereitschaftsleistung eine Rolle) als auch auf die Wahrnehmung der Dienstleistungsnehmer während der eigentlichen Dienstleistungserstellung sowie auf die Bewertung nach erfolgter Leistungserstellung einwirken. Jedes Marketing-Instrument muss deshalb auf die drei genannten Phasen einwirken und zum Leistungsergebnis beitragen (Bühler 1999, S. 159). Wir passen im Folgenden die uns bekannten Marketing-Instrumente für den Einsatz im Dienstleistungsmarketing an und heben dessen **Besonderheiten** hervor. Selbstverständlich gelten die im Kapitel V. (Operative Marketing-Planung) gemachten Aussagen für die einzelnen Marketing-Instrumente auch hier. Wir halten uns im Prinzip an die bisherige Reihenfolge der Marketing-Instrumente, mit der Ausnahme, dass wir das Instrument "People" nach dem Instrument "Performance" einreihen, weil diese beiden Instrumente im Dienstleistungsmarketing eng zusammenhängen (vgl. Bühler 1999, S. 159) und (s. Abb. 111).

4.3 Die Sicherung der Dienstleistungsqualität

Die spezifischen Charakteristiken von Dienstleistungen wie Immaterialität und Einbezug des Dienstleistungsvermittlers und des Dienstleistungsnehmers in die Leistungserstellung machen es schwierig, die Qualität der Dienstleistung zu messen, denn diese ist objektiv praktisch nicht messbar, weil sie von den Dienstleistungsnehmern subjektiv erfahren und interpretiert wird und direkt auch vom Verhalten der Beteiligten abhängt.

Gute Dienstleistungsqualität wird heute so interpretiert, dass die wahrgenommene Dienstleistung mit der erwarteten Dienstleistung übereinstimmen sollte. Diese Lücke zwischen erwarteter und wahrgenommener Dienstleistung hängt laut den Autoren des "Gap"-Modelles (Parasuraman/Zeithaml/Berry 1985, S. 44) von weiteren möglichen Lücken oder Defiziten ab, wie:

Abbildung 111: Marketing-Mix für Dienstleistungen (illustriert am Beispiel "Weiterbildung")

	Bereitstellungsleistung ▶ Beeinflussung der Erwartungshaltung	**Leistungserstellungsprozess** ▶ Beeinflussung des Prozesserlebens	**Leistungsergebnis** ▶ Beeinflussung der Ergebnisbewertung
Performance *Leistungsbündel*	• Infrastruktur und materielle Komponenten festlegen, evtl. Substition des Menschen durch Automaten • Optimierung der (wahrgenommenen) Bereitschaftsleistung durch Angebotsbreite bzw. -tiefe/ Spezialisierung/ Zertifizierung/Anrechte für Mitglieder etc., Zulassungsbedingungen	• Optimierung des Prozessdesign (Geschwindigkeit/Vermeidung von Wartezeiten/Flexibilität/ Individualisierung bzw. Standardisierung/ Teilnehmerzahl) • Festlegen der Qualitätsstandards, materieller Komponenten im Prozess	• Qualität der materiellen Komponenten aus dem Prozess (Unterlagen) • Grad der sachlichen Leistungserfüllung • Ergänzung durch Zusatzleistungen (z.B. Mitgliedschaft), Ergebnis-"Garantien" (Zertifikate, Bestätigungen) • Formen der Nachbetreuung • Visualisierung des Endergebnisses (Diplom)

		Bereitschaftsbereich	Ausführungsbereich	Nachbetreuungsbereich
People	*Personal*	Steuerung der fachlichen, sozialen und persönlichen Kompetenz im Bereitschaftsbereich (z.B. Trainieren des Telefonverhaltens, Sprachkurse, Bekleidungsvorschriften)	Steuerung der fachlichen, sozialen und persönlichen Kompetenz im Ausführungsbereich (z.B. Verhaltenstraining für Problemsituationen, kundenorientierte Leistungsmessung und Anreizsysteme etc.)	Steuerung der fachlichen, sozialen und persönlichen Kompetenz der Mitarbeiter im Nachbetreuungsbereich (z.B. Verhaltenstraining für Beschwerdefälle oder im Hinblick auf Kundenbindung)
	Dienstleistungsnehmer	Steuerung der Integrationsfähigkeit der Dienstleistungsnehmer (z.B. durch bestimmte Zulassungsbedingungen oder Trainingsangebote), Bereitstellen von materiellen Komponenten, die Integrativität fördern (z.B. Kursunterlagen)	<ul><li>Integrativität durch materielle Komponenten steigern</li><li>Beeinflussung der Integrationsbereitschaft und der Interaktivitätsprozesse (z.B. durch Bildung homogener Gruppen)</li><li>Leistungsergebnis ist dokumentiert (z.B. Kursunterlagen als Werkzeugkasten)</li></ul>	Förderung von Feedback-Prozessen (Leistungsbewertung und Beschwerdeartikulation)
Promotion		<ul><li>Kommunizieren der Dienstleistungsbereitschaft, Formulieren des Dienstleistungsversprechens, Bekanntmachen des Leistungsprogramms und Signalisieren der Fachkompetenz durch Werbung, Informationsmaterial, Referenzen, Gütesiegel etc.</li><li>Motivation zur Dienstleistungsnutzung</li></ul>	<ul><li>Prozessdokumentation (z.B. Kursunterlagen, Folien) oder Abgabe von (Zusatz-)Informationen zur Überbrückung von Wartezeiten/Unsicherheiten</li><li>Beeinflussung der Qualitätswahrnehmung, Nutzenvermittlung</li></ul>	<ul><li>Kommunizieren des Ergebnisnutzens, Kommunikation im Rahmen der Kundenbindung (regelmässige Information über Angebote) und des Beschwerde-Managements (z.B. Entschuldigungsbrief)</li><li>Abbau von kognitiven Dissonanzen, Aufrechterhaltung von Kundenloyalität</li></ul>
		◄─────────────── CI-Kommunikation als Klammer ───────────────►		
		<ul><li>Organisationskultur</li><li>Artefakte</li><li>Institutionelles Vertrauen</li></ul>	<ul><li>Servicekultur</li><li>Persönliches Vertrauen</li></ul>	<ul><li>Organisationskultur</li><li>Institutionelles Vertrauen</li><li>Persönliches Vertrauen</li></ul>

Dienstleistungsmarketing

Price *Preis*	• Bereitschaftsabhängige Preisgestaltung • Preisdifferenzierungen nach Kundensegment	Prozessabhängige Preisgestaltung je nach Zeitaufwand, Komplexität	Ergebnisbezogene Preisgestaltung (z.B. Mitübernahme des Kundenrisikos)	
Place *Distribution, Zugang*	Optimieren des Kontaktpotenzials durch Standort und Zugänglichkeit, Öffnungszeiten, Kontaktierbarkeit durch Telekommunikationsmittel (E-Mail, Internet, Telefon-Hotline)	Ermöglichen eines reibungslosen Prozessablaufes durch entsprechende Arbeitsplatzausstattung (Kapazitäten und Objektanordnung)	Leicht zugängliche Nachbetreuungseinrichtungen (z.B. Hotline), Beratungsservice und Beschwerdefazilitäten (mit möglichst geringen Bearbeitungszeiten)	
Place *Räumliche Atmosphäre*	• Die physisch wahrnehmbare Umgebung entspricht dem Dienstleistungsstandard • Optimale Situation zwischen Dienstleistungsnehmer und Dienstleistungsgeber • Gestaltung der Empfangsumgebung und Warteräume	Schaffung einer angenehmen Interaktionsatmosphäre durch Raumgestaltung/Einrichtung und Objektanordnung	Räumliche und atmosphärische Gestaltung der Nachbearbeitungs-, Beschwerde- oder Feedback-Einrichtungen	
	Das Dienstleistungsumfeld wird auch durch mitkonsumierende Personen geprägt (Schulung, gemeinsame Reisen etc.), die durch ihr Verhalten, ihre Emissionen (Lärm, Handy) und aktives/passives Mitwirken wesentlich das Umfeld bestimmen.			
	Auswahlverfahren anwenden	"Spielregeln" festlegen	Feedback-Möglichkeiten	

- Kennt das Management die Erwartungen und Ansprüche der Nutzer?
- Werden die Annahmen des Management in entsprechende Vorgaben und Standards umgesetzt?
- Bestehen zwischen den Vorgaben und der tatsächlich erfolgten Dienstleistung Abweichungen?
- Entspricht die geleistete Dienstleistung den in der Kommunikation gemachten Aussagen?

Dieses „Gap"-Modell und weitere Modelle zur Erfassung der Dienstleistungsqualität werden eingehend bei Bühler (1999, S. 129ff.) beschrieben. Alle diese Modelle beziehen sich auf Dienstleistungsunternehmen im Profit-Bereich. Ein illustratives Beispiel im NPO-Bereich zeigen Bruhn/Siems/Lischka (2000, S. 102) in ihrer Basler Kirchenstudie: Die Mitarbeitenden der Basler Kirchen schätzen die Meinung der Bevölkerung in vielen Bereichen nicht richtig ein. Bei den Erwartungen, der Leistungsbeurteilung, der Zufriedenheit, den Verhaltensabsichten und den Austrittsgründen liegen zahlreiche "Gaps" vor. Die Mitarbeitenden haben scheinbar Mühe, die Perspektive der Kunden einnehmen zu können.

Im Folgenden soll das Vier-Lücken-Modell der Dienstleistungsqualität von Blunck (1998, S. 48ff.) vorgestellt werden. Dieses Modell dient als Grundstruktur zur Ermittlung der Dienstleistungsqualität eines Verbandes. Aufbauend auf dem "Gap"-Modell von Parasuraman/Zeithaml/Berry werden die vier wesentlichen Ursachen für die Abweichung zwischen der von den Mitgliedern erwarteten Dienstleistungsqualität und der tatsächlich erhaltenen Qualität der Dienstleistung ermittelt. Selbstverständlich wären in der Realität weitere Lücken denkbar. Der Autor beschränkt sich auf die im Verbandsalltag häufig anzutreffenden Lücken. Wie Abbildung 112 zeigt, sind dies:

- Lücke 1: **Die Vertretungslücke**
- Lücke 2: **Die Willensbildungs-/Entscheidungslücke**
- Lücke 3: **Die hierarchische Lücke**
- Lücke 4: **Die operative Lücke**

Diese Lücken werden im Folgenden kurz beschrieben.

1. Die Vertretungslücke

Die Vertretungslücke kommt zustande, wenn die Verbandsmitglieder die Möglichkeiten der Teilnahme an der Willensbildung nicht wahrnehmen und ihre Interessen und Bedürfnisse gegenüber dem Verband nicht deutlich machen. Sie nehmen zum Beispiel nicht an Mitgliederversammlungen oder Umfragen teil, obwohl sie allenfalls mit den Vorschlägen der Verbandsführung nicht einverstanden sind. Oder Mitglieder sind

Abbildung 112: Das Vier-Lücken-Modell der Dienstleistungsqualität eines Wirtschaftsverbandes (Blunck 1998, S. 48)

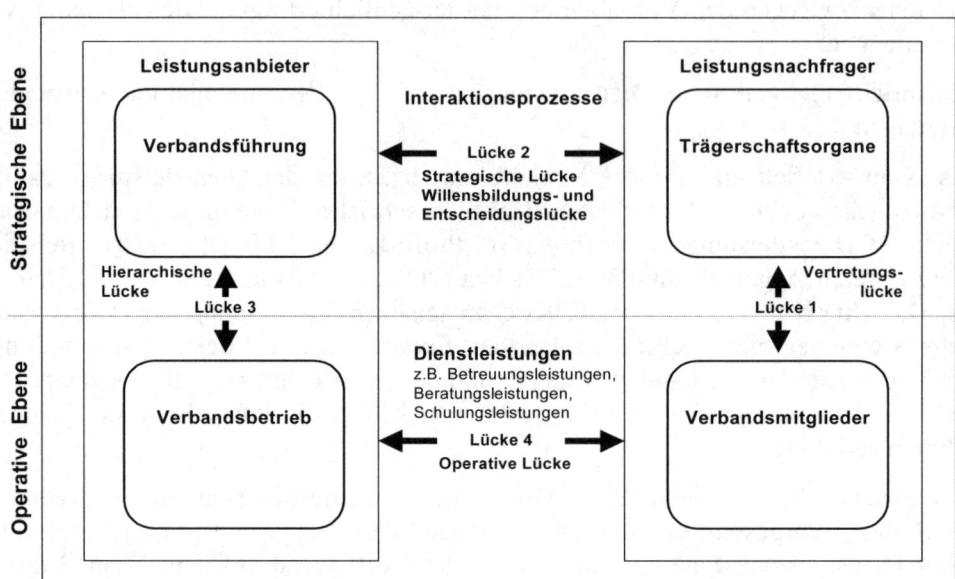

nicht bereit, in Führungs- oder Fachgremien und Ausschüssen mitzuwirken und deren Entscheide mitzugestalten. Es kann auch vorkommen, dass die "falschen" Personen in den Gremien sitzen und dort die Bedürfnisse und Probleme der Basis zu wenig einfliessen.

2. Die Willensbildungs-/Entscheidungslücke

Die beschriebene Vertretungslücke kann weiter zu einer Willensbildungslücke führen, wenn die Milizer im Vorstand und in den Ausschüssen Verbandsleistungen durchsetzen, die von den Erwartungen der Basis oder von den Vorgaben des Trägerschaftsorganes abweichen. Dies kann der Fall sein, wenn beispielsweise in einem Industrieverband die Vertreter von Grossfirmen andere Interessen vertreten als diejenigen von Kleinfirmen. Bei einer einseitigen Zusammensetzung des Vorstandes kann dies zu Problemen führen. Ein illustratives Beispiel konnten wir in einem schweizerischen Automobilverband beobachten, indem die Milizer verkehrspolitische Entscheide gefällt haben, die von der Basis nicht gewünscht wurden. Man hatte in den Leitungsgremien entschieden, eine gesetzliche Vorlage zur Geschwindigkeitsbeschränkung auf Autobahnen zu bekämpfen, obwohl eine breite Mitgliederbasis dieser Initiative zuzustimmen gewillt war. Eine nachträgliche Untersuchung hat ergeben, dass die Gremien mehrheitlich von Personen, die dem Automobilgeschäft nahe standen, besetzt waren, weil sich eben "normale" Mitglieder als reine Dienstleistungskonsumenten nicht für eine Wahl in ein solches Gremium erwärmen konnten. Damit besteht die Gefahr, dass ein nicht repräsentatives Organ mit bestem Wissen und Gewissen Entscheide fällt, die nicht dem Willen der Basis entsprechen.

Eine weitere Möglichkeit zur Entstehung einer Willensbildungslücke ist darin zu sehen, dass sich die Milizer nicht gegen die Profis in der Verbandsführung durchsetzen, weil sie in Bezug auf Informationsstand, Sachkenntnis und Zeitbudget nicht mithalten können (Schwarz/Purtschert/Giroud/Schauer, 2005, S. 257) und deshalb die Interessen der Profis die Entscheidungen prägen.

3. Die hierarchische Lücke

Verständigungsprobleme zwischen Milizern und Profis können eine weitere Lücke zur Folge haben, indem die Verbandsführung die Bedürfnisse der Mitglieder nicht richtig an den Verbandsbetrieb kommuniziert und damit im Verbandsbetrieb eine falsche Umsetzung erfolgt. Bei grösseren Verbänden kann sich auch eine Verbandsbürokratie etablieren, welche nur sehr träge auf die Vorgaben der übergeordneten Instanzen reagiert. In diesem Sinn kann es sich hier auch um eine Durchsetzungslücke handeln, indem die Verbandsführung nicht in der Lage ist, auf der erforderlichen Dienstleistungsqualität zu bestehen.

4. Die operative Lücke

Die operative Lücke entspricht dem klassischen Qualitätsdefizit im Parasuraman/ Zeithaml/Berry-Modell. Sie kann dort auftreten, wo Verbandsmitarbeitende mit den Verbandsmitgliedern direkt in eine Interaktion treten. Die operative Lücke kann eine Folge der Vertretungs-, Willensbildungs- und hierarchischen Lücke sein. Die Verbandsmitarbeitenden kennen die Bedürfnisse der Mitglieder zu wenig, oder die angebotene Dienstleistung entspricht schlicht nicht den Erwartungen der Mitglieder. Die operative Lücke kann am leichtesten entdeckt werden, weil diese auf einem direkten Kontakt zwischen Mitgliedern und Verbandsmitarbeitenden beruht.

Blunck schlägt vor, das Vier-Lücken-Modell in eine detaillierte Befragung umzusetzen. Die Mitglieder werden gefragt, ob sie die Willensbildungsprozesse des Verbandes nutzen (Vertretungslücke), und wie gut sie sich in den Organen vertreten fühlen (Willensbildungslücke). Die Befragung der Verbandsmitarbeiter über die Leistungen des Verbandes und die Performance gegenüber den Mitgliedern liefern Angaben zur hierarchischen Lücke. Die operative Lücke lässt sich über Mitgliederbefragungen relativ gut abdecken (vgl. Blunck 1998, S. 80ff.). Die Befragungen sollen ergeben, ob die Lücken in einem akzeptablen Rahmen liegen, oder ob Handlungsbedarf besteht.

Wir bewegen uns hier auf dem Gebiet der Quantitätsmessung im Dienstleistungsbereich, der in voller Entwicklung steht. Es wäre vermessen, diesen Bereich hier abdecken zu wollen (vgl. z.B. Bumbacher über prozessorientiertes Qualitätsmanagement für NPO, 2000).

4.4 Die Planungssequenz für die Entwicklung einer neuen Dienstleistung

Wie wir in der Einleitung zu diesem Kapitel erwähnt haben, muss unsere Standard-Planungssequenz für die operative Marketing-Planung für Dienstleistungen ergänzt werden, um dem hier zu bewältigenden komplexen Leistungsbündel gerecht zu werden. Wir folgen dem in Kapitel V. vorgestellten Aufbau.

4.4.1 Informationsanalyse

1. Vorfragen (Marketing-Idee) abklären

Prüfen der Realisierbarkeit einer Dienstleistungsidee bezüglich der Verbandspolitik, des Marketing-Konzeptes, der vorhandenen Infrastruktur und Ressourcen:

a) Wie umschreiben wir die neue Dienstleistung (Leistungsbündel)?

b) Welchen Kundennutzen bieten wir?

c) Welche Marktsegmente (Adressatenkreis und Bedürfnisse) werden abgedeckt?

d) Wie werden die Bedürfnisse der Adressaten abgefragt, um die Entstehung von "Gaps" oder Lücken zu vermeiden?

e) Wie gross (quantitativ) scheint die Nachfrage (Marktpotenzial)?

f) Besteht eine Marktlücke, oder gibt es Konkurrenzangebote?

g) Scheint die Finanzierung möglich, wenn ja, wie?

h) Verfügen wir über die erforderlichen Potenziale (Know-how, Kapazität)?

i) "Passt" die Dienstleistung, das Marketing-Dienstleistungskonzept zur Positionierung unserer NPO?

j) Wie beurteilen wir die Gesamtlage (Folgerungen aus a) bis i))?

2. Vorentscheid: Weitermachen/Abbrechen

Entscheiden, ob die Dienstleistungsidee weiterverfolgt, konkretisiert und realisiert wird, oder ob das Projekt abgebrochen werden soll.

4.4.2 Ziele

Welche Ziele setzen wir uns mit der Realisierung dieses Angebotes?

1. Quantitative Vorgaben: angebotene Einheiten, Umsatz usw.
2. Qualitative Vorgaben: Qualitätsstandards
3. Beitrag an übergeordnete Ziele der Organisation

4.4.3 Segmentierung/Zielgruppe

1. Präzise Definition des Adressatenkreises (Klienten), des Marktsegmentes
2. Präzise Umschreibung der Klientenbedürfnisse/-probleme, die befriedigt werden sollen.
3. Analyse des Marktpotenzials, d.h. der wahrscheinlichen Nachfrage (quantitativ, insgesamt)

4.4.4 Austauschsystem

1. Welche Charakteristik (Markt-/Nichtmarktprozess) hat der zur Diskussion stehende Dienstleistungsprozess? Prozesselemente? Prozessablauf?
2. Werden Dienstleistungsvermittler im Dienstleistungsprozess eingesetzt?
3. In welchen Phasen des Dienstleistungsprozesses und wie intensiv wird der Dienstleistungsnehmer in den Erstellungsprozess einbezogen?
4. Gibt es Beeinflusser/Meinungsbildner/Promotoren im Dienstleistungsprozess?

4.4.5 Positionierung

1. Erfassen der Konkurrenzangebote/Eigenschaften/Positionierungen
2. Prüfen gleicher oder ähnlicher Angebote, die in unserer Organisation bereitstehen (Erfahrungen und Konzepte).
3. Definieren einer Idealpositionierung mit festgehaltenem Kundennutzen, Festlegen der definitiven eigenen Positionierung

4.4.6 Marketing-Instrumentenbatterie

1. Performance, Leistungsgestaltung

a) Generelle Entscheide

- Qualitative Umschreibung/Definition der Dienstleistung: Was beinhaltet sie? Wie ist sie abzugrenzen? Welchen Qualitätsstandards soll/muss sie entsprechen?
- Allfällige Differenzierung der Leistung, wenn verschiedenen Adressaten teils unterschiedliche Leistungsvarianten angeboten werden sollen.
- Umfang des Angebotes (quantitativ in Stückzahlen, Umsatzzahlen, Leistungseinheiten, Stundeneinsatz usw.)
- Zeitliche Dimension (wann wird in welchem Zeitrahmen die Leistung angeboten?)
- Verbindung mit anderen Produkten/Leistungen der Organisation
- Erbringen wir die Dienstleistung allein oder in Kooperation mit anderen Organisationen, Institutionen? Wenn ja, wie ist die Kooperation organisiert?

b) Bereitschaftsleistung

- Erlaubt die technische Infrastruktur eine optimale Leistungserfüllung?
- Sachmittel, Know-how bereitstellen

c) Prozessleistung

- Festlegen des Prozessdesigns
- Kann die Leistung durch EDV/Informationstechnologie angeboten werden?
- Können Prozesse standardisiert, automatisiert werden?
- Wenn nicht: Sind die "Rahmenbedingungen" für das Erbringen individualisierter Dienstleistungen optimal gestaltet?
- Qualitätsstandards im Prozess festlegen
- Was geschieht bei Wartezeiten?

d) Ergebnisleistung

- Festlegen der materiellen Komponenten
- Visualisierung des Endergebnisses (Diplom)
- Weitere Begleitung des Dienstleistungsnehmers

2. People

a) Personal
- Bestimmung des Personaleinsatzes (wer macht was mit welchem Zeiteinsatz?)
- Steuerung und Entwicklung der fachlichen, sozialen und persönlichen Kompetenz der Mitarbeitenden

b) Participants
- Steuerung und Beeinflussung der Integrationsfähigkeit der Dienstleistungsnehmer
- Gibt es Möglichkeiten, die Dienstleistung durch spezifische Anreize, (z.B. Mitgliedschaft), Auszeichnungen, Diplom attraktiver zu gestalten?

3. Promotion/Kommunikation

a) Muss die neue Dienstleistung bekannt gemacht werden:

b) bei den Mitgliedern/Nichtmitgliedern?

c) bei den potenziellen Bezügern (Werbung)?

d) in der Öffentlichkeit (im Sinne von PR)?

e) Besteht ein Werbekonzept? Abstimmung mit USP, Leistungsversprechen

f) Abstimmung mit CI/COOPI

g) In welcher Art, in welchem Rahmen ist die neue Dienstleistung dem weiteren Publikum, allenfalls den Behörden und anderen Organisationen bekannt zu machen?

h) Werden die Bereitschaftsleistung, der Dienstleistungs-Erstellungsprozess und das Leistungsergebnis kommunikativ unterlegt, begleitet?

i) Wird der Kontakt zum Dienstleistungsnehmer nach der Erstellung aufrechterhalten?

4. Price, Preispolitik, Finanzierung, Bezugsberechtigung

a) Wie finanzieren wir die Dienstleistung (alternativ oder kombiniert):
- im Mitgliederbeitrag eingeschlossen?
- aus dem ordentlichen Budget der Organisation?
- durch kostendeckende Preise oder nicht-kostendeckende Gebühren der Klienten?
- durch besondere Zuschüsse, Sponsoren und andere Quellen?

- durch Leistungsverträge mit staatlichen Stellen?
b) Ist die Finanzierung mittel- bis längerfristig sichergestellt?
c) Preisdifferenzierung Mitglieder/Nichtmitglieder?
d) Benötigen wir einen (rückzahlbaren) Investitionskredit zum Aufbau der Leistungsbereitschaft? Wenn ja, woher?
e) Falls die Leistung "gratis" oder zu stark ermässigten Gebühren abgegeben wird: Ist der Kreis der Adressaten zu beschränken, d.h. sind bestimmte Kriterien für die Bezugsberechtigung festzulegen?

5. Place, Distribution, Leistungserbringung, Kontaktpotenzial

e) An welchem Ort ist die Dienstleistung durch wen zu erbringen:
f) zentral und/oder dezentral (Klientennähe)?
g) Eigenleistung oder Leistung durch Dritte im Auftragsverhältnis?
h) Wird das Kontaktpotenzial optimal ausgeschöpft?
i) Genügen die Räume, Wartebereiche etc., um die Kunden servicegerecht empfangen zu können?

6. Politics

Kann durch den Einsatz politischer Stellen die Dienstleistung verbessert, finanziert, offizialisiert (z.B. durch Zertifizierung) werden?

4.4.7 Organisation

1. Organisatorische Bestimmungen: Aufgaben-, Kompetenz-, Verantwortungszuteilung, Ablauf von Informations- und Entscheidungsprozessen, Funktionendiagramme
2. Aufbau der Infrastruktur, evtl. auch auf Landes- oder Sektionsebene
3. Organisation des Internen Marketing: Schulung der Service-Awareness auf allen Stufen

4.4.8 Budget

Für die Dienstleistungsentwicklung ist ein Budget bereitzustellen, das in Teilbudgets zerlegt werden kann, wie

1. Personalbudget
2. Kommunikationsbudget
3. Infrastrukturbudget usw.

4.4.9 Kontrolle

1. Bestimmung der Evaluations-/Kontrollprozesse (Kriterien, Zeitpunkte usw.) während und nach der Leistungserbringung
1. Kontrolle über die Einhaltung der Qualitätskriterien
2. Auswertung von Feedback, Beschwerden etc.

Abschliessend sei darauf hingewiesen, dass über Dienstleistungs-Management (für Dienstleistungen im eigentlichen Sinne) eine fundierte Spezialliteratur, wie z.B. Meffert/Bruhn (1995), erhältlich ist, die spezifisch Interessierten weitere Anregungen vermittelt.

4.5 Kollektiv vereinbarte Dienstleistungen

Wie einleitend zu diesem Kapitel gesagt, bieten NPO auch Dienstleistungen mit Kollektivgutcharakter an (Öffentlichkeitsarbeit, Lobbying, Collective Bargaining usw.). Aber auch indirekt vereinbarte Dienstleistungen brauchen nicht „schlüssig" zu sein, wenn der Bezahler eine Drittpartei ist. Daraus ergeben sich zusätzliche Marketing-Probleme.

Bumbacher hat dazu eine sehr plausible Klassifikation der NPO-Dienstleistungen entwickelt, indem er den Charakter des Auftraggebers/Bezahlers (Individuum oder Kollektiv) mit der Schlüssigkeit der Leistungserstellung kombiniert (s. Abb. 113; Bumbacher 2003, S. 395).

I. Individuell vereinbarte direkte Dienstleistungen

Bei dieser Dienstleistungskategorie handelt es sich um die Dienstleistung i.e.S., wie wir sie beschrieben haben. Diese Dienstleistungen können auch von profitorientierten Unternehmungen angeboten werden, allerdings besteht hier im Preis-Mix ein kleiner Unterschied, indem NPO nicht unbedingt Marktpreise verlangen müssen, sondern eine Quersubventionierung vornehmen können (z.B. über Mitgliederbeiträge).

II. Individuell vereinbarte indirekte Dienstleistungen

„Die Kategorie individuell beauftragter indirekter Dienstleistungen umfasst Leistungen, die der NPO von einem Individuum (Stifter, staatliche Stelle, Sponsor) zur Erstellung an eine Drittpartei aufgetragen werden. Gerade die von staatlichen Stellen ausgehenden Leistungsaufträge, welche eine NPO dazu verpflichten, eine klar definierte Zielgruppe in einer bestimmten Angelegenheit zu unterstützen bzw. zu resozialisieren, nehmen in der jüngeren Vergangenheit rasch zu" (Bumbacher 2003, S. 396).

Abbildung 113: Klassifikation von NPO-Absatzleistungen; DL = Dienstleistung (vgl. Bumbacher 2003, S. 395)

	Schlüssige Leistungeserbringung	Nicht-schlüssige Leistungserbringung
Konkreter Auftraggeber und Bezahler ist eine Person oder eine Institution	**I. Individuell vereinbarte direkte DL** *Ziel*: Leistungserbringung am Auftrag gebenden Individuum zur Lösung eines spezifischen Problems des Individuums *Beispiele*: NPO leistet für Individuen - Aus- und Weiterbildung - individuelle Auskünfte - individuelle Beratung - materielle Unterstützung	**II. Individuell vereinbarte indirekte DL** *Ziel*: Leistungserbringung an eine Drittpartei zu deren Beeinflussung bzw. Unterstützung im Sinne des Auftrag gebenden Individuums *Beispiel*: NPO leistet im Auftrag eines Individuums (z.B. Stifter) oder einer staatlichen Instanz Unterstützung bzw. Hilfe an eine bestimmte Zielgruppe
Konkreter Autraggeber und Bezahler ist ein Kollektiv	**III. Kollektiv vereinbarte direkte DL** *Ziel*: Leistungserbringung am Auftrag gebenden Kollektiv zur Lösung eines spezifischen Problems der Kollektivmitglieder *Beispiele*: NPO erbringt/ organisiert für das Kollektiv - Kongresse und Veranstaltungen - Daten- und Informationssammlung, -verarbeitung und -weitergabe - Normvorgaben für ein Verhalten der Mitglieder im Sinne des Kollektiv	**IV. Kollektiv vereinbarte indirekte DL** *Ziel*: Leistungserbringung an eine Drittpartei zu deren Beeinflussung bzw. Unterstützung im Sinne des Auftrag gebenden Kollektivs *Beispiele*: NPO erbringt/ organisiert - Unterstützung/Hilfe für eine Drittpartei - Aushandlung von allgemein verbindlichen Verträgen mit einer Drittpartei (Collective Bargaining) - Beeinflussung der öffentlichen Meinung - Beeinflussung des politischen Systems (Lobbying) - Beeinflussung eines Zielmarktes (Kollektivwerbung)

III. Kollektiv vereinbarte direkte Dienstleistungen

„Bei den kollektiv vereinbarten direkten Dienstleistungen handelt es sich um Leistungen, die im Auftrag des Kollektives direkt und interaktiv an diesem erbracht werden. Hierunter fallen Leistungen wie die Durchführung von auf das Kollektiv zugeschnittenen Veranstaltungen und Kongressen, das Sammeln, Verarbeiten und regelmässige Weiterleiten von Daten und Informationen für das Kollektiv, aber auch Massnahmen zur Vereinheitlichung oder Koordination des Verhaltens der Kollektivgüter. Zwar können diese Leistungen aufgrund ihrer Schlüssigkeit an den Bedürfnissen des Kollektivs ausgerichtet werden; weil aber gleichzeitig das ganze Kollektiv anzusprechen ist, muss bei der Konzipierung und Erbringung der Leistung zwischen den unterschiedlichen Erwartungen und Ansprüchen ein Kompromiss gefunden werden" (Bumbacher 2003, S. 396). Hier fallen die typischen Probleme des Kollektivgüter-Marketing an, die im Profit-Marketing nicht diskutiert werden (vgl. Abschnitt "Marketing für Kollektivgüter", Kapitel V, 7.2.3).

IV. Kollektiv vereinbarte indirekte Dienstleistungen

„Die Kategorie der mit einem demokratischen Kollektiv vereinbarten indirekten Dienstleistungen bildet aus Marketing-Sicht die herausforderndste Gruppe von NPO-Absatzleistungen, weil sich die Probleme der Nicht-Schlüssigkeit und des Kollektivauftrages gegenseitig verstärken" (Bumbacher 2003, S. 397; vgl. Woratschek/Roth 2003, S. 147).

In diese Kategorie gehören alle in den nächsten Kapiteln behandelten Themen, nämlich Öffentlichkeitsarbeit, Lobbying, Collective Bargaining und kollektive Werbung. Marketing-Aufgaben werden mit demokratischen Prozessen in komplexen Gebilden vermischt. Daraus ergeben sich ausserordentlich komplexe und aufwändige Planungs- und Entscheidungsaufgaben. Bumbacher ortet hier eine eklatante Theorielücke. Nur ganz wenige Autoren haben sich mit der Marketing-Problematik dieser Leistungskategorie auseinander gesetzt. Weil es für diese Leistungskategorie noch keine allgemein verbindliche Konzepte gibt, sollen diese Bereiche im Folgenden einzeln behandelt werden.

5. Öffentlichkeitsarbeit/Kampagnen

5.1 Öffentlichkeitsarbeit

Wie uns die Beschreibung der Marketing-Instrumente gezeigt hat, werden PR in der operativen Marketing-Planung als Kommunikationsinstrument eingesetzt, das begleitend für zahlreiche Marketing-Aktivitäten unterstützend wirkt (Begleit-PR), z.B. im Lobbying, im Fundraising, beim Verkauf von Dienstleistungen usw.

Gleichzeitig bildet die Öffentlichkeitsarbeit einen **eigenständigen Marketing-Einsatzbereich**, die NPO unternimmt PR-Aktivitäten für die eigene Tätigkeit. Oft stellen PR auch eine abgeleitete Mitgliederaufgabe dar, d.h. die Mitglieder sind nicht in der Lage, diese PR-Aufgabe allein zu erfüllen. Die NPO betreibt PR, um Mitgliederanliegen zu kommunizieren. PR sind ein Kerngeschäft für alle Verbände und andere NPO.

Wie in Kapitel V, 7.3.3, Punkt 3 festgestellt, versuchen wir durch PR, in nicht bezahlten Medien zu kommunizieren, d.h. im redaktionellen Teil der Medien zu erscheinen. Da heute vermehrt bezahlte Medien für PR-Zwecke eingesetzt werden, sind die Übergänge zur klassischen Werbung fliessend. Wie wir im Kapitel "Positionierung" (Kapitel IV, 5.4) bereits hingewiesen haben, gehören PR zum Corporate oder Cooperative Communication-Mix (s. Abb. 114).

Die einzelnen Elemente seien nochmals kurz illustriert.

- **PR**

    Aktive Beeinflussung (Dialog) mit verschiedenen Publika in meist unbezahlten Medien

- **Corporate Advertising**

    Aktive Bewerbung der Organisation in bezahlten Medien

- **Produkt- und Dienstleistungswerbung**

    Bewerbung von Angeboten der NPO bei definierten Zielgruppen

    Mit der autokommunikativen Komponente wird auch immer etwas über die Organisation selbst gesagt.

- **Fundraising-Kommunikation**

    Werbung für Spenden bei definierten Zielgruppen, wobei auch hier immer gleichzeitig die Organisation und deren Ziele beworben werden.

- **Kooperative oder Kollektivwerbung**

    Bewerbung von Anliegen der Mitglieder einer NPO, Verhaltens- und Einstellungsänderungen, image- oder kontextbezogene Themen

- **Gemeinschafts-, Sammelwerbung**

    Gemeinsame Werbung der Mitglieder einer Organisation für Produkte/Dienstleistungen, Qualitäts- und Gütezeichen

Abbildung 114: Corporate und Cooperative Communication-Mix

	Corporate Communication-Mix	
PR	Corporate Advertising (Werbung für die NPO)	Produkt- und Dienstleistungswerbung
	Fundraising-Kommunikation	

	Cooperative Communication-Mix	
PR	Kooperative oder Kollektivwerbung (Werbung für Anliegen der Mitglieder)	Gemeinschafts- und Sammelwerbung (Produkte, Gütezeichen der Mitglieder)

PR-Massnahmen können für alle kommunikativen Aufgaben eingesetzt werden:

1. **Image-PR** für die **Organisation** selber: Das Rote Kreuz kommuniziert über seinen Stellenwert. Ein Unternehmerverband publiziert eine Branchenbroschüre. Eine Gewerkschaft feiert ihr Jubiläum.
2. **Begleit-PR** zu Leistungen/Angeboten der NPO: Dienstleistungen, Fundraising, Lobbying.
3. **Image-PR** für **Anliegen der Mitglieder:** Der Bauernverband hebt die Wichtigkeit der Bauern für die Landesversorgung und die Landschaftspflege hervor.
4. **Kontextbezogene PR**: Man versucht, das Umfeld der NPO zu beeinflussen, z.B. Öffentlichkeitsarbeit gegen Gesetzesvorschläge usw.
5. **PR** für Anliegen des **Social Marketing**: Die NPO betreibt Öffentlichkeitsarbeit für Social Marketing-Themen wie Krebsprophylaxe.

Diese Aufzählung zeigt, dass PR in der NPO nicht nur Vertrauen für die eigene Organisation gewinnen sollen, wie das in der Unternehmer-PR der Fall ist, sondern für die Kommunikation von Mitgliederanliegen (Anliegen der Branche, eines Berufsstandes etc.) oder für die Kommunikation "übergeordneter Anliegen" im Social Marketing eingesetzt werden können. Für die Kommunikation all dieser Anliegen werden heute verstärkt bezahlte Medien verwendet.

Als wichtige Funktion der PR im NPO-Bereich wird das **Agenda-Setting** angesehen. Die NPO versucht, Themen in das Bewusstsein der Öffentlichkeit zu bringen, indem der Meinungsgegenstand von den Medien intensiv behandelt wird. Unter "Agenda" wird eine Liste von Themen oder "Issues" verstanden, die im Moment von der Öffentlichkeit als wichtig eingestuft werden (sollen). Man unterscheidet zwischen drei Agenden: **Public-Agenda** (Was beschäftigt die Öffentlichkeit?), **Politik-Agenda** (Welche Themen stehen in der Politik im Vordergrund?) und die **Media-Agenda** (Welche Themen beschäftigen die Medien?). Der heutige Konkurrenzkampf unter den Medienanbietern verleitet die Medien geradezu, neue Themen zu recherchieren und sich durch möglichst exklusive Reportagen zu profilieren.

NPO versuchen massgeblich, Themen ins Bewusstsein der Öffentlichkeit zu bringen. Man denke an die Diskussionen über das Waldsterben, die Robbenjagd, Recycling-Fragen, Dritte-Welt-Probleme usw. Ein erfolgreiches Agenda-Setting bedingt die breite Mitwirkung der Medien. Je nach Themen, die durch die NPO vertreten werden, ist die Mobilisierung der Medien gut oder weniger gut zu bewerkstelligen.

Die PR-mässige Themenbearbeitung ist aber keinesfalls den Umweltverbänden vorbehalten. Der Verband der Chemischen Industrie in Deutschland (VCI) betreibt beispielsweise ein systematisches **Issue-Management**, eines der zentralen Elemente des VCI im Informations-Management. Dieses besteht aus mehr als 70 sogenannten "Issue Sheets" oder Themenblättern, die auf einer Textseite standardisierte Kurzinformationen zu den vom VCI bearbeiteten Themen enthält:

- Bezeichnung des Themas, Vorhabens usw.
- wesentlicher Inhalt, Zielsetzung, Initiator
- Stand des Vorhabens
- weitere Verfahrensschritte
- VCI-Aktivitäten
- vom VCI verfolgte Ziele
- Zuständigkeit im VCI und eingesetztes Fachgremium

Das Issue-Management behandelt sowohl Gesetzesvorhaben, die von der Bundesregierung, dem Parlament, der EU-Kommission angestossen werden, als auch eigene Programme und Aktivitäten, die auf eine VCI-Initiative zurückgehen, wie Beteiligung an einer Ausstellung oder Selbstverpflichtungen der Branche. Typisches **Merkmal** für **Issues** ist ihr **projektähnlicher Charakter**, d.h. Vorhaben, die im Rahmen des Issue-Management bearbeitet werden, sind in aller Regel durch einen Beginn und ein Ende gekennzeichnet. Typischerweise ist also nicht das Thema "Steuerpolitik" ein Issue, sondern etwa das Ziel einer Unternehmenssteuerreform oder die angestrebte Abschaffung der Gewerbekapitalsteuer. Nicht die Vielzahl der vom VCI bearbeiteten Themen wird im Rahmen des Issue-Management aufbereitet, sondern nur eine Auswahl, die von der Geschäftsführung bestimmt wird. Gleichzeitig mit dieser Entscheidung wird ein verantwortlicher Issue-Manager benannt, der für die sachliche Richtigkeit und Aktualität der Inhalte verantwortlich ist.

Mit PR-Aktivitäten wird generell versucht, in der Öffentlichkeit ein günstiges Klima für die Wahrnehmung der jeweiligen Verbandsinteressen zu schaffen. Die NPO möchten eine Übereinstimmung ihrer Interessen mit den öffentlichen Interessen suggerieren. Vielfach wird auch der Nutzen für alle "hervorgehoben" oder der Status quo wird idealisiert, weil Menschen grundsätzlich Veränderungen scheuen. Immer wieder wird auch das Gemeinwohl angesprochen (vgl. Mayntz 1992).

Verschiedene Untersuchungen zeigen die Gestaltungsmöglichkeit medialer Inhalte durch PR-Massnahmen (Horisberger 2002, S. 115). Das gilt einerseits für die Themensetzung (Issue-Management) wie auch für die Determinierungsmacht der PR-Instrumente. Dies zeigt sich in der Transformation vom PR-Input in massenmediale Berichterstattung. So konnte Rossmann (Rossmann 1993, S. 90) belegen, dass in der deutschen Berichterstattung über Greenpeace 84 % der Beiträge auf PR-Input der Umweltorganisation zurückzuführen sind, wobei die PR-Inhalte fast unbearbeitet übernommen wurden.

Die Öffentlichkeitsarbeit ist ein wichtiger Einsatzbereich im NPO-Marketing, er wird dementsprechend auch in allen Organisationen gepflegt. Als mögliche PR-Instrumente werden etwa genannt (Hermann 1997, S. 23):

- Herstellung guter Kontakte zu Presse, Radio und Fernsehen
- Durchführung von Pressekonferenzen
- Einsatz attraktiv gestalteter Leistungs-, Jahresberichte
- attraktiv gestaltete Broschüren und eigene Zeitschriften
- Aufstellung von Sozialbilanzen und Verwertung der Ergebnisse in Sozialberichten
- Organisation von Kongressen und Symposien
- Herausgabe von Jubiläumszeitschriften, Büchern
- Durchführung von Besichtigungen (z.B. Naturschutzreservat) oder Organisation von Besichtigungen bei Mitgliedern (Firmenbesichtigungen)

Auf die Presse- und Medienarbeit wie die Gestaltung von Pressekonferenzen, Pressecommuniqués und andere technischen Fragen soll hier nicht weiter eingegangen werden, denn es gibt in diesem Bereich eine umfangreiche Literatur, und die Vorgehensweisen in der PR-Praxis unterscheiden sich zwischen PO- und NPO-Bereich nicht wesentlich. Zudem arbeiten nach unseren Erfahrungen die NPO in diesem Bereich recht erfolgreich (vgl. z.B. Kreis-Muzzulini 2000; Fetscherin 1999; Goldmann/Hoofacker 1996).

5.2 Kampagnen

Der Begriff "Kampagnen" wird vielschichtig verwendet, im Profit-Bereich versteht man darunter eine breite Werbeaktion für ein Produkt. Parteien führen (Wahl-)Kampagnen, NPO setzen Kampagnen ein, um Social Marketing-Ziele durchzusetzen. Im englischen Begriff „Campaigning" kommt der dynamische Charakter der Kampagnentätigkeit besser zum Ausdruck, man kann von einer dynamischen Form der Öffentlichkeitsarbeit sprechen (Wiedmer 2005, S. 76). Campaigning ist schwierig zu planen, weil Interaktionen mit sehr vielen Stakeholdern auftreten und ständig mit dem Unvorhergesehenen gerechnet werden muss. Neben einer zweckmässigen Rahmenplanung ist deshalb gute Improvisation gefragt.

NPO sind besonders geeignet, Kampagnen durchzuführen, weil ihre Glaubwürdigkeit in der Bevölkerung wesentlich höher ist als diejenige von Grossunternehmungen oder Parteien. Dies zeigen Untersuchungen immer wieder. Kampagnen sind heute schwieriger durchzuführen als noch vor wenigen Jahren. Die Attentate vom 11. September 2001 haben die Aktivitäten der Umweltbewegungen zumindest in den USA, aber auch in anderen Ländern deutlich erschwert. Regierungen setzen Bussen aus, und Firmen verlangen hohe Schadenersatzforderungen, wie zum Beispiel Exon/Esso gegen Greenpeace in Luxemburg und Frankreich (Wiedmer 2005, S. 81). Es gilt also, noch sorgfältiger zu planen, und es muss versucht werden, die Themen bei den Stakeholdern breit abzustützen.

5.2.1 Analyse

Die Analyse muss verschiedene Bereiche abdecken, einmal

1. die **eigene Organisation**, vorallem bei mitgliedschaftlich organisierten Organisationen muss eine Kampagne breit abgestützt sein, insbesondere, wenn eine grössere Zahl freiwilliger Helfer eingesetzt werden soll. Selbstverständlich braucht es auch eine organisatorische Infrastruktur und die entsprechenden Mittel;

2. die **politische Analyse**. Ein Blick auf die politische Landschaft zeigt, dass der Einfluss der internationalen Abkommen wie der Welthandelsorganisation WTO zunimmt. Die Globalisierungstendenzen erschweren die politische Arbeit sehr. Auf der andern Seite ist das Umweltempfinden der Bevölkerung in den deutschsprachigen Ländern recht hoch entwickelt, Themen wie Tropenwälder, Tropenholz sind nach wie vor sehr populär;

3. die **Themenanalyse**. Ein Thema eignet sich erst zum Campaigning, wenn es auf der Medienagenda gut platziert ist. Das Thema ist verständlich darzustellen und das Involvement der Bevölkerung zu wecken. Wenn durch Kampagnen Konsumenten mobilisiert werden können, ist das vorteilhaft. Das Thema "Tropenholz"

ist beispielsweise sehr geeignet, findet breiten Konsens und ist nicht irgendwie politisch eingefärbt;

Selbstverständlich können weitere Punkte untersucht werden. Ein Thema, das nicht ausgelassen werden darf, ist

- die **Stakeholder-Analyse**. Es sind die wesentlichen Gruppen von Stakeholdern zu eruieren, die einzelnen Gruppen sind zu charakterisieren, und es ist die geplante Einflussnahme auf die Stakeholder festzulegen.

Für das Thema "Tropenholz" kommen beispielsweise folgende Gruppen in Frage:
- Holzkonzerne
- Holzverbände
- Holzverarbeiter
- Schweizer Regierung
- Regierung in den Zielländern
- WTO
- Internationale Regenwaldinstitutionen
- Forest Movement Europe
- Konsumenten
- Öffentlichkeit
- Medien
- usw.

5.2.2 Ziele der Kampagne

Die Ziele ergeben sich meistens aus übergeordneten Konzepten wie Leitbild, Marketing-Konzept. In Bezug auf Tropenholz könnten diese lauten:
- Schutz des Regenwaldes vor (illegaler) Abholzung
- Druck auf die Regierungen der entsprechenden Regionen
- Druck auf den Holzhandel und die Holzhändler
- Druck auf die Produzenten
- Druck auf den Handel
- Sensibilisierung der Konsumenten
- Propagierung eines entsprechenden Labels

5.2.3 Zielgruppen und Austauschprozesse

Aus den festgelegten Zielen ergeben sich die entsprechenden Zielgruppen. Man versucht, deren Austauschprozesse zu analysieren und herauszufinden, wo möglichst effiziente Einwirkungsmöglichkeiten bestehen. "Campaigning" heisst, bewusste Konfrontation mit Zielgruppen suchen, seien dies nun Firmen oder Regierungen vor Ort. Die Kraft des Anliegens kann zu einer erheblichen Mobilisierung der Öffentlichkeit führen.

5.2.4 Positionierung der Kampagne

Die Kampagne ist in Bezug auf verschiedene Stakeholder zu positionieren. In unserem Beispiel Tropenholz (Wiedmer 2005, S. 90ff.)

1. **In Bezug auf die Holzindustrie**

   Holzfirmen sind die Hauptverursacher der Regenwaldzerstörung und agieren oft in Wäldern, wo indigene Völker Nutzungsansprüche stellen. Nicht selten ergreifen diese Firmen einschüchternde Massnahmen, um ihre Interessen durchzusetzen. Eine konfrontative Auseinandersetzung mit einzelnen Holzfirmen hat grosses Profilierungspotenzial. Es erzeugt das Bild von David gegen Goliath, bzw. der kleinen Umweltorganisation gegen die rein wirtschaftlichen Absichten.

   Die Druckkette muss fortgesetzt werden, über den Holzhandel bis zum Endverkäufer.

2. **In der Schweiz in Bezug auf Politik**

   Obwohl dieser Themenbereich eher im links grünen politischen Spektrum liegt, soll die Kampagne nicht ideologisch profiliert werden, denn auch in bürgerlichen Kreisen geniessen die zentralen Forderungen viel Sympathie. Deshalb soll die Kampagne nicht ideologisch und parteipolitisch belastet werden, sondern sich ganz auf die Profilierung des Themas „Schutz des Regenwaldes" konzentrieren.

   Ungleich schwierig ist die Positionierung in den Ländern mit Regenwäldern. Dort schätzt man insbesondere Kritik aus Industrieländern wenig. Hier braucht es sehr viel Fachwissen vor Ort, denn Kritik äussern und trotzdem fair und respektvoll bleiben und die lokalen Bedingungen verstehen und berücksichtigen, ist schwierig zu handhaben. Wenn der Druck aus den Verbraucherländern genügend stark ist, kann dies die Einflussnahme auf die Holzindustrie erleichtern.

3. **In Bezug auf Partner**

   Das aktuelle und beliebte Thema „Regenwald" wird von mehreren Organisationen bearbeitet, insbesondere die zwei grossen Player Greenpeace und WWF sind hier sehr aktiv. Jede Organisation muss als wichtiger Player wahrgenommen werden.

Greenpeace und WWF sind näher bei der Holzindustrie und den Konsumenten, da beide Organisationen den FSC (Forest Stewart Ship Council) unterstützen, ein internationales Waldzertifizierungssystem. Der Bruno-Manser-Fonds als kleine unabhängige Regenwaldorganisation engagiert sich vor allem für die Interessen der indigenen Völker in den Regenwäldern. Auf der andern Seite hat dann wieder eine Abgrenzung oder Kooperation mit Organisationen wie der Gesellschaft für bedrohte Völker stattzufinden.

4. **In Bezug auf die Öffentlichkeit**

Die Kampagne soll das gewünschte Verhalten der Öffentlichkeit klar kommunizieren. Dies kann bis zu einem Boykott von Tropenholzprodukten durch Konsumenten gehen. Solche Boykotte bedeuten eine grosse Marktmacht und sind natürlich von Produzentenseite sehr gefürchtet.

5.2.5 Kampagnen-Einsatzbereiche

Der Kampagnen-Einsatzbereich ist zu präzisieren nach:

1. **Thema.** Das Thema wird nach Region differenziert formuliert.
2. **Geographischer/regionaler Einsatzbereich.** Neben regionalen und nationalen Kampagnen erfordern gewisse Themen internationale Kampagnen. Wie das Beispiel "Regenwald" zeigt, kann die Kampagne auf die Länder mit Regenwäldern und auf diejenigen Länder, in welchen die mit Tropenholz gefertigen Produkte im Handel sind, ausgeweitet werden. Selbstverständlich unterscheiden sich die Kampagnenansätze je nach Problemlage. Weiter ist es möglich, in gewissen Ländern vor allem Fundraising für die Kampagne zu betreiben. Dies wurde sehr augenscheinlich mit der Kampagne für die Robbenbabbies inszeniert.
3. **Politischer Einsatzbereich.** Hier erfolgen Aufträge für die operative Lobbying-Planung (vgl. Kapitel VI, 6.), falls Chancen bestehen im politischen System. In der Frühlingssession 2004 hat der Schweizer Nationalrat etwa überraschend die Motion Eggly, 02.3529 „Entwicklungszusammenarbeit mit indigenen Völkern in Tropenwaldgebieten" als Postulat angenommen. Die weiteren vorliegenden, aber im Plenum der Räte noch nicht behandelten Vorstösse sollen weiter betreut werden: die Motion Gysin, 02.3587 „Holz und Holzprodukte. Allgemeine Deklarationspflicht" und die Motion Graf, 02.3603 „Illegal produziertes Holz und Holzprodukte. Import- und Verkaufsverbot".

Je nach dem geografischen Einsatzbereich ist es unter Umständen opportun, auch in die politischen Prozesse in den Zielländern einzugreifen. Allerdings braucht dies grössere Ressourcen vor Ort.

4. **Einsatzbereich in der Prozesskette.** Es zeigt sich, dass Kampagnen gegen die Tropenholzindustrie am wirkungsvollsten sind. Firmen in der Schweiz, in Deutschland und in Österreich sollen dazu gezwungen werden, kein Tropenholz zu verwenden. In der Schweiz sind auch grössere internationale Holzkonzerne angesiedelt.

Skandalgeschichten wie die Verwendung von verstecktem Tropenholz eignen sich natürlich für die Massenmedien. Die grossen Werke Greenpeace und WWF engagieren sich in Kampagnen, um das Einkaufsverhalten der Konsumenten zu ändern.

5.2.6 Kampagnen-Organisation

Kampagnen sind typische Projekte, und deshalb eignet sich eine Projektorganisation. Kampagnen gehören zum Bereich des Marketing, sind aber als Marketing-Teilaufgabe mit dem Fundraising und dem Lobbying zu koordinieren. Es ist immer darauf zu achten, dass Kampagnen nicht die Gesamtpositionierung der Organisation torpedieren und plötzlich ein Eigenleben beginnen, das zu Beginn eigentlich gar nicht gewollt war. Die Gefahr solcher Selbstläufer ist geringer, wenn Kampagnen gut in die Gesamtmarketing-Organisation eingebettet werden.

5.2.7 Kampagnen-Budget

Obwohl die Budgetierung in diesem Bereich sehr schwierig ist, soll ein Rahmenbudget erstellt werden, wobei immer Reservepositionen vorzusehen sind. Die bei Kampagnen inhärente Improvisation fordert meistens zusätzliche Mittel.

5.2.8 Kampagnen-Kontrolle

Im Gegensatz zur Kampagnen-Planung, die recht schwierig ist, fällt die Kontrolle in der Praxis relativ leicht, denn Ergebnisse sind oft direkt wahrnehmbar oder sogar quantifizierbar.

6. Interessenvertretung/Lobbying

Wir haben verschiedentlich festgestellt, dass die Interessenvertretung eine **Kernleistung** der NPO darstellt, und zwar sowohl für die Selbsthilfe- bzw. Eigenleistungs- wie für Drittleistungs-NPO. Dies gilt für den gesamten deutschsprachigen Raum. Deshalb bildet die Interessenvertretung in unserem Modell einen wichtigen Marketing-Einsatzbereich. Wir verstehen hier unter Interessenvertretung die Beeinflussung des politischen Systems. Für die meisten NPO empfiehlt sich deshalb, ein Interessenvertretungs-/Lobbying-Konzept als Marketing-Teilkonzept zu erstellen. Diesem schliesst sich für die Bearbeitung von einzelnen Lobbying-Aufgaben die operative Lobbying-Planung an.

Wie wir bei der Beschreibung der operativen Marketing-Planung festgehalten haben, lassen sich einzelne politische Instrumente auch bei der Planung irgendwelcher Marketing-Aktivitäten begleitend/unterstützend einsetzen.

Bevor wir mit der Erarbeitung des Lobbying-Konzeptes beginnen, sollen einige grundsätzliche Überlegungen zum Thema "Verbände als Akteure im politischen System" vorgestellt und einige Hinweise zur Struktur von politischen Prozessen gemacht werden.

6.1 Die NPO/Verbände als Akteure im politischen System

Aufgrund ihrer Stellung zwischen dem politisch administrativen System und den Bürgern können politische Parteien zusammen mit den Interessenverbänden und den neuen sozialen Bewegungen als "intermediäre Organisationen" bezeichnet werden (Ladner 1991, S. 97). Nach unserer Definition handelt es sich bei allen diesen Organisationen um NPO (vgl. Kapitel II).

Politische Parteien werden definiert als politische Organisationen, die Anhänger mit ähnlicher Gesinnung oder ähnlichen Interessen in ihren Reihen sammeln, um auf die politische Willensbildung des Volkes Einfluss zu nehmen (Gruner 1977, S. 12). Im Unterschied zu anderen politischen Bewegungen nimmt die Partei aktiv an der Bestellung der politischen Organe teil (Aubert 1987, S. 38). Dies geschieht bei Parlamentswahlen durch eigene Wahlkampfkampagnen und eigene Kandidatenlisten. Zudem wirken Parteien mit bei Volksabstimmungen, in der politischen Meinungsbildung, im Parlament usw. Das Parteiengesetz der Bundesrepublik Deutschland definiert: "Parteien sind Vereinigungen von Bürgern, die dauernd oder für längere Zeit für den Bereich des Bundes oder eines Landes auf die politische Willensbildung Einfluss nehmen und an der Vertretung des Volkes im Deutschen Bundestag oder einem Landtag mitwirken wollen, wenn sie nach dem Gesamtbild der tatsächlichen Verhältnisse, insbesondere nach Umfang und Festigkeit ihrer Organisation, nach der Zahl ihrer Mitglieder und nach ihrem Hervortreten in der Öffentlichkeit eine ausreichende Gewähr für die Ernsthaftigkeit dieser Zielsetzung bieten. Mitglieder einer Partei können nur natürliche Personen sein" (Rudzio 1977, S. 71).

In Deutschland, Österreich und der Schweiz stehen sich im politischen Wettbewerb je vier grössere Volksparteien gegenüber. Als "Volkspartei" wird eine Partei bezeichnet, die sich nicht als Vertretung bestimmter Bevölkerungsteile versteht, sondern Probleme von gesamtgesellschaftlichem Interesse lösen will und alle Bürger anzusprechen sucht. Eine Volkspartei sollte einen breiteren Bevölkerungsquerschnitt vertreten können (Rudzio 1977, S. 90). Neben den grösseren existiert auch eine Anzahl kleinerer Parteien, die ausserhalb oder nur am Rande des politischen Entscheidungsprozesses stehen.

Die politischen Parteien treten vor allem in der politischen Meinungsbildung und im Parlament in Erscheinung. Sie haben mit ihrer **Gemeinwohlorientierung** eine Integrations- und Legitimationsfunktion.

Interessenverbände orientieren sich im Gegensatz zu den Parteien nicht primär und explizit am Gemeinwohl, die Verbände/NPO nehmen die **Interessen ihrer Mitglieder** oder **Klienten** wahr. Die Zusammenarbeit zwischen Parteien und Verbänden kann symbiotischen Charakter annehmen, welcher die Bedeutung aller beteiligten Organisationen steigert. Die eher mitgliederarmen und finanziell zum Teil schlecht gestellten Parteien sind bei Wahlen und Abstimmungen auf die Unterstützung der mitgliederreichen und finanzkräftigen Verbände angewiesen. Interessengruppen können über Vertrauenspersonen versuchen, auch Plätze auf Wahllisten von Parteien einzunehmen (Ladner 1991, S. 99).

Erwähnenswert in diesem Zusammenhang ist die eher schwache Stellung der schweizerischen Parteien im Vergleich zu den Interessenverbänden, die auf eine mangelnde Berücksichtigung in Verfassung und Gesetz zurückgeht. In den meisten europäischen Staaten wurde nach dem Zweiten Weltkrieg die Rolle der Parteien als wichtige Säulen der Demokratie in Verfassung und Gesetz festgehalten. Dazu gehört auch eine Finanzierung der Parteien aus öffentlichen Mitteln, was in der Schweiz praktisch nicht gegeben ist.

Weil die NPO-"politische Partei" ihrer Natur nach zum politischen System und politische Arbeit zu ihrem Hauptzweck gehört, beziehen sich die folgenden Ausführungen auf die NPO/Verbände als Interessengruppen, die - ergänzend zu ihren übrigen Leistungen - Einfluss auf das politische System nehmen wollen.

Zur Beschreibung des **Wirkens** von **Verbänden** in **politischen Systemen** gibt es drei wichtige Ansätze:

Der **pluralistische** Ansatz geht davon aus, dass Gruppen gewissermassen spontan auf der Basis gemeinsamer Interessen entstehen. Im Mittelpunkt politischer Prozesse stehen komplexe Probleme. Gruppen können sich aufgrund von wahrgenommenen Ungleichgewichten organisieren und damit versuchen, ihre Interessen ins politische System einzubringen (vgl. Kapitel II). Die Vielfalt und Heterogenität gesellschaftlicher Interessen gelten in der pluralistischen Konkurrenzdemokratie als wünschenswert und legitim. Die konkurrierenden Interessen kontrollieren sich gegenseitig und beschränken sich in ihrer Macht. Dies führt zu einem gesellschaftlichen Gleichgewicht mit einer optimalen Aggregation gesellschaftlicher Interessen (Streeck 2000, S. 32).

Kritiker des pluralistischen Ansatzes argumentieren, dass gesellschaftliche Interessen ungleich organisations- und konfliktfähig und damit unterschiedlich durchsetzungsfähig sind. Man denke nur an die Konsumenten- oder Patienteninteressen, die nur schwach organisiert sind. Zudem ist die mangelnde Berücksichtigung der Einflussmöglichkeiten der politischen und bürokratischen Akteure (staatlichen Organen, Verwaltung) zu bemängeln (Buholzer 1998, S. 84).

Unter dem **korporatistischen** Ansatz wird heute die strukturierte Vertretung funktionaler Interessen im politischen Entscheidungsprozess verstanden. Beim **autoritären** Korporatismus wird der Wettbewerb zwischen Interessengruppen praktisch ausgeschlossen und im Wirtschaftsbereich durch das Verhandeln im Rahmen der Sozialpartnerschaft ersetzt. Die gesetzliche Mitgliedschaft führt zu einem sehr hohen Organisationsgrad (man denke an die Wirtschafts-, Arbeiter- und Landwirtschaftskammern in Österreich). Die Interessengruppen sind sehr eng in das politisch bürokratische System eingebunden und erhalten vom Staat ein Repräsentationsmonopol (Buholzer 1998, S. 85). Nach Groser (1992, S. 135) ist zudem der durch Pflichtbeiträge finanzierte hauptamtliche Apparat grösser als derjenige bei freiheitlichen Vereinigungen. Der **liberale** Korporatismus (**Neokorporatismus**) beruht hingegen auf der Grundlage von Vereinigungsfreiheit, Koalitionsfreiheit und Verbandsautonomie. Die Interessenvertretung ist aber im politischen Entscheidungsprozess eingebunden.

Der korporatistische Ansatz lässt zwei grundlegende Annahmen des pluralistischen Ansatzes fallen: die Vorstellung eines grundsätzlich offenen Interessenmarktes und die passive Rolle des Staates. Zudem treten die Interessengruppen nicht mehr von aussen an die politischen Entscheidungsträger heran, sondern beeinflussen diese im Dialog (Buholzer 1998, S. 76), weil sie "offiziell" in den politischen Entscheidungsprozess einbezogen werden. Die Hauptverdienste des korporatistischen Ansatzes liegen in der Betonung des Tauschaspektes und der Hervorhebung der Bedeutung der politischen und bürokratischen Akteure für die Interessenvermittlung.

Den Modellen der **Neuen Politischen Ökonomie** liegen die Ideen des sozialen Tausches zugrunde. Der Ansatz betrachtet politische Massnahmen nicht als das Ergebnis der Suche nach einem extern vorgegebenen Gemeinwohl, sondern als Ergebnis eines Zusammenspiels vieler beteiligter Personengruppen und Institutionen, die ihre individuellen Ziele unter institutionell vorgegebenen Regeln verfolgen. Die Neue Politische Ökonomie versucht, die in der Ökonomie üblichen Methoden auf die Politikanalyse zu übertragen. Die Analogie zwischen Markt und politischen Prozessen darf jedoch nicht strapaziert werden, problematisch sind nach Buholzer (1998, S. 91) etwa die Effizienz-Implikationen, welche dem Wettbewerb im Markt unterstellt werden und die nicht ohne weiteres auf den politischen Wettbewerb übertragbar sind. Stehen auf wirtschaftlicher Ebene weitgehend Allokationseffizienzfragen im Mittelpunkt, sind es auf politischer Ebene Verteilungs- und Gerechtigkeitsfragen. Der politische Wettbewerb ist seiner Natur nach unvollständig, da die individuellen Anreize, daran teilzunehmen und Informationen zu beschaffen, viel geringer sind als im ökonomischen Wettbewerb. Märkte sind *eine* Form des gesellschaftlichen Austauschprozesses, es ist nicht zwingend, dass man andere Prozesse so umbiegen soll, dass sie mit der Logik des Marktes übereinstimmen.

Die wichtige Übereinstimmung zwischen den Ansätzen der Neuen Politischen Ökonomie und dem Korporatismus liegt in der Betonung des **Tauschcharakters** der Beziehungen zwischen Interessengruppen und Staat. So liefert der ökonomische Ansatz gute Gründe (z.B. Senkung der Durchsetzungskosten bei der Implementation) für eine Einbindung und Verflechtung der Interessengruppen mit politischen und bürokratischen Akteuren. Lobbying-Aktivitäten sind nicht nur im Interesse der jeweiligen Interessengruppen, sondern bringen auch für die Regierungen/die Verwaltung Vorteile. "The interaction between the participants in this process is viewed as an exchange like relationship. The 'goods' supplied by politicians and bureaucrats are certain government policies (legislation, transfers, public goods). The interest groups are the demanders of these goods, their 'price' being the amount of pressure by the groups directed towards the polity" (Potters/van Winden 1990, S. 62). Zwischen den politischen und bürokratischen Akteuren einerseits und den Interessengruppen andererseits finden Tauschprozesse statt (Tauschmittel sind Informationen, Stimmen, Geld, Verzicht auf politische Aktionen etc.).

Diese Hinweise über die drei bekanntesten theoretischen Ansätze im Bereich "Interessenvertretung" sollen durch einige Ergebnisse einer Studie über Lobbying, Neokorporatismus und Verbände ergänzt werden, die an der Universität Zürich realisiert wurde (Klöti 1988, S. 8ff.). Diese Untersuchungen haben einmal mehr bestätigt: In allen Politikbereichen finden sich organisierte Gruppen und Verbände, die in formellen und informellen politischen Prozessen gegenseitig Interessen aushandeln und auf staatliche Behörden einwirken. War ursprünglich Lobbyismus vorwiegend als Beeinflussung des Parlaments (Lobby = Vorzimmer bzw. Wandelhallen) zu verstehen, so treten die Verbände heute vor allem gegenüber der staatlichen Verwaltung auf. Es entsteht damit ein Zusammenspiel zwischen organisierten Interessen einerseits und dem Staat, vertreten durch die Verwaltungsstellen, andererseits. Damit ist freilich noch nichts ausgesagt über die Konstellation und die Stärkenverhältnisse zwischen den beteiligten Akteuren. Diese können je nach Politikbereich differieren. Grössere Unterschiede sind bei der Anzahl beteiligter Verbände auszumachen. Klassische Formen des Tripartismus, an dem Staat, Unternehmer und Arbeitnehmer beteiligt sind, finden wir am ehesten in den traditionellen Bereichen der Wirtschaftspolitik, so etwa bei der Berufsbildungspolitik oder der regionalen Wirtschaftsförderung. Die Besonderheit des schweizerischen Tripartismus besteht allerdings darin, dass sowohl auf der Seite der Unternehmer wie auf der Seite der Arbeitnehmer die jeweiligen Spitzenverbände nicht geschlossen auftreten.

Der Gewerkschaftspluralismus mit seiner sozialdemokratischen, christlichsozialen und schliesslich auch noch liberalen Ausprägung findet sein Gegenstück bei der oft mangelnden Geschlossenheit auf Seiten der Wirtschaftsverbände. Handels- und Industrieverein, Gewerbeverband, Bankiervereinigung und andere Branchenverbände verfolgen nicht immer gleichlautende Interessen. So ortet Klöti für die Schweiz eher die Konstellation des Verbandspluralismus als jene des Neokorporatismus. Eigentliche Klientensysteme wurden in reiner Form nicht angetroffen, am nächsten kommt dieser Konstellation die Situation in der Landwirtschafts- und Aussenwirtschaftspolitik. Aber auch dort gibt es die Interessen der grossen Konzerne gegenüber jenen der kleinen und mittleren Firmen. In der Landwirtschaft sind die Interessen der Produzenten von Milch, Getreide, Gemüse usw. nicht immer auf einen Nenner zu bringen. Zudem kollidieren die Produzenteninteressen mit jenen des Handels usw.

Die in der Theorie des Neokorporatismus gewünschte symmetrische Verteilung des Einflusses zwischen Arbeitgebern und Arbeitnehmern ist in der Schweiz ebenfalls nicht nachweisbar. Vielmehr wurden zahlreiche Ungleichgewichte festgestellt. In der Berufsbildung haben eher die Gewerbevertreter die politischen Entscheidungen bestimmt. Aber auch in anderen Bereichen herrscht bei weitem keine symmetrische Verteilung vor. So haben in der Umweltpolitik die technischen Umweltspezialisten lange die Szene beherrscht, während die ideellen Umweltschützer erst in jüngster Zeit Einfluss gewonnen haben. In der Verkehrspolitik hatten die Vertreter der Interessen des Strassenverkehrs aufgrund der politischen Situation bis weit in die 1970er Jahre hinein ein deutliches Übergewicht gegenüber den Interessen des öffentlichen Verkehrs.

Über die Austauschbeziehungen zwischen den Verbänden und Verwaltungen einerseits und dem Parlament andererseits ergeben die empirischen Untersuchungen von Klöti ebenfalls höchst unterschiedliche Bilder, je nach Politikbereich. In den wirtschaftspolitischen Bereichen wie Regionalpolitik oder Aussenwirtschaftspolitik ist es noch am ehesten möglich, in vor- und ausserparlamentarischen Gremien zwischen Verbänden und Verwaltungen tragfähige Lösungen auszuhandeln, die in einem späteren Zeitpunkt vom Parlament nicht mehr in Frage gestellt oder widerrufen werden. In der Gesundheitspolitik sind die Bedingungen jedoch so, dass es unmöglich ist, sowohl im Parlament als auch ausserhalb konsensfähige Lösungen zu erarbeiten. In der Verkehrs- und in der Umweltpolitik stellt der Autor fest, dass die in neokorporatistischen Strukturen und Verfahren vorbereiteten Kompromisse zunehmend vor dem Parlament nicht mehr standhalten. So hat das Parlament scheinbar eher wieder an Einfluss zurückgewonnen, da es zunehmend eine Art Schiedsrichterfunktion zu erfüllen hat. Lobbyismus, Klientelismus, Aushandlungen in neokorporatistischen Verfahren scheinen nur noch dort zu tragfähigen Lösungen zu führen, wo man es mit verhandelbaren, zählbaren, messbaren und damit teilbaren Themen zu tun hat. Geht es um grundsätzliche Fragen des "Guten Lebens" (Atomenergie, Landesverteidigung, Nationalstrassen, Alpentunnel usw.), dann wird Politik wieder ideologiegebunden und stärker in die traditionellen institutionellen Bahnen gelenkt.

Die vorgestellten **theoretischen Ansätze** und die **empirischen Untersuchungen** zeigen uns, dass es zum Funktionieren des politischen Systems **kollektive Akteure** braucht, die Interessen organisieren, abstimmen und in den politischen Prozess eingeben. Weiter haben wir gesehen,

- dass es sich hier um einen **Austauschprozess** handelt, der sehr komplex strukturiert ist;

- dass die **Struktur** dieses Austauschprozesses und die darin ablaufenden **Prozesse** bekannt sein müssen, um sinnvoll darauf einwirken zu können;

- dass die im Prozess agierenden **Akteure** und ihre Bedürfnisse bekannt sein sollten;

- dass valable "**Tauschgüter**" bereitgestellt werden müssen.

Aus diesem Zusammenhang lässt sich schliessen, dass **Lobbying** eine **Kombination von Dienstleistungs-/Service- und Kommunikationsaktivitäten** beinhaltet.

Die bisherigen Ausführungen haben gezeigt, dass Interessengruppen in politischen Systemen eine wichtige Funktion einnehmen. Ihr Wirken wird von der Politikwissenschaft und der Volkswirtschaftslehre in Bezug auf das Gesamtsystem beurteilt. Eine Zeitlang schien es, als ob die Macht der Verbände überschätzt würde (Sebaldt 1997, S. 384). Nicht die Bürger-, sondern Wirtschafts- und Verbandsinteressen würden in undurchsichtigen vor- und ausserparlamentarischen Verfahren eine Interessenaushandlung betreiben. Heute ist die ganze Problematik einer pragmatischen Betrachtungsweise gewichen. In Deutschland spricht man von einer "selbstgesetzten Sozialverpflichtung der Verbände" (Ronge 1992, S. 64). Viele Untersuchungen und Fallstudien haben gezeigt, dass die Macht der Verbände durch eine Vielzahl von weiteren Akteuren eingegrenzt wird. Dagegen wäre die politische Arbeit ohne die Informationsaufbereitung durch Interessengruppen gar nicht machbar. Auch die Akzeptanz von politischen Beschlüssen ist auf der Basis einer breiten Abstützung durch Interessengruppen leichter erreichbar. Es zeigt sich immer wieder, dass die staatliche Verwaltung die Bildung von Interessengruppen sogar fördert, um geeignete Ansprech- und Verhandlungspartner zu haben. Die englische Regierung hat festgestellt, dass es für eine nationale Interessenvertretung mindestens ein Budget von 1 Mio. Pfund braucht und empfiehlt deshalb kleineren Verbänden, den Zusammenschluss oder eine Kooperation einzugehen (Purtschert 1999). Für die staatliche Seite bieten Verbände einige Vorteile: Vorallem kann die Zahl der Interaktionen verringert werden (Streeck 2000, S. 34), und der Verband übernimmt die Auslotung von Kompromisslösungen in den eigenen Reihen (Groser 1989, S. 266). Die schweizerische Regierung beispielsweise fördert im Rahmen der neuen Agrarmarktordnung die Vermarktung von landwirtschaftlichen Produkten. Die verfügbaren Mittel werden prinzipiell nicht an Einzelanbieter, sondern nur an organisierte Gruppen abgegeben. Dies sind meistens Produzentenverbände (Milch, Gemüse, Käse, Wein etc.).

Für uns ist die Tatsache wesentlich, dass praktisch **alle NPO Lobbying-Arbeit** verrichten (müssen), diese Aufgaben nicht selten der primäre Grund für die Existenz der NPO bilden und deshalb nicht die Frage des "Ob", sondern die Frage des "Wie" im Vordergrund steht. Die Lobbying-Arbeit sollte nicht rein zufällig, sondern konzeptorientiert angegangen werden, um ein möglichst gutes "Rendement" zu erzielen.

Über die Bedeutung des Lobbying gibt die Zahl der registrierten Verbände einen Hinweis. In Deutschland werden die Verbände jeweils zum 30. September jeden Jahres registriert, und diese Liste wird vom Bundesanzeiger-Verlag in Köln unter dem Titel "Öffentliche Liste über die Registrierung von Verbänden und deren Vertreter" publiziert. Für 1999 werden 1'675 Verbände genannt. Über das Kräftefeld bundesdeutscher Interessengruppen gibt die breit angelegte Studie von Sebaldt (1997) Auskunft. G. Kirsch (1993, S. 291) erwähnt, "dass sich die einzelnen Pressure Groups wechselseitig zu verstärktem Lobbyismus antreiben. So wie sich nach Massgabe des Wettbewerbs kein Marktteilnehmer diesem Wettbewerb entziehen kann, so kann sich nach Massgabe der Konkurrenz um politische Verteilungsgewinne kein Lobbyist dieser Konkurrenz entziehen, und sein Mittun zwingt wiederum andere zum Mittun."

Neben die nationalen treten immer mehr auch supranationale Lobbying-Aktivitäten, in Europa vor allem im Rahmen der EU. Brüssel ist nach Washington der zweitgrösste Arbeitsplatz für Lobbyisten, über 1'800 Interessengruppen mit 10'000 Lobbyisten sind dort tätig (Buholzer 1998, S. 13). Buholzer weist in seiner ausgezeichneten Arbeit auf die Möglichkeiten einer erfolgreichen Interessenvertretung in der EU hin.

Er unterscheidet drei Arten von Lobbying:

1. Das **legislative** Lobbying: Hier versuchen Interessengruppen, die staatlichen Normen, welche die Rahmenbedingungen für ihr Handeln bestimmen, zu beeinflussen. Dies ist unseres Erachtens der weitaus wichtigste Lobbying-Bereich. Es geht um die direkte Beeinflussung des politischen Systems.

2. Das **anwendungsorientierte** Lobbying: Dabei geht es um die Beeinflussung der Einzelentscheidungen von öffentlichen Instanzen, insbesondere der Verwaltung. Unseres Erachtens ist diese Art von Lobbying nur dann erfolgreich zu bewältigen, wenn man die Grundlagen für das legislative Lobbying erarbeitet, also über Kenntnisse der Zusammenhänge im politischen System verfügt.

3. Das **Fonds**-Lobbying oder **Subventions**-Lobbying: Hier versuchen Gruppen, staatliche Mittel meistens in Form von Subventionen zu erhalten, was im NPO-Bereich besonders weit verbreitet ist. Sowohl Wirtschafts- wie karitative Verbände sind in diesem Bereich engagiert. Das Subventions-Lobbying ist eher als Marketing-Instrument anzusehen. Wir haben diese Tätigkeit unter dem Marketing-Instrument "Preis/Finanzierung" aufgeführt. Auf der andern Seite kann Subven-tions-Lobbying nur betrieben werden, wenn die Mechanismen der Subventionsvergabe bekannt sind. Zudem müssen Subventionen irgendeinmal auch im politischen System bewilligt werden. Deshalb hängt auch diese Art von Lobbying mit dem legislativen Lobbying zusammen.

Aufgrund dieser Zusammenhänge beschränken wir uns in den folgenden Ausführungen auf das **legislative Lobbying**.

6.2 Analyse von politischen Prozessen

Wir haben bereits festgestellt, dass politische Prozesse komplex sind, und deshalb lohnt es sich, ein solches Austauschsystem grafisch aufzuzeichnen. Abbildung 115 zeigt die politischen Entscheidungsprozesse beim Bund in der Schweiz.

Wie in allen parlamentarischen Systemen können strukturell fünf Teilsysteme lokalisiert werden, die den gesamten Entscheidungsprozess beeinflussen:

1. im Zentrum das exekutive Teilsystem (die **Regierung**) mit dem Bundesrat als leitende und der Verwaltung als vor- und nachbearbeitende Behörde;

2. das **parlamentarische** Teilsystem mit einer zweigeteilten Legislative, dem National- und dem Ständerat mit ihren Fraktionen, Kommissionen und "Klubs";

3. das **direkt-demokratische** Teilsystem, dem die Wahl des Parlamentes zufällt, das auch Verfassungs- und Standesinitiativen ergreifen kann;

4. das **vorparlamentarische** Teilsystem mit beratenden Kommissionen, Expertengruppen, den Verbänden und der Wissenschaft. Des weiteren können Interessen in Vernehmlassungsverfahren durch Gruppen artikuliert und eigene Standpunkte in der nachträglichen Einflussnahme auf Behördenbeschlüsse auf Verfassungs- und Gesetzesebene eingebracht werden;

5. das Teilsystem des **Vollzugs** mit den Departementen, Ämtern, den Kantonen und Aufträgen an Dritte, seien sie halbstaatlicher oder privater Natur (z.B. Verbände und andere NPO) (vgl. Longchamps 1999).

Neben diesen fünf Teilsystemen im engeren Sinn kommen noch zwei weitere Teilsysteme dazu:

6. **Ausland, EU**: Viele Gesetzesvorlagen werden durch Einflüsse supranationaler Organisationen bestimmt. Dieser Einfluss nimmt dauernd zu und betrifft auch die Schweiz, ohne dass diese Vollmitglied der EU ist.

7. Das Teilsystem "**Medien**" ist nicht zu unterschätzen, es beeinflusst alle erwähnten Systeme, und alle aufgeführten Akteure versuchen natürlich, die Medien ebenfalls für ihre Zwecke einzuspannen (vgl. die Ausführungen zum Agenda-Setting in Kapitel VI, 5. "Öffentlichkeitsarbeit").

Analyse von politischen Prozessen

Abbildung 115: Der politische Entscheidungsprozess beim Bund in der Schweiz
(Schweizer Lexikon, Bd. 2, Adligenswil 1992)

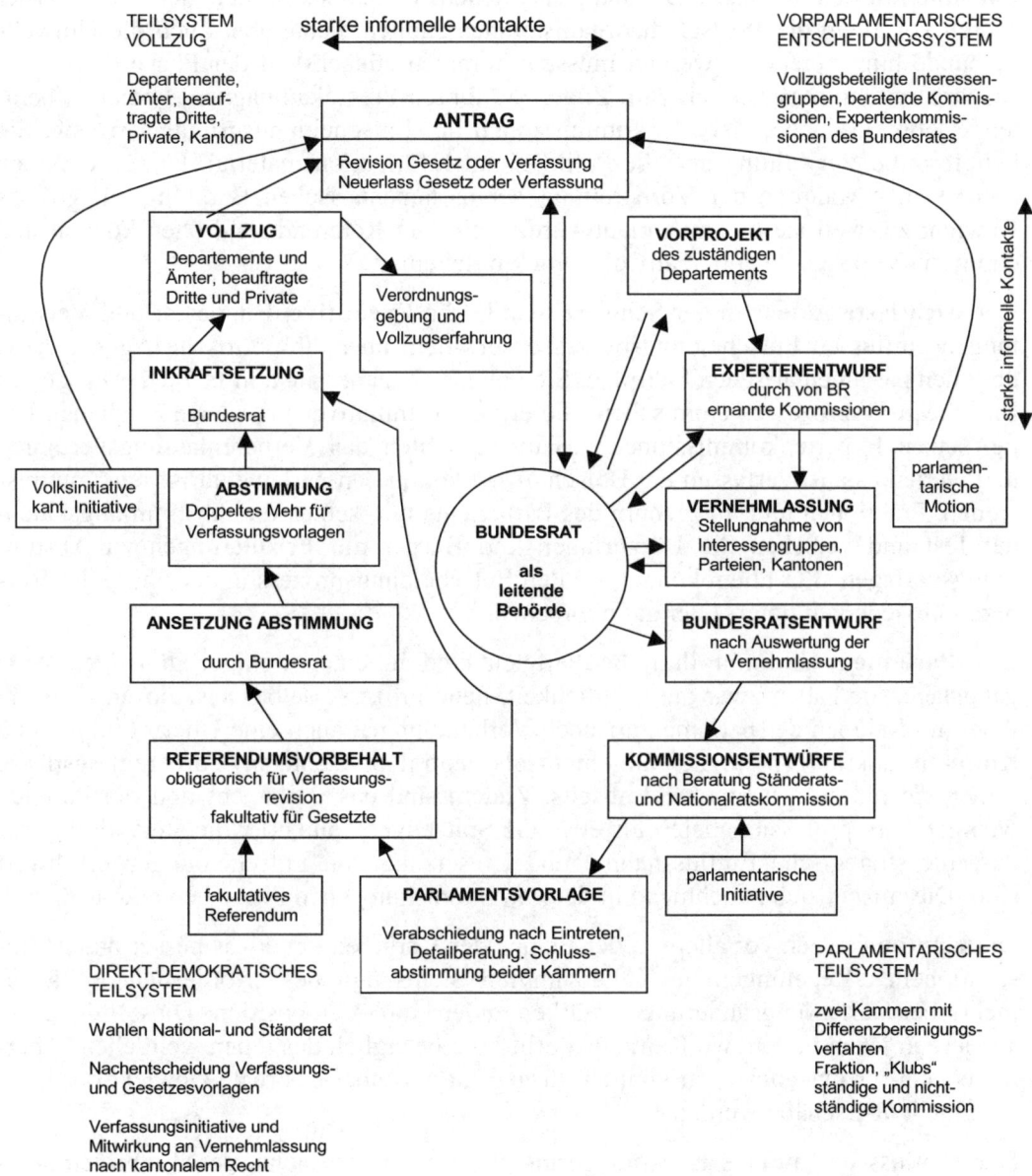

425

Es stellt sich nun die Folgefrage, welches dieser Teilsysteme am meisten Einfluss ausübt. Die praktischen Erfahrungen des Politikwissenschafters und Politikanalysten Longchamps (1999), gestützt auf empirische Studien von Kriesi (1980), führen zu folgenden Schlüssen, die uns erfahrene Lobbyisten auch immer wieder bestätigen:

Eine **wichtige** Rolle spielen die referendumsfähigen Gruppierungen in der **vorparlamentarischen** Phase. Die hauptsächlichen Verbände, zu denen in den 1970er Jahren vor allem die Wirtschaftsorganisationen zählten, heute aber auch die Umweltverbände hinzugerechnet werden müssen, kommen zunächst in der Phase der Gesetzesvorbereitung massgeblich zum Zuge. Sie führen Pressekampagnen, bedienen beratende Kommissionen, Expertenkommissionen mit Entscheidungsgrundlagen usw. Sie beliefern die Verwaltung und die Politiker mit Informationsmaterial. Diesen Gruppen kommt auch während der Vorbereitung der parlamentarischen Beratung ein grosses Gewicht zu, weil sie oft auch glaubwürdig mit dem Referendum drohen können und damit die Volksrechte antizipativ als Druckmittel einsetzen.

Der **wichtigste** Akteur in der Schweiz ist u.E. die **Exekutive**. Bundesrat und Verwaltung beeinflussen Entscheidungsprozesse vor allem über die politische Agenda bzw. über den parlamentarischen Fahrplan. Sie können sich aber auch in fast jeder Phase des Entscheidungsprozesses einmischen. Sie ergreifen Initiativen, vergeben Studienaufträge, setzen Expertenkommissionen zusammen, leiten das Vernehmlassungsverfahren und werten es aus, verfassen die Botschaft, wirken in den parlamentarischen Kommissionen, Fraktionen und im Plenum des Parlaments mit, setzen die Abstimmungskalender fest und versehen die Bürgerinnen und Bürger mit Erläuterungen zu Abstimmungsvorlagen. Vor allem können sie den Entscheidungsprozess in der Phase der Vorbereitung jederzeit unter- oder gar abbrechen.

Das **Parlament** und mit ihm die Parteien sind in einer weniger günstigen Ausgangslage. Sie haben zwar die Möglichkeit, neue Prozesse selber auszulösen. Es steht ihnen im Rahmen der parlamentarischen Verhandlungen auch eine Überprüfungs- und Korrektivfunktion zu. In der allgemein als zentral betrachteten Vorbereitungsphase stehen sie indessen weitgehend abseits. Zudem sind das Parlament und die Parteien weniger stark professionalisiert als etwa die Spitzenverbände oder die Verwaltung, sodass die strategische Einflussnahme und Umsetzung von Entscheidungen erschwert sind. Dies macht sich zunehmend in der vorparlamentarischen Phase bemerkbar.

Die **Kantone** stehen vor allem in der Etappe der Vorbereitung etwas besser da. Die institutionellen Regelungen des Zweikammersystems und des erforderlichen Ständemehrs bei Verfassungsänderungen stärken zudem ihre Vetoposition. Diese gilt insbesondere in jenen Fällen, wo Kantone Vorbehalte bezüglich des ihnen weitgehend übertragenen Vollzugs anbringen können. Insgesamt darf aber das reale Gewicht der Kantone nicht überschätzt werden.

Der Einfluss des **Volkes** ist wohl geringer, als man angesichts der direkt-demokratischen Einrichtung zunächst vermuten würde. Im internationalen Vergleich sind zwar die Einflussmöglichkeiten über Volksrechte höher einzustufen, als sie in rein repräsentativen Systemen (nur über Wahlen) sind. Hinzu kommen die Partizipationsmöglichkeiten in Verbänden, Parteien oder Interessengruppen. Zahlreiche Initiativen wurden von NPO lanciert.

Der Einfluss des **Auslandes**/der **EU** auf die Gesetzgebung ist nicht zu unterschätzen. In den nächsten zehn Jahren sollen 80 % der ganzen Wirtschaftsgesetzgebung und der Gesetzgebung auf dem Gebiet der Steuer- und Sozialpolitik in Brüssel, und nicht in den nationalen Hauptstädten der EU-Mitglieder getroffen werden (Buholzer 1998, S. 3). Dieser Einfluss wird auch für die Schweiz erheblich sein, da sie weitgehend EU-Recht nachvollziehen muss.

Der Einfluss der **Medien** ist in allen Phasen sehr gross, insbesondere bei Themen, die sich für die Medienberichterstattung gut eignen. Es geht darum, die Medien-Agenda mit der Polit-Agenda zu synchronisieren. Viele Nonprofit-Organisationen haben traditionellerweise einen guten Zugang zu den Medien.

In der Regel wird die These vertreten, dass der Willensbildungsprozess in der Schweiz in seinen wichtigsten Phasen von den grossen Verbänden und Interessengruppen, der Regierung und Verwaltung im Zusammenspiel dominiert wird. Dabei werden vor allem gut organisierte, konfliktfähige Interessengruppen berücksichtigt, während kleine Minderheiten und Oppositionsgruppen auf die Möglichkeiten im Parlament und vor allem im Referendum angewiesen sind. Diese letzte mögliche Sanktionierung von Vorlagen in der Volksabstimmung verleiht den getroffenen Entscheidungen zusätzliche Legitimation, selbst dann, wenn auf die Durchführung der Abstimmung letztlich verzichtet wird oder diese mit relativ geringer Beteiligung stattfindet (Longchamps 1999).

G. Kirsch (1993, S. 292) hält in seiner Untersuchung fest bzw. diagnostiziert als Tendenzen:

- "eine zunehmende Gewichtsverlagerung von den Entscheidungsmechanismen der parlamentarischen Demokratie hin zu den Einflusskanälen der Verbandsdemokratie;
- ein Macht- und Autoritätsverlust des Staates zugunsten der Organisationsmacht partikularer Interessen. Die Macht des Gesetzes wird zunehmend durch das Gesetz der Macht abgelöst. Dies auch dort, wo die Formen der Legalität noch eingehalten werden, aber die Macht des Gesetzes nur noch ein Reflex des Gesetzes der Macht ist.

Diese Aushöhlung der parlamentarischen Demokratie durch die Verbreitung der Verbandsdemokratie, die als Tatbestand nicht mehr in Zweifel gezogen wird, ist allerdings nicht ohne ihre guten Seiten:

- Indem die Interessenorganisationen Divergenzen zwischen ihren Mitgliedern verbandsintern austragen und zu der Politik 'des' Verbandes verdichten, entlasten sie die Mechanismen der staatlichen Willensbildung.

- Da es sich - wegen ihres für sie fühlbaren Gewichts in der politischen Entscheidungsfindung - für sie lohnt, sich zu informieren, sind sie eine durchaus wertvolle, wenn auch nicht uninteressierte Quelle von Sachwissen und Einfallsreichtum in der Politik.

- Gleichfalls wegen des für die Mitglieder fühlbaren Gewichts in der politischen Willensbildung kommt über ihre Partizipation eine Artikulation der Interessen von Gesellschaftsmitgliedern zustande, die - wegen der für sie fühlbaren Gewichtslosigkeit - von den einzelnen Bürgern nicht so ohne weiteres zu erwarten gewesen wäre."

Ergänzend ist darauf hinzuweisen, dass es grosse Gruppen gibt, deren Interessen sich fast nicht organisieren lassen, wie Konsumenten, Patienten, Rentner etc. Dies lässt sich in allen parlamentarischen Systemen beobachten.

Nach diesen grundlegenden Ausführungen, die gezeigt haben, dass Verbände und NPO in politischen Entscheidungsprozessen eine gewichtige Rolle (zu) spielen (haben), soll ein für NPO taugliches Lobbying-Planungssystem vorgestellt werden. Wir teilen die Aufgabe in drei Planungsschritte:

- Erstellen eines Lobbying-**Konzeptes** als Rahmenplan für das gesamte Lobbying.
- "**Stand-by**"-Lobbying umfasst ein permanentes Monitoring und die laufende Kommunikation mit den einzelnen Gliedern der Organisation.
- Die **operative** Lobbying-**Planung** umfasst die Planung der einzelnen Lobbying-Tätigkeiten.

6.3 Das Lobbying-Konzept

Die Erarbeitung des Lobbying-Konzeptes erfolgt in den folgenden sechs Teilschritten.

6.3.1 Vorgaben aus übergeordneten Führungsinstrumenten

In den meisten Leitbildern/Verbandspolitiken sind klare Aufträge für die Interessenvertretung vorgegeben. Das Leitbild der Wirtschaftskammer Österreich fordert beispielsweise ein aktives Lobbying. Wirtschafts- und sozialpolitische Anliegen sollen in der Öffentlichkeit, in der Gesetzgebung, in der Verwaltung und bei politischen Parteien aktiv mit klaren Standpunkten vertreten werden. Weiter finden sich oft Hinweise auf mögliche Koalitionspartner. In praktisch allen Planungspapieren des Wirtschaftskammersystems wird Lobbying als Top-Leistungsfeld umschrieben. - Aus dem Marketing-Konzept ergeben sich die Gesamtpositionierung der Organisation und die Übersicht über die geplanten Marketing-Einsatzbereiche, was die Abstimmung für den Gesamtauftritt der Organisation erleichtert.

6.3.2 Analyse der bisherigen Lobbying-Aktivitäten

Für die Konzepterstellung ist es sinnvoll, eine Stärken-/Schwächenanalyse über die bisherigen Lobbying-Aktivitäten vorzunehmen, die laufenden Aktivitäten, die vorhandenen Mittel, Infrastruktur wie auch vorhandene Beziehungen usw. aufzulisten. Auch soll Klarheit über die Qualität des vorhandenen Monitoring herrschen. Wie gross ist die Bereitschaft der Mitglieder, bei der Lobbying-Arbeit mitzuwirken?

Eine Arbeitsgruppe von gemeinnützigen Interessengruppen fasst die Gründe für den bescheidenen Erfolg ihres Lobbying in zehn Punkten zusammen (Hill 1991):

1. Lack of knowledge of the important issue
2. Lack of coordination of lobbying work
3. Lobbying people and/or institutions without influence
4. Lack of representativity
5. Selfsatisfaction
6. Messages and positions weakened by the desire for compromise
7. Inability to translate successful development education into political campaigns
8. Dealing with too many issues in a superficial way
9. Engaging in redundant activities
10. Insufficient knowledge and understanding of the political agenda at the national and international level

6.3.3 Festlegen der Austauschpartner im politischen System

Aus dem Marketing-Austauschsystem lassen sich die Zielgruppen im politischen System herauslesen. Diese sind hier noch zu präzisieren, es ist abzuklären, welche Stellen/Personen als Lobbying-Adressaten in Frage kommen.

6.3.4 Errichtung eines Monitoring-Systems

Erfolgreiches Lobbying erfordert eine kontinuierliche Beobachtung der Entwicklung politisch relevanter Themen und deren Umfeld (vgl. Punkt 6.4). Hier geht es darum, über die Einrichtung eines solchen Monitoring-Systems zu beschliessen, die entsprechende Infrastruktur festzulegen und die notwendigen Finanzen zu bewilligen.

6.3.5 Festlegen der Grundsatzpositionen und deren interne Abstimmung

Für die wichtigsten Lobbying-Themen sollen die eigenen grundsätzlichen Positionen festgelegt werden, z.B. in der Wirtschaftspolitik, der Steuerpolitik, der Sozialpolitik usw.

Diese Grundsatzpositionen sind mit allen Gliedern der Organisation abzustimmen, z.B. Sektionen oder anderen Untergruppen, weiter mit Nachbar- oder Dachverbänden, und selbstverständlich müssen diese Positionen von der eigenen (Mitglieder-) Basis getragen werden.

6.3.6 Organisation des Lobbying

Hier geht es um die Festlegung der Zuständigkeiten und Verantwortlichkeiten im Miliz- und Profisystem, d.h. im Vorstand und in der Geschäftsführung. Es sind die entsprechenden personellen Ressourcen vorzusehen. Das Lobbying muss in der Organisationsstruktur verankert sein (z.B. ständiger Ausschuss für Sozialpolitik usw.).

Weil Lobbying nichts Statisches, sondern etwas sehr Dynamisches ist, das dauernd stattfinden muss und ständige Feedback-Prozesse mit der Basis und andern Gliedern der Organisation erfordert, sind als nächstes die Lobbying-Bereitschaft und permanente Lobbying-Betreuung zu institutionalisieren. Wir nennen dies "Stand-by-Lobbying".

6.4 Stand-by-Lobbying

Ein gutes Lobbying erfordert eine hohe Potenzialqualität und eine gute Dienstleistungsbereitschaft. Dazu gehören:

1. ein **permanentes** Monitoring
2. eine laufende **Beurteilung** und **Bewertung** der Monitoring-Resultate und der entsprechende **Transfer in die Gesamtorganisation**
3. das **Formulieren von Aufträgen** für die operative Lobbying-Planung
4. **permanenter Aufbau von Beziehungen** zu relevanten Zielpersonen

Die einzelnen Komponenten sollen im Folgenden besprochen werden.

1. Permanentes Monitoring

Die umfassende und kontinuierliche Beobachtung über die Entwicklung von politisch relevanten Themen ist eine Grundvoraussetzung für ein gutes Lobbying. Dieses Monitoring hat eine Frühwarnfunktion, damit die eigenen Aktionen zeitgerecht eingeleitet werden können. Der grösste Teil der täglichen Lobbying-Arbeit entfällt auf diese Funktion (Buholzer 1998, S. 14). In der Praxis gibt es immer wieder Probleme für das Management, der Basis diesen Sachverhalt verständlich zu machen. Um den Such- und Abklärungsaufwand nicht ins Uferlose steigen zu lassen, soll sich das Monitoring auf die im Lobbying-Konzept festgelegten Themenbereiche beschränken. Selbstverständlich muss es jederzeit möglich sein, diese Themenbereiche zu erweitern oder einzuschränken.

Zum Monitoring gehört auch eine laufende Gesetzes-, Verordnungs-"Durchforstung" bzw. -Forschung (Helmes 1999). Praktiker in Verbänden stellen immer wieder fest, dass vielfach ein den modernen Anforderungen des Politmanagement entsprechendes Monitoring sowie fundierte Kenntnisse über die kollektiven Entscheidungsprozesse fehlen (Prugger 1999, S. 29).

2. Beurteilung und Bewertung, Transfer in die Gesamtorganisation

Die Resultate aus dem Monitoring müssen beurteilt und bewertet werden. Dies geschieht vor allem in der Geschäftsstelle, doch sind auch Beratungen im Vorstand oder in speziellen Lobbying-Ausschüssen sinnvoll. Stellt sich ein akuter Handlungsbedarf ein, und ist man gewillt, aktives Lobbying zu betreiben, so müssen Aufträge für die operative Lobbying-Planung formuliert werden. Vielfach ist es auch möglich, eine passive Strategie zu fahren, oder man versucht etwa, andere Organisationen auf den Fall anzusetzen.

Ganz wichtig in diesem Zusammenhang ist jedoch der **Transfer** in die **Gesamtorganisation**. Die einzelnen Glieder, Sektionen usw. müssen über die Monitoring-Ergebnisse informiert werden. Dazu gehören eine dauernde Mitgliederinformation sowie der entsprechende Informationsaustausch. Hier kann auch ein länger dauernder interner Meinungsbildungsprozess stattfinden, bevor ein konkreter Auftrag zur operativen Lobbying-Planung gegeben werden kann, denn eine erfolgreiche operative Lobbying-Planung muss sich auf die Legitimität des Anliegens stützen können. Das Lobbying muss die Interessen der Basis glaubwürdig vertreten. Die Herstellung einer legitimitätssichernden Mitgliederintegration ist in der Praxis nicht leicht zu verwirklichen. Nach Schmitter/Streeck (1981) unterliegt der Austausch zwischen Verband und Mitgliedern der sogenannten "Logic of membership", die auf Faktoren wie die Organisation und die Ressourcenausstattung einer Interessengruppe hinweist. Die Organisationsstruktur, der Organisationsgrad, die finanziellen Mittel und die Grösse der Organisation bestimmen das Stärken-/Schwächenprofil der Interessengruppe. Die "Logic of membership" stimmt nicht immer mit der "Beeinflussungslogik" ("Logic of influence") überein. Hier geht es um den Austausch zwischen Verbänden und der Aussenwelt, der durch die institutionellen Besonderheiten des jeweiligen politischen Systems dominiert wird. Zudem ist in der Praxis oft zu beobachten, dass die Mitglieder unrealistische Erwartungen und Forderungen an das Lobbying stellen. Die Zentrierung auf die eigenen Probleme versperrt eine realistische Gesamtoptik. Die NPO agiert deshalb als intermediäre Organisation zwischen der Organisationswelt der eigenen Mitglieder und der Welt des politischen Systems. G. Kirsch (1993, S. 279) weist auf die Gefahr der "Verselbständigung korporativer Macht" hin, indem Verbandsorgane etwas einseitig gewisse Ziele verfolgen, die nicht von allen Mitgliedern getragen werden. Das Lobbying einer NPO sollte deshalb in einem ständigen Austausch mit den eigenen Reihen und mit den äusseren Umfeldern stehen. Auf der andern Seite nehmen die Umwelten die Vorkommnisse in der NPO ebenfalls wahr, und der Erfolg einer Lobbying-Aktion kann massgeblich davon abhängen, wie die Umwelt die Solidarität und das Durchstehvermögen einer NPO einschätzt. Um die Beeinflussbarkeit eines politischen Prozesses beurteilen zu können, ist die Checkliste in Abbildung 116 nützlich.

3. Formulierung der Aufträge für die operative Lobbying-Planung

Ergeben die Vorgaben aus dem Lobbying-Konzept oder aus den Aktivitäten im Bereich des Stand-by-Lobbying Handlungsbedarf für Lobbying-Tätigkeiten, werden diese im Rahmen der operativen Lobbying-Planung umgesetzt. Hier arbeiten wir wieder nach einer heuristischen Planungssequenz.

Eine weitere Möglichkeit, um die Chancen einer Lobbying-Aktion beurteilen zu können, ist das Eingehen auf die Punkte, die in der operativen Lobbying-Planungssequenz enthalten sind (vgl. nächsten Abschnitt). Damit setzt man sich mit dem Problem näher auseinander und stellt vielleicht fest, dass die Chancen auf einen Erfolg zu gering sind, und bricht demnach das Vorhaben ab.

4. Permanenter Aufbau von Beziehungen zu relevanten Zielgruppen

Weil der Aufbau von Beziehungen Zeit braucht, sind diese mit den relevanten Austauschpartnern laufend aufzubauen und zu pflegen (vgl. auch die Ausführungen zu den Zielgruppen unter Punkt 6.5.5 im nächsten Abschnitt).

Abbildung 116: Beeinflussbarkeit eines politischen Prozesses
(vgl. Buholzer 1998, S. 15)

Für erfolgreiches Lobbying sind wichtig:

- die Phase der Entscheidungsfindung, in der sich die Vorlage befindet
  (je früher, desto besser)
- die Charakteristik der Vorlage
  (je fachspezifischer, desto besser)
- die verfügbaren Lobbying-Kapazitäten
  (je adäquater, desto besser)
- das nutzbare Beziehungsnetz
  (je grösser, desto besser)
- die Haltung der öffentlichen Meinung
  (je unterstützender, desto besser)
- der Grad der Übereinstimmung mit der generellen Doktrin der Politker und Beamten
  (je identischer, desto besser)
- das Verhalten konkurrenzierender Interessengruppen
  (je desinteressierter, desto besser)
- das Verhalten unterstützender Interessengruppen
  (je engagierter, desto besser)
- die mögliche Bildung von Allianzen
  (je umfassender, desto besser)

6.5 Operative Lobbying-Planung

Um eine konkret gestellte Lobbying-Aufgabe zu lösen, folgen wir der Planungsheuristik für die operative Marketing-Planung, die wir für das Lobbying modifiziert und ergänzt haben.

6.5.1 Informationsstand und relevante Vorgaben

Es werden alle Informationen aus den übergeordneten Konzepten bereitgestellt, die Ergebnisse des Monitoring eingespielt und die Angaben zum Lobbying-Auftrag ausgewertet.

6.5.2 Lobbying-Ziele

Die Lobbying-Ziele sollen klar und realistisch definiert werden und in der Gesamtorganisation breit abgestützt sein.

6.5.3 Lobbying-Thema

An sich ist das Thema mit dem Auftrag vorgegeben, doch in der Praxis muss dieses für eine bestimmte Aktion eingegrenzt oder präzisiert werden. Zudem muss überlegt werden, unter welchem Titel das Thema "verkauft" werden soll, sowohl bei der Basis wie bei den Zielgruppen. Vielfach sind die Lobbying-Themen relativ global formuliert, wie "Euro", "Steuerrecht", "Umwelt und Technik", "Arbeit und Personal", "Export und Internationalisierung" usw. Eine konkrete Lobbying-Aktion in Bezug auf den Euro bezieht sich beispielsweise auf das wünschbare Wechselkursverhältnis zwischen Schweizer Franken und Euro aus der Sicht der exportorientierten Wirtschaft. In Lobbying-Prozessen versucht man, die Regierung und die Nationalbank für dieses Ziel zu gewinnen.

6.5.4 Analyse des politischen Prozesses

Bei diesem Punkt geht es darum, sich eine Übersicht über die Abläufe der politischen Willensbildung im zur Diskussion stehenden politischen System zu verschaffen. Wir haben hiezu einleitend unter Punkt 6.2 einige Hintergrundinformationen geliefert. Weitere Beispiele finden sich in den Abbildungen 117 und 118.

In den Abbildungen 119 und 120 wird die Beeinflussung der politischen Willensbildung in Österreich bzw. Deutschland durch die Wirtschaftskammern und Verbände dargestellt.

Abbildung 117: Beeinflussung der politischen Willensbildung in der Schweiz auf Bundesebene (Lengwiler 1989, S. 148)

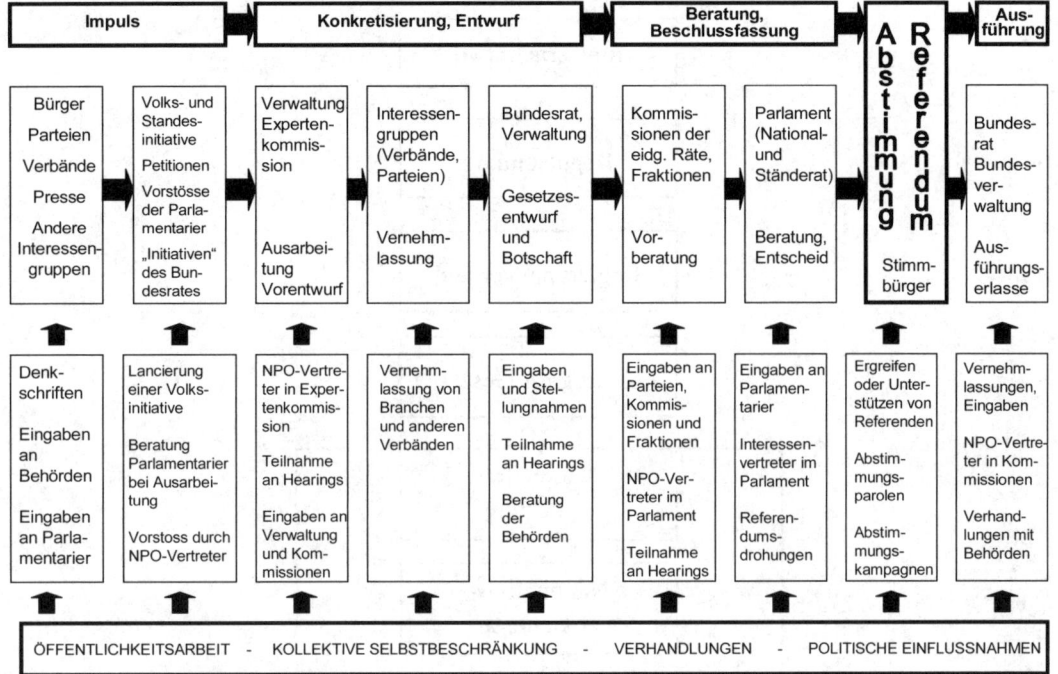

Wie die einleitenden Ausführungen unter Punkt 6.2 zu diesem Kapitel gezeigt haben, können auf nationaler Ebene meistens fünf wichtige Phasen bei der politischen Willensbildung unterschieden werden:

1. die Initiativphase
2. die vorparlamentarische Phase
3. die parlamentarische Phase
4. die Referendumsphase (in der Schweiz)
5. die Vollzugs- oder Umsetzungsphase

Wir wollen die Möglichkeiten der Einflussnahme in den einzelnen Phasen im Folgenden kurz beschreiben.

Abbildung 118: Ablauf der Bundesgesetzgebung in Österreich (Moosbauer 1999, S. 23)

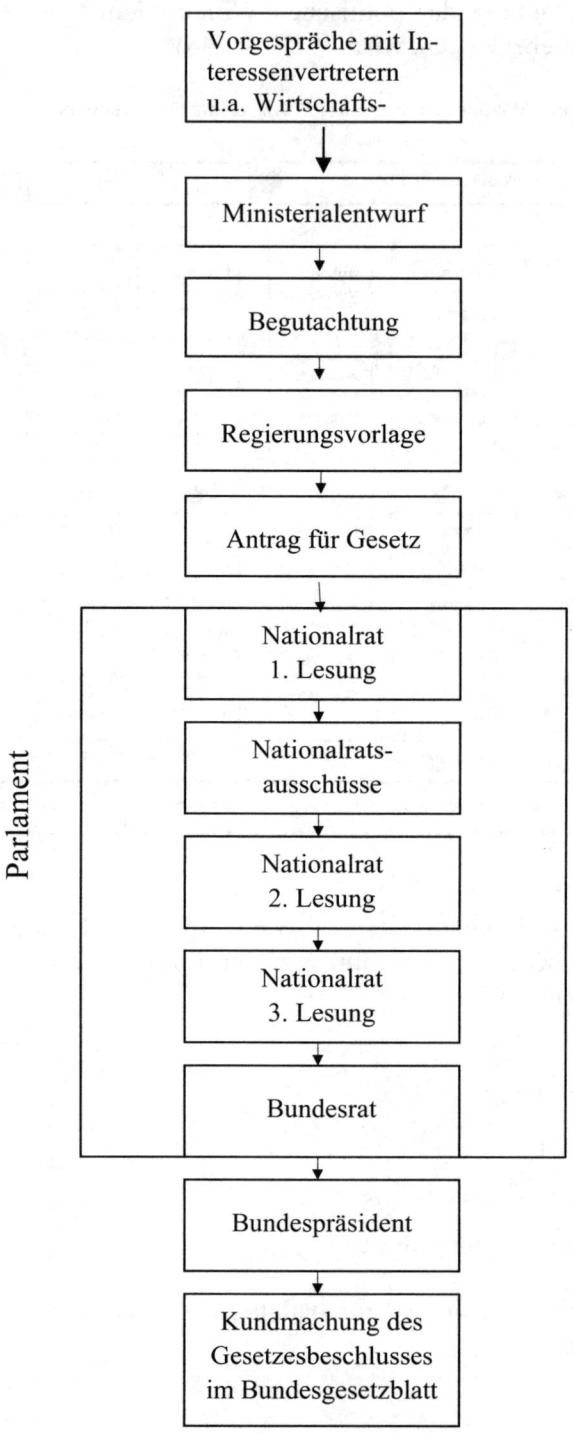

Abbildung 119: Möglichkeiten der Einflussnahme der Wirtschaftskammer auf Bundesebene in Österreich (Purtschert 2000, S. 84)

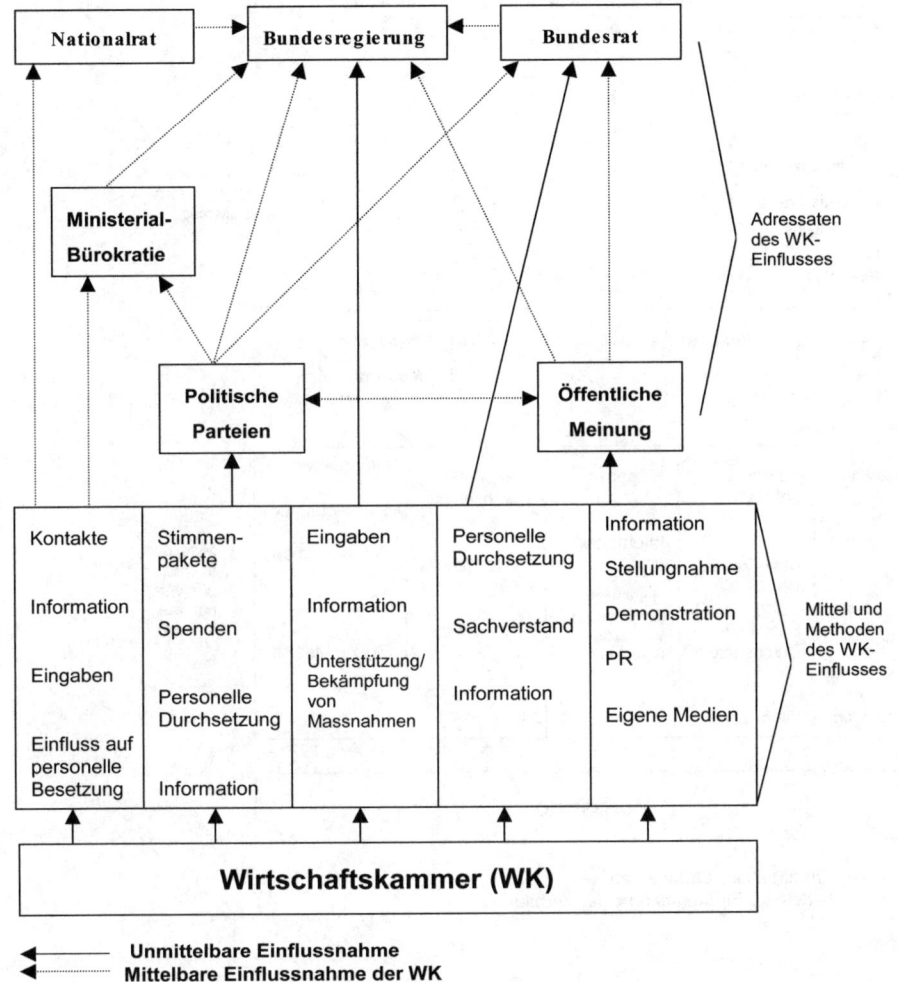

Abbildung 120: Möglichkeiten der Einflussnahme der Verbände auf Bundesebene in Deutschland (Purtschert 2000, S. 85)

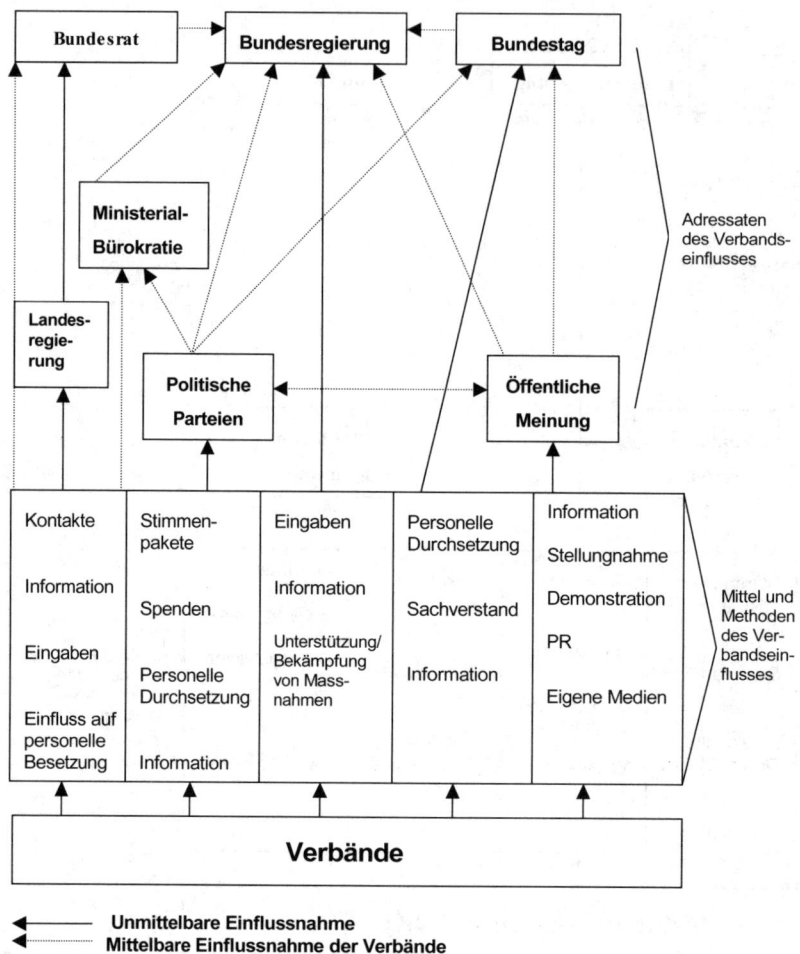

1. **Die Initiativphase**

In dieser Phase besteht die wichtigste Aufgabe im Agenda-Setting. Das zu beeinflussende Thema muss sowohl in die öffentliche wie in die politische Agenda aufgenommen werden. Oft braucht es zuerst eine Sensibilisierung für das Thema, bevor die Problematik überhaupt im politischen Prozess einfliessen kann (vgl. Kapitel VI, 5. Marketing-Einsatzbereich "Öffentlichkeitsarbeit"). Der Pressearbeit kommt eine grosse Bedeutung zu. Allerdings zeigt sich mit der Einschaltung der Presse auch relativ schnell, inwieweit ein Thema in der Öffentlichkeit positive oder negative Akzeptanz findet. Nicht selten stimmt die Wahrnehmung der NPO (Kirchturmdenken in der NPO) nicht mit jener der Öffentlichkeit überein (Helmes 2000).

Neben der Pressearbeit werden Denkschriften verfasst, es können Eingaben an Behörden gestartet, Eingaben an Parlamentarier vorbereitet, Kontakte zu andern Interessengruppen aufgenommen werden. Weitere Möglichkeiten sind das Verfassen von Petitionen an die Regierung oder in der Schweiz die Lancierung von Volks- und Standesinitiativen.

Nach unseren Ausführungen zu Beginn dieses Kapitels sind die politischen Parteien (ebenfalls NPO) zentrale Pole für die politische Willensbildung. Sie sind Keimzellen (mit anderen Gruppierungen) und "Brutstationen" für die politische Willensbildung. Hier werden Ideen zu "Anträgen" an Parteigremien formuliert, die zu Beschlüssen werden können, welche dann ins politische System fliessen (Helmes 2000). Erfolgreiches Lobbying sollte deshalb auch auf die Willensbildung in den Parteien Einfluss zu nehmen versuchen, dies geschieht über eigene oder nahestehende Parteimitglieder.

2. **Die vorparlamentarische Phase**

Der Übergang zur vorparlamentarischen Phase ist fliessend, NPO können eine Thematik vorstrukturieren, d.h. sie

- erarbeiten (kostenlos) Analysematerial,
- bringen konzeptionelle Lösungsvorschläge,
- bringen Vorbilder aus anderen Ländern.

Weiter arbeiten Lobbyisten in **Expertengruppen** mit, lassen selber Expertengutachten erstellen, entsenden oder finanzieren Experten für Arbeitsgruppen. In vielen Fällen ist man auf das Expertenwissen der Verbände angewiesen. Diese verfügen über sehr kompetente Leute, die sie oft aus ihren Mitgliederkreisen rekrutieren können. Nach Klöti (1987, S. 7) hat die Phase der Expertenkommissionen an Bedeutung gewonnen. Viele Auseinandersetzungen zwischen Positionen von grösseren Verbänden finden bereits in diesen Gremien statt. Dies hat verschiedene Vorteile: Erstens sitzen sich die Kontrahenten persönlich gegenüber, was das Gespräch erleichtert. Zweitens sind die Verhandlungen der Expertengremien nicht öffentlich. Dies erlaubt, Kompromissformeln auszutesten, die man im schriftlichen Verkehr nicht gerne als Versuchsballone steigen lassen würde. Drittens sind Expertenkommissionen relativ klein, was dem Konsens ebenfalls zuträglich ist.

Ein wichtiges Element in der vorparlamentarischen Phase ist das **Vernehmlassungsverfahren** (in Österreich: "Gesetzesbegutachtung", in Deutschland: "Anhörungsverfahren"). Dieses Verfahren ist in der Schweiz seit 1947 kontinuierlich ausgeweitet worden. Es wird nicht nur auf Gesetzesstufe, sondern auch auf der Ebene von Verordnungen auf Departementsstufe eingesetzt. Mit dieser Ausdehnung seiner Anwendung hat es einen festen Platz im politischen Prozess der Schweiz gefunden. Man kann sich kaum mehr einen Entscheidungsprozess ohne Vernehmlassung vorstellen. Parallel mit der quantitativen Zunahme ging auch eine Zunahme der teilnehmenden Gruppen einher. Neben den Kantonen und den politischen Parteien sind vor allem die Verbände vermehrt involviert. Die Teilnahme beschränkt sich keinesfalls auf Wirtschaftsverbände, es sind auch Umweltverbände, Verkehrsverbände, Konsumentenverbände usw. eingebunden. Generell werden immer mehr Stellungnahmen eingeholt, Regierung und Verwaltung verzichten somit immer häufiger darauf, selektiv vorzugehen und eine bewusste Auswahl der Vernehmlasser zu treffen. Da die Einleitung eines Vernehmlassungsverfahrens zudem öffentlich ausgeschrieben wird, melden sich immer häufiger auch nicht direkt angefragte Kreise zu Wort.

Diese Situation erfordert von den NPO ein selektives Vorgehen, eine Beschränkung auf die für die NPO wesentlichen Themen. Sie haben gegen eine mögliche Überlastung anzukämpfen, wenn sie sich zu allzu vielen Vernehmlassungen äussern.

Die starke Zunahme der Verfahren und der daran Teilnehmenden birgt die Gefahr, dass sich das Vernehmlassungsverfahren von einer echten Konsultation und fachkundigen Beratung von Regierung und Verwaltung zu einer reinen Vorabstimmung mit plebiszitärem Charakter wandelt (Klöti 1987, S. 3). Der Blick wird nur noch auf die Realisierbarkeit des Vorhabens gerichtet. So gesehen steigt die Bedeutung des Vernehmlassungsverfahrens für die Gesetzgebung. Auf der andern Seite dürfte der Novitätsgrad der Gesetzgebung sinken, wenn man sich auf den kleinsten gemeinsamen Nenner einigt.

Allerdings variiert die Bedeutung des Vernehmlassungsverfahrens je nach Politikbereich. In der engeren Wirtschafts- und Sozialpolitik hat es ein grösseres Gewicht bewahrt als in den neueren politischen Sachfragen, wo wieder vermehrt fundamentale Gegensätze auftreten (wie Energie, Verkehr, Gesundheitswesen und Umweltschutz). In diesen Bereichen ist ein Konsens im Rahmen des Vernehmlassungsverfahrens meistens nicht zu erreichen. Die Auseinandersetzung verlagert sich in die parlamentarische oder gar in die Referendumsphase mit eventueller Volksabstimmung.

In der Schweiz hängt das Gewicht der vernehmlassenden Organisation weitgehend davon ab, ob diese in der Lage ist, ein Referendum zu ergreifen. Die potenzielle Referendumsfähigkeit kann auf die Entwicklung von Gesetzesvorlagen Einfluss haben. In der schweizerischen Politlandschaft weiss man ganz genau, welche NPO referendumsfähig sind, z.B. der Schweizerische Gewerkschaftsbund, der Schweizerische Gewerbeverband, politische Parteien (oft im Verbund mit Verbänden). Diese benützen häufig das Referendum als Drohung, um ihre Interessen (mindestens teilweise) durchzusetzen.

3. Die parlamentarische Phase

Vor der eigentlichen Beratung im Parlament werden Gesetzesvorlagen in parlamentarischen Kommissionen vorbereitet. Interessentengruppen versuchen, die "richtigen" Parlamentarier in die Kommissionen zu bringen, die Kommissionsmitglieder mit Unterlagen zu beliefern usw. Wie bei den Expertengruppen ist auch hier ein breites Spektrum der Meinungen vertreten.

Wie bereits erwähnt, lassen sich in der eigentlichen parlamentarischen Beratung vielfach nur noch Retuschen an den Vorlagen anbringen. Selbstverständlich versuchen NPO trotzdem, auf ihre oder ihnen nahestehende Vertreter Einfluss zu nehmen, um deren Abstimmungsverhalten zu beeinflussen.

4. Die Referendumsphase

Verfassungs- und Gesetzesvorlagen bzw. -beschlüsse unterliegen in der Schweiz dem obligatorischen oder fakultativen Referendum. Für das Ergreifen eines Referendums braucht es eine politische Organisation mit einer gewissen Mobilisierungskraft, um die entsprechende Anzahl Unterschriften zu sammeln. Wie erwähnt, haben Gruppierungen, die referendumsfähig sind, einen stärkeren Einfluss auf den gesamten politischen Prozess als solche, die nicht referendumsfähig sind. Die Argumente von referendumsfähigen Gruppen werden in allen Phasen besser berücksichtigt. Deshalb genügt in vielen Fällen bereits die Referendums**drohung**, um einen Kompromiss zwischen den Kontrahenten herbeizuführen.

Kommt ein Referendum zustande, müssen die Träger eine erfolgreiche Abstimmungskampagne starten, die meistens erhebliche Mittel verschlingt, denn in der Regel genügt es nicht, nur mit Medienkampagnen zu fahren, es braucht auch aktive (bezahlte) Werbung in Form von Plakaten, Direct Mails usw.

5. Die Vollzugs- und Umsetzungsphase

Der Vollzug oder die Umsetzung ist als eine sehr wichtige Phase einzustufen. Oft erlässt das Parlament nur Rahmengesetze, der Vollzug geschieht über die **Ausführungsdekrete** (Vollzugsverordnungen) der Exekutive. Dies eröffnet nochmals viele Möglichkeiten der Einflussnahme. Oft ist die Verwaltung für die Umsetzung wieder auf das Expertenwissen von Dritten angewiesen. In zahlreichen Beiräten und Kommissionen bei Ministerien und Ämtern sind Vertreter der Verbände beratend an Verwaltungsaufgaben beteiligt (Helmes 2000). Daumann (1999, S. 216) zählt in der Umsetzungsphase die Vertreter der öffentlichen Verwaltung zu den massgeblichen Handlungsträgern, weil die zwangsläufig mangelnde Konkretisierung der Anweisungen durch Regierungspolitiker und ein unzureichend wirkendes Anreiz- und Kontrollsystem Handlungsspielräume eröffnen, die zur Verfolgung eigener Interessen genutzt werden können.

6.5.5 Zielgruppen

Aus der Analyse des politischen Prozesses sollten sich die Zielgruppe(n) ergeben. Es liegt auf der Hand, dass der ganze politische Prozess beeinflusst werden muss. Deshalb gibt es meistens **mehrere Zielgruppen** in den einzelnen Phasen. Eine Kern-Zielgruppe ist die Verwaltung, denn sie hat auf alle Phasen Einfluss. Sie ernennt beispielsweise in der Vorphase die Experten, setzt Termine usw. Zielgruppen sollten möglichst klar erfasst sein:

- Genaue Beschreibung der Zielgruppe
- Wie nahe sind wir in gewissen Sachfragen?
- Bestehen Gemeinsamkeiten, Überschneidungen?
- Besteht ein Beziehungsnetz?
- Wie ist das Verhältnis auf der Beziehungsebene?
- Was können wir der Zielgruppe zum Austausch bieten? (vgl. Lobbying-Leistungen)

Jede Zielgruppenselektion ist immer auch das Resultat einer vertieften Analyse des politischen Entscheidungsprozesses. Im Prinzip sollte man bei der Zielgruppenbestimmung auf bewährte Austauschpartner zurückgreifen können (vgl. Stand-by-Lobbying). Mit potenziellen Ansprechpartnern sollte bereits ein Beziehungsnetz vorhanden sein. Die Anbahnung und Pflege von Kontakten brauchen viel Zeit und Fingerspitzengefühl. Beziehungen sollten deshalb unbedingt etabliert werden, bevor man sie braucht (Buholzer 1998, S. 34). Glaubwürdigkeit bildet die Grundlage für die Schaffung eines Vertrauensverhältnisses zwischen Lobbyist und seinen Austauschpartnern, Glaubwürdigkeit kann jedoch nur langsam aufgebaut werden. Ein Vertrauensverhältnis soll aber nicht mit einer freundschaftlichen Beziehung gleichgesetzt werden. Dies kann für alle Seiten kompromittierend wirken. Es ist deshalb sinnvoll, die Beziehung zwischen den Entscheidungsträgern und den Lobbyisten auf einer sachlich-professionellen Ebene zu belassen.

6.5.6 Mögliche Kooperationspartner

Im Lobbying-Bereich wird meistens mit Kooperationspartnern gearbeitet. Diese können systemintern oder systemextern sein. **Systeminterne** Partnerschaften bilden Zentralverbände mit ihren Sektionen oder Dachverbände mit ihren Mitgliedern. Kleinere Organisationen delegieren die Lobbying-Arbeit vielfach an Dachverbände.

Systemexterne Kooperationen sind ebenfalls recht häufig, wie die Zusammenarbeit zwischen sozialdemokratischen Parteien und Gewerkschaften (in Österreich zusätzlich die Arbeiterkammern) oder die Zusammenarbeit zwischen Wirtschaftskammern und der Industriellen-Vereinigung in Österreich zeigt. - Bei gewissen politischen Themen können sich Netzwerke bilden, die weit über die üblichen Koalitionen hinausreichen.

6.5.7 Lobbying-Leistungs-Mix

Wir haben das Lobbying als Austauschprozess beschrieben. Um von den Lobbying-Zielgruppen (Politikern und Beamten) die gewünschten Austauschgüter wie Gesetze, finanzielle Transfers und öffentliche Güter zu erhalten, setzen die Interessengruppen einen Gegenleistungs-Mix ein.

Buholzer (1998, S. 29) schlägt für den Lobbying-Leistungs-Mix der NPO fünf Tauschgüter vor (s. Abb. 121). Diese Leistungen dürfen aber nicht für sich isoliert betrachtet werden, ihre Qualität und Wirkung hängen stark von der Potenzialqualität der NPO ab.

Die wichtigste Leistung ist die Aufbereitung von **Informationen**. Informationsmacht ist zu einem guten Teil **Expertenwissen**. Wenn man bedenkt, dass die staatlichen Autoritäten Gesetze produzieren müssen, die auf eine breite Akzeptanz stossen und spezifisches Fach-Know-how erfordern, so sind sie auf den Informations-Input der wichtigsten Interessengruppen angewiesen. Die Lieferung von Information kann durchaus positiv aufbauend verstanden werden. Sie liegt eindeutig auch im Interesse des politischen Systems. Da sich Interessengruppen ihrer Natur nach auf spezifische Probleme konzentrieren, erlangen sie eine hochspezialisierte Sachkompetenz, einen Grundstock an Informationen, Wissen und Know-how, die zur Beurteilung und Lösung vieler Sachprobleme für den Staat unentbehrlich sind. Vielfach erhalten die Interessengruppen zusätzliche Informationen von ihren Mitgliedern oder von nationalen oder internationalen Partnerorganisationen. Diese Sachkompetenz verschafft den Interessengruppen Zugang zum politischen Prozess, und sie erhalten die Möglichkeit, diesen zum Teil in ihrem Sinne zu beeinflussen (dies kann sich für oder gegen das Gemeinwohl auswirken). Um als Experte auf die Dauer akzeptiert zu werden, muss die Gruppe mit brauchbaren und zuverlässigen Informationen auftreten. Der Lobbyist wird zum Berater für Politiker und Beamte und sollte dabei auch die Anliegen der Politik irgendwie einbeziehen und keinesfalls Extrempositionen vertreten. Das grösste Kapital eines gu-

Abbildung 121: Lobbying-Leistungs-Mix der NPO (Buholzer 1998, S. 29)

Leistungen der NPO (Tauschgüter)	Potenzialqualität der NPO	
	Bezeichnung	**Ausprägung**
Informationen aufbereiten	Informationspotenzial Beziehungspotenzial	Sachkompetenz, Glaubwürdigkeit
Legitimität vermitteln	Repräsentativität Organisierbarkeit	Grösse der Organisation Organisationsgrad
Stimmen beschaffen	Grösse der Organisation	Mobilisierungsfähigkeit
Finanzielle Mittel	Finanzielles Potenzial	Disponibilität ermitteln
Einsatz von oder Verzicht auf Macht - Marktmacht - Demonstrationsmacht	Steuerbarkeit der Gesamtorganisation Steuerbarkeit der Mitglieder	Sanktionsfähigkeit Solidarisierungsfähigkeit

ten Lobbyisten ist seine Glaubwürdigkeit. Die Fähigkeit zur Lieferung kompetenter Information erfordert als Grundlage ein vorhandenes Informationspotenzial mit einer Infrastruktur. So beschäftigen auch Umweltverbände hochspezialisierte Fachleute und vergeben Aufträge an renommierte Forschungsinstitute, um vom "Kaminbesteiger"-Image (Greenpeace) loszukommen.

Weiter kann die NPO **Legitimität** vermitteln, d.h. die Organisation muss repräsentativ sein, damit sie glaubwürdig eine bestimmte Gruppe (z.B. Menschen mit Behinderung) vertreten kann. So wird immer als Argument für die Existenz der Wirtschafts- und Arbeiterkammern in Österreich angeführt, dass der Organisationsgrad von praktisch 100 % Legitimität vermittle. Allerdings wenden Kritiker der Kammerorganisation ein, dass einer durch Gesetz verordneten Mitgliedschaft nicht die gleiche Repräsentanz zukomme, wie dies bei einer freiwilligen Gruppierung der Fall sei. Bei diesen sind die Organisierbarkeit der Gruppenangehörigen und auch eine gewisse Grösse der Organisation Voraussetzung, um im Namen "der" Bauern oder "der" Arbeitnehmer sprechen zu können.

Gewisse Organisationen sind auch in der Lage, **Stimmen** anzubieten (z.B. Referenden oder Volksabstimmungen). Selbstverständlich vermögen dies nur Gruppen, die eine namhafte Stimmkraft verkörpern oder die glaubhaft Stimmen mobilisieren können. Diese Fähigkeit besitzt beispielsweise der Schweizerische Gewerbeverband, der weit über seine Mitgliederzahl hinaus Unterstützung für seine Positionen gewinnen kann.

Um **finanzielle Mittel** bereitstellen zu können, braucht es ein finanzielles Potenzial der Gesamtorganisation. Der Verband selber muss nicht über sehr grosse Mittel, jedoch über eine grosse finanzielle Mobilisierungskraft verfügen. Die Verbände der Chemischen Industrie sind z.B. in der Lage, für Abstimmungskampagnen wesentliche Beiträge bei ihren Mitgliedern freizusetzen. Aber auch auf der Arbeitnehmerseite sind Mobilisierungsfonds vorhanden, ebenso bei Umweltverbänden. Diese können durch geschicktes Fundraising und Gewinnung von freiwilligen Helfern die schwächere Finanzkraft zum Teil kompensieren. Allerdings braucht es dazu ein zündendes Thema, und, wie die Praxis zeigt, muss jede Organisation längerfristig über professionelle Strukturen verfügen. Neuerdings werden in der Schweiz die Sammler von Unterschriften für Volksbegehren bezahlt. Der Einsatz von finanziellen Mitteln erlaubt überdies das Anheuern von Experten, das Einholen von Gutachten etc.

Als letztes Instrument ist der Einsatz oder Verzicht auf Macht zu erwähnen. Dies kann **Marktmacht** oder **Demonstrationsmacht** sein. Die Machtmittel der NPO müssen derart bedeutend sein, dass ein koordiniertes Verhalten der Mitglieder dieser Gruppe der Umwelt (Gesellschaft, Märkte, politisch-administratives System) empfindlichen Schaden zufügen kann. Ein wiederholt angewendetes Beispiel sind Streiks, z.B. von Fernfahrern, Tankstellenbetreibern oder Belieferern von Tankstellen, Mitarbeitenden des öffentlichen Verkehrs usw.Die Marktmacht einer solchen Interessengruppe wirkt weit über den unmittelbar betroffenen Markt hinaus. Beispielsweise führte ein Streik der Lastwagenfahrer in Frankreich zu Versorgungslücken und brachte der Landwirtschaft grosse Exporteinbussen. Vielfach werden die Folgen solcher Handlungen nicht dieser Gruppe, sondern der staatlichen Politik zugeschrieben, wodurch das politische System unter Druck gerät (Buholzer 1998, S. 30). Deshalb kann bereits die Androhung solcher Handlungen staatliche Stellen zum Berücksichtigen von Forderungen der Interessengruppe bewegen. Allerdings setzt der Einsatz von Marktmacht voraus, dass die NPO gut steuerbar ist, dass die gesamte Organisation bis in die kleinsten Verästelungen aktiviert und kontrolliert werden kann. Damit wird die Gruppe sanktionsfähig. Ähnliches gilt für die Demonstrationsmacht. Auch hier muss die Gruppe als Ganzes handeln können, und die Solidarität unter den Mitgliedern sollte genügend ausgeprägt sein, damit die Wirkung eines Streiks durch Streikbrecher nicht unterlaufen werden kann. Marktmacht besteht aber auch auf Arbeitgeberseite, wenn beispielsweise mit der Verlagerung von Arbeitsplätzen ins Ausland gedroht wird.

Diese Ausführungen zeigen, dass die Lobbying-Instrumente nicht isoliert betrachtet werden dürfen, sondern sie hängen sehr stark mit den vorhandenen Potenzialen der anbietenden Organisation zusammen. Wichtig ist hier auch die vorhandene Organisationsstruktur, die beispielsweise eine Mobilisierung der Basis zulässt.

Alle diese Lobbying-Instrumente müssen durch **Kommunikation** transportiert, unterstützt oder begleitet werden, wie dies in Abbildung 122 dargestellt ist.

Wie uns das Kapitel über Kommunikation gezeigt hat, ist die **direkte Kommunikation** das stärkste Instrument, sie wird auch vielfältig eingesetzt. Die Erfahrung von erprobten Lobbyisten beweist, dass die zielgerichtete persönliche Präsentation von Argumenten und Fakten nach wie vor die effizienteste Technik darstellt. Das persönliche Expertengespräch gilt demnach als die akzeptierteste Methode des Lobbying, gefolgt von persönlich überbrachten schriftlichen Informationen (Moosbauer 1999, S. 92). Aber auch die **indirekte Kommunikation** über Zielpersonen, den Zielpersonen naheliegende Dritte ist zu erwähnen. Das Ganze wird durch **Begleitkommunikation** unterstützt. Das Thema wird über öffentliche Medien aktuell gehalten und soll von der Öffentlichkeit als wichtig und dringlich eingestuft werden.

1. Absichern der Instrumente bei der eigenen Basis

Zeichnet sich der Einsatz eines bestimmten Leistungs-Mix ab, ist dafür zu sorgen, dass dieser auch glaubwürdig vertreten werden kann. Deshalb ist eine **Rückkoppelung zur eigenen Basis** unabdingbar (Urabstimmungen über Streiks, speziell einberufene Delegiertenversammlungen, um ein Referendum zu beschliessen, Sitzung eines politischen Ausschusses, um eine Abstimmungskampagne zu finanzieren). Für die langfristige Glaubwürdigkeit der Organisation wäre ungünstig, wenn die eingenommenen Standpunkte nicht von allen Gliedern der Organisation vertreten würden. Weil NPO demokratisch strukturierte Gebilde sind, ist dieser Konsens nicht immer leicht herzustellen. Gerade bei verkehrspolitischen Abstimmungen hatten wir in der Schweiz die paradoxe Situation, dass Verbände aus der Wirtschaft konträre Positionen eingenommen haben. In einem Fall geschah dies sogar innerhalb des gleichen Verbandes, indem gewisse Sektionen die Linie des Gesamtverbandes nicht unterstützt haben, obwohl es in dieser Volksabstimmung quasi um "Aufträge" für diese Branche ging. Solche Beispiele zeigen deutlich, dass die demokratischen Strukturen in Verbänden eine Interessenharmonisierung erschweren können, und wie wichtig gerade in solchen Fällen eine kohärente Corporate Identity ist.

2. Kombination der Instrumente mit dem politischen Prozess und Zeitplan

Die Instrumente können nicht unabhängig vom ablaufenden politischen Prozess bestimmt werden. Deshalb sind die Beeinflussungschancen/-möglichkeiten in den Phasen des politischen Prozesses immer mit den entsprechenden Instrumenten zu kombinieren. Damit einher geht auch die zeitliche Planung, der zeitliche Einsatz der Instrumente.

Abbildung 122: Kommunikationsinstrumente im Lobbying

Direkte Kommunikation	Indirekte Kommunikation	Begleitkommunikation
persönliche:	**über der Zielperson naheliegende Dritte:**	**über die öffentliche Meinung:**
persönliche Überzeugungsarbeit	z.B. Freunde, Bekannte, Wähler, Assistenten	z.B. Petitionen, Brief- (Fax-, Telefon-)Kampagnen, Meinungsumfragen, Ereignis-inszenierungen, Publikationen, Leserbriefe, Pressecommuniqués, Pressekonferenzen, Interviews, Hintergrundgespräche, Werbung, Publi-Reportagen
Briefings, Telefonanrufe, Arbeits-essen		
informelle Treffen an Cocktailpartys, Empfängen, kulturellen Veranstaltungen oder private Informationsbesuche und -reisen, Vorträge	**über öffentliche Akteure/Gremien:** z.B. parlamentarische Anfragen, interfraktionelle Arbeitsgruppen, Parteien	
Einladungen zu internen Sitzungen		**über die Wissenschaft:**
Teilnahme an öffentlichen Anhörungen		z.B. Finanzierung von Think Thanks und Stiftungen, "unabhängige Gutachten", Organisation/Sponsoring von Fach-tagungen, Seminare
Mitgliedschaft in beratenden und ständigen Ausschüssen, Expertenkommissionen		
schriftliche:		
persönliche Briefe, Faxe, E-Mails		
Positionspapiere, wissenschaftliche Studien, Statistiken		
Nachdrucke von Artikeln Broschüren		
Stellungnahmen		

6.5.8 Lobbying-Organisation

Um das Stand-by-Lobbying zu betreiben, braucht es eine **permanente Organisationsstruktur** im Profisystem. Meistens handelt es sich um eine spezielle Abteilung (politische Abteilung) des Verbandes. Diese Organisationseinheit wird im Milizsystem häufig ergänzt durch einen Verantwortlichen im Vorstand (Ressortprinzip) und durch einen permanenten Ausschuss oder eine Kommission, damit die politischen Aktionen durch Milizer (mit)bestimmt werden können, der Kontakt zur Basis hergestellt ist und laufend Input aus Mitgliederkreisen verarbeitet werden kann.

Für die operative Lobbying-Planung kann nun entweder auf diese permanente Organisation zurückgegriffen werden, oder es wird eine spezielle **Projektorganisation** aufgezogen. Dies empfiehlt sich insbesondere bei grösseren aussergewöhnlichen politischen Vorhaben. Die Projektorganisation (als sekundäre Struktur) erhält ihren Auftrag vom Vorstand und wird durch ein Mitglied aus der Geschäftsleitung des Verbandbetriebes oder ein Vorstandsmitglied geführt. Wichtig ist, dass die Projektgruppe möglichst über jene Spezialisten verfügt, die für das zu bearbeitende Problem ein besonderes Fachwissen haben. Dasselbe ist in der primären (ständigen) Organisation nicht immer gegeben. Es lassen sich beispielsweise Spezialisten aus Mitgliederfirmen beiziehen. Die Wirtschaftskammer Oberösterreich etwa setzt pro Schwerpunktthema fünf bis acht repräsentative Industriefirmen als Fachpromotoren ein, die unter dem Patronat eines Leitbetriebes an der Gesetzesbegutachtung aktiv teilnehmen (Moosbauer 1999, S. 72).

In grösseren NPO mit heterogener Mitgliederstruktur und zahlreichen regionalen und fachlichen Mitgliedersubsystemen kann es empfehlenswert sein, einen Konsens auf breiterer Basis anzustreben, bevor die Dokumente an die Mitglieder gehen. Dazu kann z.B. ein **Projektkollegium** gebildet werden, welchem der Vorstand, die Projektgruppe und sämtliche Vorsitzende der regionalen und fachlichen Subsysteme angehören. Dokumente, die sich auf die Zustimmung eines solchen Kollegiums abstützen, haben grössere Chancen zur Annahme durch die Mitglieder.

Um interessierten Mitgliedern die Beteiligung am Lobbying-Prozess zu ermöglichen, führen Wirtschaftskammern sogenannte Industrieforen durch. Es handelt sich um Arbeitskreise mit Lobbying-Schwerpunkten. Diese Foren werden jährlich drei- bis viermal abgehalten. Die teilnehmenden Vertreter der Industrieunternehmungen sind meistens Fachexperten. Auf diese Weise können Mitglieder zur Mitarbeit gewonnen werden, an die man vielleicht im ersten Augenblick nicht gedacht hätte. Solche Foren lassen sich auch einsetzen, um eine operative Lobbying-Planung begutachten zu lassen.

Des Weiteren kann in einer Projektgruppe auch ein spezialisierter Berater eingebunden werden, oder gewisse Aufträge werden an einen etablierten Lobbyisten vergeben. Allerdings ist hier grosse Vorsicht geboten, denn schlechte Leute bringen mehr Schaden als Nutzen. Hingegen ist es möglich, dass zum Beispiel in Brüssel die gleiche Person für mehrere komplementäre Auftraggeber arbeitet.

Allerdings sollte Abschied genommen werden vom Mythos des Superlobbyisten (Buholzer 1998, S. 17), der überall Türen öffnet. Die Lobbying-Arbeit ruht heute auf mehreren Schultern, das Monitoring wird meistens von Referenten im Verband übernommen und zum Teil an spezialisierte Unternehmen abgegeben. Die Kontakte zu politischen Stellen, insbesondere Behörden/Ämtern, werden meistens von Mitgliedern der Geschäftsleitung wahrgenommen, für Treffen mit Politikern werden grossenteils repräsentative Vertreter der Mitglieder (Milizer) zugezogen.

Nach Sebaldt (1997, S. 383) werden in Deutschland Verbandsvertreter von Parlamentariern und Ministerialbeamten als kompetente und gleichberechtigte Kommunikationspartner geschätzt, deren Informationen und politische Schützenhilfe von grossem Wert sind. Nur selten werden diese als einseitig fordernde, lästige Querulanten abqualifiziert.

6.5.9 Lobbying-Budget

Die Stand-by-Lobbying-Arbeit ist normalerweise im üblichen Verbandsbudget enthalten. Für eine spezielle Aktion kann ein Sonderbudget aufgestellt werden, insbesondere dann, wenn ein Wahlkampf oder ein politischer Abstimmungskampf zu überstehen sind. Viele NPO verfügen über spezielle Fonds, die zur Finanzierung solcher Aktionen beigezogen werden können. In den deutschsprachigen Ländern sind beispielsweise die Streikfonds der Gewerkschaften gut dotiert, nicht zuletzt deshalb, weil seit einiger Zeit relativ wenig Streikaktionen stattgefunden haben.

6.5.10 Lobbying-Erfolgskontrolle

Der Erfolg im Lobbying ist sehr schwer messbar, da dieser von vielerlei Einflüssen und Faktoren abhängt, die längst nicht alle von der eigenen NPO beeinflusst werden können. Wichtig ist, dass alle **Gremien** über die Lobbying-Arbeit **stufengerecht informiert** werden, angefangen beim Ausschuss über den Vorstand zur Delegierten-/Hauptversammlung bis hin zu den einzelnen Mitgliedern, die mittels Rundschreiben etc. auf dem aktuellen Informationsstand gehalten werden. Eine wichtige Kontrolle besteht in der Information über die ablaufenden Tätigkeiten. Dabei werden die Resultate automatisch ersichtlich. Abzuraten ist von gross angelegten Verkündigungen über Lobbying-Erfolge, denn solche Verlautbarungen rufen bei der Gegenseite und dem politischen System nur negative Reaktionen hervor. Interessanterweise dürfen sich auf diesem Gebiet die Gewerkschaften mehr erlauben als Unternehmerverbände, weil die Arbeitnehmerorganisationen intuitiv als potenziell schwächer angesehen werden.

Eine englische Studie zeigt, dass sehr erfolgreiche Lobbying-Kontakte auf völlig unscheinbare Weise (low profile) ablaufen, und zwar oft sehr frühzeitig, bevor irgendwelche Probleme oder Schwierigkeiten auftauchen. Leider meinen viele Verbände, sie müssten sehr hart und kritisch gegenüber der Regierung auftreten, um bei ihren

Mitgliedern zu punkten. "Many associations perceived the need to make their representativity very high profile and critical of government in order to please their members" (Trade Association performance 1997).

Innerbetrieblich wird die Lobbying-Aktion folgerichtig im Sinne eines Lobbying-Audits überprüft, und aus eventuellen Fehlern werden Verbesserungen abgeleitet. Selbstverständlich sind immer auch **Rückzugs-** oder **Kompromisspläne** bereitzustellen, um auf besondere Entwicklungen reagieren zu können.

6.6 Lobbying in europäischen Institutionen

Die bisherigen Ausführungen bezogen sich auf das Lobbying im deutschsprachigen Raum. Für ein Lobbying bei den europäischen Institutionen sei nochmals auf die ausgezeichnete Arbeit von Buholzer (1998) hingewiesen. Weil die Verbände im deutschsprachigen Raum immer mehr durch die Beschlüsse der europäischen Behörden tangiert werden, ist eine Ergänzung des nationalen Lobbying durch ein solches in Brüssel zur Tagesordnung geworden. In diesem Sinne sollen hier einige von einem erfahrenen Europa-Lobbyisten gemachten Beobachtungen eingeblendet werden (Helmes 2000, S. 35):

"In EUROPA (= Europäische Institutionen) ist Lobbying ungleich schwerer durchzuführen als auf der nationalen bzw. regionalen Ebene. Es sind nicht nur die Probleme der Mehrsprachigkeit, der unterschiedlichen Mentalitäten, der unterschiedlichen Entwicklungen in den einzelnen politischen Systemen und der unterschiedlichen Bildungsstandards der dort tätigen Mitarbeiter zu überwinden, sondern auch die komplizierten Geflechte der europäischen Institutionen (die selbst 'alte Hasen' kaum durchdringen) zu verstehen und zu durchschauen. Was auf nationaler Ebene zum Teil ausgesprochen verpönt ist - z.B. das Zusammentreffen bei einem guten Essen - gilt z.B. in Brüssel als 'Norm'. Früh aufstehen, die Arbeit der Kommission beobachten und spät schlafengehen - dies bestimmt den Tagesablauf eines in Brüssel tätigen Lobbyisten. Der Gang zu Empfängen etc. ist unverzichtbar. Wer die Spielregeln nicht beherrscht, ist in Brüssel am falschen Platz. Fremdsprachen-Kenntnisse sind unabdingbar (neben der Muttersprache sind der Reihenfolge nach Französisch und Englisch ein Muss). Dass die Gremien in 'Europa' anders funktionieren als in Deutschland oder in der Schweiz, hat sich schon herumgesprochen. Man muss nicht nur wissen, was eine Generaldirektion ist und was ein 'Kabinett' bedeutet, man muss auch die Zusammensetzung dieser Gremien sehr genau kennen, um den richtigen Ansprechpartner zu finden. Dass das europäische Parlament weniger wichtig und einflussreich ist als die nationalen Parlamente, ist zu bedauern, aber ein Faktum. Dies dürfte sich in den nächsten Jahren kontinuierlich ändern.

Wie schon ausgeführt, kommt dem Lobbyismus in Europa häufig auch der Dualismus - europäische Institutionen hier und nationale Regierungen da - zugute. Der in Europa tätige Lobbyist kann sowohl (zumindest mit Hilfe der nationalen Organisationen) die nationale Regierung beeinflussen als auch direkt die europäische Ebene ansprechen (Doppelstrategie). Den internationalen/europäischen Dachverbänden mit ihren nationalen Sektionen kommt hierbei eine überragende Rolle und Aufgabe zu, die leider heute noch viel zu wenig genutzt wird. Ein sehr positives Beispiel gibt z.B. der schweizerische 'Vorort' (heute 'Economie Suisse'), der in Brüssel eine geachtete Rolle spielt - begleitet von der Unterstützung der nationalen Mitgliedsorganisationen - und dies, obwohl die Schweiz nicht Mitglied der EU ist."

7. Collective Bargaining/Kollektivverhandlungen

7.1 Verbände als Träger von Kollektivverhandlungen

Der Marketing-Einsatzbereich "Collective Bargaining" (CBa), "Kollektivverhandeln" oder besser "Verhandeln zwischen Kollektiven" ist für zahlreiche Verbände eine zentrale Aufgabe im Bereich der Interessenvertretung. Für die Arbeitgeber- und Arbeitnehmerverbände in Deutschland und der Schweiz handelt es sich um das eigentliche Kerngeschäft.

Der grosse Unterschied von Kollektivverhandlungen zu "normalen" Verhandlungen zwischen zwei Parteien ist darin zu sehen, dass die Verhandlungspartner hier eine grössere Gruppe, ein Kollektiv, vertreten, z.B. die Gewerkschaftsmitglieder, eine Gruppe von Unternehmern etc. Wie wir im folgenden Abschnitt zeigen werden, ergeben sich aus diesem Grund zwei Stufen von Verhandlungen, nämlich zunächst die Meinungsbildung innerhalb der eigenen Gruppe und danach die Verhandlungen zwischen den Exponenten der beiden Gruppen. Diese Prozesse laufen parallel und auch nacheinander ab. Weil diese Kollektivverhandlungen weitreichende Auswirkungen in Wirtschaft und Gesellschaft haben - man denke nur an Streikaktionen, die das Wirtschaftsleben stark tangieren können -, hat dieses Teilproblem des Verbandsmanagement eine breite Aufmerksamkeit in Literatur und Forschung gefunden. Insbesondere in den USA wurden zahlreiche Untersuchungen über den Verlauf und die Auswirkungen von „Labour Negotiations" durchgeführt.

Jedes Verhandeln ist ein Vor-Handeln, ein Handeln, das gegenwärtig bestimmen möchte, was künftig gelten soll (Saner 1998, S. 3). Das Verhandeln ist immer ein Handeln durch Worte, das ein Handeln durch Taten festlegen will. Collective Bargaining ist eine typische abgeleitete oder delegierte Verbandsaufgabe. Das einzelne Mitglied delegiert diese Aufgabe an den Verband, um zu einem Regelwerk zu gelangen, das nicht nur für den Einzelfall (für den eigenen Betrieb), sondern für alle Verbandsmitglieder und die Mitglieder des Gegenverbandes Gültigkeit hat. Durch staatliche Sanktionierung erhalten solche Verträge nicht selten eine Allgemeinverbindlichkeit, auch für Nichtmitglieder. Dieses System ist in den deutschsprachigen Ländern weit verbreitet. Bekannte Beispiele sind die Kollektivvertragsverhandlungen (Flächentarifverträge) zwischen Arbeitgebern und Arbeitnehmern. Daneben existieren zahlreiche ähnliche Vertragssysteme im Bereich der freien Berufe, wie die Honorarvereinbarungen zwischen Kassenverbänden und den Kassenärztlichen Vereinigungen in Deutschland oder der neue Ärztetarif in der Schweiz, der zwischen Krankenversicherern, der Schweizerischen Unfallversicherungsgesellschaft SUVA, den Ärztevereinigungen und Vertretern des Bundesamtes für Sozialversicherung ausgehandelt wurde. Dieses Beispiel zeigt, dass neben den beiden direkt betroffenen auch weitere Parteien in die Verhandlungen einbezogen werden können, insbesondere wenn diese zur Finanzierung beitragen sollen oder müssen, was im Gesundheitswesen für die öffentliche Hand der Fall ist.

7.2 Das System der Kollektivverhandlungen

Kollektivverhandlungen als "System" zu bezeichnen, ist deshalb sinnvoll, weil verschiedene Subsysteme am Verhandlungsprozess beteiligt sind, die ihrerseits wieder durch intensive Gruppenprozesse gesteuert werden. Um dieses komplexe System steuern zu können, orten die beiden führenden amerikanischen Theoretiker Richard E. Walton und Robert B. McKersie (1993) **drei Subprozesse**, die in einem Collective Bargaining-Prozess simultan, parallel oder komplementär ablaufen. Diese hypothetischen Konstrukte lassen sich wie folgt beschreiben:

7.2.1 Attitudinal Structuring

Attitudinal Structuring beinhaltet den Versuch, unter den Verhandlungspartnern positive Beziehungsmuster aufzubauen. Die Qualität der zwischenmenschlichen Beziehungen zwischen den Verhandlungspartnern beeinflusst den Gang der Verhandlungen wesentlich. Man ist sich bewusst, dass es Vertrauen braucht, gegenseitige Verlässlichkeit, um Kooperationsbereitschaft herbeiführen zu können.

7.2.2 Interorganizational Bargaining

Zur Charakterisierung des eigentlichen Bargaining-Prozesses zwischen zwei Organisationen werden zwei unterschiedliche Typen beschrieben:

1. **„Distributive Bargaining"**

   Im "Verteilungs"-Bargaining soll durch Verhandlungen ein Interessenkonflikt gelöst werden. Es geht um Verteilungskämpfe, das Durchsetzen der eigenen Forderungen. Einsatz von Drohungen, Macht, Bluff etc. wesentlich.

2. **„Integrative Bargaining"**

   Dieser Ansatz des "integrativen" Bargaining versucht, Probleme aus einer gemeinsamen Warte zu lösen. Die gemeinsamen oder komplementären Interessen werden gesucht. Man berücksichtigt den Kontext des Verhandlungspartners und das generelle wirtschaftliche Umfeld. Man stellt beispielsweise keine irrealen Forderungen, die für eine Partei zur Existenzgefährdung führen könnten.

7.2.3 Intraorganizational Bargaining

Intraorganizational Bargaining beleuchtet die Verhandlungsprozesse und die Konsensfindung innerhalb der beiden Gruppen, die miteinander in einem Verhandlungsprozess stehen.

Diese Subprozesse sind im Ablauf nicht voneinander zu trennen, sie beeinflussen sich gegenseitig. Wir werden auf diese Suborozesse im Einzelnen zurückkommen.

Wie Abbildung 123 illustriert, werden die eigentlichen Kollektivvertragsverhandlungen von den Verhandlungsdelegationen zweier Verbände geführt. Die Delegationen werden von den Führungsorganen der jeweiligen Verbände bestimmt und erhalten ein definiertes Verhandlungsmandat. Letzteres fusst auf einer mehr oder weniger intensiven intraorganisatorischen Meinungsbildung, die bis zur Durchführung einer Urabstimmung bei allen Mitgliedern führen kann (z.B. in einer Gewerkschaft über einen Streikbeschluss). Der Prozess, von Walton/McKersie treffend "intraorganizational bargaining" genannt, ist ein Verhandlungsprozess in den eigenen Reihen, der stark von der subjektiven Perspektive geprägt ist. Diese "Membership-Logik" tendiert dazu, übermässige bis unrealistische Forderungen zu stellen. In Delegiertenversammlungen kann eine "Sieger- oder Kriegsstimmung" aufkommen, die zu einer realitätsfremden Beurteilung der Lage und, darauf aufbauend, zu unsinnigen Beschlüssen führt. Die Perspektive der Mitglieder ist oft kurzfristig orientiert und erschwert Verhandlungen, in welchen diese Interessen nicht selten in den Hintergrund geschoben werden müssen, um die Verhandlungen vorantreiben zu können (Lakes 1999, S. 126). Die Verhandlungsdelegationen stehen deshalb unter doppeltem Druck: einmal unter jenem der Ge-

Abbildung: 123: System des Collective Bargaining

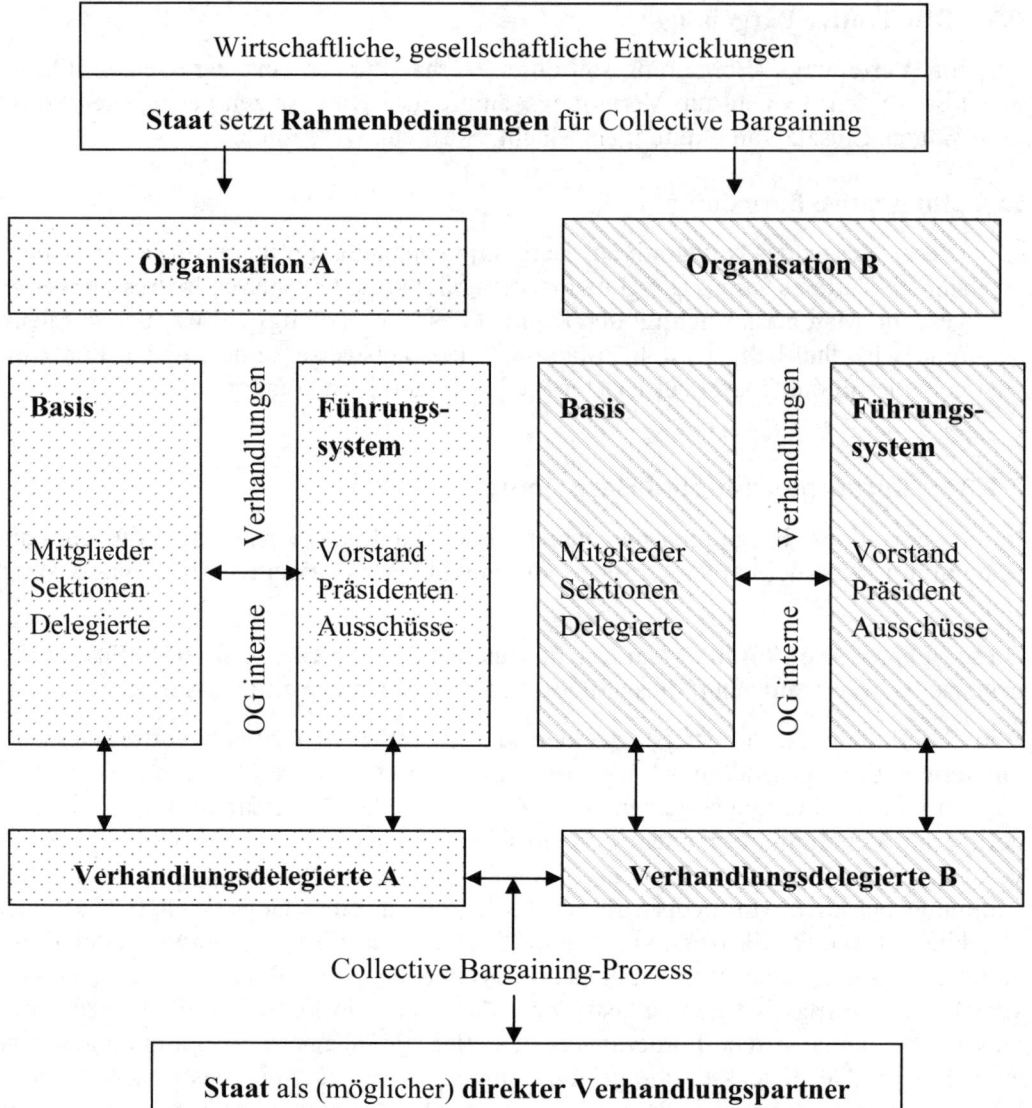

genseite und zugleich unter jenem aus den eigenen Reihen. Der Druck aus den eigenen Reihen ist bei Arbeitnehmervertretern tendenziell höher als bei Unternehmervertretern, da sich Arbeitnehmervertreter meistens in grossen Gremien zur Wahl stellen müssen (Walton/McKersie 1993, S. 6), in welchen die wählenden Mitglieder oft stark durch das sie betreffende Resultat (z.B. zugesprochene Lohnerhöhung) beeinflusst werden und grössere Zusammenhänge weniger gut beurteilen können als die Mitglieder auf Unternehmerseite, die höhere Management-Chargen bekleiden und damit über eine bessere Informationsbasis verfügen.

Die Unterhändler müssen nicht nur das Vertrauen der eigenen Basis gewinnen, sondern gleichzeitig auch das Vertrauen der Gegenpartei. Die Kontakte während der Verhandlungsprozesse führen zwangsläufig zu einem verbesserten gegenseitigen Verständnis der Unterhändler, weil diese vielfach auch die Verhandlungsergebnisse umsetzen und leben müssen, d.h. darauf angewiesen sind, dass ein positives Klima der Zusammenarbeit auch in der Zukunft besteht (Walton/McKersie 1993, S. 284). Ein zu gutes Verhältnis zur Gegenpartei kann jedoch rasch zu Misstrauen in den eigenen Gremien führen. Es heisst dann beispielsweise, ein Verbandsmanager sei zu "gewerkschaftsfreundlich", oder ein Gewerkschaftsvertreter sei "zu wenig hart" (wie wir dies in der Praxis verschiedentlich beobachten konnten).

Ein weiteres Problem des intraorganisatorischen Bargaining ist die Harmonisierung der Interessen verschiedener interner Gruppen. Beispielsweise gibt es unterschiedliche Interessen von Gross- und Kleinfirmen, oder in Ärzteverbänden stehen sich die Forderungen von einzelnen Ärztegruppen kontrovers gegenüber.

Das eigentliche klassische **Collective Bargaining** spielt sich zwischen **zwei Organisationen** ab, wenn auch heute häufig der Staat als dritte Partei dazukommt (s. weiter unten). Diese Situation charakterisiert vor allem die 1960er und 1970er Jahre; damals ging es vorwiegend um Verteilungskämpfe zwischen Arbeiternehmern und Arbeitgebern, wobei die Arbeitnehmer meistens eine Anzahl Forderungen stellten, die dann durch die Gegenseite mehr oder weniger erfüllt wurden. Die Amerikaner betrachten diese Periode als die grosse Zeit des "Distributive Bargaining" und diagnostizieren im Verhandlungspoker eher ein Übergewicht bei den Gewerkschaften (Katz/Kochan 2000, S. 8).

Dieses Verhandlungsmuster begann sich seit den 1970er Jahren deutlich in Richtung "Integrative Bargaining" zu ändern. Dies ist vor allem auf die Umfeldveränderungen und die damit einhergehende Vergrösserung der Komplexität der Verhandlungsprobleme zurückzuführen, denn die Kosten der Vereinbarungen zwischen zwei Gruppen konnten nicht mehr so leicht auf Dritte (wie Konsumenten) abgewälzt oder durch das Wirtschaftswachstum aufgefangen werden.

Diese Kontextänderung ist bei vielen Collective Bargaining-Prozessen zu beobachten. Es macht für die Gewerkschaften beispielsweise keinen Sinn mehr, durch überrissene Forderungen die Wettbewerbsfähigkeit der Unternehmen zu gefährden. In dieser Situation entwickelt sich das "Distributive Bargaining" zum "Integrative Bargaining", d.h.

die Parteien versuchen, ganzheitliche Lösungsansätze zu verwirklichen und nicht nur ihre Partikularinteressen zu vertreten. Ein gutes Beispiel ist die US-Autoindustrie: Die Gewerkschaften mussten erkennen, dass diese Industrie immer weniger wettbewerbsfähig geworden war, dies zeigten u.a. die starke Zunahme der Importe aus Japan und Europa und die relativ geringen Exporte der US-Produzenten. Einseitige Lohnforderungen konnten für die Gewerkschaften nur kurzfristige Erfolge zeitigen, denn diese führten zu einer weiteren Verschlechterung der Wettbewerbsposition der Unternehmen. Erst das gemeinsame Anpacken des Qualitäts- und Produktivitätsproblems, das zu einer Modernisierung der Produktionsprozesse, besserer Ausbildung der Mitarbeitenden, flexibleren Arbeitszeitregelungen und, wenn nötig, auch zu einem Abbau der Belegschaft führte, brachte den gewünschten Erfolg. "Integrative Bargaining" versucht zunächst, den "zu verteilenden Kuchen" zu erhalten oder zu vergrössern, um erst dann über die "claims" der Parteien zu verhandeln. Bekannte Projekte zur Kostensenkung wurden von Ford und General Motors gemeinsam mit den Gewerkschaften ausgearbeitet (Katz/Kochan 2000, S. 4). Die Erfahrung in den USA zeigt allerdings, dass es für solche Vereinbarungen ungefähr gleich starke Partner braucht. Wenn hohe Arbeitslosenraten zu Austritten bei Gewerkschaften führen und gleichzeitig die klassischen organisierten Berufszweige abnehmen, viele neue Berufsarten jedoch nicht organisiert sind, besteht die Tendenz, dass das Management seine Vorstellungen und Programme einseitig durchsetzen will (vgl. Voos 1994, S. 14). Man spricht in diesem Zusammenhang vom "Confrontional Hard Bargaining", das dem "Distributive Bargaining" gleicht, jedoch mit umgekehrten Vorzeichen, indem die stärkere Verhandlungsposition von den Gewerkschaften auf die Unternehmerseite übergeht (Katz/Kochan 2000, S. 5). In Deutschland hingegen machen sich Wissenschaft und Gewerkschaften Sorgen um die Unternehmerverbände: "Ohne starke und repräsentative Arbeitgeberverbände kann es jedoch keinen Flächentarifvertrag und langfristig wohl auch keine Industriegewerkschaften geben" (Deutscher Gewerkschafts-Bund DGB, zitiert nach Lakes 1999, S. 126). Die amerikanische Entwicklung dürfte aber mit etwas Verzögerung wohl auch in Deutschland eintreten, denn der internationale Wettbewerb und die geforderte grössere Flexibilität sind mit starren Flächentarifverträgen nicht mehr zu vereinbaren. Gewerkschaften haben generell gegen den Mitgliederschwund zu kämpfen, und auch auf der Unternehmerseite gibt es immer mehr Betriebe, die aus dem Tarifsystem aussteigen. Die von der Pluralismus-Theorie gewünschte Ausgeglichenheit von Macht und Gegenmacht der beteiligten Verbände kann durch eine unzureichende Organisationsfähigkeit der Vertragsparteien so eingeschränkt werden, dass flächendeckende, allgemein verbindliche Verträge eines Tages nicht mehr möglich sein werden.

Als dritter wesentlicher Faktor im System des Collective Bargaining ist neben dem Intraorganizational Bargaining und den eigentlichen Verhandlungen zwischen den beiden Protagonisten die **öffentliche Hand** anzusehen. Diese wirkt auf zwei Ebenen:

Erstens erstellt der **Staat** die **Rahmenbedingungen**, die einen wesentlichen Einfluss auf die Kollektivverhandlungen haben. So wurde das wirtschaftliche Umfeld zwischen 1980 und 2000 von einem härteren Wettbewerb als bis anhin geprägt. "Bargaining has faced a difficult economic and public policy context" (Voos 1994, S. 2). Der verstärkte Wettbewerbsdruck wird vielfach als gegebener, unvermeidbarer und irreversibler Trend angesehen. Voos (1994, S. 11) widerspricht indessen dieser Auffassung mit dem Argument, dass der sich in den 1970er und 1980er Jahren verstärkende Wettbewerb in den USA auf einer Serie von politischen Entscheidungen beruhe, die von der Annahme ausgehen, dass die Vorteile eines verstärkten Wettbewerbs (vor allem tiefere Preise) die damit verbundenen Kosten (z.B. erhöhte Arbeitslosigkeit) übertreffen. Ein gutes Beispiel einer die Wirtschaft prägenden Rahmeninstitution sind in diesem Zusammenhang die Finanzmärkte, welche Übernahmen, "Leveraged Buy-outs" und andere Restrukturierungen im Finanzbereich ermöglichen und damit auf das Management einen grossen Druck zur kurzfristigen Gewinnmaximierung ausüben. Die negativen Konsequenzen dieser "fundamental institutional rules of financial markets" werden in den von Katz/Kochan veröffentlichten Studien dargestellt. Deregulation, verstärkte Institutionalisierung des internationalen Wettbewerbs, verstärkte Immigration sind weitere Stichworte. Wichtig ist die Feststellung von Voos, dass sich dieser ökonomische Kontext nicht von alleine ergeben hat, sondern "at least in part the result of public policy choice" (Voos 1994, S. 11) ist, d.h. durch das politische System bewusst eingeführt wurde.

Eine ähnliche Entwicklung ist auch in den deutschsprachigen Ländern zu beobachten, wenn auch in etwas abgeschwächter Form. Wir befinden uns heute in einem ökonomischen Umfeld, das einen verstärkten Wettbewerb durch Senkung der Arbeitskosten fördert. Das damit verbundene Auseinanderklaffen der Einkommensschere, das Entstehen der "Working Poor", ist eine wahrscheinliche Folge einer solchen Politik (vgl. Nulty 1994, S. 541). Es ist hier nicht der Ort, über die Wünschbarkeit dieser Entwicklung zu urteilen. Aus der Sicht des Management von Bargaining-Prozessen ist jedoch festzuhalten, dass der Wandel der ökonomischen Rahmenbedingungen die Ausgangslage für das Collective Bargaining wesentlich verändert hat. Deshalb ist es für Verbände sinnvoll, parallel zum Collective Bargaining direkt auf die ökonomischen Rahmenbedingungen und damit auf die staatlichen Rahmenentschide Einfluss zu nehmen. Dies geschieht durch Lobbying-Aktivitäten, die wir in Kapitel V, 6. behandelt haben. Das Lobbying ist eine unverzichtbare komplementäre Aufgabe zum Collective Bargaining.

Der Staat legt nicht nur die Rahmenbedingungen für das Collective Bargaining fest, sondern agiert **zweitens** immer mehr direkt als **dritter Akteur** an den Verhandlungen. Dies zeigt sich beispielsweise in Deutschland im "Bündnis für Arbeit" oder in Österreich bei den Diskussionen um die Pensionsreform. Ganz ist die öffentliche Hand im Bereich "Gesundheitswesen" eingebunden, wie wir bereits angetönt haben. In Deutschland sind z.B. die Verhandlungspartner der Kassen die Kassenärztlichen Vereinigungen, Körperschaften des öffentlichen Rechts mit Pflichtmitgliedschaft der an der kassenärztlichen Versorgung beteiligten Ärzte. Ihre Funktionen und ihre Beziehungen zu den Krankenkassen sind gesetzlich festgelegt (Groser 1986, S. 2). Rund um die Grundstruktur der öffentlich-rechtlichen Kassen entwickelte sich ein System aus Kassen- und Ärzteverbänden, die untereinander Kollektivverhandlungen zum bestimmenden Verfahren der Ressourcenverteilung ausgebaut haben (Groser 1992 S. 173). Die Kostenexplosion im Gesundheitswesen machte Kostendämpfung zu einem politischen Thema und führte in allen deutschsprachigen Ländern zu einer Reihe von staatlichen Interventionen verschiedenster Art. Damit erhalten Gruppenverhandlungen eine neue Dimension: Neben der Lösung von Konflikten unter den Tarifpartnern wird versucht, das Prinzip der Selbstverwaltung aufrechtzuerhalten, um direkte staatliche Eingriffe zu vermeiden oder im Sinne der Kontrahenten zu gestalten. Weil der Staat im Gesundheitsbereich mit erheblichen Budgetmitteln involviert ist (in der Schweiz z.B. in hohem Masse bei der Spitalfinanzierung), wurde er über die Jahre zum dritten gewichtigen Akteur neben Anbietern und Nachfragern von Gesundheitsleistungen.

Über das Gesundheitswesen hinaus spielt der Staat als Verhandlungspartner auch in der allgemeinen Wohlfahrt eine tragende Rolle. Der Staat delegiert (in Europa wie in den USA!) im Rahmen des Subsidiaritätsprinzips die Erfüllung sozialer Aufgaben an Drittleistungs-NPO oder Wohlfahrtsverbände. Es ist ein eigentlicher "Wohlfahrtsverbände-Markt" entstanden, welcher oligopolistische Züge aufweist. In Deutschland spricht man gar von einem "Verbände-Privileg der freien Wohlfahrtsverbände" (Lakes 1999, S. 127). Als Folge der Verflechtung von Staat und Verbänden bestehe die Gefahr, dass die Konkurrenz unter den Wohlfahrtsverbänden eingeschränkt oder gar deren Autonomie tangiert wird. Aber auch in diesem Bereich ist eine Veränderung in Bezug auf die staatlichen Rahmenbedingungen festzustellen, indem diese staatlichen Aufträge ausgeschrieben und damit einem verstärkten Wettbewerb ausgesetzt werden (vgl. Leistungsaufträge in Kapitel V, 7.4.1, Punkt 5).

7.3 Stand-by-Massnahmen oder Erstellen der Bereitschaftsleistung

Kollektivverträge werden selten von Grund auf neu verhandelt. In den meisten Fällen geht es um Neuverhandlungen oder Nachverhandlungen bisheriger Verträge. Somit gehören die Pflege der bisherigen Agreements, der Vollzug der Verträge, das Umsetzen der vereinbarten Massnahmen zum Standardgeschäft vieler Wirtschaftsorganisationen. Dazu zählen auch die Rückmeldungen aus den Mitgliedsverbänden und aus dem Kreise der Mitglieder. Verstösse oder andere Mängel in der Umsetzung werden relativ rasch bekannt, weil beide Seiten die Einhaltung der Verträge überwachen.

Das für die Lobbyarbeit unentbehrliche permanente Monitoring (vgl. Kapitel VI, 6.) ist auch eine Voraussetzung für Collective Bargaining (CB). Die kontinuierliche Beobachtung der Entwicklung und der Veränderung der Rahmenbedingungen einer Branche wie die Entwicklung der Beschäftigung, des Arbeitsmarktes, der Konjunktur, der Inflation usw. sind wichtige Grundlagen für die CB-Verhandlungen. Genauso wichtig wie die Entwicklung der Gesamtwirtschaft ist die Analyse der Lage bei den eigenen Mitgliedern: wirtschaftliche Situation der Betriebe, Entwicklung einschlägiger Kennzahlen, Lohn- und Gehaltsentwicklung in den verschiedenen Beschäftigtenkategorien, Anzahl Lehrstellen, Kostenentwicklung bei den Akteuren im Gesundheitswesen, Auslastung der Spitäler usw.

Die Übergänge zu den eigentlichen Verhandlungen sind fliessend. Der Aufbau guter Beziehungen zwischen den CB-Partnern (Attitudinal Setting) sollte einen permanenten Prozess darstellen und nicht erst mit dem Beginn der Neuverhandlungen eingeleitet werden.

Der nächste Abschnitt ist der operativen CB-Planung gewidmet. Wir folgen dabei unserer bekannten Planungsheuristik. Wir sind uns bewusst: Wenn es sich um einen Anschlussvertrag handelt, sind viele Punkte bereits geklärt oder vorentschieden. Trotzdem ist es sinnvoll, dass man die einzelnen Planungsschritte kurz durchgeht.

7.4 Operative Collective Bargaining-Planung

7.4.1 Informationsstand und Informationssituation

Der gegenwärtige Stand der bestehenden Kollektivverträge wird analysiert, die bestehenden Inhalte werden nach Sachgebieten aufgelistet und mögliche Veränderungen thematisiert. Das Monitoring liefert Informationen über die Situation bei den Mitgliedern, deren Wünsche und Anliegen. Diese werden in Diskussionsrunden mit der Basis oder gewählten Gremien aufgearbeitet. Die Analyse der wirtschaftlichen und anderen Rahmenbedingungen ergibt ergänzende Informationen.

Zur Analyse gehört auch eine klare Begründung für neue Verhandlungen, wie:

1. **Vertragsdauer** ist abgelaufen: Kollektivverträge werden in der Regel nur befristet abgeschlossen.

2. Eine reine **Verlängerung der bisherigen Verträge** bedeutet Beibehaltung des Status quo; meistens werden aber gewisse Anpassungen vorgenommen, um die Vereinbarungen mit der aktuellen Umfeldsituation in Einklang zu bringen.

3. **Grössere Umfeldveränderungen**: Markante Veränderungen im Umfeld können eine Neuverhandlung begründen; der Beitritt zur EU beispielsweise oder neue Gesetze im eigenen Land (z.B. im Bereich "Deregulierung") können eine Anpassung der Kollektivverträge bedingen.

7.4.2 Analyse des CB-Prozesses

Die Verhandlungspartner kennen die Struktur des CB-Systems in der eigenen Organisation und in jener des Partners. Daraus gehen die verschiedenen Verhandlungsebenen hervor (z.B. aufwendige intraorganisatorische CB-Prozesse). Gestützt darauf, sind die Abläufe der verschiedenen CB-Prozesse festzulegen.

7.4.3 Ziele/Verhandlungsdesign

Es ist sinnvoll, CB-Ziele auf zwei Ebenen festzulegen:

1. **Interorganisatorisch**, d.h. Ziele, die die beiden Parteien miteinander vereinbaren sollen, z.B. Anpassung der bisherigen Verträge an die aktuellen Umfeldbedingungen. Diese Ziele sollten nicht zu eng gefasst werden, um den Verhandlungspartnern möglichst grossen Spielraum für kreative Lösungen zu schaffen. Eine Verbesserung der Arbeitnehmersituation darf sich z.B. nicht auf die Fixierung von Lohnerhöhungen beschränken, damit würden mögliche Zugeständnisse auf anderen Ebenen verbaut.

2. **Intraorganisatorisch**, d.h. Zielvorstellungen, die die beiden Verhandlungspartner aus der Sicht ihrer Organisation festlegen. Hier ist für die Verhandlungsdelegation ein gewisser Spielraum einzuplanen und festzulegen, ab welchem Punkt wieder neue Instruktionen vom auftraggebenden Gremium einzuholen sind.

3. Auf der Basis der festgelegten Ziele soll in Vorverhandlungen das **Verhandlungsdesign** festgelegt werden:

   a) Festlegen der Verhandlungs**gegenstände**

   b) Festlegen des Verhandlungs**ablaufes,** inkl. Vernehmlassungen/Anhörungen der Basis

   c) Bestimmungen der Verhandlungs**delegationen**:
   - Grösse
   - Untergruppen
   - Steuerungsgruppe
   - Reviewing-Gruppe etc.
   - Beizug von Experten

   d) Festlegen eines ungefähren Zeitplanes

7.4.4 Zielgruppen

Es ist sinnvoll, im CB-Prozess zwischen **primären** und **sekundären Zielgruppen** zu unterscheiden. Primäre Zielgruppen sind die Delegation der Partnerorganisation, allenfalls der Staat (als dritter Verhandlungspartner) und die eigene Basis.

Sekundäre Zielgruppen sind die Medien, die solche CB-Prozesse meistens eingehend verfolgen und kommentieren. Weitere Zielgruppen sind das politische Umfeld und die Basis der Partnerorganisation. Die auf zahlreichen Kanälen und Medien laufende Kommunikation soll die intraorganisatorische Meinungsbildung in der eigenen und der Partnerorganisation in unserem Sinne beeinflussen.

7.4.5 CB-Mix

Wie wir festgestellt haben, läuft der CB-Prozess auf zwei verschiedenen institutionellen Ebenen ab, nämlich einmal zwischen den beiden Partnerorganisationen und zum andern innerhalb der beiden Organisationen. Weil die Qualität der Beziehungsmuster unter den Beteiligten für den Verhandlungserfolg wesentlich ist, folgen wir Walton/McKersie (1993), die das "Attitudinal Structuring" als komplementäre, permanente Aufgabe der CB-Verantwortlichen sehen, und zwar vor, nach und während den eigentlichen CB-Verhandlungen. Konsequenterweise ist der CB-Prozess auf den folgenden drei Ebenen zu beeinflussen:

1. Attitudinal Structuring
2. Interorganizational Bargaining
3. Intraorganizational Bargaining

1. Attitudinal Structuring

a) Umschreibung

Eine Grundlage für den Erfolg von Kollektivverhandlungen ist das vor und während den Verhandlungen bestehende Beziehungsmuster zwischen den beteiligten Partnern bzw. Gruppen. Diese Beziehung wird prozesshaft laufend verändert. In den Beziehungen gibt es unterschiedlich intensive Phasen. Intensiv sind die Verhandlungsphasen, weniger intensiv sind die Vorbereitungs- und Ausführungsphasen. Bei Arbeitnehmer- und Arbeitgeberbeziehungen bestehen durch den Vollzug der Kollektivverträge ein laufender Kontakt und damit eine permanente Beziehung. Die Qualität der gegenseitigen Beziehung wird von den CB-Forschern als sehr wichtig eingestuft (Walton/McKersie 1993, S. 184). Solche Beziehungsmuster fussen auf einer Reihe von Einstellungsdimensionen der einzelnen Gruppen untereinander. Es handelt sich konkret um eine gemeinsame Tendenz der Einstellungen der einzelnen Gruppenmitglieder, wie etwa:

- Motive und vorhandene Handlungstendenzen gegeneinander (z.B. friedlich, kooperativ)
- Einschätzung der Legitimation und Verankerung der Gegenpartei in der Basis
- gegenseitiges Vertrauen
- Gefühle, die eher von Freundschaft oder Feindschaft geprägt sind.

In den USA wurden folgende **typische Beziehungsmuster** beobachtet:

- **Konflikt**: Die Parteien verfolgen eine Konfrontationsstrategie. Sie versuchen, kurzfristig ein Maximum zu erreichen, die internen Probleme der Gegenseite und die Kontextfaktoren werden nicht zur Kenntnis genommen.
- **Anpassung**: Die Parteien respektieren den Status quo. Die gegenseitige Anpassung hat zu eingespielten Routineprozessen geführt.
- **Kooperation**: Die Grundorientierung ist kooperativ, die gegenseitige Legitimität wird voll anerkannt. Die Parteien weiten ihren Verhandlungsgegenstand absichtlich aus, um Probleme ganzheitlich angehen zu können (z.B. Hebung der Produktivität, Vermeidung von Umweltproblemen usw.).
- **Kollusion**: In diesem Fall bilden die Parteien eine enge Kooperation, um gemeinsame Ziele (meistens auf Kosten Dritter) zu erreichen. Beispiele sind überhöhte Preise zulasten der Konsumenten oder Lobbying-Aktivitäten zugunsten staatlicher Importhindernisse, um die Privilegien der eigenen Branche zu schützen.

Diese Beziehungsmuster werden durch die herrschenden **Rahmenbedingungen** beeinflusst: Beschäftigungslage, Konjunkturlage, Arbeitsgesetze usw.

Aber auch Faktoren im Kontext der Parteien spielen eine Rolle: Alter der Organisation, Art der Industrie, Anteil der Lohnkosten an den Produktionskosten, Alter der Mitgliedsfirmen, der Gewerkschaft usw.

Weiter beeinflussen die **direkt involvierten Persönlichkeiten** die Gestaltung der Beziehungsmuster. Die delegierten Personen müssen sich bewusst sein, dass sie eine ganz bestimmte Rolle zu spielen haben, die eine Trennung des Rollenverhaltens von persönlichen Gefühlen erfordert. Dies wird besonders augenscheinlich, wenn führende Exponenten einer Verhandlungspartei ersetzt werden, mit dem Ergebnis, dass die Verhandlungen plötzlich ins Stocken geraten oder wieder in Schwung kommen. Ein personeller Wechsel kann insbesondere dann angezeigt sein, wenn sich das Beziehungsmuster zwischen den Parteien grundsätzlich geändert hat und die bisherigen Exponenten diesen Wandel nicht mitvollziehen können. Exponenten, die jahrelang einen Konfrontationskurs gefahren sind, werden derart stark mit dieser Rolle identifiziert, dass ein plötzliches Umschwenken auf Kooperation als unglaubwürdig empfunden wird.

Das vorhandene Beziehungsmuster ist nicht nur wichtig für die eigentlichen Verhandlungen, sondern auch bei der Umsetzung der Verträge und der Vorbereitung neuer Verhandlungsrunden.

Ein besonders wichtiger Punkt sind die Rückwirkungen des vorhandenen Beziehungsmusters zwischen den Parteien auf die organisationsinternen Verhandlungsprozesse. Exponenten der eigenen Gruppe, die der Basis zu kooperativ wirken, können in der eigenen Gruppe unter Druck geraten und gezwungen sein, vordergründig auf einen Konfrontationskurs umzuschwenken. Ein gut verankertes kooperatives Beziehungsmuster lässt jedoch auch in solchen Fällen trotz vorübergehend verhärtetem Klima zwischen den Organisationen das kooperative Verhaltensmuster bei den einzelnen Exponenten weiterbestehen (Walton/McKersie 1993, S. 205), was für die langfristige Gestaltung der Kooperation unschätzbar wichtig ist.

b) **Beeinflussung der Beziehungsmuster**

Es ist naheliegend, dass die Parteien versuchen, die Einstellungen und Vorstellungen des Verhandlungspartners zu verändern, um damit die Beziehungen im gewünschten Sinne zu verbessern. Grundsätzlich bieten sich zwei Methodenbündel an:

- **Verändern der Wahrnehmungstatbestände**

    Die Parteien stellen fest, dass die beiden Gruppen **gemeinsame Präferenzen** haben im Bereich von Zielen oder Verhalten Dritter gegenüber. Gemeinsame Einstellungen gegenüber einem Objekt führen bei den betroffenen Personen zu gegenseitiger Wertschätzung (Walton/McKersie 1993, S. 225). Diese können gemeinsame religiöse Überzeugungen, politische Ansichten, Freizeitbeschäftigungen etc. beinhalten. Es kann sich aber auch um ein Problem handeln, das beide Parteien beschäftigt, z.B. Schwierigkeiten mit den jeweiligen Basisgruppen. Ein "gemeinsames Schicksal" fördert positive Gefühle zwischen den Verhandlungspartnern. Gemeinsame Erlebnisse können auch die Studienzeit, Militärdienstleistungen etc. beinhalten.

    Der Partner nimmt wahr, dass die Gegenpartei über eine **Ressource/Fähigkeit** verfügt, die ihm nützlich sein könnte. So kann etwa ein Gewerkschaftsvertreter den Absentismus in einer Firma senken helfen, indem er auf die Arbeiterschaft entsprechend einwirkt. Damit wird der Arbeitnehmervertreter bei der Gegenpartei aufgewertet. Oder eine Firma wertet die Gewerkschaftsvertreter auf, indem Beschwerden von Arbeitskräften im eigenen Betrieb in erster Instanz durch die Gewerkschaftsvertreter zu schlichten sind.

    Ein oder beide Partner **trennen** sich von einem **Hindernis**, das die Verhandlungen blockiert oder erschwert. Dies kann die Trennung von einer Person bedeuten, oder ein Problem wird in eine Subkommission "versenkt" und damit von den Anwesenden abgeschoben. Oder man entschuldigt sich an der nächsten Sitzung für das Verhalten und beschliesst, einen positiven Neuanfang zu wagen.

Während die Methoden des Einwirkens im Hinblick auf eine Einstellungsveränderung beim Partner auf ein Gleichgewicht in der Beziehung zwischen den beiden Exponenten abzielen, versucht man, mit den folgenden Methoden von Belohnung oder Bestrafung Druck auszuüben.

- **Belohnungen und Bestrafungen**

    Wenn etablierte Verhaltensmuster von einer Partei nicht mehr eingehalten werden oder die konsensorientierten Methoden zu keinem befriedigenden Resultat führen, besteht die Versuchung, zu "härteren" Mitteln zu greifen.

    Belohnen des Partnerverhaltens
    Das Aussprechen von **Komplimenten** an die Gegenpartei ist eine Möglichkeit, das Klima zu verbessern. Man dankt für die ausgewogene Darstellung einer Ausgangslage etc. Man kann auch die eigene Wertschätzung über den Ablauf des Verhandlungsprozesses kundtun und damit indirekt die Gegenpartei loben. Die stärkste Form der Belohnung liegt in der Gewährung eines Vorteils an die Gegenpartei. Eine gute, ehrliche Offerte kann die Gegenpartei ebenfalls zu einem Belohnungsverhalten motivieren, was im Verhandlungsprozess zu einem positiven "Aufschaukeln" führen kann.

    Bestrafen des Partners
    Eine gute Beziehung zwischen zwei Verhandlungspartnern beruht auf Normen und eingeübten Verhaltensweisen, stabilisierten Verhaltensmustern mit "Do's" und "Don'ts". Diese Normen sind normalerweise in den Gremien gut abgestützt. Wenn nun eine (meistens neu dazugekommene) Person dieses Verhaltensmuster zu stark verletzt, kann es zu "Strafmassnahmen" der Gegenseite kommen. Es besteht hier allerdings die Gefahr, dass mit einer Drohung eine Eskalationsspirale in Gang gesetzt werden kann, die dann auch Bereiche, über die kein Dissens bestand, in Mitleidenschaft zieht. Deshalb soll die Bestrafung nur schrittweise vorgenommen werden.

    Eine weiche Variante der Bestrafung ist die **Anmahnung** der Pflichten der Gegenpartei. Man macht den Partner auf die Verletzung der bisher geltenden Abmachungen aufmerksam.

    Weiter kann der Status, die **Kompetenz** oder die Durchsetzungsfähigkeit des Verhandlungspartners in **Zweifel** gezogen werden, was beispielsweise für Gewerkschaftsführer gefährlich sein kann.

    Die stärkste Form der Bestrafung sind **"tangible" Sanktionen** wie Bummelstreik, gezielte Streikaktionen an neuralgischen Punkten, flächendeckende Streiks, Aussperrungen, Entlassungen, Bussen etc.

Auf die Verhandlungen selbst bezogen nennt Fischer (1997, S. 69) folgende Sanktionsmöglichkeiten:

- Zurückweisen von weiteren Verhandlungen
- Verlassen der Verhandlungen
- Drohungen bezüglich Sanktionen
- Verschleppungspolitik
- bewusstes Herbeiführen eines Verhandlungsmarathons etc.

2. Interorganizational Bargaining

Wie wir einleitend bemerkt haben, kommen im eigentlichen Bargaining-Prozess zwischen zwei Organisationen nach amerikanischer Auffassung die Methoden des "Distributive Bargaining" und des "Integrative Bargaining" zur Anwendung. Während im distributiven Bargaining-Prozess jede Partei einen möglichst grossen Anteil einer mehr oder weniger vorgegebenen oder aufzuteilenden Grösse zu erhalten sucht, wird im integrativen Bargaining-Prozess gemeinsam versucht, den zu "verteilenden Kuchen" zu vergrössern, um so leichter beide Parteien befriedigen zu können. In der heutigen Zeit steht unserer Ansicht nach das integrative Bargaining im Vordergrund, da die Komplexität der wirtschaftlichen Systeme reine klassenkämpferische Verteilungsgefechte kaum mehr zulässt. Walton/Mc Kersie (1993, S. 137) verstehen integratives Bargaining als klassischen Problemlösungsprozess mit den Phasen:

a) Analyse des Problems

b) Suche nach Lösungsmöglichkeiten und den damit verbundenen Konsequenzen

c) Auswahl der für beide Parteien besseren Lösung und Festlegung eines adäquaten Vorgehens

d) eventuell Einsatz von Vermittlern

a) Die **Problemanalyse** erfordert ein möglichst grosses Mass an gegenseitiger Offenheit im Austausch aller erforderlichen Informationen, wie z.B. die ehrliche Darstellung der finanziellen Lage einer Unternehmung, Branche usw.

Im Verlauf der Verhandlungen müssen vielleicht gewisse Probleme neu definiert werden. Deshalb sollten die Parteien zu Beginn nicht mit unabänderlichen Positionen aufwarten, denn damit wird die Suche nach Lösungen erschwert. Es ist deshalb sinnvoll, eher eine breite als eine schmale Agenda aufzubereiten. Eine breitere Agenda ermöglicht auch vielfältigere Lösungsmöglichkeiten.

b) Für die Suche nach **Lösungen** sind nicht nur vordergründig naheliegende Möglichkeiten in Betracht zu ziehen, sondern es ist kreativ nach weiteren Alternativen zu suchen, die beispielsweise aus einer längerfristigen Sicht sinnvoll sein könnten. Wichtig sind auch Analysen über die Auswirkungen und Konsequenzen der verschiedenen Alternativen für beide Parteien. Es wird beispielsweise gemeinsam herausgearbeitet, wie man eine geplante Lohnerhöhung finanzieren könnte, etwa durch ein auch von Arbeitnehmerseite gestütztes Rationalisierungsprogramm. Ford USA und die Gewerkschaft der Automobilarbeiter haben eine solche Partnerschaft über 14 Jahre entwickelt und laufend ausgebaut. So entstand ein nationales Netzwerk von gemeinsamen Programmen in den Bereichen Qualitätssicherung, Empowerment der Mitarbeiter, Gesundheit und Sicherheit, Arbeitsplatz- und Einkommenssicherheit, Weiterbildungsprogramme, Gewinnbeteiligungsmodelle usw. (Savoie 1994, S. 529).

Für beide Delegationen ist es wichtig, über die Ansprüche im Bild zu sein, welche die jeweilige Basis an die Verhandlungen stellt. Deshalb ist auch eine offene Ausgangslage für beide Parteien anzustreben, um zu verhindern, dass die Delegationen nur an den zugestandenen Konzessionen statt am Gesamtresultat gemessen werden.

c) Aus den erarbeiteten Lösungsansätzen wird ohne fixe Vorgabe seitens einer Partei gemeinsam versucht, die unter allen Gesichtspunkten **bestmögliche Alternative** zu finden.

Die Abhängigkeit von intraorganisatorischen Bargaining-Prozessen zwingt die Delegationen meistens, eine Initialposition einzunehmen, die über das erreichbare Mass
hinausgeht. Walton/McKersie (1993, S. 356) bemerken: "...few negotiators operate within situations in which their principals are so realistic that it is possible for them to enter bargaining with a position that aproximates their best estimate of the final sett-lement". So findet in der Praxis meistens ein gegenseitiger Annäherungsprozess an eine gemeinsam akzeptierbare Position statt.

d) Eventueller **Einsatz** von **Vermittlern**: Trotz gutem Willen von beiden Seiten können Verhandlungen an einen toten Punkt gelangen. Die Verhandlungsparteien sind nicht mehr in der Lage, Bewegung in die Verhandlungen zu bringen, sei es, weil sich die gegenseitigen Standpunkte zu sehr voneinander entfernt, sei es, weil sich die Akteure in Prestigepositionen verfangen haben. Eines der probaten Mittel, derartige Verhandlungen wieder in Gang zu bringen, ist der Einsatz eines Vermittlers. Fischer (1997, S. 72) unterscheidet hier zwei mögliche Arten: gute Dienste und eigentliche Vermittlung.

Unter "**guten Diensten**" versteht man das Tätigwerden eines am Streit unbeteiligten Dritten, der die Aufgabe übernimmt, die Streitparteien zu Verhandlungen zu bewegen, ohne sich daran aktiv zu beteiligen. In diesem Sinne ist der schweizerische Bundesrat (die Landesregierung) in der Auseinandersetzung um den Landesmantelvertrag des schweizerischen Baugewerbes im Frühjahr 2000 tätig geworden.

Unter "**Vermittlung**" versteht man demgegenüber das aktive Tätigwerden eines Dritten in den Verhandlungen zwischen den Streitparteien. Die Funktionen des

Vermittlers können eine verfahrensmässige oder eine inhaltliche Unterstützung beinhalten. Verfahrensmässig heisst, dass der Dritte über besondere Kenntnisse in der Steuerung von Verhandlungsprozessen verfügt (professionelle Verhandlungsspezialisten haben Mitte der 1990er Jahre die festgefahrenen Verhandlungen zwischen Swissair und der Pilotengewerkschaft wieder in Fahrt gebracht). Inhaltliche Unterstützung können Spezialisten bieten, die versuchen, aus den vorhandenen Vorschlägen eine neue Kombination herauszuarbeiten, die Zustimmung beider Parteien findet.

Entscheidend ist in beiden Fällen, dass die Parteien im Grunde eine Lösung des Konflikts wünschen, und dass der Vermittler über hinreichendes Gewicht verfügt sowie das Vertrauen der an der Verhandlung beteiligten Parteien geniesst.

Fördernde Faktoren im Problemlösungsprozess

- **Positive Motivation der Beteiligten**

Eine positive Motivation bei den Beteiligten bedeutet den Willen, Zeit und Mittel einzusetzen, um den Prozess voranzutreiben. Eine eher langfristig angelegte Sicht bei den Verhandlungspartnern fördert eine ganzheitliche Wahrnehmung der Ausgangslage und die Suche nach kooperativen Lösungen. Druck von der Basis kann eine Delegation zwingen, nach kurzfristigen Erfolgen zu suchen, die jedoch für das Gedeihen einer langfristig positiven Beziehung nicht förderlich sind.

- **Information und Sprache**

Der Erfolg von Verhandlungen hängt stark von der Erarbeitung einer breiten Informationsbasis für beide Seiten ab. Dabei ist die Zusammensetzung der Delegationen entscheidend. Eine grössere Delegation führt zu einem breiteren Spektrum von Meinungen und einer repräsentativeren Vertretung der Basis. Wichtig ist auch, dass die Mitglieder der Gruppe verschiedene Erfahrungshorizonte einbringen. Positiv werten Walton/McKersie (1993, S. 157) den Umstand, wenn einzelne Delegationsmitglieder früher auf der "andern" Seite gearbeitet haben und damit deren Sprache und Kultur verstehen.

- **Gruppengrösse variieren**

Um möglichst alle Interessengruppen einer Organisation am Bargaining-Prozess beteiligen zu können, was den Informationsstand erhöht und für die spätere Akzeptanz der Ergebnisse wesentlich ist, kann die Grösse der Gruppe das Mass (z.B. 20 Personen) überschreiten, was ein effizientes Arbeiten verunmöglicht. In diesem Fall ist es sinnvoll, Untergruppen zu bilden, die Teilprobleme erarbeiten, und gleichzeitig eine Kern- oder Steuerungsgruppe zu bestimmen, welche die Verhandlungen mit den Vertragspartnern führt. Die Gesamtgruppe übernimmt in diesem Fall eine Reviewing-Funktion, indem Zwischenergebnisse diskutiert und genehmigt werden. Das Endresultat wird den übergeordneten Gremien vorgelegt.

- **Vertraulichkeit der Verhandlungen**

Dass ein Minimum an gegenseitigem Vertrauen ein Muss für erfolgreiche Verhandlungen darstellt, haben wir im Abschnitt "Attitudinal Structuring" beschrieben. Eine wichtige Voraussetzung zur Vertrauensbildung ist die Vertraulichkeit der Verhandlungen. Es sollten weder Mikrophone aufgestellt noch Stenogramme aufgenommen, sondern nur Ergebnis- oder Schlussprotokolle verfasst werden, mit deren Inhalt alle Beteiligten einverstanden sind. Dies erlaubt explorative Gespräche, die Darlegung unorthodoxer Lösungen, die Entwicklung von Gedankenspielen etc. Daraus können sich neue, integrative Lösungsansätze entwickeln.

- **Differenzierte Offenheit in den Verhandlungen**

Da es sich bei den Verhandlungspartnern um Organisationen mit demokratischen Strukturen handelt, sollten die Verhandlungen an sich möglichst offen geführt werden. Dies erleichtert die Problemlösung und schafft Vertrauen. In der Praxis stehen aber oft taktische Verhaltensweisen im Vordergrund, die sich in einem selektiven Informa-tionsverhalten, Aufbauschen von (künstlichen) Problemen etc. manifestieren.

Insbesondere wenn die Basis einbezogen wird, kann indessen eine zu grosse Offenheit nach allen Seiten den Verhandlungsprozess der Steuerungsgruppe stören. Es ist deshalb sinnvoller, die Delegationen abgeschirmt für sich allein verhandeln zu lassen, bis der Prozess zu einem konkreten Resultat geführt hat. Erst dann sollten weitere Gremien wieder in den Prozess einbezogen werden.

- **Gegenseitiges Vertrauen**

Vertrauen schwächt ein konfliktäres Verhalten ab. Um gemeinsam mehr Werte zu schaffen, braucht es eine offene Analyse und Darlegung aller Fakten, was nur unter Vertrauensbedingungen möglich ist. Vertrauen spielt aber auch im intraorganisatorischen Bargaining eine grosse Rolle. Die jeweiligen Delegationen sind auf einen Vertrauensvorschuss angewiesen, damit die oben erwähnte Vertraulichkeit zwischen den Delegationen überhaupt aufgebaut werden kann.

3. Intraorganizational Bargaining

Wie uns die Ausführungen zum Collective Bargaining-System gezeigt haben, fusst der eigentliche Collective Bargaining-Prozess zwischen den zwei Verhandlungspartnern auf zwei parallel laufenden organisationsinternen Verhandlungsprozessen, in welchen die beiden Gruppen ihre Interessen ausdiskutieren und in einem internen Meinungsbildungsprozess ihre jeweiligen Positionen festlegen. Während des Ablaufs des Hauptprozesses sind immer wieder interne Subprozesse bei den beteiligten Gruppen durchzuführen, um neue Vorschläge in den Hauptprozess einzubringen. Die Verhandlungsdelegationen stehen deshalb unter permanentem Druck der eigenen Basis. Für die Hauptakteure ist damit praktisch ein Rollenkonflikt vorprogrammiert. Wie wir gesehen haben, sind die Hauptakteure auf der Profiseite (z.B. Geschäftsführer der beiden Verbände) auf eine funktionierende Beziehung zueinander angewiesen, um den Kollektivvertrag "leben" und damit vollziehen zu können. Meistens entwickelt sich daraus ein gutes persönliches Einvernehmen. Von der Basis wird jedoch die harte, fordernde Kämpferrolle erwartet: Beim Gegner soll möglichst viel herausgeholt werden. Die Akteure müssen beide Ebenen pflegen und zufriedenstellen. Nach unseren Beobachtungen und Erfahrungen, die von US-Forschern gestützt werden (Walton/McKersie 1993, S. 184), stehen die Gewerkschaftsvertreter in einer schwierigeren Lage als die Unternehmervertreter, denn zum einen ist die Meinungsbildung in grösseren Organisationen schwieriger (Unternehmerverbände haben viel kleinere Mitgliederzahlen), zum andern müssen sich die Gewerkschaftsvertreter persönlich in grösseren Gremien zur Wahl stellen. Das beobachtete Verhalten als Akteur während der Kollektivverhandlungen ist für die Beurteilung eines Gewerkschaftsfunktionärs ein wesentliches Kriterium, während solche Fragen in Unternehmerverbänden weit weniger personalisiert werden. Ein gutes Beispiel für diese Zusammenhänge liefern die bereits erwähnten Verhandlungen im schweizerischen Baugewerbe zum Landesmantelvertrag 1999/2000. Nachdem die in einer Sackgasse stehenden Verhandlungen durch die Moderation der Regierung zu einem Kompromiss geführt hatten, kam der Präsident der kämpferischeren der beiden Gewerkschaften unter starken Beschuss aus den eigenen Reihen. Einige Gruppierungen forderten seine Absetzung, während man auf Unternehmerseite ohne Probleme zur Tagesordnung überging.

Ferner sind bei Gewerkschaften für die Bildung der Verhandlungsdelegation oft zahlreiche Subgruppen zu berücksichtigen (regionale Gruppierungen, fachliche Gruppierungen, Frauen, Lehrlinge usw.), was zu grossen Delegationen mit zum Teil unerfahrenen Mitgliedern führen kann.

Im Weiteren ist es fast zwangsläufig, dass die Verhandlungsdelegierten innerhalb der eigenen Organisation in eine Konfliktsituation geraten, da sie die ausgehandelten Ergebnisse intern "verkaufen" müssen. Weil diese in den seltensten Fällen die von den Basisgruppen aufgestellten Forderungen ganz erfüllen, hat der bzw. die Delegierte die Aufgabe, der eigenen Basis eine realistische Einschätzung der Lage beizubringen. Es liegt in der Natur von Kollektivverhandlungen, dass sie zu einem Kompromiss führen. Die Verhandlungsdelegation muss deshalb in internen Prozessen eine Mehrheit unter den eigenen Subgruppen finden. Collective Bargaining heisst in diesem Sinne nicht nur, bei der Gegenpartei etwas zu bewirken, sondern auch bei der eigenen Partei. In diesem Prozess muss die Erwartungshaltung, die beim Setzen der Verhandlungsziele meistens unrealistische Werte antizipiert hat, auf ein realistisches Niveau gesenkt werden. Aufreibende Verhandlungsrituale (nächtelange Verhandlungen) und der zeitliche Druck beeinflussen diese Prozessphase.

Um den internen Konsens zu fördern, stehen dem Delegationsleiter folgende Methoden zur Verfügung (Walton/McKersie 1993, S. 312ff.):

a) **Das Entstehen von unrealistischen Erwartungen vermeiden**

Dies geschieht durch eine frühzeitige Information über die Rahmenbedingungen, die wirtschaftliche Situation und über Handlungsmöglichkeiten, über welche die Gegenpartei realistischerweise verfügt. Es ist auch sinnvoll, das Verhandlungsmandat relativ offen abzufassen und auch eine gewisse Bandbreite der Erwartungen zu formulieren. Im Weiteren ist es sinnvoll, die Gruppe, welche das eigentliche Verhandlungsmandat formuliert, möglichst klein zu halten.

b) **Die Erwartungen durch Einsatz von logischen Argumenten und Machtinstrumenten modifizieren**

Der Delegationsleiter gewinnt naturgemäss einen generellen Informationsvorsprung und erhält zusätzlich Informationen von der Gegenseite. Die damit verbundene Autorität erlaubt es, durch selektive Information der eigenen Leute, diese zu einer Modifikation ihrer Forderungen zu bewegen. Je nachdem stehen dem Delegationsleiter auch Druckmittel zur Verfügung (Androhung des Rücktritts etc.).

c) **Änderung der Erwartungen durch persönliche Erfahrung**

Eine gute Voraussetzung für eine Änderung der Erwartungshaltung sind persönlich gemachte Erfahrungen. Man versucht deshalb, wichtige positiv gestimmte Exponenten der eigenen Gruppe in den Verhandlungsprozess einzubeziehen. Mit den dabei gewonnenen Erfahrungen lassen sich die Erwartungen leichter an die Realität anpassen.

d) **Rationalisieren der Meinungsunterschiede**

Man kann das für die eigene Gruppe erreichte Resultat "schönreden", äussere Gründe anführen (Konjunktureinbruch), oder man schliesst Leute aus der Verhandlungsgruppe aus, die dem Resultat gegenüber besonders negativ eingestellt sind. Oder man bringt umgekehrt negative Exponenten der eigenen Gruppe an den Verhandlungstisch, damit diese in der Runde selber erleben können, dass die angestrebte Lösung das Maximum des Erreichbaren darstellt. Des Weiteren kann das erzielte Agreement positiv dargestellt werden, oder gewisse, früher gestellte Forderungen werden stillschweigend "begraben" oder auf eine nächste Verhandlungsrunde verschoben.

Intraorganisatorisches Bargaining ist eine notwendige Voraussetzung, um die CB-Verhandlungen erfolgreich führen zu können. Oft sind es gerade schwierige interne Prozesse, die einem offenen integrativen Bargaining entgegenstehen. Weil insbeson-dere die Gewerkschaftsvertreter unter grossem internen Druck stehen, hat die jeweilige Situation des intraorganisatorischen Bargaining-Prozesses Rückwirkungen auf Taktik und Ablauf des gesamten CB-Prozesses.

7.4.6 Rahmenbedingungen

CB-Verhandlungen finden immer unter gewissen Rahmenbedingungen statt. Diese können den Gang der Verhandlungen massgeblich beeinflussen. So kann etwa ein hoher zeitlicher Druck entstehen, wenn die Basis einen raschen Abschluss fordert, weil erzielte Resultate wie eine Lohnerhöhung rückwirkend wirksam werden.

Oder die Öffentlichkeit kann ihren Unmut über die Folgen einer Streikaktion äussern. Dieser Unmut kann sich über die Medien stark akzentuieren, die Sozialpartner und die Regierung werden damit unter Druck gesetzt. Das Verständnis der Öffentlichkeit für Streikaktionen ist in den letzten Jahren eher gesunken. Generell findet es die Bevölkerung moderner Industriestaaten unzumutbar, dass eine Gruppe unbeteiligte Dritte stark benachteiligt, um ihre eigenen Interessen durchzusetzen.

7.4.7 Organisation

Um die Stand-by-Massnahmen effizient durchzuführen und die Bereitschaftsleistung aufrechtzuerhalten, braucht es permanente CB-Verantwortliche im Profisystem der beteiligten Verbände. Meistens handelt es sich um eine spezielle Abteilung (z.B. Arbeitnehmer- bzw. Arbeitgeberpolitik). Diese Profistruktur wird ergänzt durch eine Milizstruktur, z.B. einen ständigen Ausschuss "Tarifvertrag", der von einem Vorstandsmitglied geleitet wird. Die Milizer sind das Bindeglied zur Basis. Zudem ist die Basis durch Vernehmlassungen an Präsidentenkonferenzen oder spezifischen Befragungen der Unterverbände einzubinden. Diese Organisationen betreiben ihrerseits wiederum Meinungsbildung unter den Mitgliedern.

Für Neuverhandlungen kann auf die eingespielte Organisation zurückgegriffen oder es kann eine spezielle Projektorganisation aufgezogen werden, die Spezialisten aus Mitgliederkreisen oder Fachleute von dritter Seite einbezieht.

In grösseren Verbänden mit heterogener Mitgliederstruktur und zahlreichen regionalen und fachlichen Mitglieder-Subsystemen kann es sich wie beim Lobbying lohnen, mit einem Projektkollegium einen Konsens auf breiterer Basis anzustreben. Das Projektkollegium konstituiert sich aus dem Vorstand, der Projektgruppe und sämtlichen Vorsitzenden der regionalen und fachlichen Subsysteme. Lösungen, die sich auf die Zustimmung eines solchen Kollegiums abstützen, haben grössere Chancen zur Annahme durch die Mitglieder.

Sollte eine Streikaktion in Erwägung gezogen werden, erfordert dies eine spezielle Projektorganisation, die sich auf Arbeitnehmerseite auf Vertreter der Gewerkschaften vor Ort und in den einzelnen Firmen stützt. Selbstverständlich muss hier in kürzester Zeit sehr viel improvisiert werden.

7.4.8 Budget

CB bildet eine Kernaufgabe im Bereich der Interessenvertretung von Arbeitgeber- und Arbeitnehmerverbänden und erfordert dementsprechend laufend finanzielle Mittel, die im normalen Verbandsbudget bereitgestellt werden.

Sowohl Arbeitnehmer- wie Arbeitgeberorganisationen verfügen in der Regel über Streik- bzw. Streikabwehrfonds, um die mit einem Arbeitskampf verbundenen ausserordentlichen Aufwendungen decken zu können. Insbesondere Arbeitnehmerorganisationen sind auf solche Fonds angewiesen, um ihre Mitglieder bei Aussperrungen finanziell entschädigen zu können. Eine gut gefüllte "Kriegskasse" ist ein wesentliches Element, um einer Streikdrohung das entsprechende Gewicht zu verleihen. Auf der Gegenseite können Solidaritätsbeiträge des Verbandes helfen, bestreikte Betriebe über die Runden zu bringen.

7.4.9 Umsetzung und Kontrolle

CB-Verhandlungen münden in vertragliche Vereinbarungen aus, die von den beiden Organisationen und deren Mitgliedern umgesetzt werden müssen. Deshalb sollen alle Gremien über die Vertragsergebnisse stufengerecht informiert werden, bis hin zu den einzelnen Mitgliedern. Verstösse gegen die Verträge werden relativ rasch bekannt, weil die Ausführung gegenseitig überwacht wird. Ein Gewerkschaftsmitglied meldet einen Vorfall in seiner Organisation, und diese nimmt mit dem Betrieb oder mit dem Partnerverband Kontakt auf, um der Sache nachzugehen. Auch die Mitglieder auf Arbeitgeberseite haben kein Interesse, dass sich einzelne Wettbewerber aus der vertraglichen Verantwortung stehlen, denn dies verfälscht die Wettbewerbssituation.

In der Umsetzung können sich Mängel im ausgehandelten Vertragswerk zeigen, die im Rahmen von permanenten Arbeitsgruppen behoben werden.

Obwohl die Zahl der organisierten Branchen und Betriebe abnimmt, und obwohl selbst in den USA nur ein kleiner Anteil der Einkommen des privaten Sektors (Nulty 1994, S. 544) durch CB determiniert wird, haben CB-Verhandlungen eine grosse Bedeutung für die Gesamtwirtschaft, sei es als Ordnungsfaktor, sei es als Indikator für wirtschaftliche und soziale Trends. Positiv zu werten ist die zu beobachtende Zunahme flexibler Lösungen; damit kann auf die Gegebenheiten einzelner Branchen oder Gruppen besser Rücksicht genommen werden.

8. Kooperative Werbung

8.1 Einführung und Grundlagen

Trotz einer langsam steigenden Anzahl von Arbeiten über kooperative oder kollektive Werbung ist diese als Erkenntnisobjekt der Marketing-Wissenschaft noch nicht weit entwickelt, wie ein Blick in Marketing-Lehrbücher zeigt - dies, obwohl in der Wirtschaftspraxis die kooperative Werbung eine für jedermann leicht erkennbare Tatsache ist (man vergleiche die Agrarwerbung in Deutschland, Österreich und der Schweiz, das internationale Wollsiegel, Kampagnen der Versicherungswirtschaft oder der Banken in der Schweiz). Der in der Praxis tätige (Verbands-)Manager erhält von der Wissenschaft praktisch keine Unterstützung für die mit der Kollektivwerbung verbundenen Entscheidungsprobleme. Vor allem fehlt ein umfassender Raster für die Lösung der grundsätzlichen Frage, in welchen Fällen kooperative Werbung wirklich Sinn macht.

Um das Thema zweckmässig angehen zu können, behandeln wir nach der Darstellung der zahlreichen Formen der Kollektivwerbung die Begriffe "Werbung" und "Kooperation" als im Prinzip gegensätzliche Gesichtspunkte. Danach werden die Parameter für die Realisierbarkeit von Kollektivwerbung herausgearbeitet und die Gemeinschaftswerbung (als für Unternehmen relevante Form der Kollektivwerbung) im Entscheidungsprozess der Einzelunternehmung beleuchtet. Abschliessend wird die Planungssequenz für kollektive Werbeaktionen vorgestellt.

Wir unterteilen die Absatzwerbung in Einzel- und Kooperativ- oder Kollektivwerbung (s. Abb. 124). Bei der kooperativen Werbung arbeiten zwei oder mehrere Organisationen/Firmen unter Wahrung ihrer wirtschaftlichen Selbständigkeit in der Werbung für gewisse Produkte, Dienstleistungen oder Anliegen zusammen. Organisatorisch wird für die Kollektivwerbung meistens ein von den Einzelanbietern unabhängiges Gremium geschaffen. Als Träger solcher Werbegemeinschaften können Verbände, Vereine, Stiftungen, staatlich geförderte Körperschaften oder auch Ad-hoc-Gruppierungen in Frage kommen.

Für die Kollektivwerbung kommen folgende Werbeobjekte in Frage:

- Produkte, Dienstleistungen
- Einstellungs- und Verhaltensänderungen
- Branchen, Regionen, Länder
- Güte- oder Qualitätszeichen
- Mitgliedschaften, Berufe

Kooperative Werbung

Abbildung 124: Kooperativ- oder Kollektivwerbung in der Übersicht

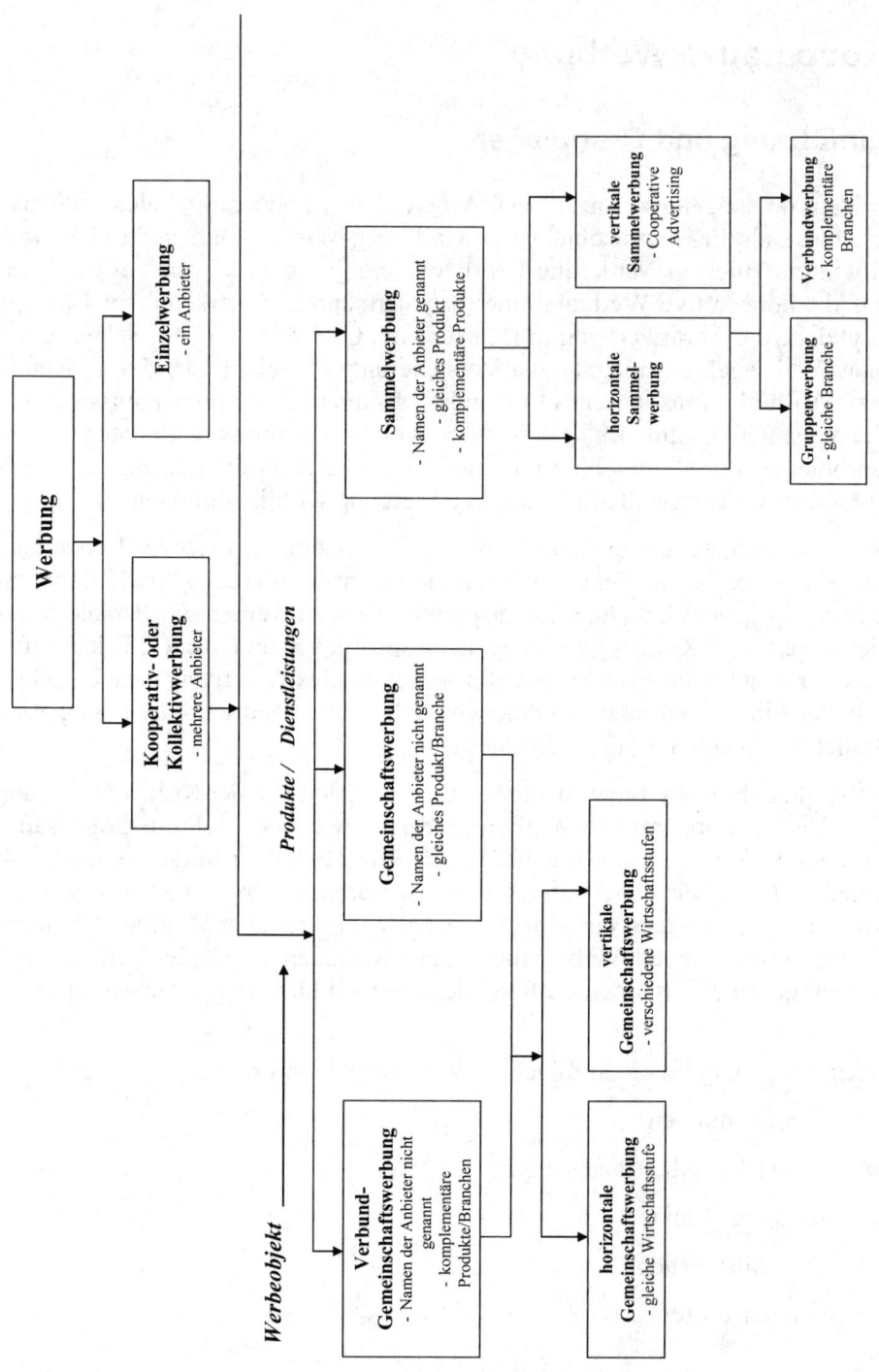

Einführung und Grundlagen

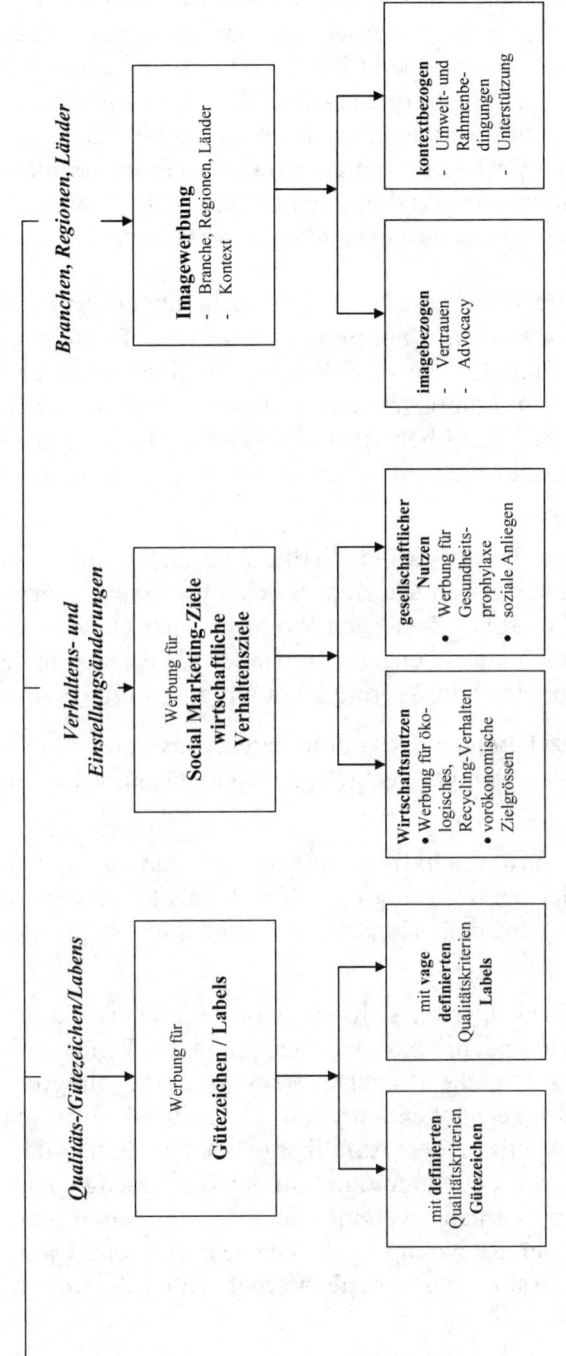<!-- rotated diagram of advertising goal taxonomy -->

Bilden **Produkte** das Werbeobjekt, sprechen wir von **Gemeinschaftswerbung** und **Sammelwerbung**. Bei der Gemeinschaftswerbung werden die Namen der einzelnen Anbieter nicht genannt, wobei eine Kooperation sowohl horizontal (z.B. Bierbranche) wie auch vertikal (z.B. Wollproduktion, -verarbeitung und -handel) möglich ist, indem zwei oder mehrere Wirtschaftsstufen in die Gemeinschaftswerbung einbezogen werden. Als neue Ausprägung lässt sich die **Verbund-Gemeinschaftswerbung** bezeichnen, die zwei oder mehrere Branchen in die Werbung einbezieht, z.B. Verbund-Gemeinschaftswerbung der Metzger- und Gemüseproduzenten in der Schweiz.

In der **Sammelwerbung** werden die Namen der beteiligten Unternehmungen genannt. Auf der **horizontalen** Ebene unterscheidet man **Gruppenwerbung** (die Teilnehmer sind aus der gleichen Branche, z.B. alle Händler eines PKW-Typus in einer Stadt) und **Verbundwerbung**, was Werbung zwischen komplementären Branchen bedeutet (z.B. Autos und Reifen). - **Vertikale** Sammelwerbung betrifft beispielsweise die werbliche Kooperation zwischen Industrie und Handel oder zwischen Gross- und Einzelhandel (freiwillige Ketten).

Im nordamerikanischen Sprachraum wird die kollektive Werbung begrifflich nicht so fein zergliedert wie im deutschen. Der dort verwendete Begriff "**Cooperative Advertising**" bezieht sich auf die gemeinsame Werbung zwischen Produzent und Handel. Es findet eine Aufteilung der Werbeaufgabe statt, indem der Hersteller für die nationale Produktwerbung verantwortlich, der Handel für die Werbung vor Ort zuständig ist.

Als Werbeobjekte kommen weiter **Gütezeichen** (mit klar definierten, messbaren Qualitätskriterien) oder **Labels** (mit mehr oder weniger festgelegten Qualitätskriterien) in Frage.

Betrifft das Werbeobjekt **Einstellungs- und Verhaltensänderungen**, handelt es sich um einen Typ von Kollektivwerbung, der bei der Zielgruppe eine Verhaltensänderung hervorrufen soll, die im Zusammenhang mit dem Konsum von Produkten steht oder Themen des Social Marketing betrifft.

Das Ziel, Verhaltensänderungen zu bewirken, leitet sich aus wirtschaftlichen Zielsetzungen ab, wie der Abfallproblematik und anderen ökologischen Anliegen. Um staatlichen Vorschriften vorzubeugen, haben zahlreiche Branchen freiwillige Recyclingprogramme aufgestellt, um etwas gegen die Verschwendung von wertvollen Rohstoffen und gleichzeitig etwas gegen das Anwachsen der Abfallberge zu tun (vgl. Glas-Reycling). Beispielhaft ist das Aluminium-Recyclingprogramm der Interessengemeinschaft IGORA in der Schweiz. Dieser Verband vereint die gesamte Aluminium-Industrie und fördert und kommuniziert den Recycling-Gedanken sehr effizient. Damit konnte das in der Schweiz zur Diskussion gestandene Verbot von Aluminium-Getränkedosen verhindert werden.

Im Social Marketing geht es um die Kommunikation von Anliegen, welche der Gesellschaft Nutzen bringen sollen (z.B. verminderte Gesundheitskosten durch Krebsprophylaxe etc.). Diese Werbeaktionen stellen bei den angesprochenen Zielgruppen den aus einer Verhaltensänderung resultierenden persönlichen Nutzen in den Vordergrund (z.B. Krebsfrüherkennung durch ein Testprogramm). Sie werden von einer NPO oder einer Kooperation getragen, wobei zur Finanzierung auch staatliche Beiträge oder solche von interessierten Dritten (wie z.B. der Pharmaindustrie bei Krebsprophylaxe) in Frage kommen.

Wichtig sind auch **Mitgliedschaften, Berufe** als Werbeobjekte der Kollektivwerbung: Ein Branchenverband führt für seine Mitgliedsbetriebe eine Kampagne zur Gewinnung von Lehrlingen (Nachwuchswerbung) durch oder wirbt generell für einen Beruf. Aber auch Kampagnen, die ein Zentralverband für die Mitgliedsverbände führt (z.B. zur Gewinnung von Mitgliedern oder Freiwilligen), gehören dazu.

Ist eine **Branche** Werbeobjekt, versucht die Kollektivwerbung eine Verbesserung des Branchen-Image zu bewirken. Die Branche kann um Vertrauen werben (vgl. die im Kapitel "Kommunikation" erwähnte Kampagne der Deutschen Chemischen Industrie), oder sie versucht, durch gemeinsame Kommunikation die Rahmenbedingungen für die Mitgliedsunternehmungen zu ändern oder zu verbessern. Man denke an Abstimmungskampagnen (z.B. die damalige Kampagne für den Beitritt Österreichs in die EU, durchgeführt von den Wirtschaftskammern in Österreich, oder Abstimmungskampagnen des Schweizerischen Gewerbeverbandes).

Was die Verbreitung der Kollektivwerbung betrifft, existieren keine Zahlen. Für die Gemeinschaftswerbung liegen die Schätzungen bei ca. 5 - 10 % der Werbeausgaben für die Schweiz (Rothen 1989). In Deutschland schätzt Lindemann (1990) den Anteil der kooperativen Werbung in Zeitschriften auf 10 % und in Tageszeitungen auf 28 %. Für die Zeitschrift "Der Spiegel" errechnete dieser Autor einen Anteil von 10 %. Die Kollektivwerbung tritt in vielen Formen und Schattierungen auf, dies sowohl in Deutschland, Österreich wie in der Schweiz. Es werden Endprodukte, Zwischenprodukte (Rohstoffe), Dienstleistungen und auch Branchen beworben. Schwergewichte lassen sich im Landwirtschaftsbereich und bei Grundstoffen feststellen.

Nach unseren Beobachtungen ist die Zahl der Kollektivwerbekampagnen am Zunehmen, u.E. dürfte sie bei etwa 10 % der Printwerbung liegen - dies, obwohl die Wirtschaftspraxis der Kollektivwerbung eher skeptisch gegenübersteht. Beispielsweise werden die mit der Gemeinschaftswerbung verbundenen Organisationsprobleme in vielen Fällen als Barriere angesehen.

8.2 Werbung und Kooperation als Erklärungsvariablen der kooperativen Werbung

Der Begriff "Kollektivwerbung" besteht aus den Teilen "Kollektiv/Gemeinschaft" und "Werbung". Es ist sinnvoll, diese beiden Elemente kurz einzeln zu analysieren.

Unter **Werbung** verstehen wir im normalen Sprachgebrauch **Einzelwerbung**, d.h. die bewusste Gestaltung und Übermittlung von Informationen seitens eines Anbieters in Richtung Absatzmärkte. Ein Hauptwerbeziel kann mit der Schaffung von Nachfragepräferenzen für das beworbene Gut umschrieben werden. Davon lassen sich operative Werbeziele ableiten, die auf die Individualisierung oder gar Monopolisierung eines Teilmarktes hinauslaufen, wobei jeder Anbieter versucht, bei der Gestaltung der Werbebotschaft die Information so zu präsentieren, dass diese und damit das beworbene Produkt eine möglichst grosse Eigenständigkeit erhalten - "Individual"-Werbung im besten Sinne.

Bei der **Kollektivwerbung** handelt es sich um eine Form der überbetrieblichen **Kooperation** zwischen verschiedenen Unternehmungen oder Organisationen, die durch bewusste, freiwillig geplante Zusammenarbeit im Bereich "Werbung" einen höheren Grad der Zielerfüllung zu erreichen hoffen (hier: der Werbewirkung). Werden Produkte beworben, so wird der marktliche Wettbewerb zum Teil durch Absprache ersetzt. Die Merkmale der Werbekooperation sind in Abbildung 125 umschrieben.

Damit ergibt sich eine Vermischung von Marktbereich (Wettbewerb) und Nicht-Marktbereich (Kooperation). Die Werbezielgruppe (Käufer) und der realisierte Umsatz liegen beispielsweise bei der Gemeinschaftswerbung im Marktbereich (Märkte der die Werbegemeinschaft bildenden Anbieter). Die Organisationsprobleme (Bestim-men der Werbeziele, der Zielerreichung) und die mit der Gemeinschaftswerbung verbundenen Kosten fallen im Nicht-Marktbereich (Verband, Werbegemeinschaft) an.

Dies bedeutet, dass demokratische Elemente und Prozesse in einen von Eigeninteressen geprägten Bereich getragen werden. Hier schimmert das Grundproblem ökonomischer Kooperation durch, dass kooperative Verhaltensweisen (z.B. Gemeinschaftswerbung), die zur Erfüllung der Werbeziele beitragen sollen, wohl das primäre Handlungsmotiv zur Kooperation befriedigen (mögen), aber immer auch gleichzeitig den Nebeneffekt haben, das im unternehmerischen Zielsystem ebenfalls stark verankerte Freiheitsziel zu verletzen. "Kooperative Verhaltensweisen befriedigen und aktivieren also Bedürfnisse der Individuen gleichzeitig. Sie schaffen damit ein Spannungsverhältnis, das die ökonomische Kooperation als institutionalisiertes Verhaltensmuster grundsätzlich belastet" (Louis 1978, S. 238). Deshalb hält Draheim (1955, S. 27) insbesondere "Unternehmer-Typen", für die das Freiheitsziel einen ausgesprochen hohen Stellenwert einnimmt, für die ökonomische Kooperation wenig geeignet. Dies trifft vor allem bei der Werbung zu, einem für die Unternehmungen äusserst sensiblen Wettbewerbsbereich.

Abbildung 125: Merkmale der Werbekooperation

1. **Freiwillige** Zusammenarbeit zwischen zwei oder mehreren Organisationen.
2. **Selbständigkeit** der Kooperationspartner, d.h. die Anbieter behalten bei Kollektivwerbung ihre wirtschaftliche und rechtliche Selbständigkeit bei.
3. Gleichartige **Teilaufgaben**, hier die Werbung (oder ein Teil der Werbung), werden **ausgegliedert** und durch die Kooperationsstelle ausgeführt (Verband, Werbegemeinschaft, Gütegemeinschaft). Es handelt sich im Normalfall um Aufgaben, die im Alleingang nicht oder nicht in genügendem Ausmass erfüllt werden können.
4. Die gemeinsam durchgeführte Aufgabe hat den Charakter eines **Kollektivgutes**, d.h. der Nutzen des Gutes kommt unter Umständen nicht nur den Erstellern zugute. Auf die Gemeinschaftswerbung bezogen, können auch nichtzahlende Wettbewerber von der Werbewirkung profitieren (Trittbrettfahrer-Problem).
5. Die **Koordination** zwischen den Anbietern wird nicht anonym über den Markt, sondern durch **Verhandlungen** und Abmachungen hergestellt.
6. Die Koordination erfordert einen bewussten oder unbewussten **Konsens** über die **Kooperationsziele**.
7. Der Kooperationsbetrieb (hier Werbegemeinschaft) ist in der Regel **demokratisch strukturiert** und unterliegt damit auch (komplizierten) demokratischen Entscheidungsprozessen.
8. Die **Kostenverteilung** ist ein Grundproblem!

W. Kirsch (1975, S. 305) meint: "Die Koalitionsbildung selbständiger Unternehmen wird jedoch wesentlich erleichtert, ja vielfach geradezu erst ermöglicht, wenn jemand eine 'Führung' übernimmt und - ohne weisungsbefugter Boss zu sein - genügend Macht besitzt, die Entscheidungssituation der Beteiligten so zu verändern, dass trotz zunächst fehlenden Vertrauens die Kooperation das Ergebnis der rationalen Entscheidung wird, die gemeinsamen Interessen in den Augen der Beteiligten also die Oberhand gewinnen."

8.3 Parameter für die Realisierbarkeit von kooperativer Werbung

Die bisherigen Ausführungen lassen vermuten, dass es sich bei der Kollektivwerbung nicht nur um eine Addition von Individualwerbung mit eingebautem Synergieeffekt handeln kann, sondern dass wir es mit einem Kooperationsphänomen zu tun haben, das sich durch den Ersatz von Wettbewerb durch Absprache ergibt. Es sollen im Folgenden drei Parameter diskutiert werden, welche die Realisierbarkeit der Kollektivwerbung einzeln oder im Verbund beeinflussen (Purtschert 1988):

- Die Gruppenstruktur der Anbieter
- Die Charakteristik der Werbegegenstände
- Die Bedrohung durch die Umwelt

Mit diesen drei Parametern sind die Chancen für die Realisierbarkeit einer kooperativen Werbung recht gut abzuschätzen. Im Prinzip lassen sich somit bei den bekannten funktionierenden oder gescheiterten kooperativen Werbekampagnen deren Zustandekommen oder Scheitern ex post erklären.

8.3.1 Die Gruppenstruktur der Anbieter

Für den Gruppenkonsens spielen die Homogenität und die Grösse der Gruppe eine wesentliche Rolle. Kleine Gruppen können Probleme in direktem Kontakt lösen (wesentlicher Bindungsfaktor). Endress (1975, S. 73) spricht von 10 bis 18 Mitgliedern für eine optimale zwischenbetriebliche Kooperation. Bei grosser Mitgliederzahl wachsen die Belastungen schneller als die positiven Auswirkungen. Formale, institutionalisierte Prozesse erfordern Zeit und Aufwand, die spontane Kooperation wird durch Bürokratisierung ersetzt, zudem ist eine Tendenz zur Dominanz des Kooperations-Management (d.h. der organisierenden Stelle) gegenüber den Mitgliedern feststellbar.

1. Kleine Gruppen mit oligopolistischer Struktur

Wie erwähnt, lassen sich kleine Gruppen - als "Oligopole" bezeichnet - relativ gut organisieren. In Gruppen mit oligopolistischer Anbieterstruktur finden wir deshalb erfolgreiche Beispiele von Kollektivwerbung, wie etwa die Gemeinschaftswerbekampagnen der Bierbrauer im deutschsprachigen Raum. Der übersichtliche Aufbau der Oligopolstruktur lässt Aussenseiterpositionen rasch erkennen und relativ leicht gemeinsam bekämpfen. Die Abtretung der Werbung an die Zentralstelle erfolgt im Bewusstsein der damit verbundenen Vorteile. Die Bier-Gemeinschaftswerbung dürfte tatsächlich gesamthaft wirtschaftlicher sein, als wenn jede Brauerei Einzelwerbung betreiben müsste. In der BRD werden nur 1 - 2 % der individuellen Bier-Werbebudgets für Gemeinschaftswerbung ausgegeben. Mit diesem relativ bescheidenen Aufwand dürfte überproportional viel erreicht werden.

Es ist eine anerkannte Tatsache, dass die Wettbewerbseinschränkung auf einem Gebiet das Bedürfnis nach weiteren Marktregelungen fast zwangsläufig entstehen lässt. Berndt (1985, S. 6) weist auf diesen Zusammenhang ebenfalls hin, indem er postuliert: "Um zu erreichen, dass die Kooperationsmitglieder denselben Nutzen aus der kooperativen Werbung ziehen, ist zu prüfen, ob die werbliche Zusammenarbeit z.B. durch eine Gebietsaufteilung ergänzt werden kann." Als Beispiel können die früher in einem Kartell organisierten Bierbrauer der Schweiz genannt werden, die mittels Kartell die Preise, Konditionen und Verkaufsgebiete abgesprochen hatten. Mit dem Zerfall des Kartells ist auch die Bier-Gemeinschaftswerbung eingestellt worden.

2. Grosse Gruppen mit atomistischer Struktur

In Gruppen mit einer Vielzahl von Anbietern mit jeweils unbedeutenden Marktanteilen verhindern Eigennutzstreben und Rationalverhalten im Prinzip eine spontane Kooperation. Der Einzelne glaubt, sein Beitrag sei für das Gelingen einer Kollektivwerbung nicht wesentlich, zudem ist eine aktive Teilnahme der Einzelmitglieder am Geschehen und an den Entscheidungen in der Werbegemeinschaft nicht möglich, die Kosten für eine breit abgestützte Interessenabstimmung würden überproportional hoch sein. Die Anonymität der grossen Gruppe erlaubt dem Einzelmitglied sogar eine Distanzierung vom Gruppenziel. Deshalb ist bei grossen Gruppen eine etablierte Organisationsstruktur eine Vorbedingung für die Realisierung kooperativer Werbung. Nicht zufällig werden solche Kampagnen von Verbänden getragen, die bereits über Strukturen verfügen, die für die Lösung solcher Koordinationsprobleme geeignet sind.

Deshalb ist es nicht erstaunlich, dass es gerade in der Landwirtschaft (die sich durch eine atomistische Struktur auszeichnet) viel Gemeinschaftswerbung gibt. Dies erklärt sich durch die seit Jahren bestehenden dichten Organisationsstrukturen, die mit entsprechenden Entscheidungsbefugnissen der Zentralen einhergehen. Die Mitglieder werden durch vielerlei Leistungen (selektive Anreize wie Abnahmegarantie, günstige Darlehen) zur Gruppensolidarität diszipliniert, oder der Staat macht die Beiträge/Subventionen vom Organisationsgrad eines Sektors abhängig. (Auch in der neuen schweizerischen Agrarmarktordnung 2000 übernimmt der Bund 50 % der Kosten für Agrargemeinschaftswerbung.) Deshalb besteht in landwirtschaftlichen Organisationen eine faktische oder juristische "Zwangsmitgliedschaft". Die Beispiele im Agrarsektor zeigen, dass sich Gemeinschaftswerbung dann problemlos organisieren lässt, wenn die betroffenen Organisationen einen hohen Organisationsgrad aufweisen und die Mitglieder durch vielfältige selektive Anreize an die Organisationen gebunden werden. Die Entscheide im Bereich "Gemeinschaftswerbung" werden von den Verbandsoligarchien und nicht auf der Mitgliederebene getroffen.

3. Heterogene Anbieterstrukturen

Schwieriger wird eine Gemeinschaftswerbeaktion zustande kommen in Gruppen mit einer Anbieterstruktur, die zwischen den beiden Extremfällen liegt, z.B. bei einer grösseren Anzahl von Unternehmungen mit einer breiten Variation in der Grösse und den Rechtsformen. Hier ist für das Zustandekommen der Kooperation der notwendige Organisationsgrad schwieriger zu erreichen, die Kooperation ist (noch) mehr vom Geschick der Zentrale im Sinne des politischen Unternehmers abhängig. Diese muss einen allgemein akzeptierten Kooperationsplan aushandeln. Die einzelnen Mitglieder müssen über die Wichtigkeit ihrer Beiträge ins Bild gesetzt und so überzeugt werden, dass sie ihren Beitrag als entscheidend für das Gelingen der Operation halten. Dies könnte durch Schaffung von überblickbaren Untergruppen erleichtert werden, in welchen sich ein Konsens besser finden lässt (vgl. Marketing von Kollektivgütern, Kapitel V, 7.2.3).

Es besteht hier die latente Gefahr, dass der Ertrag aus der Gemeinschaftswerbung die damit verbundenen Kosten nicht deckt, weil zu viele nichtzahlende Aussenseiter mitprofitieren können. Es ergibt sich das Paradoxon, dass gerade mittelbetrieblich strukturierte Branchen, die sich durch eine heterogene Anbieterstruktur auszeichnen, bei der für die Realisierung von Gemeinschaftswerbung erforderlichen Gruppenbildung mit grösseren Schwierigkeiten rechnen müssen als grosse oder kleine Gruppen. Diese Aussage steht im Widerspruch zu anderen Autoren, welche die Gemeinschaftswerbung als Wettbewerbsinstrument besonders den mittelständischen Betrieben empfehlen (Tietz/Zentes 1980, S. 382; Müller 1974, S. 14).

8.3.2 Die Charakteristik des Werbegegenstandes

Das zweite Kriterium, das die Möglichkeit der Durchführung von kooperativer Werbung wesentlich beeinflusst, ist die Charakteristik des zu bewerbenden Gegenstandes. Es können dies Produkte, Labels, angestrebte Verhaltensänderungen bei der Zielgruppe oder angestrebte Veränderungen in der Wahrnehmung einer Branche sein. Besonders wichtig ist die Charakteristik des Meinungsgegenstandes, wenn es um die Bewerbung von Produkten geht (z.B. Gemeinschaftswerbung). Hier sind die Mitglieder der Werbegemeinschaft als Konkurrenten auf dem Markt direkt betroffen, die Gemeinschaftswerbung tritt in Konkurrenz zur Einzelwerbung. Die folgenden Hinweise zu den von uns aufgeführten Werbegegenständen sollen diese Aussagen verdeutlichen.

1. Produkte

Viele erfolgreiche Gemeinschaftswerbeaktionen betreffen folgende Produktkategorien:

- Landwirtschaftliche Produkte (Milch, Butter, Kartoffeln, Gemüse, Reis)
- Grundstoffe (Gips, Holz, Öl)
- Verarbeitungsmaterialien (Wolle, Leinen)

Alle diese Güter lassen keine grossen Möglichkeiten zur Differenzierung offen. Die einfache Eigenschaftsstruktur bietet nicht viel Raum für eine Individualisierung und spezifisch ausgeprägte Imagebildung. Wir sprechen hier von **einfachen Produkten**. Im Weiteren sind Preiselastizität und Substituierbarkeit meistens gross. Trotzdem gibt es auch bei landwirtschaftlichen Gütern Produkte, bei denen die Schaffung starker Marken gelungen ist. Man denke an Uncle Bens-Reis, Toni Joghurt etc. (s. Abb. 126).

Bei einfachen Gütern dürfte die Einigung auf einen einheitlichen, allen Mitgliedern der Werbegemeinschaft genehmen Werbeappell relativ leicht fallen, da die Produktcharakteristik wenig Möglichkeiten zur Differenzierung zulässt. Die Konsensfindungskosten für das Erreichen einer tragfähigen Mehrheit sind für die Gruppenmitglieder geringer, da die vorgesehene gemeinsame Produktdefinition nicht allzu sehr von den eigenen Zielvorstellungen abweichen kann. Zudem decken sich nicht selten die Kriterien "einfaches Produkt" und "atomistische Anbieterstruktur". Diese Produzenten werden meistens durch starke Verbände repräsentiert, was die Realisierung einer Gemeinschaftswerbung vereinfacht.

Ein gutes Beispiel von Gemeinschaftswerbung für **Grund- oder Rohstoffe** bildet die Werbung für Heizöl in der Schweiz ("Heizen mit Öl"). Es geht hier um den Wettbewerb unter den Energieträgern, die sich relativ leicht substituieren lassen. Insbesondere Erdgas ist eine valable Konkurrenz zum Heizöl.

Ein bewährtes Feld für Gemeinschaftswerbung bieten auch **Verarbeitungsmaterialien** (Wolle, Leinen). Mit der Gemeinschaftswerbung sollen neben den Verarbeitern vor allem die Endverbraucher angesprochen werden. Man wirbt nur für eine Teilqualität des Endproduktes, z.B. für Wolle als Ausgangsmaterial eines Anzuges. Der Wollproduzent bringt damit die Materialqualität in das Bewusstsein der Verbraucher und zwingt die Verarbeiter, sich auch mit der Materialfrage als Imagefaktor abzugeben. Die australischen Wollproduzenten sind seit Jahren verpflichtet, 4 % ihrer Einnahmen zur Förderung von Marketing (3,5 %) und Forschung (0,5 %) abzuliefern (NZZ, Nr. 150, 2.7.1999). Die Einigung auf einen gemeinsamen Werbeappell ist relativ leicht erzielbar, denn im Prinzip wird hier nur für eine Teilqualität (Schurwolle) eines komplexen Produktes (z.B. Anzug) geworben.

Bei stark differenzierten (wenn zum Teil auch nur im Bereich des werblichen Image), komplexen Produkten wird es schwieriger, gemeinsam zu werben, denn die Appell- und Argumentationsmöglichkeiten sind derart vielfältig, dass es schwierig ist, unter den Gruppenmitgliedern einen tragbaren Konsens für die Gemeinschaftswerbung zu finden. Es besteht bei den **komplexen Produkten** die Tendenz, dass der für eine Gemeinschaftswerbung mögliche gemeinsame Informationsgehalt derart vage wird, dass damit eine Profilierung des beworbenen Produktes sehr erschwert wird. Eine mögliche Lösung besteht darin, dass sich die Gemeinschaftswerbung bei komplexen Gütern auf die Bewerbung einer **Teileigenschaft** beschränkt (z.B. buy **British**, **Schweizer** Waschmaschinen, **aus Deutschen** Landen usw.).

Abbildung 126: Existenz von Marken und Gemeinschaftswerbung

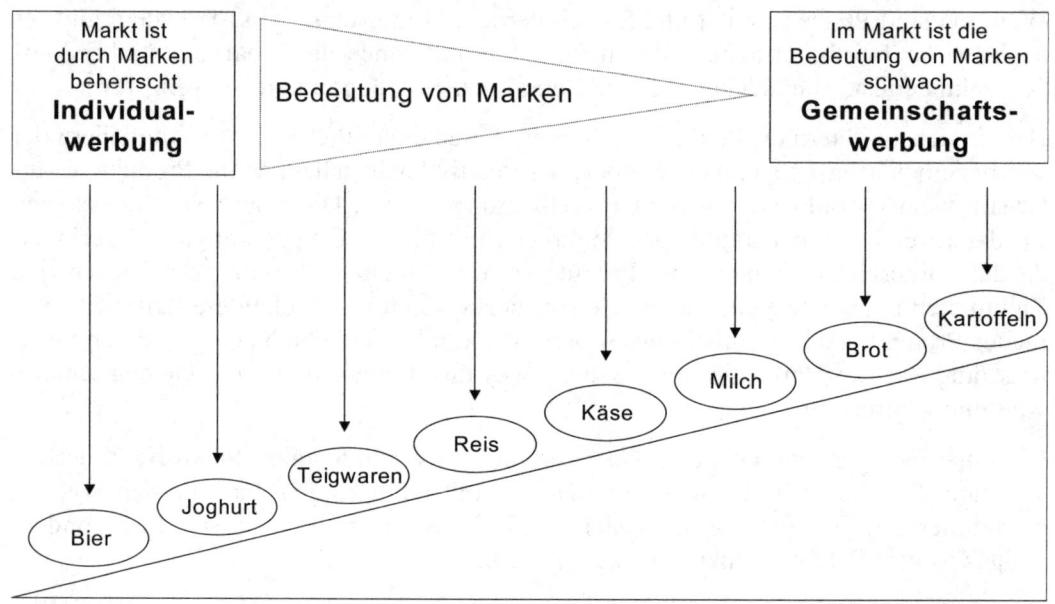

2. Qualitäts- und Gütezeichen

Unter "Güte- oder Qualitätszeichen" versteht man Wort- und/oder Bildzeichen, die als überbetrieblich vereinbarte **Gemeinschaftszeichen** ganze **Warengruppen** kennzeichnen, die nach bestimmten, festgelegten Normen hergestellt sind. Die Zeichen garantieren eine spezielle, an **objektiven Massstäben** gemessene und nach allgemeiner Auffassung anzustrebende **Material- und Verarbeitungsgüte**. Die der Beurteilung zugrunde liegenden Qualitätsmerkmale und Prüfbestimmungen sind jedermann zugänglich. Die Träger der Zeichen sind Gütegemeinschaften (Firmengemeinschaften, Verbände, Kammern), die privatrechtliche, gemeinwirtschaftliche oder staatliche Institutionen sein können (staatliche Zeichen verkörpern Gesetzeskraft, z.B. Sicherheitszeichen bei elektrischen Apparaten).

Die Zeichen werden jedem Hersteller verliehen, der für die Einhaltung der Gütebedingungen verbindliche Gewähr bietet. Zudem wird das Einhalten der Qualitätsbedingungen durch die Zeichengemeinschaften ständig überwacht, Verstösse und Missbräuche werden verfolgt (Purtschert 1970, S. 37 - 39).

Neben diesen "echten" Güte- oder Qualitätszeichen gibt es weitere Zeichen/**Labels**, die den **mehr** oder **weniger strengen** und mehr oder weniger festgelegten Prüf- und **Qualitätsregeln** unterstehen. Sogenannte "Q"-Labels verbreiten sich im Moment geradezu inflationär. Zu erwähnen sind auch die vielen Öko-Labels. Unter "Öko-Labeling" versteht man eine ökologiebezogene Auszeichnung. Hansen/Kull (1994, S. 265) verstehen darunter den "Prozess der Beurteilung, der Informationsverdichtung und Kennzeichnung eines Meinungsgegenstandes in ökologischer Dimension zwecks Information der Marktteilnehmer". Das eigentliche Öko-Label ist das Endergebnis eines mehrstufigen Prozesses, durch den das Label als verdichtetes ökologiebezogenes Gesamturteil seinen Aussagegehalt gewinnt. Weil die Verbraucher ökologische Eigenschaften nicht überprüfen können, handelt es sich hier um Vertrauensqualitäten, die eben erst glaubwürdig werden, wenn sie durch eine neutrale Stelle überprüft wurden. Solche Zeichen bieten dem Konsumenten Informationsentlastung und erleichtern die Kaufentscheidung.

Diese Zeichen beziehen sich meistens auf einfache Güter (vgl. Wollsiegel) oder garantieren eine Teileigenschaft ("ökologisch bedenkenlos"). Damit sie aber ihre Funktion erfüllen können, müssen sie bei den Konsumenten bekannt sein, und deshalb muss für diese Zeichen geworben werden. Die dahinterstehende Werbegemeinschaft bildet das Werbekollektiv.

3. Einstellungs- und Verhaltensänderungen

Kollektivwerbung wird vielfach eingesetzt, um Einstellungs- und Verhaltensänderungen bei festgelegten Zielgruppen zu bewirken. Wir unterscheiden zwischen Social Marketing-Zielen und wirtschaftlichen Verhaltenszielen.

Social Marketing verfolgt **gesellschaftliche Ziele**, wobei diese gleichzeitig einen persönlichen Nutzen für die Zielgruppe beinhalten können. Man denke an Kampagnen zur Unfallverhütung, für Krankheitsprophylaxe etc. Social Marketing-Kampagnen werden auch von einzelnen Institutionen lanciert, heute jedoch vermehrt von Kooperationen getragen (Aids-Prophylaxe in der Schweiz, Werbung gegen Tabakmissbrauch in der Schweiz). Eine Abgrenzung mit der Einzelwerbung der Mitglieder dürfte keine Probleme ergeben.

Verhaltens- und Einstellungsänderungen können aber auch **wirtschaftliche Ziele** betreffen. Beispielsweise können **"vorökonomische Zielgrössen"** (Roggo 1999) anvisiert werden, d.h. statt Produkteigenschaften in der Gemeinschaftswerbung werden grundsätzliche Verhaltens- und Einstellungsänderungen beworben, um damit den Boden für die Einzelwerbung vorzubereiten. Beispiele sind die Werbung für den vermehrten Konsum von Speise-Eis im Winter, die Erhöhung der Akzeptanz von Tiefkühlkost, die Förderung des Kartoffelkonsums usw. In diesen Fällen ist es ebenfalls leichter, einen Konsens über die Werbeziele zu erreichen, weil die Werbung die Wettbewerbsposition der einzelnen Anbieter nicht direkt tangiert. Es entfallen Probleme in der Abstimmung zwischen Einzel- und Kollektivwerbung.

Wirtschaftliche Ziele können aber auch **ökologisches** oder **Recycling-Verhalten** bei den anvisierten Zielgruppen beinhalten. Ein Beispiel ist die Werbung der Schweizerischen Aluminium-Industrie für das Alu-Recycling, indem die Konsumenten aufgefordert werden, die Alugetränkedosen dem Recycling zuzuführen. Damit konnte ein drohendes Verbot von Aludosen erfolgreich verhindert werden.

4. Mitgliedschaften, Berufe

Verbände übernehmen z.B. die übergeordnete Personalwerbung für ihre Mitglieder. Gewerbebetriebe beispielsweise sind nicht in der Lage, in grösserem Ausmass Lehrlingswerbung oder Berufswerbung zu betreiben. Das wird durch die Verbände übernommen. Diese verteilen auch Werbematerial und vermitteln Adresslisten der Mitgliederbetriebe etc.

Hilfswerke können ebenfalls gemeinsam für die Gewinnung von Freiwilligen werben oder sogenannte Freiwilligen-Agenturen unterhalten. Der Verband kann eine Grundsensibilisierung bewirken, die den einzelnen Werken den Boden für die eigene Werbung vorbereitet.

5. Wahrnehmung einer Branche, einer Region

Auch in diesem Fall verfolgt die Kollektivwerbung mittelbare Ziele und keine direkten Marketing-Ziele. Die Chemische Industrie versucht, durch eine kollektive Imagewerbung ein positives Image der eigenen Branche zu fördern, um damit ihre Wettbewerbssituation auf dem Arbeits- und Kapitalmarkt zu verbessern. Selbstverständlich ist die positive Wahrnehmung einer Industrie für den Verkaufserfolg wichtig.

Statt für eine Branche kann für Regionen, Länder geworben werden. Auch hier gilt es, durch die Kollektivwerbung den Boden für die eigentliche Angebotswerbung zu ebnen.

8.3.3 Die Bedrohung durch die Umwelt

Dritter Parameter, der das Zustandekommen einer Kollektivwerbeaktion beeinflusst, ist die Bedrohung durch die Umwelt. Die These der Konflikt-Soziologie, dass Bedrohung von aussen gruppenstabilisierend wirkt (Groser 1988, S. 83), lässt sich auch bei der kooperativen Werbung nachweisen. Der Wille zur Kooperation kann durch besondere Umstände zusätzlich gefördert werden. Meistens handelt es sich um äusseren Druck wie neue Wettbewerber (Kunstfasern bedrohen den Absatz der Wolle) oder eine von allen Anbietern erkennbare Bedrohung aus der Umwelt (die Drogerien in der Schweiz verlieren einerseits durch Verschärfung der Medikamentenkontrolle ein Marktsegment an die Apotheker und durch Liberalisierung des Verkaufes von nichtrezeptpflichtigen Medikamenten ein Marktsegment an die Grossverteiler). Mit der Kollektivwerbung der Schweizer Drogisten versuchte man jahrelang, die Wettbewerbsposition der Drogerien zu stärken.

Eine Bedrohung kann aber auch ein neuer Trend im Konsumverhalten sein, der für die Branche negativ ist (Beispiel: in der Schweiz versucht man mit der Gemeinschaftswerbung für Apfelsaft, diesem Getränk einen jugendlicheren Appeal zu verschaffen, um in der Konkurrenz zu den Softdrinks bestehen zu können).

Mit der internationalen Öffnung der Märkte wird Kollektivwerbung eingesetzt, um den Importdruck abzuwehren. So werden in allen deutschsprachigen Ländern Agromarketing-Kampagnen gefahren (Wein aus Deutschen Landen, Schweizer Käse, AMA Kampagnen für österreichische Produkte [Organisation: "Agrar Marketing Austria"]).

Grössere strukturelle Veränderungen in einer Branche (z.B. Fusionen und damit verbundene Entlassungen bei den Banken) können plötzlich zu einer negativen Wahrnehmung der Branche führen. In solchen Fällen wird versucht, durch Kollektivwerbung Gegensteuer zu geben (z.B. Kollektivwerbung der Schweizer Banken).

8.4 Gemeinschaftswerbung im Entscheidungsprozess der Einzelunternehmung

Die vorhergehenden Ausführungen haben bereits angedeutet, dass Kollektivwerbung, die **Produkte** bewirbt (Gemeinschaftswerbung), eine Abstimmung mit der Individualwerbung der Mitglieder erfordert. Für die Einzelmitglieder einer Werbegemeinschaft stellt sich zusätzlich das Entscheidungsproblem der Mittelallokation zwischen Gemeinschafts- und Einzelwerbung. Bei atomistischer Anbieterstruktur ist dieses Entscheidungsproblem meistens an die Organe des Verbandes delegiert und vom einzelnen Verbandsmitglied nur sehr beschränkt beeinflussbar. Das Problem stellt sich stärker in oligopolistischen und heterogenen Gruppen. Es verstärkt sich zudem bei komplexen Produkten und einer nicht gebundenen Distributionsstruktur.

Das rational überlegende Mitglied einer Werbegemeinschaft sollte im Sinne der Anreiz-Beitrags-Theorie Gemeinschaftswerbung nur dann unterstützen, wenn der erzielte Nutzen der eingesetzten Finanzmittel grösser ist als bei der Individualwerbung. Da dies in der Praxis schwer abschätzbar ist und wir weiter wissen, dass die Gemeinschaftswerbung die Individualwerbung nur teilweise ersetzen kann, wird das einzelne Mitglied der Gruppe dazu neigen, seine Beiträge an die Gemeinschaftswerbung zu minimieren, um dann im kollektiv vorbereiteten Markt das eigene Angebot umso wirkungsvoller bewerben zu können. Diese Haltung unterstützt auch der folgende Gesichtspunkt: Durch die Beiträge an die Gemeinschaftswerbung können u.U. die Mittel für die Eigenwerbung so verringert werden, dass der verbleibende Rest zu klein ist, um die minimale Werbewirkungsschwelle für die eigenen Produkte zu überwinden. Weil diese Grösse aber meistens nicht oder nur ungefähr bekannt ist, wird das Gruppenmitglied aus Sicherheitsgründen auf die Minimierung der eigenen Beiträge für die Gemeinschaftswerbung tendieren.

Damit besteht aber wiederum die Gefahr, dass auch für die Gemeinschaftswerbungsaktion zu wenig Mittel, die für das Erzielen einer gewissen Werbewirkung überhaupt erforderlich sind zur Verfügung gestellt werden, um beispielsweise eine nationale Werbekampagne (teure Werbemittel, Häufigkeit der Kontakte) finanzieren zu können. Das in der Praxis nicht selten beobachtete Resultat ist eine mit flauer Begeisterung und entsprechend unterdotiertem Budget getragene Gemeinschaftswerbung.

Eine Anbieterstruktur, die aus (wenigen) grossen und einer grösseren Anzahl kleiner Unternehmungen besteht, bringt ein weiteres Phänomen mit sich: Da die Beiträge der einzelnen Mitglieder der Gruppe meistens nach dem Umsatz oder der Anzahl Beschäftigter festgelegt werden, tragen die grossen Unternehmungen den Grossteil der Kosten. Ohne ihre Mitwirkung könnte die Gemeinschaftswerbung überhaupt nicht oder nicht optimal verwirklicht werden. Die grössere Unternehmung kann aber durch ihre Beiträge an die Gemeinschaftswerbung mit den für die Individualwerbung verbleibenden Mitteln unter eine optimale Schwelle geraten.

Nach der Vorbereitung des Zielmarktes mittels Gemeinschaftswerbung sollten die anfallenden Mehrumsätze gerechterweise im Verhältnis der geleisteten Beitragszahlungen anfallen. Es besteht hier die Möglichkeit, dass Kleinanbieter infolge anderer Kostenstrukturen durch Preisunterbietungen etc. Mehrumsätze erreichen können, die ohne Marktvorbereitung und Imageverwässerung über die Gemeinschaftswerbung nicht möglich wären. Ohne Gemeinschaftswerbung würden die Grossanbieter nämlich ein individuelleres Imagepotenzial haben, das nicht durch einen finanziellen und imagemässigen Split aufgeweicht würde. Hier findet im Prinzip eine "Subventionierung" der Kleinen durch die Grossen statt. Auch wenn die Gemeinschaftswerbebeiträge "gerecht" nach Umsätzen der einzelnen Mitglieder aufgeschlüsselt werden, dürfte dem Kleinen für seinen Beitrag ein relativ höherer Ertrag zufliessen. Dies kann u.U. aus strukturpolitischen Erwägungen zur Leistungssteigerung der gesamten Branche oder aus verbandspolitischen Gründen gewollt sein. Die grossen Anbieter möchten z.B. einige kleine Wettbewerber (Verdecken des Oligopols) am Leben erhalten (vorstellbar bei der Bier-Werbung).

Diese Zusammenhänge zeigen, dass sich die einzelne Unternehmung nur unter besonderen (eher seltenen) Umständen für die Teilnahme an einer Gemeinschaftswerbung entschliessen dürfte, in deren Mittelpunkt eigentliche **Produktwerbung** steht.

8.5 Planungssequenz zur Gestaltung von kooperativen Werbeaktionen

Nach der Erarbeitung der Parameter für die Realisierbarkeit von kooperativer Werbung verfügen wir über genügend Vorwissen, um eine Kollektivwerbekampagne zu planen. Wir halten uns an die bekannte operative Marketing-Planungssequenz.

8.5.1 Informationsanalyse

1. Typ der Kollektivwerbung

Wir überlegen uns aufgrund der Abbildung 124, um welche Art von Kollektivwerbung es sich in unserem Fall handelt.

2. Analyse der Anbieterstruktur

Wir haben gesehen, dass in atomistisch oder oligopolistisch strukturierten Gruppen die Organisation von Kollektivwerbung leichter zu bewerkstelligen ist als in heterogenen Gruppen. Eine von den Gruppenmitgliedern wahrgenommene starke Bedrohung aus der Umwelt erhöht die Kooperationsbereitschaft ebenfalls.

3. Analyse des Werbegegenstandes

Es kommen folgende Werbegegenstände in Frage:

- Produkte/Leistungen
- Gütezeichen, Labels
- Einstellungs- und Verhaltensänderungen bei bestimmten Zielgruppen
- Wahrnehmung einer Branche, einer Region

Güter, Produkte mit einer einfachen Eigenschaftsstruktur eignen sich besser für Gemeinschaftswerbung als komplexe Produkte. Bei komplexen Angeboten eignet sich Gemeinschaftswerbung für die Bewerbung einer Teileigenschaft.

Für die anderen Werbegegenstände lässt sich Kollektivwerbung einsetzen.

8.5.2 Ziele

1. Werbeziele

Das Werbeziel ist möglichst präzise zu umschreiben:

- Einen negativen Konsumtrend aufhalten
- Vorbereitung des Marktes für die Individualwerbung der Mitglieder

- Anbieten einer Mitglieder-Dienstleistung (z.B. Banken)
- Werbung für eine Verhaltensänderung (z.B. umweltbewusstes Verhalten)
- Bewerbung von Imagezielen

2. Kooperationsziele

Hier geht es um die Beteiligungsquote aus der Summe der möglichen Teilnehmer. In der Praxis wird allgemein eine Beteiligungsquote von 80 % (Hilke/Pult 1985, S. 41) als Summe aller Marktanteile für die Realisierbarkeit einer Kollektivwerbung vorausgesetzt. Viele der erfolgreichen Gemeinschaftswerbeaktionen weisen einen praktisch hundertprozentigen Organisationsgrad auf.

3. Zeitliche Ziele

Obwohl man sich einig ist, dass Kollektivwerbung nicht kurzfristig betrieben werden sollte, werden viele Aktionen nur während eines Jahres durchgeführt. Drei bis fünf Jahre erscheinen uns aber als minimale Zeitspanne, vor allem dann, wenn man grundsätzliche Konsumtrends oder Verhaltensänderungen beeinflussen will.

8.5.3　Segmente

Die Zielgruppen sind nach Möglichkeit zu segmentieren. Dies ist in der Kollektivwerbung nicht immer leicht zu bewerkstelligen, da als Zielgruppe vielfach die Allgemeinheit vorgegeben ist.

8.5.4　Art des Austauschprozesses

Bei der Produktwerbung haben wir es mit marktlichen, bei Imagewerbung mit nichtmarktlichen Austauschprozessen zu tun.

Grundsätzlich soll die Kollektivwerbung Märkte oder das Umfeld der Mitgliedermärkte beeinflussen.

Die Bereitstellung der Kollektivwerbung unter den Mitgliedern hat den Charakter eines Kollektivgüterprozesses.

8.5.5　Positionierung

Die Werbekampagne ist gegenüber den Zielgruppen klar zu positionieren, z.B. Aluminium ist ein umweltfreundliches Produkt, das zu 100 % recycliert werden kann. Handelt es sich um Gemeinschaftswerbung, so ist deren Positionierung zu möglichen Aussagen der Einzelwerbung abzugrenzen.

8.5.6 Marketing-Mix

- Abstimmen der Kollektivwerbung mit dem Gesamtkommunikations-Mix des Verbandes und eventuell der Mitglieder
- Aussagen der Kollektivwerbung
- Festlegen der Werbemittel, Werbeträger und Media
- Abstimmung mit anderen Marketing-Instrumenten wie PR, Verkaufsförderung
- Werbung am Verkaufspunkt
- Physische Verfügbarkeit (Distribution am Point of Sale, 80 % der Kaufentscheide werden am Point of Sale getroffen)
- Politics, z.B. Förderung der Marktordnung, Generierung von Subventionsbeiträgen

8.5.7 Organisation

Da die Realisierung einer Kollektivwerbekampagne etwas Komplexes darstellt, braucht es dazu eine sinnvolle Organisationsstruktur. Entweder wird die Werbung durch eine Abteilung eines Verbandes realisiert oder für die Kollektivwerbung besteht eine eigenständige Organisationsstruktur, wie das Beispiel der Schweizerischen Kartoffel-Kommission zeigt (s. Abb. 127).

Die Schweizerische Kartoffel-Kommission (Kartoffel-Verband) ist die Werbeorganisation für die Kartoffel-Gemeinschaftswerbung der Schweiz. Vertreter aus Produktion, Handel, Grossverteilern und der Industrie bilden die Mitgliederversammlung, diese wählt eine Verwaltung, deren Beschlüsse die Geschäftsstelle realisiert. Der Verwaltung unterstellt sind Arbeitsgruppen. Die Arbeitsgruppe "Information" ist verantwortlich für die Kartoffel-Gemeinschaftswerbung. Obwohl die Träger der Organisation unterschiedliche Interessen verfolgen, gelingt es seit Jahren, gemeinsame Zielsetzungen zu formulieren, wenn auch der Koordinationsaufwand nicht unerheblich ist. Das gemeinsam verfolgte Ziel lautet, den eher stagnierenden Konsum von Kartoffeln und Kartoffelprodukten (wie Pommes Chips) zu fördern.

Eine kompetente Zentrale kann in einem solchen Koordinationsprozess viel bewirken. Man spricht hier von der Funktion des "politischen Unternehmers", der mit allen Mitteln versucht, das Kollektivgut bereitzustellen. Je nachdem verfügt die Zentrale über die Macht zur Vergabe von Anreizen oder das Anordnen von Sanktionen. Sponsoren können den politischen Unternehmer stärken. Gerade in der Landwirtschaftswerbung tritt in allen deutschsprachigen Ländern der Staat als Beitragszahler auf (so auch bei der schweizerischen Kartoffel-Gemeinschaftswerbung). Die relativ hohen staatlichen Beiträge ermöglichen es, die Anteile der einzelnen Gruppenmitglieder tiefer zu halten, was den Anreiz zur Mitwirkung fördert.

Abbildung 127: Organigramm der swisspatat (Kartoffel-Verband)

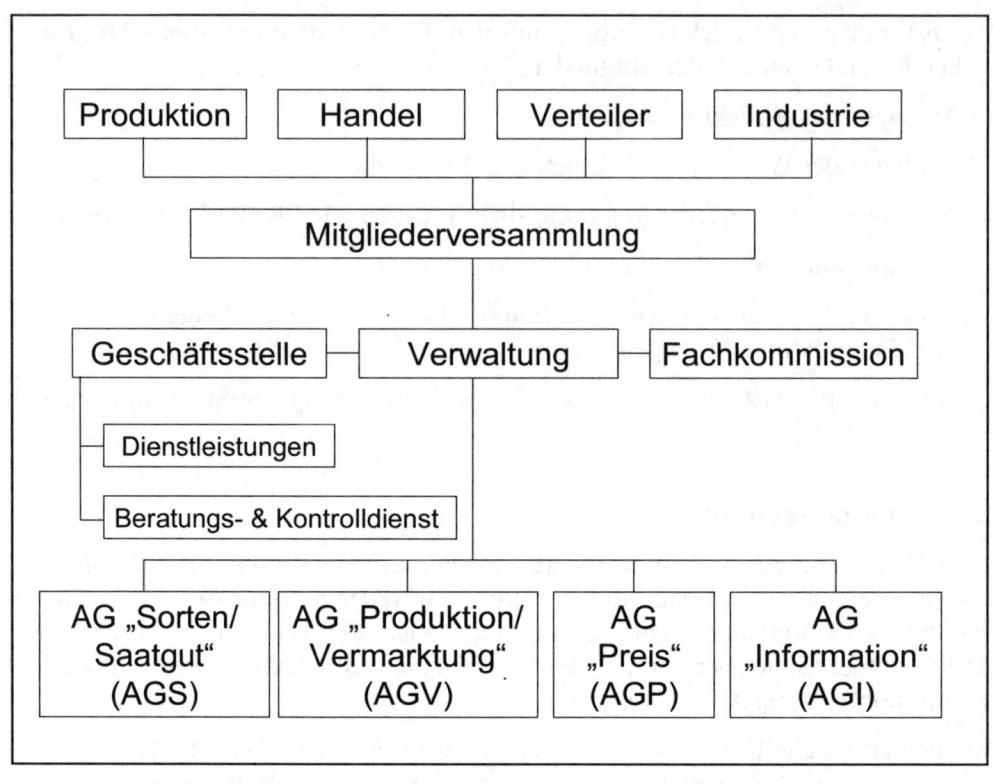

(AG = Arbeitsgruppen)

8.5.8 Budgetierung/Finanzierung

Die Budgetierung/Finanzierung läuft meistens in zwei Phasen ab. Vorerst werden aufgrund der Werbeziele die Kampagne festgelegt und die ungefähren Kosten evaluiert. Die Praktiker weisen immer wieder darauf hin, dass eine untere Schwelle des Werbeeinsatzes nicht unterschritten werden darf (Roggo 1999). Die Werbewirtschaft kann ziemlich genau beziffern, was eine nationale Kampagne im Bereich "Imagewerbung" etc. kostet. Danach wird ein Schlüssel zur Umlegung auf die Mitglieder gesucht (in der schweizerischen Landwirtschaft ist es beispielsweise möglich, dass der Staat 30 - 50 % der Kosten, die Mitglieder den Rest zu tragen haben).

Für die Bestimmung der Beiträge wird eine Vielzahl von Schlüsseln verwendet: Umsätze, Erträge, Bilanzsumme, Produktionsausstoss, Anzahl Beschäftigte, Beiträge nach Selbsteinschätzung, gleicher Betrag für alle Werbeteilnehmer etc.

Am meisten werden die Kennziffern "Umsatz" oder "Anzahl Beschäftigte" verwendet. Diese Zahlen werden jeweils von der Zentrale neutral erhoben. Für Kreditinstitute bietet sich die Bilanzsumme als möglicher Schlüssel an. Erträge eignen sich als Kennzahlen weniger, da diese durch Abschreibungen etc. manipuliert und unter dem Begriff "Ertrag" recht unterschiedliche Grössen verstanden werden können. Zudem besteht (besonders in der Schweiz) eine sehr starke Zurückhaltung in der Veröffentlichung solcher Zahlen. Eine Beitragszahlung in gleicher Höhe für alle Mitwirkenden dürfte nur bei homogener Gruppenstruktur funktionieren.

Es ist möglich, den Einfluss der einzelnen Mitglieder proportional zu deren Finanzierungsleistungen (1 Stimme pro Beitrag X) festzulegen. Dies widerspricht allerdings dem in Kooperationen geltenden Demokratieprinzip: 1 Mitglied = 1 Stimme. In der Praxis wird der Wichtigkeit der einzelnen Mitglieder meistens durch die Besetzung der Gremien Rechnung getragen. Man achtet beispielsweise darauf, dass alle wichtige Zahler im Werbeausschuss vertreten sind. Die grossen Zahler verfügen über das Mittel der Austrittsdrohung - ein Druckmittel, um ihren Einfluss dauernd zur Geltung zu bringen

8.5.9 Kontrolle

Ersetzt die Kollektivwerbung die Individualwerbung der Mitglieder, so lassen sich die gleichen Kontrollinstrumente anwenden wie bei der Einzelwerbung. Bei der Bewerbung von komplexen Gütern beschränkt sich die Gemeinschaftswerbung meistens auf die Kommunikation einer Teileigenschaft. In diesem Fall ist die Erfolgsmessung sehr schwierig. Es ist praktisch nicht abschätzbar, welche Wirkung auf das Konto der Individualwerbung, welche auf jenes der Gemeinschaftswerbung geht. Es können vielleicht gewisse Einstellungsveränderungen bei den durch die Kollektivwerbung kommunizierten Themen gemessen werden, wie Abbau von Stereotypen (z.B. Margarine sei krebsfördernd).

Geht es um Imagewerbung, können wieder Befragungen zu Einstellungsveränderungen eingesetzt werden. Die Praxis zeigt, dass Entscheidungsgremien in Werbegemeinschaften Nachweise über den Werbeerfolg wünschen, denn diese Personen müssen die Investitionen in die Kollektivwerbung ihrerseits wieder in den eigenen Organisationen vertreten.

Zusammenfassung und Ausblick

Dieser Vertiefungsband zum Freiburger Management-Modell für Nonprofit-Organisationen erfüllt einen dreifachen Zweck:

1. Er soll dem Leser das Marketing-Management als Teil des Freiburger Management-Modells verständlicher machen und dabei die Besonderheiten des Nonprofit-Marketing herausarbeiten.
2. Er enthält eine systematische Ordnung beziehungsweise ein vernetztes Grundgerüst der von der Lehre zu behandelnden Themenfelder.
3. Im Sinne der praktisch normativen Betriebswirtschaftlehre werden dem Leser eine Fülle von konkreten Handlungsvorschlägen und in der Praxis bewährten Vorgehensmöglichkeiten zur Lösung von Marketing-Problemen im NPO-Bereich geboten.

In diesem Sinne will dieses Buch zu einer vertiefenden Auseinandersetzung mit den Marketing-Herausforderungen in Verbänden und weiteren NPO anregen. Sollte es uns gelungen sein, die in vielen NPO vorhandene kritische Einstellung gegenüber dem Marketing abzubauen oder sogar etwas Begeisterung für das Marketing zu wecken, wäre ein wichtiger Zweck des Buches erfüllt. Denn wir sind überzeugt, dass die NPO generell einer vermehrten Marketing-Orientierung bedürfen.

Dieses Ziel lässt sich aber nur erreichen, wenn die Lehre weiterhin intensiv an der Weiterentwicklung der Inhalte arbeitet und sich die NPO-Manager aktiv mit diesen Inhalten auseinandersetzen. In diesem Sinne möge sich bei Ihnen das Marketing vom Status des Low Involvement in den eines High Involvement wandeln.

Literaturverzeichnis

Aaker, D. / **Patra**, R. / **Meyers**, J.: Advertising Management, New Jersey 1992

Adler, L.: Systems Approach to Marketing, in: HBR, Vol. 45, May/June 1967

Alderson, W. / **Cox**, R.: Towards a Theory of Marketing, in: JoM, Vol. 13, Oct. 1948, p. 137 - 152

AMA, American Marketing Association, Marketing Definition, www.ama.org., Jan. 2001

Andreasen, A.R. / **Kotler**, Ph.: Strategic Marketing for Nonprofit Organizations, sixth edition, Prentice Hall, New Jersey 1996

Angermüller, J. / **Ehses**, Ch.: Marketing als Bildungsprozess, in: Pädagogische Antworten auf gesellschaftliche Herausforderungen, hrsg. von R. Zech, Bad Heilbrunn 1997, S. 63 - 89

Anheier, H.K. / **Toepler**, St.: Philantropic Giving and Fundraising in Europe - Patterns and Current Developpments (Research Paper), Indianapolis, Indiana 1995

Anheier, H.K. / **Seibel**, W.: Der Nonprofit-Sektor in Deutschland, in: Handbuch der Nonprofit-Organisation, 2. Auflage, hrsg. von Chr. Badelt, Stuttgart 1999

Aubert, J.-F.: So funktioniert die Schweiz. Dargestellt anhand einiger konkreter Beispiele, 5., überarbeitete Auflage, Muri b/Bern 1987

Bachstein, W.: Freiwilligenarbeit, Studie des Institutes für Sozialforschung, Wirtschaftsuniversität Wien, Wien 1997

Badelt, Ch. (Hrsg.): Handbuch der Nonprofit-Organisation, Strukturen und Management, Stuttgart 1997, 2. Aufl. 1999

Badelt, Ch.: Der Nonprofit-Sektor in Österreich, in: Handbuch der Nonprofit-Organisation, hrsg. von Ch. Badelt, Stuttgart 1999, S. 61 - 84

Badelt, Ch.: Ehrenamtliche Arbeit im NPO-Sektor, in: Handbuch der Nonprofit-Organisation, hrsg. von Ch. Badelt, Stuttgart 1999, S. 359 - 385

Bagozzi, R.P.: Marketing as an Organized Behavioral System of Exchange, in: JoM, Vol. 38, No. 4, Oct. 1974

Bagozzi, R.P.: Marketing as Exchange, in: JoM, Vol. 39, No. 4, Oct. 1975, p. 32 - 39

Bartels, R.: Marketing Technology, Tasks and Relationships, in: JoM, Vol. 29, Jan. 1965, p. 45 - 48

Becker, J.: Marketing-Konzeption, 6. Auflage, München 1998

Belz, Ch.: Suchfelder im Marketing, in: Schrift zum 50jährigen Jubiläum der Schweizerischen Gesellschaft für Marketing (GfM), GfM-Dok., Nr. 151, Zürich 1991, S. 37ff.

Belz, O.: Einzigartigkeit als Wettbewerbsvorteil, in: Die Orientierung, Nr. 107, Zürich 1998

Bergler, R.: Nur Sympathie vermittelt Begehrenswertes, in: Markenartikel, Nr. 1/1999, S. 38ff.

Berndt, R.: Kooperative Werbung, in: Wirtschaftliches Studium, 14. Jg., Heft 1, Januar 1985, S. 1 - 7

Biedermann, Ch.: Was heisst Freiwillige managen? Grundzüge des Freiwilligenmanagements, in: St. Nährlich/ A. Zimmer (Hrsg.): Management in Nonprofit-Organisationen, Opladen 2000, S. 107 - 128

Birkigt, K. / **Stadler**, M. / **Funck**, H.J.: Corporate Identity, 6. Auflage, Landsberg am Lech 1993

Blau, P.M. / **Scott**, W.R.: Formal Organizations, London 1982

Blome-Drees, J.: Strategisches Management als Unternehmungs-Führungskonzeption von Genossenschaften, Regensburg 1998

Blümle, E.-B.: Betriebsverbindungen als Gegenstand der Betriebswirtschaftslehre, in: Wirtschaftswissenschaftliches Studium 6, 1976, S. 249 - 252

Blümle, E.-B. / **Kohlas**, J.: Zur Messung der Leistung von Wirtschaftsverbänden, in: ZfbF 27, 1975, S. 473 - 488

Blümle, E.-B. / **Schwarz**, P. / **Purtschert**, R.: Marketing in Non-Profit-Organisationen?, in: Neue Zürcher Zeitung/NZZ, Nr. 98, 28. April 1977, S. 57

Blümle, E.-B. / **Schwarz**, P.: Finanzmanagement in Verbänden, in: Verbands-Management VM 2/1978, S. 18 - 34

Blunck, E.: Beurteilung der Dienstleistungsqualität von Wirtschaftsverbänden, Stuttgart 1998

Bonus, H.: Die Bedeutung kollektiver Identität für Genossenschaften, in: ZfgG, Jg. 43, 1993, Nr. 1, S. 35ff.

Bouncken, R.: Vertrauen - Kundenbindung - Erfolg? Zum Aspekt des Vertrauens bei Dienstleistungen, in: Dienstleistungs-Management, Jahrbuch 2000, hrsg. von M. Bruhn/B. Stauss, Wiesbachen 2000

Bruhn, M.: Kommunikationspolitik, Grundlagen der Unternehmenskommunikation, München 1997

Bruhn, M.: Internes Marketing, Wiesbaden 1999

Bruhn, M. / **Bunge**, B.: Beziehungsmarketing, Neuorientierung für Marketingwissenschaft und -praxis?, Arbeitspapier Nr. 15, Institut für Marketing, European Business School, Schloss Reichartshausen, Rheingau 1994

Bruhn, M. / **Murmann**, B.: Perspektivenwechsel bei Dienstleistungsunternehmen mit multiplen Kundenkontakten, in: Marketing ZFP, Heft 4, 1999, S. 284 - 296

Bruhn, M. / **Siems**, F. / **Lischka**, A.: Fähigkeit zur Perspektivenübernahme durch Kirchenmitarbeitende, in: M. Bruhn/A. Grözinger (Hrsg.): Kirche und Marktorientierung, Freiburg 2000, S. 87 - 105

Bruhn, M. / **Tilmes**, J.: Social Marketing, W. Kohlhammer, Stuttgart 1989

Bruhn, M. / **Tilmes**, J.: Social Marketing, 2. Auflage, Stuttgart 1994

Bühler, Ch.: Kommunikation als integrativer Bestandteil des Dienstleistungsmarketing, Bern 1999

Buholzer, R.P.: Legislatives Lobbying in der Europäischen Union, Bern/Stuttgart/Wien 1998

Buholzer, R.P.: Konzeptionelles Lobbying I, in: VM, 23. Jg., Nr. 2, 1998, S. 10 - 20

Buholzer, R.P.: Konzeptionelles Lobbying II, in: VM, 23. Jg., Nr. 3, 1998, S. 28 - 42

Bumbacher, U.: Dienstleistungs-Marketing, Diplom-Lehrgang für Verbands- und Nonprofit-Management VMI, Freiburg 2000

Bumbacher, U.: Prozessorientiertes Qualitätsmanagement für Nonprofit-Organisationen, in: Die Unternehmung, 54. Jg. (2000), Heft 6, S. 457 - 474

Bumbacher, U.: Problematik der Zielgruppenorientierung bei Absatzleistungen von Nonprofit-Organisationen, in; DBW/Die Betriebswirtschaft, Sonderdruck 4/03, Juli/August 2003

Bundesamt für Statistik/BFS: Schweizerische Arbeitskräfteerhebung (SAKE), Bundesamt für Statistik, Bern 1997

Bundesamt für Statistik/BFS: Trendinformationen, Nr. 6, 2000

Burkhalter, B.: Das Standortverhalten von Nonprofit-Organisationen in der Schweiz, in: VM, 24. Jg., Nr. 2, 1999, S. 36 - 45

Burla, St.: Rationales Management in Nonprofit-Organisationen, Schriftenreihe des Institutes für Betriebswirtschaft WWZ der Universität Basel, Bd. 29, Bern 1989

Cooper, K.: Nonprofit-Marketing von Entwicklungshilfe-Organisationen, Wiesbaden 1994

Cotting, P.: Wie man Sponsoring-Probleme löst, Manuskript Diplom-Trainer-Lehrgang II, SOV/VMI, Magglingen 1999

Daumann, F.: Interessensverbände im politischen Prozess, Tübingen 1999

Deutsches Rotes Kreuz: Ehrenamt im DRK - Strategische und verbandspolitische Empfehlungen, Bonn 1997

Di Sciullo, J.: Marketing et communication des associations, Paris/Genève 1990

Dickenberger, D. / **Gniech**, G. und **Grabitz**, H.J.: Die Theorie der psychologischen Reaktanz, in D. Frey/M. Irle (Hrsg.): Theorien der Sozialpsychologie. Band I: Kognitive Theorien, 2. Aufl., Bern 1993, S. 243 - 273

Dieterle, G.: Verhaltenswirksame Bildmotive in der Werbung, Heidelberg 1992

Diller, H.: Kundenbindung als Marketingziel, in: ZFP, Heft 2, 1996, S. 81 - 92

Diller, H. / **Beba**, W.: Corporate Communication. Ausgewählte Fragen und Anwendungen am Beispiel der Nachwuchswerbung der Bundeswehr, Arbeitspapier Nr. 25 des Instituts für Marketing der Universität der Bundeswehr, Hamburg 1988

Disch, W.K.A.: An der Nahtstelle "Beschaffung und Verkauf", in: Marketing-Journal, Nr. 2, 1999, S. 84 - 90

Draheim, G.: Die Genossenschaft als Unternehmungstyp, Göttingen 1955

Dülfer, E.: Organisationskultur, Stuttgart 1988

Duncan, D. / **Moriarty**, S.E.: Communication-Based Marketing Model for Managing Relationships, in: JoM, Vol. 62 (April 1998), p. 1 - 13

Easton, D.: A Systems Analysis of Political Life, New York 1965

Ehses, Ch. / **Zech**, R.: Vom Verfall der Tradition zur Neubildung politischer Subjektivität, Hannover 1997

Emberger, H.: Instrumente des Verbandsmarketing, Wiesbaden 1998

Endress, R.: Strategie und Taktik der Kooperation, Berlin 1975

Engelhardt, W.H. / **Kleinaltenkamp**, M. / **Reckenfelderbäumer**, M.: Leistungsbündel als Absatzobjekte, in: ZfbF 45 (5/1993), S. 395 - 426

Esch, F.R.: Integrierte Kommunikation, in: Werbeforschung und Praxis, Nr. 6, 1997, S. 7 - 10

Esch, F.R. / **Levermann**, Th.: Positionierung als Grundlage des strategischen Kundenmanagements, in: Thexis, 3, 1995, S. 8 - 14

Fäh, B.: Segmentierung im Fundraising, Diplom-Lehrgang Fundraising VMI/SGFF, Freiburg 1999

Fäh, B. / **Notter**, Th.B.: Die Erbschaft für eine gute Sache. Ein Handbuch für Fundraiser auf Legatsuche, Bern/Stuttgart/Wien 2000

Fankhauser, K.: Management von Organisationskulturen, Bern 1996

Felber, P.: PR für NPO, kreative Partnerschaft von Management und Kommunikation, Manuskript Basel 1995, gekürzt erschienen in: Neue Zürcher Zeitung/NZZ, 17. Oktober 1995

Felber, U.: Systematisches Designmanagement in der Unternehmung: Grundlagen und Konzepte, Dissertation Universität Freiburg/Schweiz, Marburg 1984

Fetscherin, A.: Keine Angst vor den Medien, Zürich 1999

Fischer, K.H.: Lobbying und Kommunikation in der Europäischen Union, Berlin/Wien 1997

Freimuth, J.: Zur Psychologie des Betretens fremder Gebäude und Räume, in: Organisationsentwicklung, 8. Jg., Nr. 1/1990, S. 52 - 61

Frey, B.S. / **Götte**, L.: Repräsentative Umfrage (zur Freiwilligenarbeit in der Schweiz): Ohne Preis keinen Fleiss?, in: Verbands-Management VM Nr. 1/2003, S. 20 - 27

Frey, B.S. / **Osterloh**, M.: Motivation - der zwiespältige Produktionsfaktor, in: Neue Zürcher Zeitung/NZZ, Nr. 73, 29./30. März 1997, S. 29

Fringer, U.: Unternehmenskultur als Beratungsgebiet, Lizentiatsarbeit, Universität Bern 1994

Ga La Bau: Was habe ich von einer Mitgliedschaft im Landesverband, Deutscher Verband für Garten- und Landschaftsbau, Eschborn 1996

Gärtner, M. / **Boller**, G.: Das Problem der Trittbrettfahrer aus der Sicht der Mitglieder und des Verbandes, in :Verbands-Management, 2/1989, S. 11 - 16

Gaskin, K. / **Smith**, J. / **Paulwitz**, I.: Ein neues bürgerschaftliches Europa, Freiburg i.Br. 1996

Georgi, D. / **Janssen**, V.: Paradigmenwechsel im Marketing, in: News des Wirtschaftswissenschaftlichen Zentrums Basel, Nr. 24, April 1998, S. 52 - 58

Giroud, Ch.: Projekt-Management, Unterlagen Diplom-Lehrgang für Verbands- und Nonprofit-Management VMI, Freiburg 1999

Glettig, B. et al.: Mitglieder-Marketingkonzept des Schweizerischen Turnerverbandes, Schweizerischer Turnerverband 1999

Goldmann, M. / **Hoofacker**, G.: Pressearbeit und PR, München 1996

Grönroos, C.: From Marketing Mix to Relationship Marketing, Toward a Paradigm Shift in Marketing, Swedish School of Economics and Business Administration, Working Paper Nr. 263, Helsinki 1993

Groser, M.: Verhandlungsgegenstand und Verhandlungsverfahren in der GKV im Lichte der Collective Bargaining-Theorie, Beitrag zum Symposium "Kollektivverhandlungen - Selbstverwaltung im Gesundheitswesen", Universität Bielefeld, 13. Juni 1986

Groser, M.: Gesundheitspolitik im Verbändestaat, in: Herrschaft der Verbände?, hrsg. von H. de Rudder und H. Sahner, Berlin 1988

Groser, M.: Die Logik organisierter Interessen, in: Jahrbuch für Neue Politische Ökonomie, Bd. 8, Tübingen 1989, S. 259 - 269

Groser, M.: Organisationsdynamik öffentlich rechtlicher Zwangsverbände, in: Jahrbuch für Neue Politische Ökonomie, Bd. 11, Tübingen 1992, S. 128 - 141

Groser, M.: Gemeinwohl und Ärzteinteressen - Die Politik des Hartmannbundes, in: R. Mayntz (Hrsg.): Verbände zwischen Mitgliederinteressen und Gemeinwohl, Gütersloh 1992

Gruner, E.: Die Parteien in der Schweiz, Bern 1977

Grünig, R.: Das Planungskonzept, 2. Auflage, Bern, Stuttgart und Wien 1996

Haibach, M.: Fundraising, Spenden, Sponsoring, Stiftungen - ein Wegweiser für Vereine, Initiativen und andere Nonprofit-Organisation, Frankfurt/New York 1996

Hansen, U. / **Kull**, St.: Öko-Label als umweltbezogenes Informationsinstrument: Begründungszusammenhänge und Interessen, in: Marketing ZFP, Heft 4, IV. Quartal 1994, S. 265ff.

Hasitschka, W.: Organisationsspezifische Marketing-Instrumentarien, Wien 1980

Hasitschka, W.: Ökologisches Marketing. In: Marketing ZFP, Heft 4, Nov. 1984, S. 245 - 254

Hasitschka, W. / **Hruschka**, H.: Nonprofit-Marketing, München 1982

Helmes, P.: Lobbying, Manuskript Diplom-Lehrgang für Verbands- und Nonprofit-Management VMI, Freiburg 1999

Helmes, P.: Persönliche Bemerkungen an den Autor, September 2000

Henderson, P.W. / **Cote**, J.A.: Guidelines for Selecting or Modifying Logos, in: JoM, Vol. 62 (April 1998), p. 14 - 30

Herbrand, F.: Corporate Identity-Strategien in der Hotelindustrie, Diplomarbeit Wirtschafts- und Sozialwissenschaftliche Fakultät der Universität, Freiburg/Schweiz 1992

Hermann, A.: Genossenschaftliche Identität im Konzentrationsprozess von Kreditgenossenschaften, Stuttgart-Hohenheim 1988

Hermanns, A.: Sponsoring, Grundlagen, Wirkungen, Management, Perspektiven, München, 2., neu bearb. Aufl. 1997

Hilke, W.: Dienstleistungsmarketing, Wiesbaden 1989

Hilke, W. / **Pult**, I.: Partizipationseffekte bei der Gemeinschafswerbung für Badischen Wein?, in: Freiburger Universitätsblätter, Heft 89, November 1985

Hill, T.: Improving the Effectiveness of NGO Campaining and Lobbying: Background Notes for Discussion, Liaison Committee of Development NGOs to the European Communities, Annex for Workshop IV: Lobbying Techniques and Coordination, Annual General Assembly of European NGOs, Bruxelles 1991

Hill, W.: Marketing im öffentlichen Sektor, Sonderdruck aus: Staatsorganisation und Staatsfunktionen im Wandel, Festschrift für Kurt Eichenberger, Basel 1982

Hill, W. / **Rieser**, J.: Marketing-Management, Bern 1990

Hirschman, A.: Abwanderung und Widerspruch, Tübingen 1974

Holloway, R.J. / **Hancock**, R.S.: The Environment of Marketing Behavior, New York 1964

Homans, G.C.: Elementarformen sozialen Verhaltens, 2. Auflage, Köln und Opladen 1968

Horisberger, M.: Entstehung und Gestaltung von Nationenimages, Dissertation, 2002

Hunt, S. / **Burnett**, J.: The Macromarketing/Micromarketing Dichotomy: A Taxomonical Model. in: JoM, Vol. 46, Summer 1982, p. 11 - 26

Hunt, S.D.: The Nature and Scope of Marketing. in: JoM, Vol. 40, No. 3, July 1976, p. 17 - 28

Jäger, W.: Genossenschaftskultur in der Wohnungswirtschaft - eine Herausforderung für die Selbstverwaltung und Politik, in: Genossenschaftswissenschaftliche Beiträge, Heft 41, Münster 1996, S. 12ff.

Janning, H.: Freiwilligen-Agenturen, in: Engagement stiftet Zusammenhalt. Freiwilliges Engagement, Selbsthilfe, Ehrenamt, SPD Bundestagsfraktion, Bonn 1997

Jost, U.: Marketing- und Leistungskonzept für den Schweizerischen Feuerwehrverband, Diplom-Lehrgang für Verbands- und Nonprofit-Management VMI, Freiburg 1996

Kattnigg, A.: Strategische Planung: Portfolio-Analyse, Lehrgangsunterlagen für den Diplom-Lehrgang für Verbands- und Nonprofit-Management VMI, Freiburg 1999

Katz, H.C. / **Kochan**, Th.A.: An Introduction to Collective Bargaining and Industrial Relations, New York/Boston 2000

Keller, P.A. / **Goldberg**, L.: Increasing the Persuasiveness of Fear Appeals: The Effects of Arousal and Elaboration, in: Journal of Consumer Research, 22. Jg., Nr. 4, März 1996, p. 448 - 460

Kelley, E.F.: Ethics and Science in Marketing. In: G. Schwartz (Ed.): Science in Marketing, New York 1965

Kern, H.: Analyse von Unternehmenskultur, Eine empirische Studie, Frankfurt/Bern/New York/Paris 1990

Kirsch, G.: Ökonomische Theorie der Politik, Tübingen 1974

Kirsch, G.: Neue Politische Ökonomie, 3. Auflage, Düsseldorf 1993

Kirsch, W.: Kooperatives Marketing - Koalition selbständiger Unternehmen oder: Die Parabel von den Strassenräubern, in: Marketing heute und morgen, hrsg. von H. Meffert, Wiesbaden 1975, S. 300 - 310

Kirsch, W.: Organisatorische Führungssysteme, München 1976

Kirsch, W. / **Kutschker**, M.: Das Marketing von Investitionsgütern, Theoretische und empirische Perspektiven eines Interaktionsansatzes, Wiesbaden 1978

Klöti, U.: Das Vernehmlassungsverfahren - Konsultation oder Ritual?, Zürich 1987

Klöti, U.: Lobby, Neokorporatismus und Verbände, in: Verbands-Management VM, 13. Jg., Nr. 2, 1988, S. 8 - 11

Kodolitsch-Jonas, T.-S.: Die Europäische Genossenschaft in identitätsorientierter Betrachtung, Vandenhoeck & Ruprecht, Göttingen 1997

Kotler, Ph.: Generic Concept of Marketing, in: JoM, Vol. 26, No. 2, 1972, S. 46-54

Kotler, Ph.: Marketing für Non-Profit-Organisationen, Stuttgart 1978

Kotler, Ph.: Mega-Marketing, in: Harvard Manager, No. 3, 1986, S. 532 - 539

Kotler, Ph. / **Levy**, S.J.: Broadening the Concept of Marketing, in: JoM, Vol. 33, No. 1, Jan. 1969, p. 10ff.

Kotler, Ph. / **Levy**, S.J.: Die Ausweitung des Marketingkonzeptes, in: Markt und Konsument, WISO, Bd. 3, II, München 1976, S. 181ff.

Kotler, Ph. / **Zaltman**, G.: Social Marketing: An Approach to Planned Change, in: JoM, Vol. 35, No. 3, July 1971, p. 5

Kotler, Ph. / **Andreasen**, A.: Strategic Marketing for Nonprofit Organizations, 4th Edition, Prentice Hall, New Jersey 1991

Krey, K. / **Schmitz-Simonis** K.-E. / **Strötgen**, J.: Verbände im Wandel, in: Beiträge zur Gesellschafts- und Bildungspolitik 2000, Institut der deutschen Wirtschaft, Köln, 2001, S. 6ff.

Kreis-Muzzulini, A.: Medienarbeit für soziale Projekte, Frauenfeld 2000

Kriesi, H.: Entscheidungsstrukturen und Entscheidungsprozesse in der schweizerischen Demokratie, Habilitationsschrift, Zürich/Frankfurt 1980

Kroeber-Riel, W.: Informationsüberlastung durch Massenmedien und Werbung in Deutschland, in: Die Betriebswirtschaft 3, 1987, S. 257 - 261

Kroeber-Riel, W.: Bildkommunikation, Imagery Strategien für die Werbung, München 1993

Kroeber-Riel, W. / **Meyer-Hentschel**, G.: Werbung, Steuerung des Konsumenten verhaltens, Würzburg 1982

Kroeber-Riel, W. / **Weinberg**, P.: Konsumentenverhalten, München 1996

Krönes, G.: Finanzierung von Nonprofit-Organisationen. in: Deutsche Betriebswirtschaft DBW 61, 2001, S. 81 - 96

Kühn, R.: Das Dominanz-Standard-Modell, in: IHA News No. 1, 1986, S. 7ff.

Kühn, R.: Marktforschung für die Unternehmenspraxis, in: Die Orientierung, Nr. 76, 3. Auflage, Bern 1986

Kühn, R.: Marketing, Analyse und Strategie, Zürich 1994

Kühn, R.: Angebotspositionierung als Ansatz zur Präzisierung von Wettbewerbsstrategien, in: Positionierung, Kernentscheidung des Marketing, St. Gallen 1996, S. 112 - 121

Kühn, R. / **Fankhauser**, K.: Marktforschung, Bern 1996

Kühn, R. / **Grünig**, R.: Grundlagen der strategischen Planung, Bern 1998

Kühn, R. / **Jenner**, Th.: Angebotspositionierung, eine praxisorientierte Einführung, Zürich 1998

Kunz, A.H.: Zur betriebswirtschaftlichen Relevanz der Korrumpierung der intrinsischen Motivation durch extrinsische Anreizsysteme, in: Die Unternehmung, 58. Jg., 2004, Heft 2, S. 143

Läderach, P.: Marketing-Konzept Stiftung Wagerenhof, Diplom-Lehrgang für Verbands- und Nonprofit-Management VMI, Freiburg 1994

Ladner, A.: Politische Gemeinden, kommunale Parteien und lokale Politik. Eine empirische Untersuchung in den Gemeinden der Schweiz, Zürich 1991

Lakes, B.: Strategische Verbandsführung, Wiesbaden 1999

Längwiler, Ch.: Kooperation als bankbetriebliche Strategie, Bankwirtschaftliche Forschungen, Bd. 108, Bern und Stuttgart 1988

Lasswell, H.D.: The Structure and Function of Communication in Society, in: B. Berelson, M. Janowitz (Eds.): Reader in Public Opinion Communication, 2nd Ed., New York/London 1967, p. 178 – 192

Lattimer, M.: The Campaigning Handbook, The Directory of Social Change, second edition, London 2002

Lazer, W.: Marketing Management, A Systems Perspective, New York 1971

Lazer, W.: Marketing im gesellschaftlichen Kontext, in: Markt und Konsument, WISO, Bd. 3, II, München 1976, S. 217 - 224

Lazer, W. / **Kelley**, E.: Systems Perspective of Marketing Activity, in: Managerial Marketing: Perspectives and Viewpoints, rev. ed., Homewood 1962

Lazer, W. / **Kelley**, E. (Eds.): Social Marketing: Perspectives and Viewpoints, III., Homewood, 1973

Lehmann, A.: Dienstleistungs-Management, Stuttgart 1993

Lengwiler, Ch.: Unternehmen im Clinch mit Politik und Gesellschaft, in: Management in der Politik, Politik im Management, hrsg. von Th. Bieger / Ch. Lengwiler / P. Senn, Grüsch 1989

Leutenegger, D.: Die Planung von besonderen Veranstaltungen, Unterlagen Spezialkurs Fundraising VMI, Fribourg 1994

Levita, D.J.: Zum Begriff der Identität, Frankfurt 1996

Leavitt, Th.: Marketing Intangible Products and Product Intangibles, in: HBR, May - June 1981

Lichtsteiner, H.: Freiwilligenarbeit im Alter, Dissertation, Universität Freiburg/ Schweiz 1995

Lindemann, M.: Kooperative Marktkommunikation, in: Werbeforschung & Praxis, Nr. 5, 1990, S. 155ff.

Lindemann, M.: Budgetierung der kooperativen Marktkommunikation, in: Werbeforschung & Praxis, Nr. 5, 1992, S. 168ff.

Longchamps, C.: Politische Meinungsbildung und Lobbying in der Schweiz, Lehrgang Marketing für NPO, VMI, Freiburg 1999

Louis, D.: Zu einer allgemeinen Theorie der ökonomischen Kooperation, Göttingen 1978

Luhmann, N.: Vertrauen, ein Mechanismus der Reduktion sozialer Komplexität, Stuttgart 1973

Luhmann, N.: Soziale Systeme, 7. Auflage, Frankfurt a/Main 1999

Luthe, D.: Fundraising als beziehungsorientiertes Marketing - Entwicklungsaufgaben für NPO, Augsburg 1997

Martell, H.: Member Relations, Ziele, Inhalte und Wege der Mitgliederkommunikation, in: Verbandskommunikation, hrsg. von Klaus Broichhausen, Frankfurt a/Main 1996, S. 57 - 69

Mayntz, R. (Hrsg.): Verbände zwischen Mitgliederinteressen und Gemeinwohl, Gütersloh 1992

Mc Carthy, E.J.: Basic Marketing, A Managenial Approach, Homewood, 9. Edition, 1981

Mc Curley, S. / **Lynch**, R. (Eds.): Essential Volunteer Management, 2nd Ed., London 1998

Mc Lean, F.: Corporate Identity: What does it mean for museums?, in: Journal of Nonprofit and Voluntary Sector Marketing, Vol. 3, Nr. 1, 1998, p. 11 - 21

Meffert, H.: Marketingstrategien in stagnierenden und schrumpfenden Märkten, Arbeitspapier Nr. 30 des Instituts für Marketing der Universität Münster, Münster 1983

Meffert, H.: Marketing-Theorie, in: Vahlens Grosses Marketing-Lexikon, hrsg. von H. Diller, München 1992, S. 698 - 701

Meffert, H.: Marktorientierte Führung von Dienstleistungsunternehmen, neuere Entwicklung in Theorie und Praxis, in: DBW 54 (1994), 4, S. 519 - 541

Meffert, H.: Marketing, Grundlagen marktorientierter Unternehmensführung, Konzepte - Instrumente - Praxisbeispiele, 9. Auflage, Wiesbaden 2000

Meffert, H. / **Bruhn**, M.: Marketingtheorie - quo vadis? Bemerkungen zur Abgrenzung der Marketingdisziplin, Arbeitspapiere des Institutes für Marketing der Universität Münster, Münster 1976

Meffert, H. / **Bruhn**, M.: Dienstleistungsmarketing, Wiesbaden 1995

Meffert, H. / **Wehrle**, F.: Strategische Unternehmungsplanung, in: Harvard Manager No 2, 1983, S. 50 - 61

Metzler, W.: Eine ökonomische Theorie karitativer Organisationen, Bern/Stuttgart 1990

Mieg H.A. / **Wehner** Th.: Frei-Gemeinnützige Arbeit. Eine Analyse aus Sicht der Arbeits- und Organisationspsychologie, in: Harburger Beiträge der Psychologie und Soziologie der Arbeit, Nr. 33, Dezember 2002

Meyer, A. / **Oppermann**, K.: Bedeutung und Gestaltung des Internen Marketing, in: A. Meyer (Hrsg.): Handbuch Dienstleistungs-Marketing, Bd. 1, Stuttgart 1998, S. 992 - 1009

Moosbauer, H.: Lobbying-Konzept der Sektion Industrie der Wirtschaftskammer Oberösterreich, Diplomarbeit Diplom-Lehrgang für Verbands- und Nonprofit-Management VMI, Freiburg 1999

Mono, M.: Verbandsmarketing, Wiesbaden 1994

Morgan, R.M. / **Hunt**, S.D.: The Commitment-Trust Theory of Relationship Marketing, in: JoM, Vol. 58 (July 1994), p. 20 - 38

Mühlbacher, H.: Selektive Werbung, Linz 1982

Mühlbacher, H. / **Dreher**, A. / **Gabriel**, A.: Strategische Positionierung - Grundpfeiler des Marketing in komplexen und dynamischen Umfeldern, in: DBW 56, Nr. 2, 1966, S. 203 - 219

Müller, R.: Gemeinschaftswerbung, München 1974

Münkner, H.-H.: Economie sociale und das Freiburger Management-Modell (FMM) für NPO, in: 25 Jahre „Nonprofit but Management", Sonderausgabe der Fachzeitschrift für Verbands- und Nonprofit-Management, 3/2001, S. 90 – 102

Münkner, H.-H.: Economie Sociale und förderungswirtschaftliche Unternehmen, in: Frank Schulz-Nieswandt (Hrsg.): Einzelwirtschaften und Sozialpolitik zwischen Markt und Staat in Industrie- und Entwicklungsländern, Festschrift für Werner Wilhelm Engelhardt zum 75. Geburtstag, Marburg 2001, S. 221 – 244

Münkner, H.-H. ((Hrsg.): „Nutzer-orientierte" versus „Investor-orientierte" Unternehmen - Argumente für eine besondere Betriebswirtschaftslehre förderungswirtschaftlicher Unternehmen, Marburger Schriften zum Genossenschaftswesen, Bd. 97, Göttingen 2002

Münzel, G. / **Rumpf**, M.: Planungsgrundlagen für eine Strategie des Schweizerischen Roten Kreuzes im Freiwilligenbereich, Diplomarbeit Diplom-Lehrgang für Verbands- und Nonprofit-Management VMI, 1996/97, Kurzfassung, Bern 1998

Nissen, D.: Effektivität des Marketing von Verbänden, Wiesbaden 1998

Nulty, L.: Retrospective on Collective Bargaining in the 1980s, in: P.B. Voos: Contemporary Collective Bargaining in the Private Sector, Wisconsin/Madison 1994, p. 541 - 548

O'Sullivan, C. and T.: Naivety and Relationship Marketing in Nonprofit Organisations, in: Journal of Nonprofit and Voluntary Sector Marketing, January 1996, p. 32 - 40

Olins, W.: Corporate Identity, London 1989

Olson, M.: Die Logik des kollektiven Handelns, Tübingen 1968

Opaschowski, H.W.: Deutschland 2010, in: Marketing Journal Nr. 1, 1997, S. 13 - 14

Österreichisches Rotes Kreuz: Leitbild, Wien 1995

Paivio, A.: Imagery and Verbal Process, New York 1971

Parasuraman A. / **Zeithaml**, V.A / **Berry**, L.L.: A Conceptual Model of Service Quality and its Implications for Future Research, in: JoM Nr. 3, 1985, p. 41 - 50

Pasquier, M.: Marktforschung, Lehrgangsunterlagen Diplom-Lehrgang für Verbands- und Nonprofit-Management VMI, Freiburg 2005

Peter, S.: Kundenbindung als Marketingziel, Wiesbaden 1997

Peter, U.: Psychologie der Marketingkommunikation, Savosa 1991

Picot, A.: Transaktionskostenansatz in der Organisationstheorie, Stand der Diskussion und Aussagewert, in: DBW, 42. Jg., Heft 2, 1982, S. 67 - 84

Potters, J. / **van Winden**, F.: Modelling Political Pressure as Transmission of Information, in: European Journal of Political Economy 6, 1990, p. 61 - 88

Praschl, M.: Anti-Rauchwerbung, Werbung für Nichtraucher auf der Basis der Motivforschung und deren kommunikative Umsetzung, Wien 1987

Prugger, E.: Lobbyingkonzept für die Wirtschaftskammer Oberösterreich für den Bereich des Arbeits- und Sozialrechtes, Diplomarbeit am Diplom-Lehrgang für Verbands- und Nonprofit-Management VMI, Freiburg, Linz 1999

Publimedia: Printwerbung, Luzern 1998

Pühringer, H.: Entwurf eines Betreuungskonzeptes für die Funktionäre der Wirtschaftskammer Oberösterreich, Diplomarbeit Diplom-Lehrgang für Verbands- und Nonprofit-Management VMI, Freiburg 1998

Purtschert, R.: Güte- und Qualitätszeichen, Dissertation, Freiburg 1970

Purtschert, R.: Möglichkeiten und Grenzen der Gemeinschaftswerbung, in: ZfB, 58. Jg., 1988, S. 521 - 534

Purtschert, R.: Marketing für die öffentliche Verwaltung, Kadertagung Staatspersonal, Luzern 1990

Purtschert, R.: Marktverbände, in: Genossenschafts-Lexikon, hrsg. von E. Mändle/ E. Swoboda, Wiesbaden 1992, S. 426 - 427

Purtschert, R.: Weiterentwicklung der Marketingansätze und ihre Bedeutung für Nonprofit-Organisationen, in: Die Unternehmung, Nr. 4, 1992, S. 277 - 291

Purtschert, R.: Ein praxisorientiertes Marketingkonzept für Genossenschaften, in: ZfgG, Bd. 42, 1992, Heft 3, S. 254 - 261

Purtschert, R.: DBW Stichwort: Nonprofit-Organisationen, in: Die Betriebswirtschaft, 52, 1992, 6, S. 855 - 857

Purtschert, R.: Verbände in der Absatzwirtschaft, in: B. Tietz / R. Köhler / J. Zentes (Hrsg.): Handwörterbuch des Marketing (HWM), 2. Auflage, Stuttgart 1995, Sp. 2523 - 2529

Purtschert, R.: Stakeholder-Management im Freiburger Management-Modell für Nonprofit-Organisationen, in: Verbands-Management VM, 20. Jg., Nr. 3, 1995, S. 27 - 30

Purtschert, R.: Internes Marketing zur Förderung der Genossenschaftsidentität, in: ZfgG 48 (1998), Heft 1, S. 5 - 6

Purtschert, R.: Wirtschaftsverbände auf dem Prüfstand. Ergebnisse einer englischen Benchmarking-Studie, in: Verbands-Management VM, 24. Jg., Nr. 3, 1999, S. 62 – 65

Purtschert, R.: Lobbying in Wirtschaftsverbänden, Lehrgangsunterlagen, Diplom-Lehrgang Verbands-/NPO-Manaement VMI, Freiburg, 2000

Purtschert, R.: Nutzer- versus investor-orientierte Unternehmungen, Der Ansatz des Instituts für Verbands- und Genossenschafts-Management an der Universität Freiburg/Schweiz, in: Marburger Schriften zum Genossenschaftswesen, Bd. 97, hrsg. von H.-H. Münkner, Göttingen 2002, S. 25 – 40

Purtschert, R. / **Diller**, H.: Gemeinschaftswerbung, in: Vahlens Grosses Marketing Lexikon, hrgs. von H. Diller, München 1992, S. 365 - 366 (Neuauflage 2000)

Purtschert, R. / **Schwarz**, P.: Planung im Fundraising, Ein analytisch systematischer Marketingansatz, in: Die Unternehmung, 48. Jg., Nr. 2, 1994. S. 133 - 148

Purtschert, R. / **Hofstetter**, Ch.: Die operative Sponsoring-Planung aus Sicht des Gesponserten: Ein heuristischer Ansatz, in: Huckepackfinanzierung des Sports: Sportsponsoring unter der Lupe, hrgs. von G. Trosien / H. Haase / D. Mussler, Schorndorf 2001

Racine, J.: Corporate Governance als Herausforderung für das Verhandeln, in: Gutes besser tun, Corporate Governance in Nonprofit-Organisationen, hrgs. von R.C. Voggensperger, H.J. Bienek, J. Schneider, G.O. Thaler, Bern 2004

Rädel, M.: Selbstverständnis und mitgliederbezogene Geschäftspolitik von Wohnungsgenossenschaften, in: Hamburger Schriften zum Genossenschaftswesen, Nr. 13, Göttingen 2000

Raffée, H.: Der Marketingansatz als Grundkonzept der Betriebswirtschaftslehre, in: WiSt, 6. Jg., Nr. 2, Febr. 1977, S. 56 - 60

Ray, L. / **Wilkie**, W. / **Fear**, L.: The Potential of an Appeal Neglected by Marketing, in: JoM, Vol. 32, Jan. 1970, p. 54 - 62

Ray, M.: Advertising and Communication Management, Englewood Cliffs 1982

Riesman, D.: Die einsame Masse, Hamburg 1966

Ripperger, T.: Ökonomik des Vertrauens, Tübingen 1998

Ritchie, R. / **Swamis**, S. / **Weinberg**, Ch.: A Brand New World for Nonprofits, in: International Journal of Nonprofit and Voluntary Sector Marketing, Vol. IV, 1999, No 1, p. 26 - 42

Roggo, J.: Konzeptionelle Grundlagen für ein strategisches Management in Wirtschaftsverbänden, Dissertation, Freiburg/Schweiz 1983

Roggo, J.: Die Kartoffel-Gemeinschaftswerbung in der Schweiz, Vortrag im Seminar „Werbelehre" an der Universität Freiburg/Schweiz, Juni 1999

Ronge, V.: Vom Verbändegesetz zur Sozialverträglichkeit - Die öffentliche und verbandliche Diskussion über den Gemeinwohlbeizug von Verbänden in den 80er Jahren, in: R. Mayntz (Hrsg.): Verbände zwischen Mitgliederinteressen und Gemeinwohl, Gütersloh 1992, S. 36 - 77

Rosskopf, K.: Wissensmanagement in Nonprofit-Organisationen. Gestaltung von Verbänden als lernende Netzwerke, Deutscher Universitäts-Verlag, Wiesbaden 2004

Rossmann, T.: Öffentlichkeitsarbeit und ihr Einfluss auf die Medien - Das Beispiel Greenpeace. Media Perspektiven, 2/1993

Rothen, H.P.: Bedeutung und Entwicklung der Gemeinschaftswerbung im Schweizer Fernsehen, Diplomarbeit an der Universität Freiburg 1989

Rothschild, M.L.: Carrots, Sticks, and Promises: A Conceptual Framework for the Management of Public Health and Social Issue Behaviors, in: JoM, Vol. 63, October 1999, p. 24 - 37

Rothschild, M.L.: Marketing Communications in Nonbusiness Situations or Why it is so Hard to Sell Brotherhood like Soap, in: JoM, Vol. 43, 1979, No 2, p. 11 - 20

Rudzio, W.: Die organisierte Demokratie - Parteien und Verbände in der Bundesrepublik, Stuttgart 1977

Rühli, E.: Management-Ökologie. in: Neue Zürcher Zeitung/NZZ, Nr. 288, Dez. 1991, S. 37

Salomon, L.M. / **Anheier**, H.K.: The John Hopkins Comparative Nonprofit Sector Project, John Hopkins University, Baltimore 1996

Saner, H.: Ein Spiel ohne optimale Strategie, in: M.A. Corti / P. Ziegler (Hrsg.): Diplomatische Negoziation, Bern 1998

Sargeant, A. / **Jay**, E.: Fundraising Management. Analysis, Planning and Practice, Routledge, Tylor & Francis Group, London 2004

Savoie, E.: Rough Terrain for Collective Bargaining: A Management View, in: P.B. Voos (Ed.): Contemporary Collective Bargaining in the Private Sector, Wisconsin/ Madison 1994

Schauer, R.: Strategisches Finanzmanagement in NPO, VMI Workshop, Villars 1997

Schedler, K.: Ansätze einer wirkungsorientierten Verwaltungsführung, 2. Auflage, Bern/ Stuttgart/Wien 1996

Schein, E.H.: Organizational Culture and Leadership: A Dynamic View, San Francisco/London 1986

Scheuch, F.: Dienstleistungsmarketing, München 1982

Schiess, V.: Leistungsauftrag für Institutionen und Organisationen im Sozialbereich, Vortragsmanuskript, Rigi Kaltbad 1998

Schmid, Chr.: Marketing-Management für soziokulturelle Non-profit-Organisationen, Dissertation, Linz 1995

Schmidt-Trenz, H.-J.: Ansätze zu einer Neuen Institutionenökonomie von Kammern und Verbänden, in: Verbands-Management VM, 16. Jg., Nr. 1, 1991, S. 19 - 24

Schmitter, Ph. / **Streeck**, W.: The Organization of Business Interest, A Research Design to Study the Associative Action of Business in the Advanced Industrial Societies of Western Europe, IIM/LMP 81, Wissenschaftszentrum, Berlin 1981

Schmitz-Simonis, K.-E.: Organisation: Potential für Unternehmen und Verbände, in: K. Krey / K.-E. Schmitz-Simonis / J. Strötgen: Verbände im Wandel, Köln 2001

Schneider, W.: Die Akquisition von Spenden als eine Herausforderung für das Marketing, Berlin 1996

Schnyder, S.: Die Bedeutung der Freiwilligenarbeit und der ehrenamtlichen Tätigkeit in der Schweiz, in: Verbands-Management VM, 24. Jg., Nr. 2, 1999

Schobert, R.: Positionierungsmodelle, in: Marketingplanung, hrsg. von H. Diller, München 1980

Schönig, Ch.: Internes Marketing in Verbänden, Dissertation, Freiburg 2001

Schürer, D.: Marketing-Konzept für die Schweizerische Technische Zeitschrift, Diplomarbeit, Diplom-Lehrgang für Verbands- und Nonprofit-Management VMI, Freiburg 1988

Schuster, M. / **Woschak**, B.: Bildhafte und verbale Kommunikation, in: M. Schuster/ B. Woschak (Hrsg.): Nonverbale Kommunikation durch Bilder, Stuttgart 1989

Schwarz, G.: Unternehmungskultur als Element des Strategischen Managements, Berlin 1989

Schwarz, P.: Morphologie und Kooperationen von Verbänden, Tübingen 1979

Schwarz, P.: Erfolgreiches Verbands-Management, Bd. 1, St. Augustin 1984

Schwarz, P.: Von der Entfremdung zur Integration des Mitgliedes in den Verband, in: Verbands-Management VM, 11. Jg., Nr. 1, 1986, S. 27 - 37

Schwarz, P.: Das Umweltsystem als Teil des FST-NPO-Management-Modells, in: Verbands-Management VM, 14. Jg., Nr. 3, 1989, S. 23 – 27

Schwarz, P.: Management in Nonprofit-Organisationen, 2. Auflage, Bern 1996

Schwarz, P.: Organisation in Nonprofit-Organisationen, Bern, 2005

Schwarz, P. / **Purtschert**, R.: Praktizierte Action-Research: Das Freiburger Modell im Nonprofit-Bereich, in: Die Unternehmung, 50. Jg., Nr. 2, 1996

Schwarz, P. / **Purtschert**, R. / **Giroud**, C. / **Schauer**, R.: Das Freiburger Management-Modell für Nonprofit-Organisationen, Bern/Stuttgart/Wien, 2. Auflage, 1996, 3. Auflage, 1999, 4., stark erweiterte Auflage, 2002, 5. Auflage, 2005

Schweizer Lexikon, Bd. 2, Adligenswil 1992

Scott, R.A. / **Marks**, N.E.: Marketing and its Environment, Belmont 1968

Sebaldt, M.: Organisierter Pluralismus, Kräftefeld, Selbstverständnis und politische Arbeit deutscher Interessengruppen, Opladen 1997

Seibel, W.: Funktionaler Dilettantismus, Baden-Baden 1992

Seibel, W.: Der Nonprofit-Sektor in Deutschland, in: Ch. Badelt (Hrsg.): Handbuch der Nonprofit-Organisation, Stuttgart 1997, S. 19 - 34

Shapiro, B.P.: Marketing for Nonprofit Organizations, in: R. Gaedecke: Marketing in Private and Public Nonprofit Organizations, Santa Monica, Cal., 1977, p. 103 - 115

Stauss, B. / **Schulze**, H.: Internes Marketing, in: Marketing ZFP, Heft 3, III. Quartal, 1990, S. 149 - 158

Sträuli, W.: CI/COOPI: Umsetzungsbeispiele, Diplom-Lehrgang für Verbands- und Nonprofit-Management VMI, Freiburg 2000

Streeck, W.: Verbände als Sozialkapital, Vom Nutzen des Korporatismus in einer Gesellschaft im Wandel, in: Verbändereport, Nr. 7, 2000, S. 32 - 40

Stukas, A.A. / **Snyder**, M. & **Clary**, E.G.: The effects of „mandatory volunteerism" on intentions to volunteer, in: Psychological Science, 10, 1999, S. 57 - 64

Suckrow, C.: Corporate Behavior, das Stiefkind im Identity-Mix, in: Werbeforschung & Praxis, Jg. 1992, Nr. 5, S. 179 - 182

Thom, N.: Personalmanagement: Generelle Entwicklungstendenzen mit Relevanz für NPO, in: Verbands-Management VM, 25. Jg., Nr. 3, 2000, S. 10 - 17

Thunberg, A. / **Nowak**, K. / **Rosengren**, K.E. / **Sigurd**, B.: Communication and Equality: A Swedish Perspective, Stockholm 1982

Tietz, B.: Marketing, Tübingen/Düsseldorf 1978

Tietz, B. / **Zentes**, J.: Einführung in die Werbelehre, Stuttgart/Berlin/Köln/Mainz 1980

Tomczak, T.: Relationship-Marketing - Grundzüge eines Modells zum Management von Kundenbeziehungen, in: T. Tomczak / Chr. Belz (Hrsg.): Kundennähe realisieren, Thexis, St. Gallen 1994, S. 193 - 215

Trade Association Performance, Report of a Benchmarking Exercise of Trade Associations, Prepared for a Group of 135 Trade Associations by the Compass Partnership, a Leading Management Consultancy in the UK not-for-profit-sector, London 1997

Trommsdorf, V.: Markenmanagement und Kommunikation, in: Werbeforschung Praxis, 42. Jg., Nr. 4 /5, 1997, S. 1 - 12

Tscheulin, D. / **Häberlin**, U.: Einflussfaktoren des Images von Krankenhäusern, in: ZögU, Bd. 20, Heft 47, 1997, S. 477 - 487

Ulrich, H.: Die Unternehmung als produktives soziales System, Bern 1971

Unger, F.: TV - Das bevorzugte Medium oder das verkannte Medium?, in: Marketing & Kommunikation, Nr. 7, 1994, S. 9 - 13

Urselmann, M.: Erfolgsfaktoren im Fundraising von Nonprofit-Organisationen, Wiesbaden 1998

Varadarajan, P.R. / **Menon**, A.: Cause-Related Marketing: A Coalignment of Marketing Strategy and Corporate Philanthropy, in: JoM, Vol. 52, July 1988, p. 58 - 74

van Aaken, A.: Eine ökonomische Theorie der öffentlichen Meinung, Freiburg 1992

Vetterlein, U.: Umrisse eines Marketingkonzeptes für die IHK Karlsruhe, Diplomarbeit Diplom-Lehrgang für Verbands- und Nonprofit-Management VMI, Freiburg 1993

VMI, Kostenaspekte des Fundraising, Empirische Studie, Freiburg 1996

VMI, Gehaltsstudie '99 von Führungskräften in Verbänden und Nonprofit-Organisationen (NPO), Freiburg 1999

Voggensperger, R.C. / **Bienek**, H.J. / **Schneider**, J. / **Thaler**, G.O.: Gutes besser tun, Corporate Governance in Nonprofit-Organisationen, Bern 2004

von Gunten, A.: Marketingkonzept Schweizer Alpen-Club, Diplomarbeit Sportmanagement Lehrgang SOV/VMI, Freiburg 1997

von Gunten, A.: Konzept Mitgliederwerbung Schweizerischer Alpen-Club, Schweizerischer Alpenclub, Bern 1999

von Kodolitsch-Jonas, T.-S.: Die Europäische Genossenschaft in identitätsorientierter Betrachtung, Hamburger Schriften zum Genossenschaftswesen, Bd. 12, Göttingen 1997

von Rosenstiel, L. / **Molt**, W. / **Rüttinger**, B.: Organisationspsychologie, 8. Auflage, Leinfelden-Echterdingen 1995

Voos, P.B.: Contemporary Collective Bargaining in the Private Sector, Wisconsin/Madison 1994

Wagner, A.: Der Nonprofit-Sektor in der Schweiz, in: Ch. Badelt (Hrsg.): Handbuch der Nonprofit-Organisation, Stuttgart 1997, S. 35 - 50

Wallimann, I.: Freiwillig Tätige im Sozialbereich und in anderen Bereichen, Basel 1993

Walton, R.E. / **McKersie**, R.B.: A Behavioral Theory of Labor Negotiations, Second Edition, New York 1993

Watzlawick, P. / **Beavin** J.H. / **Jackson**, D.D.: Menschliche Kommunikation, Bern/Stuttgart/Toronto 1990

Wehrli, H.-P.: Marketing - Zürcher Ansatz, Bern/Stuttgart 1981

Weinberg, P.: Erlebnismarketing, München 1992

Weisbrod, B.A.: The nonprofit Economy, Cambridge/Mass. 1988

Weng, T.: Werte und Wertewandel bei Ehrenamtlichen und Freiwilligen in Hilfswerken, Dissertation, Universität Freiburg 2002

Wettler, M. / **Weber**, A. / **Böhmisch**, M. / **Rapp**, R. / **Marten**, U.: Assoziative Textanalyse: Ein Verfahren zur Antizipation der kommunikativen Wirkung von Werbung, in: Marketing ZFP, Heft 4, 1998, S. 255 - 264

Wiedmer, Chr.: Entwickung eines Systems von Management-Instrumenten für den Bruno-Manser-Fonds, Masterarbeit an der Universität Freiburg, Freiburg 2005

Wiener, J.L. / **Doescher**, T.: A Framework for Promoting Cooperation, in: JoM, Vol. 55, April 1991, p. 38 - 47

Witt, D. / **Seufert**, G. / **Emberger**, H.: Typologisierung und Eigenarten von Verbänden, in: ZögU, Bd. 19, Heft 4, 1996, S. 414 - 427

Woratscheck, H. / **Roth**, S.: Kooperation: Erklärungsperspektive der Neuen Institutionenökonomik, in: J. Zentes / B. Swoboda / D. Morschett (Hrsg.): Kooperationen, Allianzen und Netzwerke. Grundlagen – Ansätze – Perspektiven, Wiesbaden 2003

Wüthrich, H.A.: Die Vergänglichkeit paradigmatischer Prämissen in der Betriebswirtschaftslehre. In: Die Unternehmung, 45. Jg., 1991, Nr. 5, S. 319 - 333

Zeithaml, V. / **Parasuraman**, A. / **Berry**, L.: Delivering Quality Service, New York 1990

Zentes, J.: Grundbegriffe des Marketing, 4. Auflage, Stuttgart 1996

Zif, J.: A Managerial Approach to Macromarketing, in: JoM, Vol. 44, 1980, No. 1, p. 36 - 45

Zumkeller, A.R.: Marketing-Einsatzplanung unter Anwendung der Portfoliotechnik, in: Verbands-Management VM, 20. Jg., Nr. 3, 1995, S. 31 - 40

Sachregister

Aktivierungstechniken in der Kommunikation 259ff.
Anreiz-/Beitragsinstrumente (People) 296
Anreiz-/Beitragsprinzip 297
Anreize, selektive 227
Attitudinal Structuring 461
Aufbaulogik des Freiburger Management-Modells für NPO 76ff.
Autokommunikation 237

Balanced Marketing 26
Bedürfnisorientierung 7
Beeeinflussungsprozess, kommunikativer 231f.
Beiträge, Beitragsfinanzierung 282ff.
Beschaffungs-Marketing 25, 156, 158ff.
Beschwerde-Management 185, **384**
Bildgedächtnis 246
Broadening, Konzept des Marketing 21ff.
Business- oder Profit-Marketing 5ff.

Campaigning 412f.
Cause related Marketing 288
CI in mehrstufigen NPO 138ff.
CI und COOPI, Abstimmung 137f.
CI-/COOPI-Konzept 131ff.
Collective Bargaining/Kollektivverhandlungen 451ff.
Cooperative Identity 134ff.
Corporate Behavior 134, 143, 149f.
Corporate Communications 132, 140, 149
Corporate Design 132, 141, 143ff.
Corporate Identity 131ff.
Corporate Image 118f.

Sachregister

Deepening, Konzept des Marketing 21ff.
Dienstleistung, Neuentwicklung 400ff.
Dienstleistungen, Marketing-Instrumente 393
Dienstleistungscharakteristika 38
Dienstleistungsumfeld 295f.
Dienstleistungsmarketing 26ff., 153, 157f., 161f., **387ff**.
Dienstleistungsqualität 393ff.
Direct Marketing 271f.
Distribution/Place 292ff.
Drittleistungs-NPO 47

Effizienz-Orientierung 76
Ehrenamtliche als freiwillige Helfer 328ff.
Ehrenamtliche in Führungsfunktionen (Milizer) 56, **327f.**
Eigen-Marketing 156, **366ff**.
Emotionale Appelle 265f.
Entscheidungsorientierter Ansatz im Marketing 12
Environmental-/Öko-Marketing 22
Exchange-Konzept of Marketing 33

Finanzierungsquellen in NPO 278ff.
Freiburger Management-Modell für NPO 75ff.
Freiburger Marketing-Ansatz für NPO 83ff.
freiwillige Helfer, Marketing für 328ff.
Freiwilligenarbeit, Ziele 331
Fundraising-Aktionsplanung 352
Fundraising-Konzept 338
Fundraising-Leitsätze 346f.
Fundraising-Management 338
Fundraising-Mix 360
Funktionenansatz im Marketing 11
Furchtappell 268f.

Gebühren 282
Gegenleistungen, nichtmonetäre 291
Gemeinschaftswerbung 476
Gemeinschaftswerbung im Entscheidungsprozess der Einzelunternehmung 487
Generic Marketing 31
Gesamtpositionierung der Organisation: CI/COOPI 114ff.
Gütezeichen und Qualitätszeichen 484

Hauptamtliche (Profis) 55f.
Humor (in der Werbung) 269f.

Image 118f.
Input-/Output-System 61
Interessenvertretung, Lobbying 160f., **417ff.**
Internes Marketing in NPO 156f., **366ff.**
Internes Marketing in PO 26
Interorganizational Bargaining 453, **465ff.**
Intraorganizational Bargaining 157, 453ff., **469ff.**
Investitionsgüter-Marketing 25
Involvement-Konzept 202

Kampagnen 412
Kapital- und Kreditfinanzierung 289
Kognitive Appelle 262
Kollektivgüter, Marketing für 225f.
Kollektivverhandlungen/Collective Bargaining 451ff.
Kollektivverhandlungen, operative Planung 459
Kollektivverhandlungen, Stand-by-Massnahmen 458f.
Kollektivwerbeaktionen, Planungssequenz 489
Kommunikation, Bedeutung in NPO 229f.
Kommunikation, Beeinflussungstechniken 257f.
Kommunikation, Begriffe und Grundlagen 230
Kommunikationsinstrumente 270f.
Kommunikations-Mix, Funktionen 231f.
Kommunikationsprozess 233, 249

Kooperative Werbung 473ff.
Kooperative Werbung, Parameter für die Realisierbarkeit 480ff.
Kooperative Werbung, Planungssequenz 489
Koordinationsleistungen 386f.

Lebenszyklus von Produkten, Leistungen 222
Leistungen der NPO 58
Leistungsabgabe-Marketing 156ff.
Leistungsbündel 388
Lobbying in europäischen Institutionen 450
Lobbying-Leistungs-Mix 443
Lobbying, Interessenvertretung 160, **417ff.**
Lobbying, operative Planung 434
Lobbying-Konzept 428

Makro-Marketing 27f.
Management-Führungsinstrumente 79f.
Management-Modell 75ff.
Marketing als Auftragsdurchführung 158
Marketing als Kommunikation in der NPO 91ff.
Marketing für freiwillige Helfer 328ff.
Marketing für Milizer 327f.
Marketing in öffentlichen Institutionen 26f.
Marketing-Input aus übergeordneten Führungsinstrumenten 110f
Marketing, eigenes/Eigen-Marketing 366f.
Marketing, Erweiterung zum nicht-kommerziellen Marketing 30ff.
Marketing, Fokussierung auf weitere Objekte 34ff.
Marketing, für öffentliche Betriebe 26f.
Marketing, internes, Internes Marketing 26, 156f., **366ff.**
Marketing-Analysen 107ff.
Marketing-Austauschsysteme, Analyse 98ff., 206f.
Marketing-Begriffe 10
Marketing-Budget 305
Marketing-Definition im NPO-Marketing 85f.
Marketing-Definition im Profit-Bereich 10

Marketing-Einsatzbereiche im NPO-Marketing 154ff.
Marketing-Entwicklung 5
Marketing-Information 17, **184ff**.
Marketing-Instrumente für Dienstleistungen 393
Marketing-Instrumentenbatterie 216
Marketing-Instrumentenbatterie, Abstimmung 303f.
Marketing-Kontrolle 305ff.
Marketing-Konzept Profit-Management 13
Marketing-Konzept NPO-Management 97ff.
Marketing-Leitsätze für die eigene NPO 111ff.
Marketing-Logik 8, 77, 90
Marketing-Management 13
Marketing-Mix im NPO-Marketing 216
Marketing-Mix im Profit-Marketing 18
Marketing-Organisation NPO 172ff., 304
Marketing-Orientierung 7, 76
Marketing-Philosophie in der NPO 85ff.
Marketing-Philosophie im Profit-Marketing 6
Marketing-Philosophie versus Partizipationsphilosophie 85f.
Marketing-Philosophie, normative Grenzen der NPO 87f.
Marketing-Planung operative NPO 181ff.
Marketing-Planung operative PO 16
Marketing-Segmentierung 198ff.
Marketing-Theorien 11f.
Marketing-Transfer 385ff.
Marketing-Übertragung auf andere Organisationstypen 26ff.
Marketing-Übertragung auf weitere organisationsinterne und -externe Austauschbeziehungen 23ff.
Marketing-Verständnis im Freiburger Management-Modell 75ff.
Marketing-Vertiefungsansätze 21ff.
Marketing-Ziele 195ff.
Marktanalyse 186
Marktforschung 186ff.
Marktpreise/Monopolpreise 278
Medienwerbung 271

Mega-Marketing 23
Mehrfachpositionierung 127ff.
Meinungsführer 240
Meta-Marketing 31
Milizer, Marketing für 327f.
Mission Statements 125ff.
Mitgliederbindung 381
Mitglieder-Marketing 315ff.
Mitgliederpflege 380f.
Mitgliederrollen 320ff.
Monitoring-System 430
Motivation 298

Nicht-Marktsystem 64
Nonprofit-Organisation (NPO), Charakteristik 43ff.
NPO, Unterschiede zur Unternehmung 52ff.
NPO-Austauschbeziehungen 60ff.
NPO-Austauschsystem 69
NPO-Austauschsysteme, Güterarten und Steuerungsmechanismen 63ff.
NPO-Definition 44
NPO-Eigenschaften 43ff.
NPO-Typen 45ff.
NPO-Umfelder und Austauschpartner 60ff.

Öffentlichkeitsarbeit/Public Relations (PR) in NPO 407ff.
Öko-Marketing 28f.
Organisationskultur 119

Partizipation 85f.
People (Anreiz-/Beitragsinstrumente) 296ff.
Performance: Produkt-/Leistungsangebot 219
Personal-Marketing 25
Place/Distribution 292
Politische Instrumente 302
Politische Prozesse, Analyse 66, **417ff.**

Portfolio-Analyse 163ff.
Positionierung der Fundraising-Aktion 358f.
Positionierung der Leistungen 208ff.
Positionierung der Organisation 114ff.
Positionierungselemente 121ff.
Positionierungskreuz 126ff., 213ff.
Preisbildung 278
- konkurrenzorientierte 278
- kostenorientierte 278
- nachfrageorientierte 279
Price/Preis- und Finanzierungs-Mix 277ff.
Produktinnovation, Planungsschritte der 224f.
Profit- oder Business-Marketing 5ff.
Promotion/Kommunikations-Mix 229ff.
Public Relations PR 133, 276f.

Qualitätsstandards 224
Qualitätszeichen und Gütezeichen 484

Relationship-Marketing 38ff.
Rollenübernahme durch Mitglieder 320ff.

Selbsthilfe-NPO 45
Social Marketing 175
Societal Marketing 22
Spenden und Zuschüsse 286f.
Spenden-Marketing (Fundraising) 338ff.
Spendenmotive 356
Spendenpolitik/Spendenleitsätze 346
Sponsoring 286f.
Sportsponsoring, Social Sponsoring 286
Sprachgedächtnis 246
Staatliche Beiträge 287ff.
Stakeholder 85, 277
Stand-by-Lobbying 430

Sachregister

Standortplanung/Absatzwege 293
Steuerungsmechanismen 63
Strukturmerkmale von NPO 50f.
Subventionen 287ff.
System Approach of Marketing 23
System der Führungsinstrumente 79
System-Begriff 57, 61, **69**
System-Management 77

Tele-Marketing 272f.
Transaktions- oder Austauschumfeld 62f.
Typentransformation 46

Umfelder der NPO 61
Unterschiede NPO - Unternehmung 53f.

Verbale Positionierung 125f., 212f.
Verbands-Marketing 162

Werbewirkungspfade 250ff.

Zukunftsorientierung der NPO 75

Hauptsache: NPO-Management

Peter Schwarz / Robert Purtschert / Charles Giroud

Das Freiburger Management-Modell für Nonprofit-Organisationen (NPO)

5. ergänzte und aktualisierte Auflage 2005. ca. 280 Seiten, gebunden
ca. CHF 52.– / € 34.50
ISBN 3-258-06914-X

«Nonprofit but Management» – diese Kurzformel umschreibt das Anliegen des Buches. Nonprofit-Organisationen entstehen, weil Markt wie Staat versagen können, weil Bedürfnisse des Menschennach sozialer Integration, nach politischer, kultureller, karitativer und ähnlicher Betätigung bestehen, die nur in solchen Organisationen befriedigt werden können. Dazu zählen Wirtschafts- und Arbeitnehmer-Verbände, Kammern, Genossenschaften, Vereine, Kirchen, Parteien oder soziale, philanthropische, kulturelle und ähnliche Organisationen.

Um das Grundanliegen zu erfüllen, nämlich den Bedürfnissen der Mitglieder und Klienten optimal zu genügen, müssen Nonprofit-Organisationen ein effizientes Management betreiben. Das «Freiburger Management-Modell für NPO» (Universität Freiburg, Schweiz) bietet eine systematische Einführung in dieses Thema. Es vermittelt durch seinen ganzheitlichen Ansatz die Grundlagen und einen Ordnungsraster für das Verständnis der NPO-Management-Probleme und ihrer Lösungen.

Die fünfte Auflage wurde in wesentlichen Teilen um Erkenntnisse aus Theorie und Praxis ergänzt und gibt damit den aktuellen Stand der NPO-Management-Forschung wieder.

: Haupt **Haupt Verlag** Bern • Stuttgart • Wien
verlag@haupt.ch • www.haupt.ch

Hauptsache: NPO-Management

Peter Schwarz

Organisation in Nonprofit-Organisationen

Grundlagen, Strukturen

2005. 397 Seiten, 66 Abbildungen, gebunden
CHF 68.– / € 45.–
ISBN 3-258-06885-2

In diesem Handbuch für ehren- und hauptamtliche Führungskräfte von Nonprofit-Organisationen geht es um Funktion und Rolle der Aufbau-Organisation im Freiburger Management-Modell für Nonprofit-Organisationen.

Das Schwergewicht der Darstellung liegt auf einer minutiösen Beschreibung und Analyse der vielfältigen Strukturen einer Nonprofit-Organisation (NPO). Gestaltungsprobleme und mögliche Lösungen werden mit Hilfe von Modellen, Heuristiken, Empfehlungen und Entscheidungskriterien erörtert – in einer Form, die sich leicht auf konkrete Fragen des NPO-Alltags übertragen lässt. Besonders vertieft wird die brandaktuelle Thematik der Nonprofit-Governance in NPO.

Das Buch stützt sich auf das bisherige Standardwerk des Autors «Management in Nonprofit-Organisationen». Es aktualisiert, vertieft und ergänzt einen Teil der Inhalte. Alle übrigen Aspekte werden in einem Folgeband unter dem Titel «Management-Prozesse und -Systeme in NPO: Entscheidung, Steuerung, Planung» behandelt.

: Haupt **Haupt Verlag** Bern • Stuttgart • Wien
verlag@haupt.ch • www.haupt.ch